합격까지 박문각
합격 노하우가 다르다!

안지연

올인원 경영조직론

2차 | 기본서

안지연 편저

박문각

박문각 공인노무사

이 책은 공인노무사 시험을 준비하는 수험생들을 위한 책으로 경영조직론에 관한 내용을 기존 출간된 주요 대학 경영학과 교수님들의 조직행동 및 조직론 교재를 바탕으로 종합적으로 정리한 교재입니다.

경영조직과 관련된 광범위한 내용을 축약 및 정리하여 수험적합적으로 재구성했습니다. 공인노무사 시험을 준비하는 수험생 입장에서 경영조직의 내용을 종합적으로 담은 기본서로 답안작성을 위한 기초적 내용을 수록한 교재입니다.

처음 출간하는 제1판인 교재로 부족한 점이 있겠지만 처음 출간하는 만큼 정성들여 만든 교재입니다. 공인노무사 수험생들에게 조금이나마 본 교재가 도움이 되었으면 하는 바람입니다.

저의 부족한 점을 알게 해주고 응원이 되어 주시는 수강생 분들과 교재를 출간하고 강의를 준비할 수 있도록 항상 저를 믿고 지지해 주시는 부모님께 감사의 인사를 전합니다.

수험생 여러분들의 합격을 기원합니다.

안지연 올림

 시험과목 및 시험시간

가. 시험과목(공인노무사법 시행령 제6조)

<table>
<tr><th>구분</th><th colspan="2">시험과목[배점]</th><th>출제범위</th></tr>
<tr><td rowspan="6">제1차 시험
(6과목)</td><td rowspan="5">필수
과목
(5)</td><td>❶ 노동법(1)
[100점]</td><td>「근로기준법」, 「파견근로자보호 등에 관한 법률」, 「기간제 및 단시간근로자 보호 등에 관한 법률」, 「산업안전보건법」, 「직업안정법」, 「남녀고용평등과 일·가정 양립지원에 관한 법률」, 「최저임금법」, 「근로자퇴직급여 보장법」, 「임금채권보장법」, 「근로복지기본법」, 「외국인근로자의 고용 등에 관한 법률」</td></tr>
<tr><td>❷ 노동법(2)
[100점]</td><td>「노동조합 및 노동관계조정법」, 「근로자참여 및 협력 증진에 관한 법률」, 「노동위원회법」, 「공무원의 노동조합 설립 및 운영 등에 관한 법률」, 「교원의 노동조합 설립 및 운영 등에 관한 법률」</td></tr>
<tr><td>❸ 민법[100점]</td><td>총칙편, 채권편</td></tr>
<tr><td>❹ 사회보험법
[100점]</td><td>「사회보장기본법」, 「고용보험법」, 「산업재해보상보험법」, 「국민연금법」, 「국민건강보험법」, 「고용보험 및 산업재해보상보험의 보험료징수 등에 관한 법률」</td></tr>
<tr><td>❺ 영어</td><td>※ 영어 과목은 영어능력검정시험 성적으로 대체</td></tr>
<tr><td>선택
과목
(1)</td><td>❻ 경제학원론,
경영학개론
중 1과목[100점]</td><td></td></tr>
</table>

※ 노동법(1) 또는 노동법(2)는 노동법의 기본이념 등 총론 부분을 포함한다.

<table>
<tr><th>구분</th><th colspan="2">시험과목[배점]</th><th>출제범위</th></tr>
<tr><td rowspan="4">제2차 시험
(4과목))</td><td rowspan="3">필수
과목
(3)</td><td>❶ 노동법
[150점]</td><td>「근로기준법」, 「파견근로자보호 등에 관한 법률」, 「기간제 및 단시간근로자 보호 등에 관한 법률」, 「산업안전보건법」, 「산업재해보상보험법」, 「고용보험법」, 「노동조합 및 노동관계조정법」, 「근로자참여 및 협력증진에 관한 법률」, 「노동위원회법」, 「공무원의 노동조합 설립 및 운영 등에 관한 법률」, 「교원의 노동조합 설립 및 운영 등에 관한 법률」</td></tr>
<tr><td>❷ 인사노무관리론
[100점]</td><td></td></tr>
<tr><td>❸ 행정쟁송법
[100점]</td><td>「행정심판법」 및 「행정소송법」과 「민사소송법」 중 행정쟁송 관련 부분</td></tr>
<tr><td>선택
과목
(1)</td><td>❹ 경영조직론,
노동경제학,
민사소송법
중 1과목 [100점]</td><td></td></tr>
<tr><td>제3차 시험</td><td colspan="2">면접시험</td><td>공인노무사법 시행령 제4조 제3항의 평정사항</td></tr>
</table>

※ 노동법은 노동법의 기본이념 등 총론부분을 포함한다.

※ 시험관련 법률 등을 적용하여 정답을 구하여야 하는 문제는 “시험시행일” 현재 시행 중인 법률 등을 적용하여야 함.
※ 기활용된 문제, 기출문제 등도 변형 · 활용되어 출제될 수 있음

나. 과목별 시험시간

구분	교시	과목구분	시험과목	입실시간	시험시간	문항수
제1차 시험	1	필수	❶ 노동법(1) ❷ 노동법(2)	09:00	09:30~10:50 (80분)	과목별 40문항
	2	필수	❸ 민 법 ❹ 사회보험법	11:10	11:20~13:20 (120분)	
		선택	❺ 경제학원론, 경영학개론 중 1과목			
제2차 시험	1		❶ 노동법	09:00	09:30~10:45(75분)	4문항
	2			11:05	11:15~12:30(75분)	
	3		❷ 인사노무관리론	13:30	13:50~15:30(100분)	과목별 3문항
	1		❸ 행정쟁송법	09:00	09:30~11:10(100분)	
	2		❹ 경영조직론, 노동경제학, 민사소송법 중 1과목	11:30	11:40~13:20(100분)	
제3차 시험	–		공인노무사법 시행령 제4조 제3항의 평정사항	–	1인당 10분 내외	–

※ 제3차 시험장소 등은 Q-Net 공인노무사 홈페이지 공고

응시자격 및 결격사유

가. 응시자격(공인노무사법 제3조의5)

- 공인노무사법 제4조 각 호의 결격사유에 해당되지 아니한 자
- 부정한 행위를 한 응시자에 대하여는 그 시험을 정지 또는 무효로 하거나 합격결정을 취소하고, 그 시험을 정지하거나 무효로 한 날 또는 합격결정을 취소한 날부터 5년간 시험 응시자격을 정지함

나. 결격사유(공인노무사법 제4조)

- 다음 각 호의 어느 하나에 해당하는 사람은 공인노무사가 될 수 없다.

1. 미성년자
2. 피성년후견인 또는 피한정후견인
3. 파산선고를 받은 사람으로서 복권(復權)되지 아니한 사람
4. 공무원으로서 징계처분에 따라 파면된 사람으로서 3년이 지나지 아니한 사람
5. 금고(禁錮) 이상의 실형을 선고받고 그 집행이 끝나거나(집행이 끝난 것으로 보는 경우를 포함한다) 집행이 면제된 날부터 3년이 지나지 아니한 사람
6. 금고 이상의 형의 집행유예를 선고받고 그 유예기간이 끝난 날부터 1년이 지나지 아니한 사람
7. 금고 이상의 형의 선고유예기간 중에 있는 사람
8. 제20조에 따라 영구등록취소된 사람

※ 결격사유 심사기준일은 제3차 시험 합격자 발표일 기준임

CONTENTS
이 책의 차례

CONTENTS
이 책의 차례

PART 04 조직차원

CONTENTS
이 책의 차례

PREFACE GUIDE

PART 01

경영조직

CHAPTER PART 01 경영조직

01 | 경영조직

제 1 절 경영조직이란?

경영조직이란 '사람을 통해서 목표를 달성하는 것'이다. 자본주의 경제에서 필요한 요소들은 **자본, 정보, 사람**이라고 한다. 하지만 **이 모든 활동은 〈사람〉에 의해서 이뤄진다.** 즉, 경영은 사람이 하는 것이다. **조직행동론은 경영에 큰 영향을 미치는 사람 또는 사람들의 문제를 다루는 학문체계다.**

제 2 절 조직행동론의 세 차원

조직행동론이란 조직원들과 관련하여 **개인차원, 집단차원, 그리고 조직차원**에서 발생하는 다양한 현상들을 다루는 학문체계다.

1 개인차원

개인차원은 능력, 태도, 가치관, 성격, 지각, 감정, 동기 등과 같은 **개인 간 차이(개인차)와 관련된 주제**들을 포함한다.

2 집단차원

집단차원의 주제는 집단과 팀의 성격, 커뮤니케이션, 갈등과 협상, 집단의사결정, 리더십, 권력과 정치 등과 같이 **여러 사람이 집단을 이루어 일할 때 발생하는 요인**들이다.

PART 01

3 조직차원

조직차원의 요인들로는 **조직문화, 조직변화와 개발, 조직구조,** 그리고 **경영전략** 등을 들 수 있다.

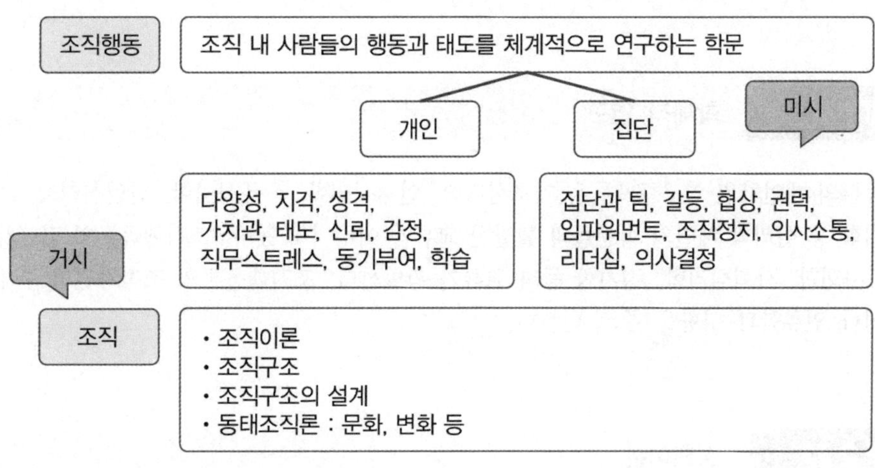

02 | 조직행동론의 특징

제 1 절 학제적 연구

조직행동론의 **개인차원 연구주제**들은 기초심리학, 인지심리학, 응용심리학, 산업심리학, 조직심리학, 사회심리학 등 **심리학 계열의 학문들과 활발한 교류**가 이루어져 왔다. 조직행동론의 **집단차원 주제**들은 주로 **사회학, 사회심리학, 정치학 등과 교류가 활발**하다. 조직행동론의 **조직차원의 주제**들은 주로 **사회학이나 인류학과 영향**을 주고 받는다.

제 2 절 상황이론

인간을 다루는 이론이나 법칙들은 상황과 대상에 따라 효과가 달라진다. 즉, 이론들 중에는 각 상황에 따라 특정 변수의 효과가 어떻게 달라지는지를 구체적으로 제시하는 이론들이 있는데 이런 이론을 상황이론이라고 한다.

제 3 절 시스템적 관점

시스템이란 **사람의 몸처럼 여러 기능들이 서로 연결되어 전체를 이룬 것**을 뜻한다. 이처럼 **외부환경과의 관계를 고려**하여 시스템을 이해하는 것을 **열린 시스템**의 관점이라고 하고, 시스템 내부 요인들만을 고려하는 관점을 **닫힌 시스템** 관점이라고 한다.

제 4 절 한국기업에서의 조직행동 관련 이슈

- 한국 기업들은 **창의성과 혁신성을 갖춘 인재**를 확보하는 문제에 직면해 있다.
- 지나치게 **수직적인 조직문화의 폐해를 극복**해야 한다.
- 한국 기업들은 **윤리경영**을 강화해야 하는 과제를 안고 있다.
- 과학적 또는 **스마트한 일처리 관행**을 정착시켜야 한다.
- 한국기업들은 **인력의 다양성 관리**에 노력을 기울이고 있다.

PART 02

개인차원

01 | 능력

개인차(individual difference)란 조직행동의 원인이 될 수 있는 개인의 내적 요인들을 일컫는 말이다.

제 1 절 의의 및 중요성

1 능력이란?

능력이란 **어떤 일(정신적, 육체적)을 할 수 있는 최대한의 한계(최대치)**를 나타내는 것이며 이는 태어날 때부터 가지고 있을 수도 있고(**선천적**) 학습에 의해 개발(**후천적**)될 수도 있다.

2 중요성 : 성과 = f(능력 × 태도)

3 다른 개념과의 차이

- **기술**(skill)이란 **특정한 일과 관련된 능력**을 의미한다.
- **적성**(aptitude)이란 구체적 과업을 학습하는 데 필요한 **타고난 역량**을 뜻한다.
- **역량**(competency)이란 **탁월한 업무수행**에 필요한 개인들의 특성들을 종합적으로 일컫는 말이다.

제 2 절 다양성

1 다양성의 개념과 유형

(1) 개념 및 예시

1) 개념

다양성(Diversity)이란 조직이 성별, 나이, 인종, 윤리, 성적 지향, 기타 특성과 관련해 더욱 **이질화(heterogeneity)되어간다**는 개념이다. 즉, 집단 내 구성원 간 차이점을 의미한다.

2) 다양성의 예시

- 성별(gender)
- 나이(age)
- 근속(seniority) 연수
- 결혼관계

- 인종(race)과 민족(ethnicity)
- 외모
- 종교, 성지향성, 성정체성, 장애 상태 등

(2) 다양성의 유형

1) 표면적 다양성

성별, 인종, 민족, 나이, 장애상태 등 **쉽게 파악할 수 있는 특성 차이**로, 사람들의 사고 활동이나 감정상태가 반영된 것은 아니지만 **고정관념을 유발하는 원인**이 되기도 한다.

2) 내면적 다양성

가치관, 성격, 일에 대한 선호도 차이로, **사람들이 함께 어울리면서** 서로 간의 **유사성을 파악하며 시간이 갈수록 중시**된다.

제 3 절 능력

1 Katz에 따른 관리자의 능력 분류

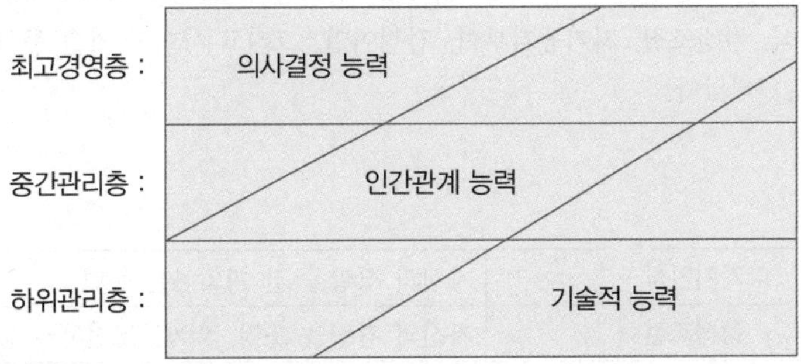

최고경영층 :	의사결정 능력
중간관리층 :	인간관계 능력
하위관리층 :	기술적 능력

(1) 개념화 혹은 의사결정 능력(Conceptual skill) : 상황판단능력

조직에서 일어나는 여러 가지 구체적이고 복잡한 정보, 사건, 현상들을 추상화하여 일정한 개념의 **틀에 따라 이해할 수 있는 능력**을 뜻한다. 이러한 능력이 뛰어난 사람은 조직의 상황을 보다 더 빨리 이해하여 조직목표 달성에 무엇이 필요한지를 꿰뚫어 본다.

(2) 인간관계 능력(Human skill) : 대인관계 능력

효과적으로 리더십을 발휘하고 조직원들의 동기를 유발시키며 **상·하급자 및 동료들과 원활한 의사소통을 수행하는 등에 소요되는 능력**을 말한다.

(3) 전문적 혹은 기술적 능력(Technical skill) : 현장실무 능력

전문적 기술이란 **특정의 임무수행을 위하여 그 임무에 필요한 지식이나 방법, 테크닉, 장비 등을 사용할 수 있는 능력**을 말하며, 이는 경험이나 교육·훈련 등에 의해서 얻어진다.

2 조직생활에 필요한 기본적 능력

기본적 능력이란 **직무를 잘해 낼 수 있는 가능성**을 의미한다.

(1) 지적 능력

어떤 문제를 잘 해내기 위해 **사고하고 추리할 수 있는 능력**으로 어휘력, 지각력, 추리력, 공간지각력, 기억력 등의 종합이라고 할 수 있다.

(2) 육체적 능력

고도로 복잡한 기술이 필요한 업무보다 **쉽고 단순한 직무**에서 특정 능력을 필요할 때 요구되는 능력을 의미한다.

(3) 역경지수(AQ : Adversity Quotient, P.G.Stoltz)

수많은 **역경에도 굴복하지 않고 끝까지 도전해 목표를 성취하는 능력**을 의미한다.

(4) 감성지능

1) 의의

감성지능(EQ)이란 **자신의 감정을 적절히 조절**하며 **원만한 인간관계를 구축**할 수 있는 **사회적 능력(인간관계 능력)**을 의미한다. EQ(또는 EI : Emotional Intelligence)란 "개인이 자기 자신이나 다른 사람들의 감정을 지각하는 역량"으로 정의된다. **골만(D.Goleman)**에 따르면, 감성지능은 **자기인식, 감정조절, 자기동기부여, 감정이입, 그리고 사회적 기술 등의 차원으로 이루어지는 것**으로 나타났다.

2) 유형

① 5유형

자기인식	**자신의 상황을 잘 파악**하는 능력
감정조절	**자신의 감정을 조정, 억제, 조절**하는 능력
자기동기부여	**어려움 속에서도 긍정적 감정을 유지**할 수 있는 능력
감정이입(타인인식능력)	**타인의 감정을 감지하고 이해**하는 능력
사회적 기술(타인조절능력)	**타인의 감정을 억제, 조절**해 줄 수 있는 능력

② 4유형

주체 / 능력	자기 자신	타인
이해	자기이해	타인이해
활용	감정조절	타인감정조절

3) 중요성

① 조직이 의사 결정한 것을 실행할 때 이러한 의사결정이 수용되고 **협동**을 끌어내는 데 감성지능이 매우 중요하다.

② 조직에서의 **승진의 결정요인**으로서 감성지능의 역할이 발견되었다. 한 연구에 의하면 승진에 영향을 미치는 요인으로서 그 설명력이 감성지능은 36%로 나타난 반면 관리능력은 16%에 불과하다는 결과가 나타났다.

③ 리더가 갖추어야 할 능력으로서 감성지능의 역할이 매우 크다. 즉, 감성지능이 높은 리더는 합리적이고 이성적인 부분들만 강조하는 리더들보다 **리더십 유효성**이 높다.

④ 감성지능은 조직몰입, 조직시민행동, 성과, 혁신행동 그리고 직무 스트레스 등 **조직유효성** 분야에 긍정적인 영향을 미친다.

4) 감성지능의 결과

① 대인관계

감성지수가 높을수록 **조직에서의 대인관계에 성공을** 거둘 수 있으며 **타인과의 갈등을 건설적으로 해결**하는 데도 도움이 된다. 단, 감성지수가 높을수록 타인의 감정을 캐치하여 이에 맞추려고 자신을 희생하기 때문에 **스트레스는 더 받는다는 결과**도 있다.

② 조직성과

감성지능이 높은 사람은 **다른 사람의 감정을 잘 파악하고 자신의 감정을 잘 통제하여 사회적 상호작용**을 하기 때문에 **성과와는 유의적 상관관계**가 있다. 또한 최고경영자의 85% 이상은 감성지능이 높은 사람으로 성과에 영향을 미치는 중요한 변수 중 하나다.

5) 감성지능에 대한 비판

감성지능은 측정이 어렵고 측정 방법이 아직 구체화되거나 과학적이지 않기 때문에 모호한 개념이라는 비판이 있다. 또한 **지능이라고 하기에는 광범위하고 구성요소가 다양**한데 **어떤 면에서는 성격의 안정성 요소(big5 중 감성적 안정성)와도 비슷하며 일반적인 지능과도 유사하다는 비판**이 있다.

(5) 사회지능(Social Intelligence)

인간관계 능력을 의미한다. 즉, **타인의 이해와 타인에 대해 현명하게 행동하는 능력**이다. 타인에 대한 인지적인 이해와 타인의 행동에 초점을 두고 인간관계 속에서 현명하게 행동하는 능력을 의미한다(Thorndike).

(6) 도덕지능(Moral Intelligence)

1) 의의 및 중요성

도덕지능이란 **착하고 친절하며 다른 사람을 배려할 줄 아는 마음, 무엇이 옳고 그른지 생각하고 판단하는 능력**을 의미한다. 효과적인 리더십을 발휘하는 데 중요한 요소이며, 기업이 **윤리경영을 실천하는 데 있어서 중요한 역할**을 한다.

2) 유형

도덕적 민감성	도덕적 사태를 인지하고 해석하는 과정
도덕적 판단	어떤 행동이 옳고 공정하며 정의로운지 판단하고 추론하는 과정
도덕적 동기화	여러 가지 갈등하는 가치들 중에서 도덕적 가치가 우선적으로 의사결정에 반영되는 과정
실행력	의사결정이 된 것을 실제의 행동으로 옮기는 과정

제 4 절 역량(competency)

1 의의

역량이란 **고성과자로부터 일관되게 관찰되는 심리적 · 행동적 특성**(Spencer & Spencer)을 의미한다. 업무수행을 특별히 잘하는 사람들이 다른 사람과 구별되는 독특한 행동특성이다. 예를 들어 역량 있는 판매원은 다른 판매원보다 친절, 끈기, 상품지식, 대화능력 등에서 차이가 날 것인데 이러한 역량은 그 사람의 판매행동으로 표출되어 결과적으로 판매성과를 올린다. IQ가 좋아도 자기가 담당한 직무의 성과향상과 무관하면 역량이라고 할 수 없다. 특히 **핵심역량**은 **어느 한 조직만이 가지고 있는 능력**으로 **경쟁우위에 있는 차별적인 능력**을 의미한다.

2 구성요소

- 스킬 or 기술(skill) : 특정 과업에 대한 숙련의 **수준**
- 지식(knowledge) : 특정 분야에 대한 **정보** 수준
- 자아개념(self-concept) : 자기 스스로에 대한 **자아 이미지**와 태도
- 특질(trait) : 한 사람을 다른 사람과 구별해주는 **심리적 경향성**
- 동기(motives) : 특정한 **행동**으로 이끄는 내적인 요인

3 특성

- 행동성 : 역량은 **행동으로 전환이 가능**하고, 그 행동의 결과로 조직성과가 향상되는 것이어야 한다.
- 측정가능성 : 누가 역량을 어느 정도 보유하고 있는지에 대한 **평가가 가능**해야 한다.
- 개발가능성 : **교육과 훈련으로 개발과 확장이 가능**한 것이어야 한다.

4 조직에의 시사점

구성원의 선발 때부터 조직전략과 개인역량을 연계시켜야 하며 지원자가 어떤 역량을 소지하고 있는지 평가할 능력도 있어야 한다. 이를 위해 구성원들에게는 직무에 필요한 지식과 기술이 무엇인지, 어떻게 행동하는 것이 고성과 달성과 관련되는 행동인지 알려주고 평가도 이를 기준으로 행해져야 한다.

이렇게 되면 장기적으로 구성원들에게 행동지침을 제공해 주는 것이 되며 그들도 혼돈 없이 성과향상에 직접 필요한 역량을 갖추어 나갈 것이다. **하지만 개인역량만 신경 쓴다고 해서 조직성과로 직결되는 것은 아니다. 특히 구성원들끼리 서로 역량을 교류하는 조직학습역량도 있어야 성과를 올릴 수 있다.**

제 5 절 긍정심리자본(Positive Psychological Capital)

1 의의 및 중요성

긍정심리자본이란 **조직구성원이 보유한 긍정적 심리특성**을 의미한다. 긍정심리자본은 조직의 유효성 및 성과와 관련이 있다는 점에서 중요하다.

2 구성요소

(1) 자기효능감(Self – efficacy)

1) 의의

자기효능감이란 **어떤 일을 성공적으로 수행하는 데 필요한 능력을 보유하고 있다고 생각하는 믿음**을 의미한다. 즉, 어떤 사건이나 직무에 대하여 자신이 해낼 수 있다는 자신감 혹은 자신이 그 직무에 대한 적합한 능력이 있기 때문에 **성공적으로 잘 해낼 수 있다고 여기는 개인적 믿음**이다.

2) 자기효능감의 4가지 구성요소

자기효능감 이론을 제시한 Albert Bandura는 자기효능감이 증가될 수 있는 4가지 방안을 제시하였다. 자기효능감은 개인이 어떤 일을 **성공적으로 수행했던 경험(과거의 성공경험, small success)**, 타인이 성공적으로 일을 수행했던 것을 관찰하여 얻은 학습(**간접경험**), 긍정적 피드백, 사회적 지원, “할 수 있다”라는 조직 분위기(**사회적 자본,** social capital), 정신적 및 육체적인 건강으로 형성된다.

① 성공경험(enactive mastery experience), 이전경험(prior experience) = 과거의 성과

과거에 해당 직무를 성공적으로 수행한 경험이 있었다면 미래에도 그 일을 잘 할 수 있다는 것을 확신할 수 있게 되어 자기효능감을 높여준다.

② 행동모델 = 간접경험

타인의 성공 혹은 실패는 자기효능감에 영향을 미친다.

③ 사회적 지원

동료와 상사가 할 수 있다고 격려해주는 조직분위기를 통하여 확신을 얻을 수 있다.

④ 각성(arousal)

각성은 **심리적 · 신체적인 요인으로 정신적 및 육체적 건강과 관련**이 있다. 즉, 물리적으로나 감정적으로 활력이 넘쳐야 성공적인 업무수행이 가능하다.

3) 자기효능감을 높이기 위한 방안

① 훈련과 숙련

반복학습을 통해 과거의 성공적인 경험(small success)이 많을수록 자기효능감이 높아진다. 성공경험이란 과업이나 직무에 관련된 경험을 얻는 것으로 만약 과거에 그 직무를 성공적으로 수행할 수 있었다면 미래에도 그 일을 할 수 있다고 더 크게 확신하게 된다. 이를 위해서는 MBO(Management By Objective)를 **활용하여 난이도가 있고 구체적인 목표를 부여**하도록 한다. 난이도가 있는 목표란 성공가능성이 50%인 목표를 의미한다.

목표설정이론과의 관계

목표설정이론과 자기효능감은 서로 상호 보완적이다. 관리자가 설정한 어려운 목표를 가진 종업원은 더 높은 수준의 자기 효능감을 가지고 자신의 성과를 위해 더 높은 목표를 설정하기 때문이다.

▼ **목표와 자기 효능감이 성과에 미치는 공동효과**

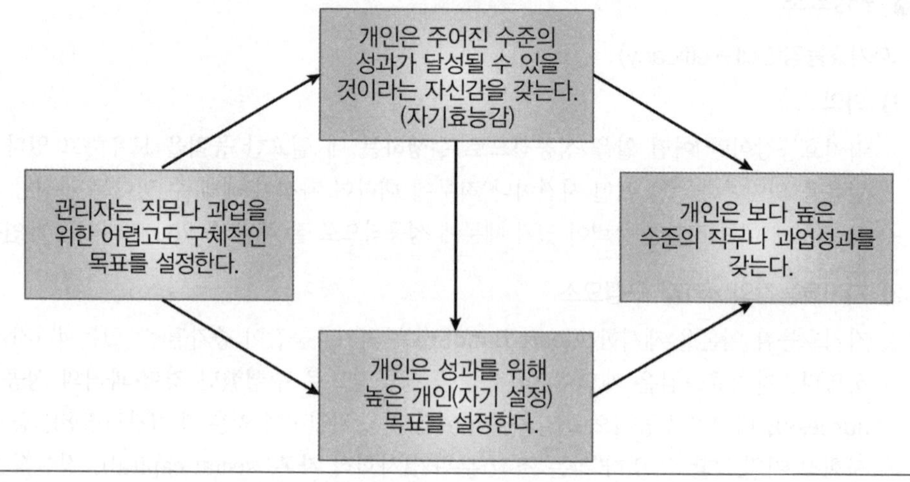

② 대리학습

대리학습이란 **타인을 관찰하여 학습하는 것**으로 어떤 사람의 행동의 결과를 통해 학습하는 Modeling(❶ 모방, ❷ 역모방)이 **대표적**이다. 즉, **다른 사람이 과업을 수행하는 것을 보기 때문에 더 크게 확신**하게 된다.

③ 설득(Persuading)

자신의 목표를 성취할 수 있게 하는 능력을 믿도록 하는 것이다. 누군가 성공하기 위해 필요한 기술을 가지고 있다고 설득할 때 더 확신하게 된다. 즉, 단순히 업무를 지시하는 것이 아니라 **직무의 내용을 명확하게 부여**하여 부하가 자신이 하는 일에 대해 명확히 이해하도록 해야 한다. 이를 위해서는 수행하는 **직무의 배경, 직무가 요구하는 바가 무엇인지 등을 명확하게 알려줘야 한다.**

④ 흥분과 열정

리더가 흥분과 열정을 보여줌으로써 구성원으로 하여금 **동력화(energizing)**시켜 **부하의 태도와 행동을 긍정적으로 변화**시킬 수 있다. 즉, 리더가 솔선수범으로 흥분과 열정을 보여주면서 성공에 대한 자신감을 심어주는 것이다. **흥분과 열정을 통해 각성(arousal)하면 활력**이 넘치는 상태가 되어 **'의기양양하게' 과업에 대해 자신감을 느끼고 더 잘 수행**하게 된다. 이로써 부하는 **Kelman의 동일화에 따른 행동변화**를 이끌 수 있다.

4) 조직경영에의 시사점

첫째, 조직에서의 교육훈련프로그램이 구성원들로 하여금 성공경험을 제공함으로써 자기효능감을 높여줄 수 있다는 점을 시사하고, **둘째, 구두설득을 위해서는 피그말리온 효과(Pygmalion effect)가 작용할 수 있다는 점**이다. 피그말리온 효과는 어떤 것을 믿으면 그것이 실제로 이루어진다는 자기 충족적 예언의 한 형태인데, 할 수 있다고 격려해주는 조직분위기는 피그말리온 효과를 통하여 높은 자기효능감을 유도할 수 있다.

5) 이론의 비판

몇몇 학자들은 **자기효능감은 후천적으로 형성되는 것이 아니라 선천적으로 지능 혹은 성격 중 성실성과 정서적 안정성으로 형성된다고 주장**했으며, 심지어 **자기효능감의 존재 자체를 부정하는 학자**들도 있다.

(2) 낙관주의(Optimism)

낙관주의란 자신에게 어떤 긍정적인 사건이 일어났을 때 성공의 원인을 내부에서 찾으며 이러한 사건이 앞으로도 계속 안정적으로 일어날 수 있다는 믿음을 의미한다. 즉, 자신이 추구하는 목표 달성에 대해 긍정적인 기대를 하는 것이다.

(3) 희망(Hope)

희망이란 어려운 도전이나 실패에 직면했을 때 나타나는 패배주의적인 태도, 불안감 등에 굴복하지 않는 것을 의미한다.

(4) 회복탄력성(Resilience)

회복탄력성이란 역경, 갈등, 실패, 좌절의 상황에 빠졌을 때 이를 극복하고 원래의 상태로 돌아올 수 있는 역량을 의미한다(Werner).

3 개발방법

- 장기적 시각에서 **팀워크를 통한 역경 극복**하기
- **권한을 위양**하는 분권화를 통해 구성원의 **시행착오를 통한 경험** 축적
- **신뢰에 바탕을 둔 조직문화** 형성
- **훈련과 숙련, 대리학습, 설득, 흥분과 열정**

제 6 절 창의성(creativity)

1 개념 및 중요성

(1) 개념 및 구성요소

창의성이란 정보나 지식을 독특한 방법으로 조합하여 **참신**하고 **유용**한 아이디어를 산출해 내는 능력을 뜻한다. 창의성은 ① **전문성**, ② **상상력**, **그리고** ③ **내적 동기** 등 세 가지 요소로 구성된다. 창의성은 의사결정자가 문제를 전체적으로 평가하여 이해하고 다른 사람들이 볼 수 없는 문제를 볼 수 있게 해준다.

(2) 창의성의 중요성

1) 창의적이지 않고 반복적인 작업은 자동화와 로봇으로 대체되고 있다. 따라서 노동시장에서는 **창의적인 작업에 필요한 인력만 요구**된다.

2) **불확실성이 증대**되고, 미래 예측이 어려워지고, 변화가 심해지면서 **과거의 지식과 경험은 무용지물**이 되고 결국은 **새로운 방법을 창안**해야 하며 생활에도 새로운 도구를 적용해야 하기 때문에 창의력이 그만큼 더 필요해지고 있다.

2 창의성에 영향을 미치는 조직요인(Amabile)

(1) 창의성 독려 요인

조직의 정책 결정자들은 다음 조치를 취함으로써 구성원들의 창의성 발휘를 독려할 수 있다.

- 새로운 아이디어를 내고 위험을 감수할 수 있는 **제도적 장치**를 마련할 것
- 새로운 아이디어에 대한 **공정하고 지원적인 평가**가 이루어지도록 할 것
- 창의성 발휘에 대하여 **"보너스" 형태의 보상을 제공**하고 인정해 줄 것
- 조직 내 아이디어 공유가 가능하도록 **참여적이고 협력적인 조직운영 방식**을 택할 것
- 창의성은 작업집단, 즉 **동료들 간의 적극적인 교류과정**을 통하여 발현되기도 한다. 구성원들의 배경, 경험, 지식, 능력 차원에서의 **다양성**도 중요하다. 자율적 분위기, 충분한 자원, 직무의 도전성 등은 창의성 발휘에 긍정적 영향을 미치는 것으로 나타났다.

(2) 창의성 저해 요인

- "**정답**"을 찾으려는 경우
- 항상 논리적이려고 노력하는 자세
- **규범**이나 **규율**에 맞는 해결책을 찾으려 함
- 지나치게 **실용성**을 추구함
- **애매하고 모호한 상황을 회피**하려는 자세
- **실패할 것을 두려워**함
- 일에 **재미**를 붙이지 못함

• 자신의 전문성 밖의 문제에 대해서는 **무관심**함
• 바보처럼 보이는 것을 싫어함
• 자신이 창의성이 없다고 믿음

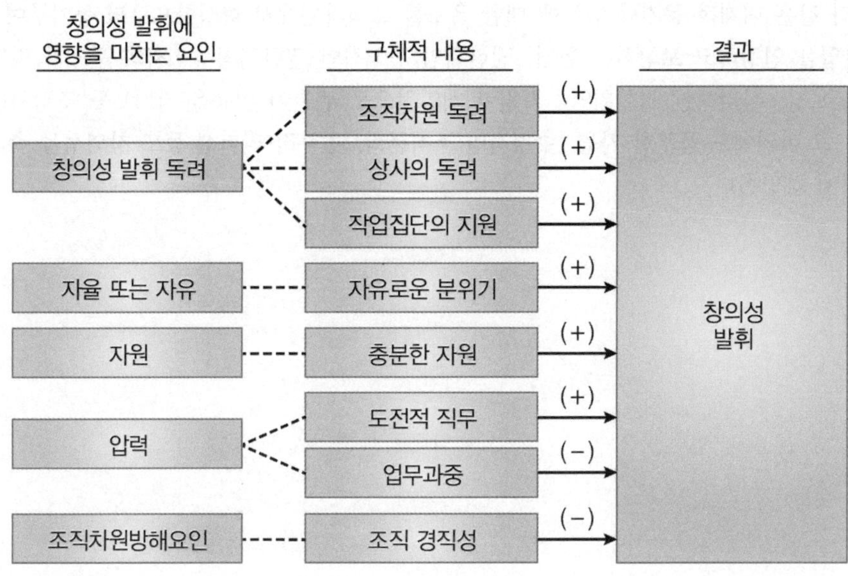

3 창의적 행동의 발현과정 : Wallas의 4단계 이론

(1) 문제의 공식화(problem formulation)

모든 창의적 행동은 행동을 통해 해결해야 하는 문제에서 시작된다. 따라서 문제의 공식화는 **아직 알려지지 않은 해결책이 필요한 문제나 기회를 식별하는 창의적 행동단계**이다.

(2) 정보수집(information gathering)

문제에 봉착했을 때 대개는 해결책을 찾기 쉽지 않기 때문에 더 많은 것을 학습해야 하고 학습한 내용을 처리하는 데 시간이 필요하다. 그러므로 정보수집이란 **지식을 수집하고 해결책을 모색하는 창의적인 행위 과정**이다. 정보수집은 **개인의 마음속에 가능한 해결책이 자라나는 창의적 행동단계**로 혁신의 기회를 탐지할 수 있게 해준다.

(3) 아이디어 개발(idea generation)

아이디어 개발은 **관련된 정보와 지식으로부터 가능한 해결책을 모색하는 창의적 행위 과정**이다. 아이디어 개발은 갈수록 **공동 작업**이 되고 있다.

(4) 아이디어 평가(idea evaluation)

아이디어 평가는 **도출한 아이디어 중 하나를 선택하는 단계**로, **가장 좋은 해결책을 고르기 위해 잠재적인 해결책을 평가하는 창의적 행동단계**이다. 일반적으로 명백한 편견을 줄이기 위해 아이디어 개발에 참여하지 않은 사람들이 평가를 담당하는 것이 좋다.

4 창의적 행동의 예측변수 : 잠재적인 창의성과 창의적인 환경

일반적으로 ① **지능**, ② **BIG5의 성격특성**, ③ **전문성(expertise)과 관련**이 있다. 다만, 잠재적인 창의성을 가지더라도 잠재성을 실현할 수 있는 환경 요소가 필요한바, **하는 일에 대한 흥미, 흥분, 만족, 도전의식과 같은 내재적 동기나 업무에 대한 욕구를 조직차원에서 형성함으로써 동기부여**를 하고, **창의적인 작업을 인정하고 보상하는 환경, 권한위임**(구조적인 권한위임 : 부서의 구조가 직원에게 충분한 자유를 보장, 심리적인 권한위임 : 직원이 개인적으로 권한이 있음을 자각) 등 조직차원의 노력이 필요하다. 그 이외에도 **풍부한 자원, 수평적인 조직문화, 민주적 리더십 등도 창의성을 촉진**하는 창의적인 환경에 해당한다.

02 | 태도

제 1 절 태도의 의의와 특징

1 의의 및 구성요소

(1) 의의

태도란 **특정 대상에 대하여 좋아하고 싫어하는 것(호-불호)을 의미**한다. 직무나 조직과 관련된 태도로는 직무만족, 직무몰입, 조직몰입, 충성심, 일체감, 조직시민행동(OCB) 등이 있다. 태도는 특정 대상이나 상황에 있어서 개인의 행위에 직접적인 영향을 미치는 변수이다.

(2) 구성요소(M. Fishbein)

태도는 ① **인지적**(cognitive), ② **감정적**(affective), ③ **행동적**(conative) **요소**로 구성된다.

1) 인지적 요소는 **대상에 대해 개인이 가지고 있는 평가나 신념**을 말한다(어떤 사건에 대해 개인이 가지고 있는 신념이 표출).

2) 감정적 요소는 **대상에 대한 느낌**을 말한다(감정적인 상태).

3) 행동적 요소는 **대상에 대한 행동성향**을 나타내는 말로서, "나는 권위적인 상사의 지시를 따르지 않겠다"라는 말은 상사에 대한 나의 행동의지를 나타낸다(행동에 대한 의도가 포함 예 이직의도). 예를 들어, 어떤 이유 때문에 상사가 싫어지면, 상사에 대해서 나쁘게 평가하거나 그의 지시를 따르지 않으려는 행동의지가 나타날 수도 있는 것이다.

4) **세 요소 간의 관계 : 상호 밀접한 관계(복합적으로 작용)**

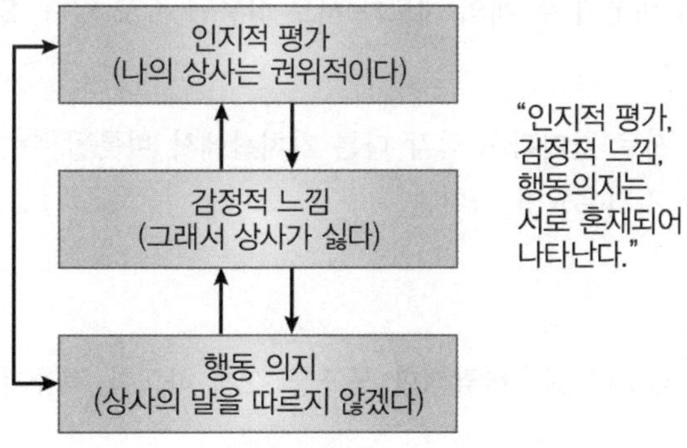

(3) 특징

- **지속적**으로 표출된다.
- 여러 **신념**[1]으로 구성된다.
- 특정 **사람, 대상** 그리고 **상황**을 중심으로 형성된다.
- **후천적**으로 **습득**된다.

(4) 중요성 : 행동에 영향

태도는 행동으로 표출된다는 점에서 중요하다. 즉, 조직과 직무에 대한 태도가 직원들의 행동을 결정하고 그 행동이 성과에 영향을 미치기 때문에 중요하다[2].

2 태도와 가치관

가치관이란 특정 행동양식이 다른 행동양식보다 더 낫다고 생각하는 개인적인(혹은 사회공동체의) 기초적 신념체계를 말한다. 즉, 가치관은 옳고, 그르다 등과 같이 판단적이고 평가적이다.

(1) 가치관의 속성

가치관이란 ① 어떤 행위가 옳고 어떠한 행위가 틀린 것이냐 하는 **도덕적 판단의 기준**이며, ② 어떠한 상태가 행복하고 어떠한 상태가 불행한가를 판단하는 개인의 판단기준이다. 즉, 가치관은 **상대적으로 무엇이 옳고 그른지 혹은 좋고 싫은지 명백하게 밝혀주는 일반적 신념을 의미**한다.

(2) 가치관이 태도에 미치는 영향

1) 가치관은 어떤 상황에 대한 생각과 행동을 안내해주는 이상적 원리며 **태도보다 더 추상적**인 개념이다. 또한 태도는 특정 대상이나 특정 상황에 대하여 하는 말이지만 가치관은 그렇지 않다. 가치관은 태도를 안내하고 인도한다고 볼 수 있으며, 태도는 가치관이 구체적으로 구현된 것이라고 할 수 있다.

2) 태도는 **잠재해 있는 가치관을 기반으로 형성**된다. 예 성선설 → 사형반대

3) **하나의 가치관에서 비롯된 두 개의 태도가 서로 상충**될 수도 있다. 예 자아실현 → 경쟁적 태도 vs 협동적 태도

4) **두 사람의 태도가 서로 같더라도 각각 다른 가치관에서 비롯**될 수 있다. 예 불우이웃 돕기 → 도덕적 가치관 vs 자기우월적 가치관

3 태도의 기능

(1) 적응(adjustment) 기능 : 태도는 **바람직한 목표를 갖게 하도록 적응기능**을 한다.

---

1) 어떤 것에 대해 개인이 믿는 것
2) 조직행동에서 많이 연구되어 오는 주제는 만족과 몰입이다.

(2) **자아방어적(ego-defensive) 기능** : 태도는 불안, 공포, 위협으로부터 벗어나 **자기 자신을 보호**하려는 기능을 한다.

(3) **탐구적(knowledge) 기능** : 태도는 **복잡한 대인관계를 간단하게 인식, 분류하는 기능**을 한다.

(4) **가치 표현적(value expressive) 기능** : 태도는 **자신의 중심적 가치에 긍정적 표현을 하는 기능**을 한다.

4 조직에의 시사점

태도는 ① **직무만족, 직무몰입, 조직몰입 등과 관련되어 나타나며**, 이는 ② **조직의 목표 달성, 성과향상, 이직률 및 결근율, 대인관계 등 조직 전반에 영향**을 미치게 된다. 따라서 **관리자는 ① 태도의 특성 및 기능 등을 이해하고 ② 구성원의 태도를 분석하여 ③ 인사관리 전반에 반영하는 노력을 기울여야 할 것**이다.

제 2 절 태도와 행동과의 관계 : 계획된 행동에 대한 Ajen의 이론

1 의의

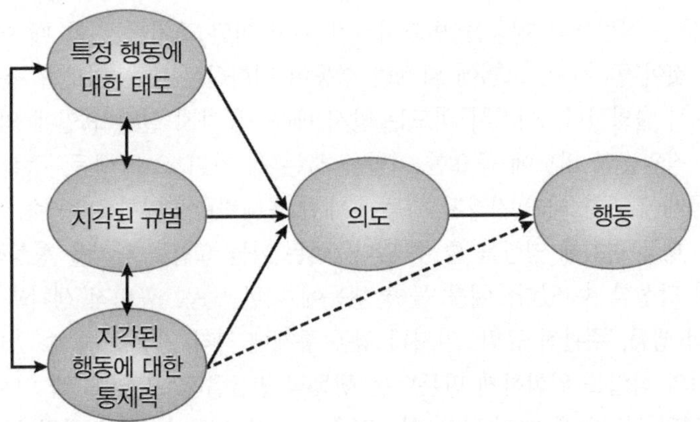

(1) **지각된 규범**

특정 행동에 대해 주변에서 받아들일 것인지에 관한 **사회적 압력**의 **인지(perceived)**를 의미한다. 예를 들어 노동조합의 적극적인 지지가 있으면 지각된 규범이 강하게 형성될 수 있다. 이는 **주관적 규범**으로 사회적 요인의 예측치를 의미한다.

(2) **특정 행동에 대한 태도**

특정 행동(예 파업)이 유용한지 아닌지에 대한 판단을 통해 특정 행동에 대한 태도가 형성된다. 이는 어떤 행동에 관하여 개인이 갖고 있는 긍정적 또는 부정적 평가의 정도를 나타낸다.

(3) 지각된 행동에 대한 통제력

특정 행동을 하는 것이 쉬운 일인지 혹은 어려운 일인지에 대한 판단을 하는 것이다. 즉, 어떤 행동을 수행하는 데 있어서 느끼는 편안함 또는 어려움을 의미하는 **인지된 행동 통제의 정도**를 의미한다. **과거의 경험 혹은 예상되는 장애물이 존재하는지를 검토**하여 통제력이 많을수록 행동으로 표출되기 쉽다.

2 내용

- **태도가 행동으로 연결되는 데에는 다른 요인도 존재**한다. 예를 들면 태도는 대상에 대한 것뿐만 아니라 상황에 대한 측면도 고려해야 한다.
- 태도가 행동을 야기하는 데에는 **사회적 규범**의 역할이 존재할 수 있다.
- 태도가 행동으로 연결되는 데에는 개인이 **행동에 대한 통제력**을 가지고 있을 때 가능하다.
- 태도와 행동 간의 관계를 단순히 직접적인 관계로 보기보다 그 관계를 중간에 매개하는 역할을 하는 의도가 존재한다. **즉, 태도가 바로 행동으로 표출되는 것이 아니라 매개변수로서의 '의도'가 존재하는데 이는 지각된 규범이나 지각된 행동에 대한 통제력에 의해 영향을 받는다.**

3 시사점

실생활적인 관점에서 계획된 행동 이론(theory of planed behavior)은 중요한 경영학적 내용을 내포하고 있다. 경영자들은 직원들의 행동을 변화시키기 위해 어떤 조치를 취할 때 이 모델로부터 얻은 처방전을 사용하는 것이 좋다. 이 모델에 따르면 행동이 변화하는 것은 의도가 행동을 변화시킨다는 생각에 대한 인식에서 출발한다. 여기서 의도는 앞서 배운 세 가지 결정 요인에 의해 영향을 받는다. 경영자들은 따라서 직원들의 의도에 중요한 역할을 하는 세 가지 요소(행동, 주관적 규범(지각된 규범), 인지된 행동 통제에 관한 태도(지각된 행동에 대한 통제력))에 영향을 줄 수 있는 **말을 함**으로써 특정 행동을 하도록 행동 변화에 영향을 줄 수 있다. 이는 이들 요인들 각각을 형성하는 특정한 **생각을 수정(지각)**함으로써 달성할 수 있다. 예를 들어 행동에 대한 믿음, 규범적 생각과 행동 통제에 대한 생각(지각)은 직접적 행동, 주관적 규범, 인지된 행동 통제에 각각 영향을 줄 수 있다. 예를 들면 직원들은 임시직이 자신의 직업을 위험하게 만든다는 행동적 믿음을 갖고 있을 때 임시직에 대한 부정적 생각을 갖게 되고 직업 안정성에 대해 낮은 인지력을 보인다고 한다. **결국 경영자는 직원들의 지각을 변화시킴으로써 태도와 행동을 변화시킬 수 있다.** 결론적으로 해당 이론은 **의사소통을 통하여 구성원의 지각을 바꿈으로써 의도를 형성하고 이로써 행동을 바꿀 수 있다는 것을 시사**한다.

제 3 절 성과 관련 태도

1 직무만족

(1) 의의 및 중요성

직무만족이란 개인이 직무나 직무경험에 대한 평가의 결과로 얻게 되는 즐겁고 긍정적인 감정상태를 의미한다. 즉, **개인이 직무나 직무경험에 대한 평가의 결과로 얻게 되는 즐겁고 긍정적인 감정상태**를 의미한다. 직무만족은 단일차원이 아닌 다차원의 개념이며 조직의 다양한 성과요인들과 관련된다는 사실이 밝혀졌다. 결국 **직무만족은 조직의 성과와 깊이 관련되기 때문에 중요**하다.

(2) 측정방법

가장 널리 사용되는 두 가지 방법으로는 ① **단순종합평가법**(single global rating)과 ② **직무요소합산법**(summation of job facet)이 있다. **단순종합평가법은 응답자가 "전반적으로 당신의 직무에 얼마나 만족하는가?"와 같은 질문에 답하는 간단한 방법이다.** 응답자는 '매우 만족'부터 '매우 불만족'을 나타내는 1~5에 응답하면 된다. **직무요소합산법은 직무에서 핵심요소를 식별하고 각 요소에 대한 종업원의 감정을 묻는다.** 전형적인 요소는 **직무특성, 상사, 현재 급여, 승진기회, 문화, 동료와의 관계** 등이다. 이러한 요소를 표준화된 척도로 평가한 후 모두 더하여 전반적인 직무만족 점수를 산출한다. **단순종합평가법은 시간이 절약되므로 다른 과업을 살펴볼 수 있으며, 직무요소합산법은 경영자가 문제를 원점에서 신속하고 정확하게 풀어가게 해준다.**

(3) 직무만족의 원인변수와 결과변수

1) 원인변수

① 직무환경

직무와 관련된 교육훈련 제공, 업무의 다양성과 독립성 보장, 자율적 통제권이 부여된 흥미로운 일이 주어지면 만족하게 된다.

② 성격

긍정적으로 **핵심자아평가**(Core Self-Evaluation)를 하는 사람, 즉 **자신의 내재적 가치와 기본 역량을 확신하는 사람**은 부정적으로 핵심자아평가를 하는 사람보다 직무만족도가 더 높다. 핵심자아평가(CSE)란 **자신의 능력과 역량, 인간으로서의 가치 등에 대한 개인의 최종적 결론**을 의미한다.

③ 기업의 사회적 책임

CSR(Corporate Social Responsibility)에 대한 **조직의 확약 또는 법적 요건 이외에 사회와 환경에 효익을 제공하는 조직의 자율규제적 행위**는 종업원으로 하여금 직무만족을 가져다준다.

2) 결과변수

① 직무성과

직무만족도가 높을수록 더 많은 성과를 창출한다.

② 조직시민행동

직무만족이 높을수록 ① **신뢰가 높고**, ② **외향성과 성실성을 갖춘 사람**일 확률이 높기 때문에 조직시민행동으로 이어질 수 있다.

③ 고객만족

직원의 만족이 곧 고객만족으로 되는 것이다. 최근의 연구에도 직원의 만족과 고객만족도가 상호 관련성이 있으며 직무만족에 대한 고객만족의 내심적 효과가 일반적인 직원과 고객의 관계보다 훨씬 강하다고 밝혀졌다.

(4) Herzberg의 2요인 이론

1) 의의

허츠버그의 2요인 이론이란 직무만족을 성과와 관련된 예측변수로서 규명한 최초의 이론으로 주목받았다. **전통적 관점에서 불만족의 반대는 만족으로 보았으나, 허츠버그는 만족의 반대는 만족이 없는 상태로 보았으며, 마찬가지로 불만족의 반대는 불만족이 없는 상태로 간주**했다.

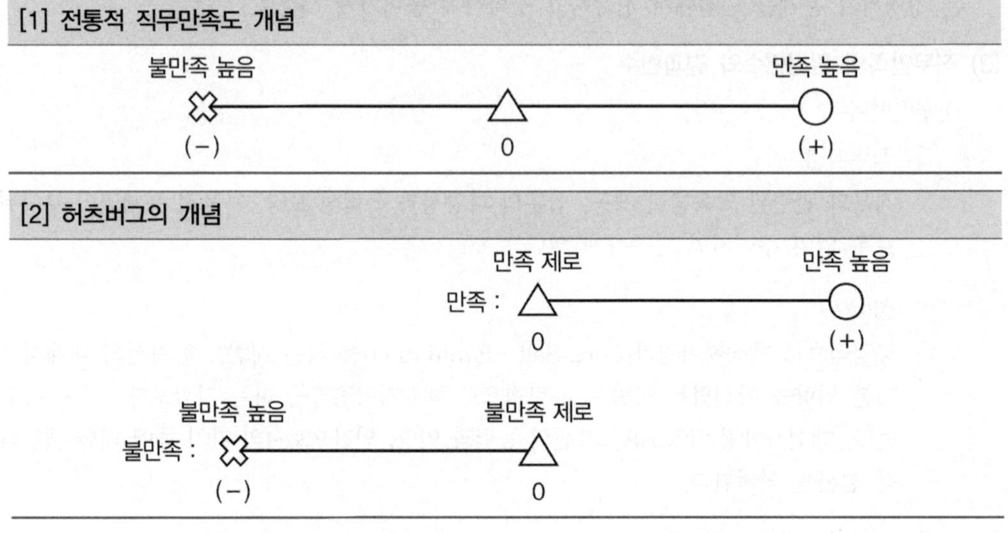

2) **유형** : **동기요인**(motivators), **위생요인**(hygiene factors)

위생요인 : 환경 & 타인과 관련	**동기요인** : 직무 & 자신과 관련
• 급여 • 감시와 감독 • 회사의 정책과 행정 • 감독자(상사)와의 인간관계 • 하급자와의 인간관계 • 동료와의 인간관계 • 작업조건 • 개인생활 요소들 • 직위 • 직장의 안정성	• 성취감 • 칭찬이나 인정을 받을 수 있는 기회 • 직무 자체가 주는 흥미 • 성장 가능성 • 책임감 • 직무의 도전성 • 발전성(승진)
⇩ 동기부여시키지 못하기 때문에 적절히 충족	⇩ 동기부여의 중요한 요인으로 직무내용 개선 및 향상시키는 데 주목(직무충실화)

3) 이론의 내용

동기요인들은 주로 직무 자체 또는 개인의 정신적 · 심리적 성장에 관련되는 요인들이며, 위생요인들은 직무 외적인 요인을 의미한다(직무, 성장 → 동기요인, 직무 외적인 것 → 위생요인). 즉, 허츠버그는 직무 자체로부터 얻는 성취감, 안정감 등과 같은 **내재적 만족이야말로 진정한 만족**이고 급여, 작업조건과 같은 직무 외적 요인들은 아무리 높거나 훌륭하더라도 진정한 만족을 줄 수 없다고 보았다.

4) 이론의 특징

① 직무를 수행하는 과정에서 경험하는 작업자의 일련의 사건들 중에 **직무만족을 결정하는 것이 있는 반면 직무불만족을 가져다주는 사건들도 있다고 구분**하였다.

② 직무만족을 가져다주는 사건은 Maslow가 제시한 욕구단계 중 대체로 상위욕구(자기존경욕구, 인정욕구, 사회적욕구)를 충족시키는 것과 관련되는 반면, 직무불만족을 가져다주는 사건은 하위욕구(안전욕구, 생리적 욕구)와 관련된다.

③ 작업장에서 생산성에 영향을 미치는 종업원의 태도가 바로 직무만족이라는 것을 발견하였으며, **직무만족을 높이기 위해 조직이 무엇을 해야 하는지를 구체적으로 제시하였다(예 직무충실화).**

5) 비판

① 반드시 만족요인이 성과와 연계되는 것은 아니라는 비판이 있다. 즉, **만족을 한다고 해서 바로 성과로 이어지지 않는다는 한계**가 있다.

② **연구대상이 엔지니어, 회계사와 같이 이미 위생요인이 충족된 전문직**이었기 때문에 **동기요인이 과대평가되었을 우려**가 있다.

6) 조직경영에 주는 의미(OB)

허츠버그는 급여, 승진 등과 같은 위생요인들을 병적으로 추구하는 조직원들은 조직경영에 있어서는 암적인 존재라고 했다. 따라서 허츠버그는 위생요인 추구현상을 극복하기 위하여 **직무확대나 직무충실화 등을 통하여 직무 속에 동기요인을 구축**할 것과 **조직원들이 위생요인보다는 동기요인을 추구할 수 있도록 교육과정을 재구성할 것을 제안**하고 있다.

허츠버그는 조직원들이 성취감, 인정감, 자극, 책임감, 발전성 등을 체험할 수 있도록 직무를 재구성해야 한다고 주장한다. 허츠버그는 자기 스스로를 "**직무충실화의 창시자**(father of enrichment)"라고 부를 만큼 직무충실화에 대한 상표권에 집념을 보였다.

조직구조 측면에서, 허츠버그는 노사나 인사담당부서를 위생요인 담당부서와 동기요인 담당부서로 양분할 것을 제안하였다.

(5) 직무만족과 성과와의 관계 : Porter와 Lawler의 수정 기대이론 : 성과 → 만족

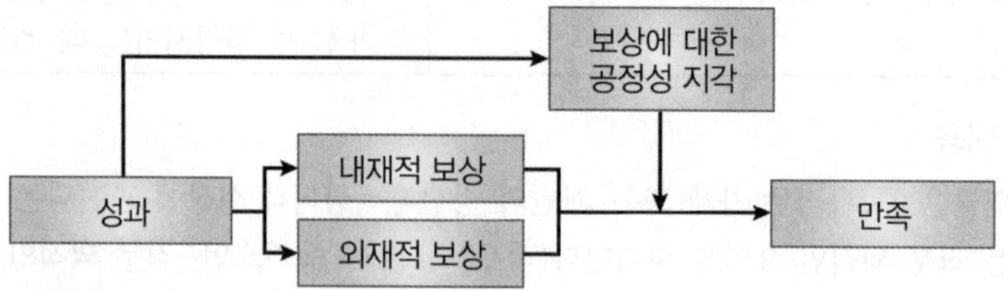

(6) 직무만족과 조직행동

1) 직무만족과 조직성과와의 관계

① 조직시민행동↑, 고객만족↑, 결근율↓, 이직률↓

② 구성원들의 만족도가 높아지면 이직이나 결근이 줄고, 조직시민행동을 더 많이 보이게 된다. 최근의 연구결과에 따르면 만족도가 높은 조직구성원들의 성과가 낮은 구성원들에 비해 더 높게 나타났다. 직무만족이 성과에 영향을 미칠 수 있음을 암시하는 연구결과다.

③ 급여와 만족도와의 관계

급여와 만족도의 관계에 대한 많은 연구결과들을 종합검토한 한 연구논문에 따르면, **급여수준과 만족도의 관계는 매우 약한 것**으로 나타났다. 급여수준이 만족도에 큰 영향을 미치지 못하는 이유는, **사람들이 높은 연봉을 받게 된 초기에는 일시적으로 만족할 수 있지만, 시간이 지나면서 높은 수준의 급여에 익숙해져 더 많은 연봉을 기대하기 때문**이다.

▼ Deaton 교수의 급여 – 만족도와의 관계

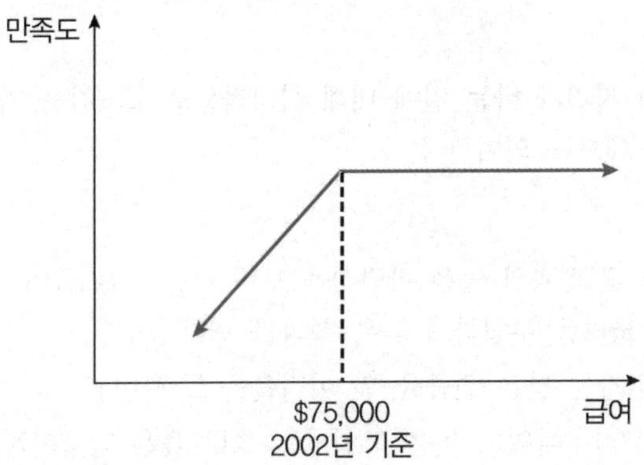

2) 직무불만족의 반응행동

① EVLN모형

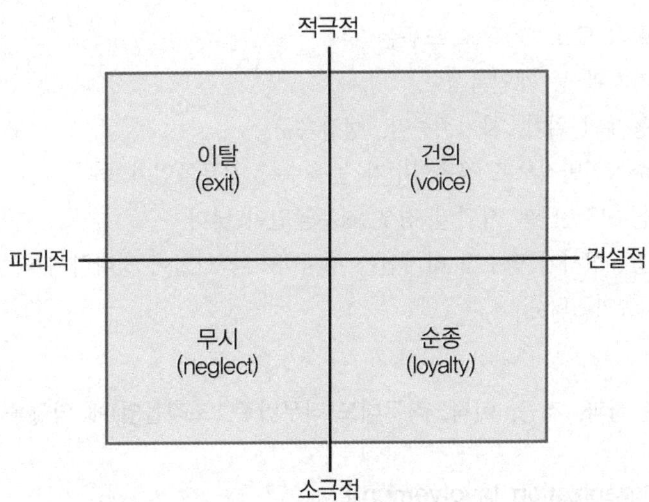

❶ 이탈(exit) : 다른 부서로 옮기거나 회사를 나가버린다.

❷ 건의(voice) : 상황을 개선하기 위해 책임자에게 제의하고 요구한다.

❸ 순종(loyalty) : 개선될 때까지 기다리며 참는다.

❹ 무시(neglect) : 조직에 비협조적이고 결근이나 태만으로 임한다.

② 반생산적 행동(Counterproductive Work Behavior : CWB)

반생산적 행동은 **조직의 성과를 저해하는 조직원들의 행동**이다. 즉, 조직과 동료를 해치는 구성원의 행동으로 절도, 게으름, 거짓행동, 위해행동, 협조거부 등이 있다.

2 직무몰입(Job Involvement)

(1) 의의

직무몰입이란 작업자가 **자기가 하는 일에 대해 심리적으로 일체감**을 가지고 일과 자신의 존재와 관련하여 가지고 있는 태도를 의미한다.

(2) 직무몰입의 역할

- 직무몰입은 **직무행동 및 성과와 높은 관련성**을 보여준다. 예를 들어 직무몰입이 높은 작업자는 작업행동에 더 많은 노력을 투입하여 높은 성과를 낸다.
- 직무몰입이 높은 작업자는 **낮은 결근율 및 이직율**을 보여준다.
- 직무태도와 관련하여 직무몰입이 높은 작업자는 보다 **높은 직무만족도 및 조직몰입도**를 보여준다.

(3) 직무몰입의 원인변수 및 결과변수

1) 원인변수

① **사회문화적 요소** : 기독교 노동윤리[3)]

② **성격, 가치관** 등 개인특성

③ **성격** : 통제의 위치, 자기존중감, 성장욕구

④ **근속연수** : 일반적으로 근속연수가 높을수록 직무몰입이 높다.

⑤ **직무특성** : 단순반복 작업일 경우 직무몰입이 낮다.

⑥ **작업상황** : 상사가 민주적 리더십을 행사하거나 역할이 명확하여 역할갈등이 적을수록 직무몰입이 높아진다.

2) 결과변수

직무만족은 **성과, 결근, 이직, 직무태도(직무만족, 조직몰입)에 영향**을 준다.

3 조직몰입(Organization Involvement)

(1) 의의

조직몰입이란 **개인이 조직에 대해 보다 긍정적인 느낌을 가지고 조직에 대해 자신이 심리적으로 애착을 가지고 있는 상태**를 의미한다. 즉, 개인이 특정 조직에 대하여 애착을 가짐으로써 그 조직에 남아있고 싶어하고 조직을 위해서 더 노력하려 하며 조직의 가치와 목표를 기꺼이 수용하게 되는 심리적 상태를 뜻한다.

---

3) 베버의 저서 『프로테스탄트 윤리와 자본주의 정신』에 나온 용어다. 당시 독일은 마르틴 루터가 종교개혁을 한 이후로, 개신교, 즉 프로테스탄트의 탄생을 맞이하게 된다. 19세기 말 막스 베버는 자본주의가 개신교 국가에서 뿌리내리는 현상의 이유에 대해 개신교에서의 자본주의적 미덕으로 설명한다. 개신교에는 자본주의 성장에 적합한 노동윤리와 삶의 방식이 있다는 것이다. 이것을 프로테스탄트 윤리(기독교 노동윤리)라고 한다. **결론은 자본주의 성장의 원인을 사회문화적으로 파악한 것이다.**

(2) 조직몰입의 세 가지 구성요소(Meyer & Allen, 1991)

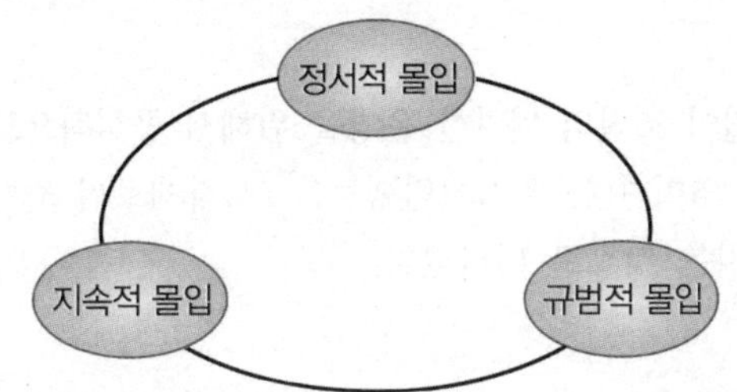

1) 정서적 몰입(Affective commitment) : 욕망(desire)과 정서적 애착에 기반

정서적(affective) 몰입이란 구성원이 조직에 대하여 **정서적으로 애착**을 느끼고 동일시하는 몰입유형을 말한다.

2) 지속적 몰입(Continuance commitment) : 필요(needs)에 기반

지속적(continuance) 몰입은 소속된 조직과 결별하는 데 따르는 **경제적 비용**이 많이 들기 때문에 구성원의 자격을 유지하려는 심리적 상태를 의미한다.

3) 규범적 몰입(Normative commitment) : 책임(obligation)에 기반

규범적(normative) 몰입이란 **도덕적, 심리적 부담이나 의무감** 때문에 조직에 몰입하는 경우이다.

4) 이중 몰입(dual commitment)

가령 노조원들 중에는 기업 조직에 대해서뿐 아니라 노동조합 조직에 대해서도 동시에 강한 심리적 몰입을 보여주는 경우가 많다. 이것을 이중 몰입(dual commitment)이라고 한다.

(3) 조직몰입과 성과

몰입은 많은 긍정적인 결과를 낳는다. 조직에 대한 애착으로 이직률이 줄어들며 다른 사람들에 대해서도 좋은 태도를 견지하게 된다. 조직에 몰입하는 사람은 자신의 생활과 경력 관리에 있어서도 성공적인 것으로 나타나고 있다. 또한 조직몰입은 **자기 희생을 촉발**하는 것으로 밝혀졌으며 **직무성과나 혁신적 행동과도 관련**되는 것으로 나타났다. 한편 **정서적 몰입의 효과가 지속적 몰입이나 규범적 몰입에 비해 더 강력**하다는 결과를 얻었다.

(4) 조직에의 시사점

과거 한국조직의 구성원들은 자신이 속한 조직에 대한 몰입이 매우 강한 것으로 알려져 왔다. 하지만 1997년의 외환위기와 2008년 금융위기를 겪으면서 많은 한국 조직원들이 조직에 대해서 느끼는 정서적 몰입의 정도가 많이 약해졌다.

그렇다면 조직구성원들의 몰입을 증진시키기 위해서는 어떻게 해야 하는가? 우선 **조직의 가치를 공유할 수 있는 사람들을 선발하는 것이 중요**하다. 또한 **조직의 이해와 개인의 이해를 일치**시킬 필요가 있다. **우리사주나 스톡옵션을 발행하여 조직원들과 성과를 나누는 등의 관행은 조직몰입 증진 차원에서 매우 중요한 의**미를 갖는다. 물론 **구성원들을 기업경영에 자주 참여시켜 주인의식을 갖도록 하는 것**도 중요한 방편이 될 수 있을 것이다.

4 조직시민행동(Organizational Citizenship Behavior : OCB)

(1) 개념 및 중요성

조직시민행동이란 **조직원이 조직의 원활한 운영을 위해서 공식적으로 주어진 임무 이외의 일을 자발적으로 수행하는 것**을 의미한다. 조직시민행동은 그 자체로써 **조직분위기를 좋게 할 뿐 아니라, 성과에도 큰 영향을 미치는 것**으로 나타났다.

(2) 특성

1) 역할 외 행동(extra-role behavior)

역할 외 행동이란 **조직에 도움은 되지만 조직에서 주어진 임무와 관련 없는 행동**을 의미한다.

2) 조직시민행동

조직시민행동은 ① **자발적으로 이뤄지고,** ② **직접적이고 명시적으로 인정되지 않은 행동이며,** ③ **모아져서 성과를 달성한다는 특징**이 있다.

(3) 유형

1) 조직시민행동 개인(OCB-I) : 조직 내 다른 구성원들을 지향

① 이타주의(altruism)

이타주의란 **직무수행과정에서 어려움에 처한 동료를 자발적으로 돕는 행위**를 의미한다.

② 예의행동 or 공손한 행동(courtesy)

예의행동(혹은 공손한 행동)은 직무수행과 관련하여 **다른 조직원들과의 불필요한 갈등을 예방**하기 위한 자발적 노력을 의미한다.

2) 조직시민행동 조직(OCB-O) : 조직을 지향

① 성실성(Conscientiousness)

성실성은 **조직의 규정, 규칙, 규범을 일관성 있게 지키려는 자세**를 의미한다.

② 스포츠맨십(Sportsmanship)

스포츠맨십이란 조직생활에서 **다소의 불편이나 기대에 못 미치는 일이 있더라도 불평하지 않고 인내하는 성향**을 의미한다.

③ 시민행동 or 공민의식(Civic virtue)

시민행동(혹은 공민의식)이란 **자신이 속한 조직에 대해서 깊은 관심을 가지고 적극 참여하는 태도**를 의미한다.

(4) 조직시민행동의 선행요인

조직시민행동의 선행요인으로는 **직무만족, 조직몰입, 리더의 후원, 개인의 성격적 요인 등**이 있다.

5 신뢰(Trust)

(1) 신뢰의 개념

신뢰란 **어떤 사람의 정직함, 언행일치, 약속의 이행, 거짓이나 위선이 아닐 것이라는 기대 그리고 어떤 일을 제대로 수행할 수 있으리라는 기대**를 의미한다. 즉, 신뢰란 **다른 사람의 태도나 행동을 긍정적으로 생각하고 기꺼이 그들을 믿고자 하는 태도**다.

(2) 신뢰의 특징

1) 기대(Expectation)와 관련된 개념

신뢰란 **상대방이 우리에게 이익이 되거나 적어도 해가 되는 행동을 하지 않는다는 기대**, 구두나 문서로 작성한 약속이 지켜질 것이라는 기대, 규칙이나 규범을 준수하고 정직하고 협력적인 행동을 할 것이라는 기대 등과 관련된 개념이다.

2) 위험(Risk)과 관련된 개념

신뢰란 한편으로 위험과 관련된 개념으로, **손해 볼 가능성**이 있지만 그의 말과 행동을 믿고 따르고자 하는 의도를 의미한다.

(3) 신뢰의 유형

'신뢰의 대상'에 따라 신뢰의 유형은 **대인신뢰, 팀신뢰, 조직신뢰, 사회 및 국가에 대한 신뢰**로 나눌 수 있다.

1) 대인신뢰

대인신뢰란 **타인에 대한 신뢰**를 의미하며, 협동시스템 구축에 중요한 역할을 한다.

① **수평적 신뢰 : 동료**에 대한 신뢰

② **수직적 신뢰 : 상사**에 대한 신뢰

수직적 신뢰는 상사의 리더십이 수용되고 자발적인 노력을 끌어낼 수 있다는 측면에서 강조된다.

2) 팀신뢰

개인이 속한 **팀에 대한 신뢰**를 의미한다.

3) 조직신뢰

개인이 속한 **기업에 대한 신뢰**를 의미하며 **경영진에 대한 긍정적 태도를 형성**하는 역할을 수행한다.

4) 사회 및 국가신뢰

개인이 속한 사회 및 국가에 대한 신뢰를 의미한다.

(4) 신뢰와 조직유효성

- 높은 성과를 낼 수 있도록 촉진하며, **개방적 커뮤니케이션이 활발**하여 발생된 문제를 효과적으로 해결하는 데 본질적으로 공헌한다. 복잡하고 불확실한 환경에서 조직 구성원 간 상호작용과 협동을 도출할 수 있다.

- **감독비용이 감소**될 수 있다.
- **조직구성원 간 일체감**을 통해 조직에서 발생한 **문제해결에 구성원이 자발적으로 참여**하게 한다.
- 경쟁력을 위해서는 조직변화는 필수인바, 이에 **조직변화에 대한 저항을 감소**시킬 수 있다.
- 신뢰는 **조직의 안정과 구성원의 행복**을 가져다준다.

(5) 신뢰의 형성요인

1) 능력(ability)

능력이란 어떤 사람이 특정한 분야에서 영향력을 갖도록 해 주는 **기술과 재능의 집합을 의미**한다.

2) 호의(benevolence)

호의란 **자기중심적인 동기에서가 아니라 진심으로 타인에 대해 관심을 가지고 이로운 일을 하기를 원한다고 믿어지는 정도**를 의미한다.

① **소극적 호의** : 기회주의적 행동을 하지 않는 것

② **적극적 호의** : 타인의 이해를 보호하고 배려하는 것

3) 성실성(conscientiousness)

성실성이란 **타인이 받아들일 수 있다고 보는 원칙들을 자신이 준수하는 정도**를 의미한다.

4) 성과(performance)

성과란 **어떤 일을 성공적으로 해낸 것**을 의미한다.

5) 개방성(openness)

개방성이란 **아이디어 및 정보를 공유하는 정도**를 의미한다.

6) 신뢰 형성요인들의 결핍

위 요인 중 하나라도 결핍이 되면 전체적 신뢰형성에 차질이 생긴다. 예를 들어 성과는 높은데 성실성에 문제가 있을 경우 단기적으로 관대하게 대할 수 있으나 중장기적으로는 신뢰관계가 유지되기 어렵다.

제 4 절 태도 관련 이론(태도변화)

1 장이론(Field Theory)

(1) 개념

레빈의 장 이론이란 인간의 행동은 그를 둘러싼 환경(장)의 영향을 받는다고 가정하였다. 즉, 상황에 따른 인간행동을 다룬 이론이라고 할 수 있다. Kurt Lewin에 의하면 **장이란 개체와 그 주변을 모두 포함하여 일컫는 말**이다.

(2) 등장배경

제2차 세계대전이 시작된 직후 미국이 식육용 고기 부족으로 곤란을 겪고 있을 때 사회심리학 연구기관의 관계자였던 K. Lewin이 이 문제의 해결을 맡았다. 즉, 주부들로 하여금 소의 간, 허파, 내장 등에 대한 부정적인 태도를 변화시켜 이를 즐겁게 구매하여 먹게 하는 것이었다. 대부분의 주부들은 이미 '소의 내장 등은 쇠고기보다 나쁘고 가난한 사람들이 사서 먹는다'는 준거집단의 규범에 물들어 있었기 때문에 좀처럼 태도를 바꿀 수 없었다. 이때 레빈은 주부들끼리의 토론의 장을 만들어 놓고 설득하려는 자들을 주부들과 같은 동료집단으로 참석시켰다. 강의를 듣는 것이 아니라 자신들이 토론에 참여했고, 준거집단인 동료 부인들이 새로운 의견을 제시하니까 쉽게 동조하였던 것이다. 다시 말해 집단구성원의 태도를 변화시키기 위해 특정한 한 사람을 개별적으로 접촉하여 설득하게 되면 해당되는 한 사람에게만 영향을 미치지만, **집단 속에 들어가 집단을 상대로 설득하였더니 그 영향력이 순식간에 구성원 모두에게 퍼져 나갔던 것**이다. 즉, **집단 속의 개인들은 상호 영향을 받기도 하고 영향을 미치기도 하면서 자신의 태도를 변화시켜 나간다.** 이를 통해 레빈은 **개인과 환경의 상호작용이 행동으로 나타난다고 주장**하였다('B=f(P,E)', B=Behavior, f=function, P=Person, E=Environment).

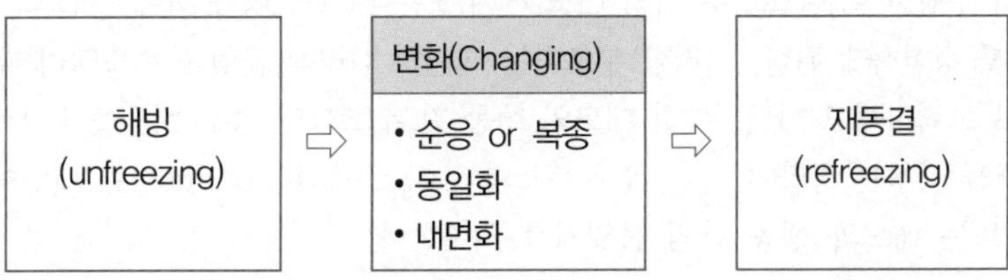

즉, 위의 예에서 주부 한 사람을 대상으로 태도변화를 시도하는 것이 아니라 그 주부가 속해 있는 집단을 변화시키면 그 집단이 마치 자기장처럼 멤버들 서로에게 힘을 가하여 그의 태도와 또한 그 집단 모두의 태도를 쉽게 변화시키는 것이다. 집단 속의 개인들은 상호 영향을 받기도 하고 영향을 미치기도 하면서 변화하기 때문에, **변화를 추진하는 힘과 변화에 저항하는 힘이 대치되는 상황에서 변화를 추진하는 힘이 더 높아지는 경우 혹은 변화에 저항하는 힘을 약화시킬 경우 변화가 가능하다고 설명한 이론**이다.

(3) 태도 변화의 과정

1) **해빙(unfreezing)** : 변화의 필요성을 깨닫고 새로운 태도를 수용하기 위한 마음자세를 갖게 되는 단계

2) **변화(changing)** : 변화에 대한 동기부여가 이뤄져 새로운 행동을 수용하기 위한 태도변화가 실제로 일어나는 단계(Kelman)

① 복종 or 순응(compliance) : 상대방에게 **호의적인 반응을 얻거나 부정적 반응을 회피하기 위해 변화**를 받아들이는 경우

② 동일화(identification) : 집단과의 **우호적 관계를 유지하기 위해 변화**를 받아들이는 경우

③ 동일시 or 내면화(internalization) : 자신의 **가치체계와 부합하여 변화**를 받아들이는 경우

3) **재동결(refreezing)** : 변화된 행동이 고착화되는 단계

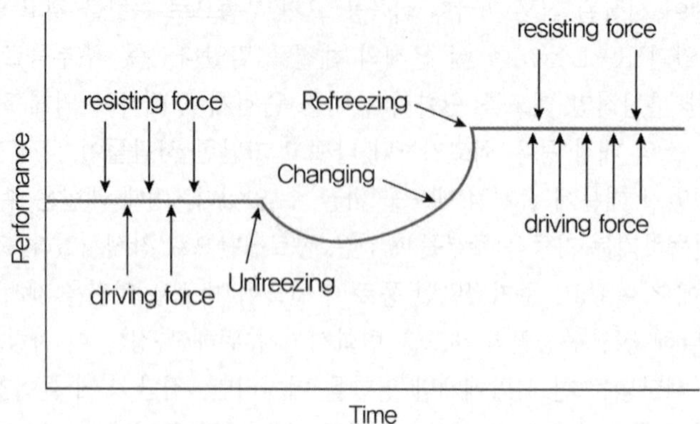

2 인지부조화이론(Cognitive Dissonance Theory)

(1) 개념

Festinger가 주장한 이론으로 두 개의 태도 간에 또는 태도와 행동 간에 불일치가 발생하면 개인은 인지부조화를 경험하게 된다. 이러한 부조화는 개인의 심리적 균형을 깨뜨리기 때문에 이를 감소시키는 쪽으로 노력하려고 한다. 특히 태도와 행동 간 부조화의 경우 행동을 돌이킬 수 없으므로 행동보다 태도를 바꾸는 경향이 있다. 인지부조화(cognitive dissonance)란 **개인이 가진 두 가지 이상의 태도 또는 태도와 행동 간의 불일치**를 의미한다.

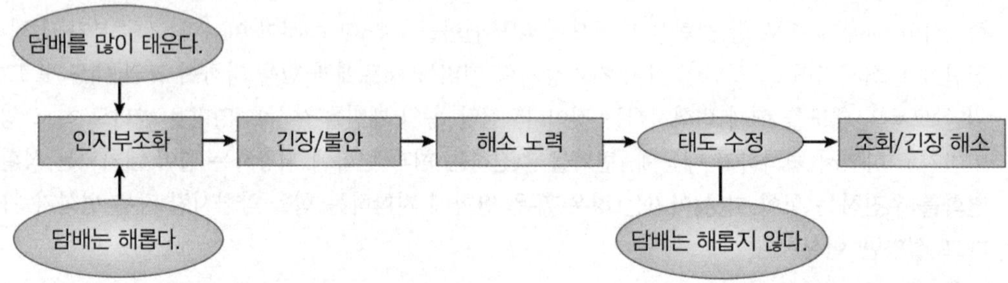

(2) 인지부조화를 감소시키고자 하는 욕망의 영향요인

인지부조화의 정도가 심할수록 사람들은 마음속에 갈등과 불만을 갖게 된다. 그러므로 이를 줄이려면 인지의 부조화를 해소하거나 최소화하도록 조절해야 하는데 이에 영향을 미치는 요인으로는 ① **부조화가 생기게 된 상황의 중요성, ② 개인이 믿는 상황 변화에 대한 영향력 정도, ③ 부조화에 수반된 비용** 등 3가지가 있다.

1) 부조화가 생기게 된 상황의 중요성

중요한 신념(태도)이나 행동일수록 인지부조화 해결을 위해 더 적극적으로 노력하게 된다. 즉, 인지부조화를 만드는 요소의 중요도(importance) 수준이 클수록 인지부조화를 감소시키고자 하는 욕망이 더욱 커지는 것이다.

PART 02

2) **개인이 믿는 상황 변화에 대한 영향력 정도**

또한 **부조화를 스스로 통제할 수 있다고 믿을 때 인지부조화 감소를 위해 더욱 노력**하게 된다. 개인이 그 요소에 미칠 수 있다고 생각하는 영향력(influence)의 정도가 클수록 인지부조화 해결을 위해 노력하게 된다는 것이다.

3) **부조화에 수반된 비용**

부조화의 비용이 클수록 인지부조화 해결을 위해서 더 적극적으로 노력하게 된다. 반대로 부조화가 크더라도 보상(reward)이 크거나 개인에게 의미 있는 것이라면 인지부조화 상태에서 비롯되는 불편함이 줄어든다.

(3) 인지부조화 감소를 위한 방법 : 태도변화

인지부조화를 느끼는 것 자체가 긴장과 걱정이기 때문에 이를 조화상태로 바꾸려고 은연중에 노력한다. 결국 한 쪽의 인지를 바꾸면 된다. 예를 들어 금연하려는 사람이 흡연하려는 행동을 할 경우 '담배는 해롭지 않다'라고 **담배에 대한 태도를 긍정적으로 바꿈으로써 마음의 평정**을 찾는다.

(4) 조직에서의 예시 및 시사점

조직에서의 예시로는 소득세를 줄이기 위해 금액을 날조하는 것이 옳지 않다는 사실을 알고 있지만 숫자를 조작하거나 회계감사를 피하고 싶어 하는 것이 대표적인 예시다.

이러한 인지부조화는 조직변화와 변화저항 등 여러 조직 현상을 설명하는 데 쓰인다. **조직구성원들의 행동을 바꾸려 할 때 그들의 신념, 태도와 새로운 행동이 조화를 이룰 수 있도록 참여의 기회를 많이 주는 것이 인지부조화 해소를 돕고 변화저항을 줄이는 방법이다.**

한편 최근 한 연구에서는 업무상 감정적으로 어려움을 겪은 종업원의 태도가 그 경험에 대해 동료와 이야기를 나눈 후에 많이 개선되었음을 보여준다. 이와 같은 **〈사회적 공감〉은 자신의 태도를 행동 기대에 맞추어가도록 도와주는 역할**을 한다.

3 행동주의이론(학습이론)

강제로 상황(조건, conditioning)을 설정하면 강제로 그러한 행동이 일어날 것이고 결국 그 행동으로 인해 좋은 결과가 생기면 태도가 바뀐다는 이론이다. **행동주의자**들은 **자극-반응원리**인 일종의 **학습에 의해서 태도변화가 가능하다고 주장**했다. 즉, 새로운 태도를 갖게 하려면 일단 행동을 먼저하라는 것이다. 그 결과가 자신에게 이로우면 그 행동을 또 할 것이고 이를 되풀이하다 보면 태도도 그쪽으로 바뀐다는 것이다.

CHAPTER PART 02 개인차원

03 | 가치관

제 1 절 가치관(Value) 및 가치체계(Value system)

1 가치관의 의의

가치관이란 '**어떤 특정한 행동 양식이나 존재 양식이 다른 행동 양식이나 존재 양식보다 개인적으로 또는 사회적으로 더 바람직하다는 기초적 신념**'을 의미한다. 즉, **가치관은 '옳고 그름(right or wrong)'의 판단기준**이며, '무엇을 얼마나 중요시하는가'를 뜻한다. 가치에는 무엇이 옳고 그르며 무엇이 바람직한가 하는 판단적 요인이 내포되어 있다. 가치에는 **내용(content)과 강도(intensity)라는 속성**이 있다. 가치의 내용은 행동 양식이나 존재 양식이 왜 중요한지를 알려주고, 가치의 강도는 그것이 얼마나 중요한지를 구체적으로 보여준다. **강도의 측면에서 가치에 우선순위를 매김으로서 가치체계(value system)가 정립된다. 우리의 가치체계는 가치에 부여하는 상대적 중요성에 따라 계층으로 형성된다.** 즉, 개인의 가치체계(value system)란 **개인의 가치관이 상대적 중요성에 따라 우선 순위화되어 있는 것**이다.

2 가치관의 특징 및 중요성

가치관은 **태도나 행동에 영향**을 미치기 때문에 중요하며, 가치관은 **비교적 안정적이고 지속적인 속성을 가진다.**

3 보편적 가치와 일 가치

개인이 일상생활을 할 때 작용하는 가치를 보편적 가치라 하고, **직장에서 일을 할 때 작용하는 가치를 일 가치**라고 한다. 일 가치는 성취, 편안함, 이타성, 안전, 자율성 등 요인으로 구분된다.

요인	정의
성취	성공과 성취를 장려하는 것
편안함	스트레스를 주지 않고 편안함을 제공하는 것
지위	위신과 권위를 제공하는 것
이타성	다른 사람들에 대한 봉사와 화합을 증진시키는 것
안전	예측 가능하고 안정적인 것
자율성	주도성을 자극하는 것

제 2 절 가치관의 유형

1 Rokeach의 가치관 분류

Rokeach는 **18개의 가치 항목으로 구성된 로키치 가치조사(Rokeach Value Survey : RVS)를 통하여 가치관을 궁극적 가치와 수단적 가치로 나누었다.**

(1) 궁극적 가치관(Terminal Value)

궁극적 가치(최종가치)란 **개인에 의해 선호되는 최종 상태**를 말한다. 지혜나 구원과 같이 인간이 살아가는 동안 획득하고자 하는 존재 양식이나 목표를 뜻한다.

(2) 수단적 가치관(Instrumental Value)

수단적 가치란 **최종가치를 얻는 수단이 되는 행동**을 말한다. 예를 들면 '잘 사는 것', '행복한 삶'이라는 최종가치를 얻기 위한 수단적 가치로 '야망'을 말하는 사람도 있을 것이고, '정직'을 말하는 사람도 있을 것이다.

순위	수단적 가치	순위	최종 가치
	야심에 참(열심히 일하고 야망에 가득 참)		안락한 삶(번창하는 삶)
	너그러움(편견이 없음)		재미있는 삶(자극적, 활동적 삶)
	유능함(가능성, 효용성)		성취감(지속적 기여)
	즐거움(기쁨, 근심 걱정 없는 마음)		평화로운 세상(전쟁과 갈등이 없는 삶)
	깨끗함(말쑥함, 단정함)		아름다운 세상(자연과 예술의 미)
	용기 있는(신념에 충실한)		동등한 세상(동등한 기회)
	아량(다른 사람을 용서하고자 하는 마음)		가족의 안전(사랑하는 사람을 돌보는 것)
	도움(타인의 복지를 위해 일함)		자유(독립, 자유로운 선택)
	정직(진실함)		행복(만족함)
	상상력(창조성)		내적인 조화(마음의 갈등으로부터 해방)
	독립성(자급자족할 수 있음)		성숙한 사랑(육체적/정신적 완성)
	지성적(이지적인, 총명함)		국가의 안전(침략으로부터의 보호)
	논리적(이성적, 변덕스럽지 않음)		기쁨(즐겁고 여유 있는 삶)
	사랑(애정, 다정다감한 마음)		구원(구제되고 영원한 삶)
	복종적(존경심, 순종적)		자기존중(스스로에 대한 존경심)
	예의바름(정중함, 매너가 좋음)		사회적 인격(존경, 감탄의 대상)
	책임감 있는(의지할 만함)		진정한 우정(가까운 교제)
	자기 통제적(제한적, 자기 규율적)		지혜(삶에 대한 성숙한 이해)

(3) 가치관이 인간의 삶에 대해서 갖는 기능(Rokeach)

- 가치관은 개인의 **행동을 가이드**한다.
- **의사결정과 갈등해결의 기준**으로 작용한다.
- 가치관은 **개인의 동기를 유발**한다.

2 Allport의 가치관 분류

(1) 개요

Allport는 가치관을 표출된 현상 중심으로 분류하였으며 특히 **직업 및 직무에 따라 가치비중이 달라진다는 점을 제시**하였다(1951).

(2) 유형

1) 이론적 가치관(theoretical values)

추론과 체계적 사고를 통한 **진리의 탐구**를 중요시하는 가치관

2) 경제적 가치관(economic values)

유용성, 실용성 및 부를 중요시하는 가치관

3) 심미적 가치관(aesthetic values)

예술과 아름다움을 중요시하는 가치관

4) 사회적 가치관(social values)

사람과 사교 그리고 인간관계를 중요시하는 가치관

5) 정치적 가치관(political values)

권력과 영향력을 중요시하는 가치관

6) 종교적 가치관(religious values)

정신적 측면과 윤리·도덕성을 중요시하는 가치관

3 홉스테드의 문화차원(Cultural Dimensions)연구

(1) 개요

1970년대 후반 **홉스테드(Hofstede)는 40여 개국에서 근무하는 IBM 직원 대상으로 국가 간 문화 차이에 대해서 조사**했다. 기업 조직의 구성원들이 보여주는 공유가치관으로서 문화가 국가 간 어떤 차이가 있는지 보여준 선도적 연구다. **국가문화란 구성원을 다른 구성원과 구분 짓게 하는 사고방식의 프로그래밍**을 의미한다.

(2) 5가지 문화 차원

1) 권력격차(Power Distance)

권력격차는 **사회에 존재하는 힘(권력)의 불균형에 대해서 구성원들이 받아들이는 정도**를 뜻한다. 사회가 기관이나 **조직 내에 권력이 불평등하게 분배되어 있는 것을 어느 정도 받아들이는가**를 설명하는 국가문화의 속성이다.

2) 개인주의 – 집단주의(Individualism vs Collectivism)

개인주의란 개인이 **집단 구성원으로서의 활동보다 개인적 활동을 선호**하는 국가문화의 속성을 의미하며, 집단주의는 자신이 속한 **집단 내의 다른 구성원을 살피고 보호해주기를 기대하는 강력한 사회적 틀**을 강조하는 국가문화의 속성을 의미한다.

3) **남성성 – 여성성(Masculinity vs Femininity)**

남성적 성향 대 여성적 성향이란 **한 사회의 가치가 무엇에 의해서 지배되는가에 기초하는 개념**으로 **남성적 성향의 사회에서는 사회의 지배가치가 결단성(assertiveness)이나 돈 또는 다른 물질적 수단**이 된다. **여성적 성향의 사회는 사람들 간의 관계, 다른 사람들에 대한 배려, 삶의 질에 대한 관심이 보다 중요시되는 사회**이다. 즉, 여성적 기질이 높을수록 **모든 측면에서 남녀를 평등하게 다루는 사회를 의미**한다.

4) **불확실성의 회피(uncertain avoidance)**

불확실성과 모호한 상태에 위협을 느끼고 이를 회피하려는 국가문화의 속성을 의미한다. 강한 불확실성 회피성향을 갖는 한국이나 일본 같은 경우 보다 큰 감성적 성향과 공격적 성향을 보이게 되며 안정적 관행을 창출하기 위해 노력하게 된다.

5) **장기 – 단기 지향성(long term vs short term)[= 유교적 역동성(Confucian dynamics)]**

홉스테드는 추후 아시아의 문화적 특성을 파악하기 위한 추후 연구를 통해 장기지향성이라는 차원을 추가하였다. **단기지향성**은 **사회가 변화보다는 오랜 전통과 규범을 지키는 것을 선호**하는 것을 의미한다. 반면 **장기지향성**은 **미래를 준비하기 위해 교육에 투자하고 절약하는 보다 실용적 접근**을 의미한다. 즉, 장기지향성은 **미래, 절약, 인내**를 중시하는 국가문화의 속성을 의미하며, 단기지향성은 **과거와 현재를 강조하고 전통과 사회적 책무의 달성을 중시**하는 국가문화의 속성을 의미한다.

(3) 홉스테드의 조사결과가 조직행동에 주는 의미

1) **리더십 측면 : 권력격차와 개인주의 성향이 큰 의미**

한국	권력격차↑, 집단주의	독단적 리더십 적합
미국	권력격차↓, 개인주의	민주적 리더십 적합

2) **조직경영 측면 : 권력격차와 불확실성의 회피성이 큰 의미**

한국	권력격차 ↑, 불확실성회피성향 ↑	규칙 제정 등을 통해 문제 해결
미국	권력격차 ↓, 불확실성회피성향 ↓	커뮤니케이션을 통한 문제해결

3) **동기부여 측면** : 개인주의 또는 집단주의 성향이 큰 의미

한국	집단주의	구성원들 간 관계, 형평성, 체면 > 개인적 욕구
미국	개인주의	자기존중이나 자아실현 등과 같은 개인욕구 충족 방향으로 동기부여

(4) 한계

- 초기데이터가 **한 기업(IBM)의 구성원에 대한 분석으로 얻어졌다는 비판**이 있다.
- **특정 국가들의 문화적 특성이 과연 제대로 분류되었는지에 대한 비판**도 있다.

4 GLOBE(Global Leadership and Organizational Behavior Effectiveness) 문화 분석 틀 활용

(1) 개요

House 등이 홉스테드의 연구를 보완하여 발전한 연구다. 특히 글로벌화가 촉진되는 상황에서 기업 경영의 효과성에 영향을 주는 리더십의 중요성이 제기되었다. 이에 62개국, 825개 조직에서 근무하는 중간관리자를 대상으로 연구하여 문화－리더십 간 관계를 조사하였다.

(2) GLOBE 모형의 문화 차원들

9가지 문화적 차원을 구분하여 이를 통해 각 국가의 문화적 역량을 확인하려고 하였다.

1) 적극성(추가)

개인들이 **사회관계에 있어서 행하는 적극성 및 지배하려는 성향** 정도

2) 집단주의－그룹(추가)

사회구성원들이 **가족, 친구집단, 직장과 같은 소집단에 자부심, 충성심 및 결속력**을 가지는 정도

3) 집단주의－사회적

조직적 및 사회적 제도적 관행이 자원의 집단적 분배와 **집단적 행동을 장려하고 보상**하는 정도

4) 미래지향성

미래를 설계하고 대비하기 위해 현재 만족을 미루는 정도

5) 성 평등성

성차별을 최소화하는 정도

6) 인도주의 지향성(추가)

구성원으로 하여금 **정의롭고, 이타적, 관용적, 친절하도록 격려하고 보상**하는 정도

7) 성과지향성(추가)

사회에서 집단구성원에 대해 **성과향상을 요구하고 보상**하는 정도

8) 권력격차

조직과 사회 내 **권력의 배분 정도**

9) 불확실성의 회피

불확실성을 피하고 예측불가능성을 줄이기 위해서 사회규범과 규칙에 의존하는 정도

제 3 절 조직행동에의 시사점

1 P-J fit(개인-직무 적합성)

(1) 개인-직무 적합성의 개념

개인-직무 적합성(Person-Job fit)이란 **개인의 특성이나 능력이 특정 직무에 부합하는 정도**를 의미한다. 구체적으로 P-J fit은 ① **개인이 직무를 수행하기 위해 필요한 지식(knowledge), 기술(skill), 능력(ability)을 가진 정도**와 ② **직무의 특성과 개인의 욕구(needs)와 일치하는 정도**를 의미한다. P-J fit은 **직무에서의 목표를 개인의 목표와 일치시킴으로써 조직에의 목표달성을 원활하게 달성**할 수 있다.

(2) 관련 이론 : Holland의 RIASEC 모델

성격의 특성을 조화하려는 작업은 Holland의 성격-직무 적합이론(personality-job fit theory)에서 분명하게 나타난다. **성격유형에 맞는 직업을 가진 사람들은 직무만족이 높고 이직률이 낮다는 것을 밝힌 연구**다.

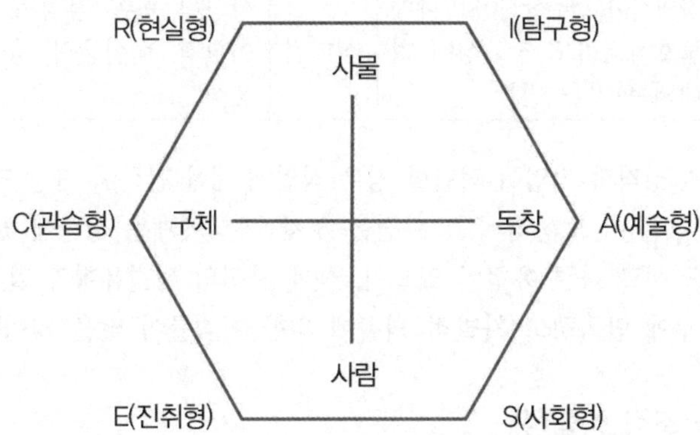

<table>
<tr><th colspan="3">성격유형</th><th rowspan="2">성격특성</th><th rowspan="2">어울리는 직종 · 직업</th></tr>
<tr><th>분류</th><th colspan="2">특징</th></tr>
<tr><td>현실형
(Realistic)</td><td>기능, 힘, 협동이 필요한 신체적 활동을 원함</td><td>실제적</td><td>수줍음, 천진함, 실용성, 일관성, 안정성</td><td>조립 라인, 농업, 기계 작동</td></tr>
<tr><td>탐구형
(Investigative)</td><td>생각하고 조직하고 이해하는 활동을 원함</td><td>연구적</td><td>호기심, 창의성, 분석적, 독립성, 독창성</td><td>기자, 생물학자, 경제학자, 수학자</td></tr>
<tr><td>사회형
(Social)</td><td>남을 돕고 성장시키고 지원해 주는 일을 원함</td><td>대인
관계적</td><td>사교성, 친근함, 어울림, 이해심, 협조적</td><td>교사, 사회사업가, 상담사, 임상심리사</td></tr>
<tr><td>관습형
(Conventional)</td><td>규정과 질서를 준수하고 명확하게 정의된 일을 원함</td><td>보수적</td><td>효율성, 규칙성, 원칙주의, 상상력 부족, 융통성 부족, 실용적</td><td>회계사, 대기업경영자, 은행원, 사무직</td></tr>
<tr><td>진취형
(Enterprising)</td><td>여러 사람을 리드하고 권력을 행사하는 일을 원함</td><td>지배적</td><td>야심, 열정, 지배, 자신감, 주도적</td><td>법률가, PR전문가, 중소기업가, 부동산 에이전트</td></tr>
<tr><td>예술형
(Artistic)</td><td>창의적이고 추상적이고 애매모호하더라도 창조성이 기대되는 일을 원함</td><td>심미적</td><td>상상력 풍부, 감정적, 이상적, 비실용적, 융통성</td><td>작가, 실내장식가, 화가, 음악가</td></tr>
</table>

해당 이론에 따르면 **성격과 직업이 적합할 경우 직업에 대한 만족이 가장 크고 이직률은 가장 낮은 것으로 주장**되고 있다. 이 모형의 주요 요점은 **첫째, 개인에게는 성격에 있어서 내재된 차이가 있다. 둘째, 직업에도 서로 다른 유형이 있으며, 셋째 자신의 성격유형과 일치되는 직업환경에 있는 사람들이 보다 직무에 만족하고 자발적 퇴직에 의한 이직률이 낮을 것이라는 점으로 요약**된다.

2 P－O fit(개인－조직 적합성)

(1) 개인－조직 적합성의 개념

개인－조직적합(person－organization fit) 이론의 핵심은 사람들이 자신의 가치와 어울리는 조직에 이끌리고 선발되는 데 비해 자신의 성격과 맞지 않는 조직은 떠나버린다는 주장이다. 예를 들면 빅파이브 모델을 이용하여 **외향성이 높은 사람은 공격적이고 팀 지향적인 문화에 더 적합**하고, **친화성이 높은 사람은 공격적인 팀보다는 지원적인 조직에 더 적합**하며, **개방성이 높은 사람은 표준화보다 혁신을 강조하는 조직에 더욱 적합**하다고 결론 내렸다. 즉, P－O fit 추구를 통하여 종업원의 만족도 향상과 이직률 감소를 기대할 수 있다.

(2) **관련 이론** : Schneider의 ASA이론

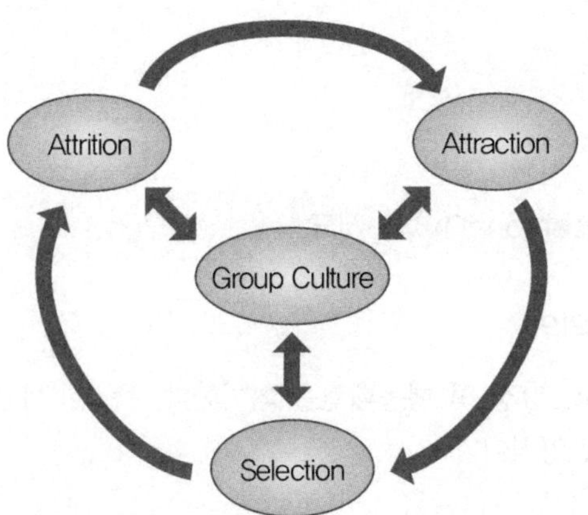

슈나이더(B. Schneider)는 조직구성원들의 개인적 성격이 조직의 본질을 결정한다는 흥미로운 주장을 펼쳤다. 조직성격은 그 구성원들의 성격의 산물인데, 조직과 비슷한 성격을 가진 사람은 그 조직에 끌리고 선발되어 오래 남아 있고(유인) 다른 성격을 가진 사람은 선발되지도 않지만 혹시 들어와도 불만을 느끼고 나가기(퇴출) 때문에 결국에는 조직성격에 맞는 사람들만으로 구성된다는 것이다. 예를 들어 창조적이며 모험적인 성격의 소유자들은 그런 분위기의 조직에 매력을 느끼고 선발되지만 그렇지 못한 사람은 입사 후에도 인정을 못 받든지 따돌림을 피해서 결국 떠나고 만다. 이렇게 수년이 흐른 다음에 그 회사는 창조적이고 모험선호 성격의 소유자들만 남아 더욱 창조적이고 모험적인 특징을 지닌다.

특히 이러한 현상은 집단주의 문화권에 속한 조직에서 더욱 심하다. 소속된 집단의 분위기에 부합하려고 노력하고 주변 사람들의 눈에서 벗어나지 않으려고 애쓰기 때문이다. 그러나 이러한 응집력은 상황이 변하여 다른 전략을 취하려 할 때 조직을 변화시키기 몇 배나 더 힘들다. 즉, 변화가 심한 환경에서는 반드시 바람직하다고 볼 수 없다.

CHAPTER PART 02 개인차원

04 | 성격

제 1 절 성격(personality)의 개요

1 성격(personality)의 의의

성격이란 개인의 독특한 사고, 감정 및 행동패턴을 의미한다. 즉, 한 개인을 다른 사람과 구별해주는 특징적인 사고, 감정 및 행동양식이다.

2 성격의 중요성

성격을 통해 **개인의 행동을 예측**할 수 있다. 즉, 성격은 **행동을 설명하는 조절변수(moderator)로서의 역할**을 한다.

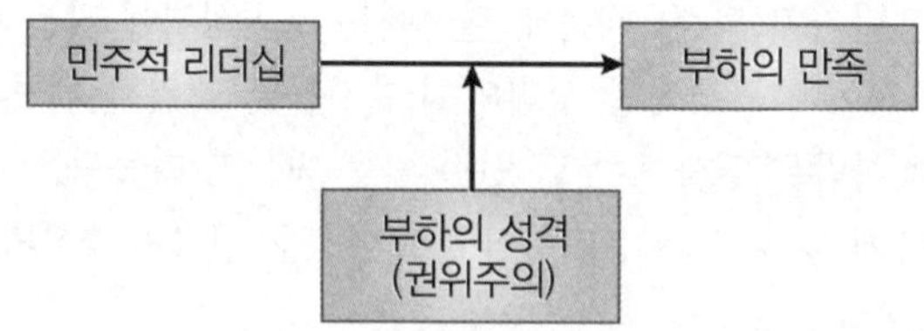

3 성격의 특징

- 성격은 행동이나 사고 그 자체가 아니라 **행동이나 사고 틀에 나타나는 특징적인 양식**을 말한다. 따라서 성격은 관찰된 행동이 아니라 사고들을 토대로 하여 추리된 경향성을 뜻한다.
- 성격은 **개인마다 어느 정도 다른 독특성**을 지닌다. 모든 사람이 동일하게 사고하고 행동한다면 거기엔 성격이 존재하지 않는다. 그것은 어떤 규칙이나 규범 때문일 것이다. 즉, 독특성은 **다른 사람과 구별되는 요소로서 그 사람에게 특별히 나타나는 어떤 성질**을 말한다.
- 성격은 비교적 **일관성** 있게 나타난다.

4 성격 측정방법

(1) 자기보고 설문법(self－report survey)

각 개인이 일련의 요인(예 나는 미래에 대해 걱정이 많다 등)을 평가하는 방법이다. 해당 방법은 정확도가 떨어진다.

(2) 관찰자 평가 설문법(observer-rating survey)

제3자가 평가하는 방법으로 성격을 객관적으로 측정해준다.

(3) 투사법(projective technique)

비교적 모호하고 구조화되지 않은 자극을 제공함으로써 피검사자 자신의 성격기능에 따라 구성해 내도록 요구하는 검사방법이다. 투사법에서의 개인의 반응은 그 개인의 욕구, 동기, 감정 및 정서가 투영되어 있다고 본다. 투사법은 객관화된 검사로 파악하지 못하는 반응의 독특성을 파악할 수 있으며 **무의식적인 표현을 통해 성격을 파악**하는 것이기 때문에 방어가 어렵다. 그러나 수치화된 검사가 아니기 때문에 신뢰도와 타당도가 결여되어 있다.

예 집 그림 → 생활환경, 가족의 분위기, 대인관계를 파악할 수 있음
나무 → 자아상을 볼 수 있음

(4) 조직에의 시사점

중요한 인재를 채용할 때에는 위 방법을 혼용하여 사용해야 정확성과 객관성을 높일 수 있다. 특히 자기보고법과 관찰자 평가법을 혼용해서 사용하는 것이 가장 좋다.

제 2 절 성격이론

1 특성이론

특성이론이란 성격을 개인의 독특한 성향으로 설명하고, 여러 사람들이 같은 상황인데도 불구하고 다르게 행동하는 이유를 그들이 가지고 있는 **독특한 성향**에서 찾고자 하였다.

(1) 유형론

- Sheldon & Jung
- 사람의 특성을 **몇 개의 범주**로 묶어 설명하고자 함 예 외향 or 내향

(2) 특질론

- **개인이 보여주는 여러 성격들에서 개별적으로 그 정도가 얼마나 높게 혹은 낮게 나타나는가를 설명**하려고 하는 이론
- 특정 개인을 **주어진 특질에서 연속적인 차원에서 설명**하고자 함 예 외향 49%, 내향 51%
(A에 대해 외향적과 내향적을 한 선상에 두고 그가 외향적에 가깝다 혹은 중간에 속해 있다 등으로 평가)

2 정신역동이론

역동이란 **무의식적으로 작용하는 내면세계의 정신적인 힘**을 의미한다(Freud). 즉, 인간이 **내면의 욕구를 현실에서 충족해 나가는 과정에서 생기는 갈등 해결에 따라 그 사람의 행동 양식, 즉 성격이 결정**된다고 본 것이다.

(1) 원초아

- **성격의 기초**를 이루는 것으로 인간이 태어날 때부터 존재하는 가장 원시적인 것
- **무의식 세계**의 핵심
- **쾌락원리**에 의해 행동을 지배. 쾌락(즐거움)을 극대화하고 고통을 최소화

(2) 자아

- 인간의 **의식**세계
- **원초아의 충동을 통제**하고 이로부터 야기되는 위험으로부터 개인을 보호
- **현실원리(principle of reality)**

(3) 초자아

- **도덕성, 양심(conscience)**
- 성격구조에서 **마지막**으로 발달
- **부모와 사회와의 상호작용**을 통해 발달

원초아-자아-초자아가 조화롭게 작동할 때 인간은 정상적으로 기능한다.

3 성격과 상황

다음의 이론은 성격이 행동을 예측하는 데 상황이 어떤 영향을 미치는지 설명한다.

(1) 상황강도이론(situation strength theory)

1) 내용

상황강도이론에서는 성격이 행동으로 이어지는 것이 상황강도에 달려있다는 점을 제시한다. 상황 강도, 즉 규범이나 지침, 기준 등의 수준이 적절한 행동을 하도록 만든다는 것이다. **강한 상황은 올바른 행동을 보이도록 압력을 가하고, 무엇이 올바른 행동인지를 명확하게 보여주며, 그릇된 행동을 억제한다. 반면에 약한 상황에서는 '무엇이든 허용'되며 누구나 자유롭게 성격대로 행동하게 된다. 그러므로 성격특성은 강한 상황보다 약한 상황에서 행동 예측을 더 잘한다.**

2) 상황강도의 4가지 요소

조직의 상황강도는 다음과 같은 네 가지 요소로 분석된다.

① 명확성(clarity)

근로 의무나 책임이 수행 가능하고 분명하게 제시된 수준으로, **명확성이 높은 직무**는 **무엇을 해야 하는지를 즉각 결정**하게 하므로 **강한 상황이 조성**되며 누구나 이와 유사한 행동을 하게 만든다.

② 일관성(consistency)

근로 의무나 책임이 서로 상응하는 수준으로, **일관성이 높은 직무**는 추진하는 **일이 바라는 행동대로 동일하게 나타나므로 강한 상황이 조성**된다.

③ 제약성(constraints)

자신의 통제권 밖에 있는 힘에 의해 개인의 자유로운 의사결정이나 행위가 제약을 받는 범위를 의미하며, **제약이 많은 직무**는 **개인의 처분 능력이 제한**되므로 **강한 상황이 조성**된다.

④ 귀결성(consequences)

의사결정이나 행위가 조직, 조직 구성원, 고객, 공급자 등에게 중요한 영향을 미치는 수준으로 **중요한 영향을 미치는 직무**는 **실수가 나타나지 않도록 굳건한 환경을 요구**하므로 **강한 상황이 조성**된다.

3) 조직에의 시사점

강한 상황이 항상 바람직한 것만은 아닌데, 그 이유로 다음 세 가지가 있다.

첫째, 상황강도의 요소는 조직의 규칙과 지침에 의해 결정되고 그 객관성이 보장되지만, 이러한 규칙을 받아들이는 지각상태에 따라 사람들이 상황강도에 반응하는 양상이 달라진다. 예를 들어 자기 주도적인 사람에게 높은 명확성은 조직이 자신의 능력을 믿지 못하기 때문이라고 생각할 것이지만, 규정 추종적인 사람은 자세한 지침에 고마움을 표할 것이다.

둘째, 수많은 규칙과 엄격한 통제 프로세스는 **결국 직원을 따분하게 만들거나 의욕을 떨어뜨릴 수 있다.**

셋째, 강한 상황은 **창의성, 직관력, 문화권에 따라 주어진 재량권까지도 억누르게 마련**이다.

(2) 성격특성 활성화 이론(trait activation theory : TAT)

TAT는 어떤 상황이나 사건 또는 개입 활동이 특정 성격특성을 '활성화'한다는 사실을 예측해주는 이론이다. 어떤 직무가 어떤 성격특성에 부합되는지를 예측할 수 있는데, 예를 들어 업적 기반 임금제도는 개인 성격의 외향성에 따라 활성화의 차이를 보이는데, 이는 개방성보다 외향성이 보상에 더 민감하게 반응하기 때문이다.

또한 TAT는 긍정적 방식으로 작동할 수 있는데, 지원적 환경에서는 누구나 친사회적으로 행동하지만 가혹한 환경에서는 친사회적 성향을 가진 사람만 그러한 행동을 보인다는 연구결과도 있다.

제 3 절 성격의 결정 요인

1 생물학적 요인

생물학적 요인이란 **유전적 요인으로 성격이 형성**된다는 것이다. 일란성 쌍둥이를 대상으로 연구한 결과, 일란성 쌍둥이들이 태어난 후 멀리 떨어진 상태에서 양육된 후 이들이 가지고 있는 성격을 조사하였더니 놀랍게도 유사성이 매우 높았다는 것이 밝혀졌다(Canter 외). 한편 개인의 신체적 특성이 성격에 영향을 미친다는 연구 결과도 있다(Kretschmer).

신체적 특성	성격
마른형	억제적이고 자의식이 강하고 혼자 있기를 좋아함
비만형	호탕하고 긴장을 풀고 있으며 낭만적
근육질형	사교적이고 신체적 활동을 좋아함

2 사회적 요인

인간이 태어난 후 경험하는 것으로부터 성격이 형성된다는 것이다. 예를 들어 유년기 따돌림 경험이 성인이 되어서 불안감 내지 신경증 형성의 원인이 될 수 있고, 집단주의를 강조하는 문화권에서는 원만한 인간관계를 중시하는 경향이 있다.

요컨대 **생물학적 요인과 사회적 요인 모두 개인의 성격형성에 영향**을 미친다.

제 4 절 성격의 유형

1 Myers－Briggs Model

(1) 의의

인지스타일(cognitive styles)이란 인간이 정보를 어떻게 판단하고 지각하는가와 관련된 정신적 과정을 의미한다. 융(C. Jung)의 성격 유형 분류에 기초하여 Myers & Briggs에 의해 발전되어 오늘날 MBTI라는 설문양식에 의해 널리 알려졌다.

MBTI는 네 가지 차원으로 이루어져 있다. ① **개인의 에너지가 어느 쪽으로 많이 사용되는가(에너지 방향)**, ② **외부의 정보를 인식하고 수집하는 방법이 어떤가(정보인식)**, ③ **어떤 방식으로 의사결정을 하는가(결정방법)**, ④ **어떤 양식으로 살아가는가(생활양식)** 등이다.

(2) MBTI의 4가지 차원

1) 에너지 방향 : 외향형(Extroversion) 및 내향형(Introversion)

에너지 방향이란 **개인의 에너지가 어느 쪽으로 많이 사용되는지를 의미**하며, **외향형은 타인과 교류하는데 에너지를 쏟는 사람**이고 **내향형은 자신을 위해 에너지를 사용하는 사람**이다.

2) **정보인식 : 감각형(Sensing) 및 직관형(Intuition)**

정보인식이란 **정보를 인식하고 수집하는 방법**을 의미하며, **감각형의 경우 현실적으로 정보인식**을 하지만 **직관형은 이상적으로 정보를 인식하고 수집**한다.

3) **결정방법 : 사고형(Thinking) 및 감정형(Feeling)**

결정방법이란 **어떤 방식으로 의사결정을 하는지**를 의미하며, **사고형은 논리적, 분석적, 객관적으로 의사결정을 하는 사람**이고 **감정형은 상대방의 마음을 중시하고 잘못을 따지기보다 정상을 참작하는 사람**이다.

4) **생활양식 : 판단형(Judging) 및 인식형(Perceiving)**

생활양식이란 **어떤 양식으로 살아가는지**를 의미하며, **판단형**은 **계획적인 사람**을 의미하고 **인식형**은 **즉흥적인 사람**을 의미한다.

(3) MBTI의 16 유형

16가지 성격 유형					
구분		T		F	
		J	P	J	P
I	S	ISTJ	ISTP	ISFJ	ISFP
	N	INTJ	INTP	INFJ	INFP
E	S	ESTJ	ESTP	ESFJ	ESFP
	N	ENTJ	ENTP	ENFJ	ENFP

I(내향) | E(외향)　S(감각) | N(직관)　T(사고) | F(감정)　J(판단) | P(인식)

(4) 평가

1) **공헌**

① 개인이 **자신의 인지스타일에 대해 자각**할 수 있다.

② **직무적성 및 직장생활의 가이드**가 된다.

③ MBTI를 활용하여 **개인차 및 관리, 리더십 스타일에 대한 이해를 높일 수 있으며, 조직구성원과 과업 사이의 조화와 균형, 갈등관리와 더불어 커뮤니케이션 효과를 증진**시키는 동시에 **업무성과를 강화하는 데 활용**될 수 있다.

2) **비판**

① 각각의 행동이 양극단으로 나뉘어져 있어서 한쪽을 강제로 선택하도록 하는 데 문제가 있어서 **타당성** 측면에서 비판을 받는다. 예를 들어 매우 이성적이면서 동시에 매우 감정적인 사람도 있을 수 있다.

② 직무성과와는 관계가 없는 것으로 나타났다.

2 Big five(5대 성격)

(1) Big five의 의의

최근 학자들 간에 **조직경영과 관련성이 큰 다섯 가지 성격유형에 대하여 의견의 일치**를 보이고 있다. Big five는 타당성이 널리 인정되며, 가장 설명력이 높다(McCrae & Costa).

(2) Big five 유형

1) 외향성(Extraversion)

외향적 성향(Extraversion)의 사람은 말이 많고 자기표현을 잘 하며 **사람 사귀기에 능숙**하다. 외향적인 사람은 사회와 현실 세계에 대해 의욕적으로 접근하고 상호작용한다.

2) 친화성(agreeableness) = 포용성

친화성(agreeableness)이란 **다른 사람들과 더불어 잘 지낼 줄 아는 성향**을 의미한다. 친화적인 사람은 다른 사람들과의 갈등을 최소화하려고 노력하며, 집단 내 협력적 관계를 유지하려고 하고, 갈등해결에 있어 힘에 의존하기보다는 협상을 더 선호하는 것으로 나타났다.

3) 성실성(conscientiousness)

성실성(conscientiousness)이란 수행가능한 소수의 목표에 관심과 노력을 집중하여 체계적이고 **정해진 규칙을 지키면서 책임감 있게 실천해 내는 성향**을 말한다. 과제나 목표에 대한 자발적인 동기 및 행동과 이를 달성하는 데 따르는 끈기 등에 관한 것을 의미한다. **직무성과와 가장 큰 영향**이 있다.

4) 정서적 안정성(emotional stability)

정서적 안정성이란 **신경성(neuroticism)[4]에 반대되는 개념**이다. 정서적 안정성(emotional stability)이 낮은 사람들은 기쁨과 슬픔, 흥분과 침울의 양극단의 감정을 보이며 불안한 감정을 자주 표출한다. 반면에 **정서적 안정성이 높은 사람들은 차분하고 열정적이며 스트레스나 긴장상태에 대한 극복능력이 탁월**하다.

5) 경험에 대한 개방성(openness to experience)

경험에 대한 개방성이란 **친숙하지 않은 것에 대한 관용**을 의미한다.

성격 유형	성격의 특징
성실성	조심스러움, 믿음직함, 강한 자기 절제
친화성	정중함, 품위 있음, 동정심이 많음, 잘 보살핌
정서적 안정성	여유로움, 안정적임, 차분함
외향적 성격	활동적임, 말하길 좋아함, 사교적임, 확신을 줌
경험에 대한 개방성	민감함, 유연함, 창의적임, 호기심이 많음

4) 감정의 안정과 불안, 슬픔, 성급함, 신경의 긴장을 포함하는 긍정적 내지 부정적인 감정

(3) Big five의 특성 : 직장 행동 예측

빅 파이브 성격차원과 직무성과 사이에는 많은 관계가 있는바, 빅 파이브 특성이 직장에서의 행동을 예측하는 구체적 내용에 대해 살펴보겠다.

1) 성실성

성실성은 **업무성과의 가장 강력한 예측변수**로 성실성과 관련된 개인적 속성은 **낮은 수준에서 높은 수준의 직무 복잡성, 교육훈련, 직무경험에 이르기까지 다양한 직무의 성공적 수행을 위해 중요**하다. 성실한 사람들이 **조직시민행동(OCB)에 더 열성적**이고, **비생산적 업무행동(CWB)이나 이직의사가 적으며, 새로운 과업요구나 변화하는 상황에 더 잘 적응**한다고 밝혔다. 또한 성실한 사람은 불성실한 사람에 비해 **위험한 행동을 피하고 사고를 내는 경우도 거의 없다.**

2) 정서적 안정성

정서적 안정성은 **삶에 대한 만족과 직무만족의 증대, 직무소진(burnout) 및 이직의도 감소 등과 가장 강한 연관성**을 보인다. 또한 정서적으로 안정되어 있는 사람은 **직장에서 발생하는 예기치 못한 상황 또는 변화를 요구하는 상황에 쉽게 적응**할 수 있다. 반면 **신경증**을 보이는 종업원은 **반생산적 업무행동에 더 몰입**하고 **조직시민행동을 등한시**하며 **일에 대한 동기유발도 저하**된다.

3) 외향성

외향적인 사람은 **대인관계활동을 많이 요구하는 직무를 잘 수행하는 경향**이 있는데 이들은 사회적으로 지배적이고 **'책임을 지는' 부류**이며 내향적인 사람보다 주장이 강하다. 외향성은 **리더십과 집단 내 행동을 제법 강하게 예측할 수 있는 변수**로 **외향적인 사람은 직무만족도가 높고 상대적으로 직무소진이 그다지 나타나지 않는다.**

4) 개방성

개방성이 높은 사람은 **학문과 예술 분야에서 가장 창의적이고 혁신적인 것**으로 나타난다. 개방적인 사람은 **불확실성을 잘 헤쳐가는 효과적인 리더가 될 가능성이 높으며, 불확실성에 대한 불안감이 낮고 변화도 적극 수용하는 경향**이 있다. 그 결과 이들은 **조직변화에 더 잘 대응**하고 **외부 환경변화에도 쉽게 적응**한다. 개방적인 사람은 **직장과 가정 간의 갈등이 상대적으로 낮게 나타난다.**

5) 친화성

친화적인 사람은 불친절한 사람보다 남들에게 더 사랑을 받는다. 이들은 고객서비스 같은 **대인관계 지향적인 직무수행**이 뛰어나며, **직장과 가정 간의 갈등이 적고 이직을 고려하지 않는 편**이다. 또한 **조직시민행동에 적극적인 모습**을 보임으로써 조직성과에 기여한다. 반면에 **친화성이 부족한 사람은 성실성이 낮은 사람과 마찬가지로 반생산적 업무행동**을 보인다.

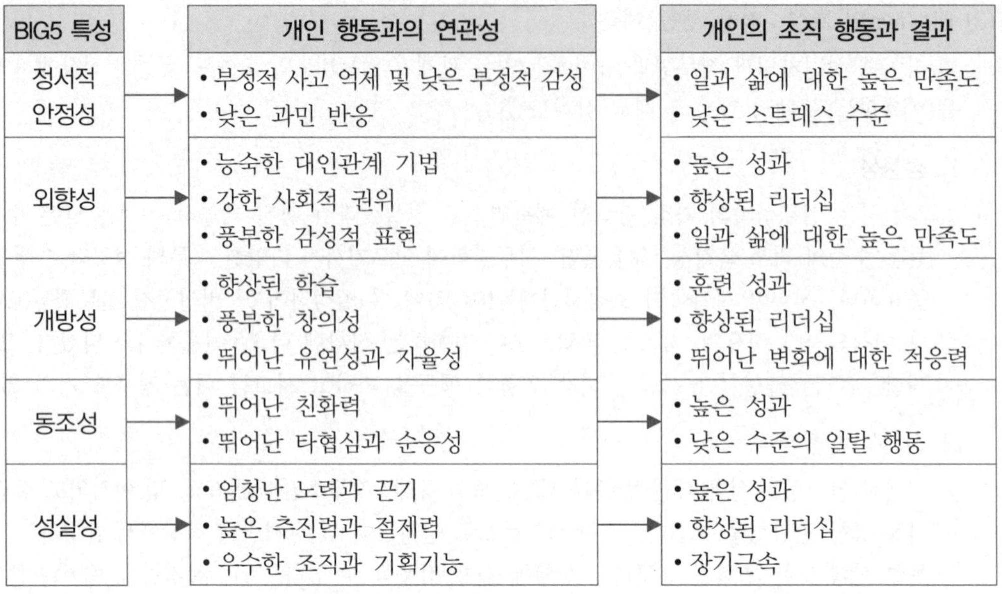

BIG5 특성	개인 행동과의 연관성	개인의 조직 행동과 결과
정서적 안정성	• 부정적 사고 억제 및 낮은 부정적 감성 • 낮은 과민 반응	• 일과 삶에 대한 높은 만족도 • 낮은 스트레스 수준
외향성	• 능숙한 대인관계 기법 • 강한 사회적 권위 • 풍부한 감성적 표현	• 높은 성과 • 향상된 리더십 • 일과 삶에 대한 높은 만족도
개방성	• 향상된 학습 • 풍부한 창의성 • 뛰어난 유연성과 자율성	• 훈련 성과 • 향상된 리더십 • 뛰어난 변화에 대한 적응력
동조성	• 뛰어난 친화력 • 뛰어난 타협심과 순응성	• 높은 성과 • 낮은 수준의 일탈 행동
성실성	• 엄청난 노력과 끈기 • 높은 추진력과 절제력 • 우수한 조직과 기획기능	• 높은 성과 • 향상된 리더십 • 장기근속

3 A/B 형 성격

(1) 의의

심장질환을 연구했던 학자들이 구분한 성격유형으로, **로젠만과 프리드만**(Rosenman & Friedman)**은 A형이 B형에 비해 관상심장질환**(Coronary Heart Disease : CHD)**에 걸릴 확률이 월등히 높다는 사실을 밝혀냈다. 근심, 초조, 불안을 만들어내는 조바심**(anxiety) **물질**이 **많은 사람은 A형**으로 **적은 사람을** B형으로 구분했다.

A형 성격	B형 성격
• 언제나 움직임 • 빨리 말하고, 빨리 걷고, 빨리 먹음 • 인내심 없음 • 동시에 여러 가지 일을 함 • 여가를 갖지 않고 시간 압박을 느낌 • 경쟁적이며 성공을 바람 • 경쟁적이고 조급 • 신경질적이고 방해를 받을 때에는 더 강력하게 반응하는 경향이 있음 • 업무 처리 속도가 빠름 • 과도한 경쟁, 공격성, 시간 압박, 열정적 발언, 얼굴 근육 긴장 등의 특징을 나타냄	• 언제나 조용한 편임 • 경쟁이 아니라 즐기려고 일을 함 • 시간에는 무관심함 • 죄의식 없이 여가를 즐김 • 인내력이 있음 • 성급하지 않음 • 차분하게 생각함 • 자연스럽고 시간 또는 사람에 대한 통제의 필요를 느끼지 못하고 정상적인 추진력을 가짐 • 과업을 성취하기 위해 꾸준히 일함 • 작업속도가 일정하며 시간에 얽매이지 않음 • 작업시간을 연장시키지 않으며 과업성취를 위해 서두르지 않음

(2) 조직행동에의 시사점

A형이 B형보다 항상 좋은 성과를 내는 것은 아니다. 가령 인내심이나 면밀한 분석과 판단을 요구하는 과업이 주어졌을 때 서두르는 A형보다 과묵한 B형의 성과가 더 높다는 연구결과로 밝혀졌다. **직무에 따라 적합한 성격유형**이 있다.

- 영업직무 → A형
- 협동이 요구되는 직무 → B형

4 Argyris의 성숙 – 미성숙 이론(동기부여)

(1) 의의

Argyris는 **공식적 조직이 개인의 행태에 미치는 영향을 검토하는 과정**에서 미성숙 – 성숙이론을 만들어 사용하였다. 개인은 미성숙한 상태에서 성숙한 상태로 발전하려는 욕구가 있는데 성숙한 상태로 가려는 과정에서 관료적 · 권위주의적 조직 운영방식이 성숙인으로 발전을 막아서 성과를 저해한다는 이론이다.

(2) 성숙의 방향에 관한 과정

1) 수동성 – 능동성

유아기의 수동적인 상태로부터 성인이 되어 가면서 점진적으로 능동적인 활동상태에 접근해 간다.

2) 의존성 – 독자성

유아는 타인에게 의존하는 상태에 있는데 성인이 되어가면서 점차 독자성을 갖게 된다.

3) 소수의 행동대안 – 다양한 행동대안

유아는 소수의 행동대안 밖에 선택할 줄 모르는 상태에 있으나 성인이 되어 가면서 다양하고 많은 행동을 할 능력을 갖추게 된다.

4) 피상적 관심 – 깊은 관심

유아는 사물에 대해 변덕스럽고 피상적인 관심을 갖는 데 불과하지만 성인이 되어 가면서 점차 깊고 강한 관심을 발전시킨다.

5) 단기적 안목 – 장기적 안목

유아는 현재가 개인의 행태를 대체로 지배하는 단기적인 안목을 갖지만 성인이 되어 가면서 현재뿐만 아니라 과거와 미래가 행동결정에 영향을 미치는 장기적인 안목을 키워간다.

6) 종속성 – 비종속성

유아는 다른 사람의 종속자(하위자)인 지위에 있는데 사람이 성장함에 따라 다른 사람과 대등하거나 그보다 높은 지위를 누리는 방향으로 나아간다.

7) 자아의식의 결여 – 자아의 의식과 통제

유아는 자아의식이 결여되었지만 성인이 되면 자아(self)를 의식할 뿐만 아니라 자아를 통제할 수도 있게 된다.

건강한 성격은 변화의 연속선을 따라 미성숙상태에서 성숙상태로 발전해 간다.

구분	미성숙인 특징	성숙인 특징
성향	수동적	능동적
의존성 여부	의존성이 높음	독립성
타인과의 관계	종속적 지위	대등 혹은 우월한 지위
행동능력	단순한 행동능력	다양한 행동능력
관심	일반적 관심	깊은 관심
안목	단기적 안목	장기적 안목
자아의식 존재	결여	존재

(3) 성숙을 방해하는 공식적 조직

Argyris에 의하면 **공식적 조직의 본성은 인간의 미성숙상태를 고착시키거나 조장하는 것**이라고 한다. 그는 **공식적 조직을 ① 직무의 전문화(분업), ② 명령체계의 확립, ③ 명령의 통일, ④ 통솔범위의 적정화 등 네 가지 원리에 따라 기계적으로 설계한 조직**이라고 보았다. 이러한 **공식적 조직은 인간의 성숙화와 양립할 수 없는 인간관에 바탕**을 둔 것이다. **따라서 모든 조직구성원이 조직의 성공을 위해 일하도록 하려면 그들이 개인으로서 그리고 집단의 구성원으로서 스스로의 욕구를 충족시키고 성장 및 성숙의 기회를 가질 수 있는 분위기를 조성하는 관리전략을 채택해야 한다고 주장**하였다.

결국 이러한 제안에는 **Y이론에 대한 지지가 함축**되어 있다. 어떤 조직은 구성원을 미숙한 상태로 묶어 놓는 반면 어떤 조직은 구성원을 계속적으로 성장하도록 격려하는데 이러한 조직 운영방식이 구성원 행위에 영향을 준다는 것이다. 관료적・권위주의적 조직은 구성원을 미성숙인으로 간주하는 반면, 인간중심적・민주적 조직은 구성원을 성숙인으로 간주한다. 성숙인으로 간주할수록 동기부여가 높아진다. ★인간중심적 경영을 강조했다는 점에서 McGregor와 일맥상통한다.

5 통제의 위치

(1) 의의

Rotter에 따르면 통제위치란 **자신에게 일어나는 일을 자신이 통제할 수 있다고 믿는가, 환경에 의하여 통제된다고 믿는가**를 뜻한다. **어떤 일의 원인을 자신에게 돌리려는 성향의 사람들을 내부통제자(또는 내재론자, internal)**라고 한다. 통제의 위치가 내부인 사람은 자신이 운명의 주인이라고 생각한다. 외부통제자(또는 외재론자, external)들은 자신들이 운명의 인질이라고 생각하고 자신들에게 닥치는 일들은 행운이나 운명 때문이라고 믿는다.

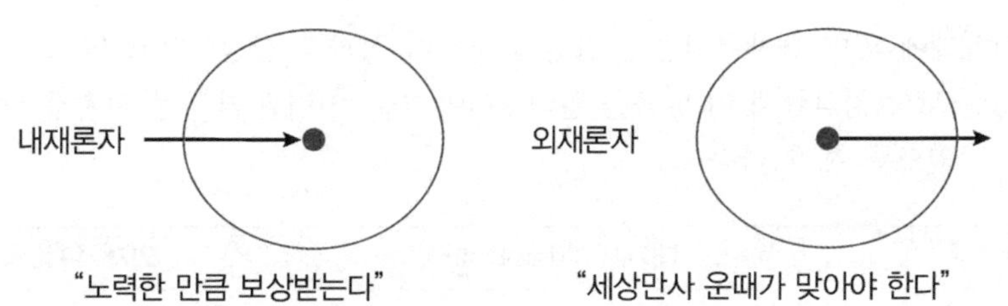

(2) 유형

1) 외적 통제론자(external locus of control)

개인과 관련되어 일어나는 사건의 원인을 운명적인 것으로 보고, 자신이 이를 통제할 수 없는 것으로 보는 사람의 성격유형이다. **외적 통제론자는 자기가 할 수 있는 일은 아무것도 없고 모두가 남의 손에 혹은 운명에 달렸다고 믿는다.**

2) 내적 통제론자(internal locus of control)

내적 통제론자란 사건의 원인을 자신의 노력에 따라 결정할 수 있다고 믿는 사람이다. 이들은 **세상살이의 많은 일들을 자기 스스로 통제 · 조정할 수 있다고 믿는다.**

(3) 조직에의 시사점

1) 특징

외적 통제론자는 내적 통제론자보다 직무만족이 낮으며, 결근율이 높고 직무에 대한 몰입의 정도가 낮다. 또한 **내적 통제론자는 의사결정에 앞서 보다 적극적으로 많은 정보를 탐색하고 목표달성을 위해 더 많이 동기부여되며 자신이 처한 직무상황을 통제하려고 노력**하는 반면 **외적통제론자는 순응적이고 지시에 따르려 하는 경향**이 강하다.

2) 업무의 특성과 통제위치의 조화

업무특성	성격유형	
	내부통제위치	외부통제위치
업무난이도	복잡한 정보처리가 필요하고 고도의 훈련이 요구되는 업무	단순반복적인 업무이며 쉽게 습득이 가능한 업무
업무주도권	자기가 주도적으로 결정해서 혼자서 수행하는 업무	상사나 동료에 의해 주도되며 자신은 따르기만 하면 되는 업무
동기부여 정도	사기가 높아야 되며 노력 정도와 생산성에 따라 보상이 주어짐	많은 노력이 필요치 않으며 성과와 보상의 크기가 무관함

3) 조직현장에서의 적용방안

① 내재론자들은 **자신의 행동으로 작업환경을 통제할 수 있다고 생각**하므로 이들에게는 단순한 직무보다는 **창조적인 직무**를 맡기는 것이 적당할 것이다. 또한 이들에게는 지시적 리더십보다는 **참여적 리더십이 적합**하다. **외재론자**들은 이와 반대로 **높은 복종이 요구되는 직무가 적절**하며 참여적 리더십보다는 **지시적 리더십**이 알맞다.

② 보상체계에 있어 **내재론자**들은 자신의 노력이 성과를 결정한다고 믿으므로 노력에 따르는 적절한 보상(**성과급제**)이 있음을 알려주어야 하고 이러한 제도를 지속적으로 유지하여 신뢰할 수 있도록 해야 한다.

	내재론자(internal)	외재론자(external)
직무	창의적 · 복잡	단순반복
리더십	참여적 리더십	지시적 리더십
보상체계	성과급제	호봉제
동기부여	내재적 보상	외재적 보상

6 권위주의

(1) 의의

Adorno 등에 따르면 권위주의란 **개인이 조직 내지 인간관계에서 지위와 권력의 활용이 중요한 기능을 수행한다고 믿는 정도**를 의미한다.

(2) 권위주의 성향을 가진 사람의 특징

- 상사의 **전제적 리더십을 기꺼이 수용**한다.
- 타인의 감정을 배려하는 **대인관계가 중요한 직무에서는 성과가 낮다.**
- 반면에 **직무가 구조화되어 있고 규정준수가 중요한 직무에서는 높은 성과**를 낸다.
- **전문지식을 많이 가졌거나 카리스마가 강한 상사에게는 무조건 복종하는 경향**을 보여준다.

7 마키아벨리즘

(1) 의의

마키아벨리(N. Machiavelli)는 『군주론』에서 수단과 방법을 가리지 말고 왕의 자리를 지켜야 자기 나라(피렌체공화국)가 살 수 있다고 설파했다. 즉, **마키아벨리즘이란 자기의 목적달성을 위해 타인을 쉽게 조작할 수 있다고 믿는 성향**이다.

(2) 주요 특성

- **대인관계에서의 감정결핍. 타인을 자신의 목표달성을 위한 수단**으로 삼는다.
- 전통적인 의미의 **도덕성에 대한 관심결핍.** 타인과의 관계에 있어 도덕성의 관점보다는 이용가치의 여부를 판단기준으로 삼는다.
- 타인을 구슬리며 추구하는 성과에 있어 **타인을 장기적 측면에서 배려하는 것이 아니라 현재에 나타나는 것에 가치**를 둔다.

(3) 유형

1) 마키아벨리즘이 강한 성격(high mach)

타인을 이용하며 마음대로 구슬리고 냉정하게도 대하면서 **수단을 가리지 않고 목적을 이루려고 한다.**

2) 마키아벨리즘이 약한 성격(low mach)

주변 사람들을 **도덕적**으로 혹은 **정직**하게 대하며 누구를 이용하려 들지 않는다.

(4) 조직에의 시사점

- **협상스킬을 요구하는 직무나 목표달성에 대한 구체적인 보상이 주어지는 직무(영업직)**의 경우 이러한 성향을 가진 사람이 보다 높은 성과를 가져다준다.
- 여러 사람과 대면하는 작업, **최소한의 규정만 있는 상황에서 즉흥적 재량권이 허용될 때 보다 높은 성과**를 낸다.
- 그러나 **순기능보다는 역기능이 많다.**

8 적극적 성격

(1) 의의

적극적 성향이란 **인간이 자신에게 영향을 미치는 환경에 대해 자기에게 유리하도록 변화시키기 위해 주도적인 행동을 하는 성향**을 의미한다.

(2) 특징

- 자기인생에 있어 새로운 면을 찾기 위해 **부단히 노력**한다.
- 자신이 속한 조직 내지 공동체의 **변화를 주도**한다.
- 일을 하는 데 있어 **보다 나은 새로운 방법을 찾기 위해 항상 노력**한다.
- **직면한 문제 내지 장애를 기회로 전환시키려고 노력**한다.

(3) 조직에의 시사점

일반적으로 적극적 성격은 다음과 같은 이유에서 조직에 긍정적으로 작용한다.

- 적극적 성격은 **직무만족 및 조직시민행동을 높여주는 것은 물론 이를 통해 높은 성과와도 연계**가 된다. 또한 적극적 성격의 사람은 **직무가 주는 스트레스를 보다 잘 견딘다.**
- 적극적 성격의 사람은 **혁신행동**을 많이 보이며 보다 효과적인 리더십을 발휘할 수 있다.
- 그러나 **단점**도 존재한다. **적극적 성격을 가진 사람은 자기 사업에 대한 욕구가 높아 이직을 하거나 조직의 변화에 동조하지 않는 경우 불만 등 목소리를 내기도 한다.**

9 자아개념 : 자긍심과 자기효능감

자아개념이란 개인이 타인과 교류할 때 **자신에 대해 가지는 믿음의 총체**이다.

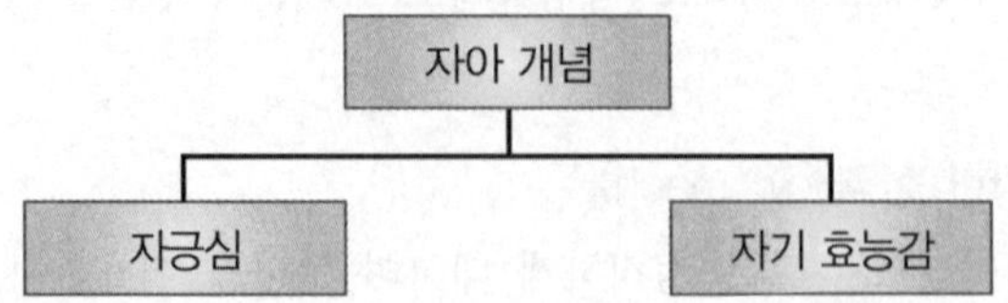

사람들은 **자신에 대해서 모종의 이미지를 형성**하게 되는데 이것을 자아개념(self－concept)이라고 한다. **자긍심이란 개인이 인식하는 자신의 능력과 자아상(self－image)에 대한 개념**으로 항시성(높거나 낮은 상태가 지속됨)을 갖는다. **자기효능감**은 자긍심과는 달리, 개인이 **특정 상황에서 특정의 일을 얼마나 잘할 수 있는지에 관한 믿음**이다. 연구에 따르면 자긍심이 높은 사람이 자긍심이 낮은 사람보다, 또한 자기효능감이 높은 사람이 낮은 사람보다 더 높은 성과를 내는 것으로 나타났다.

(1) 자기존중감(self－esteem)＝자긍심, 자존감

자기존중감은 자존감이라고도 한다. **자신과 자신의 능력에 대한 긍지**를 의미하는데, 자기존중감이 높을수록 자신을 중요한 사람이라고 생각한다.

(2) 자기효능감(self－efficacy)

1) 자기효능감(self－efficacy)의 개념

자기효능감이란 **특정 상황에서 구체적인 직무를 수행할 수 있다는 자기능력에 대한 신념**을 의미한다(Bandura).

2) 자기효능감의 원천

① 과거의 성과
② 간접경험
③ 긍정적 피드백, 사회적 지원 등 "할 수 있다"라는 조직분위기
④ 정신적 및 육체적인 건강 등

3) 자기효능감을 높이기 위한 방법

① 훈련과 숙련(반복학습)
② 대리학습
③ 설득
④ 흥분과 열정 → 자신감

(3) 자기조절력 혹은 자기관찰(self－monitoring)

자기조절력이란 **외부환경이나 상황에 잘 대처해 나갈 수 있는 능력**을 의미한다. 이것이 높은 사람은 자신의 행동을 외부상황에 조화 있게 대응한다. 즉, 자기조절력 혹은 자기관찰(self－monitoring)은 **개인이 환경의 신호(cue)를 읽고 그것을 해석하여 자신의 행위를 환경요구에 맞춰 조절해 나가**

는 성향을 말한다. 자기관찰의 정도가 높은 사람은 어떤 행동이 적절한 행동인지에 대한 환경적·사회적 신호를 읽을 줄 알고 신호를 적절히 해석하여 자신의 행위를 그에 맞추어 나가는 성향을 보인다. 반면 자기관찰성향이 낮은 사람은 신호를 읽는 능력이 부족하거나, 읽더라도 환경요구에 맞춰 자신의 행위를 변화시킬 줄 모르는 사람이다. 일반적으로 **자기관찰이 높은 사람은 다른 사람들의 기대에 민감하고 사회적 네트워크의 중심을 차지하기 때문에 성과가 높고 승진이 빠른 것으로 나타났다.**

10 모험감수성향(risk-taking propensity)

모험감수성향이란 **의사결정 시 위험을 감수하는 성향**을 의미한다. 보상은 적지만 아주 안전한 대안을 선택하는 사람이 있고, 위험하지만 보상이 많은 대안을 선호하는 사람이 있다. **모험성향이 높은 사람은 모험성향이 낮은 사람에 비해 의사결정 시 정보를 적게 활용하고 의사결정의 속도가 빠른 것으로 나타났다.**

11 Dark Triad : 바람직하지 못한 3대 특성요인

(1) 마키아벨리즘(Machiavellism)

마키아벨리즘이란 **자신의 목적을 위해서 다른 사람들을 이용하고 조작하고 통제하는 성향**을 일컫는다. 마키아벨리즘 성격은 세 가지 핵심요인으로 평가된다. ① 대인관계에 있어 속임수와 조작을 사용하는 성향, ② 인간본성을 나약하고 믿을 수 없다고 보는 냉소적 관점, ③ 전통적 도덕과 윤리를 무시하는 성향 등 세 가지로 정리할 수 있다. **5대 성격유형 중에서는 친화성 및 성실성과 부(-)의 관계**를 갖는 것으로 나타났다.

(2) 나르시시즘(Narcissism)

나르시시즘은 그리스 신화에서 물에 비친 자신의 모습을 사랑하게 된 나르키소스(Narcissus)의 스토리에 기초하여 만들어진 성격유형으로 **자기애(自己愛), 자아도취 또는 자기도취성향**이라고 불린다. **'5대 성격유형' 중 친화성과 부(-)의 상관관계를 보이며, 외향성 및 개방성과는 정(+)의 상관관계를 보이는 것**으로 나타났다.

(3) 사이코패시(Psychopathy)

사이코패시란 **반사회적 성격상애**를 의미한다. 타인에 대한 배려가 없고 해악을 끼치는 행위에 대한 죄의식이나 양심의 가책이 결여된 성향이다.

제 5 절 성격과 조직행동

1 개인과 직무의 적합성

(1) 의의

성격에 맞는 직업이나 직무를 선택해야 성과가 높아지고 행복해진다. 예를 들어 창의력을 필요로 하는 곳에 개방성이 높은 사람을 배치하면 바람직한 일이지만 신중성 높은 사람을 배치하면 덜 바람직하다.

(2) Holland의 RIASEC 모델(=성격-직무 적합이론(personality-job fit theory))

2 성격과 조직의 조화 : 유인퇴출이론(attraction-selection-attrition(ASA) framework)

CHAPTER PART 02 개인차원

05 | 감정

제 1 절 감정의 개념 및 중요성

1 개념 : 정서(Affect), 감정(Emotion), 기분(Mood)

감정이란 **어떤 대상(사람, 사건, 사물)에 대한 반작용으로 생긴 짧고 강한 느낌**을 뜻하며, **기분**은 **구체적 자극이 결여**된 것으로 **어떤 대상이 없는 경우에도 일어난다. 정서(affect)**란 **인간의 보편적 느낌**을 말하며 **감정(emotion)과 기분(mood)을 포함**한다. **감정은 특정 사람이나 사물을 향한 격한 느낌**인 반면, **기분은 강하지는 않지만 비교적 오래 지속되는 이유 없는 일반적 느낌**을 의미한다.

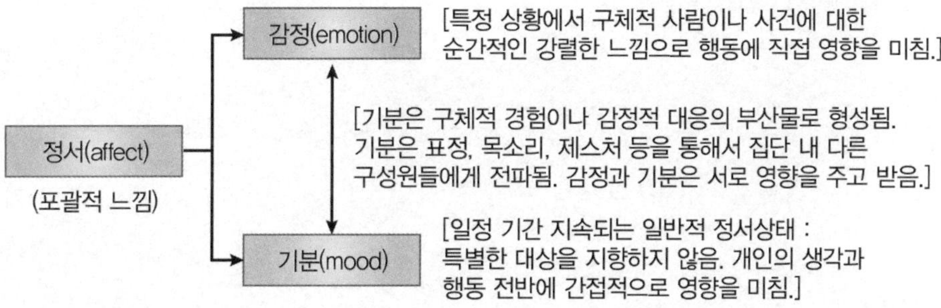

2 감정의 하위요소

감정은 ① **느낌**, ② **신체적 각성**, ③ **목적의식**, ④ **사회적-표면적 현상** 등 4가지로 구성된다.

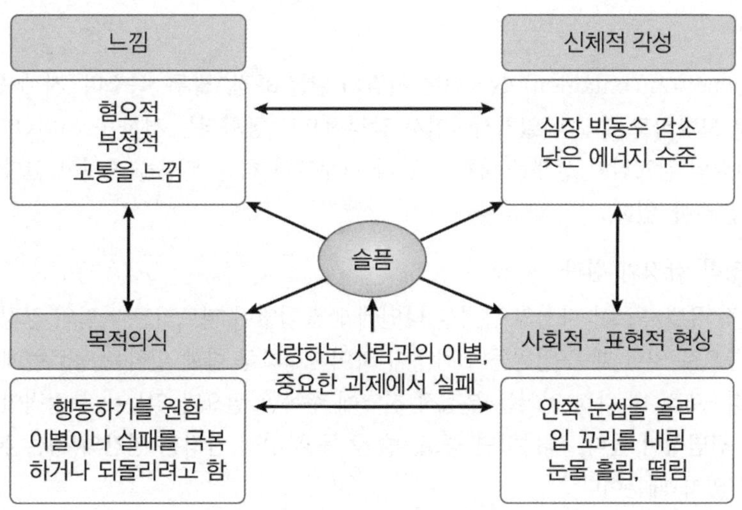

3 감정의 기능

• **에너지**를 불어 넣어주고 **행동**을 유발한다.
  예 분노 → 시위 참여
• 개인의 **일에 대한 적응 상태**를 해석한다.
  예 괴로움 → 실패 암시
• **사회적 기능**을 수행한다.
  예 비언어적 커뮤니케이션(미소 등) → 상호작용을 촉진

4 감정의 특징 : 낮은 안정성과 지속성

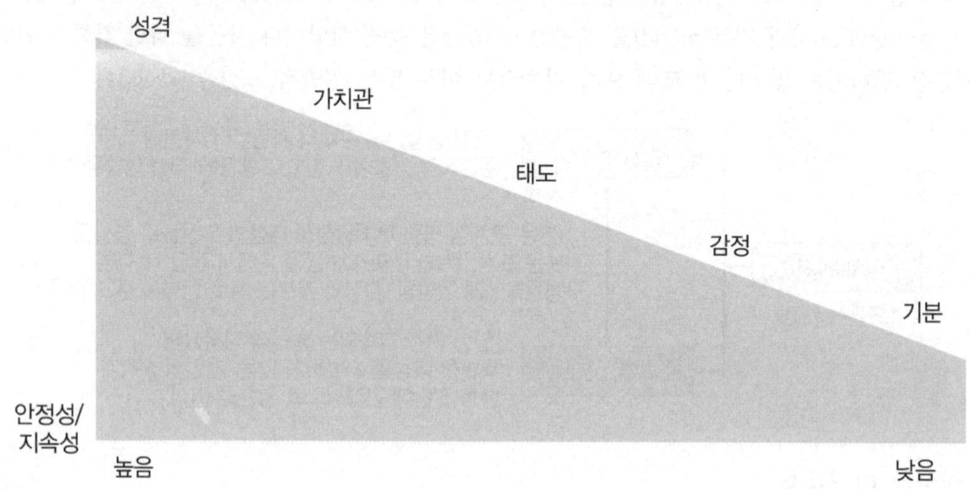

5 감정의 중요성 : 감정의 전염

(1) 감정의 전염

감정의 전염(emotion contagion)이란 '**다른 사람의 얼굴 표정, 말투, 목소리, 자세 등을 자동적이고 무의식적으로 모방하고 자신과 일치시키면서 감정적으로 동화되는 경향**'을 의미한다. D.Goleman은 사람은 자신의 감정적인 상태를 다른 사람과 나누고자 하는 본성을 지니고 있다며 감성의 전염에 대해 언급한 바 있다.

(2) 중요성 : 부정적 감정의 전파

구성원은 '감정 유발자'로서 자신의 감정을 타인에게 끊임없이 퍼트리고 타인의 감정에 영향을 받는다. 특히 그룹으로 일할 때 구성원들의 감정이 바이러스처럼 함께 일하는 동료들에게 전염되는 것을 볼 수 있다. 조직 내 감정 전염은 **부정적 전염에 주목**할 필요가 있는데 **부정적인 감정이 긍정적인 감정보다 전염성이 높다.** 왜냐하면 공포, 슬픔 등 부정적 감정은 **인간의 생존 본능에 직접적으로 연결**되어 있기 때문이다.

PART 02

제 2 절 감정과 조직행동

1 정서적 사건 반응이론(Affective Event Theory : AET)

(1) 정서적 사건 반응이론(Affective Event Theory : AET)의 개념

조직에서 **개인이 경험하는 사건에 대해 사람들마다 느끼는 감정이 다르다.** 이것이 구성원의 **직무태도 및 성과에 영향**을 미친다는 것을 보여준다.

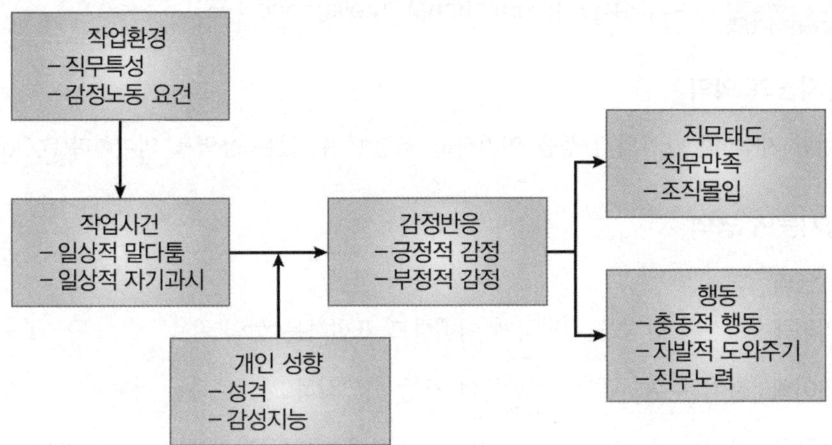

(2) 시사점

사건과 감정과의 관계는 개인의 성격이나 감성지능에 의해 조절될 수 있다. 예를 들어 감정적 안정성이 낮은 사람은 부정적인 사건이 발생했을 때 더욱 민감하게 반응하지만 감성지능이 높은 사람은 덜 민감하게 반응하는 경향이 있다.

2 감정이 조직행동에 미치는 영향(활용)

(1) 의사결정에 영향

부정적 감정은 잘못된 의사결정을 낳을 수 있지만, 긍정적 감정은 문제해결 능력을 향상시키고, 정보의 통합을 용이하게 한다.

(2) 동기부여에 영향

보상에 대한 공정성 결여는 **부정적 감정**을 낳게 하고 **직무만족을 감소시켜 모티베이션 수준이 감소**된다.

(3) 리더십의 효과에 영향

리더가 도전적인 일에 흥분하고 열정적인 기분을 느낄 때 부하도 비슷한 감정을 느껴 **부하의 감정을 긍정적으로 전환**시킬 수 있다.

(4) 갈등과 관련

부정적 감정은 **갈등 해결을 어렵게 만들 수 있다.**

(5) 고객서비스의 질에 영향

긍정적인 감정은 서비스의 질을 향상시켜 고객 만족을 높일 수 있다.

제 3 절 감성(감정)지능(Emotional Intelligence : EQ)

1 감성지능의 의의

감성지능이란 **자신 및 타인의 감성을 인지하고 조절할 수 있는 능력**을 의미한다(D.Goleman).

2 감성지능의 영역

(1) 4가지 영역

1) **자기이해** : 자신의 감성을 정확하게 이해하고 표현하는 능력

2) **타인이해** : 자기 주위의 다른 사람들의 감성을 인식하고 이해하는 능력

3) **감성활용** : 자신이 가지고 있는 감성정보를 자신의 성과와 건설적인 활동에 활용할 수 있는 능력

4) **감성조절** : 자신의 감성을 주어진 상황에 따라 적합한 행동으로 나타내는 능력

구분	자신	타인
이해	자기이해	타인이해
활용	감정조절	감정활용

(2) 5가지 영역

차원	개요
자기 인식 (Self－awareness)	특정 대상에 대한 자신의 감정을 정확히 인식하는 것 예 "그녀에 대한 나의 호감이 사랑일까?"
감정 조절	감정을 상황에 맞게 잘 다루는 능력 예 "승진한 사람 표정관리하기"
자기 동기 부여	어려운 중에서도 낙관적 태도를 유지할 수 있는 역량 예 "쥐구멍에도 볕 들 날 있다."
감정 이입	다른 사람의 감정을 이해할 줄 아는 능력 예 "입장 바꿔 생각해 봐."
사회적 기술	타인의 감정에 적절히 반응하여 인간관계를 원활히 할 수 있는 능력 예 "슬픔은 나누면 반이 되고 기쁨은 나누면 두 배가 된다."

3 감성지능과 조직 성과와의 관계 : 정(+)의 상관관계

- 조직이 의사 결정한 것을 실행할 때 이러한 의사결정이 수용되고 **협동**을 끌어내는 데 감성지능이 중요하다.
- 조직에서의 **승진 결정요소**로서 감성지능의 역할이 발견되었다.
- 리더가 갖추어야 할 능력으로서 감성지능의 역할이 크다. 즉, 감성지능이 높은 리더는 합리적이고 이성적인 부분들만 강조하는 리더들보다 **리더십 유효성**이 높다.

제 4 절 감정노동(Emotional Labor : EL)

1 감정노동(Emotional Labor)의 개념

미국의 사회학자 **혹실드(Hochschild)**가 **감정의 자본화·노동화를 지적하며 처음으로 제시한 용어다. 감정의 자본화(노동화)는 감정을 교환가치로 환원하여 잉여가치를 추출하는 과정**을 의미한다. 이 과정에서 종업원은 자신의 직무를 효과적으로 수행하기 위해 자신이 경험하는 실제 감정 상태와 요구되는 감정의 표현에 차이가 발생할 때 자신의 감정을 조절하고자 한다. 즉, **감정노동이란 자신의 실제 감정을 통제하려는 노력과 조직이 원하는 특정한 감정을 표출하려는 노력을 의미한다. 주로 서비스 업종, 인사부서, 영업부서에서 수행되는 노동이다.**

2 특징

(1) 전시적 감정(Displayed Emotion) ≠ 실제적 감정(Felt Emotion)

실제적 감정이란 그대로 느끼는 감정이며 겉으로 드러내는 감정을 전시적 감정이라고 한다. 이때 전시적 감정은 **조직이 강제로 원하는 감정**이라고 할 수 있다.

(2) 감정 부조화(Emotional Dissonance)

실제적 감정과 전시적 감정이 충돌하면 스트레스와 감정부조화가 발생한다. 그럼에도 불구하고 실제 감정을 속이고 전시감정으로 상대를 대해야 하는 직무가 많은데 이것이 소위 감정노동이다.

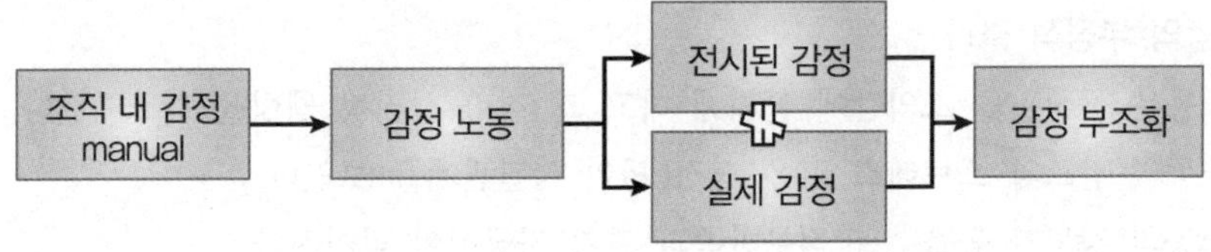

3 감정노동의 작업상황 특성(감정노동의 강도)

(1) 감정노동의 빈도(frequency)

고객과의 상호작용을 자주할수록 조직이 정한 표현규칙에 많이 순응해야 한다.

(2) 표현규칙의 주의성(attentiveness)

실제 감정과 다른 감정을 **오랫동안 그리고 강하게** 표현하는 것을 의미한다.

(3) 감정의 다양성

표현하는 감정의 수가 많은 것을 의미한다.

(4) 감정 부조화(Emotional Dissonance)

조직이 원하는 감정과 개인이 느끼는 감정의 괴리를 의미한다.

4 감정표현의 세 가지 분류 ★스트레스와 상관관계

(1) 가식적 행동(Surface Acting)

가식적 행동(Surface Acting)이란 조직이 원하는 감정을 표현하기 위하여 **자신의 실제 느낌을 억제**하거나 숨기는 것을 의미한다.

(2) 내면화 행동(Deep Acting)

내면화 행동(Deep Acting)이란 가시적 행동에서 한 단계 더 나아간 것으로 **가식적 행동을 원하는 행동으로 인지**하려 한다. 예를 들어 미소를 공감으로 느끼는 것이다.

(3) 진실된 행동(Genuine Acting)

진실된 행동(Genuine Acting)은 **조직이 원하는 감정에 대해 공감**하고 이에 맞는 표현행동을 하는 경우다. 즉, **자신이 원하는 감정을 표현하기 때문에 스트레스를 별로 유발하지 않아 감정노동의 강도가 가장 낮다. manual에 의한 행동**이 아니라 **자신의 가치관에 의해 스스로 일어나는 진실된 행동**이라고 할 수 있다.

5 감정노동의 부정적 결과와 개선책

(1) 감정노동의 부정적 결과

- 감정노동은 구성원을 **소외감**에 빠지게 하고 그 결과 **심리적 웰빙을 감소**시킨다.
- 감정노동의 강도와 **스트레스 간은 정적(+)인 상관관계**를 보인다.
- 감정노동의 강도가 높을수록 **직무만족과 자기 자긍심이 낮아진다.**
- 감정노동의 강도가 높을수록 **직무몰입, 조직몰입 그리고 조직시민행동의 정도가 낮아진다.**
- 감정노동은 **약물 남용, 알코올 중독, 결근율**을 높인다.
- 감정노동은 작업자에게 **건강을 해치고 심리적 장애를 유발**한다.

(2) 감정노동의 부정적 결과를 개선하기 위한 대책

- 감정 부조화에 대해 심리적으로 극복할 수 있는 **조직 차원의 지원**을 제공해준다. 예 심리 상담
- **내면화 행동을 할 수 있는 훈련 프로그램을 제공**한다(내면화 프로그램).
- 수당, 휴가 부여 등을 통해 **심리적인 회복의 기회를 가지도록 지원**한다.

6 조직차원의 스트레스 관리

(1) 펀경영(Fun Management)

즐거운 직장에서 즐겁게 일하도록 분위기를 만들어 조직을 경영하는 것으로 기업과 구성원 그리고 고객 모두를 즐겁고 신뢰하게 만들어 조직의 성과와 가치창출을 극대화하고자 하는 것을 의미한다.

(2) 공감경영

조직에서의 공감은 고통으로 상처받은 타인에게 가까이 다가가는 수단이다. **즉, 공감을 통해 서로를 인격적인 주체로서 바라보도록 하는 조직문화를 이끌어 낼 수 있다.** 공감경영을 실천하는 기업은 조직 내 공감을 활성화하기 위해서 구성원 간 진정성이 포함된 의사소통과 감정교류를 장려하는 교육 및 육성 프로그램을 도입하고 있다.

06 | 지각

제1절 지각(Perception)의 개념과 중요성

1 지각(Perception)의 개념

지각이란 **개인이 환경을 이해하고 해석하는 과정**이다. 인간이 주변의 **환경이나 자극에 의미를 부여**하기 위해 **자신의 감각으로 느끼는 단서들을 선택하고 조직화하고 해석하는 과정을 의미**한다. 같은 현상, 같은 사물에 대해서도 사람들이 지각하는 바에 따라 달리 해석될 수 있다는 것은 조직경영에 있어 큰 의미를 갖는다.

2 지각의 중요성

- 지각된 세계로의 행동이 **조직 유효성(OE)에 절대적인 영향**을 미친다.
- **같은 현상, 같은 사물에 대해서도 사람들이 지각하는 바에 따라 달리 해석**될 수 있다. 따라서 관리자들은 이러한 차이를 발견하여 어떻게 관리할 것인지 주의를 기울여야 한다.

3 지각에 영향을 미치는 요인들

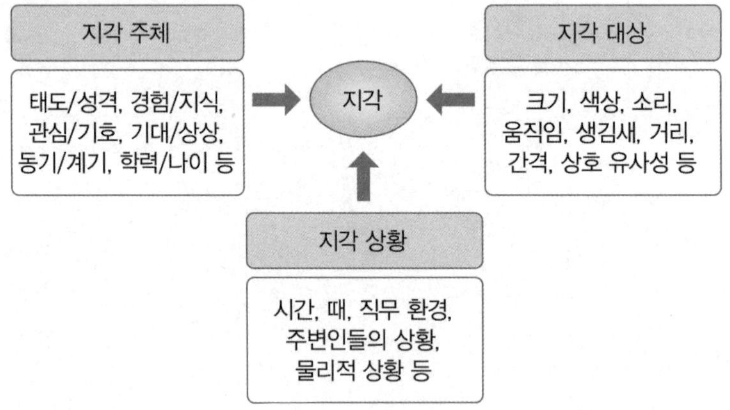

PART 02

제 2 절 지각의 진행 과정(Processing)

1 개요

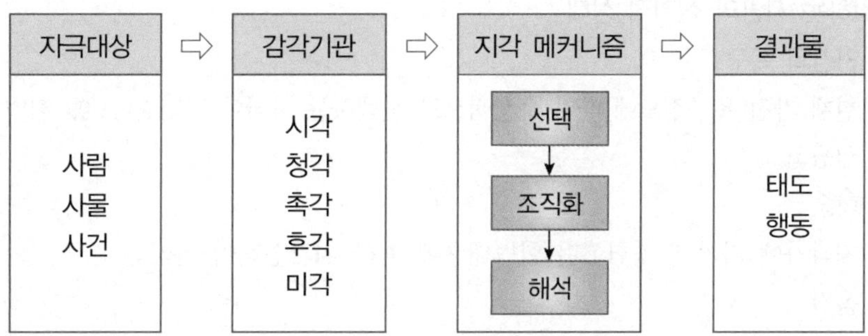

2 지각의 패턴

(1) 외부 자극의 투입(Reception)

사물, 사람, 사건의 자극 대상이 감각기관으로 투입된다.

(2) 지각 메커니즘(Processing)

1) 선택(Selection)

선택적 주의란 주어지는 자극 모두를 인지하는 것이 아니라 그 일부만 선택하여 인지하는 것을 의미한다. 이때 지각에 영향을 미치는 요인들이 존재한다. 사람에 따라 똑같은 상황을 서로 다르게 지각하는 원인을 크게 ① **지각의 대상(the target being perceived)**, ② **지각을 하는 사람(the perceiver)**, ③ **지각이 이루어지고 있는 상황(the context)으로 인한 것 세 가지로 구분**할 수 있다.

① 자극대상이 보여주는 외적 특징

❶ 크기(Size)

어떤 대상의 규격이 크면 그것이 작은 것보다 지각자의 주의를 더 끌게 된다.

❷ 강도(Intensity)

외부자극의 강도가 높을수록 지각자는 이를 우선적으로 선택한다. 예 잡음, 진한 냄새, 밝은 조명 등

❸ 대비(Contrast)

색채 혹은 배경 등에 의한 외적 자극은 그것이 전달하고자 하는 색깔 혹은 모양이 서로 대비될 때 지각자의 주의를 더 많이 끈다.

❹ 반복(Repetition)

반복된 자극은 단 1회의 자극보다 지각자의 주의를 더 많이 집중시키게 된다.

❺ 운동 내지 동작(Motion)

인간은 어떤 대상이 움직일 때 고정되어 있을 때보다 더 많은 주의를 기울인다. 예 네온 사인에 의한 광고

② 지각하는 사람의 심리적 상태

❶ 인간의 욕구

현재 가진 욕구정도에 따라 우선적으로 선택하는 자극이 달라진다. 예 취업준비생 → 구인광고

❷ 학습

지각자에 과거에 경험했던 학습내용에 따라 지각선택이 달라진다.

❸ 성격

지각자가 어떤 성격의 소유자인가에 따라 똑같은 외부자극들 중 선택하는 것이 달라진다. 예 같은 신문기사라도 낙관주의자는 긍정적인 사건이 먼저 눈에 들어오지만 비관주의자는 부정적인 사건을 먼저 읽음

③ 자극대상이 출현하는 상황

예 괘종시계 소리는 시끄러운 낮보다는 한적한 밤에 더 크게 들린다.

2) 조직화(Organization)

조직화란 **선택 단계를 통해 들어온 어떤 자극대상에 대한 작은 부분들을 전체적으로 어떤 의미 있는 형태로 짜맞추는 활동**을 의미한다.

① 도형-배경(Figure-ground)원리

배경을 뒤로 하고 전경을 조직화하는 것으로 루빈의 컵 사진을 예시로 들면 꽃병으로 보이는지 혹은 두 개의 얼굴로 보이는지는 무엇을 전경으로 보느냐에 달려있다.

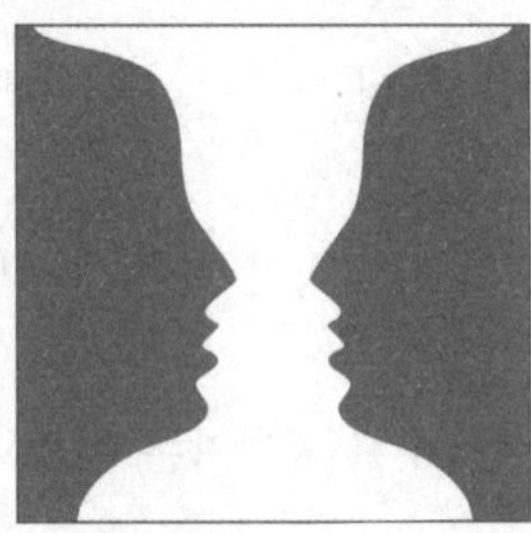

② 집단화 or 범주화(Grouping) 원리

형태의 구성요소들이 통합되는 과정으로 주로 단서들을 **비슷한 것끼리 범주화**한다. 다음은 대표적인 범주화의 원칙이다.

❶ 연속성의 원칙(Perceptual grouping by continuity)

단절된 것이 아니라 연결된 것으로 지각한다. 즉, 단서들을 독립적으로 보지 않고 계속 이어지는 것으로 인식하려고 한다.

❷ 완결의 원칙(Perceptual grouping by closure)

형태가 불완전할 경우 빈 곳을 채워서 완전한 전체 대상으로 지각하는 것이다. 즉, 일부 단서가 없더라도 강제로 끼워 넣어서 하나의 완전체로 인식한다.

❸ 근접성의 원칙(Perceptual grouping by proximity)

공간적으로 가까이 있는 것들을 함께 집단화하는 것이다. 즉, 가능하면 서로 가까이 있는 단서들을 연결시킨다.

❹ 유사성의 원칙(Perceptual grouping by similarity)

생김새가 유사하면 **비슷한 것끼리 집단화**하는 것으로 서로 비슷한 단서끼리 뭉쳐서 보려고 하는 것이다.

③ 스키마(Schema)

서로 관련되는 여러 정보들이 한 덩어리로 조직화되어 하나의 그림형태로 고정화된 것을 의미한다. 즉, **일련의 서로 관련되는 사건, 사물, 사람의 덩어리로 조직화된 그림**이다. 서로 관련이 있는 것끼리 뭉쳐서 여러 개의 범주로 만들어지고, 작은 범주들은 관련 있는 범주들끼리 더 큰 범주로 뭉치기를 계속한다. 스키마는 **간편하지만 오류를 낳기 때문에 문제**가 될 수 있다.

3) 해석(Interpretation)

각자의 경험, 가정 그리고 기대 등을 통해서 자극대상을 해석한다. 해석은 의미를 부여하는 과정이지만 **주관성이 개입**될 수 있다.

(3) 반응행동의 산출(Output)

해석은 인간의 반응을 일으킨다. 반응에는 **관찰가능한 행동이나 태도의 변화** 등이 있고 **행동 및 태도의 변화가 함께 발생하는 경우**도 있다.

제 3 절 대인지각(Person Perspective)

1 의의

대인지각이란 **한 개인이 다른 사람들을 어떻게 지각하고 그들에 대해 어떻게 이해하는가에 관한 것**이다.

(1) 인상형성이론

제한된 정보를 통해 타인의 특성을 인식한다. 예 '그 사람은 어떤 사람이다'

(2) 귀인이론

행동의 원인을 파악하고 그 판단과정을 제시한다. 예 '그 사람은 왜 그런 행동을 하였는가'

2 중요성

타인을 객관적으로 지각하고 평가하는 것이 현실적으로 어렵기 때문에 지각의 오류를 인지하고 관리하는 것이 중요하다.

인지적 인색자(Cognitive Misers) ★

사람들은 **상당히 제한된 몇 안 되는 정보만 가지고 함부로 다른 사람들을 평가**한다. 즉, 사람들은 대인지각을 할 때 바쁘고 시간도 없고 또한 게을러서 많은 정보를 조사해 보지도 않고 극히 적은 정보에만 의지하여 재빨리 판단을 해버린다는 것이다. 사람들은 **지름길**을 통해서 다른 사람을 지각하려고 하는데, **여기서 지름길이란 지각과 판단의 효율성을 높이기 위해서 자기 나름대로 개발한, 대상을 판단하는 빠르고 쉬운 편법을 뜻한다.**

3 인상형성이론(Impression Formation Theory)

(1) 인상형성이론(Impression Formation Theory)의 의의

인상형성이론이란 제한된 **정보를 가지고 타인이 평가하는 과정에서 발생할 수 있는 오류** 등을 다루는 것이다.

(2) 인상형성 과정에 나타나는 원리(인상형성요인)

1) 초두효과(Primary Effect)

타인을 평가하는 데 있어서 다른 조건이 같다면 그에 대해 **먼저 제시된 정보가 나중에 제시된 정보보다 더 큰 영향**을 미치는 것이다. 이러한 **초두효과는 처음에 제시된 정보가 맥락을 형성하고 이 맥락 속에서 나중에 제시된 정보를 해석하기 때문에 나타난다.** 대개 시간적 여유가 없거나 판단의 중요성이 그리 높지 않을 때 잘 나타난다.

2) 현저성 효과(Salience Effect)

현저성 효과란 **하나의 두드러진 점이 한 사람의 인상을 형성하는 데 결정적인 역할을 하는 경우**를 의미한다. 일반적으로 사람들은 긍정적인 정보를 바탕으로 내린 판단보다는 **부정적인 정보**를 바탕으로 내린 판단에 더 큰 확신을 가지고 있다.

3) 일관성(Consistency) 원리

대개 소수의 몇 가지 정보를 가지고 사람을 평가하는데, 이 정보 종류가 서로 방향이 다를 때 **설사 모순되는 것이 있다 하더라도 그를 어느 한 방향으로 일관되게 평가**하는 것을 일관성 원리라고 한다.

4) 중심특질(Central Trait)과 주변특질(Peripheral Trait)

여러 정보 종류 중 **인상형성에 중요한 영향을 미치는 정보를 중심특질이라고 하고 별로 영향을 미치지 않는 정보를 주변특질**이라고 한다. Kelley는 이러한 중심특질은 인상형성뿐만 아니라 표적인물에 대한 **교류행동에도 영향**을 미친다고 주장하였다. 즉, **특정대상에 대해 좋게 평가하면 참여도 활발하기 때문에 사람 간의 교류행동에도 중요한 영향**을 미친다.

(3) 시사점

인상형성이론이란 다른 사람이 어떤 사람인가를 알고자 할 때 행해지는 지각과정을 설명한 이론으로, 이를 활용하여 **조직에서는 타인을 보다 정확히 파악**해야 한다.

4 사회적 정체성 파악

(1) 사회적 정체성(social identity)의 개념

집단에 들어가야 비로소 나의 사회적 정체성을 찾는다. **즉, 집단 속에서야 나의 존재감을 확인할 수 있기 때문에 집단에 소속될 필요를 느낀다.** 언제 그리고 왜 개인이 자신을 집단의 구성원으로 생각하는지 고려하는 관점으로 ① **관계적 정체성(relational identification)과** ② **집단적 정체성(collective identification)**이 있다. 관계적 정체성은 역할 때문에 다른 사람들과 연결될 때 형성되고, 집단적 정체성은 집단의 총체적 특성과 연결될 때 형성된다.

(2) 사회적 정체성의 구성요소

1) 사회적 비교이론(social comparison)

사회적 비교란 **타인 혹은 타집단과 비교하여 판단하는 과정**을 의미한다. **레온 페스팅거(L. Festinger)는 1954년 논문에서 우리는 나 자신을 알기 위해 다른 사람과 항상 비교하면서 살아간다고 했다.** 즉, 자신에 대한 평가본능이 사회적 비교이론의 근원이 되는 셈이다. 평가하려면 비교해야 하고, 비교하려면 타인이 있어야 하기 때문에 집단이 형성된다.

2) 사회적 범주화(social categorization)

사회적 범주화란 **개인을 특정 집단 속에 넣어서 그 집단의 속성으로 개인을 판단하는 경향**을 의미한다. 사회적 범주화는 **고정관념(stereotype)의 원인**이 되기도 한다.

(3) 조직에의 시사점 : 내집단 편애 현상의 경계

1) 내집단과 외집단

사회적 정체성은 자신이 속한 내집단에 대한 동일시로 인하여 내집단 편애가 나타날 수 있다. **사회적 동일시(social identification)란 자신이 속한 집단의 특성을 자신의 것으로 수용하는 것**이다. **내집단 편애는 자기 집단의 구성원이 타 집단의 구성원보다 더 낫다고 볼 때 그리고 자기 집단에 속하지 않은 사람들을 모두 똑같다고 여길 때 발생한다.** 내집단이 존재할 때 필연적으로 외집단이 존재한다. **외집단이란 내집단의 반대로 내집단에 속하지 않은 모든 사람이나 내집단 구성원에게 외부 집단으로 인식되는 집단을 의미**한다. **내집단 편향의 지나친 강화는 외집단에 대한 차별로 나타날 수 있다.**

2) 사회적 정체성 형성에 영향을 미치는 요인

① 사회화(socialization)

Feldman(1981)은 조직사회화란 개인이 조직의 외부자에서 효과적인 구성원으로 참여하는 변화하는 과정이라고 정의하였다. 즉, 외부인에서 조직인으로 변화하는 과정에서 사회적 정체성이 형성될 수 있다.

② 개인 – 조직 간 적합성(person – organization fit)

개인 – 조직 간 적합성(person – organization fit)이란 개인의 가치, 목표, 성격 등이 조직과 일치하거나 적합한 정도를 의미한다. Schneider의 **유인 – 퇴출이론**에 따르면 집단 내 유사성이 높을수록 P–O fit이 증가하는바, **집단 내 구성원의 동질성이 높은 경우 사회적 정체성을 가지기 용이하다.**

③ 조직 내 지위

집단에 참가하는 주요 이유 중 하나는 자격을 획득함으로써 자부심을 느끼고 지위나 권력을 가지는 것이다. 즉, **높은 사회적 지위를 갖는 집단에 속함으로써 사회적 정체성을 형성할 수 있다.**

5 귀인이론(Attribution Theory)

(1) 개념 및 중요성

귀인이란 사람들의 행동이나 사건의 원인을 따져 보는 것을 의미한다. **자신의 행동이나 타인의 행동에 대하여 원인과 결과를 밝히는 것으로, "귀인"은 "원인을 돌린다"는 의미이다. 귀인의 결과가 추후 행동에 영향을 미치기 때문에 중요**하다.

(2) Heider의 귀인이론

인간행위에 대한 귀인을 내부귀인과 외부귀인으로 나누었다. **내부요인이란 사람의 능력이나 기술 등 개인 내적 요인을 말하며 외부요인이란 업무의 특성이나 상급자의 특성 등 개인 외적, 환경적 요인을 말한다.**

(3) Kelley의 공변모형(Covariation Model)

공변이란 여러 번에 걸쳐서 발생하는 사건 혹은 요소들이 서로 관련성이 있어 원인과 결과로 쌍을 지어 나타나는 경우를 의미한다. 예를 들어 구름이 끼면 항상 비가 왔을 경우 "비는 항상 구름이 많이 있은 후 오게 되며, 구름이 없으면 비가 오지 않는다"고 추론하는데, 여기서 구름–비는 공변관계에 있는 것이다. 켈리는 어떤 행동이나 사건의 원인을 행위자의 내부에서 찾느냐 혹은 외부에서 찾느냐에 대한 추론을 정교하게 할 수 있는 분석 틀을 제시했다.

켈리는 사람들이 행위에 대한 원인을 규명하려 할 때 **합의성(consensus), 특이성(distinctiveness), 일관성(consistency) 등 세 가지 원칙을 가지고 귀인**한다고 보았다. 구체적으로 행위자(행동의 주체), 자극(행동의 대상이 되는 사람 또는 다른 객체), 상황(시간 또는 장소)이라는 세 가지 항목이 변화할 때 같은 행동이 관찰되는지 여부에 대해 관찰자가 정보를 수집하고, 그 수집된 정보에 따라 행동을 설명한다. 직무 A를 수행하는 갑이 낮은 업적을 냈을 때 그 원인을 공변모형에 따라 분석하면 다음과 같다.

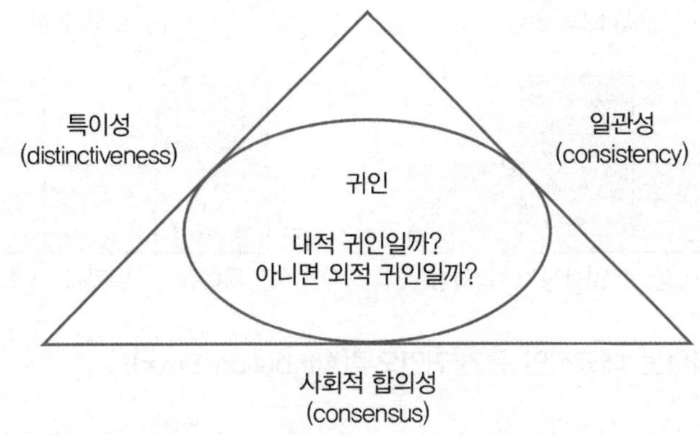

1) 사회적 합의성(consensus) : 다른 사람들이 얻은 결과와 비교

합의성의 법칙은 **하나의 특정 사건에 대하여 다른 사람들(동료들)이 얻은 결과와 비교하여 귀인**하려는 성향을 말한다. 직무 A를 수행하는 다른 종업원의 업적도 낮았는가?

2) 자극대상의 특이성(distinctiveness) : 다른 사건의 결과와 비교

한 사건의 결과를 비슷한 다른 사건의 결과와 비교하여 귀인하는 성향을 특이성의 법칙이라고 한다. 갑이 다른 직무를 수행했을 때도 업적이 낮았는가?

3) 상황의 일관성(consistency) : 과거 역사와 비교

한 사건에 대한 과거의 역사와의 비교를 통하여 귀인하려는 경향을 일관성의 법칙이라 한다. 갑이 과거에도 동일한 직무 A에 대해서 업적이 낮았는가?

관찰요인	일관성 (consistency)	합의성 (consensus)	특이성 (distinctiveness)	
높은 상황	홍길동의 영어 성적은 항상 높았다. 혹은 항상 낮았다.	다른 학생들도 홍길동처럼 영어 성적이 모두 높다. 혹은 낮다.	홍길동은 수학, 국어, 과학 성적은 모두 낮은데 영어 성적만 높다. 혹은 영어 성적도 낮다.	
낮은 상황	과거의 영어 성적이 들쭉날쭉 해왔다.	모두 잘 치렀는데 홍길동만 낮다. 혹은 못 치렀는데 홍길동만 높다.	홍길동은 영어 성적도 수학, 국어, 과학 성적처럼 역시 높다. 혹은 역시 낮다.	
홍길동의 이번달 영어 성적 나쁨	낮음 항상 높았다. 그러나 이번만 이상하게 낮게 나왔다.	높음 다른 학생들도 영어 시험을 모두 못 봤다.	높음 다른 시험은 잘 치렀는데 영어 성적만 낮다.	홍길동 탓 아님(외부귀인)
	높음 항상 낮았다. 역시 이번에도 낮았다.	낮음 다른 학생들은 모두 높은데 홍길동만 낮다.	낮음 다른 과목의 시험점수도 모두 낮다.	홍길동 탓임(내부귀인)

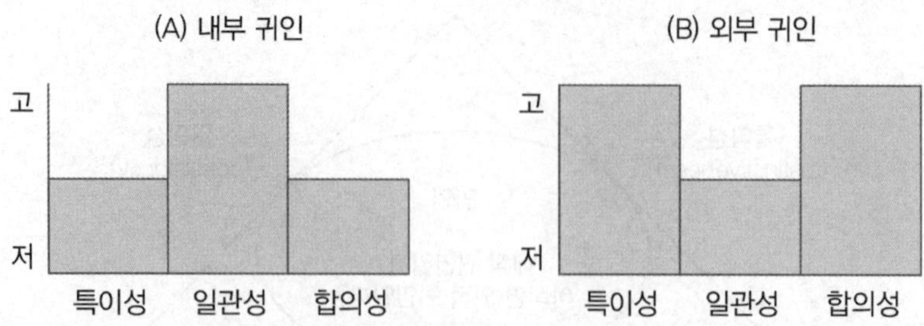

(4) 귀인과정에서 나타나는 대표적인 편견(귀인오류(Attribution Error))

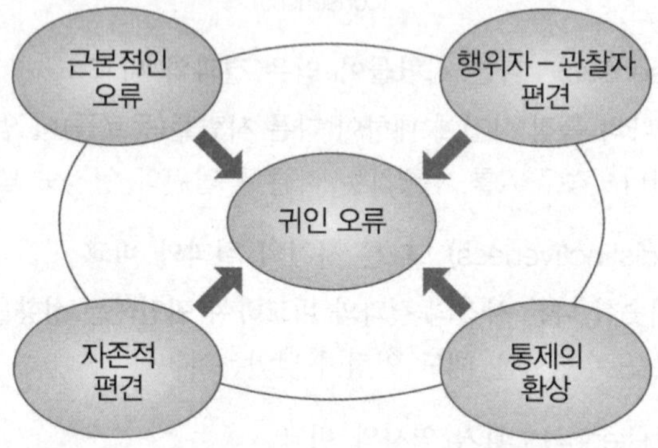

1) 근본적 귀인오류(Fundamental Attribution Error : FAE)

근본적 귀인오류란 **타인의 행동을 해석할 때 상황의 영향을 과소평가하고 개인 특성의 영향을 과대평가**하는 경향이 강한 현상을 의미한다. 예를 들어 여름철 짜증내는 주민센터의 직원에 대해 더운 날씨라는 상황적 측면을 무시하고 직원의 자질이 나쁘다고 평가하는 것이다.

2) 행위자 – 관찰자에 따른 귀인이론(Actor – Observer Bias)

일반적으로 사람은 자신이 한 일인가 타인이 한 일인가에 따라서 귀인을 달리하는데, 자신이 한 일이 성공했을 때는 자신의 능력이나 노력과 같은 내부요인에 귀인하려는 경향이 강하고, 자신의 일이 실패로 끝났을 경우에는 외부요인에 귀인하려는 경향이 있다. 이러한 귀인패턴은 타인이 한 일의 결과에 대해서는 정반대로 작용한다. 즉, 타인이 한 일의 결과가 성공적이었을 때 우리는 그 사람의 능력보다는 상황이나 운과 같은 외적인 요인에 귀인하는 경향이 강하지만 타인이 한 일의 결과가 실패했을 때는 그 사람의 능력이나 노력 부족 등과 같이 행위자(타인)의 내적 요인에 그 원인을 돌리려는 경향이 강하다.

행위의 결과	행위자: 본인	행위자: 타인
성공	내부 귀인	외부 귀인
실패	외부 귀인	내부 귀인

3) 자존적 편견(Self－serving Bias)

인간은 **자존심**을 높이려는 욕구가 있기 때문에 **실패했을 때 그 책임을 외부귀인하려고 하며, 성공했을 때는 내부귀인하려는 경향**이 있다. 즉, 자존적 편견이란 **자신을 보호하기 위한 편견**이다.

4) 통제의 환상(Illusion of Control)

개인이 **자기가 한 일에 대한 성공 가능성을 객관적인 성공가능성의 확률보다 높게 지각하는 것**을 의미한다. 세상일을 자기 노력으로 다 할 수 있다고 믿어 어떤 일이 실패하였을 때 이것이 외적 귀인임에도 불구하고 내적 귀인으로 돌리는 경우가 이에 해당한다.

6 사회정보처리모형(Social Information Processing)

(1) 사회정보처리모형의 의의

사람들의 평가행위는 무에서 시작하는 것이 아니라 이미 경험했던 정보들을 기초로 하여 이루어진다. 따라서 사람들은 '사실 자체'보다는 **'지각된 바'**에 의해 현실세계에 대한 하나의 관점을 가지게 되고 이를 기초로 행위를 하게 된다. 평가자 **머릿속에서의 지각 및 판단과정에 대한 정교한 설명을 하는 이론**이 바로 평가자(지각)의 사회정보처리모형(social information processing model)이다.

인상형성이론이 초보수준의 심리학이라고 한다면, 지각의 사회정보처리모형은 인지심리학 등의 정교한 이론과 방법에 크게 의존한다(Kreitner & Kinicki, 1995). **사람은 환경의 자극에 대해 ① 선택적 지각, ② 부호화/단순화, ③ 저장/유지, ④ 인출/반응 4단계에 따라 지각**하게 되는데 각 단계에 맞는 인지 활동이 일어나고 마지막으로 판단·결정하게 된다.

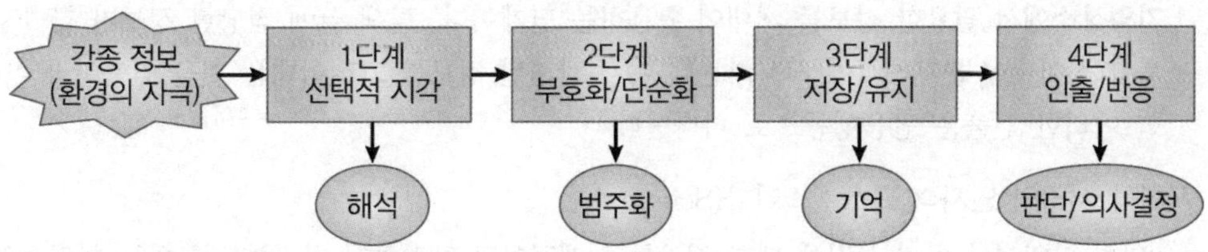

(2) 사회정보처리의 과정

1) 1단계 : 선택적 주의(Attention)

대부분의 사람들은 인지적 능력에 한계가 있기 때문에 모든 정보를 받아들이기보다 외부의 자극을 선택적으로 주의(attention)하고 받아들이는 단계이다. 즉, **자신에게 필요한 자극에만 선택적으로 관심을 기울이고 이해하려 한다.** 주의(Attention)란 어떠한 사건, 사물 또는 사람에 대해 의식적으로 관심을 갖는 과정이다. 일반적으로 자극의 현저성을 높여 주는 상황 요인들은 새롭거나 기발한 것, 밝은 것, 일상적이지 않은 것, 상식에 반하는 행동, 극도로 좋거나 나쁜 일, 시야를 지배하는 사물 등으로 요약된다.

2) 2단계 : 부호화(Encoding) 또는 단순화(Simplication)

사람은 들어온 정보(raw information)를 이해하고 해석하기 위해서 **자신이 머릿속에 갖고 있는 인지 틀(카테고리)에 각각의 정보를 할당**하여 나눈다. **들어온 정보를 유형에 따라 나누어 적합한 카테고리에 저장한다.** 사건, 사람, 사물에 대한 새로운 정보는 **개인이 기존에 가지고 있던 각각에 대한 '선입지식'인 스키마(Schema)와 비교하여 알맞은 카테고리에 배정**한다. 여기서 스키마가 작용하게 된다.

3) 3단계 : 저장과 유지

기억이 **장기적으로 저장되고 유지되는 단계**다. 즉, **장기기억(long-term memory) 속에 정보를 저장하고 유지하는 단계**로 장기기억은 사건에 대한 기억, 의미 있는 지식에 대한 기억, 사람에 대한 기억 등 세 가지로 구성되어 있다.

정보를 접하면 ① **감각기억(sensory memory)**에 아주 짧은 기간(몇 초, 또는 300만분의 1초) 기억된다. 이 중 **선택적으로 지각된(selective perception) 정보**들만 ② **단기기억**으로 들어간다. 단기기억에 남아 있는 정보 중에서 **여러 번 반복 학습**되거나(rehearsal) **특별한 의미가 있는 정보는 부호화/단순화되어 ③ 장기기억으로 이전**된다. 장기기억은 정보가 새로 들어오면 기존의 스키마와 비교하여, 이미 있는 정보이면 자동처리하고, 생소한 정보이면 통제프로세스(controlled process)로 가서 이모저모 분석하게 된다.

4) 4단계 : 인출과 반응

기억장소에서 필요한 정보를 꺼내어 활용하는 단계이다. 탐색 끝에 적당한 정보가 찾아지면 이를 끄집어내어 문제해결에 사용하는데 이때 **관련된 정보를 끄집어내는 것을 인출**이라 한다. 또한 이러한 인출은 **반응행동**으로 나타난다.

(3) 사회적 지각의 인지적 요소 : 스키마(Schema)

스키마란 **타인이나 어떤 사건에 대한 정보를 체계적이고 간편하게 처리하도록 하는 머릿속의 구조화된 사전지식(prior knowledge)**을 의미한다(Taylor & Crocker, 1981). 사람들은 처음 만나는 사람을 몇 분간 보고도, 심지어 사진만 보고도 그의 특성에 관해서 매우 빠르게 평가하는 것을 볼 수 있는데, **스키마는 이렇게 빠른 속도로 다른 사람에 관한 정보를 처리하도록 해준다.** 스키마는

새로운 정보에 대한 접근속도를 높이고 해석을 용이하게 해준다는 장점이 있지만, 스키마가 **편협된 지식들로 구조화되거나 고정화되어 융통성을 상실한 경우에는 평가가 부정확해질 수 있다는 문제**가 있다. 대부분의 사람들은 다른 사람을 평가하는 데 있어서 세세한 과정을 거치지 않고 스키마에 의해 매우 신속하게 하는 경우가 많은데 그중에는 잘 들어맞는 것도 있을 수 있으나 오류를 범할 수 있다는 사실에 유의할 필요가 있다.

제 4 절 지각오류의 유형

1 의의 및 중요성

우리가 타인을 잘못 지각하는 이유는 **주로 한두 가지 단서로 순간에 자동적 사고**를 하기 때문이며, 원인을 파악하더라도 정확하게 파악하지 못하고 그저 추론하는 과정에서 잘못 추측하기 때문이다. 따라서 지각과정의 각 단계에서 발생할 수 있는 오류를 정리할 필요가 있다.

2 지각오류의 기본적인 유형

후광효과	**개인이 가진 지능, 사교성, 용모 등과 같은 특성들 중 하나에 기초하여 그 개인에 대한 일반적 인상을 형성하는 것** 예 입사면접 시 다리지 않은 양복을 입고 면도도 하지 않고 나타난 피면접자에 대하여 면접관이 그의 영어능력이나 영업능력이 형편없을 것이라고 판단하는 경우, 그의 옷차림이나 외모의 특성을 영어능력이나 영업능력에 일반화시켜 판단한 것으로 후광 효과가 작용한 것이다.
관대화 경향	**다른 사람을 매우 좋게 평가하고자 하는 경향** 예 교수가 학생에게 학점을 줄 때 수업시간 참여도, 시험결과 등은 별로 고려하지 않고 모두에게 좋은 점수를 주는 경우
중심화 경향	**판단을 함에 있어 아주 나쁨이나 아주 좋음 같은 양극의 판단을 피하고 중간 정도인 것으로 판단을 하려는 경향** 예 설문에 응답을 할 때 양극단의 응답을 피하고 주로 가운데 항목(그저 그렇다, 보통이다)에 응답하는 경우
최근 효과	**판단을 함에 있어 최근 제공된 정보에 더 큰 비중**을 두는 경향 예 A는 지난 2년 동안 늘 좋은 성적을 유지했었는데 바로 이번 학기에만 성적이 좋지 않았다. 이로 인해 A는 성적이 좋지 않은 학생으로 평가될 수 있다.
초기 효과	**판단을 함에 있어 처음 주어진 정보에 보다 큰 비중**을 두는 경향 예 면접관이 10명의 피면접자들을 순서대로 평가하면서 비교적 초기에 면접한 사람들에게 후한 점수를 주게 되는 경향
대조 효과	판단을 함에 있어 **대조되는 정보로 인해 판단이 왜곡**되는 것 예 아주 키가 큰 사람 옆에 서 있는 보통 키의 사람은 실제보다 더 작아 보인다.

상동적 오류	경험을 통해 **스테레오타입**이 만들어지고, 스테레오타입과 한 요소라도 비슷한 사람이 생기면 그 사람에게 즉시 그러한 스테레오타입으로 판단한다는 것을 의미함
투영 효과	판단을 함에 있어 **자신 입장을 일반화하여 남을 평가**하려는 경향 예 공격적인 성향이 높은 평가자가 공격적인 성향이 낮은 평가자보다 피평가자의 성격을 더 공격적인 것으로 평가한다.
자기충족적 예언	자신이 예측한 대로 결과가 실제로 이루어진다고 믿는 경향

3 지각과정 단계별 오류

(1) 관찰단계에서의 오류

1) 주관성 개입

주관성 개입이란 객관적 정보(결근율, 판매량 등)보다 무형의 정보(협동성, 친절도 등)를 더 참고하여 판단하려는 경향을 의미한다.

2) 행위자-관찰자 편견

자신은 외부의 원인을 많이 알고 있지만 타인은 자신만큼 외부원인을 잘 알 수 없기 때문에 자기행동의 원인은 외부에 가중치를 많이 주고, 타인 행동의 원인은 타인의 내부에 가중치를 많이 주어 귀인작업을 한 결과로 행위자-관찰자 편견이 발생한다.

3) 스테레오타입 오류(상동효과)

경험을 통해 스테레오타입이 만들어지고, 스테레오타입과 한 요소라도 비슷한 사람이 생기면 그 사람에게 즉시 그러한 스테레오타입으로 판단한다는 것이다. 이 용어는 미국의 사회학자인 월터 리프먼(Walter Lippman, 1992)이 인쇄업에서 가져온 용어로, 인쇄업에서 스테레오타입이란 같은 텍스트를 반복해서 찍어낼 때 사용되는 금속 조판이다. 즉, 스테레오타입이란 어떤 특정한 대상이나 집단에 대하여 대부분의 사람들이 공통적으로 가지는 비교적 고정된 견해와 사고로 고정관념이라고 번역된다.

(2) 조직화 단계에서의 오류

1) 첫 정보에 과대의존

다른 정보들이 추가되어도 재고하지 않고 첫인상에 지나치게 얽매이는 것을 의미한다.

2) 구체정보의 과대사용

통계나 기록 같은 과학적인 정보보다 자기가 보고 겪은 구체적 정보를 더 중요하게 여기는 경향을 의미한다.

3) 자존적 편견(이기적 편견)

사람들은 자존욕구가 있기 때문에 자신의 성공에 대해서는 내부 탓(능력, 노력 등)으로 실패에 대해서는 외부 탓(불운, 남의 방해 등)으로 돌리는 경향이 있다.

4) 통제의 환상

통제의 환상이란 이 세상을 자기 마음대로 통제하고 싶은 욕구를 의미한다. 이 경우 모든 행동의 원인이 자신이 통제할 수 있다는 착각에 빠지기 쉽다. 이 경우 외부환경으로 잘못된 일도 내부귀인을 하여 자책할 가능성이 높다.

(3) 해석단계에서의 오류

1) 자기충족적 예언(피그말리온 효과)

자신이 예측한 대로 결과가 실제로 이루어진다는 뜻이다. 피그말리온 효과(Pygmalion effect)란 특정인에 대한 기대가 그의 행동 결과로 나타나게 되는 현상을 일컫는 말이다.

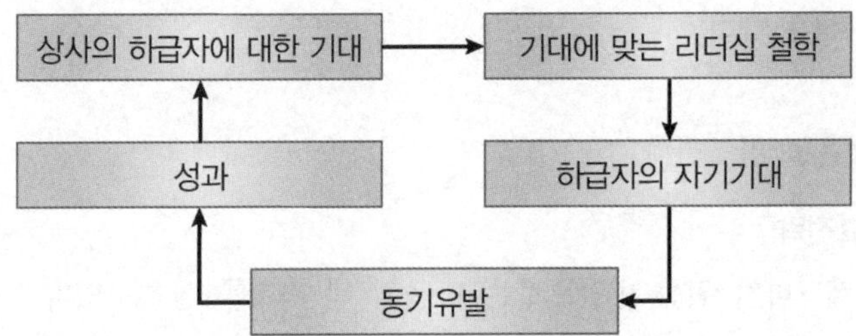

2) 후광효과

어떤 대상으로부터 얻은 일부의 정보가 나머지 부분의 정보를 해석할 때 미치는 영향으로, 어떤 사람을 전반적으로 평가할 때 오직 한두 가지의 특성을 기초로 그 사람의 전반적인 인격을 평가한다면 그것이 후광효과에 의한 오류이다.

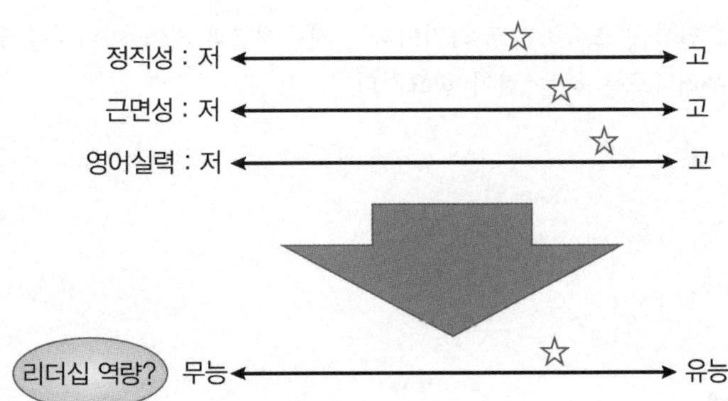

제 5 절 인상관리

1 의의 및 전략

인상관리(Impression Management)란 **다른 사람들이 자신에 대해서 형성하게 되는 지각을 관리하고 통제**한다는 것이다. 인상관리에는 두 가지 전략이 사용된다. 하나는 부정적 인상회피전략이고 다른 하나는 긍정적 인상제고전략이다.

(1) 부정적 인상회피전략

부정적 인상을 회피하기 위한 구체적 방안으로서 다음 세 가지 행동이 많이 활용된다.

첫째, **적절한 구실**을 댄다.

둘째, **사과**한다.

셋째, **관계가 없음을 강조**한다.

(2) 긍정적 인상제고전략

긍정적 인상을 제고하기 위한 방안으로는 다음의 네 가지를 들 수 있다.

첫째, **자신의 기여한 바**가 알려지게 한다.

둘째, **부풀려 이야기**한다.

셋째, **큰 장애**가 있었음을 인식시킨다.

넷째, **중요한 사람**들과 연결되어 있음을 알린다.

2 조직에의 시사점

지나치게 의도적으로 인상을 조작하려고 하기보다는 **자아개념과 자아 이미지를 확고히 하여 필요한 행동이 자연스럽게 우러나도록 하는 것이 중요**하다.

CHAPTER PART 02 개인차원

07 | 동기부여

제 1 절 동기부여(Motivation)의 개요

1 동기부여의 개념

동기부여(motivation)란 단어는 라틴어 **"movere"에서 유래**한 것으로 의미는 **"움직이게 하는 것(to move)"이란 뜻**이다. Pinder에 따르면 동기부여란 **개인의 행동을 일으키며, 행동의 방향, 강도 그리고 지속기간을 결정하는 역동적인 힘의 집합**이다(Pinder). 즉, 기업조직에서 성과를 내는 방향으로 개인의 행동이 열정적이고 지속적으로 일어날 수 있도록 유도하는 내적인 힘을 의미한다.

(1) 강도(intensity)

강도란 '얼마나 **노력**을 많이 기울일 것인지'에 관한 것이다.

(2) 방향(direction)

방향이란 '어떤 **행동**을 할 것인지'를 의미한다.

(3) 지속성(persistence)

지속성이란 '선택한 행동과 그 노력의 강도를 얼마나 **오래 지속**할 것인지'를 의미한다.

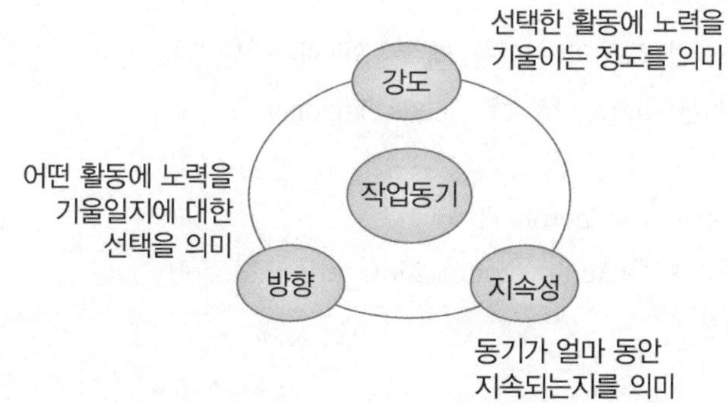

2 동기부여의 중요성

P=f(M×A)

3 동기부여의 이론

(1) 욕구이론(Need Theory) = 내용이론

욕구이론은 동기부여를 결핍 상태를 충족시키기 위한 것으로 본다. 이는 **인간행동을 동기화하는 원동력(모티베이션을 일으키는 욕구의 내용)이 무엇인지, 무엇이 행동을 일으키는지에 대한 이론**이다. 동기부여에 관한 초기 연구들은 주로 인간의 욕구파악에 열중하면서 동기부여의 원동력은 인간이 가지는 욕구(needs)라고 보고, 그것이 무슨 욕구이며 어떤 욕구를 충족시키면 사기가 오르는지에만 관심이 있었다.

(2) 인지적 동기이론(Cognitive Motivation Theory) = 과정이론

인지적 사고과정을 통해 동기부여가 된다는 이론이다. 최근으로 오면서 욕구를 충족시키는 방식이 사기향상에 중요하다는 것을 깨달았으며 **욕구가 사기를 일으키기까지의 과정을 중시**하게 되었다. 행동이 어떻게 유도되고 어떤 단계를 밟아 진행되는지의 과정을 연구한 것이기에 모티베이션 과정이론이라고 한다.

(3) 내재적 동기이론(Intrinsic Motivation Theory)

자신의 의지와 관계없이 **일 자체가 행동을 불러일으킨다는 이론**이다.

제 2 절 욕구이론(Need Theory)

1 욕구이론의 개요

1950년대의 이론으로 인간 행동의 원인을 **쾌락주의**[5]에서 찾았다.

- Maslow의 욕구단계이론(Hierarchy of Needs Theory)
- Alderfer의 ERG 이론
- Herzberg의 2요인이론(Two Factor Theory)
- McClelland의 성취동기이론(Achievement Motivation Model)
- McGregor의 XY 이론

2 Maslow의 욕구단계이론 = 욕구계층이론(Hierarchy of Needs Theory)

(1) 개념

1943년 매슬로가 발표한 이론이다. **욕구를 5가지(생리적 욕구, 안전 욕구, 사회적 욕구, 존경 욕구, 자아실현 욕구)로 나누고, 이 욕구들이 순서대로 나타난다고 주장하였다.** 매슬로는 **부족해서 생기는 욕구는 하위욕구로, 더 성장하고 싶어서 생기는 욕구는 상위욕구로 구분**하였다(고차(higher－order)욕구 vs 저차(lower－order)욕구).

5) 인간은 유쾌함(pleasure)을 추구하고 고통(pain)을 회피하려는 경향이 있다고 간주

(2) 욕구단계의 종류

1) 생리적 욕구(Physiological Needs)

식욕, 갈증, 휴식, 성적 만족, 기타 **육체적 필요에 대한 인간의 기초적인 욕구** 예 통풍, 난방장치, 최저임금

2) 안전 욕구(Safety Needs)

신체적 혹은 심리적인 안정을 추구하는 욕구 예 고용보장, 생계보장수단 부여, 안전한 작업조건

3) 소속감 및 애정 욕구(Belonging & love Needs)

다른 사람과의 상호관계에 대한 욕구 예 인간적 리더, 화해와 친목분위기, 우호적 작업팀

4) 존경 욕구(Esteem Needs)

타인으로부터 **인정**을 받으려는 욕구 예 포상, 상급직 승진, 타인의 인정, 책임감 부여, 중요업무 부여

5) 자아실현 욕구(Self－actualization Needs)

성취할 수 있는 모든 것을 실현시키려는 욕구 예 도전적 과업, 창의성, 개발, 잠재능력 발휘

(3) 기본가정

1) 인간은 충족되지 못한 욕구를 충족하기 위해 동기화 되는 동물이다. 즉, **충족되지 못한 욕구들에 의해서만 지배되고 행동이 유발**된다.

2) **인간이 추구하는 욕구들은 서로 다를 수 있다.**

3) **5가지 욕구는 특정 욕구가 생성되고 충족되면 그 후 다른 욕구가 나타난다.** 이러한 욕구 간 관계를 밝힌 것에 매슬로 이론의 의의가 있다.

(4) 내용

1) 욕구 5단계의 출현순서

매슬로는 5가지 욕구, 즉 생리적 욕구－안전 욕구－사회적 욕구－존경 욕구－자아실현 욕구가 **순서대로** 나타난다고 주장하였다.

2) 욕구의 작동원리 : [결핍－지배의 원리]와 [충족－출현의 원리]

자아실현욕구를 제외하고 개인의 행동에 동기를 부여하는 것은 결핍이다. 생리적 욕구와 안전 욕구는 먹고사는 문제에 관련된 저차원욕구이고, 소속 욕구/존경 욕구/자아실현 욕구는 개인의 성장, 발전에 관련된 고차원 욕구에 해당한다.

3) 조직경영에 주는 의미

① 개인의 행동을 규정함에 있어 결핍욕구뿐 아니라 **성장욕구의 중요성을 강조함으로써 조직경영에 새로운 의미**를 더하였다.

② **상황변화에 따라 새로이 출현하는 욕구에 유의**해야 한다.

(5) 평가

1) 공헌

① **인간의 욕구를** 5가지로 **체계적으로 파악**했다.

② 조직에 있어서 **종업원의 성장욕구 파악이 중요함을 암시**하였다.

③ 효율적 경영이라 하면 무엇보다도 자원을 집중적으로 배분하는 것이 중요한데 이 원리를 적용하면 **자원을 어디에 집중시킬 것인지 알 수 있다.**

④ 인간을 하위욕구만 원하는 저차원적 관점에서 보지 않고 고상한 상위욕구를 원하는 고차원적 관점에서 보고 **경제적 물질 충족보다 인간적인 대우를 해야 한다는 것을 암시**하고 있어서 경영학을 한층 인본주의 중심 학문으로 이끌었다.

2) 비판

① 가장 상위에 있는 **자기실현 욕구는 개념적으로 모호성**을 가지고 있으며 이것은 **모든 인간이 가지고 있는 것은 아니기 때문에 보편적인 욕구라고 보기가 어렵다.**

② **낮은 계층의 욕구가 충족되면 충족된 욕구는 더 이상 행동을 동기화시키지 않는다는 주장은 적절하지 않다.** 예를 들면 생리적 욕구는 충족되더라도 일정 기간이 지나면 다시 강력한 욕구로 작용할 수 있기 때문이다.

③ **욕구의 유형을 5가지로 세분화시킨 것에 대한 문제를 제기**하고 있다. 매슬로 자신도 후에 욕구들을 차라리 결핍된 욕구와 성장욕구로 나눌 수도 있다고 밝힌 바 있다.

④ 매슬로는 제시한 욕구계층이 일반적 내지 보편적이라고 주장하였으나 **미국이 아닌 다른 문화권에서는 이러한 계층이 다르게 형성**될 수 있다. 예를 들어 동양권 나라에서는 생리적 욕구보다 존경욕구가 더 높은 계층의 욕구일 수 있다.

⑤ **다섯 가지 부류의 욕구 외에도 또 다른 욕구**가 있을 수 있다.

⑥ 욕구가 행동의 근원이 된다고 했지만 **어떤 사람이 욕구(예 생리적 욕구)가 결핍되어 특정행동을 한다고 했을 때 다른 행동(예 도둑질)은 안하고 왜 하필 노동만 하는지를 설명하지 못한다.**

⑦ 욕구가 단계적으로 상승하는 것이 아니라 **한 단계의 욕구 충족이 좌절되면 다른 욕구가 증가하는 식으로 욕구는 상호 이동될 수 있다.**

⑧ 욕구단계이론은 **미국의 개인주의 문화를 전제로 구축되고 검증된 이론**이다. 연구 결과에 따르면, **인간의 욕구가 다섯 가지이며 계층을 이루고 있다는 증거가 없고** 결핍 정도가 클수록 욕구강도가 강해진다는 **결핍-지배 가설은 저차원 욕구에 대해서만 성립하는 것**으로 나타났다.

3 Alderfer의 ERG 이론

(1) 개념

위와 같은 **매슬로 욕구단계이론의 한계점을 극복**하기 위해 알더퍼는 1969년 ERG이론을 발표하였다. 매슬로가 제시한 5종류의 욕구들을 3종류로 분류하였다. **E는 Existence의 머리글자이며 "존재욕구"**를 뜻한다. **R은 Relatedness의 앞 글자로서 "관계욕구"**이다. **G는 Growth의 첫 글자이며 "성장욕구"**이다.

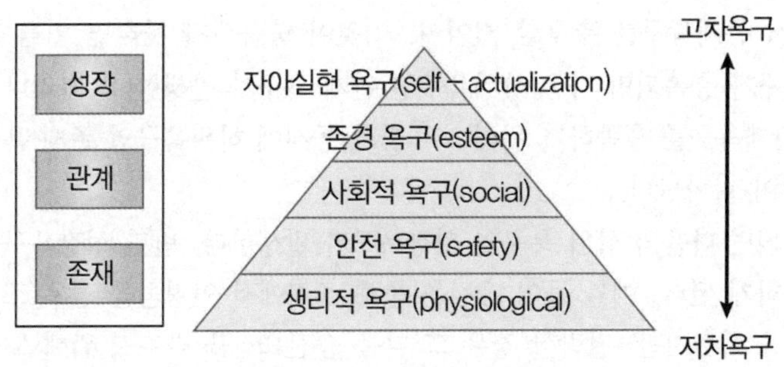

(2) 유형

1) 존재 욕구(E : Existence Needs)

'생존 욕구'라고도 하며 **육체적 생존을 유지하려는 다양한 유형의 물리적 · 생리적 욕구**이다. 이 욕구가 충족되지 않으면 인간의 생존이 위협을 받게 된다.

2) 관계 욕구(R : Relatedness Needs)

'대인 관계 유지 욕구'라고도 하며 인간이 인간답게 살기 위해 **타인과의 관계를 유지하려는 욕구**이다. 주로 자신을 둘러싸고 있는 사회환경과 인간관계에 관심을 집중시키는 욕구를 의미한다.

3) 성장 욕구(G : Growth Needs)

성장 욕구는 창조적 · 개인적인 **자기 발전을 도모하기 위한 인간의 욕구**를 말한다. 즉, **자신의 성장**을 위해 자신감을 가지고 직무에 임하려는 욕구이다. **개인의 능력 개발**과 **창의적 성취감 등을 포함**한다.

(3) 가정 및 작동원리

ERG이론이 작동하는 기본원칙은 ① **충족-진행의 원리**와 ② **좌절-퇴행의 원리**이다.

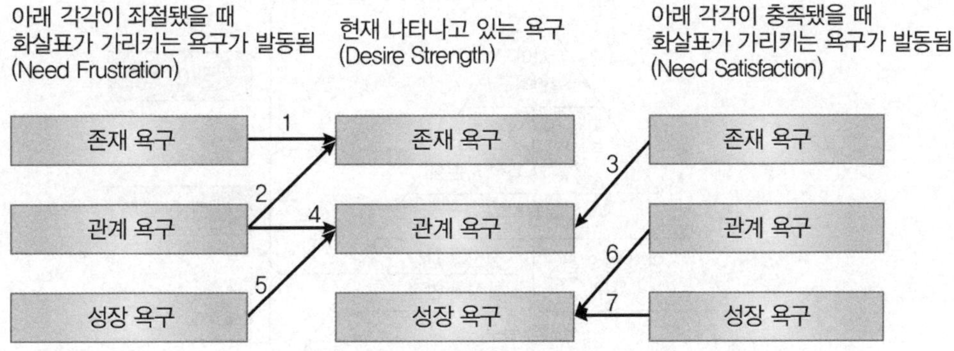

인간은 제일 먼저 존재욕구를 추구할 것이며, 이것이 충족되지 못하면 이를 계속 추구한다. 추구했던 **존재욕구가 충족되면 다음 상위욕구인 관계 욕구가 발생**한다. **그러나 이러한 관계욕구가 좌절되었을 때 관계욕구를 충족하기 위해 노력함과 동시에 하위욕구인 존재 욕구를 추구하는 소위 욕구의 퇴행현상이 나타난다.**

관계욕구가 충족되면 다음의 상위 욕구인 성장욕구가 발생한다. 반면 성장욕구를 충족하지 못하면 관계욕구를 충족하게 된다. 예를 들어 승진을 통해 조직에서 인정받을 경우 조직에서 인정받기 위해 또 다른 공헌을 하겠지만, 탈락할 경우 그 다음 승진요건을 갖추기 위해 노력함과 동시에 그간 맺어왔던 인간관계에 대해서도 더욱 신경을 쓴다.

(4) ERG 이론과 Maslow 이론의 비교

① 욕구의 분류체계가 다섯 가지가 아니라 세 가지로 되어 있어 개념 자체가 **매슬로의 이론보다 더 포괄적**이다. ② ERG이론에서는 개인이 세 가지 욕구를 동시에 다 경험할 수 있다고 주장한다. **욕구들 간의 계층구조가 매슬로 이론에서보다 약하다.** ③ 매슬로의 이론에서와는 달리 ERG이론에서는 상위욕구가 계속되는 시도에도 충족되지 않고 좌절되면 다시 하위욕구가 나타난다고 보고 있다. **즉, 매슬로의 이론에서는 욕구 출현의 진행 방향이 상향(上向) 일변도였지만, ERG이론에서는 상향 또는 하향으로 진행된다.**

구분	Maslow	Alderfer
공통점	• 욕구이론 • 결핍의 원리 : 만족 → 진행모형	
차이점	• 주된 욕구는 하나임 • 욕구는 충족 시 사라짐 • 모든 사람의 욕구는 동일	• 한 번에 여러 욕구 출현 • 충족된 욕구의 재출현 가능 • 욕구는 사람별로 상이함

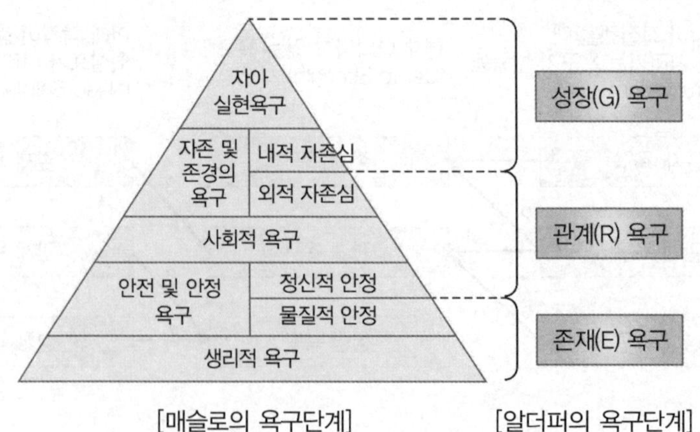

[매슬로의 욕구단계] [알더퍼의 욕구단계]

(5) ERG 이론의 평가

1) 공헌

① 조직구성원으로 하여금 행동을 이끌어내기 위해서 그들이 가지고 있는 **욕구에 대한 이해와 이를 충족시킬 수 있는 조직환경을 제공**해야 한다.

② 매슬로의 욕구 5단계를 단순화시켜 **산업조직에서 적용하는 데 더 유용**하게 하였다.

③ **하위욕구로의 퇴행현상**을 제시했다.

2) 비판

① **욕구들에 대한 개념이 모호**하다.

② 욕구들의 관계가 **문화권**에 따라 다르게 나타날 수 있다.

③ **실증연구**가 부족하다.

(6) 조직경영에 주는 의미

ERG이론이 조직경영에 주는 가장 큰 시사점은 좌절–퇴행의 가설에 있다. **좌절–퇴행 가설에 따르면, 관계욕구나 성장욕구가 좌절되었을 때 그 하위단계의 욕구가 더 강해진다.**

4 Herzberg의 2요인 이론(Two Factor Theory)

(1) Herzberg의 2요인 이론의 개념

1950년대 말 직무만족, 직무태도, 그리고 직무성과 등에 대한 연구결과들을 토대로 제시된 이론이다. 1959년 203명의 **회계전문가와 엔지니어 대상으로 연구를 실시**한 결과 월급이 적어서 불만인 사람은 많았지만 월급이 올라서 동기부여가 된 사람들은 없었고, 반대로 칭찬을 듣고 사기가 오른 사람은 있지만, 칭찬이 없어서 불만인 사람은 적었다. 즉, 불만 없는 상태와 동기부여 상태가 서로 독립적임을 발견하였다.

여기서 허츠버그는 **만족과 불만족을 동일한 개념의 양극으로 보지 않고 두 개의 독립된 개념**으로 보고 있다. **직무만족에 영향을 미치는 요인들을 정리하여 동기요인(Motivators)이라 이름하고 직무 불만족에 영향을 미치는 요인들을 집합적으로 위생요인(Hygiene Factors)이라고 명명**하였다.

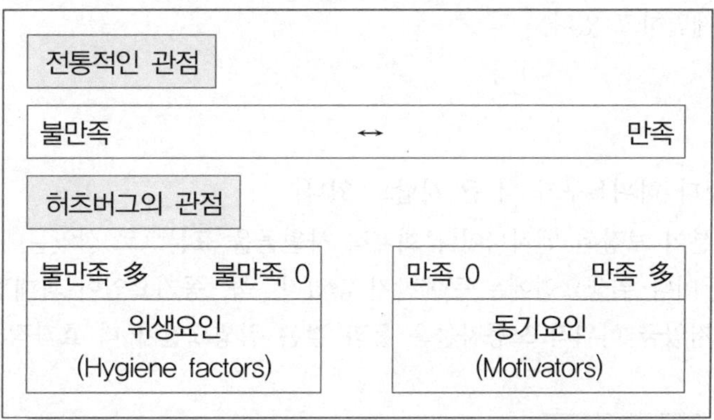

(2) 구성요소

1) 동기요인

동기요인은 **직무만족**에 영향을 미치는 요인으로 **직무 or 자신**과 관련된다. 예 승진 · 기회, 상사 · 동료의 인정, 책임감, 성취감, 성장, 자긍심 등

2) 위생요인

위생요인은 **직무 불만족**에 영향을 미치는 요인으로 **환경 or 타인**과 관련된다. 예 감독 · 지시량, 월급, 안전도, 인간관계, 회사의 정책과 제도, 작업조건

동기요인들은 주로 직무 자체 또는 개인의 정신적 · 심리적 성장에 관련되는 요인들이며, 위생요인들은 직무 외적인 요인을 의미한다[6]. 허츠버그는 직무 자체로부터 얻는 성취감, 안정감 등과 같은 내재적 만족이야말로 진정한 만족이고 급여, 작업조건과 같은 직무 외적 요인들은 아무리 높거나 훌륭하더라도 진정한 만족을 줄 수 없다고 보았다.

(3) Herzberg 2요인 이론이 조직경영에 주는 의미

1) 위생요인 추구자의 문제

허츠버그는 급여, 승진 등과 같은 **위생요인들을 병적으로 추구하는 조직원들은 조직경영에 있어서는 암적인 존재**라고 했다. 따라서 허츠버그는 **위생요인 추구현상을 극복하기 위하여 직무확대나 직무충실화 등을 통하여 직무 속에 동기요인을 구축할 것과 조직원들이 위생요인들보다는 동기요인을 추구할 수 있도록 교육과정을 재구성할 것을 제안**하고 있다.

2) 동기요인 구축 문제

허츠버그는 조직원들이 **성취감, 인정감, 자극, 책임감, 발전성 등을 체험할 수 있도록 직무를 재구성**해야 한다고 주장한다. 허츠버그는 자기 스스로를 **"직무충실화의 창시자(Father of Enrichment)"**라고 부를 만큼 직무충실화에 대한 상표권에 집념을 보였다.

3) 조직구조 측면의 의미

조직구조 측면에서 허츠버그는 노사나 인사담당부서를 **위생요인 담당부서와 동기요인 담당부서로 양분**할 것을 제안하고 있다.

(4) 평가

1) 한계

① **상위욕구보다 하위욕구가 더 큰 사람도 있다.**

② **사회적 신분이 보장된 엔지니어나 회계직 사원들을 표본**으로 삼았는데 그들은 상위욕구만 있을 뿐 돈이나 위생요인에는 구애받지 않았다. 즉, **동기요인이 과대평가되었다는 비판**이 있는 바, **저임금 하위직 노동자들은 돈과 같은 위생요인이 더 효과적**일 수 있다.

---

6) 직무, 성장 → 동기요인, 직무 외적인 것 → 위생요인

2) 공헌

상위욕구를 달성하는 것이 성과향상에 더욱 직접적이고 영향을 미친다는 것을 발견했다. 즉, 월급 등 위생요인보다는 **자율권, 책임감 등 내재적 요인으로 동기를 상승시키는 것이 허츠버그 이론의 핵심**이다.

5 McGregor의 XY 이론

(1) 개념

맥그리거는 **인적 자원을 통제함에 있어 근거로 하는 이론적 가정이 무엇이냐에 따라 기업의 전체적 성격이 결정된다고 전제**하고 이러한 가정을 X, Y라는 두 가지 이론으로 설명하였다. 해당 이론에 따르면 **경영자의 인간관에 따라 동기부여방식(조직관리방식)이 달라져야 함을 시사**한다.

(2) 내용

1) Theory X : 타율적 인간관

인간은 **의욕이 없고, 일하기 싫어하고, 책임을 지는 것을 피하고 싶어하며, 효과적으로 일을 하게 하려면 밀착하여 통제할 필요가 있다고 가정**한 이론이다.

2) Theory Y : 자율적 인간관

인간은 **자기 주도적으로 실천하고, 책임을 수용하며, 일하기를 좋아하며, 작업을 당연한 활동으로 생각한다고 가정**한 이론이다.

인간관	Theory X	Theory Y
특성	• 원래 사람은 일을 싫어하기 때문에 가능한 한 일을 조금만(회사에 붙어 있고 승진하고 비난받지 않을 정도만) 하려고 한다. • 인간이란 책임지기를 싫어하기에 가능한 한 일을 회피하고, 야망이 없기 때문에 그저 시키는 일만 하려고 한다.	• 노동이란 극히 자연스러운 것이며 적절한 조건만 갖춰지면 적극적으로 책임 맡은 일을 완수하려고 한다. • 사람들은 자기에게 주어진 목표달성을 위해서 스스로를 통제하고 관리한다. • 조직의 문제를 해결하고 업무를 달성하는 데 필요한 창의력, 상상력, 지도력 등은 인간 누구에게나 있다.
동기 부여 방식	• **통제**와 **지시**로 관리 • **감독** 철저 • **물질적 보상** • **수직적 조직**	• **자율**에 의지 • **자긍심**과 **위신** 고양 • **정신적 보상** • **수평적 조직**

(3) 유형별 동기부여 방식

1) Theory X : 타율적 인간관

X론에 의한 동기부여 방식은 **구성원을 통제와 지시로 감시하고, 감독을 철저하게 하며, 물질적 보상을 제공하고, 조직은 수직적 구조(tall 구조)로 구성**하는 것이다.

2) Theory Y : 자율적 인간관

Y론에 의한 동기부여 방식은 **구성원으로 하여금 자율에 맡기도록 하고, 권한 위임으로 자긍심을 부여하고, 정신적 보상(내재적 보상)을 제공하고, 조직은 수평적 구조(flat 구조)로 구성**한다. 즉, 위계적 권력구조가 높아서는 안 되고 권한을 위임해야 하며 규칙과 통제를 줄이고 담당자 재량에 맡기는 것이 좋다.

(4) 평가

1) 공헌

① **경영자가 바라보는 인간에 대한 관점에 따라 관리방식이 달라야 함을 시사**하고 있다.

② **관리방식에 대한 새로운 패러다임을 제시**하였다. 대표적인 예시로 고어사(W.L. Gore&Associates)의 CEO 테리 켈리는 당시 유명한 경영학자 맥그리거의 Y론에 대한 믿음을 바탕으로 독특한 조직을 만들었다. 조직체계와 타이틀이 없는 수평적 조직구조이며, 직원들은 업무와 관련해 조직 내 누구와도 직접 커뮤니케이션이 가능하다(수평적 의사소통). 팀에 소속된 모든 직원들은 스스로 업무목표를 정해 주도적으로 업무를 수행하며(임파워먼트), 직원의 자율적인 경영참여와 가족적 분위기를 위해 직원 수를 200명으로 유지한다(수평적 조직구조).

③ **감독 · 통제 일변도의 관리 관행을 탈피**했다.

2) 비판

① **인간을 단순하게 이분법적으로 구분**하였다.

② **인간에 대한 가정을 지나치게 단순화**하였다.

6 McClelland의 성취동기이론(Achievement Motivation Model)

(1) 개념 및 등장배경 : "욕구는 학습된다"

성취동기이론에서 가장 핵심적인 사항은 문화공동체에 의해 **"욕구가 학습된다"는 전제**이다. 맥클리랜드는 인간의 욕구는 학습된 것이며 인간의 행동에 영향을 미치는 욕구의 서열은 사람마다 다르다고 주장하였다. 또한 누구나 이러한 욕구를 가지고 있다고 주장했다. 즉, 학습된 욕구는 평상시에는 잠재해 있다가 주변 상황이 적합하면 표면에 드러나 개인의 의식과 행동을 지배하면서 동기를 유발하게 된다.

(2) 유형

1) 성취욕구(Need for achievement : N–Ach)

성취욕구란 무언가 **이루고 싶은 욕구를 의미**한다. 이런 사람들은 일을 시작하기 전에 우선 목표를 설정해 놓는데, 실제 목표설정에 있어서도 모험성과 난이도를 가미하고 도전적인 수준으로 정한다.

2) 권력욕구(Need for Power : N–Pow)

권력욕구는 다른 사람에게 영향을 미치고 **영향력**을 행사하여 그를 **통제**하고 싶은 욕구를 의미한다. 즉, 다른 사람들을 지배하고 리드하고 통제하고 싶은 욕구다. 권력욕구(또는 권력동기)는 여러 가지 측면에서 개인의 행동에 영향을 미치며 개인에 따라 다양한 방법으로 표현되는데 그 중 하나가 경영 또는 관리 행위라는 것이다.

▼ **권력동기의 4단계**

제1단계		제2단계		제3단계		제4단계
힘 축적	⇨	독자적 자부심	⇨	지배력 행사 (약자에 시혜)	⇨	권력감 향유

1단계 : 다른 사람들과의 **관계**를 활용하여 힘을 축적하는 단계

2단계 : **자기 존재**에 대한 자부심

3단계 : **경쟁에서 이김**으로써 **다른 사람들을 지배하려 하고 영향력을 행사**

4단계 : **다른 사람들에게 영향력을 행사**함으로써 **더 큰 권력감(Feeling of Power)을 맛보고 싶어하는 경우**

개인중심적 권력이 강한 사람의 심리는 봉건시대 군주와 유사하며 **하급자들이 조직보다는 자신에게 복종할 것을 강요**한다. 그러나 **집단중심적 권력욕구**의 경우는 **집단이나 조직의 목표를 달성하는 문제에 보다 큰 관심**을 둔다.

3) 친교욕구(Need for Affiliation : N－Aff)

친교욕구란 **타인과의 인간관계에 대한 욕구**를 의미한다. 즉, 다른 사람이 자신을 한 인간으로서 받아들여 주기를 바라는 욕구이다. 또한 친교욕구는 규범이나 기대에 부응하려는 성향으로 친화욕구가 강한 사람에게 동기를 부여하려면 상호 협조적이고 성과에 대해서 인정(Approval)해 주는 분위기를 조성해야 할 것이다.

(3) 직무성과와의 관계

맥클리랜드 연구의 출발점은 어떤 일을 수행하려는 인간의 의지는 그가 가지고 있는 성취욕구의 강도에 의해 설명되고 예측될 수 있다는 것이다. 그런데 이러한 **성취욕구는 선천적인 것이 아니라 교육훈련을 통해 개발이 가능하다고 주장**하였다.

즉, 성취욕구는 **조직구성원의 높은 성과를 달성하고자 하는 동인으로서의 역할**을 한다. 다음은 성취욕구가 높은 사람들이 보여주는 특징들을 정리한 내용이다.

- 성취지향성
  도전적으로 자기 능력을 시험하는 데 흥미를 느낌. 즉, 돈보다는 성취 그 자체에 대한 만족을 느낌
- 중간수준의 위험부담 추구
  어떤 일을 할 때 성공 확률이 50% 정도 된다고 판단하는 경우 일을 잘 수행함
- 성공가능성에 대한 자신감
  목표달성의 성공가능성을 긍정적으로 믿는 경향이 있음

• 과업수행 결과의 신속한 피드백 추구
과업을 수행하였을 때 그 결과에 대해 신속하고 구체적인 피드백을 받기를 원함
• 과업수행에 대한 몰입
높은 몰입도
• 책임감
문제해결 상황에 대한 책임을 지기를 원함
• 미래지향성
장래에 발생할 사태를 예견하여 행동하는 경향을 보여줌

(4) 평가

1) 공헌

① 기업조직에서 **성취욕구가 구성원의 성과를 높이는 데 중요한 변인이라는 점을 제시**하였다.

② **성취욕구가 학습을 통해 개발될 수 있다는 점**은 조직의 입장에서 성취욕구는 **통제가능한 변수**라는 점을 시사하고 있다.

③ 채용 및 인사배치 등 **인력운용에 성취욕구를 중요한 판단기준으로 도입할 것을 제시**하였다.

2) 비판

① 욕구체계가 이미 형성된 **성인 이후에 성취욕구가 얼마나 학습될 수 있는지에 대한 의문**이 있다.

② 성취욕구가 개발되었다 하더라도 **지속성의 문제**가 있을 수 있다.

③ 복잡한 환경 속에서 성취욕구 단 하나의 요소가 보여줄 수 있는 **설명력이 제한**된다. 즉, 성취동기 하나만 가지고 조직구성원의 행동을 충분히 설명하기에 한계가 있다.

(5) 조직경영에 주는 의미

첫째, 성취동기가 학습된다는 명제는 조직경영에 있어서 **조직원들의 동기 수준을 교육/훈련을 통하여 개발할 수 있는 길을 열어 놓았다.** 둘째, 채용, 배치, 이동 등과 같은 인사관리 과정을 운용함에 있어 **개인의 욕구를 고려하여 적재적소 배치가 가능하도록 해야 한다.** 셋째, **직무의 내용과 목표를 보다 도전적으로 만들어야 한다.** 넷째, **협상을 함에 있어서도 상대방의 심리를 지배하고 있는 동기의 유형과 수준을 이해하면 큰 도움**이 된다.

(6) 맥클리랜드와 매슬로의 비교

McClelland	Maslow
성취욕구	자아실현욕구
권력욕구	존경욕구
친교욕구(친화욕구)	사회적 욕구

• **매슬로는 욕구는 저차욕구부터 고차욕구까지 단계별로 구성**된다고 보았지만 **맥클리랜드에 따르면 모든 욕구는 동등한 자격을 가지기 때문에 단계가 없다.**

- **매슬로에 따르면 하나의 욕구만 출현하여 개인의 의식을 지배**하지만 **성취동기이론은 여러 욕구들이 동시에 개인의 의식을 지배**할 수 있다.
- **매슬로에 따르면 인간이라면 본능적으로 5가지 욕구를 가진다고 주장**하지만 **맥클리랜드는 욕구를 문화공동체에서의 학습의 결과로 간주**한다.

제 3 절 전통적 모티베이션이론이 가지는 한계

행동을 단지 욕구를 채우려는 반응에 불과하다고 전제하고 거기에만 초점을 맞추고 있다. 즉, 욕구가 왜 생기는지는 모르기 때문에 결국 동기화하는 근본 방법은 찾지 못한 셈이다. 또한 심리적 욕구는 무엇 때문에 존재하는지, 누구에게나 다 있는 것인지, 다른 욕구들과 순서를 따질 수 있는 것인지 등에 대해서는 아무것도 확실하게 답하지 못한다.

또한 개개인의 경험, 가치관 or 사회/문화적 차이에 따라 욕구가 다를 수도 있고 순서가 바뀔 수도 있다.

예 • 사회적 차이 : 실업률이 높은 사회일 경우 안전욕구가 높아진다.
• 문화적 차이 : 동양 문화권이 서양 문화권보다 관계욕구가 높다.

▼ 전통적 동기부여 이론의 정리

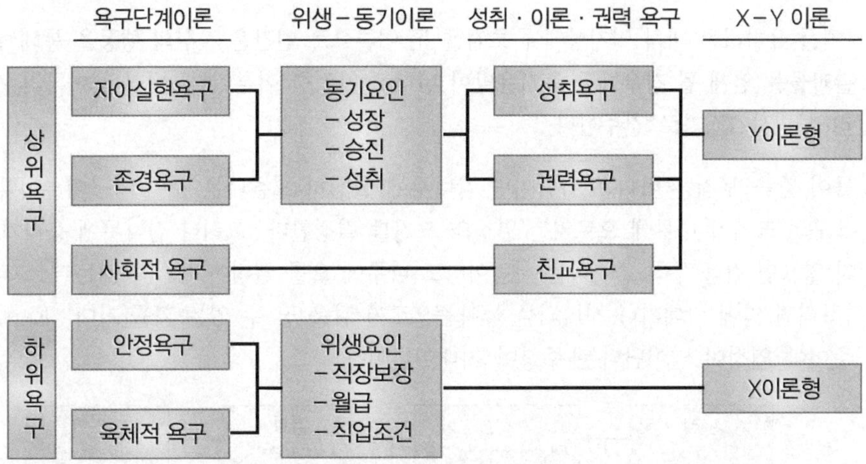

제 4 절 인지적 동기이론(Cognitive Motivation Theory)

1 인지적 동기이론의 개요

인지적 동기이론이란 동기는 **합리적 사고과정**을 통해 일어난다고 주장한다. 즉, 어떤 사람에게 닥칠 미래의 상황과 자신이 행동하였을 때 어떤 결과가 나타나는지 그리고 그 결과가 자신에게 무엇을 가져다주는지 등을 미리 예측하고 행동한다는 입장으로 **동기부여를 인간의 인지적 작용의 결과물로 보는 것**이다.

현대적 이론들은 욕구의 충족이 구체적으로 어떤 과정을 통하여 동기를 부여시키는지에 관심을 두고 연구하면서 욕구를 충족시키는 방법을 강조한다.

- Vroom의 기대이론(Expectancy Theory)
- Porter와 Lawler의 수정 기대이론(성과-만족 이론)
- Adams의 공정성이론(Equity Theory)
- Locke의 목표설정이론(Goal Setting Theory)

2 Vroom의 기대이론(Expectancy Theory)

(1) 개념

동기부여를 유발하는 내적 인지상태에 초점을 둔 이론으로 **인간은 자신의 행동을 통해 원하는 보상이나 결과물을 얻게 될 경우에만 동기유발이 된다**고 가정한 이론이다. 이러한 이론의 가정은 인간을 합리적 의사결정자로 간주한다.

예를 들어 감을 무척 좋아하는 사람이면 감나무에 열심히 오른다는 것이 욕구이론이다. 즉, 감에 대한 욕구의 크기가 나무에 오르려는 열정의 크기를 결정한다. 그러나 감나무에 올라가도 감이 손에 닿지 않으면 감을 무척 좋아하는 사람이라도 나무에 오를 열정이 생기지 않는다. 그러므로 그를 동기화하려면 옆에 막대기나 사다리를 놓아줌으로써 감을 딸 수 있는 확률(기대 : Expectancy)을 높여 주어야 열정이 일어난다는 주장이 기대이론이다.

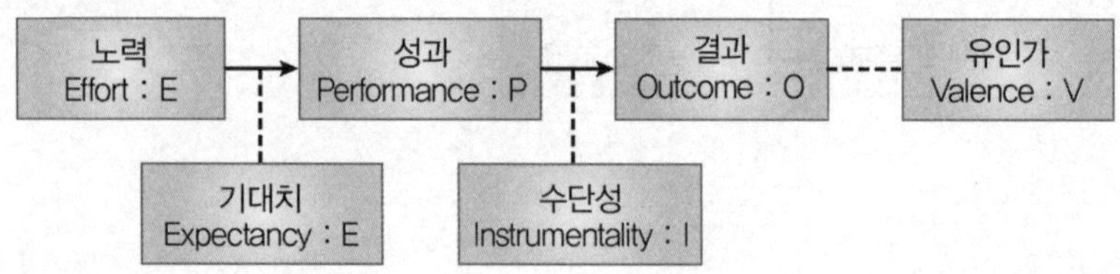

(2) 기대이론의 핵심변수

1) **기대치(Expectancy : E)** : E → P, 노력 대 성과의 관계

2) **수단성(Instrumentality : I)** : P → O, 성과가 보상을 유도할 것이라는 신념의 정도

3) **유인가(Valence : V)** : 보상의 중요성이나 가치의 정도

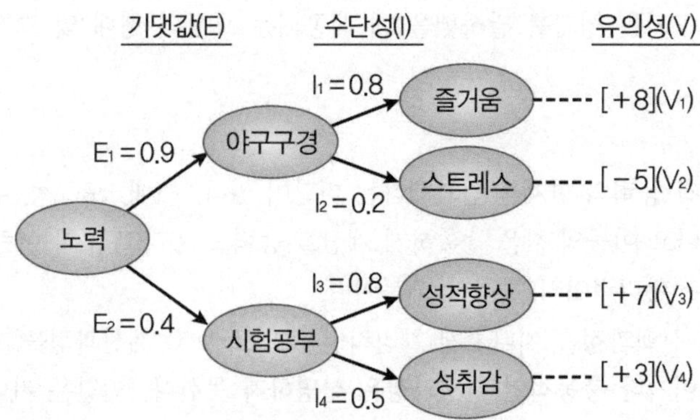

기대이론은 기댓값, 유의성 그리고 수단성의 세 가지 핵심 개념으로 이루어지며, 이들은 체계적으로 융합하여 나타나는 동기유발 과정을 밝히는 이론이다.

기댓값(E : Expectancy)이란 노력했을 때 어떤 행동을 해낼 수 있는 확률이다. 각 **결과의 중요성을 '유의성'**(Valence)이라고 하고, 각 결과에 점수 준 것을 보면 그 사람의 가치체계를 알 수 있다. **행동(야구구경, 시험공부)과 결과 간의 관계의 밀접도를 수단성**(I : Instrumentality)이라고 한다. 결국 **동기부여의 값은 E_1, I_1, V_1을 곱한 값과 E_1, I_2, V_2를 곱한 값을 합하면 된다.**

(3) 모티베이션 힘(Motivation Force)의 계산 : 기댓값 × 수단성 × 유의성

- **기대, 도구성, 유인가들이 서로 곱셈을 통하여 합산**된다. 이 중 어느 하나라도 0일 경우 모티베이션은 0이 된다.
- 성과 후 받게 되는 보상은 그 형태별로 값이 다르다(유인가). 긍정적인 보상은 (+) 값, 부정적인 보상은 (−) 값을 갖는다.
- 힘의 크기에는 성과 후 예견되는 보상의 모든 종류(긍정적 및 부정적)가 합산되어 반영된다.

(4) 기대이론의 특징

- **모티베이션 현상을 매우 합리적이고 인지적으로 설명한다.** 즉, 인간은 어떤 행동을 선택했을 때 어떤 것이 자신에게 이익을 극대화시키는가를 추론한다는 것이다.
- **동기화되는 과정에 초점을 두고 있다.** 즉, 동기요인에 있어서 개인의 욕구에 국한되지 않고 모티베이션으로 발전하는데 다른 요인들(기대 등)을 고려하여 모티베이션 현상을 보다 의미 있게 설명한다.
- **객관적 현실보다 현실에 대한 주관적 지각요인들이 모티베이션의 크기에 결정적인 영향을 미친다고 주장**하고 있다.

(5) 기대이론의 평가

1) 공헌

① **조직이 제공할 수 있는 보상 중 어떤 것이 구성원에게 가치가 있는지를 파악해야 함을 시사**하고 있다.

② 조직구성원에게 요구되는 성과가 무엇인지를 구체적으로 알려주어 해당 **성과의 달성 가능성을 추정하게끔 해야 한다.**

③ 구성원이 요구되는 성과를 달성했을 때 제공되는 **보상의 형태 및 크기가 일관되어야 함을 시사**한다.

2) 비판

① **인간의 인지적 능력의 한계를 간과했다는 비판**이 있다. 기대, 도구성, 유인가에 대한 정보수집이 제한적이고 이들의 값을 정확하게 계산할 능력도 있다고 보기 어렵다. 인간은 완벽하게 과학적이거나 합리적이지 못하기 때문이다.

② 인간 행동의 선택과정을 지나치게 합리적인 것으로 보고 계산과정을 제시하고 있으나 **인간의 무의식적이거나 충동적인 결정과정은 설명하지 못한다.** 인간은 기대확률과 욕구를 곱하여 다른 대안과 비교해 볼 정도로 계산적이지 못하다. 더구나 노력한 만큼의 성과를 예측하기는 더욱 불가능하다.

③ 기댓값이 높으면 모티베이션이 높게 나타난다고 했지만, 성취동기가 높은 자는 어떤 일을 할 때 성공가능성이 중간수준일 때 일에 몰입하는 것으로 나타났다. **즉, 성취동기가 높은 사람들은 기댓값이 높은 경우 오히려 일에 대한 성취의지가 떨어진다고 할 수 있다.**

(6) 조직경영상 시사점

기대감과 수단성을 높여주고 유의성을 정확히 파악하여 활용한다.

1) **기대감 제고** : 노력했을 때 얼마나 어려운 일을 할 수 있는가 하는 것은 일차적으로 능력의 문제이다. 따라서 교육·훈련이나 재배치 등을 통하여 개인의 능력과 기술을 개발해주고 적절한 직무를 부여함으로써 직무에 대한 기댓값을 높여줄 수 있을 것이다.

기대감에 긍정적 영향을 미치는 요인
• 개인의 능력 향상 • 자기 존중(self－esteem) • 과거의 성공적인 직무수행 경험 • 상/하급자들로부터의 도움 • 직무 완결에 필요한 충분한 정보 • 직무수행에 필요한 예산 지원, 재료와 장비의 확충

2) **수단성 제고** : 회사는 종업원에게 일의 수행 및 성과가 보상으로 연결된다는 것을 주지시킬 수 있는 보상시스템을 설계해야 한다. 이것은 근본적으로 **경영 또는 관리층과 조직원간의 신뢰의 문제**라고 볼 수 있다.

수단성 제고를 위한 성과－보상의 합치 프로그램
수단성을 제고시키기 위한 성과－보상의 합치 프로그램 내용은 다음과 같다. 즉, 수단성을 제고하기 위해서 조직에서는 이하의 5가지 원칙을 고려해야 한다. ① 중요성(importance)의 원칙 사람들이 **보상을 중요한 것으로 느껴야 보상이 사람들에게 영향**을 미칠 수 있다. 어떤 보상을 얼마나 중요시하는가는 개인차가 있기 때문에 다양한 보상을 개발할 필요가 있다.

② 양의 융통성(flexibility of amount)의 원칙
구성원 개인의 독특한 특성을 반영하고 각 성과의 수준에 따라 제공되기 위해서는 **보상은 각각의 경우에 따라 융통성 있게 적절한 양을 제공**해야 한다.

③ 수시성(frequency)의 원칙
보상이 보다 자주 주어질 때 종업원의 성과에 영향을 미치는 수단으로서의 유용성이 더 커지게 된다.

④ 가시성(visibility)의 원칙
종업원들이 **성과와 보상의 관련성을 인식**하도록 하기 위해서 보상은 가시적이어야 한다.

⑤ 낮은 비용(low cost)의 원칙
조직의 관점에서는 **보상의 비용이 낮을수록 바람직한 보상**이라고 할 수 있다. 비용이 많이 들면 보상을 자주 할 수 없으며 조직의 효율성과 유효성에도 나쁜 영향을 줄 수 있다.

3) **결과에 대한 유의성 제고** : 경영자, 관리자가 기대이론 측면에서 동기를 유발시키기 위해서 할 수 있는 또 다른 일은 **조직원 가치(또는 욕구) 체계를 파악**하여 조직이 현재 제시하고 있는 인센티브의 유효성을 평가하고 무엇을 더 제시해야 하는가를 판단하는 것이다.

3 Porter와 Lawler의 수정 기대이론 : 성과-만족 이론

(1) 의의

포터와 롤러는 Vroom의 **기대이론을 토대로 변수를 추가하여 공정성 이론을 연결시켜 동기모형을 제시**하였다(1968). 개인의 직무에 대한 노력은 주어질 보상의 가치와 노력이 보상으로 이어질 가능성에 대한 지각에 의해 영향을 받는다. 즉, 노력을 하게 되는 원인변수로 ① **보상에 대한 가치를 부여**해야 하고, ② **노력과 보상이 밀접한 관계**를 가져야 하며, ③ **보상에 대한 공정성 지각**을 제시하였다.

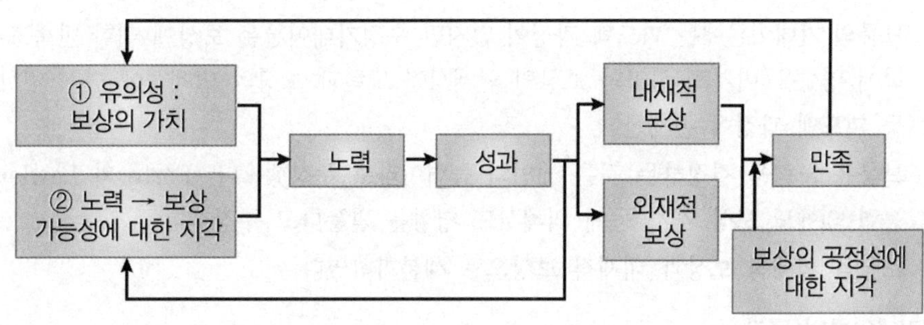

(2) 내용

1) **노력 → 성과 간 영향**

능력 및 특성과 역할지각이 노력과 성과 사이에 영향을 미치며 일정 성과는 다양한 상황요소를 고려해야 한다고 설명하고 있다.

2) 성과 → 만족 간 보상(내재적, 외재적 보상)에 의한 매개

성과가 만족으로 가는 것은 보상에 의해서 연결된다. 여기서의 **보상은 외재적 보상과 내재적 보상으로 나뉜다.**

3) 성과에 대한 보상 공정성 인식 → 만족

기존 이론은 만족이 성과를 결정한다고 본 반면, **해당 이론에서는 과거 성과에 대한 보상이 공정하면 만족을 느끼게 되어 동기가 유발(성과 → 성과에 대한 보상 공정성 인식 → 만족)된다**고 본다. 만약 불공정성을 인식하게 되면 노력을 하지 않거나 덜 노력하게 된다고 주장한다.

관련 개념 정리

- 노력(effort) : 특정 과업을 수행하기 위해 사용되는 힘을 의미한다.
- 능력과 특성(abilities and traits) : 능력은 어떤 일을 할 수 있는 최대한의 한계를 의미하고 특성은 다른 사람과 구별해주는 특정인이 가진 장기적 특성을 의미한다.
- 성과(performance) : 특정 직무의 과업 성취를 의미한다.
- 역할지각(role perception) : 구성원이 직무를 수행하기 위해 자신의 역할을 알고 그러한 역할을 수행하기 위한 사명감을 의미한다.
- 보상에 대한 공정성 지각(perceived equitable rewards) : 조직에서 주는 보상이 공정하다고 인식하는 정도를 의미한다.
- 만족(satisfaction) : 성과에 따른 보상이 개인의 욕구와 맞는 정도를 의미한다.

(3) 기존 이론과의 차이점

1) Herzberg의 2요인 이론

Herzberg는 만족하면 성과로 나타난다는 **만족－성과모형을 전제**로 하나, **수정기대이론**은 성과에 대한 보상이 공정하면 만족을 느끼게 된다고 한다. 즉, **성과－만족모형을 전제**로 한다.

2) Vroom의 기대이론

① **브룸의 기대이론에는 피드백 과정이 없지만 수정기대이론은** 보상에 대한 만족도가 다시 노력에 영향을 미치고 성과와 보상의 연계성이 노력과 보상의 연계성에 다시 영향을 미치는 등 **피드백 과정이 존재**한다.

② **브룸은 노력을 결정하는 것은 개인의 능력이라고 주장**했으나, **Porter와 Lawler는 개인의 능력 외에도 보상 가치 등에 의해서도 영향을 받는다고 주장**했다.

③ **보상을 외재적 보상과 내재적 보상으로 세분화**하였다.

(4) 수정기대이론의 평가

1) 공헌

구성원의 동기부여를 위해서는 **성과와 보상과의 관계를 증진시켜 보상의 공정성 지각을 높이고, 노력이 성과로 이어질 수 있도록 능력 신장을 지원하며 역할을 명확하게 부여해야 함**을 밝히고 있다.

2) **한계**

체계적이고 포괄적인 동기부여이론이지만 **내용이 너무 복잡하여 검증이 곤란**하며, 해당 이론은 합리적 인간을 전제로 했지만 실제로 **인간은 완벽하게 과학적이거나 합리적이지 못하다.**

4 Adams의 공정성이론(Equity Theory)

(1) 개념

사회적 교환관계에서 나타나는 현상을 바탕으로 이론을 제시하여 기업조직에서 구성원이 불공정성을 느꼈을 때 나타나는 인지적 및 행동적 측면의 동기화 과정을 설명하고 있다. 전제는 **사람들은 공정성에 많은 가치를 두고 이러한 공정성이 깨어졌을 때 공정성을 확보하기 위하여 동기화된다는** 것이다.

Homans의 사회교환이론과 Festinger의 인지부조화 이론에 근거하여 Adams가 1965년에 공정성 이론을 정립하였다. 사람들은 **타인과 비교해서 조직공정성 혹은 조직정의가 실현되지 않았다고 판단되면 불안해지고 불만이 쌓인다**는 것이다.

1) **사회적 교환관계(exchange relationship)에 초점**을 두어 **종업원의 조직에 대한 공헌과 조직이 종업원에게 주는 보상을 비교하여 공정성을 지각**한다.

2) **자신이 조직에 투입하는 Input과 조직으로부터 받는 output을 타인의 것과 비교**하여 공정성을 판단한다.

3) 만약 **투입 대비 산출의 비율이 타인의 것과 일치하지 않으면 불공정성을 느끼게 되어 공정성을 회복하는 쪽으로 노력**하게 된다.

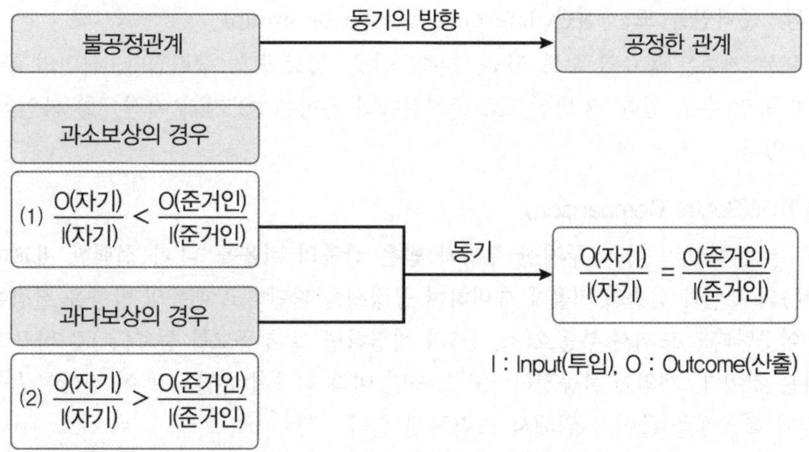

결국 아담스의 공정성 이론은 **교환과정에 있어서의 지각된 불균형이 주는 동기효과를 설명하는 이론**이다. 결국 조직원들은 **나와 조직 간의 투입-산출 프로세스가 나와 비슷한 사람(예 같은 회사의 동기들, 타회사 친구들)이나 산업평균과 비교하여(이 비교대상을 준거인물 또는 준거기준이라 함)**

교환관계가 공정성을 유지하고 있는지를 판단하게 된다. **판단 결과 공정하다고 지각되면 현재의 공정한 관계를 지속하기 위한 투자를 계속**할 것이다. **공정치 않다고 판단되면 불공정을 시정하기 위한 방향으로 동기부여**가 된다.

(2) 투입(Input)과 산출(Output)

투입은 개인이 조직에게 주는 것이며, **산출은 개인이 조직으로부터 받는 것**인 바, 교환관계(Exchange Relation)에서의 투입과 산출의 구체적인 내용은 아래와 같다.

투입	산출
• 시간 • 지성 • 교육/훈련 • 경험 • 기술(숙련) • 창의성 • 얽매임 • 사회적 지위 • 조직에 대한 충성심 • 나이 • 성격적 특성 • 소유도구 • 노력 • 출석 • 건강	• 급여/상여금 • 각종 부가혜택(fringe benefit) • 도전적 직무 • 직업안정 • 내재적 보상 • 경력상승 • 단조로움 • 지위 상징물 • 운명에 대한 불확실성 • 안락한 근무환경 • 개인성장/자기개발의 기회 • 상급자의 지원 • 인정 • 중요한 의사결정에 참여 • 허츠버그의 위생인자들

(3) 비교대상 : 준거인물 또는 집단(Reference person or group)

준거인 또는 기준은 동료일 수도 있고, 친족, 이웃, 동료집단, 숙련집단, 산업의 추세, 직업표준, 해외사례 등일 수도 있다. 일반적으로 준거집단의 유형은 ① **자기 자신**, ② **타인**, ③ **시스템 등 3가지**가 있다.

(4) 사회적 비교(Social Comparison)

공정성이론의 핵심은 **'나'가 투자한 투입과 받은 산출의 비율을 '나'가 선택한 비교대상(준거인물, 준거기준)의 투입과 산출의 비율에 대비하여 공정성을 판단하고 행동의 방향을 결정한다는 것**이다. 형평에 어긋난다고 느껴서 **부등호(<, >)가 성립하면 그 부등호를 등호(=)로 바꾸려는 동기를 갖게 된다는 것**이다. 개인이 불공정하다고 느끼면 내적 긴장이 유발되고 이 긴장이 동기유발의 원동력이 되어 불공정을 줄이기 위해서 노력하게 된다.

(5) 불공정성을 감소시키기 위해 활용하는 방안

1) **투입의 변경** : 불공정을 지각하는 사람은 불공정 비율을 공정한 상태로 바꾸기 위해서 **자신의 투입을 상향 또는 하향 조정**할 수 있다.

2) **산출의 변경** : 이 방법은 **투입보다는 산출물에 문제해결의 초점**을 둔다.

3) **투입과 산출의 인지적 왜곡 : 인지적으로(머릿속에서) 투입, 산출의 비율계산을 자신이 생각하는 결과에 맞도록 왜곡**하는 것이다.

4) **장(場) 이탈** : 이것은 **불공정한 비교 결과를 낳는 상황(場)을 이탈함으로써 문제를 해결하려는 전략**으로 **극단적인 불공정성 시정방향**이다.

5) **준거 인물에 영향을 미침** : 준거 인물을 문제의 상황으로부터 제거하거나 집단압력을 가하여 투입을 바꾸게 할 수 있다.

6) **준거인물 변경 : 비교의 대상을 바꿈으로써 불공정을 시정**하는 전략이다.

(6) 공정성 이론의 평가

1) **공헌**

① 동기화가 일어나는 과정에 초점을 둔 **과정이론으로 욕구이론보다 동기부여에 대한 설명을 보다 다양한 시각에서 하므로 이론의 완성도가 더 높다고 할 수 있다.**

② 모티베이션 과정에 대한 타인 혹은 집단의 영향을 강조하여 **조직실무에 보다 의미 있는 시사점을 제공**하였다. 즉, 연봉에 대해 개인은 자신의 업적과 비교할 뿐만 아니라 동료의 투입 대비 산출과 비교하여 적정성을 판단하기 때문에 **관리자는 개인이 아닌 전체를 보고 그 형평성을 고려해야 한다.**

③ 투입과 산출은 개인이 지각에 의해 인지하기 때문에 **똑같은 요소에 대해서도 조직과 구성원이 서로 다르게 지각할 수 있다.**

2) **한계**

① **투입 및 산출에 대한 측정의 문제가 있다.** 공정성 인지를 위해 투입 및 산출의 구성요소 확정 및 이의 측정이 관건이지만 이는 **주관적**이기 때문에 **조직의 입장에서 이를 파악하고 관리하기 한계가 있다.**

② 비교대상이 핵심이나 비교대상이 개인마다 다를 수 있기 때문에 **비교대상 선택에 대한 정보 획득에 한계가 있다.**

③ **불공정성을 지각**하였을 때 이를 해소하기 위해 앞에서 설명한 여러 대안 중 **어떤 대안을 선택할 것인지에 대한 예측기준으로서의 설명기준이 미흡**하다.

④ 조직에 공헌한 것과 자신이 받은 보상의 양을 어떻게 객관적으로 측정하는지 문제가 있다. 즉, **공정성 판단은 매우 주관적이라서 사람마다 다를 수 있다.**

⑤ **비교할 준거기준을 어디에 두고 공정하게 분배할 것인지의 문제**도 있고, 특히 **금전적인 것이 아닌 경우, 예를 들면 노력, 휴식, 칭찬 등을 어떻게 측정할 것인지 난감한 문제**가 있다.

(7) 조직경영상 시사점

첫째, **과다보상**의 경우는 조직원들이 초과보상에 대하여 감사함이나 죄의식(guilt)을 느끼고 자신의 투입을 그만큼 늘리려고 노력할 때 유효하지만 교환과정에 있어서 인지적 왜곡 등에 의한 **'횡령'(초과보상분에 대하여 추가 노력으로 보답하지 않음)의 가능성**이 있다.

둘째, **공정성을 유지하는 전략**은 결근, 이직 또는 부정적 행위 등을 줄일 수 있지만 공정성 유지를 통하여 **생산적 작업행동을 유발할 수 없다.**

셋째, 조직이 **과소보상을 통하여 이룩할 수 있는 긍정적 결과는 비용 절감**밖에 없다.

(8) 공정성의 세 측면

1) 조직 공정성의 유형

조직 공정성은 **사람들이 직장에서 공평하게 대우받는다고 느끼는 정도**를 말한다. 조직공정성은 분배적(distributive), 절차적(procedural), 상호적(interactional) 공정성 세 가지 개념으로 규정되어 있다.

① 분배 혹은 배분적(Distributive) 공정성

분배공정성은 **자원과 보상이 어떻게 분배되고 할당되는지에 대해 인지된 공정성**을 의미한다. 즉, 회사의 자원을 사원들 사이에 공평하게 배분했는지 문제다.

② 절차(Procedural) 공정성

사원들에게 나누어 줄 분배량을 **결정하는 과정이 공정했는지 여부**다. 즉, 절차공정성은 **분배 의사결정을 할 때의 과정과 절차에 대해 인지된 공정성**을 의미한다. 연구자에 따르면 분배적 공정성과 절차 공정성에 대한 긍정적 지각은 종업원들에게 영향을 미치는 결정에 대해서 그들에게 발언권을 줌으로써 강화된다. 발언권은 의사결정에 의해 영향을 받는 종업원들이 다른 사람에게 의사결정에 관한 정보를 제안할 수 있는 것을 말한다.

③ 상호작용적(Interactional) 공정성

상호공정성은 **업무 수행 시 공정하게 대우받았는가에 대한 느낌**이다. 이는 아래의 두 가지로 나눠진다.

❶ 대인관계적 정의 : 종업원을 존엄으로 대하고 존중하는 정도

❷ 정보적 정의 : 종업원에게 결정에 대한 진실한 설명을 제공하는 정도

2) 조직공정성(정의)의 결과

① 공정한 대우는 **조직에 대한 몰입을 강화**하고 **종업원이 자신의 웰빙에 관심**을 가질 수 있도록 한다.

② 공정하게 대우받는다고 생각하는 종업원은 **자신의 상사를 더 신뢰**하게 되고 **불확실성과 조직에 의해 착취당하고 있다는 두려움을 줄일 수 있다.**

③ 공정한 대우는 **긍정적인 감정**을 이끌어내고 이것은 다시 **조직시민행동과 같은 생산적 작업행동을 불러일으킨다.**

아담스는 배분적 공정성에 초점을 두었지만, **회사에서 조직정의를 실현하기 위해서는 위 세 가지 공정성 모두를 충족**해야 한다.

(9) 기대이론과 공정성 이론의 비교

1) 공통점

① 두 이론 모두 동기부여의 **과정이론**으로 **사람의 인지적 측면을 강조**한 이론이다. 기대이론은 노력에 따른 성과와 그에 따른 보상이 주어질 때 기대감, 수단성, 유의성을 인식하여 동기부여가 된다고 보았으며, 공정성이론의 경우도 자신의 투입과 보상의 비율을 타인의 것과 비교하는 것으로 동기부여가 된다는 이론으로 행위자의 인지적 측면을 강조한 이론이다.

② 두 이론 모두 **동기부여를 계량화(즉, 수식으로 표현)하여 설명**하였다. 기대이론은 기댓값, 수단성, 유인가의 곱으로 계산할 수 있다고 보았고, 공정성이론은 투입과 산출의 비율로 동기부여를 설명하였다.

2) 차이점

① **공정성 이론은 동기부여 지각을 위해 준거집단이 필요하지만, 기대이론은 준거집단 없이도 동기부여가 가능하다.** 즉, 기대이론은 개인 내 차원의 이론이지만 공정성 이론은 개인 간 차원의 이론이다.

② **공정성 이론에 따르면 보상을 지급할 때 공정성을 지각할 수 있도록 준거집단과의 형평성을 고려한 보상지급이 중요**하지만, **기대이론에 따르면 개인의 욕구에 맞는 보상을 지급하는 것이 중요**하다.

5 Locke의 목표설정이론(Goal Setting Theory)

(1) 의의

목표와 인간의 동기와의 관계를 미시적으로 규명한 이론으로 한마디로 **인간이 목표를 설정하고 이를 달성하기 위해 의도적으로 행동하는 과정이 모티베이션에 중대한 영향을 미친다는 이론**이다. 즉, 목표설정이론은 **개인의 성과가 목표에 의해서 결정된다는 이론**이다.

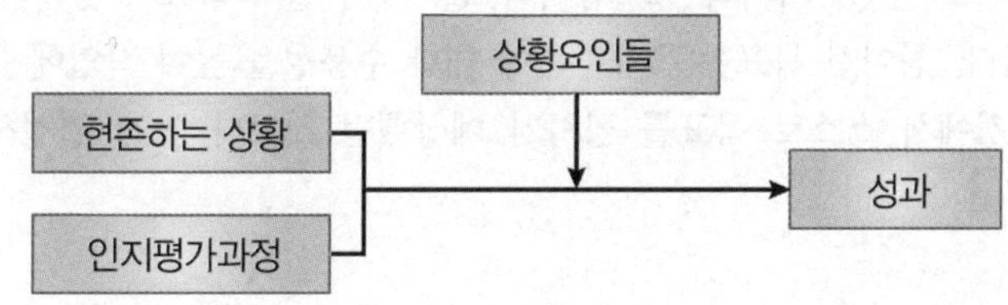

(2) 목표의 내용

1) 목표의 속성 : 난이도와 구체성

도전적이고 구체적인 목표가 성과를 높인다(성공확률 50% → 성과 극대화). 목표의 특성이나 종류가 성과에 영향을 미치는데 그 영향의 크기가 여러 가지 상황요인들의 존재 여부에 따라 달라진다는 뜻이다.

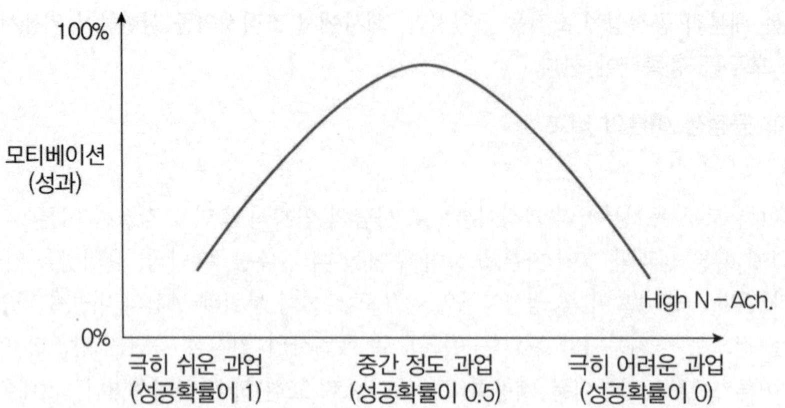

지시된 목표란 상급자가 목표의 양이나 기간을 결정하여 하급자에게 명령하는 경우이다. 지시된 목표는 하급자에 의해서 〈**수용**〉되어야 효과가 있다. 목표몰입에 영향을 미치는 요인들로는 권한, 동료집단, 보상과의 연계, 공개적 선언, 개인적 취향 등이 있다.

2) 목표의 기능

① 조직구성원의 **행동방향을 결정**해준다.

② 조직구성원으로 하여금 목표달성이 필요한 행동에 주의를 기울이고 **몰입**하게 한다.

③ 목표는 조직 전체를 물론 집단이나 개인의 업적을 **평가하는 기준**이 된다.

④ 목표는 달성하도록 부과된 자에게 **목표달성에 필요한 자원을 활용할 수 있도록 합법적인 근거를 제공**해 준다.

⑤ 목표는 **조직구조에 영향**을 미친다. 목표달성을 위해 요구되는 활동 및 기술 등을 조직화하기 위해서는 **커뮤니케이션, 권력구조 설계 그리고 업무를 분배해야 하는데 이를 통해 조직구조가 변화**된다.

⑥ 목표달성을 위해 **효과적인 전략을 탐색**하게 해준다.

3) 목표설정 방법 : 부하의 수용

목표설정 방법으로는 ① **지시적**, ② **참여적**, ③ **자기 설정 목표**가 있는바, 여기서 **참여적 목표** 설정이 중요하다. 참여적 목표는 **목표수준에 대한 수용성을 높여 작업에 몰입**하게 하며, **목표에 대한 협의 과정에서 스스로 목표를 상사가 예상했던 것보다 높게 설정하는 경향**이 있다.

4) 조절변수(상황요인)

구분	변수	연구 결과 요약
① 목표의 특성	난이도	성취 가능한 범위 내에서 어렵고 도전적인 목표일수록 성과가 높다.
	구체성	"최선을 다하라"식의 애매한 목표보다는 수량과 기간 측면에서 구체적인 목표일 때 성과가 높다.
② 목표의 종류	지시된 목표	지시된 목표의 경우 수행자의 수용(acceptance)이 중요하다. 지시된 목표가 수용되지 않으면 성과가 높아질 수 없다.
	참여적 목표	상/하급자 토론을 통하여 공동으로 설정하는 목표로서 참여에 대한 많은 논란이 있었으나 특별한 효과는 없는 것으로 나타났다.
	자기설정 목표	외부의 자극(예 경쟁자)에 의해서 스스로 설정하는 목표로서 개인이 여러 가지 목표수준들 중에서 하나를 선택하게 되는(목표선택) 경우이다.
③ 상황 요인들	피드백	목표가 성과를 높이려면 피드백이 필수적으로 동반되어야 한다(목표＋피드백)는 결론을 얻은 연구가 많다.
	보상 조건	목표달성에 따른 조건적 보상(contingent reward)이 주어졌을 때가 그렇지 않은 경우보다 성과가 높다.
	직무 복잡성	직무의 복잡성이 증가함에 따라 목표의 성과에 대한 효과가 떨어진다.
	능력	목표가 어려워지면 어려워질수록 능력과 성과의 상관관계는 커진다. 목표와 능력 간의 상호작용이 성과를 결정한다.
	경쟁 상황	경쟁은 지시된 목표의 수용도를 높여주고 스스로 목표를 세우도록 하여 성과를 높인다.

(3) 목표설정이론의 실무적 적용

1) 목표설정 : SMART 원칙

목표는 "SMART" 원칙을 따라야 한다. SMART란 구체성(Specific), 측정가능성(Measurable), 달성 가능성(Attainable), 결과 지향성(Result Oriented), 정해진 시간(Time bound)의 앞글자를 딴 것이다.

구체성(Specific)	목표는 막연한 표현보다는 정확한 표현으로 기술되어야 한다.
측정가능성(Measurable)	어느 정도 목표가 달성되었는가 측정하기 위한 측정도구가 필요하다.
달성 가능성(Attainable)	목표는 현실적이고 도전적이고 달성 가능해야 한다.
결과 지향성(Result Oriented)	조직의 목표들은 조직의 비전에 도움이 되는 바람직한 최종결과에 맞춰져야 한다.
정해진 시간(Time bound)	목표완수를 위한 목표기일을 명확히 한다.

2) 목표 몰입증진

종업원들은 그들이 합리적이고 획득할 만하고 올바르다고 생각한 목표를 추구하는 데 보다 동기부여되므로 **목표 몰입을 유발하는 것은 매우 중요**하다. 다음은 종업원들의 목표몰입을 증진시킬 수 있는 8가지 관리 행동이다.

① 목표달성을 위해 **가치 있는 결과물을 제공**한다.
② 목표달성을 위한 종업원들의 **자기효능감**을 증진시켜라.
③ 종업원들에게 목표에 대한 몰입을 **공개적**으로 갖게 하라.
④ 종업원들에게 **진취적인 비전**을 알리고 어떻게 **조직 비전 달성에 개인목표가 연계되는가를 설명**해라.
⑤ 종업원들이 **목표 설정 단계에 참여**하도록 하라.
⑥ **처벌**하기보다 **지원**하라.
⑦ 연간 목표와 같은 **장기목표를 나눠서 단기목표**로 만들어라.
⑧ **목표 달성을 위해 필요한 자원을 종업원들이 이용할 수 있도록 보장**하라.

3) 지원 및 피드백 제공

개별 종업원들이 **각자의 목표를 달성하기 위한 능력, 훈련, 정보를 갖추도록 해야 한다.** 뿐만 아니라 **종업원들에게 그들이 수행하고 있는 업무에 대한 적절하고 구체적인 피드백**을 주어야 한다.

(4) 목표설정이론의 평가

1) 공헌

① 목표설정이론은 이해하기 쉬우며 다른 동기부여이론보다 **실무에 적용하기가 용이**하다. 즉, 적용하였을 때의 결과를 밝히는 데 어려움이 없다.
② 기대이론과 비교했을 때 동기에 대한 인지적 접근이라는 관점에서는 같지만 세부적으로 살펴보면 차이가 있다. **기대이론은 기대의 값이 클수록 동기의 힘이 크게 되지만, 목표설정이론에서는 목표가 달성되기 어려운 것일수록 작업자의 노력 성향이 커진다고 주장하고 있다.** 이 부분에 있어서는 목표설정이론이 많은 연구에서 옳다고 판단된다.

2) 한계점

① 보통 작업장에서는 **여러 개 목표가 동시에 부과**되는데 **이 경우 개별 목표들 중 어떤 목표가 이 이론의 설명력이 높은지에 대한 검토가 미흡**하다.
② **여러 목표들 간 상충되는 것**이 있을 때 **이 이론이 어떻게 작동하는지에 대한 연구가 미흡**하다.
③ **목표설정 시 개인특성 및 작업상황에 대한 연구가 미흡**하다. 예를 들어 스트레스가 많은 작업자에게는 난이도가 높은 목표를 부과할 경우 성과가 떨어질 수 있다.

(5) 목표설정이론의 조직경영상의 적용 : 목표관리법(Management by Objectives : MBO)

1) 의의

MBO란 직무마다 목표를 정해 놓고 작업자로 하여금 그 기준에 맞추어 완성해 가도록 하는 직무설계기법이다. 즉, 상급자가 지시하는 것이 아니라 목표를 설정하여 스스로 일을 추진해 나가는 것이다. MBO(Management By Objective)란 **"목표에 의한 관리"라고 번역되며 MBO가 목표설정이론보다 훨씬 거시적**이다.

MBO란 전사적 목표관리체계로 **전 구성원이 일관성 있는 목표**를 갖는다(낙수(落水)방식, trickle-down ; cascading). 이는 **상하 간에 참여적 목표설정에 기초**한다. MBO는 **효과성(effectiveness)과 효율성(efficiency)을 동시에 추구**하며 **체계적 평가가 가능**하다. 또한 평가와 더불어 **학습효과**도 높일 수 있다.

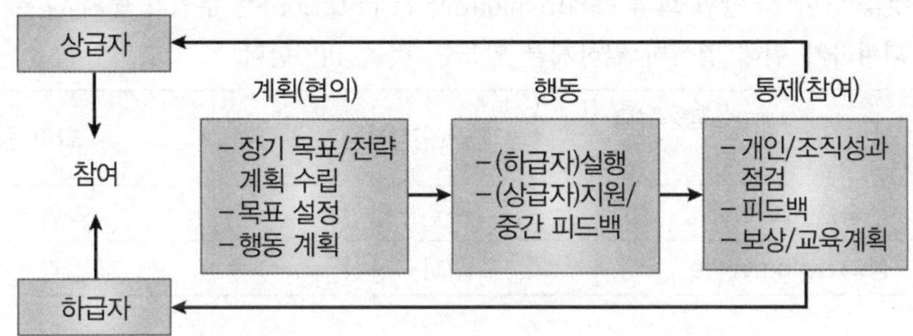

효과성과 효율성

1. Peter Drucker의 정의

   효율성 : "doing things right" vs **효과성** : "doing the right things"
   효과성이란 기업의 목표를 달성했는지 여부를 의미하고, 효율성은 투입 대비 산출을 의미하는 바 자원의 이용과 관련된 것이다. 경영자는 효율성과 효과성을 동시에 추구해야 한다.
   조직효과성은 조직이 목표를 달성하는 정도이다. 효율성은 효과성에 비해 제한적인 개념으로 내부 작업과 관련된 개념이다. 조직효율성은 산출량 한 단위를 생산하기 위해 사용되는 자원의 양이다. 즉, 효율성은 '투입된 자원 대비 산출량'으로 측정될 수 있다. 한 기업이 다른 기업에 비해 적은 자원으로 동일한 산출물을 얻는다면 효율성이 더 높다고 할 수 있다.

2. 차이

   효율성은 효과성과 일치하기도 하지만 효율성과 효과성이 관계가 없는 경우도 있다. **예를 들어 어떤 조직이 제품 생산의 효율성이 매우 높다고 하더라도 그것을 구매해 줄 소비자가 없다면 조직은 목표를 달성할 수 없다.** 마찬가지로 조직이 목표를 달성할 수는 있지만 매우 비효율적인 경우도 있을 수 있다. **효율성을 높이기 위한 노력, 특히 비용의 과감한 삭감을 통한 노력은 경우에 따라 조직을 덜 효과적으로 만들 수 있다. 어느 한 음식점에서는 체인점에서 낭비를 없애고 비용을 줄이기 위해 주문이 들어오기 전까지는 요리를 하지 않기로 결정을 했다. 이러한 혁신 운동은 비용을 줄이긴 했지만 서비스 시간이 늘어나 고객의 불만이 높아졌고 그 결과 매출이 줄고 말았다.**

구분		목표 달성	
		효과적	비효과적
자원 이용	효율적	적절한 자원활용으로 기업목표 달성	자원을 적절하게 이용했지만 목표를 달성하지 못함
	비효율적	목표는 달성했으나 자원의 초과이용	자원을 부적절하게 사용하고 목표도 달성하지 못함

2) 목표지향성(Goal Orientation)

인간 행동 동기는 접근 동기와 회피 동기 두 가지 차원으로 설명할 수 있다. **접근(향상) 동기(approach orientation)는 무언가 좋은 것을 얻거나 그것에 가까워지기 위해 열심히 어떤 일을 하는 것**을 말한다. 반면 **회피 동기(avoidance orientation)는 무언가 좋지 않은 것에서 벗어나거나 회피하기 위해 열심히 일하게끔 만드는 것**을 의미한다.

지향성 \ 행동유형	접근(향상) 동기	회피 동기
숙련(mastery)	숙련 – 향상	숙련 – 회피
성과(performance)	성과 – 향상	성과 – 회피

도전적 과제가 주어졌을 때 사람들은 크게 두 가지 성향을 보인다. 하나는 **과제도전을 통해 새로운 기술을 학습하고 역량을 향상시키는 기회로 삼으려는 숙련 – 지향성향(Mastery Goal Orientation)**이고, 다른 하나는 **우월한 성과를 창출하여 호의적 평가를 받으려는 성과 – 지향성향(Performance Goal Orientation)**이다.

숙련 – 지향성향을 보이는 개인들이 성과 – 지향성향의 개인들보다 최종 성과가 더 높고 상사와의 관계도 더 좋으며 보다 혁신적이라는 결과가 얻어졌다.

3) 목표관리방식

① 부하가 수용 가능한 범위에서 **도전적이고 구체적인 목표**를 정한다.

② **다양한 보상 수단을 이용**하여 목표를 수용하고 기꺼이 노력하고 동기를 부여하고 지도한다.

③ 목표수행 과정에서 **피드백을 제공**한다.

④ 목표를 완수하면 **목표에 대한 평가를 실행**한다.

4) 목표설정방식

목표를 설정할 때는 다음과 같은 사항을 염두에 둬야 한다.

① **목표의 특성** : 난이도 및 구체성

② **목표의 종류** : 수용성, 참여성

③ **상황요인** : 피드백, 단순성, 합리적 보상, 경쟁, 능력

제 5 절 내재적 동기이론(Intrinsic Motivation Theory)

1 내재적 동기이론의 개요

내재적 동기이론이란 외적 보상이 아니라 **직무의 특성이나 내재적 보상으로 동기부여**가 된다는 이론이다.

2 Hackman과 Oldham의 직무특성이론

(1) 직무특성 이론의 의의

직무특성이론이란 **작업동기를 유발하는 근원이 작업자 개인에게 있다기보다는 수행되는 직무의 내용에 있다는 것을 의미**한다. 즉, **직무가 적절하게 설계되어 있다면 이 직무가 개인에게 열심히 일하고자 하는 마음을 생기게 만든다는 것**이다. 직무특성이론은 직무가 과도한 전문화가 작업동기를 저하시킨다는 전제하에 직무를 확대시켰을 때 나타나는 작업동기의 증가를 설명하기 위한 것으로 제시되었다.

직무수행자의 성장욕구수준이 높은 경우, 그가 수행하는 직무를 재구성하여 다양한 기술을 필요로 하도록 하고 직무의 정체성과 중요성을 높여주며 보다 큰 자율성을 부여하고 직무수행과정에서 중간결과를 실시간으로 알 수 있도록 하면, 직무수행자는 자신의 직무에 대하여 커다란 의미와 책임감을 체험하게 되고 직무 자체에 대한 동기(내재적 동기)가 유발되어 작업의 질과 만족도가 상승하여 이직과 결근이 줄어들게 된다는 것이다. **성장욕구수준이 높은 경우만이 바람직하다는 의미가 아니다. 욕구수준이 낮은 경우와 높은 경우 각각에 대하여 그들의 기호와 가치에 알맞은 특성의 직무를 제공해주면 된다.**

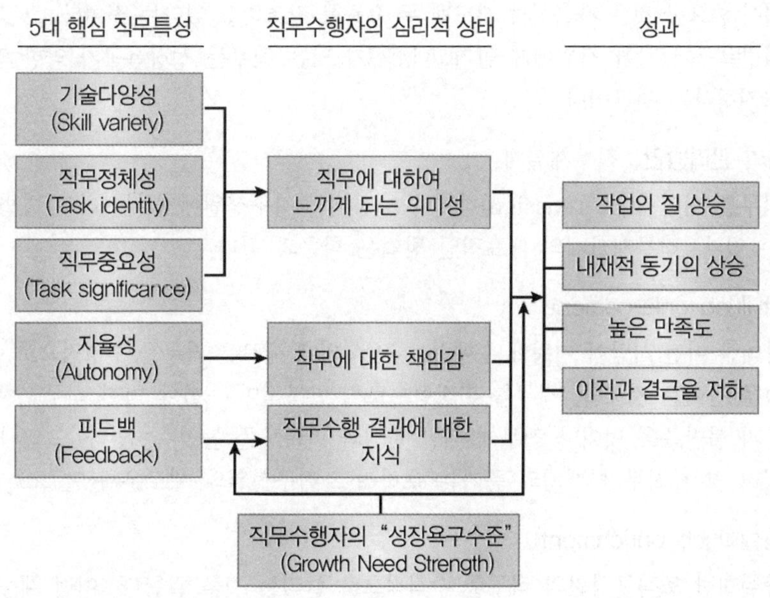

(2) 핵심직무차원(Core Job Dimensions)의 내용

1) 기술다양성(Skill Variety)

직무를 수행하는 데 있어 **요구되는 기술(skill)의 종류**가 얼마나 여러 가지인가를 뜻한다.

2) 과업정체성(Task Identity)

직무의 내용이 **하나의 제품(또는 서비스)을 처음부터 끝까지 완성시킬 수 있도록 구성**되어 있는가 아니면 **제품의 어느 부분만을 만들도록 되어 있는가**를 의미한다.

3) 과업중요성(Task Significance)

개인이 수행하는 직무가 **조직 내 또는 조직 밖의 다른 사람들의 삶과 일에 얼마나 큰 영향을 미치는가**를 뜻한다.

4) 자율성(Autonomy)

자율성이란 자신의 직무에 대하여 개인적으로 느끼는 **책임감의 정도**를 뜻한다. 자신의 작업일정과 작업방식을 수립함에 있어 갖는 **재량권의 정도**에 의해 결정된다.

5) 피드백(Feedback)

직무 자체가 주는 **직무수행성과에 대한 정보의 유무**를 뜻한다.

(3) 동기유발 잠재력 점수(Motivating Potential Score : MPS)

$$MPS = \left[\frac{\text{기술다양성} + \text{직무정체성} + \text{직무중요성}}{3}\right] \times [\text{자율성}] \times [\text{피드백}]$$

이 공식에서 중요한 것은 **자율성과 피드백 두 요소를 강조**하고 있다는 점이다. 요컨대 **MPS가 높은 직무는 성장욕구가 강한 직원에게 맡기고 MPS가 낮은 직무는 성장욕구가 약한 직원에게 맡기는 것이 바람직**하다는 결론이다.

(4) 조직에서의 관리방안 : 직무재설계

기존의 직무를 재설계(job redesign)하거나 수정해 조직구성원에게 부여하는 방법을 통해 동기를 관리할 수 있다. 직무재설계의 대표적인 방법은 다음과 같다.

1) 직무확대(job enlargement)

직무확대란 **어떤 사람이 기왕에 수행하는 직무 외에 새로운 직무를 수평적으로 증가시켜 직무의 다양성을 높이는 것**이다. 직무를 확장함으로써 반복적이고 틀에 박힌 직무 수행에서 비롯되는 지루함과 불만족을 벗어나 직무에 대한 관심과 만족도를 높일 수 있다. 그러나 적절한 보상이 수반되지 않는 직무와 책임의 증가는 오히려 조직구성원의 새로운 불만 요소가 된다.

2) 직무충실화(job enrichment)

직무충실화란 **조직구성원의 직무를 수직적으로 늘리는 것**을 말한다. 어떤 계층의 직위에 있는 사람에게 **더욱 큰 책임이 되는 상위계층 직위의 직무를 부여**해 직무를 늘리는 것이다. 직무충실화를 통해 좀 더 중요하고 질이 높은 직무에 대한 **의사결정권을 행사**하고 그 직무 수행 능력을 발휘하게 함으로써 직무만족도를 높일 수 있다.

3) **직무순환(job rotation)**

직무순환이란 **수평적인 수준에서 조직구성원이 담당하는 직무를 바꿔주는 것**을 말한다. 예를 들면, 수평적인 수준에서 직원의 보직을 재배치하는 것이다. 직무순환을 통해 조직구성원들의 다양하고 폭넓은 직무 수행 능력을 발전시키고 직무에 대한 새로운 관심과 만족감을 높일 수 있다. 그러나 직무순환을 잘못 이용하면 조직의 안정과 생산성이 저하될 수도 있다.

(5) 이론의 평가

직무특성이론은 **주관적인 주체인 사람이 아니라 객관적인 직무 특성이나 작업환경에 의해 사람을 동기부여하는 이론이라는 점에 특색과 장점**이 있다.

그러나 문제점으로는 ① **직무 특성의 규정이 객관적인 사실보다는 사람의 주관적인 지각에 근거해서 규정되는 경우가 많다는 것**이다. 예를 들면, 어떤 직무의 자율성의 정도가 어떤 수준인가에 관한 규정은 그 직무와 관계되는 사람이 그 직무에 대해 생각하고 지각하는 바에 따라 다를 수 있다. ② **직무의 핵심적 차원과 결과 간의 관계를 조절하는 변수로서 개인의 심리, 즉 성장 욕구의 강도를 제시하고 있는데 그것이 타당한 것인가? 예를 들면, 사회적 자극의 존재 유무, 비교집단과의 형평성 문제 같은 변수도 중요하지 않는가 하는** 의문을 갖는다.

3 내재적 보상이론(Intrinsic Reward Theory)

(1) 내재적 보상이론의 개념

Thomas는 **내재적 보상이 조직구성원에게 내재적 동기를 가져다준다고 주장**하였다. 즉, 내재적 보상을 받고 행동하는 사람에게 외재적 보상을 가함으로써 동기가 낮아진다는 것이다. 자기 직무에 대한 통제능력을 상실하고 보상에 의해 움직여진다는 느낌을 받기 때문이다.

(2) 내재적 보상의 종류

케네스 토마스(Kenneth Thomas)는 Deci & Ryan의 인지평가이론을 구체적으로 연관지으며 내재적 동기부여에 근거하여 네 가지 내재적 보상(intrinsic reward)을 제시하였다. 토마스는 내재적 동기부여가 개인이 일하면서 느끼는 네 가지 내재적 보상 수준의 직접적인 결과물이라고 믿었다.

세로축(과업활동, 과업목적)을 보면 **다양한 과업들을 완수하는 목적**에서 중요한 일을 했다는 느낌과 발전한다는 느낌 같은 보상이 나타난다. 반면 **개인이 수행하는 특정 과업**에서는 스스로 선택했다는 느낌과 자신의 능력에 대한 지각과 같은 보상이 나타나게 된다.

가로축(기회, 성취)을 보면 **가치 있는 목표를 추구하고 개인의 의사결정 판단을 사용할 수 있는 기회**에서는 선택감과 의미감과 같은 기회보상이 나타나고, 본래 **과업 목표를 성공적으로 달성하거나 과업을 완수할 때 개인이 느끼는 역량의 정도**로부터는 성취보상인 역량감과 성과(발달지각)가 나타난다.

	기회보상	성취보상
과업활동으로부터	선택 지각	역량 지각
과업목적에서	의미 지각	발달(성과) 지각

1) 의미(meaningfulness)

의미감은 **가치 있는 일을 하고 있다는 느낌**을 의미한다. 의미지각을 느끼는 것은 개인의 시간과 노력이 가치 있게 사용된다고 느끼는 것이다. 다시 말해 개인이 가치 있는 임무를 수행하고 있으며 개인의 목적은 보다 큰 틀에서 중요한 의미를 갖는다고 느끼는 것이다.

2) 선택(choice)

선택감은 **수행하는 일을 자신의 판단을 근거로 수행할 수 있다고 느끼는 것으로 재량권이 주어져 있는 경우**를 의미한다. 즉, 개인이 납득할 수 있는 과업을 선택하고 선택한 과업을 적정한 방법으로 수행할 수 있는 기회이다. 과업 수행 시 자유롭게 판단할 수 있는 역량을 의미한다. 선택에 대한 감정은 과업 선택 시 스스로 판단하고, 생각하는 대로 수행할 수 있는 자율성이다.

3) 역량(competence)

역량감은 **선택한 과업들을 수행하면서 느끼는 성취감**으로 **현재 하는 일을 잘 해내고 있다는 느낌**을 의미한다. 역량감정은 높은 수준의 과업을 성공적으로 하고 있다는 느낌을 말한다.

4) 성과 or 발달(progress)

성과 혹은 발달감은 **목표달성을 통한 성취감**으로 **선택한 과업 목표를 달성**하는 데서 개인이 느끼는 성취감이다. 발달감정은 개인이 선택한 과업이 진척되고 있는 느낌과 개인의 과업활동이 무엇인가를 이루고 있다는 느낌이다.

4 인지평가이론(Cognitive Evaluation Theory : CET)

(1) 인지평가이론의 개념

Deci는 내재적 동기는 개인이 가진 유능감과 자기결정감에 의해 결정된다고 주장했다. 인지적 평가이론은 **벰(Bem)의 자기귀인(self-attribution)이론에 근거하여 데시(Deci)가 발표한 이론**으로 **어떤 직무에 대하여 내재적 동기가 유발되어 있는 경우 외적 보상이 주어지면 내재적 동기가 감소된다는 이론**이다.

(2) 내용

내재적 동기가 유발되어 있는 상태에서 외재적 보상을 제공하게 되면 **열심히 일하는 것에 대한 귀인의 대상이 일 자체에서 보상(예 돈)으로 바뀌게 된다. 외재적 보상을 제거**했을 때 **본래의 내적 동기(일 자체의 흥미 등)가 되살아나지 않는다.**

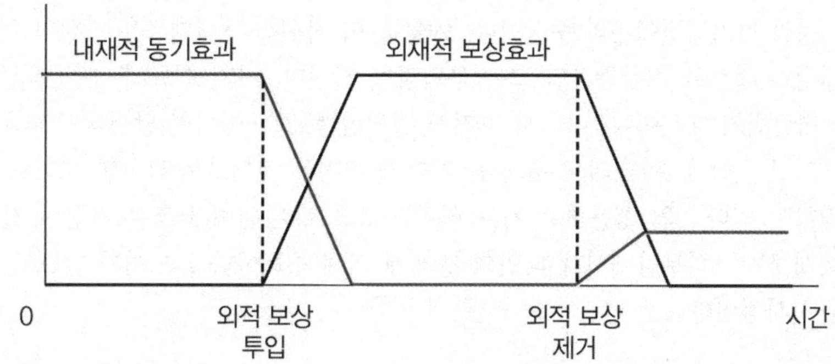

PART 02

(3) 피드백의 기능과 내재적 동기의 효과

1) **능력정보(Competence Information) 기능** : 능력을 평가하는 것으로 내적 동기와 관련 있다.

2) **통제적 정보(Controlling Information) 기능** : 외적 통제와 관련된 것으로 외재적 동기와 관련 있다.

통제적 정보가 능력정보에 의한 내재적 동기유발 효과를 약화시킬 수 있다.

(4) 평가

1) **공헌**

① 기존 모티베이션 이론에 비해 **매우 가치 있는 새로운 시각을 제시**하였다.

② **실무에서의 공헌 또한 높이 평가**된다. 예를 들어 직무재설계는 성과를 높이는 데 결정적인 역할을 수행한다.

③ **임금이 오히려 모티베이션을 감소시킬 수 있다고 지적하여 기업조직에 많은 시사점을 제공** 하였다.

2) **한계**

① 주차장 관리직과 같이 **내적통제를 기대할 수 없는 경우에 대한 논의가 미흡**하다.

② **모든 작업자가 내재적 동기의 원인변수인 유능감, 자기결정감에 대한 욕구를 가지는지 의문**이다. 이러한 **욕구가 낮은 작업자들에게 어떠한 방법으로 내재적 동기를 높일 수 있는가에 대한 논의가 미흡**하다.

5 자기결정이론(Self－Determination Theory : SDT)

(1) 의의

인지적 평가이론은 Deci&Ryan에 의해 자기결정이론(Self－Determination Theory)으로 발전하였다. 자기결정이론은 인간행동의 통제원천이 내면인가, 아니면 외부인가에 초점을 맞춘다. **이 이론은 인간의 동기는 개인이 완전히 내적 통제(예 흥미, 호기심)에 의해서 행동할 때 가장 높으며, 내적인 이유가 전혀 없는 상태에서 순전히 외적인 통제(예 강제)에 의해서 행동하게 되었을 때 제일 낮다.**

자신이 스스로 결정한 일이 아니라 외재적 보상 때문에 '의무감'에서 행동하는 것이라면 사기가 줄어든다는 것이 자기결정이론의 주장이다. 예를 들어 자신의 노력행동은 자신이 결정한 것이 아니라 회사가 결정한 것으로 취급한다면 그는 **무력감**에 빠진다. 자기 행동에 대한 자신의 결정권을 잃어버렸다고 착각하기 때문이다. 따라서 자기가 결정한 목표가 아니면 달성률도 낮은데 이를 달성해도 보람을 느끼지 못한다. 반대의 경우 일을 자기가 결정한 것으로 생각하면 성과도 높아지고 더 빨리 끝내는 경향이 있다. 즉, **행동하는 자로 하여금 스스로 자원해서 혹은 자신이 결정해서 하는 행동으로 느끼게 하며, 의무감에서나 타인의 강제에 의해 행동한다고 느끼지 않도록 하는 것이 자기결정이론의 시사점이다.**

(2) 유형

1) **외부통제(External regulation)** : **해야 하니까 하는 것**을 외부 통제에 의한 행동이라고 한다.

2) **표면적 내면통제(Introjected regulation)** : **체면이나 자존심** 때문에 하는 것이라면 '표면적 내면통제'라고 한다.

3) **동일시 내면 통제(Identification regulation)** : **도움이 된다고 생각하여 수행**한다면 '동일시 내면통제'라고 한다.

4) **통합적 내면통제(Integrated regulation)** : 통합적 내면통제는 **주어진 일의 필요성을 인정할 뿐 아니라 그 일의 가치를 자신의 다른 내면가치와 일체화**시킨 상태다.

5) **내면통제(Intrinsic regulation)** : 내면통제는 행동이 **외적인 자극이 전혀 없이 완전히 자신의 자율적 결정에 의해서 이뤄지는 경우**이다.

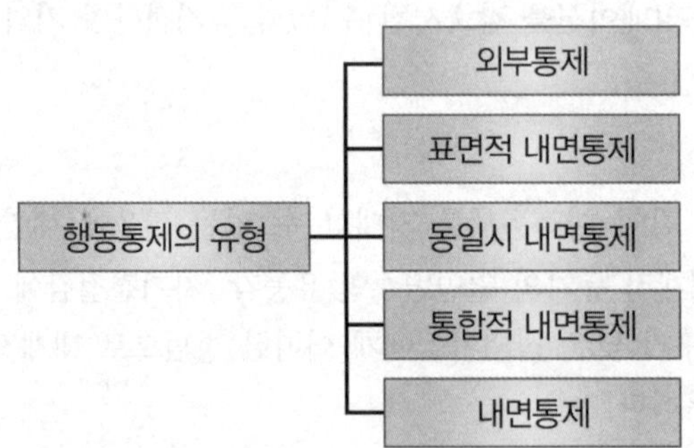

많은 연구에서 **개인의 자율통제감(내면통제)이 높을수록 성과, 학습, 자신감, 웰빙, 건강에 있어 더 좋은 결과를 산출**하는 것으로 나타나고 있다.

(3) 개인 행동 통제 요인과 형성방안

자기결정이론에 따르면 인간은 누구나 기본적이고 보편적인 심리적 욕구를 가지고 있다고 하였다. 이러한 개인의 행동을 통제하는 요인을 ① 역량감(competence), ② 자율성(autonomy), ③ 연대감(relatedness) 세 가지로 제시하고 있다.

1) 역량감(competence)

어떤 일을 해낼 수 있는 역량이 있다는 느낌을 말한다. 역량감은 중간 정도의 난이도의 과업을 제시함으로써 형성될 수 있다.

2) 자율성(autonomy)

일에 대한 자기 자신의 선택 영역을 말한다. 자율성은 외부로부터 해야 한다는 의무감이나 강요를 받지 않을 때 형성될 수 있는바, 자신의 행동과 자기조절을 선택할 수 있어야 형성될 수 있다.

3) 연대감(relatedness)

특정 일을 통해서 다른 사람들로부터 인정받을 수 있다는 인식을 말한다. 연대감이란 주변 사람들과 의미 있는 관계를 맺고자 하는 욕구이므로, 타인과 연결되어 있다는 느낌으로 소속감과 연대감을 형성할 수 있다.

위 세 가지 욕구가 충족되었을 때 내재적 동기가 가능해짐으로써 성과로 이어질 수 있다.

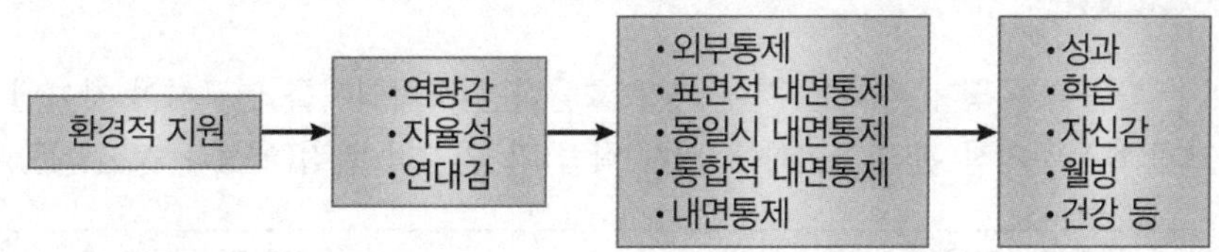

(4) 시사점

1) 공헌

① 내면통제, 즉 **자율통제감이 높을수록 성과, 학습, 자신감, 웰빙, 건강에 더 좋은 결과를 산출**한다.

② **내면통제**를 위해서는 **역량감, 자율성, 연대감 등을 높이기 위한 환경적 지원이 필요**하다.

③ **금전적 보상이 오히려 모티베이션을 감소**시킬 수 있다는 것을 지적하여 기업조직에 많은 시사점을 제공한다. 즉, **비금전적인 내재적 보상이 역량감과 자기결정감 등을 증가시킴으로써 동기부여의 효과를 증가**시킬 수 있다.

2) 한계

① 주차장 관리직과 같이 **내적통제를 기대할 수 없는 경우에 대한 논의가 미흡**하다.

② **모든 구성원이 개인행동을 통제하는 요인인 역량감, 자율성, 연대감 등을 가지는지 의문**이다.

08 | 학습과 스트레스

제 1 절 학습(learning)의 개념 및 특징

학습이란 **경험에 의한 행동이나 동기의 변화**를 의미한다. 학습이란 경험에 의한 "행동이나 동기의 변화"로 정의된다. ① 학습은 **변화를 수반**, ② 그 **변화가 비교적 장기적으로 유지**, ③ **직/간접적인 경험**을 통해서 발생한다.

조직행동에서의 학습이란 **지식의 학습을 넘어 행동의 학습**을 말하며 더 적극적인 의미에서 어떤 행동이 습관화되어 행동이 저절로 행해지는 것을 말한다. 처음에는 익숙지 못한 행동도 여러 번 반복하다 보면 나중에는 눈감고도 쉽게 혹은 자기도 모르게 움직여진다. 행동뿐만 아니라 어떤 생각이나 태도, 행위의 의도를 새롭게 머릿속에 내재화시켰다면 그것도 학습이다.

제 2 절 학습 관련 이론

학습이론이란 학습을 어떻게 시키는 것이 가장 효율적인 방법인지를 연구하여 찾아낸 이론들이다. 여기에는 크게 **행동주의적 관점(조건화에 의한 학습)**과 **인지적 관점(이성과 정신활동)**이 있다.

행동주의적 학습이론 (Behavioral Learning Theory) : 행동주의학파(Behaviorist)	인지적 학습이론 (Cognitive Learning Theory) : 인지론학파(Cognitive Theorists)
행동에 따른 외적 결과를 통제함으로써 학습이 가능. 즉, **직접 경험**을 통한 학습	사람은 '인지능력'을 가지고 있기 때문에 인지구조가 바뀌어야 진정한 학습이 가능. 즉, **간접 경험**을 통한 학습

1 행동주의적 학습이론(Behavioral Learning Theory) : 행동주의학파(Behaviorist)

행동주의자들에 따르면 행동의 결과를 조절하면 차후의 행동을 변화시킬 수 있다고 믿는다. 행동주의론자들은 행동에 따르는 외적 결과를 통제함으로써 학습이 가능하다고 생각한다(반면 인지론은 인간 내면의 '인지능력'을 가지고 학습 현상을 설명한다).

그래서 **특정 행동이 일어나도록 조건(여건)을 마련해 놓는 것을 조건화(Conditioning)**라고 하는데 이렇게 조건을 마련하면 결과를 기대하고 특정 행동을 계속할 것이며 그러다 보면 행동이 습관화된다는 것이다. 조건화의 방법에 따라 **고전적 조건화**와 **작동적 조건화**라는 두 가지 방법이 있다.

(1) 고전적 조건화(Classical Conditioning) : S(자극) → R(반응)

1) 개요

Pavlov가 **동물을 학습시킬 때 사용했던 방식**이다. **개는 고기(무조건 자극)만 보면 침을 흘리는데(무조건 반응), 고기를 줄 때마다 종소리(조건 자극)를 들려주면 나중에는 종만 울려도 침을 흘린다(조건 반응).** 즉, **무조건 자극(고기)과 조건 자극(종소리)을 연결시켜 고기 없이도 침을 흘리는 행동변화를 만든 것**이다.

2) S(자극) → R(반응)의 원리

고전적 조건화란 **반복적인 연습을 통한 반사적 행위의 학습과정**을 말한다. **반사적 행위란 외부 환경의 특별한 자극변화로 인해서 나타나는 인간의 모든 반응**을 말한다. 이는 파블로프(Pavlov)가 제시한 것으로 **그는 실험용 개를 이용하여 개에게 음식(자극)을 주었을 때 분비되는 침(반응)의 자극-반응관계에, 음식을 제공함과 동시에 침의 분비와 전혀 무관한 종소리를 울리는 훈련을 함으로써 나중에는 종소리만으로도 침이 분비되도록 할 수 있다는 것을 밝혔다.** 이러한 학습이론을 고전적 조건화라고 한다.

3) 과정

① 1단계 : 조건화 이전
음식 → 타액
종소리 → 타액 ×

② 2단계 : 조건화 과정
종소리를 들려준 후 음식물 제공. 여러 번 반복

③ 3단계 : 조건화 이후
음식 제공 없이도 종소리만 들려주었는데 타액 분비

4) 조건 자극과 무조건 자극의 짝짓기(Pairing) 횟수와 조건 반응 강도 : 연습의 법칙

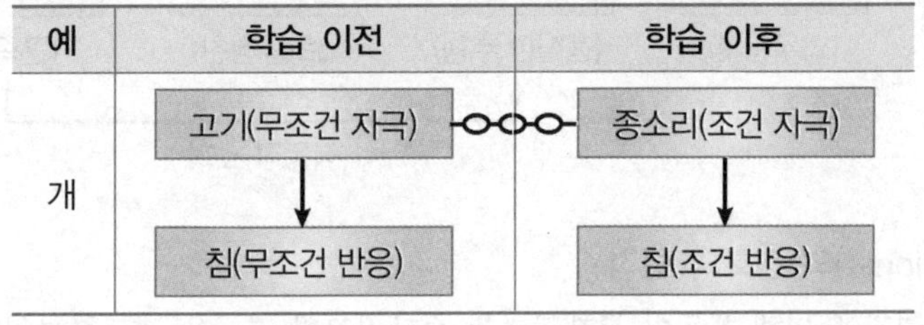

5) 기업조직에서의 사례

신입사원에게 **교육과정 동안 매일 아침 교육이 시작되기 전에 회사 로고가 새겨진 깃발을 보고 사가를 부르며 회사에 대한 충성심을 고취**시키게 되면, 이들은 **교육 후 현장에 돌아와서도 회사 로고가 새겨진 배지만 봐도 숙연해지며 회사에 대한 긍지와 자부심을 느끼게 된다.**

6) 비판

① **인간은 반드시 어떤 자극에 의해서만 행동이 변화되는 것은 아니다.**

② **기업조직 내 복잡한 직무 관련 학습 현상**을 모두 고전적 조건화로 설명하는 데에는 한계가 있다.

③ **학습자를 수동적인 존재로 가정**하였다.

(2) 조작적(=작동적) 조건화(Operant Conditioning)

1) 개념

학습자의 적극적 측면을 보다 강조한다. **손다이크(Thorndike)가 제안한 효과의 법칙**이란 **호의적인 결과가 따르는 행동은 반복되고 호의적이지 않은 결과가 나타나는 행동은 반복되지 않는다는 법칙**이다.

2) Thorndike의 효과의 법칙

상자 속에 지렛대 장치를 한 후 상자 밖에는 음식물을 놓아두고 고양이를 이 상자 속에 집어넣었다. 고양이는 음식을 먹기 위해 상자에서 나오려고 발버둥치다가 우연히 지렛대를 누르게 되었고, 상자의 문이 열리자 밖으로 빠져나와 음식물을 먹었다. 이를 반복하자 고양이가 상자 속에 들어가 지렛대를 밟는 데까지 걸리는 시간이 점차 단축되었는데, 손다이크는 이를 '시행착오에 의한 효과의 법칙'이라고 명명하였다.

즉, **효과의 법칙이란 "기쁜 결과(보상)를 얻는 행동은 반복되고 나쁜 결과(벌)를 얻는 행동은 반복되지 않는다"라는 것을 의미**한다.

이 법칙에서 사람들은 반응행동의 결과를 이성적으로 예측한 후에 하는 것이기 때문에 그 결과를 도구로 사용하여 계속 행동하게 시키면 그 행동을 습관화할 수 있다고 했다. **어떤 반응이 일어난 후 나타나는 결과가 바람직한 것이면 학습자는 이러한 반응을 계속할 가능성이 증가하지만, 반응 후 나타나는 결과가 바람직하지 않으면 이러한 반응은 감소**된다.

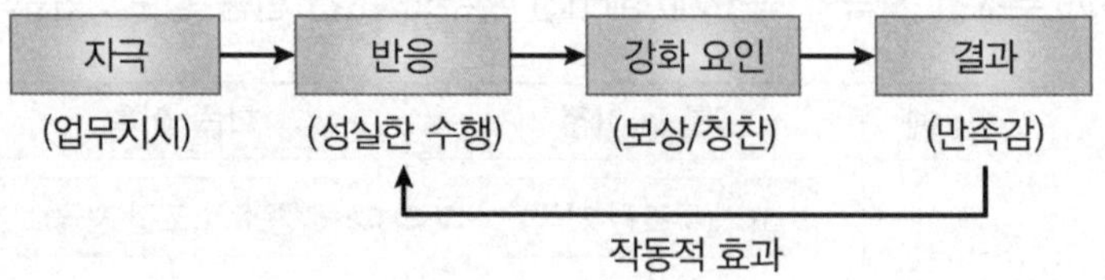

3) 스키너(Skinner)의 강화의 법칙

스키너는 **결과에 의해 행동이 통제된다는 손다이크의 결론을 정교화**하였다. 스키너(Skinner)는 손다이크를 따라 행동은 결과의 함수라고 주장하면서 **강화의 법칙(reinforcement effect)을 주장**하였는데 강화의 법칙이란 **결과물이 반응을 결정**한다는 것이다.

(3) 고전적 조건화와 조작적 조건화의 비교

1) 공통점

두 이론은 **행동주의학파**로 직**접적인 경험을 통해 학습된다는 것을 전제**로 한다.

2) 차이점

① 반응행동의 차이 : **반사적 행위 vs 작동적 행위**

고전적 조건화는 반사적 행위에 초점을 두지만 **조작적 조건화는 작동적 행위(operant behavior), 즉 외부세계에 대해 무언가를 행사하거나 작용을 가할 때 그 결과에 따라 나타나는 반응을 전제**로 한다.

반사적 행동	자극에 대해 반사적으로 취하는 행동(예 양파 껍질을 벗기면 눈물을 흘린다. 뜨거운 물체에 손이 닿으면 얼른 손을 뗀다.)
조작적 행동	원하는 결과를 위해 의식적으로 하는 행동. 원하는 결과를 산출하기 위하여 환경과 교류하면서 학습하는 행동

② 인간행동의 설명력 : **설명력 낮음 vs 설명력 높음**

작동적 조건화가 고전적 조건화보다 인간행동을 설명하는 데 더 설득력이 높다. 실제 기업에서는 구성원의 행동 변화를 위해 보상이라는 도구를 일반적으로 많이 활용한다.

③ 인간관 : **수동적 vs 적극적**

고전적 조건화는 수동적인 인간관을 전제로 하지만 **조작적 조건화는 학습자의 자발적이고 적극적인 측면을 강조**한다.

④ 행동의 원인 : **자극 vs 자극에 대한 결과**

고전적 조건화는 자극에 따라 행동이 도출되지만, **조작적 조건화는 자극에 대한 반응 후 나타나는 결과물에 의해 행동이 도출**된다.

	고전적	조작적(작동적)
인간관	수동적	적극적
행동의 원인	자극	자극에 대한 반응 후에 나타나는 결과물

3) 경험학습

듀이(Dewey)에 따르면 ① **구체적 경험**, ② **성찰**, ③ **추상적 개념화**, ④ **적용 테스트** 등 4가지 요인이 순환되면서 학습이 이뤄진다는 경험학습 4단계 모델을 제시했다. 모델에 따르면 개인의 구체적 경험은 성찰(reflection) 과정을 거쳐 원리나 법칙을 발견하는 추상적 개념화 단계에 이른 후, 학습한 추상적 개념이나 원칙을 다시 실험적으로 적용해보고 조정하는 최종 단계를 밟는다. 이 과정을 반복하면서 추상적 지식이나 원칙이 테스트되고 확인, 조정된다. 따라서 **경험학습에서는 경험을 많이 하는 것보다는 경험한 것에 대해서 성찰하고 추상적 원리를 구성하여 현실에 적용해보면서 확고한 지식으로 만드는 과정을 중요시한다.** 무엇보다도 성찰이 없으면 경험학습사이클은 지속될 수 없다.

2 인지적 학습이론(Cognitive Learning Theory) : 인지론학파(Cognitive Theorists)

인지적 접근이란 인간의 사고 과정을 강조하는 학풍으로서 학습도 이성적인 정신활동으로 깨달으면서 어떤 행동을 반복하면서 습관화한 결과라고 본다. 즉, 이 부류의 학자들은 학습할 때 거치는 생각의 방식이나 정신적인 정보처리 과정을 중시한다.

(1) 사회학습이론(Social Learning Theory : SLT)

1) 사회학습이론의 의의

자기가 직접 겪지 않고도 타인의 경우를 보면서 이성적으로 생각해서 할 것 안 할 것을 판단하며 모방하는 과정을 '사회적 학습(Social Learning)'이라고 한다. **즉, 사회적 학습이란 개인이 환경과 인지적 상호작용을 하면서 행위를 습득하는 것을 말한다(반두라(Bandura)).**

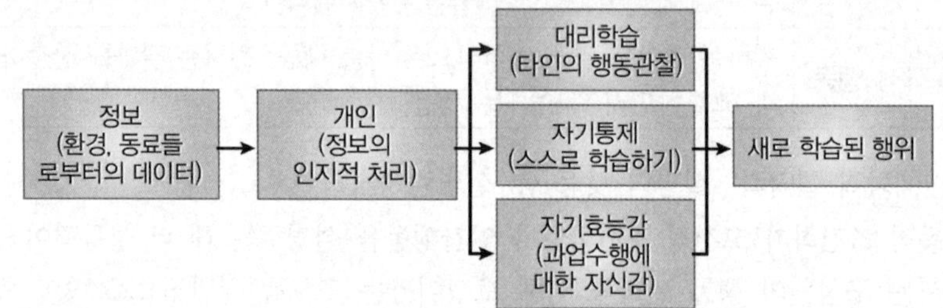

2) 사회학습이론의 내용

① 대리학습(Vicarious Learning)

다른 사람을 관찰하여 학습하는 것이다. 즉, 사람은 다른 사람을 관찰하는 과정에서 그들의 행위와 그 결과에 대한 이미지를 인지구조 속에 형성하게 된다.

대리학습의 4단계 과정
반두라는 대리(혹은 관찰)학습의 과정을 총 4단계로 나누었는데 이를 살펴보면 아래와 같다. 1. 주의(attention)집중 단계 주의집중단계에서는 관찰학습이 잘 일어날 수 있도록 **학습자가 모델의 행동에 주의 혹은 관심을 기울여야 하는 단계**다. 주의집중이라는 것은 학습자가 스스로 정보에 주의를 기울이는 것을 말한다. 전반적으로 학습자들은 성공적인 모델에 주의를 기울인다. 2. 기억(retention) or 파지 단계 기억 혹은 파지단계는 **관찰자가 모델을 관찰한 행동을 기억하거나 유지하는 단계**이다. 즉, **관찰한 내용을 인지적으로 기억하여 저장하는 과정**이다. 3. 재생(reproduction) 단계 재생은 **기억한 내용을 행동으로 실행하는 단계**이다. 주의집중을 아무리 잘해도, 파지 단계에서 기억을 잘하더라도 실제로 모델의 행동을 모방하려면 수행할 수 있는 능력이 필요하다. 즉, 모델의 행동을 주의하고 기억한 후 학습자가 직접 실행해 보는 과정이다. 4. 동기화(motivation) 단계 대리(관찰)학습의 마지막 단계로 **바람직한 행동을 주의하고, 기억하고, 재생하면서 여러 강화를 통해 동기화되는 단계**이다. 즉, 관찰자가 **행동하고 싶은 것에 대한 결과가 긍정적인 결과로 인식**되어야 그것을 **행위로 실천**될 수 있다.

② 자기통제(Self－Control)

바람직한 행위는 학습하고 그렇지 못한 행위는 반면교사로 삼아 절제한다. 사람은 자신의 행위가 인지적 판단과 부합하고 환경의 자극과 행동의 결과를 통제할 수 있는 한 자신의 행동을 스스로 통제하려는 성향이 있다.

③ 자기효능감(Self－Efficacy)

특정 과업의 수행 가능성에 대한 개인의 믿음 또는 자신감을 의미한다.

(2) 인지학습

1) 의의

경험(직접/간접 경험) 없이도 '인지'로 학습이 일어날 수 있다고 가정한다. 즉, 인지를 통해 학습을 하게 되는데 인지학습이 행동으로 발전하기 위해서는 학습자의 행동에 대한 훈련과 보상이 존재해야 한다.

2) 시사점

시간이 많이 소요되는 조건화(직접경험) 및 사회학습(간접경험) 과정을 거치지 않고도 학습자에게 바람직한 행동을 학습시킬 수 있다는 점에서 효과적이다.

(3) 지식경영(Nonaka, KM : Knowledge Management)

1) 지식의 유형 : 암묵지, 형식지

지식의 유형에는 '암묵지'(暗默知 : tacit or implicit knowledge)와 '형식지'(形式知 : explicit knowledge)가 있다. **암묵지란 말로는 하나하나 설명할 수 없는, 개인이 체화하여 갖고 있는 내면의 비밀스러운 지식을 의미하며, 형식지란 적절히 표현되고 정리되어 전달과 설명이 가능한 지식을 의미**한다.

구분	형식지	암묵지
정의	언어로 표현 가능한 객관적 지식	언어로 표현할 수 없는 주관적 지식
특징	• 언어를 통해 습득된 지식 • 전수가 상대적으로 쉬움	• 경험을 통해 몸에 밴 지식 • 전수하기 어려움
속성	구체성, 공식적, 체계적	추상적, 개인적, 비체계적
예	비행기 조종 매뉴얼	비행 체험과 훈련에 의해 생긴 노하우

2) 지식의 변환

		창출된 지식(To)	
		암묵적 지식	형식적 지식
원천 지식 (From)	암묵적 지식	사회화 (Socialization)	외재화 (Externalization)
	형식적 지식	내재화 (Internalization)	결합 (Combination)

① 사회화(Socialization)

사회화는 **한 사람의 암묵적 지식이 다른 사람의 암묵적 지식으로 변환되는 과정**이다. 이 과정에서는 구성원들 간의 경험 공유를 통해서 정신모델, 기술(skill) 등과 같은 새로운 암묵적 지식이 창출된다. 대표적인 예가 숙련기능의 전수나 도제제도이다.

② 표출화(Articulation) or 외재화(Externalization)

외재화는 **개인이나 집단의 암묵적 지식이 공유되고 통합되어 새로운 형식적 지식이 만들어지는 과정**이다. 외재화는 전형적으로 신제품 개념 등과 같은 개념창출 과정에서 볼 수 있으며, 이때 연역법과 귀납법을 결합해서 접근함으로써 그 과정을 촉진시킬 수 있다.

③ 내재화(Internalization)

글이나 문서 형태로 표현된 **형식적 지식을 암묵적 지식으로 개인의 머리와 몸 속에 체화시키는 과정**이다. 좁은 의미의 학습이라고도 한다. 기업에서는 종업원이 표준작업절차, 업무매뉴얼, 기계사용설명서 등으로부터 작업에 필요한 지식을 얻어 자신의 머릿속에 기억하고 저장하는 것을 말한다. 지식이 문서화나 매뉴얼화되어 있으면 이를 내재화하거나 다른 사람에게 이전하는 것이 용이하게 이루어질 수 있다. 내재화 과정은 "**실행에 의한 학습(learning by doing)**"에 의해 촉진될 수 있다. **즉, 다양한 명시적 지식을 직접 경험하고 실행해봄으로써 정신모델(mental model)이나 노하우로 내재화할 수 있다.**

④ 연결화 or 결합(Combination)

결합 또는 통합화는 **다른 형식적 지식 단위들을 분류, 가공, 조합, 편집해서 새로운 시스템적 지식으로 체계화하는 과정**이다. 예를 들면 개인은 서류, 회의, 전화나 컴퓨터로 연결된 의사소통 네트워크를 통해서 지식을 교환하고 결합한다. 조직은 다양한 방법으로 기존 지식을 분류하여 조합함으로써 새로운 지식을 만들어낼 수 있다. **예를 들면 고객 데이터베이스에서 다양한 고객정보를 취합 및 분석하여 고객들의 구매성향보고서를 만들어내는 경우**가 여기에 해당된다.

3) 시사점 : 나선형적 지식확장

위와 같이 **지식이 변환되는 과정에서 지식이 확장되고 정보가 창출된다고 주장**하였다. 그러나 이것은 단순 확장이 아니라 **〈나선형적 지식확장〉**이라고 한다. **〈나선형적 지식확장〉이라는 것은**

암묵지와 형식지가 일방향으로 전환되는 것이 아니라 위와 같은 4가지 단계 모두가 나선형의 지식창출과정에서 상호작용하고, 이와 같은 상호작용을 통해 지식은 확대되어 새로운 나선형의 지식창출을 발생시킨다고 주장하였다.

4) 학습의 전이

한 번 학습된 것은 그대로 끝나지 않고 추가적인 학습의 밑거름이 되어 새로운 학습이 계속 일어날 수 있다. 그리고 **한 사람에게 학습된 것은 다른 사람에게 이전되어 타인의 학습을 돕기도 한다.** 다시 말해 학습의 전이(Transfer of Learning)가 있게 되는 것이다.

제 3 절 학습에 의한 행동수정(Behavior Modification)

1 ABC 법칙

특정한 자극 A가 주어졌을 때 개인이 보여줄 수 있는 자극에 대한 여러 가지 반응행동들 중에서 긍정적 결과 C+를 가져오는 행동(예를 들어, B1)은 강화되고 부정적 결과 C−가 따르는 행동(B2, B3)은 소멸된다는 것이다. **행동수정은 이러한 A→B→C 과정 중에서 특히 B→C의 관계에 초점을 둔다.**

2 강화(Reinforcement)의 법칙

(1) 강화(reinforcement)의 의의

반응의 결과물을 어떻게 설계하느냐에 따라 그 강도가 달라진다. 행동에 대한 결과물을 강화물이라고 하는데, 이러한 **강화물은 긍정적인 것과 부정적인 것**이 있다.

(2) 강화의 유형

1) 긍정적 강화(Positive Reinforcement)

긍정적 강화란 특정 행동에 대하여 즐겁고 **긍정적인 결과를 제공함으로써 그 행동을 반복하도록 유도**하는 것을 말한다.

2) 부정적 강화(Negative Reinforcement)

부정적 강화는 이미 존재하는 불유쾌하고 **부정적인 결과를 제거해줌으로써 바라는 행동이 반복되도록 하는 것**이다.

3) 벌(Punishment)

벌이란 **특정 행동을 중지**시키기 위해서 특정 행동에 대하여 **불유쾌한 결과를 제공**하는 것을 뜻한다.

4) 소거(Extinction)

소거는 **긍정적 강화요인을 제거**함으로써 **특정 행동의 중단을 유도**하려는 전략이다.

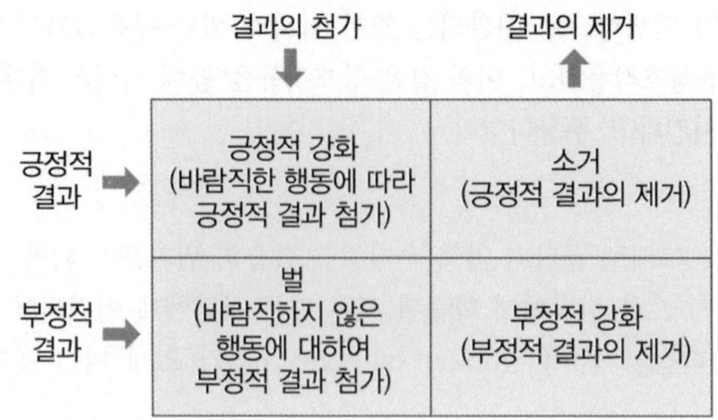

(3) 시사점

'당근과 채찍'의 측면에서 긍정적 강화와 벌을 많이 이용하지만 **벌이 가져다주는 부정적 효과로 인해 긍정적 강화와 소거를 병행하는 것이 바람직**하다.

징계(벌)의 사용원칙 : McGregor의 뜨거운 난로의 법칙

1. 징계의 개념과 기능

(1) 징계의 개념

징계란 기업의 목표달성을 효과적으로 하기 위하여 해당 기업의 특성에 맞는 규칙이나 규범을 정하여 기업의 구성원들이 이를 준수하도록 요구하고, **규정이나 규칙에 위반되는 행위에 대해서는 목표달성을 방해하는 것으로 간주하여 불이익을 주는 행위**를 의미한다.

(2) 징계의 기능

징계는 종업원들의 사규 위반행위에 대해 일시적, 잠정적으로 불이익을 부과하여 **장래에 있을 부정적 행동에 대한 재발을 방지**하고, 더 나아가 **기업질서를 유지**하고 **규칙과 규범을 지키도록 경고**하고 유도하는 기능을 수행한다.

2. 징계대상 행동

일반적으로 징계의 대상이 되는 행동은 다음을 포함한다.

- 직무태만 및 근무불량
- 횡령 및 금품, 향응수수
- 중대한 과실로 인하여 회사에 손해를 야기한 경우
- 업무상 지시 위반 등

3. 징계의 효과

(1) 예방적 효과

징계방침과 규정을 명백히 하고 조직구성원의 적절한 직무배치와 업무관리를 통하여 **징계대상 행동이 발생하지 않도록 이를 사전에 방지**하는 것이다.

(2) 행동개선 효과

위반행위를 범하거나 그런 증상을 보이는 구성원의 경우 **징계방침과 규정 중심으로 관리자의 상담과 지도 그리고 구성원 자신의 자기개발을 통하여 행동개선을 모색**하는 것이다.

(3) 처벌효과

예방적 또는 개선효과가 불가능할 경우에는 최종적으로 부당행위 또는 위반행위를 저지시키고 적용함으로써 **앞으로 그러한 행동을 억제**시키는 것이다.

4. 징계시스템의 설계

(1) 합법적 징계시스템의 설계

징계방침과 규정을 설계하는 것으로 징계방침과 규정은 **조직구성원들의 지지와 협조**를 얻을 수 있는 내용으로 설계되어야 한다. 징계규정은 조직구성원 전체의 가장 근본적인 목적과 이를 달성하는 데 필요한 최저 행동기준으로 설정되어야 한다.

(2) 커뮤니케이션

징계방침과 규정은 명백히 설정되어야 되고, 전체 구성원에게 명확하게 전달되어야 한다. 징계방침과 규정을 설정하는 데 있어서 관리자들이 참여하게 되면 보다 공정하고 실현가능한 징계시스템이 설계될 수 있으므로 실제 커뮤니케이션에 있어서도 그들의 **적극적인 협조**를 얻을 수 있다.

(3) 구성원행동의 평가 및 개선

조직구성원의 징계대상 행동을 분석 · 평가하여 **사전행동 개선에 노력**한다. 특히 인사고과 또는 목표관리와 연결시켜 징계대상 행동이나 그 증상을 보이는 구성원에 대해서는 **구체적인 행동개선을 목표화**하고 관리자는 이에 특별한 관심을 가지고 관리해 나간다.

(4) 점진적 징계조치

점진적 징계조치를 취함으로써 **조직구성원에게 행동개선의 기회를 부여**한다. 보통은 구두경고 → 문건 경고 → 임시 직무 유예 → 해고 단계 순으로 진행된다.

5. 징계의 원칙 : 뜨거운 난로의 규칙(hot stove rule)

McGregor(**맥그리거**)의 뜨거운 난로 규칙이란 뜨거운 난로를 만지면 즉시 화상을 입듯이, **누군가 규칙을 어기면 즉시 징계를 받아야 한다는 것**이다. 이에 맥그리거는 징계를 할 때의 네 가지 규칙에 대해 제시하였다.

(1) 사전경고(warning)

규정 위반행위에 대해서 구성원에게 경고와 더불어 징계규정과 방침 그리고 그에 따른 벌칙에 대해 자세히 설명해야 한다. 즉, **징계에 대한 경고가 선행**되어야 한다.

(2) 즉시성(immediacy)

징계는 즉각적으로 이루어져야 하는 바, **규정 위반 행위가 일어났을 때 바로 조치**를 취해야 한다.

(3) 일관성(consistency)

위반된 행동이 일어났을 때에는 일관되게 벌이 집행되어야 하는 원칙이다.

(4) 공평성(impersonality)

누구든지 위반행동을 할 시에는 징계가 엄격히 집행되어야 한다.

3 강화의 방법과 관리 : 강화 스케줄(Reinforcement Schedule)

(1) 의의

강화하는 순서나 형식을 강화계획이라 하는데 ① **연속적인 강화계획과** ② **간헐적인 강화계획**으로 나눌 수 있다.

(2) 유형

1) 연속강화 스케줄(Continuous Reinforcement Schedule)

바람직한 행동이 나타날 때마다 강화요인을 제공하는 기법이다. 학습자에게 행동과 보상의 관계가 도구적이라는 것을 명확하게 하기 때문에 매우 효과적이지만 ① **포만효과로 인해 행동변화의 지속성이 보장되기 어렵고,** ② **관리상의 문제로 인해 실무에 도입하기 어렵다는 한계**가 있다. 연속적 강화법은 강화요인이 매번 제공되는 한 꾸준한 성과향상을 기대할 수 있으나 강화요인이 제거되고 나면 나타났던 반응이 급속히 소거되는 경향이 있다.

2) 단속강화 스케줄(Partial Reinforcement Schedule)

단속강화 스케줄이란 **어떤 기준을 가지고 강화요인을 제공하는 기법**이다.

스케줄		내용
연속적 강화법		바람직한 행동이 나올 때마다 강화요인(보상)을 제공한다.
단속적강화법	고정간격법	일정한 시간적 간격을 두고 강화요인을 제공한다.
	변동간격법	불규칙한 시간 간격에 따라 강화요인을 제공한다.
	고정비율법	일정한 수의 바람직한 행동이 나타났을 때 강화요인을 제공한다.
	변동비율법	불규칙한 횟수의 바람직한 행동 후 강화요인을 제공한다. (예 지난번에는 100개 생산 후 보상이 제공되었으나, 이번에는 50개, 다음에는 80개 등으로 바뀜)

① 고정간격법(Fixed Interval Schedule)

일정한 시간간격을 두고 강화요인을 제공하는 방법으로 다른 방법들에 비해 가장 열등하다. 고정간격법이 효과에 있어 가장 약하지만 고정간격법이 가장 많이 쓰이는 이유는, **주로 경제생활 측면의 안정성 때문**이다.

② 변동간격법(Variable Interval Schedule)

강화요인이 **불규칙한 시간 간격에 따라 제공**된다.

③ 고정비율법(Fixed Ratio Schedule)

일정 횟수의 바람직한 행동이 있고 난 후 보상을 해주는 행동중심적 강화방법이다.

④ 변동비율법(Variable Ratio Schedule)

불예측적인 횟수의 바람직한 행동을 보였을 때 강화가 이루어지는 방법이다. 변동비율법이 강화계획 유형 중 가장 높고 안정적인 반응을 유발한다.

PART 02

(3) 강화원칙의 수립

강화의 효과를 높이기 위해서는 강화의 관리원칙을 수립하는 것이 필요하다. 효과적인 강화관리원칙으로 다음과 같은 것들이 있다.

1) 강화관리원칙

① **강화결속의 원칙** : 강화적 요인은 바람직한 행위가 실행되었을 때 제공되어야 하는 것이며, 만일 바람직한 행위가 나타나지 않았는데도 강화요인이 제공된다면 그 강화요인 유효성은 떨어진다.

② **즉각적 강화원칙** : 바람직한 행위가 이루어진 직후에 강화가 이루어질 때, 그 요인은 훨씬 효과적이며 그 시간적 거리가 클수록 강화요인의 효과는 약해진다.

③ **강화크기의 원칙** : 목적인 바람직한 행위가 이루어진 후에 강화의 양이 클수록 그 행위를 촉발시키는 데 더욱 효과적이다. 이러한 강화요인의 적정크기는 개인과 행위 사이의 관계에 의해 결정되어야 한다.

④ **강화박탈의 원칙** : 강화요인이 많이 없어질수록 그 요인의 바람직한 행위의 미래발생가능성에 대한 효과는 줄어든다.

2) 적극적 강화요인(보상)의 바람직한 조건

① 보상 그 자체가 종업원에게 **매력**이 있어야 한다.

② 보상은 **바람직한 행위와 긴밀한 연결관계**가 있어야 한다. 즉, 보상은 성과의 결과로 주어져야 한다.

③ **바람직한 행위가 어느 정도 가능**해야 한다. 지나치게 높은 성과에 대한 보상은 의욕을 떨어뜨린다.

제 4 절 직무행동

1 생산적 작업행동

생산적 작업행동이란 **조직의 목표달성에 공헌할 수 있는 조직구성원의 행동**을 의미한다.

(1) 역할 내 행동(In-Role Behavior)

1) 역할이란 **다른 사람으로부터 기대되는 행동패턴**을 의미한다. 즉, **역할 내 행동이란 자신의 조직이 자기에게 공식적으로 기대하는 행동**을 말한다. 조직의 목표달성에 기여하는 직접적인 과업수행과 관련되는 행동이며 **〈직무기술서(job description)〉에 열거**되어 있다.

2) **심리적 계약**(Psychological Contract)

심리적 계약은 Rousseau에 의하면 **개인-조직 간 교환관계**에서 나타나는 것으로 고용계약을 맺으면서 **개인은 조직에게 역할 내 행동을 제공하고 그에 대한 보상을 조직으로부터 받게 된다.** 즉, 심리적 계약이란 **명문화된 고용계약과 달리 회사와 종업원 간에 암묵적 동의와 약속**을 의미한다. 이에는 구체적이고 금전적인 교환조건에 대한 암묵적 약속으로서 거래적 계약과 금전적 자원뿐 아니라 비금전적 자원을 포함한 장기적 교환에 대한 관계적 계약이 있다. 그리고 이 두 심리적 계약은 회사의 의무사항과 종업원의 의무사항으로 구성되어 있다.

심리적 계약(Psychological Contract)

심리적 계약(Psychological contract)이란 Rousseau에 의하면 **"두 실체 간 이루어지는 상호교환에서의 상호의무에 대한 개인차원의 믿음"**을 의미한다. 심리적 계약의 유형에는 계약기간과 성과내용을 중심으로 4가지 유형으로 구분할 수 있다.

계약기간은 고용관계의 시간적 측면, 즉 관계를 지속시키는 기간에 따라 단기와 장기로 구분되고, 성과내용은 고용을 통해 만들어진 성과물의 구체화 정도를 가리키는 것으로 한정적인 것과 포괄적인 것으로 구분할 수 있다.

시간틀	명확	불명확
장기적	균형모델 (balanced)	관계모델 (relational)
단기적	거래모델 (transactional)	전이모델 (transitional)

성과규정

(2) 역할 외 행동(Extra-Role Behavior)

조직이 구성원에게 공식적으로 요구하지 않은 행동을 의미한다.

1) 조직시민행동(Organizational Citizenship Behavior)

조직에 규정상으로 정해진 직무행동이 아니며 또한 그 행동에 대해 공식적으로 보상이 보장되지 않으나 조직의 효율성과 성과를 높이는 조직구성원의 자발적인 행동을 의미한다.

① 구성요소

❶ 이타적 행동 : 조직 내 타인을 돕는 행동

❷ 예의행동 : 직무수행과 관련하여 타인들과의 사이에 문제나 갈등이 야기될 수 있는 가능성을 미리 막으려고 노력하는 행동

❸ 양심적 행동 : 사회적 룰이나 자신의 양심에 맞는 행동을 하는 경우

❹ 스포츠맨십 : 회사에 대해 불평불만을 하지 않고 개인적으로 감내할 수 있는 조직 내 문제점을 과장하지 않으며 조직에서 어떤 결정이 내려졌을 때 자신에게 불리한 점이 있음에도 불구하고 이를 수용하는 태도를 보이는 것

❺ 시민의식 : 조직생활에 관심을 가지고 적극적으로 참여하는 것

② 조직시민행동의 3가지 동기

❶ **조직관심 동기** : 자신이 속한 조직이 잘 되기를 바라고 조직에 대한 자부심을 가지고 있을 때 이러한 행동을 보여줌

❷ **친사회적 동기** : 남을 돕고 다른 사람과 좋은 관계를 맺기 희망

❸ **인상관리 동기** : 동료 및 상사에게 좋은 면을 보여주기 위해 후에 어떤 보상을 얻으려는 동기

2) 혁신행동(Innovation Behavior)

① 의의

조직의 목표달성을 용이하게 하기 위해 **새로운 아이디어를 내고 이를 실행하는 과정 모두 포함**한다.

② 혁신행동의 3단계

❶ 생성(Generation) : 아이디어 도출

❷ 촉진(Promotion) : 도출된 아이디어가 조직에 반드시 필요하다는 인식을 구성원들이 공유할 수 있도록 촉진

❸ 실현(Realization) : 도출된 아이디어를 해당 조직에 적합한 혁신모델로 구축하여 실행 가능성을 높이는 것

③ 혁신행동을 가져다 주는 요인

❶ 구성원의 개인적 특성 : 창의성, 성취욕구, 자기효능감

❷ 직무특성 : 직무자율성

❸ 상사의 리더십 스타일 : 지원적 리더십

❹ 조직문화 : 유연성 추구, 개방적인 조직문화

3) 협동행동(Cooperation Behavior)

① 의의

협동행동이란 **두 사람 이상이 조직의 목적달성을 위해 서로 돕는 행동**을 의미한다. 조직이 하나의 실체로서 존재하기 위한 3가지 조건으로는 공동의 목적, 협동의지, 커뮤니케이션 등이 있다.

② 조직에서 협동행동이 촉진되는 요인들

❶ **목표의 공통성**이 협동행동을 촉진시킨다. 다른 사람을 도와주면 결국 자신이 추구하는 목표가 달성되어 자신에게 이익이 되기 때문이다.

❷ 구성원들의 가치관이나 성격이나 지위가 **유사**할수록 높게 나타나며, 정보와 자원의 상호보안성이 높을 때 나타난다.

❸ **신뢰**와 일체감이 높을수록 협동행동이 높게 나타난다.

❹ 보상시스템이 개인 성과급제보다는 **집단 성과급제** 하에서 협동행동이 높게 나타난다.

❺ **직무의 상호의존성**이 높을수록 협동행동이 높게 나타난다.

2 반생산적 작업행동

(1) 의의

조직에 부정적인 영향을 미치는 행동을 의미한다.

(2) 유형

이탈행동, 무례행동, 공격, 직장폭력, 사보타주 등이 있다.

(3) 반사회적 작업행동의 원인

공정성 훼손, **인격** 훼손 등이 있다.

제 5 절 조직사회화(Organizational Socialization)

1 조직사회화의 의의

조직사회화란 직원으로서 갖춰야 할 조직의 가치, 규범 행동양식에 대해 가르치는 것으로 조직의 분위기에 빨리 익숙해지도록 개발시켜 완벽한 조직의 일원으로 변화하게 만든다. 조직사회화가 잘 되어 있으면 직무몰입과 헌신이 강해진다. Feldman(1981)은 **조직사회화는 개인이 조직의 외부자에서 효과적인 구성원으로 참여하도록 변화하는 과정**이라고 정의하였다. 즉, 조직사회화는 태도, 가치, 행동의 변화와 관련이 있다고 하였다. 조직사회화를 통해 조직에서의 규범과 가치를 신입사원에게 알려줌으로써 〈P-O fit(**사람-조직 적합성**, Person-Organization Fit)〉**을 통해 성과창출을 가능하게 하고 조직유효성이** 증대된다.

2 조직사회화의 과정(Feldman, 1981)

(1) 사전적 사회화

1) 개념

신입사원이 조직에 진입하기 전 일어나는 모든 학습을 의미한다.

2) 조직에서의 관리방안 : 현실적 직무 및 조직 소개

① 조직의 현실적 평가

조직이 조직목표, 조직분위기, 조직철학 등을 정확히 평가하는 조직의 현실적 평가는 신입사원으로 하여금 **진입충격(entry shock)을 완화**하게 하여 조직에서의 적응을 용이하게 해준다. 즉, 조직에 대한 현실적인 평가를 통해 신입사원은 조직에서 신입사원에게 요구하는 규범, 가치 등을 명확하게 파악할 수 있다.

② 직무의 현실적 평가

조직이 새로운 직무 책임을 정확하고 완전하게 평가하는 직무의 현실적 평가는 **신입자가 과업과 역할을 신속히 파악하여 불안감을 감소시키며 직무를 효율적으로 수행**할 수 있도록 한다.

(2) 대면

1) 개념

조직이 실제로 원하는 바가 무엇인지 깨닫고 개인의 가치, 기술, 태도가 변화하는 단계이다.

2) 조직에서의 관리방안 : 명확한 업무지시

하급자들에게 과업 및 역할을 요구할 때 보다 명확하게 요구해야 **시간 부족이나 직무 과중으로 '충격(shock)'을 완화**할 수 있다. 특히 **역할 모호성은 역할 갈등을 유발하여 신입사원에게 스트레스를 유발**하게 하는 등 부정적인 영향을 미칠 수 있기 때문에 회사는 신입사원에게 과업과 역할을 보다 명료하게 부과해야 한다.

명확한 업무지시의 구체적인 방법은 다음과 같다.

① 하급자에게 직무에 대해 충분히 알려주어 직무가 요구하는 바를 명확히 해주어야 한다.
② 직무의 배경을 설명해 줌으로써 왜 그런 일을 해야 하는지를 이해시킨다.
③ 업적과 관련된 피드백을 계속적으로 제공해줌으로써 목표추구의 효과를 높여야 한다.
④ 커뮤니케이션 경로를 다양화한다.
⑤ 중요한 내용은 반복 전달한다.
⑥ 공식적인 경로를 이용하고, 수신자에게 직접 전달되도록 한다.

(3) 변화와 수용

1) 개념

직무에 요구되는 기술을 완전히 익히고, 성공적으로 새로운 역할을 수행하고, 작업의 가치와 규범에 적응하는 단계로서 **상대적으로 장기간 지속되는 변화**이다.

2) 조직에서의 관리방안 : 멘토링 프로그램

멘토링 프로그램이란 신입사원의 조직적응을 돕는 후원자를 회사가 지원해 주는 공식적인 지원 제도이다.

3 레빈의 변화단계 이론

(1) **해빙** : 기존 구성원이 가지고 있는 조직규범, 규정, 사고방식 등을 허물고 **변화된 새로운 상황을 받아들일 수 있도록 하는 준비 과정**을 의미한다.

(2) **변화** : 조직구성원의 **태도 및 행동을 바람직한 방향으로 변화**시키는 과정으로 변화의 전략 유형으로는 순응, 동일화, 내면화 전략이 있다(Kelman).

구분	내용
순응	압력을 행사하여 복종
동일화	사회적 의존관계에 기초함. 즉, 조직 혹은 리더가 가진 매력으로 인해 변화에 동참. 이 경우 조직은 구성원에게 역할 기대만 제시하면 됨.
내면화	조직이 시도하는 변화의 목적이 구성원의 가치체계 변화에 있음. 즉, 종업원이 추구하는 가치와 조직이 추구하는 가치가 일치하는 것

(3) **재동결 : 변화된 행동이나 태도가 유지**되도록 보상과 지원을 계속 유지하며 변화한 후에 변화 전의 상태로 되돌아가지 않는지 계속 체크해야 한다.

제 6 절 스트레스(Stress)

1 스트레스의 개념 및 중요성

스트레스는 라틴어 "Stringer"**에서 어원**을 찾을 수 있으며 그 의미는 '**바짝 잡아끌다**'를 **의미**한다. 스트레스는 신체 및 마음에 가해진 어떤 외부적인 자극에 대해 신체 및 마음이 수행하는 일반적이고 비특징적인 반응이다. 여기서 반응은 신체의 변화는 물론 심리상태의 변화(긴장상태)까지 포함된다.

- Selye은 스트레스를 '**정신적 · 육체적 균형과 안정을 깨뜨리는 자극에 대해 자신이 있던 안정 상태를 유지하기 위해 변화에 저항하는 반응**'이라고 정의하였다.
- 정리하면 스트레스란 **어떤 상황이나 사건이 주는 과다한 심리적, 신체적 요구(압력)에 대한 적응양식**이다.
- 최근 **세계보건기구(WHO)가 '번아웃(Burnout)'을 작업 관련 증상의 하나로 기술하면서 정신건강관리**와 **직장 내 스트레스 관리의 중요성**이 커지고 있다.

2 직무수행 관련 스트레스 이론

(1) **개인환경 적합성 모형(P－E fit model)**

개인환경 적합성 모형은 개인의 특성과 환경의 특성의 유사성에 초점을 맞춘 이론으로 해당 이론에 따르면 **구성원의 개인적 특성과 직무를 수행하는 환경적 특성이 일치하지 않을 경우 스트레스가 발생한다고 본다.** 개인－환경 적합성에는 개인 · 조직적합성(Person－Organization Fit), 개인 · 직무적합성(Person－Job Fit), 개인 · 상사적합성(Person－Supervisor Fit), 개인 · 집단적합성(Person－Group Fit) 등이 있다.

(2) **직무요구－자원모형(Job－Demand Resources : JD－R 모형)**

해당 모형에 따르면 **직무요구는 육체적 · 정신적 소진(burnout)을 초래하지만, 직무자원은 헌신, 활기, 열중을 통하여 직무몰입과 직장생활의 질(well－being)을 높일 수 있다고 한다.** 여기서 **직무요구(demands)란 과도한 작업량, 어려운 일, 시간적 압박, 각종 위험과 위협요소 등 직무수행에 부담이 되는 것**이다. 직무자원(resources)이란 **직무자율성, 상사의 지원, 직무다양성, 긍정피드백, 성장가능성 등 직무수행과정에서 자산으로 여겨지는 것**들이다(① 직무자율성 등과 같은 **조직적 지원**, ② **사회적 지원**, ③ 민주적 분위기 등과 같은 **문화적 지원** 등). 해당 모형에 따르면 **직무요구가 증대하더라도 직무자원이 충분히 보유가 되면 스트레스를 줄일 수 있다고 설명**한다.

(3) 자원보존모형(Conservation Of Resources : COR)

스트레스의 원인과 결과변수에 대해 자세하게 설명한 이론으로 **과다한 직무요구의 상황에서 직무의 효과적 수행에 필요한 직무자원을 보유하지 못할 때 스트레스가 발생**한다고 보는 이론이다.

(4) 직무요구-통제 불균형(Job Demands-Control model : JD-C 모형)

조직이 구성원에게 부과하는 직무나 **역할요구(job demand)를 충족시키는 데 필요한 직무통제 권한이나 자원을 개인이 보유하고 있지 않을 때(job control) 직무스트레스가 발생**한다는 이론이다. 즉, **직무요구가 많을 때 필요한 통제권한이 없을 경우 스트레스를 경험**하게 되는 것이다. 직무요구와 통제는 각각 직무상황에 따른 행동 유발 요인과 대안적 행동에 대한 제약을 나타낸다(Karasek, 1979). 직무요구는 개인에게 부과하는 업무량, 작업과부하(work overload), 대인 간 갈등, 직무불안정(job insecurity) 등을 말하고, 통제는 직원 스스로 직무 활동을 어느 정도 통제할 수 있는지를 의미한다.

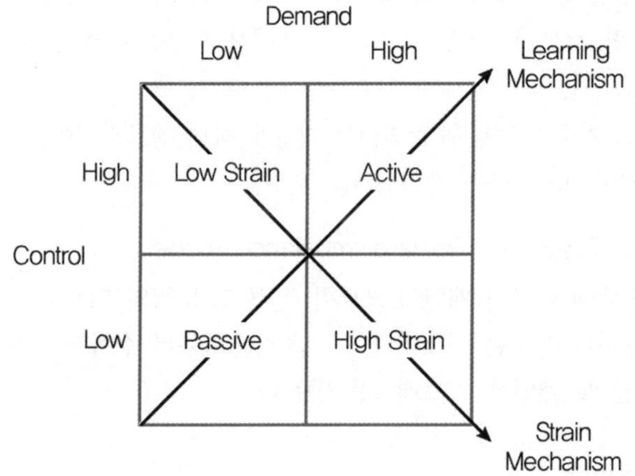

직무긴장(Job Strain)은 직무요구와 직무통제 간 상호작용 결과다. 또한 직무요구와 통제권한의 결합에 따라 긴장 정도가 달라진다. 이 모형은 높은 직무요구와 높은 직무통제력은 적극적 직무(active job)로, 높은 직무요구와 낮은 직무통제력은 수동적 직무(passive job)로 분류하고 있다. **수동적 직무는 직무 불만족과 정신적 긴장을 초래하고, 직무요구와 직무통제가 모두 낮아 학습된 무기력(learned helplessness)을 야기**할 수도 있다.

Karasek(1979)의 직무요구-통제 모형 핵심은 직무요구와 직무통제력이 상호작용하여 결합한다는 점이 특징이다. 즉, **높은 통제와 낮은 요구의 결합은 낮은 긴장(low strain)을 일으키고, 낮은 통제와 높은 요구의 결합은 높은 긴장(high strain)으로 이어진다는 것**이다. 여기에는 긴장 가설과 완충 가설이 있다.

1) 긴장 가설(Strain Mechanism)

이 모형은 직무요구와 직무통제가 직원이 직무수행 중 느끼는 직무소진, 즉 해결되지 않은 긴장(unresolved strain)을 설명한다. 또한 **직무요구가 많아질수록 직원이 지각하는 직무소진 정도가 높고, 재량권이 없고 직무통제가 높을수록 직무소진은 낮아진다는 것**이다. 요컨대 직무요구는 낮고, 직무 통제력이 높을 때는 낮은 긴장(low strain)으로 직무소진을 야기하는 정도가 낮다. 반대로 직무요구가 높고, 직무 통제를 할 수 없을 때는 높은 긴장(high strain)으로 직무 소진을 경험한다. 따라서 이 모형은 직무소진에 대한 직무요구와 직무 통제의 직접적인 영향, 즉 주효과(main effect)로 가정한다. Van der Doef와 Maes(1999)는 이를 긴장 가설이라고 칭했다.

2) 완충 가설(Learning Mechanism)

Ganster(1989)는 **직무요구와 직무소진 간 관계에서 직무통제가 미치는 부(−)적 조절 효과**가 직무요구−통제 모형의 핵심이라고 주장했다. **통제 수준이 높고 직무요구 수준 역시 높을 때 직원은 직무 활동을 스스로 조정함으로써 직무소진으로부터 자신을 보호하고 완충한다는 것**이다(하성욱, 양종평, 2012). 한 발 더 나아가 직무요구 수준이 높은 것은 도전적인 직무수행으로 받아들인다는 것이다.

이 과정에서 관련 기술과 경험을 축적하는 학습을 하면 직무소진이 발생하기보다는 도리어 직무 만족도가 높아지며 이를 완충 가설이라고 한다.

(5) 노력−보상 불균형 모형(Effort−Reward imbalance model)

노력보상 불균형 모델에 따르면 개인이 노력한 것과 그 노력의 대가로 받는 보상이 일치하지 않을 때 스트레스가 발생한다고 보는 이론이다. 즉, **조직으로부터 주어지는 보상이 자신의 노력과 기여에 못미친다고 느낄 때 개인은 스트레스를 받는다.**

3 스트레스의 인과모형

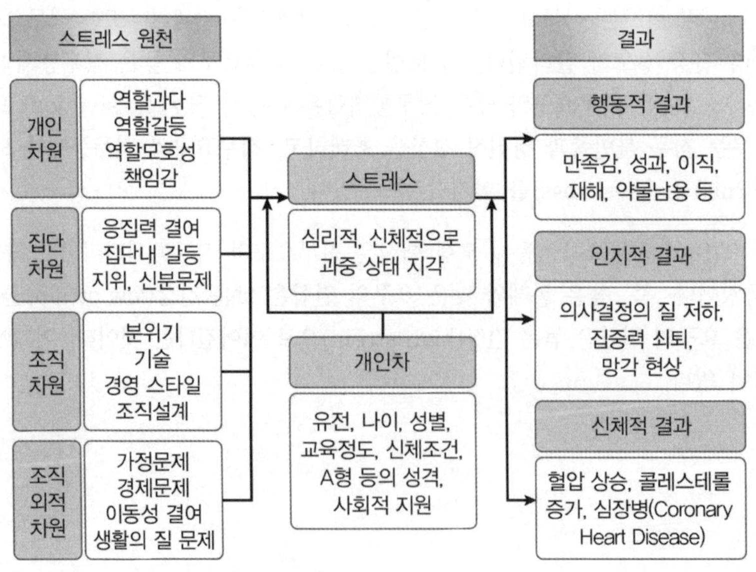

(1) 개인수준 요인(individual level factor)

1) 직무 요구(job demand)

직무요구란 **직무에서 필요로 하는 지적·신체적 능력이나 업무부하량**을 의미한다.

2) 직무통제(job control)

의사결정의 자율성 정도와 직무담당자가 가진 자신의 직무활동에 대한 통제가능성의 정도 그리고 직무를 수행할 때 제공받는 지원 등을 의미한다.

3) 역할갈등(role conflict)

역할갈등이란 **역할에 대한 기대가 상충하거나 불일치**하는 것을 말한다.

4) 역할 모호성(role ambiguity)

역할모호성이란 **역할기대와 직무에 대한 이해가 불분명한 상태**를 의미한다.

(2) 집단 수준 요인(group level factor)

1) 조직 내 개인 간 갈등(interpersonal conflict)

개인 간 갈등이 심할 경우 스트레스가 유발될 수 있다.

2) 집단응집력(group cohesiveness) 결핍

집단응집력이란 집단구성원이 소속한 집단에 대해 가지는 심리적 연대감 내지 매력의 정도를 의미한다. 응집력이 결핍될 경우 **소속감이 결여**되어 스트레스를 느낄 수 있다.

3) 사회적 지지(social support) 부족

어떤 사람을 둘러싼 중요한 타인(가족·동료·전문가 등)으로부터 얻어지는 여러 가지 형태의 원조를 의미한다. 즉, 개인이 **대인관계에서 얻을 수 있는 긍정적 자원**이다. 이러한 사회적 지지가 없으면 스트레스가 유발될 수 있다.

4) 적절하지 못한 리더십(leadership)

부하의 능력이나 성격에 맞지 않는 리더십을 행사할 경우 스트레스를 유발할 수 있다.

(3) 조직 수준 요인(organizational level factor)

1) 조직구조(organizational structure)

조직구조란 조직 내 의사결정 권한을 어떻게 배분하고 있는지 그리고 직무수행절차를 얼마나 공식화하는지에 관한 것이다. **의사결정권한이 상위직급에 집중된 집권화의 조직구조를 띨 경우 자율성 결핍으로 인해 스트레스를 유발**할 수 있다.

2) 인사시스템

인사시스템이란 **조직구성원에게 적용하는 제도와 실행**을 의미한다. 예를 들어 객관적인 평가시스템이 부재하여 능력과 업적이 아닌 상사에게 아첨하는 사람이 승진하는 경우 **인사시스템의 공정성이 결여**되어 스트레스를 유발할 수 있다.

3) 직무의 특성

직무의 특성도 스트레스의 원인이 될 수 있는데 **과도한 직무 요구(job demand) 혹은 개인－직무 적합성(P－J fit)이 떨어지는 경우** 스트레스를 경험할 수 있다. 또한 **감정노동(emotional labor)**이란 자신의 감정을 숨기고 상대방에게 좋은 혹은 친절한 모습을 보여야 하는 것을 의미한다. **감정노동의 강도가 심할수록 많은 스트레스를 유발한다.**

4) 조직정치(organizational politics)

조직정치란 개인이 조직에서 목표달성을 위해 비공식적이고 비합법적인 방법을 동원하여 권력 내지 영향력을 획득하기 위한 행동이다. **조직정치가 많을수록 승진이나 연봉 등 보상의 결정이 공정하지 못하다고 지각하여 이것이 스트레스로 나타난다.**

5) 조직변화(organizational change)

대개는 조직변화가 자신에게 불리하게 작용할 것으로 지각하기 때문에 스트레스를 유발할 수 있다.

(4) 조직 외부 요인(external organizational factor)

1) 직장－가정 갈등(work－family conflict)

일－가정 갈등은 **직장과 가정 사이에서 양립할 수 없는 역할 간 갈등이 유발하는 심리적 갈등의 한 형태**로 직장과 가정 간 갈등의 원인은 크게 두 가지가 있다.

① **시간 근거 갈등** : 특정 역할 수행에 시간을 할애하는 동안 동시에 다른 역할을 수행할 수 없어서 발생하는 시간부족으로 인한 갈등

② **긴장 근거 갈등** : 개인이 직장에서 경험한 긴장과 피로가 가정에서의 역할수행에 방해가 되고 반대로 가정에서의 과도한 역할기대가 직무수행에 긴장과 스트레스를 가져다 줌

2) 조직외부환경

① **경제적 환경의 변화** : 경제 악화로 인한 실업률의 증가

② **기술환경의 변화** : 기술이 발전되어 직무자격을 더 이상 직무수행에 적용할 수 없을 때

(5) 직무스트레스와 개인차(조절변수로서의 개인차)

1) 성격유형

자기효능감이 높은 사람은 스트레스를 덜 받는 경향이 있다.

2) 모호성에 대한 관용

모호성에 대한 관용이 높을수록 스트레스를 덜 받는 경향이 있다. 이는 근무기간, 즉 업무경험과도 관련이 있다. 업무경험이 높을수록 모호성이 줄어들고 오랜 근무경험을 통해 조직과 직무에 대한 적응방법을 쉽게 터득할 수 있기 때문이다. **숙련도가 낮은 신입사원은 극도의 긴장을 하지만 숙련이 되면 스트레스 양은 감소한다.**

3) A형 성격

A형은 **직무를 달성하기 위해 바쁘게 움직이는 사람**으로 Kaplan 등은 A형의 사람들은 스트레스에 잘 적응할 수 없고, **심신이 허용할 수 있는 한계를 초월하여 무리**를 하기도 하여, 그 결과 **심근경색과 같은 큰 질병**이 나타나기도 한다고 주장했다.

(6) 직무스트레스의 결과

1) 직무태도

① 구성원의 직무태도에 **부정적인 영향, 직무불만족 및 직무소진 증가**

② **조직몰입도 감소**

2) 직무행동 : 스트레스-성과와의 관계

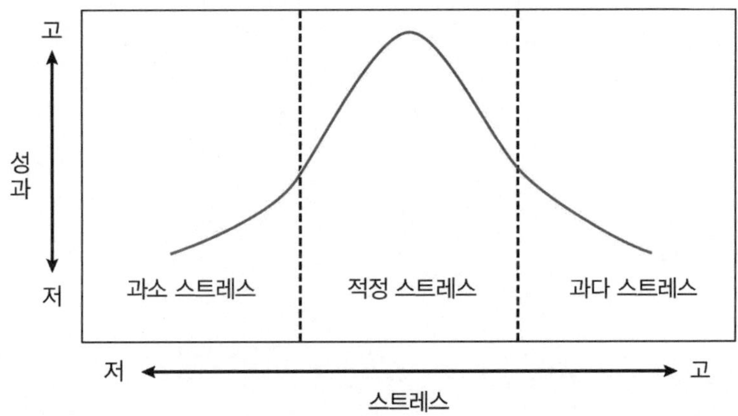

여키스와 도슨(Yerkes and Dodson)은 **적정한 수준까지 스트레스를 증가시킴으로써 성과를 개선할 수 있다는 것을 발견**하였다. 하지만 중요한 것은 적정 스트레스 수준이 사람마다 다르다는 것이다. **직무스트레스 인과모형이 주는 의미**는 결국 2가지로 요약할 수 있다. **첫째, 똑같은 스트레스 원천에 노출되더라도 개인에 따라(즉, 성별, 나이 등) 스트레스를 느끼는 정도가 다르다는 의미**이다. 둘째, 같은 수준의 스트레스를 느끼더라도 개인에 따라 나타나는 결과가 다르다는 뜻이다.

3) 인지적 결과

① 불량한 의사결정

② 집중력 감소

4) 신체

① 피로도 증가

② **직무소진**이란 **정서적 고갈(과도한 직무부담으로 인해 신체적, 정신적으로 지친 상태), 냉소주의(자신이 하는 일에 대해 소극적인 태도와 대인관계에서 무관심한 태도), 무능감(자신이 하고 있는 직무수행능력에 대한 자신감 상실)을 의미**한다.

4 대응방안

(1) 개인차원

흔히 권장하는 스트레스 대처방법으로는 **근육이완법, 바이오 피드백, 명상법, 정기적 운동, 인지 재구성** 등이 있다.

(2) 조직 차원의 지원

조직 차원에서 직원의 스트레스를 줄이는 방법으로는 **인사제도 개선, 유연근무시간제도 도입, 공정한 평가제도 및 보상제도의 도입, 양질의 리더십 행사, 직무 요구(job demand)를 줄이고 직무자원(resources)을 늘리는 방안**이 있다.

PART

03

집단차원

01 | 집단과 팀

제 1 절 조직과 집단

1 개요

조직행동을 집단수준에서 살펴보는 이유는 개인이 하는 행동은 그가 속한 집단의 상황에 따라 달라질 수 있기 때문이다.

2 집단행동의 중요성 : 집단행동 ≥ 개인 행동

생산성 증가의 원인을 연구한 **호손연구**[7]**에서 여성 근로자들이 집단을 형성하여 작업했을 때가 개별 종업원으로 독립적으로 작업했을 때보다 생산성이 25% 증가했다는 것을 발견**했다. 여성 근로자 6명에는 **비공식집단이 형성**되어 있었고 이러한 집단의 활동이 **생산성 향상의 주요 원인**이었던 것이다. 즉, **집단은 개인의 공헌물의 합 이상의 결과가 실현되는 집합체**라고 할 수 있다.

3 효과적인 조직 관리 : 집단 역학(Group Dynamics)

(1) 집단역학

1) 등장배경

개인과 집단은 서로 영향을 주고받음으로써 **집단은 수동적이기보다 능동적**이 되며, **정적이기보다 동적**이 된다. 1930년대 **Lewin이 집단역학을 창시**하였다. 즉, 집단역학은 집단이 단순한 개인의 합이 아니라 **시너지효과가 발휘**되어 더 많은 성과가 나오도록 하는 메커니즘이라고 할 수 있다.

B = f(p, e) : **인간의 행동은 개인과 환경의 상호작용 결과**다.

2) 개념

집단역학(group dynamics)은 **일정한 사회적 상황에서의 집단성원 상호 간에 존재하는 상호작용(interaction)과 세력(force)을 의미**한다. 따라서 집단역학의 분석 과정에서 그 초점이나 관심은 공식집단과 비공식집단 간의 상호관계와 양 집단성원 간의 역학관계에 집중하게 된다.

(2) 집단역학 분석 기법

조직 내 자원의 교류와 의존성을 평가하는 한 가지 도구는 **사회적 네트워크 분석**(social network analysis)이다. 이 분석 방법은 조직 구성원 간의 의사소통 패턴을 조사하여 그들 사이에 정보가 어떻게 흐르는지를 파악한다. **사회적 네트워크 내에서 또는 직업적 이익을 공유하는 사람들 사이의**

---

7) 메이요(Mayo)가 1924~1939년 사이 시카고의 웨스턴 전기회사의 호손 공장에서 수행되었던 일련의 현장실험

교류 내에서 각각의 개인이나 집단을 노드(node)라고 하며, 노드 간의 연결은 타이(tie)라고 한다. 노드가 자주 대화하거나 자원을 교환할 때 조직은 매우 강한 유대감을 가지게 된다. 서로 직접 대화하지 않는 다른 노드들은 중간 노드를 통해 필요한 자원을 교류한다. 즉, 일부 노드는 연결되지 않은 노드들 사이에서 일종의 브로커 같은 역할을 한다.

1) 소시오메트리(sociometry)

소시오메트리는 라틴어의 사회를 의미하는 'socius'의 어원과 측정을 의미하는 'metrum' 또는 희랍어의 'metron'을 결합한 것으로써 이는 **사회적 측정**(social measurement)을 뜻한다. 소시오메트리의 구체적 기법으로는 소시오그램과 소시오매트릭스가 있다.

① 소시오그램(sociogram)

사회적 네트워크 내에 있는 개인들 사이의 연관성에 대한 그래픽을 도식화한 것을 소시오그램이라고 한다. 쉽게 말해 **집단 구성원들 간 좋아하고 싫어하는 양상을 나타낸 것**으로 **작업 집단이나 기업에 대한 애착 정도를 나타내는 수단**으로 기업에서 사용된다. **조직구성원 간의 선호, 즉 서로 상대방에 대해서 가지는 심리적 선호(선택(attraction) 또는 거부(rejection))의 감정을 포착하여 분석**함으로써 조직구성원 간의 인간관계, 비공식적 관계 또는 자생적 집단의 구조를 추정하려는 수단으로서 고안된 것이다.

② 소시오 매트릭스(sociomatrix)

소시오 매트릭스에서는 **조직구성원 각자의 다른 구성원들 간의 관계를 선호(1), 무관심(0), 거부(−1)의 점수를 부여, 이를 종합하여 집단 내의 자생적 서열관계와 선호인물을 파악**할 수 있도록 해 준다.

2) 상호작용분석(interaction analysis)

상호작용분석은 분석자가 구성원 간의 상호작용을 분석하여 상호작용의 최초유발자가 누구인지, 또한 상호작용을 집단수준으로 발전시킨 구성원은 누구인지 확인하면서 상호작용의 횟수를 기록하는 방법이다.

3) QC(Quality circle)

품질분임조는 **조직구성원이 스스로 품질과 관련된 문제를 찾아내고 해결하기 위한 목적으로 지속적 모임을 갖는 자주적인 소집단**을 의미한다. 다시 말해 품질분임조란 현장근로자들의 무한한 잠재력을 개발하고 기업발전에 이바지하고 서로 존중하고 협동하는 소집단으로 품질문제에 대해 종업원들이 참여할 수 있는 구조적인 메커니즘 중 하나다. 품질분임조는 **현장구성원들 중심으로 전개되는 자발적인 혁신 활동**으로 **급변하는 환경 변화 속에서 지속적으로 발전할 수 있기 때문에 중요**하다.

(3) 조하리의 창(Johari's window)

1) 등장배경

1955년 미국의 심리학자인 **조셉 루프트(Joseph Luft)와 해리 잉햄(Harry Ingham)**이 정리한 심리학 이론으로 원래는 집단심리에서 집단역학에 대한 조사를 하던 과정에서 개발한 모델이다. 즉, 사람과의 관계 속에서 자신을 인식하는 방법론의 하나다.

2) 의의

나와 타인과의 관계 속에서 자신이 어떤 성향을 지니고 있고, 또 어떠한 면을 개선하면 좋을지를 보여주는 **'대인관계 이해도'에 관한 모델**이다. '조하리의 창'에서 '조하리'는 이 이론을 고안해 낸 미국의 심리학자 조셉 루프트(Joseph Luft)와 해리 잉햄(Harry Ingham)의 이름을 합친 것이다.

3) 내용

가로축이 자신에 대해 자신이 아는 정보와 모르는 정보로 구성되어 있고, **세로축은 나에 대해 남이 아는 정보와 모르는 정보로 구성**되어 있다. 자신에 대해 나와 남이 아는 정보의 양상에 따라 다음과 같이 총 4개의 창으로 구성된다.

	내가 아는 영역	내가 모르는 영역
남이 아는 영역	공개적 영역 (Open area)	보이지 않는 영역 (Blind area)
남이 모르는 영역	숨겨진 영역 (Hidden area)	미지의 영역 (Unknown area)

① **공개적 영역(Open area)**은 **자신에 대해서 자신도 알고 있고 남도 알고 있는 정보**를 의미한다. 이 정보의 양이 많을수록 서로 간 대화가 원활하게 이뤄진다.

② **보이지 않는 영역**(Blind area)에서 보이지 않는다는 것은 자신에게 보이지 않는다는 것이다. 즉, **자신은 모르지만 남들은 알고 있는 나의 모습**이다.

③ **숨겨진 영역**(Hidden area)은 **내가 숨겨놓은 자신의 모습**이라는 것이다. 즉, 남에게 노출하지 않고 나만 알고 있는 나의 성격 등을 의미한다. 이 영역은 자신을 얼마나 잘 노출하느냐에 따라 영역의 크기가 좌우되는데 이 영역이 넓을수록 타인과의 소통이 잘 되지 않고, 타인의 접근이 용이하지도 않게 된다.

④ **미지의 영역**(Unknown area)은 **나도 모르고 남도 모르는 영역**으로 심층적인 무의식 세계로 자신에게 알려져 있지 않은 부분이다.

이러한 창은 **고정된 형태가 아니라** 어떤 집단에 속하느냐 혹은 어떤 사람과 관계를 갖고 있는가에 따라 같은 사람이라도 창은 변화한다. 즉, **시간이나 관계가 발전하면서 변화할 수 있다는 것**이다.

4) J. Luft(1961)가 제시한 창의 변화원리

① **하나의 창의 변화**는 결국 **다른 모든 창에 영향**을 미친다.

② **상호작용과 관련된 행동을 숨기고, 부정하고, 인식하지 않는 것은 에너지가 소모**된다(**조직 성과에 부정적**).

③ 위협은 인식을 감소시키는 경향이 있다. **상호 신뢰는 인식을 증가**시킨다.

④ **강요된 인식(노출)은 바람직하지 못하며 보통 비효율적**이다.

⑤ 인간 상호 학습(**성과에 긍정적 영향)은 1번 창이 넓어지고 하나 또는 그 이상의 다른 방들이 더 작아지는 것을 의미**한다.

⑥ **충분히 넓은 공개적 영역(open area)을 다른 사람들과 공유하는 것은 그들과 일하는 것을 촉진**시킨다. 이는 **구성원의 더 많은 자원과 기술이 일을 진행시키는 데 적용**될 수 있다는 점을 의미한다.

⑦ **첫 번째 창이 작을수록, 의사소통은 나빠진다.**

제 2 절 집단의 의의 및 특성

1 집단의 의의

집단(group)이란 **공동의 목표**를 공유한 채 **상호작용**하고 **서로가 같은 집단의 멤버임을 인식**하고 있는 **두 명 이상**의 소규모적인 구성체를 뜻한다. 집단은 다음과 같은 특성을 가지고 있다.

(1) 공동의 목표(common goal)

구성원들의 합의한 공동의 목표가 존재한다. 즉, 함께 달성하려는 목표 혹은 공통의 관심사가 있다.

(2) 상호작용(interaction)

대면관계에서 서로 영향을 주고받는 것이다. 즉, 서로 긴밀하게 의사소통을 하고 영향을 주고받는다.

(3) 소속감(membership)

소속감은 우리라는 인식을 통해 자기가 속한 집단에의 일체감을 느끼는 것이다. 이는 자신이 속한 집단과 타 집단을 구분하게 해준다.

(4) 안정적(stability)

집단이 하나의 단위로서 기능하기 위해서는 구성원들 간의 안정적인 관계가 유지되어야 한다. 즉, 가끔 변화와 혁신을 하더라도 멤버 간 관계나 그들의 멤버십은 일정하게 지속된다.

구분	집단	팀
목표	개인목표의 합	공동목표
감독 여부	관리감독자	팀원에 의한 자율적 통제
리더의 역할	감독/통제	지원자 or 촉진자
성과	각 개인의 기여 중시	〈개인의 기여 + 공동의 노력〉 중시
결과에 대한 책임	개인 책임	팀원 공동의 책임, 책무감
목표	공동목표 존재	구성원들이 팀공동목표에 몰입
소요 기술	개인별 기술 소유	상호보완적 기술로 시너지 창출

즉, 집단에는 **공동의 목표, 구조, 구성원 간의 교류가 존재**한다. 그러나 **팀**은 **공동목표에 몰입**하며 **공동 책임의식**이나 **책무감**을 갖는다는 측면에서 집단과 다르다.

구분	작업집단	작업팀
	(점 5개가 흩어져 있음)	(점 5개가 오각형으로 연결됨)
집단을 만든 목적	정보의 소통과 공유	팀 성과의 향상
시너지 효과	전혀 없거나 오히려 장애	효과 있음
평가와 보상	개별적 평가와 보상	집단보상과 개별보상
개인능력이용	각자 독립적 사용	상호 보완적 활용

2 집단의 형성이유

(1) 집단본능

삶에 필요한 모든 것을 혼자 얻기는 비효율적이고 한계가 있기 때문에 유전학적으로 인류에게 집단본능이 되었고 오늘날 친교욕구의 기원이 된 것이다. 본능적으로 따돌림을 싫어하고 결국 집단을 형성하여 친교욕구를 채워줄 뿐만 아니라 개인으로 하여금 서로 도우면서 각자의 안전을 지키고 권력을 행사할 수 있는 터전을 마련해준다.

(2) 욕구의 충족

사람들이 집단을 만들어서 **경제, 안전, 애정, 협동, 소속감, 정체성, 지배, 존경, 비교 등 욕구**를 채우고자 한다.

(3) 효율성 추구

혼자서 할 수 있는 일이 있다고 하더라도 집단을 이용하면 **시너지효과**를 얻기 때문에 집단 덕분에 구성원들은 더 효율적으로 일할 수 있다.

(4) 사회적 교환이론

조지 호만스(G. C. Homans)에 의하면 어떤 **타인과의 인간관계를 가짐으로써 생기는 득과 실을 비교하여 득이 많을수록 그 사람에게 끌린다고 한다.** 집단에는 상호작용과 대인관계가 상존하는데 **얻는 것(보상 : rewards)과 주는 것(비용 : costs) 차원에서 서로의 생산물을 교환하는 것이 서로에게 이익이 되고 만족하기 때문**이다. 거래적이고 경제적인 교환의 관점에서 집단 안에서는 항상 이러한 사회적 교환(social exchange)이 일어난다. 이를 반대로 해석하게 되면 거래에서 득이 되지 않는다면 기존 거래관계에서 탈퇴한다는 의미가 된다.

(5) 사회적 비교이론(Social Comparison Theory)

레온 페스팅거(L. Festinger)는 1954년 논문에서 **우리는 나 자신을 알기 위해 다른 사람과 항상 비교하면서 살아간다고 했다.** 자신에 대한 평가본능이 사회적 비교이론의 근원이 되는 셈이다. **비교하려면 타인이 있어야 하기 때문에 집단이 형성**된다.

(6) 사회적 정체성이론(Social Identity Theory)

집단에 들어가야 비로소 나의 정체를 찾는다. 즉, **집단 속에서야 나의 존재감을 확인**할 수 있기 때문에 집단에 소속될 필요를 느낀다.

3 집단참가의 주요 이유

개인이 집단에 참여하게 되는 이유를 분류해 보면 **개인의 욕구충족, 집단의 매력, 집단의 목표, 자격획득, 그리고 경제적인 이유 등**으로 정리될 수 있다. 구체적으로는 아래와 같은 이유들이 있다.

- 개인의 욕구충족 : 인정욕구, 소속욕구, 자존욕구를 충족시킬 수 있다고 믿기 때문에 특정 집단에 소속되고 싶어 한다. 예 노동조합가입으로 안정욕구충족
- 집단이 갖는 매력 : 특정 집단의 구성원들이 좋아서, 그 집단이 하는 활동이 좋아서, 지리적으로 가까워서 참가하고 싶어 한다. 예 동아리, BTS 아미 가입
- 집단의 목적 : 집단이 갖는 목적이 숭고하고 마음에 들어서 소속되고 싶어 한다. 예 시민 단체, 자선단체 참여
- 자격획득 : 자격을 획득함으로써 자부심을 느끼고 지위나 권력을 가질 수 있다고 믿기 때문에 집단에 소속되고 싶어 한다. 예 의과대학 진학
- 경제적 이유 : 특정 집단에 속함으로써 필요한 경제적 보상을 받을 수 있다고 믿기 때문에 소속되고 싶어 한다. 예 취업 노력

* 군복무처럼 의무적으로 가입해야 하는 경우는 제외함

4 집단의 기능

(1) 기본적 기능

샤인(E. H. Schein)은 집단의 기능을 과업기능과 유지기능으로 요약한다.

1) 과업기능(task functions)

과업기능이란 **집단의 과업을 수행하고 목표를 달성하는 것**으로 다음과 같은 특징이 있다.

① 개인이 단독수행하기가 복잡하고 힘이 들며, 또 집단은 상호의존적인 과업을 효과적으로 수행한다.

② 집단은 다양한 사람들의 의견을 집약하여 새로운 아이디어나 창의적인 해결안을 창출한다.

③ 다양한 작업집단의 대표들로 구성된 집단은 상호 관련된 집단의 활동을 조정한다.

④ 집단은 새로 집단에 참여한 신입직원에게 직무수행 방법과 집단규범을 훈련하는 전달수단이 된다.

2) 유지기능(maintenance functions)

유지기능은 **집단을 하나로 뭉쳐 전체로서 유지·발전하는 것**으로 다음과 같은 특징이 있다.

① 친교, 우정 등과 같은 집단성원의 사회적 욕구를 충족시켜 준다.

② 집단에 대한 귀속의식을 갖게 한다.

③ 구성원과 함께 일함으로써 불안과 무력감을 감소시킬 수 있다.

④ 구성원은 질병이나 권태와 같은 개인적인 문제를 처리하는 데 상부상조하고 간접적인 지원을 제공한다.

(2) 집단의 순기능 : 사회적 촉진

호손연구처럼 집단은 일반적으로 **시너지 효과를 창출**한다. 개인이 단독으로 각각 일하는 것보다 집단을 이루어 일할 경우 성과가 더 높게 나타난다. **사회적 촉진이란 타인의 존재가 충동과 동기를 일으켜서 성과를 내는 경우를 의미**한다. 예 **메기효과** : 적절한 자극을 통해 기업의 경쟁력 향상을 일으키는 것

1) 조직에 대한 순기능

① 개인으로 할 수 없는 일을 집단으로 수행이 가능하다. **구성원이 보유한 능력이나 기술은 개인보다 다양**하기 때문이다.

② 집단은 개인보다 **새로운 아이디어나 문제해결을 위한 방안**을 더 많이 낼 수 있다. 여러 명이 내는 아이디어의 수는 개인이 내는 것보다 많다.

③ **의사결정의 수용성**을 높여 합리적 의사결정이 가능하다.

④ 개인보다 집단이 **통제가 수월**하다.

⑤ **조직사회화**의 경우 개인보다 집단이 더 효과적이다.

2) 개인에 대한 순기능

① **매슬로의 안전욕구, 사회적욕구, 존경욕구가 충족 가능**하다.

② 조직 및 작업환경에 대한 **학습**을 가능하게 한다.

③ **비교**를 통해 **자신에 대해 이해**가 가능하다.

④ **새로운 기술을 획득**하는 데 도움이 된다.

⑤ 문제해결에 있어서 집단으로부터 **사회적 지원(social support)**은 물론 구체적 해결방식을 배울 수 있다.

⑥ **집단의 명성**은 **집단으로서 자격 획득**에 큰 의미를 준다. 자격 획득이 어려울수록 개인은 **집단구성원으로서의 명성과 사회적 지위**를 누릴 수 있다.

(3) 집단의 역기능

1) 사회적 태만(Social Loafing)

① 사회적 태만의 개념

사회적 태만이란 **집단 속에서 함께 일할 때 혼자서 할 때보다 노력을 적게 하는 현상**을 의미한다. **링겔만(Ringelmann)의 실험**에 의하면 구성원들에게 **압력기가 부착된 밧줄**을 당기도록 한 결과, **각 개인으로서 잡아당긴 경우보다 집단으로서 잡아당긴 경우가 개별 구성원의 노력의 정도가 감소된다는 사실을 발견**했다.

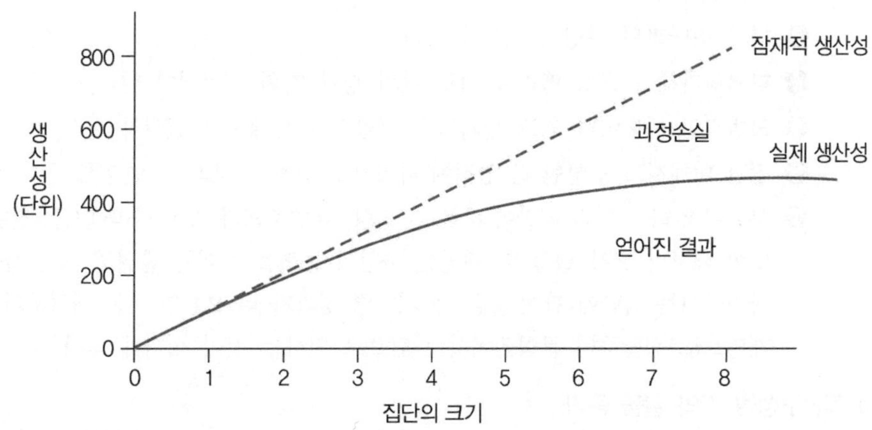

한 사람이 100단위를 당긴다고 하면 2명이 같이 당길 때 200단위가 아니라 186단위였다. 8명이 당겼을 때는 겨우 392단위였는데 이는 개인으로 계산했을 때 49단위에 불과했다. **즉, 집단 속에서 일하는 개인이 자신의 업적이 타인(상급자)에 의해 정확히 관찰될 수 없을 때 사회적 태만(social loafing)이 일어난다.**

이러한 사회적 태만은 '**사회적 전염**'이 되기 때문에 집단에서는 사회적 태만을 경계해야 한다. **한 두 사람이 태만을 부려도 그 행동이 다른 사람에게 전염될 수 있다.** 이러한 사회적 전염은 **집단이 커질수록 증가**한다. 집단이 클수록 **개인별 업적이 공개적으로 드러나지 않는 경향이 있기 때문**이다.

② 링겔만 효과(Ringelmann Effect)

집단의 크기가 증가함에 따라 비효율성이 증가되는 경향으로 집단구성원들이 자신의 몫을 다 하지 않아도 다른 사람이 잘 할 수 있을 것이라고 생각하여 소위 말하는 무임승차(free riding)현상이 나타나게 된다.

③ 사회적 태만의 발생이유

사회적 태만의 원인은 ❶ 보상이 자신의 노력에 상응할 때 사기가 높아진다고 했는데 **집단으로 일하면 자기가 노력을 더 한 만큼 보상을 더 받는다는 보장이 없기 때문**이며, ❷ 집단 속의 개인들은 자신의 노력이 별로 중요하지도 않고 꼭 필요한 것도 아니라고 생각하기 때문이다. 즉, **자기가 자기 몫을 다 하지 않아도 누군가가 대신할 확률이 있는 경우 책임의 분산**이 일어날 수 있다.

④ 대응방안

이러한 무임승차 현상은 **집단의 규모**가 크면 잘 드러나지 않기 때문에 집단을 작게 만들면 이러한 현상을 줄일 수 있다. 구체적 방안은 다음과 같다.

❶ **집단의 공동목표를 개별적으로 할당**해주거나 **공동목표 달성 방법을 구체화**해준다.
❷ **절체절명의 집단 공동목표**를 둔다. 그 목표를 완수하지 못하면 집단의 존속 자체가 어려운 목표여야 한다.
❸ **다른 집단과의 경쟁**이 있어야 한다.
❹ **다면평가제** 등으로 **멤버들 서로 간의 평가 기회**가 있어야 한다.
❺ **모범적인 팀원이나 최고 성과자의 선발과 포상제도**가 있어야 한다.
❻ **집단 내**에서도 **구성원 간 업적에 따라서 보상하는 성과급, 연봉제** 등이 이뤄져야 한다.
❼ 문화에 따라 사회적 태만이 다를 수 있다. **개인주의가 강한 나라에서는 집단 속에서 함께 일할 때보다 혼자 일할 때 개인은 자신의 능력을 최대한 발휘**하지만, **집단주의가 강한 나라에서는 집단에 함께 있을 때 개인별 성과가 더 오른다.** 즉, 개인주의 문화권에서는 개인으로 집단주의 문화권에서는 팀으로 일하는 것이 성과에 좋다.

2) 집단구성원 간의 갈등 증가

사람들은 집단에서 자신의 개인적 목표도 추구하기 때문에 **정치적 행동**도 하게 된다. 정치적인 행동이란 집단 내 공식·비공식 방법을 동원하여 권력을 획득하기 위한 행동을 의미한다. 정치적 행동으로 다양한 형태의 갈등이 나타나는데, 구성원 간의 역할갈등, 지위 관련 갈등 등은 집단의 성과를 떨어뜨린다.

3) 잘못된 의사결정

집단이 개인보다 효율적인 이유는 구성원의 다양성으로 보다 창의적인 아이디어가 도출되고, 대안평가에 있어서 오류 발견이 용이하고, 의사결정에 대한 수용성이 증대함은 물론, 집단구성원의 학습효과가 나타나기 때문이다. 그럼에도 불구하고 집단은 개인에 비해 의사결정에서 **과도**

한 시간 소모, 책임의 분산 현상, 집단의 양극화로 인한 문제 그리고 집단사고로 인한 잘못된 의사결정 가능성이 존재한다.

제 3 절 집단의 유형

1 공식집단(Formal group)과 비공식 집단(Informal group)

공식집단은 조직에서 **조직의 목표를 수행하기 위하여 미리 설정해 놓은 집단**을 말하고, **비공식집단은 조직에서 미리 설정해 놓지는 않았지만 구성원들의 각자의 만족을 위해서 자체적으로 형성된 집단**을 의미한다.

(1) 공식 집단(Formal Group)

1) **개념** : 조직에서 조직의 목표를 수행하기 위하여 미리 설정해 놓은 집단을 의미한다.

2) **유형** : 집단의 존속 기간에 따른 분류

① 고정 집단(Permanent group) : 조직 내 수직적인 관점에서 분류

❶ 명령집단(command group) : **타인에게 업무를 지시**하고 **수행된 업무를 평가**하는 업무를 수행

❷ 과업집단(task group) : **지시받은 업무를 수행**하는 집단

② 임시 집단(Temporary group) : 일시적, 변동적

❶ 태스크 포스 팀(Task force team) : **특정 프로젝트를 수행**하기 위해 **여러 부서에서 차출된 구성원**으로 이루어진 팀

❷ 위원회(committee) : 특정한 목표를 달성하기 위하여 **필요 시에 모여서 의견을 교환하거나 의사결정**을 하는 팀

(2) 비공식 집단(Informal Group)

1) **개념 및 특징** : 조직에서 미리 설정해 놓지는 않았지만 구성원들 각자의 만족을 위해서 자체적으로 형성된 집단을 의미한다.

① 친숙성(familiarity) : **자주 보는 사람**끼리 우호적 관계가 된다.

② 근접성(proximity) : **물리적으로 가까울수록** 집단형성이 좋은 여건이 된다.

③ 유사성(similarity) : **목표, 문제, 관심거리가 비슷**해야 한다.

2) **유형**

① 이해집단(Interest group) : **구성원 공동의 이익** 추구

② 우호집단(Friendship group) : **취미 및 친목을 도모**할 목적으로 형성

3) 비공식 집단의 장단점

장점	단점
• **협력**을 장려함 • **관리자 능력 부족의 공백**을 채움 • 작업집단의 **만족도**와 **안정성** 제공 • **의사소통**을 증진	• 바람직하지 못한 **루머**가 양산 • **부정적인 태도**를 조장 • **변화에 저항**함 • **동조에 대한 압력**을 조장함

(3) 공식 집단과 비공식 집단의 비교

구분	공식 집단	비공식 집단
행동 지침	조직의 규정	자체적으로 가진 약속
업무의 진행	권한과 책임	사회적 지위나 권력
인간관계의 초점	직급	개인적 친목
리더의 결정	조직의 규정에 근거	구성원들의 합의
집단구성원의 행동기준	조직의 규칙이나 절차	규범
집단구성원에 대한 통제방식	보상과 처벌	제재(sanction)

2 1차 집단(Primary group)과 2차 집단(Secondary group)

- 1차 집단은 **구성원 간 높은 상호 의존성과 동일시를 특징**으로 한다. 예 가족
- 2차 집단은 보다 **복잡한 사회에서 비교적 크고 공식적으로 조직되는 사회집단**을 의미한다. 예 작업집단

3 계획된 집단(Planned group)과 자연발생적 집단(Emergent group)

- 계획된 집단은 **어떤 목적을 달성하기 위하여 의도적으로 만들어진 집단**을 의미한다.
- 자연발생적 집단은 같은 지역에 있거나 반복적으로 동일한 사람들과 상호작용함으로써 **점차적으로 형성**된 집단을 의미한다.

4 성원 집단(Membership group)과 준거 집단(Reference group)

- 성원집단이란 **현재 개인이 속해 있는 소속집단**을 의미한다.
- 준거집단은 **개인이 미래에 소속되고 싶은 집단**을 의미한다.

5 개방 집단(Open group)과 폐쇄 집단(Closed group)

- 개방집단은 구성원으로서 **집단가입에 제약을 두지 않는다.**
- 폐쇄집단은 해당 집단에 가입하기 위해 **특정한 자격을 요구**한다.

제 4 절 집단의 발전 단계(=발달 과정)

1 개요

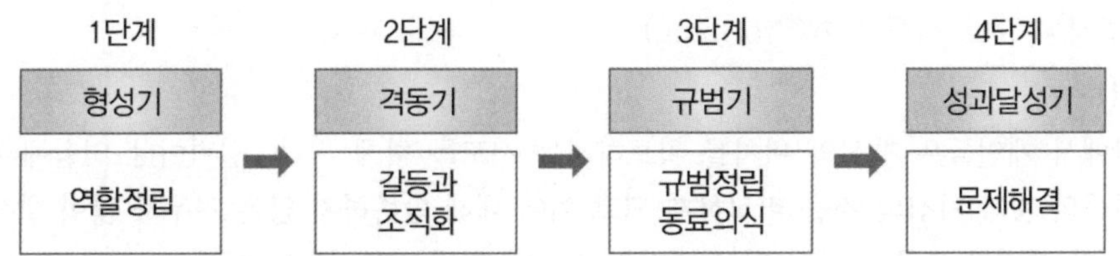

2 점진적 발전 모델 : 터크만(Tuckman)의 5단계 집단발전모형(Five-Stage Group-Development Model)

터크만(Tuckman)은 집단의 발전단계에 대해 아래와 같은 5단계로 나누었다.

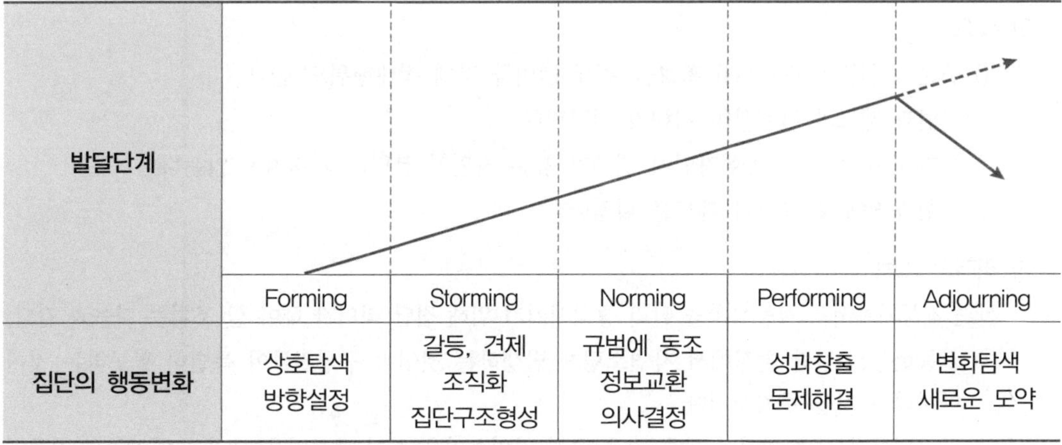

발달단계	Forming	Storming	Norming	Performing	Adjourning
집단의 행동변화	상호탐색 방향설정	갈등, 견제 조직화 집단구조형성	규범에 동조 정보교환 의사결정	성과창출 문제해결	변화탐색 새로운 도약

(1) **1단계** : 형성기 or 형성 단계(Forming)

1) **의의**

개인들이 집단에 들어와 처음 만나게 되는 단계다. 서로 관찰을 하면서 집단 운영을 위한 무난한 규칙을 만들게 된다. 많은 부분을 리더에게 의존한다. 리더는 구성원들에게 집단에 대한 제반 정보를 제공한다. 형성기에서는 집단의 구조(리더선정, 역할분담), 목표, 책임 등을 정하고 구성원들이 각자의 역할을 학습한다.

2) **특징**

① 멤버들이 모이기는 했지만 **집단의 구조, 목표, 역할, 행동방식 등 모든 것이 미정이고 불확실한 상태**다.

② **서로 상대를 알려고 하며 탐색**한다.

③ **기본적인 규칙과 행동양식**을 정한다.

④ 상황이 **불확실**하며 멤버들이 **불안**해한다.

⑤ 리더에게 의존하게 되며 따라서 **강력한 리더십이 요구**된다.

⑥ **적대감, 공격성, 감정표출을 서로 억제**한다.

(2) 2단계 : 격동기 or 갈등 단계(Storming)

1) 의의

집단에서 개인들은 **자신의 위치를 확보하려는 시도**를 하게 된다. **권력이나 역할에 대해 다른 사람들의 것과 자신의 것을 비교하게 되고 이에 대해 만족하지 않은 경우가 많이 발생**한다. 이에 보다 **격렬한 토론**을 하게 되고 **리더의 결정에 대해 반항**하기도 한다. 대체로 구성원들은 방어적이 되고, 경쟁심을 노골적으로 드러내며 **서로 시기하는 갈등상황이 발전**한다. 즉, 격동기에서는 **갈등**이 생기기 시작한다. 격동기에서는 **규범과 원칙을 세워 갈등을 빨리 극복하는 것이 중요**하다. 격동기에서는 같은 집단에 소속된 것은 인정하면서도 역할분담, 권력구조, 신분차이에 대한 분명한 타협이 안 되어 있어서 서로 부딪치면서 해결해 나아가는 단계이다.

2) 특징

① 좋은 위치(역할과 지위) 확보를 위해 멤버들 간에 **적대행위**도 한다.

② 과업과 제도와 관련하여 **이해가 엇갈린다.**

③ 누가 누구보다 더 **공헌자**인지 **위계가 높은 자**인지 **분명히 가려지지 않는다.**

④ **타협과 양보로 규정과 제도를 확정**한다.

3) 리더의 조치

한편 격동기에서의 갈등상황을 빨리 종식시키기 위해 **집단 리더가 해야 할 조치**는 다음과 같다.

① **갈등현상은 집단 발전에서 자연스럽게 발생하는 것**이며 **구성원들이 특별히 잘못하는 것이 아니라는 것을 주지**시킨다.

② 구성원들이 **서로 의견이 다른 것은 극히 자연스러운 것**이라는 것을 알리고 **이러한 의견들이 새로운 가치 있는 아이디어를 발굴하는 과정에서 매우 중요하다는 것을 주지**시킨다.

③ **격렬한 토론을 진지하게 경청**하고 **상대방의 의견에 대해 이해할 태도를 갖도록 지원**한다.

④ **집단의 목표를 달성**하기 위해 **구성원들이 가지고 있는 능력이 매우 중요하다는 것을 강조**한다.

⑤ 갈등단계를 서둘러 종식시키려는 시도를 해서는 안 된다. **여러 차례의 회의를 통해 갈등을 서서히 감소**시킨다.

(3) 3단계 : 규범기 or 규범정립 단계(Norming)

1) 의의

규범기에 구성원들은 **규범을 정립**하여 **격동을 극복할 수 있는 질서**를 찾게 되고 **응집력**과 **동료의식**이 싹트게 된다. 이 시기에는 **규범에의 동조현상**이 생길 수 있고, **정보교환 및 의사결정이 활발**하게 일어난다.

2) 특징

① 집단구성원들과 리더는 집단 운영에 대한 제반 규칙 및 절차 등 **규범을 만들어 갈등을 해소**하려 하는 단계다.

② **규범이 정립**됨으로써 **역할모호성 및 권한관계에 대한 불확실 등이 해소**된다.

③ 집단의 **응집력**이 높아지는 것은 물론 **구성원 간 협동의 수준도 높아지고** 중요한 의사결정도 잘 이뤄진다.

④ **집단의 에너지가 최고조에 달하는 시기**다. 즉, 집단의 목표, 구조, 멤버 간의 소속감, 역할, 응집력 등이 분명해진 상태이다.

⑤ **규범이 정착**되며 **동의, 타협**이 많이 이루어진다.

⑥ 서로 **협력**하며 **공동체 의식 속에서 좋은 관계**를 가지려고 한다.

⑦ **갈등은 피하면서 상대방에 대한 비판은 자제**한다.

⑧ **정보교환, 의견교환**이 원활히 이루어진다.

(4) 4단계 : 성과달성기 or 성과달성 단계(Performing)

1) 의의

각자가 주어진 역할을 충실히 하면서 집단의 목표달성에 총력을 기울여 실제로 목표달성을 위한 업적을 많이 내는 단계이다. 성과달성기는 **집단의 본래 목적을 달성하기 위해서 매진하는 단계**이다.

2) 특징

① 집단에서 **시너지효과**를 발휘한다.

② 모든 문제가 쉽게 해결되며 **업적**을 낸다.

③ 마침내 **목표를 완수**한다.

④ 집단의 통일성 그리고 비전이 서로 공유되어 **집단목표를 달성하는 데 모든 조건을 갖추게 된다.**

⑤ **생산성 및 성과**가 가장 높다.

⑥ 집단이 **자율적**이며 **능숙**하다.

(5) 5단계 : 해체기 or 해체 단계(Adjourning)

1) 의의

목표를 다 이루는 등 **집단의 존속 이유가 사라지면 집단은 해체**한다. 또는 **기존 멤버십을 유지하여 새로운 목적을 정하고 이를 위한 집단을 재설계하려고 구조적으로 혁신하고 변화**하기도 한다.

2) 특징

① **목표 달성으로 집단이 해산**된다.

② 기존의 집단규범과 규정이 소용없어지고, **새 틀이 형성**되기 시작한다.

(6) Tuckman의 점진적 발전 모델의 비판점

- Tuckman의 5단계 모형은 집단이 **4단계에서 가장 높은 성과를 낼 수 있다고 주장**한다. 그러나 **2단계인 혼란(storming) 단계에서 집단성과를 높일 수 있다. 적정한 수준의 갈등**은 **집단에 활력**을 일으켜 **집단성과를 높이는 데 도움이 되기 때문**이다.
- 집단이 반드시 Tuckman의 **주장처럼 한 단계에서 다음 단계로 분명하게 진행되는 것은 아니다.** 예를 들어 **규범기**(norming)와 **성과달성기**(performing)가 **동시에 진행**될 수도 있으며, **집단은 가끔 이전 단계**로 돌아갈 수도 있다.
- Tuckman의 모형은 실제 상황을 고려하지 않는다. 실제로 **집단 프로세스**는 Tuckman이 주장한 것 같이 **선형적이라기보다는 순환적**인 것에 가깝다.

3 단절적 균형 모델 : 게르식(Gersick)의 단절균형 모델

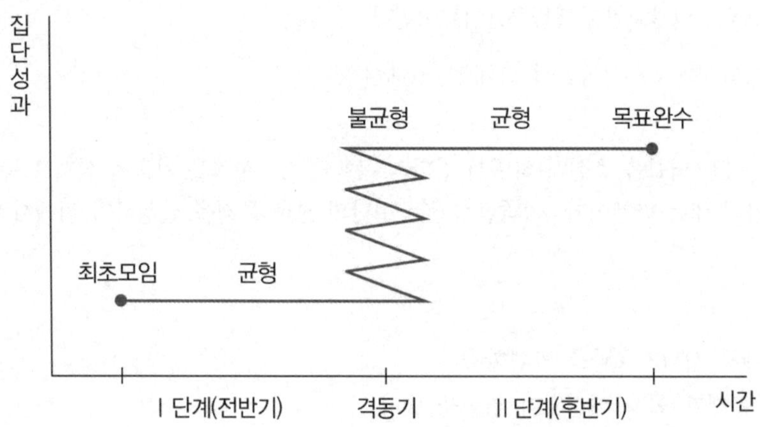

(1) 개요 : 가변적, 역동적 환경

집단의 생성과 소멸이 점진적 발전모델에 따라 정상적인 단계를 거치는 것만은 아니다. 집단은 상황에 따라 가변적이고 역동적으로 생성 · 소멸된다. 단절적 균형모델은 **진화론**[8]**에 기반한 관점**이다. 성과달성 단계에 있어도 경쟁사 신기술 도입 등 어떤 예상치 못한 상황으로 인해 균형이 깨지고 퇴행하여 혼란기로 돌아갈 수 있다.

특히 **특정과업을 위해 임시로 형성되는 한시적인 집단**은 위의 표준화된 단계를 거치지 않는다고 알려져 있다. **한시적 집단은 오히려 초기에 균형을 유지하다가 중간쯤 오면 멤버들이 초기의 방향과 방침에 변화가 필요하다는 것을 깨닫고 위기의식을 느끼면서 변화하며 방침을 다시 정하는 등의 '격동기'를 겪는다. 후반부는 새롭게 짜인 계획대로 실천하면서 다시 균형상태**를 맞는다. **전반기의 균형이 일시적으로 격동기를 겪고 나서 후반기에 다시 균형을 이루어 진행되기 때문에 이러한 모델을 단절적 균형모형**(punctuated－equilibrium model)**이라 한다.**

8) 진화는 항상 점진적으로만 이루어지는 것이 아니고 급격하게 변화되기도 하고 변화의 방향이 예측할 수 없는 것으로 갈 수도 있다.

(2) 내용

1) **1단계** : 전반기

전반기는 **안정의 시기**로 집단 멤버들은 목표와 각자의 사명을 나누어 정하고 안정적으로 일을 시작한다.

2) **격동기** : 전환기

특별한 자극이 가해진다. **목표달성까지 기간이 얼마 남지 않았다는 것을 인식**하면서 문제를 인식하면서 **변화의 필요성**을 깨닫는다. 지금까지의 안정(균형)을 깨뜨리도록 자극한다. 과거의 균형과 안정을 버리고(단절) 새로운 관점에서 모든 것을 혁신하면서 새로운 규범과 질서를 정착시킨다.

3) **2단계** : 후반기

현재의 균형으로부터 단절되어 새로운 시작을 맞이하는 단계다. 멤버들은 **새로운 목표와 계획을 새로 만들어진 규범에 따라 안정적으로 실행에 옮겨나가면서 다시 안정과 균형을 회복**한다.

(3) 시사점

- **모든 집단이 위에서 기술한 발전단계를 거치는 것은 아니다.** 예외는 어디에서나 항상 있기 마련이다.
- **어떤 집단은 영원히 성과달성 단계에 진입하지 못하고 그 前 단계에 머물 수 있다.**
- **집단에 대한 진단을 수시로 하여 현재의 집단 발전단계를 파악**하고 **문제점이 발견되면 바람직한 조치**를 취해야 한다.
- **집단의 발전단계에 일반적으로 소요되는 기간을 고려하여 기간이 경과하였음에도 현 단계에 머물고 있을 때 조직차원에서 조치**를 취해야 한다.
- **성과달성 단계에서는 항상 문제가 발생**할 수 있기 때문에 **특별한 관찰이 요구**된다.

(4) Gersick의 단절적 균형 모델의 비판점

- 단절적 균형모형은 **마감시한이 있는 임시 집단에 적합**하지만, **점진적으로 발전하는 영구적이고 장기적으로 존재하는 작업집단에는 적합하지 않다.**
- Gersick 모형은 전환기를 만들어내는 것을 강조하지만 **실제 작업집단에서 전환기를 만드는 것이 쉽지 않다.** 왜냐하면 집단에는 **관성(inertia)이 존재**하여 **갑작스럽게 변하는 것은 쉽지 않기 때문**이다.
- Gersick 모형은 **격동기가 할당된 시간의 1/2 시점에서 찾아온다고 주장**했지만 **그에 대한 근거가 미흡**하다.

4 Tuckman과 Gersick의 비교

(1) 집단발달모델

Tuckman과 Gersick은 집단의 성장단계를 설명한 모형이라는 점에서 〈공통점〉이 있다. 그러나 **Tuckman은 안정된 환경에서 집단의 생성부터 소멸까지 점진적으로 설명한 반면에 Gersick은 가변적 환경에서 집단을 단절적으로 설명했다는 점에서 〈차이점〉**이 있다.

(2) '격동기'의 존재

Tuckman과 Gersick 모델 모두 **집단의 '격동기', 즉 혼란한 시기가 존재한다는 점에서 〈공통점〉**이 존재한다. 그러나 **Tuckman은 조직 내 위치와 권한을 확보하기 위해 갈등이 존재한다고 설명한 반면 Gersick은 목표달성까지의 기간이 얼마 남지 않아 집단 내 혼란이 발생**한다.

(3) '안정기'의 존재

Tuckman과 Gersick 모델 모두 **집단의 '안정기', 즉 규범이 정립되어 응집력이 높은 시기가 존재**한다. 그러나 **Tuckman의 모델에 따르면 집단의 안정기는 '규범기(norming)'로 중반에 위치하지만, Gersick은 후반기에 위치**한다.

5 리더의 역할 : 하우스(R. J. House)의 경로-목표 이론(Path-Goal Theory)을 중심으로

Tuckman과 Gersick은 각 단계별로 효과적인 리더십 스타일이 있는바, 하우스의 경로-목표이론으로 검토해 보겠다. **Tuckman의 형성기와 Gersick의 전반기에서는 누가 어떤 역할을 해야 하는지 명확히 알려줄 필요가 있는바, 〈지시형 리더십〉이 적합**하다. 그러나 **격동기에서는 개인적인 상호작용에 많은 관심을 가져야 하기 때문에 〈후원적 리더십〉이 좋다.** 이후 **Tuckman의 규범기와 Gersick의 후반기에서는 집단이 안정기에 접어들어 서로를 신뢰하는 단계이기 때문에 팀 리더는 작업을 촉진할 수 있는 〈참여적 리더십〉이 적합**하다. 그 이후 **Tuckman의 성과달성기에서는 팀이 집단효능감을 가지고 최고의 성과를 스스로 달성하는 시기이기 때문에 구성원들이 최고의 성과를 달성할 수 있도록 하는 〈성취지향적 리더십〉이 적합**하다.

제 5 절 집단의 행동에 영향을 미치는 요인

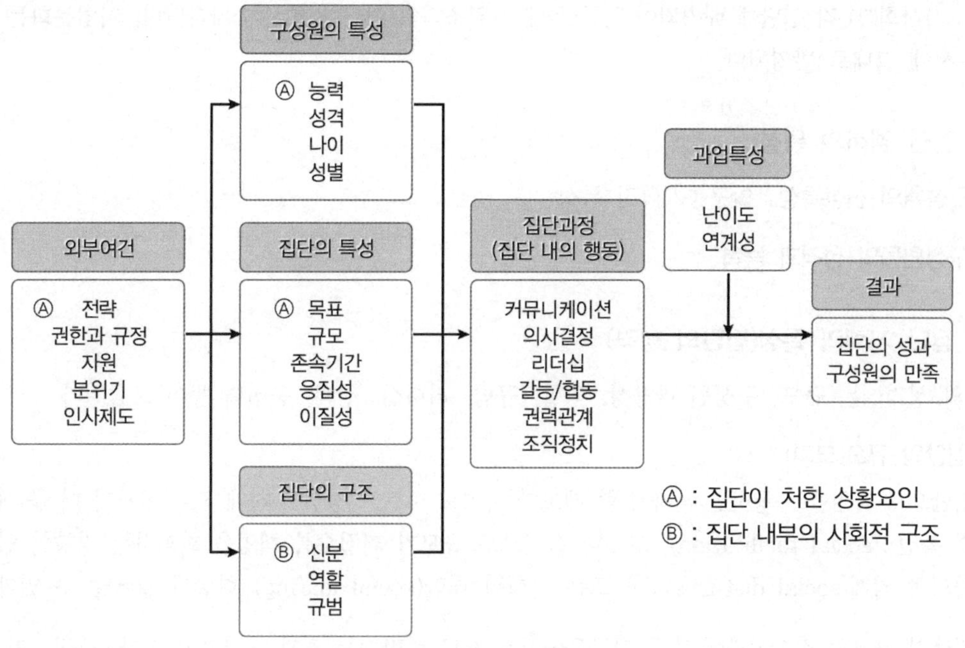

1 집단 외부의 상황

집단은 open system으로 외부 여러 시스템과 끝없이 상호작용을 하고 그것은 집단행동에 영향을 준다. **집단에 영향을 미치는 외부 요인**으로는 다음과 같은 것들이 있다.

(1) 회사(조직)의 전략

회사가 수립한 각종 전략(예 저원가, 차별화 등)들은 조직 내 각 집단들의 행동에 직접적인 영향을 미친다. 예 구조조정 → 불안 → 정치행동 ↑

(2) 권한 구조와 규정

집단이 조직에서 부여받은 권한의 크기나 그 집단의 리더가 조직에서 어떤 위치에 있는지 등이 집단행동에 영향을 준다. 대기업의 전략기획실 등 핵심부서의 멤버들은 자긍심도 크다. 또한 **조직이 정한 규정이나 직무표준화 정도 등도 집단멤버들의 행동을 좌우한다.** 예 스타벅스 본사의 직무표준화 → 서울 아르바이트생 행동을 제약

(3) 자원

집단이 상위조직으로부터 분배받은 자원이 넉넉하지 못하면 멤버들 간 경쟁과 갈등이 심해질 수 있다.

(4) 상위조직 문화와 조직분위기

모든 조직은 나름대로의 분위기가 있는데 조직에 들어온 멤버들은 금세 그 분위기를 익히게 되고 (조직사회화) 각 집단에 배치되어 행동할 때 상위조직의 이러한 특성이 나타난다. **기업문화는 하위 부서에 그대로 반영**된다.

2 집단 멤버의 특성

(1) 구성원의 신상특성 : 인구통계학적 특성

(2) 구성원들의 성격과 능력

3 집단 자체의 특성(집단의 성격)

집단의 성격에는 **규모, 구성원 다양성, 역할, 규범, 리더십, 신뢰, 응집력 등이 포함**된다.

(1) 집단의 규모(크기)

집단으로 과업을 수행하면 혼자서 할 때보다 사기도 오르고 경쟁도 하게 되어 성과가 더 좋다(**사회적 촉진 : social facilitation**). 그러나 한편으로 **규모가 커질수록 책임을 회피하는 경향**이 있어서 **사회적 억제**(social disturbance) 또는 **사회적 태만**(social loafing) **현상**이 일어날 수 있다.

집단의 규모와 집단성과에 관한 연구들에서는 서로 상반되는 결과가 나오고 있다. 긍정적인 결과 중 하나는 큰 집단에서는 **구성원들의 능력, 지식, 의견 등의 가용자원이 증가하는데 그 자원을 이용하여 집단성과를 올릴 수 있다는 것**이다.

반면 **부정적인 연구 결과**로는 **조정과 조율의 문제**와 **견제** 등 **사회적 압력에 따른 구성원들의 추진력 억제**가 집단의 성과에 악영향을 미친다는 것이다. 이와 같이 집단이 운영되는 과정에서 빚어지는 비효율손실을 **과정손실**(process loss)이라고 한다.

1) 규모가 작을 경우

집단 구성원들은 서로를 잘 알 수 있는 기회를 많이 가지며 일상생활에서 더 많은 상호작용을 한다. 더 많은 정보를 공유하며 각 구성원이 집단에 얼마나 공헌하는지를 보다 정확히 알 수 있고 집단목표에 대한 인식이 보다 확실해진다. 그 결과 집단에 대한 일체감이 높아지며 목표달성에 대한 몰입 및 직무만족도가 높게 나타난다.

2) 규모가 클 경우

구성원들 간의 상호작용 기회가 적으며, 그 결과 구성원들 간 공유하는 정보의 양도 적어진다. 구성원 개인의 경우 자기 외에도 다른 구성원이 있기 때문에 자신의 집단에 대한 공헌도를 보다 적게 인식하게 되고 그 결과 집단에 대한 몰입도도 낮아진다(사회적 태만의 발생). 이 이유로 구성원의 만족도도 낮게 나타난다.

변수	집단크기	
	작다	크다
참여도	+	−
응집력	+	−
만족도	+	−
건설적 비판	−	+
의사소통	+	−
의사결정속도	+	−
멤버의 이탈, 결근	−	+

3) 집단규모 증가에 따르는 결과

변수	규모증가에 따른 결과
만족도	만족도가 떨어짐
결근율	결근율이 증가함
이직률	이직률이 증가함
구성원의 참여도	참여기회의 감소, 의사소통/정보교환의 문제 발생
리더십	리더의 역할증대, 개인적 배려의 한계
여론	여론수렴의 어려움
집단성과	다양한 인적 자원 확보 때문에 성과가 높아진다는 연구결과와 구성원 간의 견제나 집단과정의 손실 때문에 성과가 낮아진다는 상반된 결과 존재

4) 과업 특성에 따른 규모의 구성

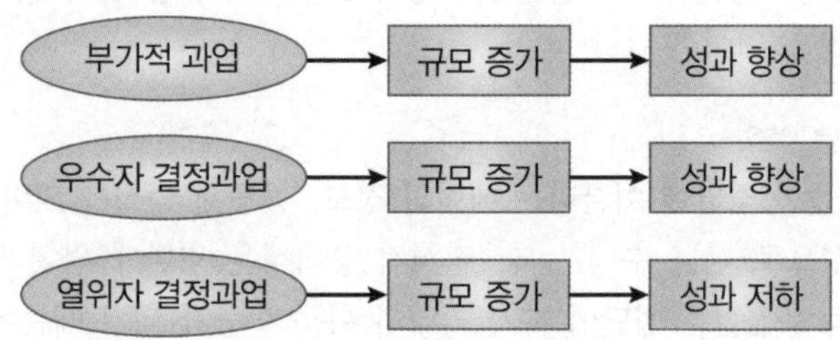

① 부가적 과업과 집단의 규모

부가적(additive) 과업이란 **집단구성원들 각자의 개별적 과업수행의 결과물을 합한 것이 곧 집단의 성과**가 되는 경우이다.

② 우수자 결정과업과 집단의 규모

우수자(disjunctive) 결정과업이란 **최고의 성과를 올린 개인(또는 소수)의 성과가 곧 집단의 성과**가 되는 경우를 말한다.

③ 열위자 결정과업과 집단의 규모

열위자(conjunctive) 결정과업은 **최저 성과를 기록한 개인의 성과가 집단의 성과를 결정짓는 경우**를 의미한다.

5) 집단규모별 장점

소규모	대규모
• 집단 내부의 **상호작용**이 자주 일어남 • 구성원들 사이의 **정보교환**이 쉬움 • **집단에 대한 공헌을 조직원들이 쉽게 인지**할 수 있음 • 집단의 목표와 관련하여 **조직원들이 동기부여되고 헌신**할 수 있음 • 구성원들이 **만족**함	• 기술, 능력, 지식, 경험적으로 **집단의 자원이 많기 때문에, 목표를 달성하기 위하여 사용이 가능**함 • 과업이 **분업**되어 있으므로 구성원들은 특정 업무에만 전념할 수 있으며, 특정 업무를 수행하는데 있어 더욱 **전문성**을 갖출 수 있음

6) 크기와 다양성에 따른 집단행동의 특성

크기	↑	**응집도**와 **참여도**가 떨어진다.
	↓	**소통**과 **협동** 증가
다양성	↑	**창의적 아이디어** 창출
	↓	**응집력**과 **소통**이 증가

(2) 집단의 존속기간

집단이 오래될수록 구성원들의 **역할분담이 명확하고 체계가 잘 잡혀 있으며** 전통과 분위기가 정착되어서 혼란이 적을 것이다.

(3) 응집성(Cohesiveness)

응집성이란 **멤버들이 집단에 이끌리는 매력의 정도, 공동체 의식**을 의미한다. 이는 정서적 응집성과 도구적 응집성으로 나눌 수 있는데, 정서적 응집성은 집단에 참여하여 만족과 즐거움을 얻는 경우이며, 도구적 응집성은 집단이 자기 이익의 획득 도구가 되기 때문에 자신의 구체적 목표달성을 위해 생기는 소속의식이다.

(4) 구성원 간의 이질성(Heterogeneity) 혹은 다양성(Diversity)

이질적 집단(heterogeneous group), 즉 **집단멤버들의 신상특성(demography)이 다양한지 여부**는 집단의 행동과 밀접한 관계를 갖는다. 이질적일수록 갈등이 많아질 수 있지만, 서로 다른 관점으로 창의성과 혁신을 창출할 수 있다.

집단구성원들의 다양성 증가는 긍정적인 측면과 부정적인 측면을 동시에 갖는다. **긍정적인 측면**은, 집단구성원 다양성 증가로 **인지적 자원(특정 문제해결에 필요한 정보, 관점, 의견)이 증가**하고, **사회적 자본(인적 네트워크)도 풍부**해져 집단성과가 향상된다. 다양한 배경이나 특성을 갖는 구성원들이 함께 모여 있을 경우, 정보원이 중복되지 않고, **사안에 대해서 다양한 의견**을 모을 수 있으며, **폭넓은 사회적 네트워크를 활용할 수 있어 보다 창의적인 업무수행이 가능**해진다.

반면에 집단구성원들의 다양성 증가는, **조직을 일사불란하게 움직이기 힘들어지기 때문에 효율성과 생산성 저하**를 가져올 수 있으며, **출신에 따른 파벌이 형성되어 갈등이 발생할 가능성**이 높고, **상반된 의견을 조정하든가 응집력을 형성하는데 시간이 많이 걸려 집단성과에 부정적인 영향**을 미칠 수도 있다. 야구와 농구팀들을 대상으로 한 연구에 따르면, 선수들 간의 상호 의존성이 상대적으로 적게 요구되는 야구에서는 선수들의 나이 다양성이 팀 성과와 무관하지만, 선수들 간의 높은 의존성을 필요로 하는 농구에서는 나이 다양성이 성과에 부정적인 영향을 미치는 것으로 나타났다.

(5) 집단의 목표와 과업

목표의 찬성 정도에 따라 응집력이 좌우된다. 개인의 목표와 집단의 목표가 어느 정도 일치하는지는 응집성과 성과와의 관계에서의 중요한 변수다. **집단목표와 조직목표가 일치할 경우 응집성과 성과가 정의 관계**를 갖는다.

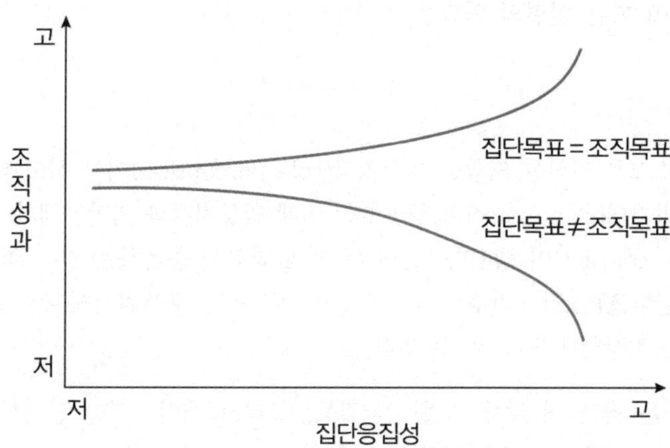

4 역할

(1) 개념

역할이란 **집단구성원에게 기대되는 일관성 있는 행동들의 집합**을 의미한다.

(2) 역할의 종류

1) 기대되는 역할과 지각된 역할

'기대되는 역할'이란 **직무와 관련하여 구성원들 서로 간 수행해 주기를 기대하는 역할**이며, **'지각된 역할'**이란 **실제로 특정인의 행동에 대하여 인식된 역할수행 결과**이다.

2) 과업 역할과 관계 역할

구분	과업 역할	관계 역할
정의	• 행동의 초점을 **집단의 목표**에 두며 집단구성원들이 이를 지시하도록 하고 어떤 문제가 발생하였을 때 대안을 주도적으로 탐색하고 가장 효과적인 대안을 제시해야 하는 역할 • 구성원의 행동을 목표지향적으로 할 수 있도록 영향력을 행사	• 구성원들의 **감정**에 대해 관심을 가지고 집단 내 갈등을 줄이며 구성원의 만족과 신뢰를 높이며 집단 내 협동적인 분위기를 만드는 역할
사례	• 문제해결을 위한 아이디어 제공 • 문제해결을 위한 정보수집 및 분석 • 문제해결책 제시 • 개별 아이디어에 대한 평가 • 작업상 필요한 방법 및 절차 결정	• 칭찬 등을 통해 타인을 격려 • 집단 내 갈등 조정 • 커뮤니케이션의 원활화 노력 • 집단 내 긍정적인 분위기 조성 • 타인의 아이디어에 대한 긍정적 반응

(3) 관련 개념

1) 역할세트

하나의 지위에 따른 일련의 역할을 역할세트라고 한다.

2) 역할갈등

① 정의

당사자 스스로 인식한 역할을 역할지각(role perception)이라 하고 타인이 추측(기대)하는 것이 역할기대(role expectation)이다. 이때 **역할지각과 역할기대가 일치하지 못하면 역할갈등(role conflict)이 생긴다.** 한편 두 개의 역할이 충돌하는 것은 역할마찰(role friction)이라고 한다(예 직장-가정 갈등). 역할마찰은 집단 구성원에게 부여된 역할이 문제가 생겨 발생하는 긴장상태라고 할 수 있다.

역할갈등은 역할 내 갈등, 역할 간 갈등, 그리고 개인-역할 간 갈등으로 구분한다.

❶ **역할 내 갈등**이란 **같은 역할을 수행하는데 모순된 지시**를 받을 때 발생한다. 즉, 하나의 역할에서 문제가 생길 때 역할 내 갈등이라고 한다.

❷ **역할 간 갈등**은 **개인의 역할 세트 내 역할 간에 모순이 생겨 발생하는 갈등**이다(예 직장-가정갈등(work-family conflict)). 즉, 집단 구성원이 여러 역할을 동시에 수행할 때 개별 역할 간 상충하는 현상이다.

❸ **개인-역할 간 갈등**은 **주어진 역할이 개인의 내적 가치, 윤리기준, 욕구나 열망과 모순일 때 발생**한다.

② 역할갈등의 발생원인

❶ **복수의 역할** 예 맞벌이 : 육아 vs 근무

❷ **역할모호성** : 자신이 해야 하는 업무와 다른 사람의 업무와의 경계가 모호하여 권한 및 책임 파악이 불분명한 경우

❸ **역할 인식 오류**로 인한 갈등 : 기대되는 역할 ≠ 지각된 역할

❹ **역할과 가치관의 위배**로 인한 갈등

❺ **역할 수행 여건**으로 인한 갈등 예 능력이나 시간의 부족 예산문제 등

③ 최소화하는 방안

역할갈등은 **만족 및 성과를 저하**시키고 **스트레스를 초래**하며, **조직몰입이 낮아지고 의사결정 참여도도 떨어진다.** 그러므로 역할 스트레스를 줄이기 위해 **역할 일치**(role congruence)를 이루는 것이 중요하다. 구체적인 방안은 아래와 같다.

❶ **직무기술서**에 바탕을 두어 역할을 부여

❷ **커뮤니케이션 활성화** → 역할 인식으로 인한 갈등 최소화

❸ **역할 재조정** → 역할 과부하로 인한 갈등 ↓

④ 역할에 대한 심리적 계약

심리적 계약(Psychological contract)이란 Rousseau에 의하면 "**두 실체 간 이루어지는 상호교환에서의 상호의무에 대한 개인차원의 믿음**"을 의미한다. 조직구성원은 조직에 공헌하고 조직은 그에 대한 대가를 제공할 것이라는 **조직과 구성원 간의 상호교환에 대한 암묵적인 기대가** 바로 심리적 계약이다. 한 개인이 조직에 채용될 때에는 자신이 조직에서 무슨 역할을 할 것인지 대강은 예측(기대)하지만 조직 역시 그가 어떻게 행동해 줄 것이라는 기대를 한다. 즉, **보이지 않는 무언의 계약을 심리적 계약**이라고 한다. 심리적 계약의 유형에는 계약기간과 성과 내용을 중심으로 4가지 유형으로 구분할 수 있다.

계약기간은 **고용관계의 시간적 측면, 즉 관계를 지속시키는 기간에 따라 단기와 장기로 구분**되고, **성과내용**은 **고용을 통해 만들어진 성과물의 구체화 정도**를 가리키는 것으로 **한정적인 것과 포괄적인 것**으로 구분할 수 있다.

시간틀 \ 성과규정	명확	불명확
장기적	균형모델 (balanced)	관계모델 (relational)
단기적	거래모델 (transactional)	전이모델 (transitional)

⑤ 역할모호성(role ambiguity)

역할모호성은 **특정 상황에서 적절한 행동이 무엇인지 잘 모를 때 또는 자신의 행동이 가져올 결과를 예측할 수 없을 때 발생**한다. **지시와 지침, 권한과 역할의 경계를 명확히 하는** 것이 **역할명료성**(role clarity)을 높여준다.

5 규범(norm)

(1) 등장배경

호손연구에서 발견된 개념이다. 임금의 효과를 확인하기 위해 **배전기 전선 작업실에 근무하는 남성 근로자 14명 대상으로 연구**를 실시한 결과 **높은 임금을 받기 위해 최선을 다하지 않는 결과를 밝혔다.** 그 이유는 다음과 같은 집단규범이 있다는 것을 발견했다.

호손연구에서의 집단 규범
• **일을 너무 열심히 해서는 안 된다.** 왜냐하면 열심히 일하여 성과를 높이게 되면 공장장이 임률을 과거보다 낮게 책정할 것으로 예상되고 그렇게 되면 열심히 일한 후 임금이 과거의 경우와 비슷해져 초과성과를 올린 것이 실질적으로 보상으로 연결되지 않기 때문이다. • **너무 일에 태만해서도 안 된다.** 성과가 낮게 되면 해고의 위험성이 존재한다고 구성원들은 믿고 있기 때문이다. • **동료에게 해로운 말을 상급자에게 고자질해서는 안 된다.** 예를 들면 동료의 성과가 낮을 경우 고자질은 동료를 해롭게 하기 때문에 집단이 용납하지 않기 때문이다. • **너무 잘난 체해서는 안 된다.** 이것은 동료 간의 관계에 부정적인 영향을 주기 때문이다.

(2) 규범의 개념 및 기능

규범(norm)이란 **집단구성원들이 지켜야 하는 판단과 행동의 기준**을 뜻한다[9]. 규범은 **집단의 구성원들이 교류하면서 만들어내는 사회적 현상**이며, 모두가 '**지켜야 하는' 강제성**을 띠고 있다. 즉, 집단구성원이 공유하고 있는 수용가능한 표준화된 행동으로 행동뿐만 아니라 태도, 의견, 느낌까지 포함하는 개념이라고 할 수 있다. 결국 규범(norm)이란 집단 멤버들 모두에게 공유되고 통용되는 행동의 기준, 또는 멤버들 모두가 각자 공통적으로 예측하는 표준행동을 뜻한다. 이러한 규범은 다양한 형태로 존재하는데, 규정과 제도로, 조직습관으로, 문화와 전통으로 존재하기도 한다.

규범은 **목표달성을 위한 필요한 행동을 구성원에게 제시**해주고 **기대행동에 대해 명확히 해준다.** 곤란한 상황이 집단에 발생하지 않도록 필요한 행동 그리고 **집단 구성원이 따라야 하는 가치를 제공**해 주며, **집단만이 가진 독특한 정체성을 형성해주고 핵심 가치를 명확**하게 해준다. 또한 규범은 **집단 운영과정을 단순화시키는 기능**을 한다. 즉, 집단구성원들은 규범을 준수함으로써 **집단의 생존에 도움을 줄 수 있고 기대되는 행위를 명백히 해주며, 당황스러운 상황에 처하지 않게 한다.** 그리고 **집단의 핵심가치**가 무엇인지를 알 수 있게 한다.

(3) 집단 규범의 특징

- 규범은 집단이 처한 환경에서 **문제들을 해결하는데 준거의 틀(기준점)로 작용**한다.
- 효율적인 문제해결을 위해서 **구성원들이 따라야 하는 태도와 행동**을 미리 정해놓은 것이다.
- **규범을 위반했을 경우 어디까지 관용을 베풀 것인지**도 정해 놓는다.
- **규범에 맞는 행동을 하면 보상이 주어지고 어기면 처벌**이 따른다.

9) 규범이란 집단 구성원들이 공유하는 집단 내 수용 가능한 행동의 표준이다.

- 규범은 **집단구성원들이 보이는 평균적 행동**이다.
- **강한 규범**은 바꾸기 힘들다.
- 신입 구성원은 **다른 구성원의 행동, 집단에 대한 요약된 정보, 조직이 보내는 신호(signal)** 등을 통해서 집단 규범에 대한 정보를 얻는다.
- **변화하는 것 자체가 규범**이 되는 예도 있는데, 이것을 **정태적 규범(static norm)에 대비**하여 '역동적 규범(dynamic norm)'이라고 한다.

PART 03

(4) 규범의 형성과정

- **상사나 동료들의 명시적 선언** 예 회의에서 대표이사의 질문에 신참 직원이 잘못 대답 → 다음 회의에서는 팀장이 대답
- **집단활동과정에서의 결정적 사건**
- **초기의 행위** 예 새로 부임한 팀장이 주재하는 회의가 격식 있고 공식적인 분위기로 진행 → 추후 회의도 이와 비슷한 분위기로 진행
- **과거상황으로부터 전이된 행동** 예 성과에 효과적 → 다음에도 효과적이라고 예상한 후 규범으로 형성

(5) 보상잠재력 모델

보상잠재력 모델이란 집단의 **규범이 개인의 특정행동을 허용하는 정도를 설명한 모델**이다(Jackson). 이 모델은 집단구성원의 행위가 용납(승인) 또는 거부되는 정보를 그래프로 나타낸다. **특정 행동이 허용 또는 거부되는 정도를 강도(intensity)라고 한다.** 규범의 강도는 규범의 상대적 중요성을 말해준다. **고강도 규범은 강한 승인 또는 제재가 따르고 저강도 규범은 승인 또는 제재의 정도가 약하다.**

행동(발언횟수)축의 허용수치를 합한 값은 **얼마나 많은 구성원들이 특정 규범에 동의하는가를 나타내는 값**인데, 이것을 **결정지수**라고 하며 **규범의 통제잠재력**을 뜻한다. 어떤 **규범의 결정지수가 높다는 것은 많은 구성원들이 그 규범에 동의하고 있다는 뜻**이다.

- 행동 → 보상 or 제재 → 강도가 높으면 고강도 규범, 낮으면 저강도 규범
- 구성원이 규범에 동의하는 정도 → 결정지수

(6) 집단 규범의 종류

1) 중심규범(= 성과규범)

집단의 목표달성을 위해 필수적으로 지켜야 하는 표준 행동

2) 주변규범

집단의 목표달성과 직접 관련은 없으나 지켜야 하는 행동 예 회식참석

3) 지시적 규범

특정상황에서 집단구성원들이 적절하다고 생각하는 행동

4) 금지적 규범

가능하다면 회피해야 할 행동

5) 표출규범

집단구성원이 보여주어야 하는 외적인 측면과 관련된 규범 예 정장

(7) 규범준수에 따르는 결과

규범준수는 **의사결정을 빠르게 해주고 구성원들의 행동을 통일시키는 역할**을 하지만 나름대로의 역기능도 간과할 수 없다. 엄격한 규범은 **집단의 다양성과 사고의 유연성을 제한**하게 되어 창의적 집단운영을 저해할 수도 있다. 특히 변화의 국면을 맞이한 집단의 경우 **역기능적 규범** 때문에 변화속도가 더디어지거나 큰 비용을 치르게 되어 집단효과성이 떨어지는 경우들을 우리는 자주 목격하게 된다.

(8) 규범에 대한 동조

1) 의의

동조란 자신의 행동을 집단의 규범에 맞추기 위해 조정하는 것으로 **형성된 규범에 대해 구성원 모두가 아무런 저항 없이 따르는 현상**을 의미한다.

2) 영향을 미치는 요인

① **집단구성원의 개인 특성** : 자아가 강할수록 동조 ↓, 권위주의적 성향이 높을수록 동조 ↑

② **집단규모가 작을수록 동조**↑

③ **집단에 대한 일체감이 높거나** 집단이 과거 목표달성에 성공한 경험이 많을 경우, 즉 **우수한 집단으로 조직에서 평가**되는 경우 동조 ↑

④ **친밀**할수록 동조 ↑

⑤ **개방적 커뮤니케이션**이 보다 동조 ↑

3) 동조성에 반대하는 현상 : 규범의 위반

① 규범의 중요성을 설명하여 규범을 지킬 것을 경고

② 따돌리거나 배척

③ 자주 발생 → 규범의 변경 가능성 검토

집단 규범은 처해진 상황에 맞지 않거나 비윤리적일 수 있기 때문에 집단규범이 효과적이기 위해서는 **규범에 대한 동조와 위반이 번갈아 가면서 존재**해야 한다.

4) 규범에 동조하게 되는 이유

① **불확실 상황 속**에서 **자신이 어떻게 처신해야 할지 모를 때**에는 다른 사람들이 하는 대로 하면 된다고 생각하기 때문이다. 즉, **불확실성**하에서는 대부분의 사람들이 하는 행동이 옳다고 생각되기 때문에 그들을 따르는 것이다.

② 대부분 사람들의 행동이 분명히 틀렸음에도 불구하고 그들의 행동에 동조하는 이유는 그들로부터 따돌림을 당하기 싫어서이다.

6 응집력

(1) 의의

응집력(Cohesiveness)이란 집단구성원들이 **개인차나 개인적 동기를 초월하는 '우리주의'**(We－ness) **정신**이며 **집단소속감에 기반한 내집단 선호정서**이다. 즉, 응집력이란 집단구성원이 서로에게 끌리고 집단 내에 머물도록 동기부여되는 정도를 의미한다.

(2) 집단응집력의 영향요소

응집력을 증가시키는 요소	응집력을 감소시키는 요소
• 집단목표에 대한 수용 • 상호교류의 빈도증가 • 개인적인 매력 • 집단 간(다른 집단과의) 경쟁 • 호의적인 평가	• 목표에 대한 배척 • 집단크기 거대 • 불만족스러운 경험 • 집단 내 경쟁 • 독재적인 지배

(3) 구성요소

1) 매력

① **개인수준** : 집단구성원들 간 상호 긍정적인 태도

② **집단수준** : 집단 전체에 대한 긍정적인 태도

2) 집단구성원이 느끼는 일체감

집단구성원들을 통합하고, 결속시키고 **공동체의식**을 가지게 함

3) 팀워크

집단의 목표를 달성하기 위해서 구성원들이 함께 일하고자 하는 것 → 집단적 효능감[10)]의 형성

(4) 유형

응집력은 **'사회－감정적 응집력'**과 **'도구적인 응집력'**으로 나누어 볼 수 있다. 사회－감정적 응집력이란 구성원들이 집단에 소속됨으로써 자신들이 **감정적인 만족**을 얻게 되고 그로부터 생기게 되는 구성원 간의 '우리' 의식이다. 도구적 응집력은 구성원들의 **이성적 판단에 기초하여 응집력이 형성**되는 것을 말한다.

(5) 응집력의 순기능과 역기능

응집성의 순기능	응집성의 역기능
• 멤버의 이탈이 줄고 만족수준이 높다.	• 목표달성에의 열망이 별로 없는 경우 높은 응집력(멤버들의 단결)은 리더의 혁신의도와 달리 복지부동의 자세를 취할 수 있다. 반대로 해석하면 낮은 응집력은 리더가 멤버를 자유자재로 관리할 수 있다는 의미다. • 건설적 비판 없이 만장일치 결론에 이를 수 있다.

10) 집단구성원들이 목표달성을 위해 필요한 능력을 가지고 있고 믿는 신념

(6) 성과와의 관계

1) 조직성과와 응집성과의 관계 : 리더십

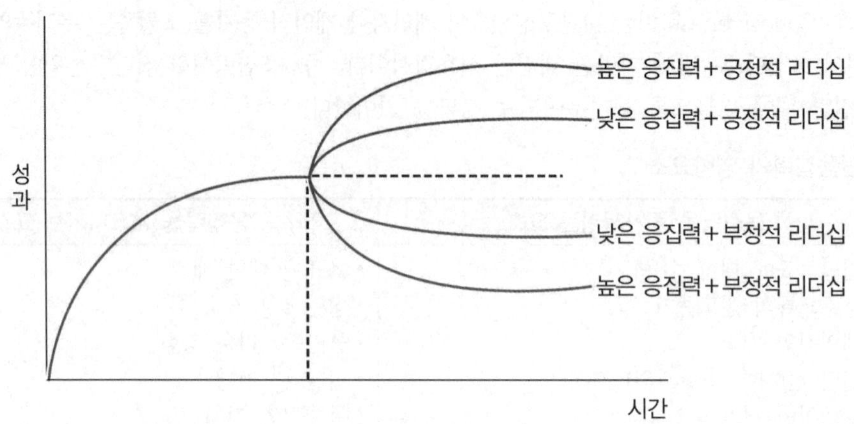

집단응집력이 높은 집단에 긍정적인 리더십을 취했을 경우 성과는 급격히 증가하지만 부정적인 리더십을 취했을 경우는 성과가 급격히 감소하였다. 반면에 **집단응집력이 낮은 집단에 긍정적인 조치를 취했을 경우 성과는 약간 증가**하였으며, **부정적 리더십을 취했을 경우 성과는 약간 감소**할 뿐이었다. 즉, **집단응집력은 상황에 따라 성과를 높일 수도 감소**시킬 수도 있다.

2) 응집성－성과규범－생산성과의 관계

응집력은 집단 생산성에 영향을 미친다. **응집력과 생산성 사이의 관계는 집단의 성과 관련 규범에 달려 있다는 연구 결과가 일관되게 나타나고 있다.** 즉, **높은 성과 규범과 높은 응집력이 결합되었을 때 높은 생산성**으로 이어질 수 있다.

성과 규범 \ 응집력	높음	낮음
높음	높은 생산성	중간 생산성
낮음	낮은 생산성	중간에서 낮은 생산성

3) 응집력의 수준별 결과 : 적정 수준의 응집력은 성과로 이어짐

적당한 수준의 높은 집단응집력	과도한 수준의 높은 집단응집력
• 만족감 • 자신감 & 자존감 • 행복감(스트레스 완충제) • 참여도 & 몰입도 • 집단의 생산성 높임	• 동조압력 • 충돌회피 • 다양한 사고의 부족 • 규범위반에 대한 강한 제재 • 집단사고의 위험

(7) 집단응집력의 결정요인

안정성(**집단의 기간↑**), **동질성**, **규모**, **지원**, **만족(집단의 성과, 규범 등)**, **성공경험** 등

7 지위

(1) 개념

지위란 **특정 집단 내 구성원들에 대한 사회적 서열**을 의미한다. 위계란 집단에서 차지하는 위치, 지위, 신분계급, 서열(status)이다. 어느 집단에서는 팀장과 팀원 사이의 지위거리(power distance)가 매우 멀어서 윗사람의 명령에 절대복종하지만 다른 집단에서는 모든 일을 함께 상의해서 처리한다.

(2) 유형

1) **공식적 지위 : 타인을 지시하고 통제하는 권한이나 권력**을 의미한다. 사장, 상무, 부장 등 공식적인 보직으로 지위가 결정되는 것이다.

2) **비공식적 지위 : 해당 집단에서의 특권이 부여된 것**으로 이 경우 외모, 성격, 지능, 재산 등 개인적 특성으로 지위가 결정된다.

(3) 지위와 집단행동

- **구성원의 상호작용에 영향**을 미친다. 예를 들어 지위가 높은 사람일수록 낮은 사람에게 독단적인 경향이 있다.
- **규범에 대한 위배**에 대해서는 **지위가 높을수록 관대**하다.
- 지위가 높은 사람이 **커뮤니케이션을 주도**한다.
- **지위 불일치 현상으로 갈등**이 일어날 수 있다.

즉, 지위가 높으면 회의석상에서도 발언을 가장 많이 하고 적극적으로 참여하지만 지위가 낮으면 좋은 기술과 아이디어가 있어도 함부로 얘기를 못한다. 그리고 실제의 지위와 공식적인 지위가 불일치하면 지위불공정(status inequity) 상태가 되어 갈등을 야기한다. 따라서 **공식적 지위를 개인적 특성(나이, 능력 등)에 가능한 한 일치시켜야 하고, 그러한 지위에 맞게 대우(월급 등)해 주어야 한다.**

(4) 지위 결정 요인 : 지위-특성 이론(Status Characteristics Theory)

지위 특성이론은 **지위 특성의 차이가 집단 내 지위 계층을 만든다는 이론**으로 지위는 ① 한 사람이 다른 사람에 대해 행사하는 **권력**, ② 집단 목표에 기여하기 위한 개인의 **능력**, ③ **개인적인 특성** 등 세 가지 원천 중 하나로부터 도출된다는 것이다.

- 권력 ↑→ 많은 자원 활용 가능
- 능력 → 집단의 목표달성
- **개인의 특성** : 좋은 외모, 친절한 성격, 재력, 좋은 가문 출신(사장의 인척), 연령이 높아 유용한 경험을 많이 보유하고 있을 때 등

제 6 절 팀

1 팀(Team)의 개념 및 등장배경

(1) 팀의 개념

집단보다는 팀이 '**공동목표에 대한 몰입**'과 '**성과에 대한 책무감**'을 핵심으로 하는 팀의 개념에 더 부합된다. 팀제 도입의 가장 큰 특징은 **과거의 계층구조를 유연화**시켰다는 점이다. 팀이란 공동으로 그들 자신이 책임질 수 있는 공동의 목적, 업무수행목표, 공동의 책임감, 그리고 추진 방법에 전념키로 한 소수의 상호 보완적인 기술을 가진 사람들의 집단을 의미한다. 종합하여 팀제란 **공동의 목표를 실현하기 위해 상호보완적 기능을 가진 사람들이 서로 협력하고 책임지는 자율적 집단**을 의미한다. 팀의 성과와 능력은 개개인의 최선의 능력의 합보다 훨씬 크다.

(2) 등장배경

1) 변화하는 환경에 대한 대응

기술의 발전, 정보 확산, 네트워크 강화를 통한 세계화 등 **급변하는 환경에서 속도성과 상호작용성을 갖추지 못한 관료제는 경쟁력을 갖기 어렵다.**

2) 관료주의의 부작용 극복

전통적인 관료제는 명확한 업무 및 책임 분담을 통해 업무 능률을 극대화하는 운영방식이다. 하지만 지나치게 수직적이고 폐쇄적인 구조로 인해 부서 간 이기주의나 의사소통 단절 등의 부작용을 초래하게 되었고 이는 구성원 나아가 조직 전체의 경쟁력을 약화시키게 되었다. 결국 **수직적이고 폐쇄적인 관료제의 대안으로 나타난 것이 수평적 · 개방적인 팀제**이다.

3) 개인역량의 존중

조직에서 개인의 역량이나 행동이 매우 중요해졌다. 가령 관료제 사회에서 개인은 집단을 이루고 있는 구성원에 불과했지만, **창의성과 혁신성이 강조되는 현 사회 환경에서는 개인이 얼마나 주체적이고 창의적인 사고 및 행동을 하는지에 따라 기업의 성과가 달라질 수 있다.** 즉, **개인의 역량을 존중하는 팀제 운영방식**을 통해 **창의적인 집단**을 만들어내고 이것이 **전체 조직에 긍정적 효과**를 가져 올 수 있다는 것이 팀제 도입의 이유이다.

2 팀의 종류

(1) 문제해결팀(Problem solving team)

문제해결팀이란 **품질, 효율, 작업환경 등을 개선할 수 있는 방법을 논의하는 팀**을 의미한다. 문제해결팀에서는 구성원들이 작업 프로세스와 방법을 어떻게 개선할 수 있는지에 대한 **아이디어를 공유하거나 제안을 하지만, 그들이 제안한 행동을 자체적으로 실행할 수 있는 권한은 거의 없다.**

(2) 자기관리팀(Self-managed work team)

자기관리팀은 관련성이 높은 직무나 상호의존적인 직무를 수행하는 사람들로 구성되며, 전에는 감독자가 맡았던 책임 대부분을 맡아 수행한다. 전형적으로 이 팀은 **작업을 계획하고 일정표를 작성하며, 구성원들에게 과업을 할당하고, 작업속도를 공동으로 통제하고, 문제에 대한 조치를 취하고, 공급자와 고객과 함께 일한다. 완전한 자기관리팀은 팀 구성원을 스스로 선발하고 구성원들이 서로의 성과를 평가**한다. 그 결과 감독자의 직위의 중요성은 줄어들며 심지어 없어지기도 한다.

(3) 기능횡단팀(Cross-functional team)

기능횡단팀은 어떤 과업을 달성하기 위해 계층은 동일하지만 **상이한 직무영역에서 온 사람들로 구성되며 신제품개발을 위한 태스크 포스 팀이나 다양한 부서 사람들로 구성된 위원회 등이 기능횡단팀의 예**이다. 교차기능팀이라고도 불리며 하나의 과정을 달성하기 위해 계층적 직위는 같지만 서로 다른 업무 영역에 속한 직원이 모여서 구성된 팀이다.

(4) 가상팀(Virtual team)

가상팀이란 **팀구성원들이 시간, 공간 또는 조직의 경계를 초월하여, 전자통신을 통하여 커뮤니케이션하면서 과업을 수행하는 가상공간의 팀**을 의미한다. 즉, 공동의 목표를 달성하기 위해 물리적으로 분산된 팀원을 컴퓨터 기술로 결속시킨 팀이다. 가상팀의 출현은 '**텔레코즘의 법칙**'(Law of Telecosm)과 관련된다. 텔레코즘의 법칙이란 **컴퓨터 네트워크가 발달할수록 지리적 거리는 줄어든다는 의미**이다.

가상팀을 운영할 때 가장 중요한 도전은 바로 팀원들 간의 **〈신뢰(trust)〉**이다. 신뢰를 확보하고 유지하기 위한 상호 간의 조정노력이 어떤 팀에서보다도 중요하다.

3 효과적인 팀의 특성

(1) 수행해야 할 목표에 대한 명확한 이해(clear goal)

효과적인 팀에서는 **구성원이 팀의 목표를 정확히 이해하고 그것에서 성취하고자 하는 것이 무엇인지 알고 있고 이러한 목표를 향해 어떻게 협력할 것인가를 이해**하고 있다.

(2) 유능한 개인으로 구성

다른 사람들과 협력하여 일하는 동안 **바람직한 목표를 수행하는데 필요한 기술적 능력과 성과달성을 위해 필요한 개인적인 특성**을 가지고 있다.

(3) 높은 상호신뢰(mutual trust)

구성원이 다른 사람의 성실성, 성격, 능력을 믿고 있다. 공개성, 솔직함, 협력의 과정과 더불어 구성원의 참여와 자율성을 장려하는 데 가치를 두는 집단은 **신뢰를 구축할 수 있는 문화를 창조하기 용이**하다.

(4) 강한 충성심과 헌신

효과적인 팀은 구성원들이 팀이 성공하는데 도움이 된다면 어떤 일이라도 기꺼이 하려는 자세가 되어 있다. 이러한 충성심과 봉사를 **통합된 몰입**(unified commitment)이라고 할 수 있다. 성공적인 팀에 대한 연구에서 **구성원이 자신과 팀을 하나로 동일시한다는 점**을 밝혀냈다.

(5) 원활한 커뮤니케이션(good communication)

구성원은 **쉽고 명확하게 이해되는 방식으로 서로에게 메시지를 전달**할 수 있다. 명확한 커뮤니케이션이란 팀구성원과 경영층으로부터의 건전하고 긍정적인 피드백에 의해 특징지어질 수 있다.

4 팀워크

팀워크(Teamwork)란 팀 구성원들의 서로 다른 생각과 역량과 정서를 역동적으로 조합하여 **개인들의 합을 뛰어넘는 팀 성과를 창출**하는 과정이라고 정의된다.

강한 팀워크를 가진 팀은 다음 7가지 차원이 높게 나타난다.

- 팀 지향성(team orientation)
- 팀 리더십
- 커뮤니케이션
- 모니터링(monitoring)
- 피드백
- 백업 행동(backup behavior)
- 조정행위

5 팀 효과성 모형

(1) 팀의 효과성 증진방안

팀의 효과성은 ① **명확한 목적과 목표**, ② **필요한 자원의 지원**, ③ **상호 신뢰구축**, ④ **팀구성원 변화(상호보완적 기술) 등을 통해 증진**시킬 수 있다.

(2) 팀 효과성 모형의 내용

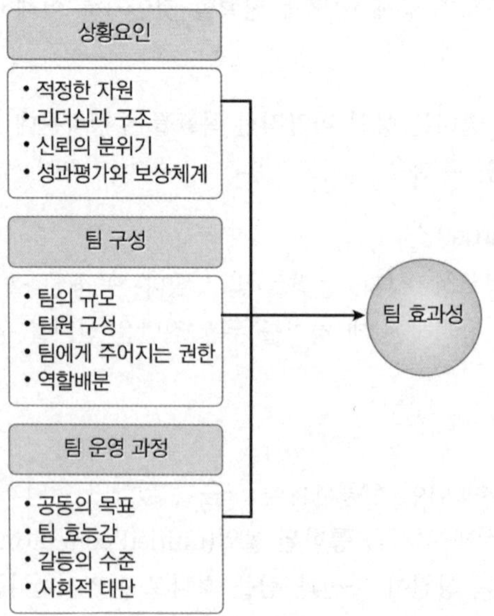

1) 상황요인들

상황요인에는 **자원의 적정한 분배, 팀 리더십과 팀의 구조, 신뢰관계, 평가와 보상 체계 등이 포함**된다. **과업이나 인력 등의 자원을 합리적으로 분배**해 줄 때 팀 효과성이 높아지며, 또한 **팀장이 협력 및 조정, 동기부여 등을 효과적으로 수행할 때** 팀 효과가 높아지고, **구성원들 간 신뢰관계가 구축**되고 **평가 및 보상시스템이 공정**할 때 팀 효과성은 높아진다.

팀의 상황(조건)
팀 성과와 가장 유의하게 관련이 있는 네 가지 상황적 요인은 다음과 같다. ① **적정한 자원** : 자원 부족은 팀 임무를 효과적으로 수행하고 목표를 달성할 수 있는 능력을 직접적으로 감소시킨다. ② **리더십과 구조** : 리더는 팀에 책임을 위양하고 팀이 서로 대립하기보다는 함께 일할 수 있도록 촉진자 역할을 해야 한다. ③ **신뢰의 분위기** : 신뢰는 리더십의 토대다. 신뢰는 팀이 리더의 목표와 결정에 수용하고 헌신할 수 있게 해준다. ④ **성과평가와 보상체계** : 개인 기여도를 평가하고 보상하는 것에 추가하여 집단 기반 평가, 이익공유, 소집단 인센티브 등 긍정적인 팀 성과를 인식할 수 있는 집단 보상을 통합하여 복합성과체계를 활용해야 한다.

2) 팀 구성

팀원들의 능력이나 다양성이 상호 보완적일 때 팀 효과가 제고되며 역할의 분배, 다양성, 규모, 유연성, 구성원들의 선호도 등도 팀 효과에 영향을 미친다.

3) 팀 운영과정

팀 운영과정에 있어서 **팀원들 간 팀의 공동목표에 대해 공유되고, 팀에 대한 효능감을 높게 가질수록** 팀 효과성이 높아질 수 있다. 그러나 **갈등의 정도가 심하고 사회적 태만이 심할 경우 팀 효과는 저해**될 것이다.

(3) 팀의 성과

혜택	구체적 자료	사례
성과 증진	• 생산성 증가 • 품질향상 • 서비스 개선	• Ampex사 : 고객에 대한 정시 배달률이 98% • K-Shoes사 : 100만 켤레당 불량률이 5,000에서 250으로 감소
조직원 혜택	• QWL 증진 • 스트레스 감소	• 밀워키 보험사 : 조직원 지원제도 활용률이 산업 평균보다 40% 감소됨
비용절감	• 이직률, 결근율 감소 • 산업재해 감소	• Kodak : 이직률이 산업평균의 절반 수준으로 감소 • TI : 50% 이상 비용 절감 • 웨스팅하우스 : 비용 60% 절감
조직차원의 혜택	• 조직의 혁신성 및 유연성 제고	• IDS Fund사 : 시장 대응력 향상 • HP : 혁신적 주문처리 시스템 도입

6 팀 설계 시 고려사항

첫째, **팀의 규모**를 얼마로 할 것인가의 문제이다.
둘째, **팀원 구성**을 어떻게 할 것인가의 문제이다.
셋째, **팀에 주어지는 권한을 확대**할 필요가 있다.
넷째, 팀 운영의 성패는 **신뢰**(trust)의 구축에 달려있다.
끝으로, **팀 리더의 역할**을 명확하게 해야 한다.

7 팀에서의 주요 역할

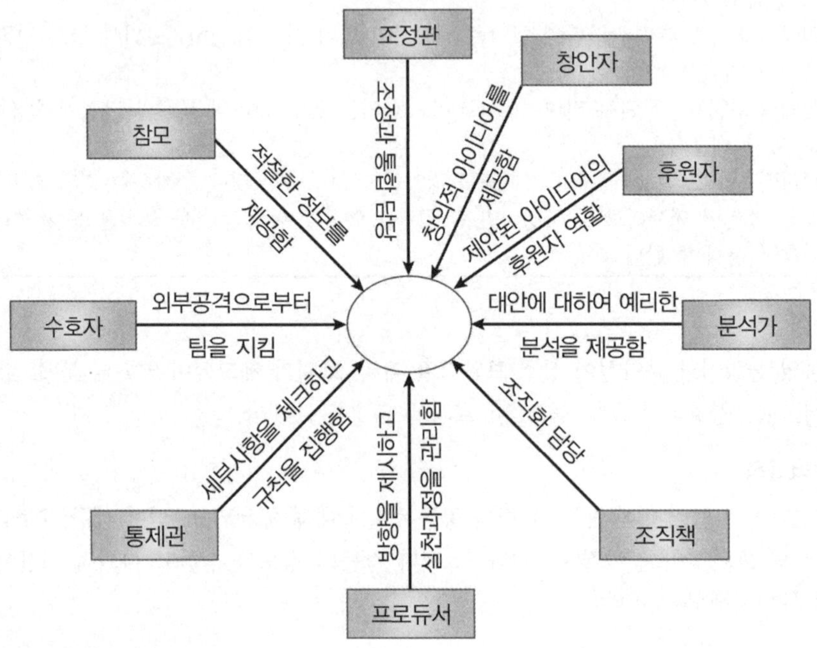

연결자	조정 및 통합
창조자	창의적인 아이디어 제안
촉진자	제안된 아이디어 지지 및 옹호
평가자	대안에 대한 통찰력 있는 분석 제공
조직자	구조 제공
제작자	방향 제시 및 후속조치 제공
조정자	세부사항 검토 및 규칙 강화
유지자	조직을 지탱하기 위해 외부 장애물과 싸움
조언자	추가 정보 검색 장려

CHAPTER PART 03 집단차원

02 | 커뮤니케이션

제 1 절 커뮤니케이션의 개념 및 기능

1 커뮤니케이션이란?

(1) 커뮤니케이션의 개념

커뮤니케이션이란 원래 라틴어의 'communis'**에서 유래**한 것으로 'common'(공동의)**이란 뜻**을 가지고 있다. 커뮤니케이션이란 "전달자와 수신자 사이의 정보의 전달, 개인 간 또는 집단 간 의미의 전달"이라고 정의되기도 하고, "일반적인 상징을 통한 정보나 의사의 전달"이라고 정의하기도 한다. 여기에서의 상징에는 언어적인 것과 비언어적인 것을 모두 포함한다.

커뮤니케이션은 **두 사람 이상의 사람들 사이에 언어, 비언어 등의 수단을 통하여 '의견(opinion), 감정(sentiment), 정보(information)'를 전달하고 피드백을 받으면서 상호작용하는 과정**이다. 의사나 정보를 갖고 있는 자(송신자)가 그것을 타인(수신자)에게 전달하고 해석되는 과정이라고 정의할 수 있다. 커뮤니케이션은 〈의미전달〉과 〈이해〉를 포함해야 한다.

커뮤니케이션은 여러 방법으로 구성원의 행동을 〈관리〉하는 역할을 수행하는 동시에, 직원에게 무엇을 해야 하는지, 얼마나 잘하고 있는지, 성과를 어떻게 개선할 수 있는지를 명확히 함으로써 〈피드백〉을 만들어낸다.

(2) 커뮤니케이션의 중요성

커뮤니케이션에서의 ① **효율성**이란 송신자가 의도한 메시지가 100% 수신자에게 전달되는지를 의미하며, ② **효과성**이란 송신자가 의도했던 반응을 보여주는지를 의미하는 바, **커뮤니케이션의 효율성과 효과성을 동시에 추구함으로써 성과 및 생산성을 향상**시킬 수 있기 때문에 커뮤니케이션은 중요하다.

한편 커뮤니케이션은 집단활성화를 통한 자율적 작업집단을 구축하는 데 있어서 다음과 같은 중요성이 있다.

첫째, 커뮤니케이션은 **집단구성원들의 활동을 조정하고 통합하는 기능**을 함으로써 **집단 목표달성을 위해 구성원들의 역량이 결집**될 수 있도록 한다.

둘째, 커뮤니케이션은 **조직구성원들을 모티베이트하는 중요한 수단**이다.

셋째, 커뮤니케이션은 **집단 또는 조직의 구성원들이 창의적이고 신속하게 업무를 수행할 수 있도록 활력**을 불어넣어 준다.

넷째, 커뮤니케이션은 구성원들로 하여금 **변화된 상황에 적응하도록 하며 나아가 조직혁신을 촉진**한다.

다섯째, 커뮤니케이션은 **사람들이 집단이나 조직을 이루어 활동하는 데 있어서 가장 기본적인 활동으로 집단 내 커뮤니케이션 역시 집단 내 구성원들이 수행하는 여러 행동의 기초**가 된다.

2 커뮤니케이션의 기능

(1) 지식 및 정보제공 기능

의사결정(Decision Making)을 하는 데 필요한 정보를 제공한다. 신입사원에게는 조직의 목표가 무엇이고 조직에서 허용되는 표준적인 행동은 무엇인지 등 커뮤니케이션을 통해 알게 된다. 즉, 사회화에 필수적 기능을 수행한다. 기존의 조직 혹은 부서의 구성원들과 어울려서 조직생활을 할 수 있는 정보를 제공한다.

(2) 동기부여 기능

커뮤니케이션은 **조직구성원들을 목표달성에 몰입시키고 동기부여시키는 기능**을 수행한다.

(3) 통제(Controlling) 및 조정(Coordinating)기능

커뮤니케이션은 **구성원들의 행동을 특정한 방향으로 움직이도록 통제하는 기능**을 수행한다. 갈등 발생 시 커뮤니케이션을 통해 조정하거나 해결하며, 중복되는 업무를 줄이는 등 업무에 대한 조정 시에도 커뮤니케이션을 활용할 수 있다.

(4) 감정표출 및 대인관계 형성 기능

감정을 표출하고 타인과 교류하면서 사회적 욕구를 충족할 수 있다.

① 관리통제(Management) : 의사소통은 사원들을 관리하고 통제하는 역할을 한다. 예를 들어 규정 및 계층 등을 통하여 회사의 정책을 따르도록 지시하고 때로는 사원이 정보와 개인적 고충을 상급자에게 알리기도 한다.
② 피드백(Feedback) : 업무를 지시한 이후에도 과업을 수행하는 과정에서 어느 정도 했는지, 잘하고 있는지 등 수시로 피드백 받으면서 상담하고 격려하며 통제해 나간다.
③ 정보교류(Information exchange) : 개인 간, 부서 간 필요한 정보와 자료들을 주고받는다.
④ 설득(Persuation) : 조직생활을 하려면 나와 다른 의견을 바꾸고 잘못된 것을 바로잡아 개선을 위해 항상 누군가를 설득해야 할 일들이 많다.
⑤ 감정교환(Emotional sharing) : 직원들은 서로 인간적 교류를 하면서 기본적인 소속욕구나 친교욕구를 충족한다.

제 2 절 커뮤니케이션 과정 및 네트워크

1 커뮤니케이션 과정

(1) 개요

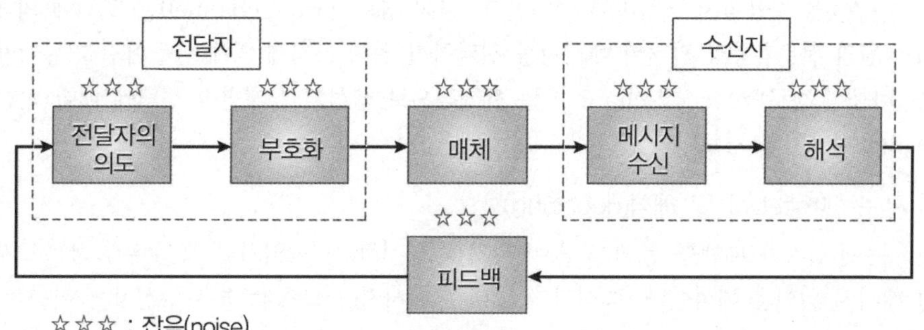

커뮤니케이션 과정이란 **의미의 전달과 이해를 가져오는 정보원(source)과 수신자 사이의 단계**를 의미한다.

(2) 전달자(Communicator)의 의도

전달자, 즉 송신자는 커뮤니케이션 기능을 수행하기 위해 정보 및 의미를 공유하는 사람이다. 반면에 수신자는 송신자로부터 정보 및 의미를 전달받는 개인, 집단 혹은 조직을 의미한다. 전달자의 의도가 **커뮤니케이션의 시발점**이 된다.

(3) 부호화(Encoding)

발신자는 생각을 부호화함으로써 메시지를 시작한다. 메시지는 발신자가 부호화한 실제적이고 물리적인 결과물이다. **메시지(message)란** 송신자가 다른 사람들과 공유하고자 하는 정보로 **전달자가 수신자에게 전하려는 내용이며, 부호화의 결과**이다. 기호화라고도 불리며 메시지를 전달할 수 있는 상징적인 매개수단으로 **언어적 수단(예 말)과 비언어적 수단(예 제스처) 등**이 있다. 부호화(encoding) 과정에서는 **전달자의 의도를 반영해 줄 수 있는 적절한 매개수단이 필요**하다. 커뮤니케이션에는 언어적 커뮤니케이션과 비언어적 커뮤니케이션이 있다.

언어적 커뮤니케이션	대면, 전화 및 문서 등
비언어적 커뮤니케이션	얼굴표정, 신체적 접촉 등

(4) 매체(Channel)

메시지가 명확하고 필요한 내용을 모두 포함하여야 효과적인 커뮤니케이션이 가능하다. **매체(channel)란 부호화된 의사가 어떤 경로를 거쳐 수신자에게 전달되느냐 하는 것으로, 기호화한 메시지의 내용을 전달하는 경로**이다. 즉, 경로는 메시지가 이동하는 매개체이다. 송신자는 공식경로나 비공식경로 중 무엇을 사용할지 결정하여 선택한다. **공식 경로(formal channel)는 조직에 의해 만들어지고 구성원의 전문활동과 관련된 메시지를 전달하기 위해 조직에 의해 만들어진 커뮤니케이션 경로**이며, **비공식 경로(informal channel)는 자생적으로 생성**되며 **개별적 선택에 대한 반응으로 나타나는 커뮤니케이션 경로**이다.

(5) 메시지 수신(receive) 및 해석(decoding)

수신자는 송신자가 매체를 통해 보낸 메시지를 청취하거나, 읽거나 혹은 관찰함으로써 **송신자가 보낸 메시지 의미를 해석**한다. 송신자가 보내는 메시지가 모호할 경우 수신자는 이를 자신의 가치관, 감정, 기분에 따라 다르게 해석할 수 있다.

수신된 메시지는 **수신자(receiver)에 의해서 해석되고**(decoding) **그 의미가 제대로 받아들여져야 한다.** 수신자는 자신의 **과거 경험이나 준거의 틀**(frame of reference)에 근거하여 부호화된 메시지를 해석한다. 따라서 효과적 커뮤니케이션을 위해서는 전달자가 **수신자 지향적**(receiver oriented)이어야 하고 수신자는 전달자의 의도를 정확히 파악하려고 노력해야 한다.

(6) 피드백(Feedback)

피드백은 **메시지에 대한 수신자의 반응**을 의미한다. 즉, 원래 의도했던 대로 메시지가 얼마나 성공적으로 전달되었는지를 확인하는 것으로 이해가 이루어졌는지 여부에 달려 있다.

(7) 잡음(Noise)

잡음이란 **커뮤니케이션의 장애요인**으로 **원활한 커뮤니케이션을 방해하는 요소**다. 잡음은 메시지를 적절하지 않게 부호화하거나 잘못된 매체를 사용하거나 수신자의 지각오류 등으로 메시지를 잘못 이해하는 것 등을 모두 포함한다.

2 커뮤니케이션 네트워크(Communication network)

(1) 커뮤니케이션 네트워크

커뮤니케이션 네트워크란 **여러 사람들이 모여 있는 집단에서 일어나는 정보의 흐름을 의미**한다. 즉, **어떤 정보가 누구로부터 나오고 누구에게 흘러가느냐에 관한 것**이다.

(2) 커뮤니케이션 네트워크의 유형

대인 간 커뮤니케이션 네트워크는 **조직 내 구성원 간의 커뮤니케이션의 경로의 구조**를 뜻하는 말로 사슬형, 원형, Y형, 수레바퀴형, 완전연결형 등이 있다.

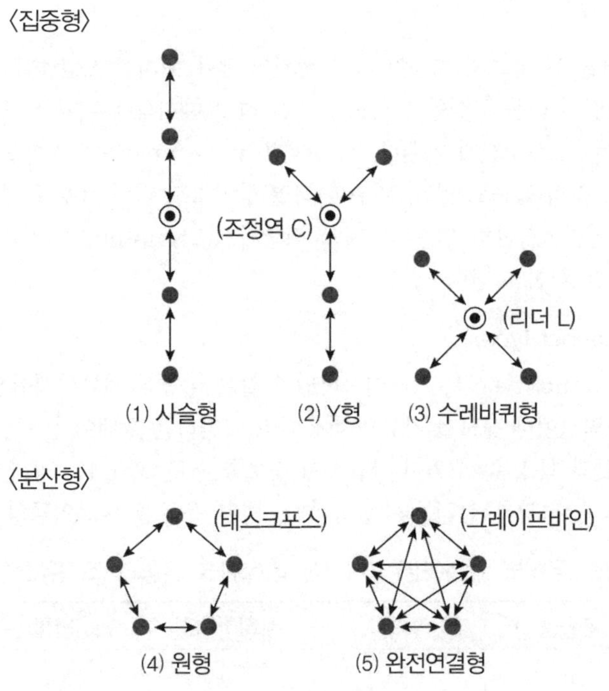

1) **사슬형(Chain type)**

사슬형(Chain Type)은 **공식적인 계통과 수직적인 경로를 통해서 의사(정보)전달이 이루어지는 형태**이다. 즉, 사슬형은 정해진 순서대로 구성원 각각에게 순차적으로 정보가 전달된다. 특정인으로부터 정보를 받아 다음 사람에게 전달하고 전달받은 사람은 또 다른 사람에게 정보를 전달하는 것이다. 조직의 라인(line)이 가장 대표적인 예라고 할 수 있다. 사슬이 길수록 정보 왜곡의 가능성은 커진다. 사슬형은 위에서 아래로 이어지는 수직적 형태(예 사장－본부장－팀장－사원)와 구성원 간(부품조립작업장에서 조립순서) 이어지는 수평적 형태가 있다.

2) **Y형(Y type)**

Y형은 집단 내 특정의 리더가 있는 것은 아니지만 **비교적 집단을 대표할 수 있는 인물이 있는 경우**에 나타난다. 대표적인 예시로 **라인과 스태프의 혼합집단**이 있다.

3) **수레바퀴형(Wheel or Star type)**

대부분의 정보가 집단의 중심인물로부터 나와 구성원에게 전달되는 유형이다. 수레바퀴형(Wheel or Star type)은 집단 내 특정한 리더가 있을 때 발생한다. 이 경우 구성원들은 상사와 상호 정보를 교환하게 되고 구성원들 간 정보 교환은 직접적으로 일어나지 않는다. 상호 독립적으로 과업을 완수하고, 해당 집단의 성과는 구성원 개개인의 성과를 합계한 것으로 결정된다. 힘이 한 곳(리더 L)에 집중된다는 특징이 있다.

4) **원형(Circle type)**

원형은 집단구성원들 간 정보의 흐름이 각 구성원의 옆에 위치한 사람들에만 발생하는 것이다. 각자 맡은 일을 하면서 다음 구성원과 정보 교환을 하고 마지막에 위치한 구성원은 처음에 위치한 구성원과 정보를 서로 교환하게 된다. 즉, 원형(Circle type)은 **위원회 조직이나 태스크포스 조직에서와 같이 권력의 집중도 없고, 지위와 서열 상·하도 없이 특정 문제해결을 위해서 구성된 조직에서 발생**한다. 상당히 민주적이지만 집단사고(Groupthink)의 문제점이나, 최선보다 차선의 결정을 내릴 위험은 남아 있다.

5) **완전연결형(All Channel type)**

완전연결형(All Channel type)은 **그레이프바인과 같은 비공식 커뮤니케이션 방법**으로서, **구성원 전체가 서로의 의견이나 정보를 자유의지에 따라 교환하는 형태**이다. 즉, 집단구성원 각각이 여타 다른 구성원들과 특정 순서 없이 자유롭게 정보를 서로 교환하는 방식이다. 예 연구개발부서 책임자들의 회의, 경영층 임원들의 전략회의, 병원 응급실 의료인들의 문제해결 방식 등

(3) 커뮤니케이션 네트워크 유형별 효과(커뮤니케이션 네트워크 유형과 조직유효성)

	사슬형	Y형	수레바퀴형	원형	완전연결형
권한의 집중	고	중	고	저	매우 저
소통 속도	중	중	단순직무 : 빠름 복잡직무 : 느림	단합 : 빠름 개별 : 느림	빠름
소통 정확도	서면 : 고 언어 : 저	단순직무 : 고 복잡직무 : 저	단순직무 : 고 복잡직무 : 저	단합 : 고 개별 : 저	고
구성원 만족도	저	중	저	고	고
의사결정 속도	빠름	중간	중간	느림	빠름
의사결정 수용도	저	중간	중간	고	고

(4) 네트워크 유형과 구성원 만족도의 관계

래빗(H. J. Leavitt)의 연구는 **집단구성원들이 말할 자유를 많이 가질수록 더 만족**한다는 사실을 보여준다. 이에 비추어 **다른 여건이 동일하다면 완전연결형이 구성원들의 사기 수준이 가장 높다**고 볼 수 있다.

첫째, **메시지를 전달하는 데 걸리는 시간을 말하는 커뮤니케이션의 속도면**에서는 **수레바퀴형(과업이 단순할 경우)와 원형(태스크포스가 모여 있는 경우)이 가장 빠르다.** 그러나 **과업이 복잡한 경우나, 태스크포스가 떨어져 있는 경우에는 속도가 상당히 느리다.** 사슬형은 커뮤니케이션 속도가 중간 정도이고 완전연결형은 매우 빠르다.

둘째, **커뮤니케이션의 정확성면**에서 **사슬형**의 경우 그 매개체가 중요한데, **문서 커뮤니케이션의 경우에는 정확성이 높으나 구두 커뮤니케이션의 경우는 계층 수가 많으면 내용이 과장되거나 왜곡될 가능성이 커지므로 정확성이 떨어진다. 수레바퀴형**의 경우는 **과업이 단순**한 경우는 **정확성이 높으나 복잡한 경우**에는 **리더가 처리해야 하는 정보나 피드백의 양이 많아 정확성이 떨어진다. 원형**의 경우 **구성원들이 모여 있으면 정확성이 높으나 떨어져 있으면 낮다.**

셋째, **구성원의 만족도는 사슬형과 수레바퀴형, Y형에서는 낮고 원형이나 완전연결형에서는 높다.** 왜냐하면 후자의 경우에는 구성원들이 단순한 커뮤니케이션의 수용자에 그치는 것이 아니라 의사결정에 직접 참여하기 때문이다. 반면 리더는 권한이 자신에게 집중될수록 만족이 높아지므로 수레바퀴나 쇠사슬형일 때 만족도가 제일 높다.

넷째, **구성원의 몰입의 정도면에서 커뮤니케이션에 대한 집단 전체의 몰입정도는 사슬형이 제일 낮다.** 왜냐하면 커뮤니케이션 과정에서 구성원은 단순히 수용자 또는 매개자의 역할만 하게 되므로 자신이 주도하는 커뮤니케이션이라는 의식이 낮기 때문이다. 이에 반해 원형이나 완전연결형은 몰입정도가 매우 높다.

(5) 소집단에서 커뮤니케이션 네트워크 유형의 결정요인

1) 과업의 종류

① 의사결정을 해야 하는 과업 → 완전연결형

② 영업팀 → 수레바퀴형(서로 다른 제품 판매)

2) 작업의 공간적 측면

좌석배치, 지리적으로 떨어져 있는 정도 등

3) 구성원들의 개인 특성

① **전문적 능력, 개방성, 서로 친밀한 정도**

② 당면한 문제가 고도의 전문적 기술을 요하는 것일 경우 집단 내 전문적 기술을 보유한 사람 간 커뮤니케이션이 주로 이뤄짐

4) 집단규범

개방적 커뮤니케이션이 규범으로 정립되어 있을 때 집단 내 계층이나 타 집단 간 커뮤니케이션이 자연스럽게 촉진되어 정보의 흐름이 수평적뿐만 아니라 수직적으로 나타남

제 3 절 커뮤니케이션의 유형

조직에서의 커뮤니케이션은 공식적 커뮤니케이션(Formal communication)과 비공식적 커뮤니케이션(Informal communication)으로 나눌 수 있다. 즉, **업무와 관련된 커뮤니케이션(공식적 커뮤니케이션)과 업무 이외의 사교모임같은 사적인 커뮤니케이션(비공식 커뮤니케이션)으로 구분**한다.

1 공식적(formal) 커뮤니케이션

(1) 공식적 커뮤니케이션의 개념

조직에서 어떤 정보가 제공될 때 **주어진 절차, 권한 및 의무관계를 바탕으로 이뤄지는 것**을 공식적 커뮤니케이션이라고 한다. 예 상사의 업무지시. 공식적 커뮤니케이션은 수직적, 수평적, 대각적 커뮤니케이션으로 나눌 수 있다.

(2) 유형 : 정보가 흐르는 방향에 따라 구분 가능

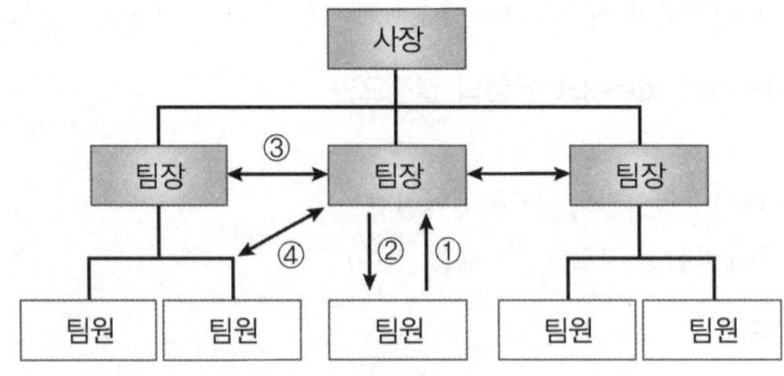

① 상향적, ② 하향적, ③ 수평적, ④ 대각적

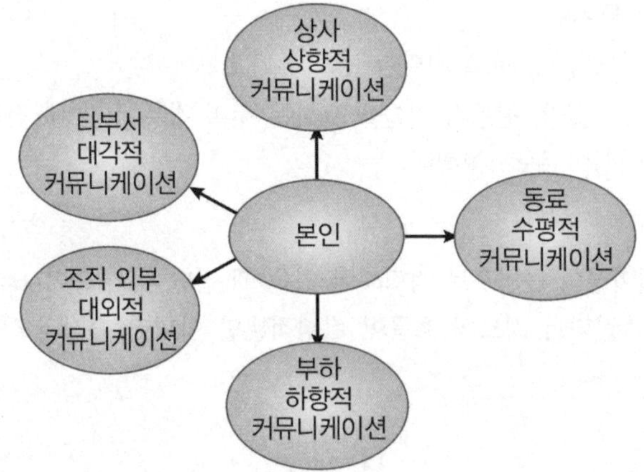

1) **하향적 커뮤니케이션(Downward Communication) : 수직적 커뮤니케이션**

① 개념

조직의 위계 또는 명령 계통에 따라 상위계층으로부터 하위계층으로 정보가 전달되는 것으로 지시적 커뮤니케이션이라고도 한다. 전통적인 커뮤니케이션의 개념으로 업무와 관련된 상급자의 의견이나, 전달사항이 공식적인 경로를 거쳐 하급자에게 전달되는 것을 의미한다. 직무에 대한 현실적 상황을 반영하지 않은 지시 등으로 하급자들에게 불필요한 스트레스를 야기하는 경우가 있다.

② 기능

❶ 조직구성원이 **해야 할 일이 무엇인지를 알려주어** 구성원들의 에너지를 그 방향으로 집중하도록 해 준다.

❷ 구성원 개인이 수행해야 하는 **일의 목적과 다른 직무와의 관계**를 알려준다.

❸ 조직의 정책 및 방침을 전달하여 **조직이 추구하는 가치가 무엇인지를 알게 해 준다.**

❹ 구성원에 대한 **평가결과**를 알려주어 **보상에 대한 공정성 지각**과 **향후 구성원에게 기대되는 것이 무엇인지를 알게 해 준다.**

③ 문제점

❶ 정보의 누수 현상(Information Filtering) : 정보의 내용이 일부 없어지거나 왜곡됨

❷ 구성원 수용성(Acceptance) : 지시내용이 모호하거나 부하의 현재 상황을 반영하지 못하는 경우 부하의 심리적 저항이 발생할 수 있음

2) 상향적 커뮤니케이션(Upward Communication) : 수직적 커뮤니케이션

① 개념

상향적 커뮤니케이션이란 **조직의 하위계층으로부터 상위계층에 정보가 전달**되는 것이다. 예 업무보고, 의견제시 등. 즉, 전통적인 커뮤니케이션 개념인 하향식 커뮤니케이션과는 달리 하급자로부터 의사나 제반 정보가 상급자에게로 흘러가는 것을 말한다.

② 상향식 커뮤니케이션의 장점

❶ **목표달성에 도움이 되는 많은 정보 획득**(혁신 아이디어 등)

❷ **제공된 정보(지시사항)의 문제점** 발견

❸ 조직이 내리는 의사결정에 구성원들을 참여시켜 의사결정에 대한 **수용성** ↑

③ 상향적 커뮤니케이션의 단점

❶ **의견이 상사에 의해 수용되지 않을 경우 무력감**에 빠져 **향후 상향적 커뮤니케이션에 소극적**이게 될 수 있다.

❷ **정보의 종류 및 양이 제한될 위험**도 있다. 예를 들어 부하는 본인에게 불리한 정보를 숨기려는 경향이 있다.

④ 효과적인 커뮤니케이션의 흐름 : **양방향 커뮤니케이션**

효과적 커뮤니케이션은 **탑다운(top－down)과 바텀업(bottom－up)이 모두 다 잘 이루어지는 양방향(two－way) 커뮤니케이션**이다.

3) 수평적 커뮤니케이션(Horizontal Communication)

① 개념

조직 내에서 같은 지위에 있는 구성원끼리의 커뮤니케이션을 수평적 커뮤니케이션이라고 한다. 계층수준이 동일한 같은 팀 혹은 다른 팀의 동료 간 발생하는 정보의 흐름으로 주된 목적은 업무의 조정에 있다. 이를 통해 구성원은 업무 방식, 업무 스케줄, 문제해결, 조언 그리고 갈등해결 등에 관한 정보를 공유하게 된다. 수평적 커뮤니케이션은 조직 내 정보의 공유와 협업에 직접 관련된다.

② 수평적 커뮤니케이션의 장점

❶ **정보의 누수 현상을 감소**할 수 있다.
❷ **커뮤니케이션의 신속성을 확보하여 문제해결의 타이밍**을 맞출 수 있다.
❸ **팀 간 또는 부서 간 잠재적 갈등을 방지**할 수 있다.

③ 수평적 커뮤니케이션의 단점

공식적인 수직적 경로가 뚫리거나 팀원이 상급자를 우회하여 위나 주변으로 커뮤니케이션이 흘러갈 때, 또는 상급자가 자기도 모르는 사이에 벌어진 조치나 결정을 발견했을 때 역기능적 갈등이 발생하기도 한다.

④ 수평적 커뮤니케이션의 장애요인

해당 부서나 팀 업무의 고유 영역을 침해하는 것으로 인식할 경우, **경쟁관계에 있는 경우 수평적 커뮤니케이션의 장애요인**이 될 수 있다.

4) 대각적 커뮤니케이션(Diagonal Communication)

다른 **타 부서와의 정보교류**로 조직 구조상 집단을 달리 하고 계층을 달리하는 사람들 간의 커뮤니케이션을 말한다. 발생빈도는 낮지만 본질적으로 수평적 커뮤니케이션이 가지고 있는 이점인 커뮤니케이션의 정확성 및 신속성 측면에서 장점이 있다.

5) 대외적 커뮤니케이션(External Communication)

조직의 외부 주체자 간의 정보 교류를 의미한다. 외부 주체자의 예시로는 고객, 주주, 협력업체, 금융기관, 지역사회, 정부 등이 있다. 기업의 이미지를 제고하여 근본적으로 조직의 경쟁력을 제고시키는 데 중요한 역할을 수행한다.

2 비공식적 커뮤니케이션(Informal Communication) : 그레이프바인(GrapeVine)

(1) 비공식적 커뮤니케이션의 개념

비공식 커뮤니케이션을 흔히 **그레이프바인**이라고 한다. **즉, 포도 넝쿨처럼 뒤엉킨 비공식 네트워크를 그레이프바인이라고 한다.** 이러한 그레이프바인은 사적인 비밀과 조직에 대한 불평을 털어놓을 수 있는 통로가 되기도 한다. 루머와 같이 조직의 계층이나 작업 질서와 관계없이 발생한다. 즉, 그레이프바인(Grapevine)은 **소문, 의심, 여론 등의 형태로 조직 내외로 퍼져나가는 비공식 정보유통채널**을 뜻한다.

(2) 그레이프바인의 특성

- **리더나 경영자에 의해 통제되기 어렵다.**
- 구성원들은 이를 통해 전달되는 메시지를 **관리자나 경영자의 말보다 더 믿는다.**
- **구성원의 사적인 이해관계와 관련**되기 때문에 소문이 돈다.
- **전달속도**가 빠르다.
- 정보전달에 있어서 **선택적**이고 **임의적**이다.
- **공식 커뮤니케이션과 비공식 커뮤니케이션(그레이프바인)은 상호보완적**이다.
- 조직구성원들을 포함한 모든 사람들이 **불안하거나, 변화에 직면했을 때 사용**한다.
- **약 75%의 정확성**을 보인다.
- **조직원들의 약 50%는 그레이프바인**을 통해서 **직무에 관한 정보**를 얻는다.

(3) 중요성

그레이프바인은 **정확성이 떨어지기는 하지만 조직변화의 필요성에 대하여 경고를 해주고 조직문화 창조에 매개 역할**을 하며, **집단 응집력을 높이는 역할**을 할 뿐만 아니라 **구성원들 간에 아이디어 전달의 경로**가 되기도 한다.

(4) 형성 원인

- **공식적 커뮤니케이션으로 전달되는 정보가 부족하거나 정보에 대한 신뢰가 낮을 때** 비공식적 커뮤니케이션을 통해 충분하고 정확한 정보를 얻으려고 함
- **조직변화가 예상**될 때 구성원들은 불안감을 갖게 되고 이를 해소하기 위한 방안으로 비공식적 커뮤니케이션에 의존
- 잡담, 자기만 알고 있는 정보를 타인에게 전달함으로써 보다 **긴밀한 인간관계를 형성**하는 경우
- **권력획득을 위한 활동**으로 정치적 행동 중 하나임 예 상대방에 대한 험담

(5) 순기능과 역기능

1) 순기능

① 공식적 커뮤니케이션을 통해 얻기 어려운 정보획득

관리자는 자신의 부하들이 조직 및 자신에 대해 어떤 태도를 가지고 있는지를 비공식 커뮤니케이션을 통해 알게 될 수 있다. 공식적 커뮤니케이션 상에서는 **듣기에 좋은 말만 골라서 하는 경향**이 있기 때문이다.

② 정신적 긴장감 해소를 통한 스트레스 감소

사적인 자리에서 **조직 혹은 상사에 대한 불만을 토로**함으로써 스트레스를 감소시킬 수 있다.

③ 새로운 정책이나 정보를 빠른 시간 내에 전달

정보전달속도가 매우 빠르기 때문에 기타 정보를 빠른 시간 내에 조직구성원들에게 전달하고자 할 때 매우 효과적이다.

④ 조직변화에 대한 저항 약화

조금씩 정보를 흐르게 하여 구성원들의 반응을 탐지할 수 있으며 구성원들이 자주 이러한 정보를 접하게 됨으로써 **심리적으로 준비**할 수 있게 해 줄 수 있다.

2) 역기능

① 조직의 비효율성 증가

불필요하고 사실이 아닌 정보가 유통되는 것으로 인해 조직의 비효율성이 증가된다.

② 비공식적 채널로 전달되는 정보를 신뢰

조직의 정책이 왜곡되어 전달되는 경우 구성원들은 이를 믿고 그 결과 불만이 증가하여 **건전한 조직문화 형성에 방해**된다.

정리하면 그레이프바인은 **경영자나 관리자가 조직원의 동태를 파악하는 데 도움을 얻을 수 있고 조직원에게 정신적, 육체적 긴장감을 풀어줄 수 있는 계기를 마련**할 수도 있으며, 나아가 **조직 활성화**를 가져오는 데도 활용할 수 있는 중요한 경영요소라고 할 수 있다. 그러나 그레이프바인은 여러 가지 문제를 야기한다. 우선 **정보왜곡의 가능성**이 크고, **어디에서 시작됐는지를 알 수 없기 때문에 통제가 쉽지 않으며, 나쁜 정보가 흘러 다닐 경우 조직 신뢰가 손상**될 수 있다.

(6) 비공식적 커뮤니케이션 네트워크의 유형

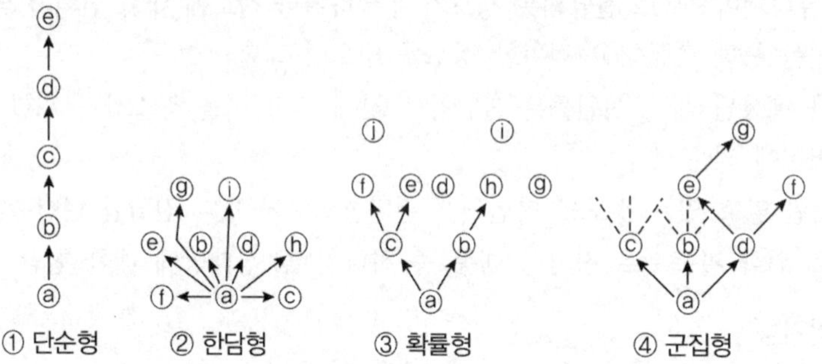

1) **일방형 or 단순형(Single Stand Network)**

정보전달의 정확성은 떨어지지만 처음부터 마지막까지 의사소통의 연결이 순서대로 이루어진다.

2) **잡담형 or 한담형(Gossip Network)**

한 사람이 정보를 습득하여 다른 모든 사람에게 전하는 형태이다. 직무와는 관계가 적지만 관심이 있는 정보에 대해서 발생한다.

3) **확률형(Probability Network)**

정보의 내용에 호감은 가지만 중요하지 않은 경우에 발생한다.

4) **군집형(Cluster Chain Network)**

한 사람이 정보를 몇 사람에게 전달하면 전달받은 사람이 다른 몇 사람에게 전달하는 형태이다. 조직에서 가장 빈번히 발생한다고 할 수 있다.

(7) 관리자에의 시사점 : 비공식적 커뮤니케이션의 관리방안

비공식적 커뮤니케이션은 **관리자에게 조직의 사기 혹은 동기부여에 대한 정보를 제공하고 종업원들이 중요하게 생각하는 문제를 확인하고, 종업원들의 고충을 파악하는 데 도움**이 된다. 또한 비공식적 커뮤니케이션은 커뮤니케이션을 하는 사람들 사이에 **친밀감과 우정**을 불러일으켜서 **종업원의 욕구해소에도 도움**이 될 수 있다. 비공식적 커뮤니케이션을 조직에서 완전히 제거하는 것은 불가능하지만, **관리자들은 소문의 범위와 영향을 제한시켜 역기능을 최소화하고 순기능을 극대화하는 방향으로 관리해야 할 것**이다. 이를 위한 구체적인 방안은 아래와 같은 것이 있다. 비공식 커뮤니케이션의 주 원천이 되는 구성원들에 대한 파악이 필요하고 조직은 이들과의 관계를 긴밀히 하여 순기능을 극대화시킬 수 있도록 노력해야 한다.

- **정보** 제공
- **신뢰**의 확보
- **열린 커뮤니케이션** 경로 유지(예 문호개방정책(open－door policy, 멘토 등)

PART 03

제 4 절 커뮤니케이션 방법

1 개요

커뮤니케이션의 방법으로는 **언어적 커뮤니케이션**과 **비언어적 커뮤니케이션**이 있다.

- 언어 : 말, 문서
- 비언어 : 제스처, 얼굴표정, 눈접촉, 공간/시간, 준언어(언어의 보조수단으로 음색이나 억양 등이 있음)
- 전자커뮤니케이션 : 전자매체를 통한 커뮤니케이션 예 모바일 커뮤니케이션

2 언어적 커뮤니케이션(Verbal Communication)

(1) 구두(Oral) 커뮤니케이션

1) 장점

① **전달속도가 빠르며 즉각적 피드백이 가능**하다.

② 메시지 내용뿐만 아니라 말의 강약, 속도, 목소리 등이 동시에 이루어져 **수신자의 입장에서 메시지를 보다 더 잘 이해가 가능하다.**

③ 서로에 대한 느낌(감정)도 직접 전달이 가능하여 **보다 정확하게 메시지를 이해할 수 있고 피드백을 기대할 수 있다.**

2) 단점

수신자가 집중해서 듣지 않을 경우 메시지 전달에 문제가 발생한다.

(2) 서면(Written) 커뮤니케이션

1) 장점

① **메시지를 오랜 기간 보존 가능**하다.

② **오해의 소지가 적고 긴 커뮤니케이션에 유용**하다.

2) 단점

① **전달속도가 느리다.**

② **즉각적인 피드백에 한계**가 있다.

구두 커뮤니케이션	서면 커뮤니케이션
감정과 느낌을 전달함	사실을 전달함
메시지가 영구적일 필요가 없음	메시지가 영구적인 파일이 됨
긴급한 시간이 요구됨	약간의 긴급한 시간이 요구됨
피드백이 요구됨	즉각적인 피드백이 요구되지 않음
아이디어가 간단하거나 설명과 함께 간단해질 수 있음	아이디어가 복잡할 때

(3) 모바일 시대의 조직 내 커뮤니케이션

1) 의의

모바일 통신의 도입으로 긍정적인 측면과 부정적인 측면이 동시에 나타나고 있다. **긍정적인 측면은 정보공유가 원활해져 의사결정에 소요되는 시간이 많이 줄어들었다는 점을 들 수 있다. 또한 구성원들과 지리적으로 떨어져 있으면서도 관계를 유지하기 쉬워졌으며, 상하 간의 소통빈도가 많아져 위계적 질서가 어느 정도 완화되는 현상이 나타나고 있다.** 빅데이터나 AI를 활용하여 고객정보를 보다 과학적으로 분석하여 전략수립에 활용할 수 있게 된 것도 모바일 시대의 긍정적 변화라고 할 수 있다.

하지만 **부정적인 측면**도 많다. 무엇보다도 **보안성이 문제**가 되고 있다. **상사의 비합리적인 명령, 무리한 요구, 잘못된 의사결정에 대한 평가가 쉽게 확산되므로 인상관리(impression management)에 특별히 신경을 써야 하는 시대**가 되었다.

2) 특징

① 장점

❶ 정보 분배의 비용 절감

이메일은 전자적으로 정보를 보낼 수 있고, 그렇게 함으로써 직원들이나 고객들에게 정보를 전송하는 비용을 줄일 수 있다.

❷ 팀워크 증대

사용자들은 전 세계에 있는 동료들에게 메시지를 전송할 수 있고 즉각적인 피드백을 받을 수 있다.

❸ 종이값 절약

전문가 측정에 의하면 직원 한 명당 $9,000가 절약된다.

❹ 유연성 증가

노트북, 휴대폰, 휴대기기를 사용하는 직원들은 어디서나 이메일을 열어볼 수 있다.

② 단점

❶ 노력과 시간의 낭비

이메일은 업무를 처리해야 하는 책임으로부터 직원들의 집중을 분산시킬 수 있다. 직원들은 너무 많은 시간을 검색으로 소비한다.

❷ 정보 과다

평균적인 직원이 하루에 받는 메시지는 171개이고, 그중 10~40%는 불필요한 메시지이다.

❸ 사용법을 관리, 저장, 숙지하기 위한 비용의 증가

시스템은 사생활을 보호해야 하기 때문에 이를 보호하기 위한 별도의 비용이 들 수 있다.

❹ 다른 매체에 대한 등한시

사람들은 복잡한 문제임에도 이메일을 통해 해결하려고 한다. 이메일은 면대면 의사소통의 양을 줄인다.

(4) 바람직한 매체 선택 : 매체의 정보 충실도와 상황의 복잡성

어떤 커뮤니케이션 매체를 선택하는 것이 바람직한가는 매체의 정보충실도(information richness)와 상황(또는 문제)의 복잡성에 따라 결정된다.

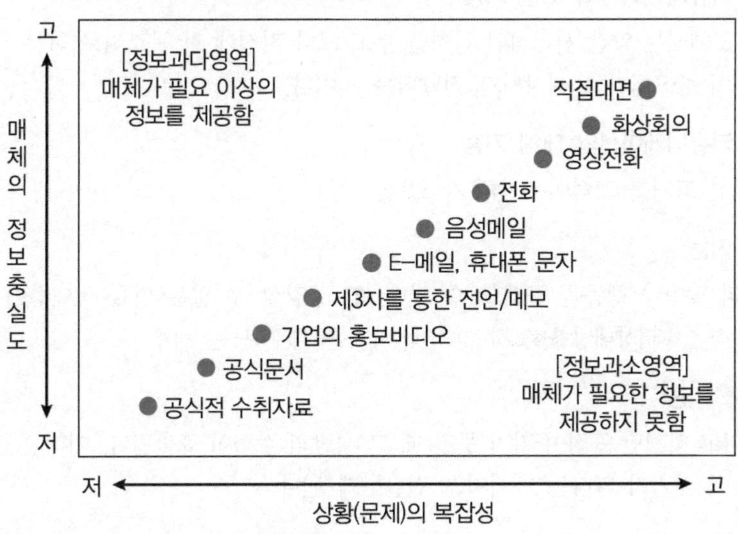

1) 정보 충실도(Information Richness)의 의의

정보충실도란 **특정 매체가 내포하고 있는 정보의 양과 다양성**을 뜻한다. 정보충실도(매체의 풍부성)은 다음과 같은 세 가지 요소로 구성된다.

① **풍부성** : 매체가 다른 보조 단서들을 수반하는 정도 예 직접대화 → 표정, 옷차림 등 단서가 동시에 전달

② **인간적** : 직접적인 소통이 가능한지

③ **피드백** : 수신자의 피드백을 받을 수 있는지

2) 상황의 복잡성(Situational Complexity)

바람직한 매체의 선택은 상황(문제)의 복잡성에 따라서도 달라진다. **일상적이고 예측가능하며 분명한 목표나 절차를 포함하는 내용인 경우에는 의사전달 상황의 복잡성이 낮다**고 볼 수 있으나 조직변화에서와 같이 **예측할 수 없는 상황의 경우에는 복잡성이 높다**고 볼 수 있다. 중요한 문제는 직접 만나서 얘기하는 것이 바람직하다.

3) 상황에 따른 바람직한 매체의 속성 선택

어떤 매체가 효과적인지는 요구되는 정보의 양과 커뮤니케이션을 통해 해결해야 할 문제의 복잡성에 따라 다르다.

3 비언어적 커뮤니케이션(Non-Verbal Communication)

(1) 비언어적 커뮤니케이션의 의의

보통 자신도 의식하지 못하는 상태에서 나오는 경우로 **제스처, 얼굴표정, 목소리 강약** 등이 있다.

(2) 비언어적 커뮤니케이션의 기능

1) 언어적 커뮤니케이션의 보완 기능

중요한 곳에서는 약간 시간적인 간격을 두고 보다 자신에 찬 목소리로 하는 경우 수신자에게는 이 부분이 중요하다는 메시지가 전달되는 것이다.

2) 언어적 커뮤니케이션의 대체 기능

대답 대신 고개를 끄덕이는 경우가 있다.

3) 규제의 기능

상대방의 말이나 행동을 규제할 수 있다. 예 공감할 수 없는 말을 상대방이 한다거나 대화를 끝내고 싶을 때 상대방을 보지 않거나 시계를 자주 보는 경우

4) 감정표출 기능

동의한다고 하지만 표정이 밝지 못할 때 그 사람의 감정이 표출된다. 이러한 감정표출은 동의를 하는 것이 내키지 않다는 메시지를 전달하게 된다.

(3) 비언어적 커뮤니케이션의 종류

얼굴표정, 시선맞추기, 파라랭귀지(목소리의 높낮이, 떨림, 침묵 등), 드레스코드(보통은 조직문화 반영, 보수적 → 정장), 커뮤니케이션 거리(가까울수록 친밀), 좌석배치(직급이 높은 사람이 중앙 상석에 앉고 그 다음 직급 순으로 중앙 상석 옆에 배정), 제스처(신체언어)

제 5 절 커뮤니케이션의 장애요인

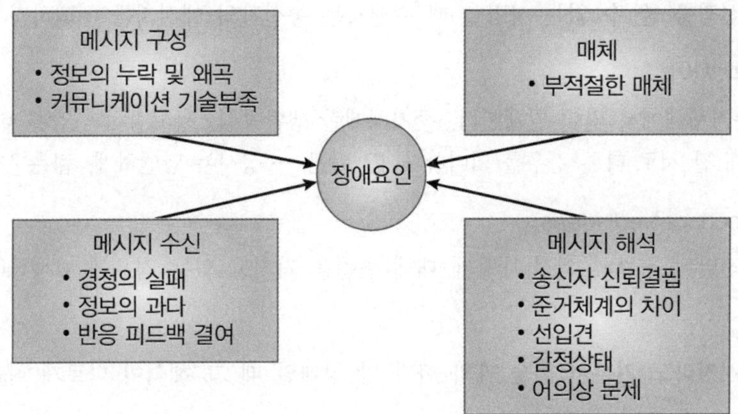

1 메시지 구성상의 문제

(1) 정보의 누락 및 왜곡

자기에게 불리한 정보를 누락할 수 있다.

(2) 커뮤니케이션 기술 부족

문장구성이 잘못되었거나 부적절한 단어를 사용하고 발음도 부정확할 경우 커뮤니케이션의 장애요인이 될 수 있다.

2 부적절한 매체의 사용

메시지 전달의 목적에 따라 상이한 매체를 선택해야 한다. 예를 들어 많은 액수의 투자를 검토해야 하는 경우 직접 대면 상태에서 메시지를 전달해야 함에도 불구하고 송신자가 도표, 그림 그리고 숫자로 된 자료만을 제공할 경우 심각한 문제가 제기될 수 있다.

3 수신자의 메시지 수신상의 문제

(1) 경청의 실패

송신자의 메시지를 선택적으로 청취하여 메시지를 완전하게 수신하지 못하는 경우가 있다.

(2) 정보의 과다

너무 많은 정보가 일시에 전달될 경우 수신자는 이를 모두 수신하는 데 한계를 가진다. 즉, 어떤 것은 무시되고 어떤 것은 잊어버리는 등 완전한 형태로 수신하는 데 문제가 발생한다.

(3) 반응 피드백 결여

수신자가 아무런 반응을 보이지 않을 경우 송신자는 제공했던 정보가 제대로 수신되었는지 확신을 할 수 없게 되고 추가로 전달한 정보가 있을 경우에 전달을 적극적으로 하지 않게 된다.

4 메시지 해석상의 문제

(1) 송신자에 대한 신뢰 결핍

송신자가 신뢰를 줄 수 없는 사람일 때 수신자는 송신자의 메시지를 신뢰하지 않는다.

(2) 준거체계의 차이

세대 간 준거체계에서 많이 발생한다. 준거체계란 생활방식, 사고방식과 같은 바람직하다고 믿는 내용이 세대 간 서로 다른 경우를 의미한다. 예 야근 → 상사는 당연하게, 젊은 사원은 이례적인 일

(3) 선입견(Preconceived ideas)

선입견은 전달된 정보의 특정 내용에 대해 편견을 가지고 있는 경우에 발생한다.

(4) 감정상태

동일한 메시지라도 기분이 좋을 때와 화가 난 상태일 때 그 해석이 다르게 나올 수 있다.

(5) 어의상의 문제

같은 단어를 다른 뜻으로 해석하는 경우를 의미한다. 원인은 문화 간, 국가 간, 세대 간 등 매우 다양하다.

커뮤니케이션의 방해요소
① 왜곡 전달자나 수신자의 능력, 의도하는 바, 가치관, 그리고 생각하는 관점의 차이 때문에 전달자의 원래의 뜻이 제대로 전해지지 않고 왜곡되는 경우가 있다. 커뮤니케이션 왜곡이 일어나는 이유로는 다음의 네 가지를 들 수 있다. 첫째, 전달자와 수신자가 서로 상이한 의식구조를 가지고 있는 경우, 둘째, 전달매체가 열악한 경우, 셋째, 정보 해석상에서 오류가 발생한 경우, 넷째, 전달내용이 너무 축약된 경우 등이다. ② 누락 수신자가 정확한 판단에 필요로 하는 모든 정보를 전달자가 제대로 전달하지 못할 때(또는 않을 때)를 의미한다. ③ 정보 과중 전달해야 하는 정보나 지식이 너무 많아서 합리적 의사결정이 손상을 입거나 소통효과가 기대한 대로 나타나지 않는 경우를 커뮤니케이션 과중이라고 표현한다. ④ 타이밍 커뮤니케이션의 생명은 타이밍이다. 수신자가 필요로 하는 때에 전달되어야 의미가 있다. ⑤ 수용성 궁극적으로 수신자가 정보를 수용하지 않으면 커뮤니케이션의 유효성을 기대할 수가 없다.

제 6 절 커뮤니케이션의 개선방안

1 대인 간 커뮤니케이션의 개선방안

(1) **효과적인 경청 : 적극적 경청**

1) **의의 및 방법**

경청이란 듣기보다 훨씬 많은 의미를 담는 것으로 언어 메시지를 적극적으로 해석하고 이해하는 과정이기 때문에 인지적 관심과 주의력 집중이 요구된다. 경청은 감상, 감정이입, 이해, 통찰을 통해 실천할 수 있다.

① 공감적 경청

메시지의 객관적인 내용뿐만 아니라 송신자의 감정까지도 헤아려 듣는 자세를 의미한다. 객관적인 메시지 내용만으로 송신자의 의도를 파악하려 하기보다는 그가 어떤 상황과 감정 상태에서 메시지를 전달하는가를 고려하여 메시지에 대한 보다 정확한 해석을 할 수 있다.

② 능동적으로 듣기

고객을 끄덕이는 등 태도를 보여줌으로써 송신자가 자신의 말이 잘 전달되고 있음을 느끼게 할 수 있다.

③ 자신만의 언어로 표현하기

자신의 언어로 바꾸어 말함으로써 상대방으로 하여금 수신자가 그의 말을 주의 깊게 듣고 있음을 알게 해 준다.

수용자 측의 커뮤니케이션 개선을 위한 노력
단순한 듣기(hearing)와 달리 **적극적 경청(listening)**은 **언어적 메시지를 적극적으로 해독하고 해석하는 과정**이다. 수용자가 적극적으로 전달자의 정보를 경청하기 위해서는 다음의 4가지 조건이 필요하다. ① **집중**(intensity)을 해야 한다. ② **감정이입**(empathy)이 필요하다. 즉, 수용자도 전달자의 입장이 되어 전달자가 말하는 바를 이해하도록 노력해야 한다. ③ 전달내용에 대해 **편견을 가지지 말고 객관적으로 수용**(acceptance)**하는 자세**로 들어야 한다. ④ 전체를 **완벽**(completeness)**하게 알고자 하는 태도**를 가져야 한다. 이는 수용자가 전달자의 메시지가 의도하고 있는 내용을 모두 얻고자 노력해야 함을 의미한다.

2) **경청의 효과**

① **상대방이 가진 정보를 획득**할 수 있다.

② 상대의 말을 듣고 나면 내가 **상대방에 대해 더 알 수 있어서 좋다.**

③ **상대방이 나를 좋아하게 할 수 있다.**

(2) 효과적인 피드백

1) 피드백의 개념

피드백이란 **송신자가 보낸 메시지를 수신자가 해석하고 그 내용을 다시 송신자에게 보내는 것을 의미**한다. 상사와 부하 간 커뮤니케이션에서 중시된다.

2) 피드백의 종류

① 방어적 피드백 = 통제적 feedback

수신자를 굴복시키거나 통제할 목적으로 하는 피드백으로서 주로 수신자를 비판하는 내용이 주가 된다.

② 지원적 피드백 = 정보적 feedback

객관적인 사실 및 의미에 초점을 두는 피드백으로 **부하의 성장이나 발전을 위한 피드백**이다.

3) 피드백의 방향 : 지원적 피드백

지원적 피드백은 **내재적 동기의 효과를 유발함으로써 더 효과적**이라고 할 수 있다.

(3) 개방적 커뮤니케이션 조성

활발한 정보공유를 통해 **의사결정의 질을 높일 수 있다.**

전달자 측의 커뮤니케이션을 위한 노력
① **분명하고 적절한 언어를 사용**한다. ② 수용자 입장에서 **역지사지의 태도**를 가져야 한다. ③ **사후검토와 피드백**을 활용한다. 즉, 전달자는 사후검토와 피드백을 통해 메시지의 내용이 실제로 수용자에게 어떻게 해석되고 있는지를 조사해야 한다. ④ **병행경로(parallel channels)나 반복(repetition)을 사용**한다. 즉, 다양한 경로를 이용하여 메시지를 전달하거나 같은 내용을 몇 차례 반복하여 왜곡가능성을 줄인다. ⑤ **사례를 들어 설명**한다. 자신의 의도를 전달하는 과정에서 적절한 사례를 들어 설명하면 표현이 보다 정확해지고 추상적인 논제도 구체화되어 쉽게 이해시킬 수 있다. ⑥ **물리적 환경을 효과적으로 이용**한다. 메시지 전달의 시기를 구체적으로 정하거나 직무의 압력으로부터 벗어나 순전히 커뮤니케이션을 위한 시간을 별도로 정하는 방법이 있다.

2 조직 내 커뮤니케이션의 개선방안

(1) 하향식 커뮤니케이션의 개선방안

1) 하향식 커뮤니케이션의 유효성 : 직무의 명확성

하향식 커뮤니케이션이란 **업무 보고를 의미**하며 **〈직무의 명확성〉**이 중요하다. 즉, 하급자들이 직무수행의 방식을 정확히 이해하도록 지원해야 한다.

2) 구체적인 방법

① **하급자에게 직무에 대해서 충분히 알려주어 직무가 요구하는 바를 명확히 해주어야** 한다.

② **직무의 배경을 설명**해 줌으로써 왜 그런 일을 해야 하는지를 이해시킨다.

③ **업적과 관련된 피드백을 계속적으로 제공**해줌으로써 목표추구의 효과를 높여야 한다.

④ **커뮤니케이션 경로를 다양화**한다.

⑤ **중요한 내용**은 **반복 전달**한다.

⑥ **공식적인 경로를 이용**하고, **수신자에게 직접 전달**되도록 한다.

(2) 상향식 커뮤니케이션의 개선방안

1) 상향식 커뮤니케이션의 문제 : 정보의 과적현상

상향식 커뮤니케이션의 문제는 '**정보의 과적현상**'이다. 하급자로부터의 전달내용이 너무 난잡하고 체계화되어 있지 않아 단편적인 자료에 지나지 않는 경우가 많다는 것이다.

2) 보완방법

① 감별법(Screening) : 일반적인 자료로부터 특별히 필요한 정보를 도출해 내고, 정보 내용의 중요성과 타당성을 구분하여 전달하는 것이다.

❶ 예외에 의한 관리 : **예외적인 정보**가 발생하는 경우에만 상급자에게 전달하는 것이다.

❷ 공급 충족의 법칙 : 하급자에게서 상급자에게로 공급되는 정보의 양과 질을 조정한다는 것이다. 즉, **요약하고 정리하여 전달에 소요되는 시간을 최소화**한다.

❸ 대기행렬의 법칙 : **정보의 '중요도'에 따라 순서적으로 전한다**라는 뜻에서 「대기행렬」이라고 이름 지어졌다.

② 조직 내 분위기를 조정하는 방법 : 우선 **하급자가 상급자에게 보고하는 자체에 대한 두려움을 없애는 노력**이 필요하다.

③ 정보의 조직화 : **상급자에게 보고되는 정보의 내용은 조직화**되어야 한다.

(3) 수평적 커뮤니케이션의 개선방안

- 작업 집단 내에 상급자에 대한 **신뢰**가 있어야 한다.
- **단위 조직 간 형평의 원리가 적용**되어야 한다.
- **단위조직 간 정보의 원활한 교환**이 이루어져야 한다. '**사일로 현상**(Silo effect)[11]'을 **경계**해야 한다.
- **조직구조의 변화가 신축성**을 지녀야 한다. **환경에 맞는 조직구조**를 이룰 때 수평적 커뮤니케이션이 효과적일 수 있다.
- **직접대면의 소통기회를 증대**시켜야 한다.

(4) 비공식채널의 활용

그레이프바인은 **비생산적인 소문 등 역기능**이 있지만 **이해관계가 충돌하는 상황에서 비공식 커뮤니케이션은 공식채널보다 협상과 타협에 더 유리**하다. 또한 **정보의 신속한 전달 혹은 직접 전하기 곤란한 조직의 비밀정보 등은 비공식 네트워크가 효과적**이다. 또한 **하의상달을 꺼리는 분위기에서 비공식 그레이프바인을 하급 직원들의 불만이나 탄원 창구로 이용한다면 상급자는 훨씬 더 쉬운 관리**를 할 수 있을 것이다.

---

11) 사일로 현상이란 다른 부서와 담을 쌓고 자기 부서 이익만 챙기는 현상을 의미한다. 사일로 함정에 빠진 조직은 부서 간 소통이 제대로 이뤄지지 않아 경쟁력 약화를 가져온다.

03 | 권력과 정치

제 1 절 조직을 보는 관점

조직의 권력을 보는 시각의 차이에 따라서 **권력을 바라보는 관점**이 다르다.

1 일원적 조직관 : 갈등에 대한 전통적 관점

갈등에 관한 초기의 연구로는 과학적 관리를 주장했던 **테일러(Frederick W. Taylor)의 연구**를 들 수 있다. 그는 모든 갈등이란 결국 **관리자의 권위를 위협하는 것**이기 때문에 가능하면 피해야 하며 **갈등의 상황이 전개되면 이를 곧 해결해야 한다고 주장**하였다(1920's).

2 다원적 조직관 : 갈등에 대한 현대적 관점

1950년대 이후, 인간관계론자들은 **갈등이란 피할 수 없는 것**이므로 **관리자들은 오히려 갈등의 존재를 인정하고 갈등과 더불어 사는 방법을 터득해야 한다고 제시**했다.

그러나 **1970년대** 들어서면서, **갈등이란 그 근원과 강도에 따라서 긍정적인 결과를 낳을 수도 있고 부정적인 결과를 낳을 수도 있음이 밝혀졌다.** 반면에 지나치게 심한 갈등을 겪고 있는 조직은 조직 내의 권력의 획득을 목적으로 한 정치적 분쟁, 불만족, 팀워크의 상실, 그리고 이직 등을 유발하여 조직의 성과를 떨어뜨리게 된다.

제 2 절 권력(Power)

1 권력의 개념

베버(M. Weber)에 의하면 권력이란 한 개인(집단)이 다른 개인(집단)을 움직일 수 있는 능력이다. 즉, 권력은 사회적 관계 속에서 **상대방(개인 또는 집단)의 의지와 관계없이 나의 의지와 뜻을 상대방에게 관철시킬 수 있는 잠재적 · 실제적 힘 또는 능력**을 뜻한다. 또한 권력은 사회적 관계 속에 존재하는 실제적 능력뿐 아니라 잠재적인 능력까지를 포함한다.

2 권력의 유사 개념 : 영향력, 권한, 리더십

(1) 영향력(Influence)

영향력이란 **한 사람(또는 집단)이 다른 사람(또는 집단)의 태도, 가치관, 지각, 행동 등에 변화를**

가져오도록 만들 수 있는 힘의 총량을 뜻한다. 태도나 행동 변화를 위해 개인이나 집단에게 가해지는 것으로 과정적이고 동적인 속성을 가지지만 권력은 영향력을 행사할 수 있는 힘이나 자원으로 정적인 속성을 가진다.

다른 말로 사회적 영향력(social influence)이라고도 하는데 **권력보다 좀 더 포괄적인 개념**이다. **상대를 원하는 방향으로 유도하지 못했더라도 나 때문에 상대의 태도나 행동이 변했다면 나는 그에 대해서 영향력이 있는 것이다.**

영향력 행사의 9가지 전략

- 논리적 설득 : 논리, 사실, 이치를 따지며 합리적으로 설득함
- 영감어린 호소 : 비전과 가치를 감성적 열정으로 설명함
- 자문법(consultation) : 계획, 의사결정, 변화추구 등에 다른 사람들을 참여시킴
- 감사표시 : 어떤 요청을 하기 전에 감사표시를 함으로써 분위기를 좋게 함
- 개인적 호소 : 친분이나 정을 바탕으로 요구함
- 거래 약속 : 요청을 들어주면 다른 혜택을 주겠다고 약속함
- 연합전술 : 친한 사람에게 다른 사람을 설득해달라고 부탁함
- 압력행사 : 위협이나 협박을 통하여 동의를 구함
- 권한행사 : 공식적으로 주어진 권한이나 규칙을 사용하여 요청함

(2) 권한(Authority)

1) 의의

권한(authority)은 **한 개인이 조직 내에서 차지하고 있는 위치로 인하여 갖게 되는 공식적인 힘**을 말한다. 권한은 권력의 한 요소라고 볼 수 있으며 **합법성이 강조**된다. 조직에서 개인이나 집단에 공식적으로 부여한 권력으로 합법성이 보장된다. **조직이나 사회구조 내에서 그의 역할과 지위로 인해 특정한 행위 주체에게 생기는 정당한 권력**을 권한이라고 할 수 있다.

2) 유형

베버(M. Weber)는 권한을 다음과 같이 전통적 권한, 합법적 권한, 카리스마적 권한으로 나누었다.

① 전통적 권한(traditional authority)

전통과 관습은 신성한 것이며, 그것에 따르는 것이 정당하다는 생각이나 주장에 동조해 성립되는 권한을 말한다. 즉, **예전부터 해왔던 전통이나 관습에 의한 지배**를 의미한다.

② 합법적 권한(rational-legal authority)

법규는 신성하며 그것을 지키는 것이 정당하다는 생각에 근거해서 성립되는 권한이다. 즉, **법과 규칙에 따른 지배**를 의미한다.

③ 카리스마적 권한(charismatic authority)

카리스마를 지닌 인물의 비일상적이고 초인간적인 능력과 정서적 매력을 존경하고 동조하여 성립되는 권한이다. 카리스마라는 말은 본래 종교에서 유래한 것으로 **'은총의 선물', 즉 신성**

한 권능을 부여받았다는 의미다. 단순히 지도자가 가진 능력이 아니라 **추종자들이 그러한 능력을 인정함으로써 카리스마의 유효성을 결정**한다.

베버는 전통적 권한과 카리스마적 권한으로부터 벗어나 **합법적 권한을 강조하는 〈관료제〉가 업무를 효율적으로 수행하여 기술적으로 우월하다고 주장**하였다. 현대사회로 갈수록 합리화되는 경향이 커지면서 점점 더 관료제에 의한 지배가 강화될 것이라 예측했다.

3) 권한의 특징

권한의 4대 특징
• 권한은 **합법적 권력**이다. • 개인보다는 **개인의 직위를 바탕**으로 한다. • **하급자에 의해 받아들여지는 것**이어야 한다. • 위에서 아래로의 **수직적인 흐름**을 말한다.

(3) 리더십(Leadership)

리더십이란 **조직의 목표달성을 위해 조직구성원에게 영향력을 발휘하여 태도 및 행동을 변화**시키는 것을 의미한다. **리더십 발휘의 수단으로 권력이 사용**된다.

리더십과 권력의 차이는 리더십은 부하에게 일방적으로 영향을 미치는 것이지만 권력의 영향력은 당사자 쌍방으로 작용한다.

개념	정의
권력	한 개인이나 집단이 다른 개인이나 집단에 대하여 **지배력**을 확보하는 것
권한	한 개인이 조직 내에서 차지하고 있는 위치로 인하여 갖게 되는 **공식적**인 힘
영향력	한 개인(또는 집단)이 다른 개인(또는 집단)의 태도, 가치관, 지각, 행동 등에 **변화**를 가져오도록 만들 수 있는 힘의 총량

3 권력의 특징

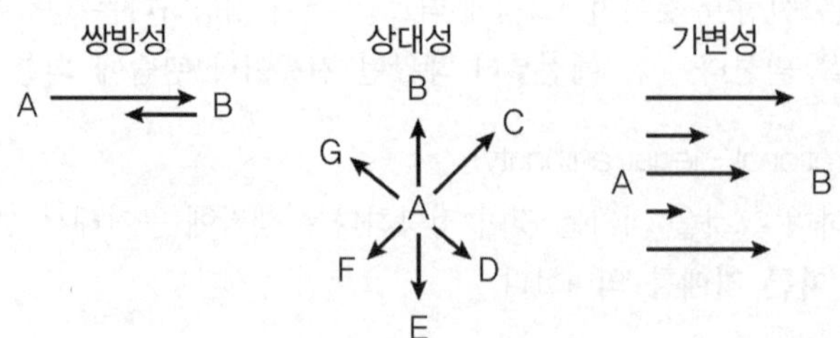

(1) **양립적(Compatible)**

권력은 **한쪽 사람 혹은 집단에게만 주어지는 것이 아니라 다른 일방에게도 주어진다.**

(2) **상대적(Relative)**

권력의 크기는 **상대방이 누구냐에 따라 그 크기가 달라진다.**

(3) **가변적(Variable)**

권력의 크기는 **상황에 따라 바뀐다.**

제 3 절 권력의 원천(Source)

1 개인 수준(Individual Level)

(1) **French & Raven의 5가지 권력의 원천**

프렌치와 레이븐(French & Raven)은 **특정인이 가진 권력이 어디에 기반을 두는지에 따라 유형을 다섯 가지로 분류**했다.

(2) **공식적 · 비공식적 권력**

이들 다섯 가지 권력은 크게 공식적 권력과 비공식적 권력으로 구분할 수 있다. 공식적 권력은 조직이나 법이나 사회가 그 자리에 있는 자에게 권력을 부여하여 이를 근거로 권력을 행사하는 것인 반면, 비공식적 권력은 개인의 지위와 관계없이 갖고 있는 인간적 특성에서 비롯되는 권력이다. 달리 표현하여 공적(formal) 권력 혹은 조직중심 권력, 사적(personal) 권력 혹은 개인중심 권력이라고도 한다.

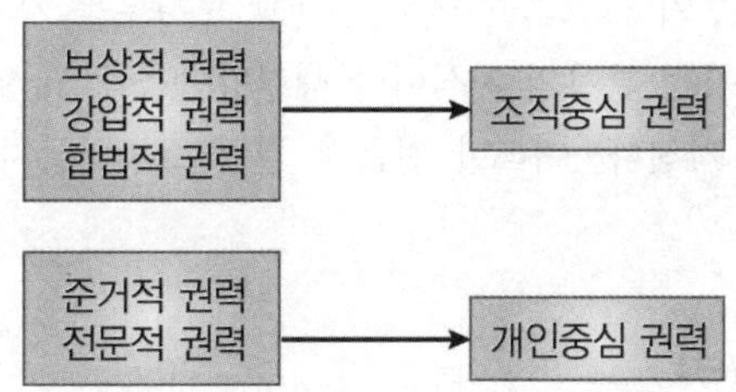

(3) **유형**

1) **보상적 권력(Reward power) : 공식적 권력(formal power)**

보상적 권력(Reward power)이란 **권력자가 다른 사람에게 그가 원하는 보상을 해 줄 수 있는 자원과 능력을 갖고 있을 때 발생**한다. 즉, 개인이 상대방의 보상을 통제할 수 있는 힘으로 물질적인 것뿐만 아니라 정신적인 것도 포함한다. **상대방에게 경제적 · 정신적 보상을 해줄 때 생기는 권력**이다.

2) 강제적 권력(Coercive power) : 공식적 권력

보상의 반대인 처벌할 수 있는 힘(예 한직으로 좌천, 연봉 삭감 등)에 비롯된 권력을 의미한다. 강압적 권력(coercive power)은 **처벌이나 위협을 전제**로 한다. 상급자가 하급자들을 해고시키거나 원치 않는 부서로 이동시키든지 승진에서 누락시키는 등의 불이익을 줄 수 있을 때 발생한다. 즉, 무력이나 위협, 그리고 감봉·해고·벌 같은 부정적 보상으로 이것을 피하려는 사람들에게 행사하는 권력이다.

3) 합법적 권력(Legitimate power) : 공식적 권력

합법적 권력(legitimate power)은 **권력행사에 대한 정당한 권리**를 전제로 한다. 따라서 합법적 권력은 권한과 유사한 개념으로 볼 수 있다. 합법적 권력은 일반적으로 **조직 내 지위와 관련**된다. 조직이 개인에게 부여한 공식적인 권한으로 개인의 직위에서 나온다. 이러한 권력은 조직도상 상단에 위치할수록 합법적 권한이 크다.

이러한 합법적 권력은 권한(authority)이라고도 하는데, 서로의 약속에 따라 특정인에게 일정한 권력을 주도록 했을 때 약속된 법과 제도에 따른 권력이라고 할 수 있다.

4) 준거적 권력(Referent power) : 개인적 권력(Personal power)

개인이 바람직한 특질을 가졌을 때 나오는 것으로서 권력을 수용하는 사람과 일체감이 조성될 때 발생한다. **즉, 자신보다 뛰어나다고 인식되는 사람을 존경하고 닮고자 하는 데서 나오는 권력이다.** 예를 들어 개인적으로 매력과 존경을 느끼거나, 롤모델로 여겨 동일시하고 싶거나, 인간적으로 그를 좋아하기 때문에 권력이 발생한다.

5) 전문적 권력(Expert power) : 개인적 권력

전문적 권력(expert power)은 **전문적인 기술이나 지식 또는 독점적 정보에 바탕**을 둔다. 권력행사자가 전문지식, 특수기술 그리고 업무 수행상 노하우를 가지고 있을 때 형성된다. "지식은 힘이다"라는 격언처럼 **특정 분야의 지식이나 해결방안을 알고 있는 사람은 그것을 모르는 다른 사람들에 대해 권력을 가진다.** 이러한 전문적 권력으로 하급자도 더 많은 지식으로 상급자를 조종하기도 한다.

2 집단 수준(Group Level)

자원의존모형 관점에서 권력은 상대가 필요로 하는 자원을 많이 가질수록 크다. 자원을 보유하는 사람에 대한 의존도가 클수록 권력은 더 커질 수 있다. 예를 들어 돈(보상적 권력)을 많이 가지고 있더라도 상대방이 많이 의존할수록 돈의 위력이 커진다는 것이다.

만약 내가 상대에 대해 의존을 한다면 ① **그 자원이 내 손에 들어올 확률이 불확실할수록**, ② **자원이 희소할수록**, ③ **상대가 가진 자원이 내게 꼭 필요하여 중요할수록 의존성이 커진다.** 즉, 이 세 가지 측면에서 볼 때 어느 상황에 있는지가 의존성의 크기를 결정한다.

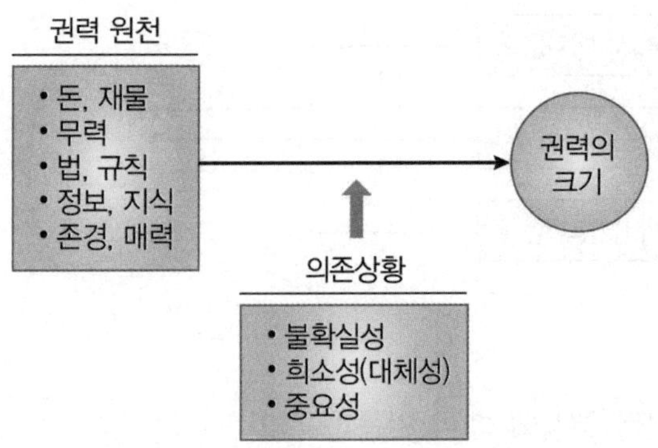

(1) **불확실한 상황의 통제력**

어떤 부서가 환경의 불확실한 상황을 감소시켜 줄 수 있을 때 해당되는 다른 부서에 대해 권력을 가진다.

예 **법무팀** : 다른 부서에 어떤 문제가 발생했을 때 이것이 법적으로 문제가 되는지 해결할 수 있는 방법이 무엇인가를 알려줌으로써 해당 부서에서 발생한 문제에 대해 불확실성을 낮춰준다. 캄캄한 밤에 손전등에 의존하듯이 불확실성을 줄여주는 사람(집단)이 권력을 가진다.

(2) **기능의 비대체성**

해당 부서의 기능이 불가피하고 다른 부서가 이를 대체할 수 없을 때 권력이 생긴다. 이를 자원의 희소성이라고도 하는데 희소할수록 더욱 의존하다가 다른 것으로 대체 가능한 상황이 생기면 의존성은 감소된다.

(3) **업무의 중심성(centrality)**

해당 부서가 **조직의 목표달성에 얼마나 중요한 일을 하고 있느냐 혹은 업무수행과정에 얼마나 중심적 위치를 점하고 있느냐에 의해 권력의 크기가 결정**된다. 내가 가진 자원이 상대에게 필요한 것이어야 권력이 된다.

(4) **자원의 조달 및 통제력**

다른 부서가 필요로 하는 자원에 대해 조달 및 통제 능력을 많이 가지고 있을수록 상대방 부서에 대한 권력이 커진다. 즉, 다른 부서가 해당 부서에 자원 측면에서 얼마나 의존하는지 정도에 의해 권력의 크기가 결정된다. 예 인사부

정리하여 **한 단위조직 힘은 그 단위조직의 불확실성 대처능력, 중심성(centrality), 그리고 대체가능성 등에 따라 결정**된다. 한 단위조직의 권력수준은 **그 단위조직이 조직운영과정에서 발생하는 예기치 못했던 문제나 사건을 성공적으로 처리할 수 있는 능력**을 얼마나 갖고 있는가에 따라 결정된다. 업무흐름상 보다 중심적 위치에 있는 단위조직들이 더 큰 권력을 갖게 된다. 결국 **중심성이란 한 단위조직의 직무 수행 결과가 전체 조직의 최종산출물에 미치는 영향의 정도**라고 정의된다. **대체가능성이란 다른 단위조직들이 특정 단위조직의 직무를 대신 해낼 수 있는 정도**를 뜻한다. 도식으로 정리하면 아래와 같다.

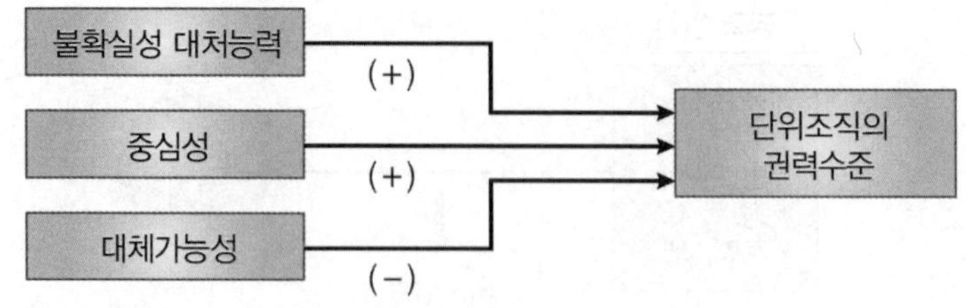

제 4 절 권력 행사에 대한 반응과 결과

오늘날의 조직에서 권력을 독점하려는 자세는 옳지 않다. 권력의 원천들은 서로 밀접한 관계를 가지면서 행사되는 것이 일반적이다.

1 권력 행사에 대한 반응유형(Kelman & Etzioni)

일반적으로 상사가 권력을 사용했을 때 하급자들에게 나타나는 반응은 **복종**(compliance), **동일화**(identification), **내면화**(internalization), **분열화**(alienation) **등 네 가지로 구분**할 수 있다.

(1) **복종**(compliance) : 보상은 확대하고 처벌은 줄이고자 지시에 따르는 것이다.

(2) **동일화**(identification) : 권력자를 존경하거나 좋아하기 때문에 권력을 받아들인다.

(3) **내면화**(internalization) : 권력자의 주장과 생각에 감동하여 자발적으로 따르는 것이다,

(4) **분열화**(alienation) : 강제적 권력 사용으로 하급자들이 연합하여 대항하는 것이다.

권력에 대한 반응	해설
복종	**상급자의 보상이나 처벌에 대한 하급자들의 반응**이다. 하급자들은 보상의 확대와 함께 처벌을 최소화하고자 한다. 예를 들어 주어진 업무를 마무리하도록 지시받은 하급자는 별도의 수당을 기대하거나, 일을 거부했을 때 뒤따르는 처벌을 두려워하기 때문에 상급자의 지시에 복종하게 된다.
동일화	**하급자가 상급자를 존경하여 상급자의 요구에 따르는 경우**이다. 하급자는 상급자의 요구를 수행함으로써 그와의 관계를 보다 발전시키고자 한다. 준거적 권력과 관계가 깊다.
내면화	**상급자의 요구와 하급자의 가치가 일치하는 경우**이다. 에치오니(Etzioni)는 이를 도덕성(moral)이라 했다. 예를 들어 급한 업무가 있을 때 상급자의 요구에 자발적으로 따르는 것을 말한다. 전문적 권력이나 정보의 확보와 관계가 있다.
분열화	상급자가 권력의 사용 시 신중히 고려해야 할 것은 **하급자들 간의 연합**이다. 특히 상급자가 **강압적 권력을 사용**하고자 할 경우, 하급자들 간의 연합을 주의해야 한다. 결국 하급자들의 반발적인 연합은 상급자와 하급자 간의 관계불화나 분열화, 업무의 실패와 같은 대가를 치르게 한다.

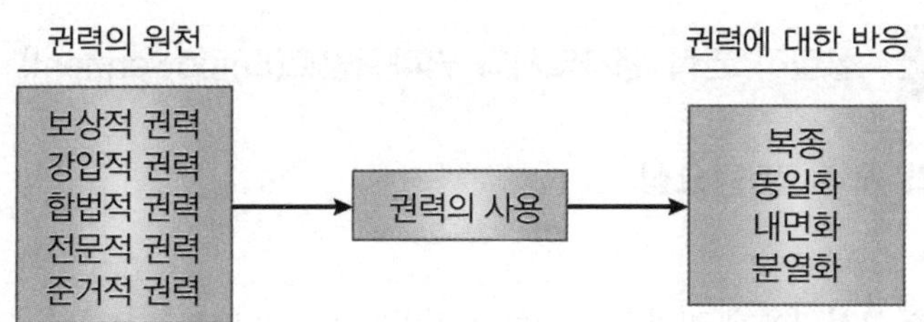

(5) **조직에의 시사점**

권력행사자는 내면화에 의한 반응을 가장 선호할 것이다. 그런데 **행사된 권력의 수단에 따라서 반응형태가 다르기 때문에 준거적 · 전문적 권력을 확보하여 사용하는 것이 좋다.**

2 권력 유형별 행사의 결과 : 직무만족, 몰입, 성과 측면에서의 분석

(1) **보상적 권력(reward power)** : 몰입, 성과 약간 ↑

(2) **강제적 권력(coercive power)** : 직무만족, 몰입 ↓

(3) **합법적 권력(legitimate power)** : 상사의 지시가 부하보다 더 많은 지식 내지 업무 노하우에 바탕을 둔 것일 때 최소한의 효과를 가져다 줌.

(4) **준거적 권력(referent power)** : 높은 직무만족과 몰입 그리고 성과를 가져다 줌. 감정에 바탕을 둔 긍정적인 태도가 형성될 수 있기 때문

(5) **전문적 권력(expert power)** : 높은 직무만족, 몰입, 성과를 가져다 줌. 신뢰에 바탕 → 내재적 동기

3 피권력자의 잠재적 특성과 권력의 영향

의존성	**상대에 대한 의존성이 높을수록 상대의 권력행사에 영향을 받기가 쉽다.** 예를 들어 A라는 인물이 B라는 인물에 대해 심리적으로 의존적이면 B는 A에 대하여 보다 큰 권력을 갖게 된다.
불안정	한 개인의 행동이 분명하지 못하거나 **불안정할수록 권력의 영향을 받기가 쉽다.**
성격	성격에 따라 영향을 받는 정도가 달라진다는 것은 이미 많은 연구들에서 밝혀졌다. 예를 들어, 무엇이든 명확한 것을 좋아하거나**(불확실성 회피성향) 급한 성격(Type A성격)의 소유자일수록 상대로부터 영향을 받기가 쉽다.**
지적능력	지적능력과 영향력 간의 관계는 단순하지가 않다. **지적능력이 높은 사람**은 상대방의 주장에 주의 깊은 관심을 보이지만 **자기 자신에 대한 자신감이 크기 때문에 상대방으로부터의 영향에 대한 저항 또한 강하다.**

제 5 절 실질적 권력 행사로서의 임파워먼트(Empowerment)

1 임파워먼트의 개념 및 중요성

(1) 개념

조직의 하부계층 구성원에게 권력을 부여하는 전략을 임파워먼트라고 한다. 이와 비슷한 용어로는 참여경영, 의사결정참여, 재량권, 권한위임(delegation) 등이 있는데 모두 **권력을 분산**시킨다는 의미가 있다. **임파워먼트(empowerment, 권능감)란 조직원들에게 자신이 조직을 위해서 많은 주요한 일을 할 수 있는 권력, 힘, 능력 등을 갖고 있다는 확신을 심어주는 과정**이다. 반대로 **무력감(powerlessness)이란 조직원들이 느끼게 되는 권력의 결핍현상**을 뜻한다.

(2) 중요성 : 임파워먼트는 구성원들이 힘을 느끼게 함

권한이양은 구성원들에게 자신들이 조직에서 **무력한 존재가 아니라, 반대로 조직을 위해 많이 공헌할 수 있는 능력(권력)이 있음을 확신시키는 결과**를 가져온다.

2 임파워먼트의 종류

(1) 심리적 임파워먼트

심리적 임파워먼트의 네 차원은 **의미성**(meaning), **역량감**(competence), **자기결정력**(determination), **그리고 영향력**(impact) 등이다.

1) **영향력(impact)** : 최종성과에 얼마나 결정적인 기여를 할 수 있다고 믿는지의 정도

2) **자기결정력(self-determination)** : 일의 방법과 시기를 스스로 결정할 수 있음으로써 생기는 주인의식

3) **의미성(meaning)** : 일 자체에 대해서 느끼는 가치로움

4) **역량감(competence)** : 자신의 일을 효과적으로 수행하는 데 소요되는 능력에 대한 개인적 믿음

(2) 조직구조적 임파워먼트

조직구조적 임파워먼트가 높다는 것은 구성원이 정보, 지원, 자원, 기회에 대한 접근이 쉽다고 인식한다는 의미이다.

1) **정보접근** : 과업을 수행하는 데 필요한 공식, 비공식 지식을 얼마나 쉽게 얻을 수 있는가를 뜻한다.

2) **지원접근** : 하급자, 동료, 상사로부터 과업수행에 필요한 피드백과 지침을 얼마나 잘 얻을 수 있는가를 의미한다. 사회적 지지(social support)와 비슷한 개념이다.

3) **자원접근** : 과업수행에 필요한 재무적 자원, 실물 자원, 보급 물품, 시간 등을 확보하는 것을 말한다.

4) **기회접근** : 지식과 기술을 배울 수 있는 기회와 더불어 성장하고 승진할 수 있는 기회까지를 포함한다.

3 임파워먼트의 성공적 실천전략

(1) **정보의 공개** : 필요한 정보를 개인이나 팀이 손쉽게 얻을 수 있어야 임파워먼트를 느낄 수 있게 된다.

(2) **적극적 참여 유도** : 조직원들이 적극적으로 다양한 변화활동에 참여하도록 유도해야 한다.

(3) **혁신활동 지원** : 새로운 개념을 시도해보도록 권한을 위임하는 등 조직원들의 혁신활동을 지원한다.

(4) **권한과 동시에 책임감 부여** : 권한을 부여함과 아울러 책임감을 느끼도록 해야 한다.

4 권한위양(empowerment)을 위한 방법

(1) 유기적 조직구조

조직구조는 **〈학습〉을 지향하는 유기적 조직구조로 설계**해야 한다. 부하가 셀프리더가 된다는 것은 그만큼의 권한이 부여된다는 것이기 때문이다. 이를 위해서는 조직구조의 flat화를 통하여 계층을 줄여 권한을 늘리는 등 유연하게 설계해야 한다.

(2) 능력 개발

부하 스스로 리더가 되기 위해서는 권한위양과 함께 능력 개발이 필요하다. 따라서 **분권화와 함께 부하의 능력개발도 같이 이뤄져야 한다.**

(3) 소통능력의 향상

팀문화 배양을 위해서는 소통능력은 필수다. 효과적인 수평적 의사소통을 위해서는 **조직에 대한 신뢰를 높여야 하고, 직접 대면의 소통기회를 증대하는 등의 노력이 필요**하다.

제 6 절 조직정치(Organizational Politics)

1 조직정치란?

정치행동이란 조직이 요구한 행동도 아닌데 개인적 이득을 위해 남에게 해를 입히는 행동이다. 즉, 회사나 남을 위해 일하지 않고 자신을 위해서 이기적으로 행동한다면 조직정치가 만연한 것이라고 할 수 있다. 조직정치(organizational politics)란, **"조직 내에서 자신이나 집단의 이익을 극대화하기 위해서 다른 사람들에게 비공식적으로 영향을 미치는 과정"**이라고 정의된다.

2 조직정치 관리의 필요성

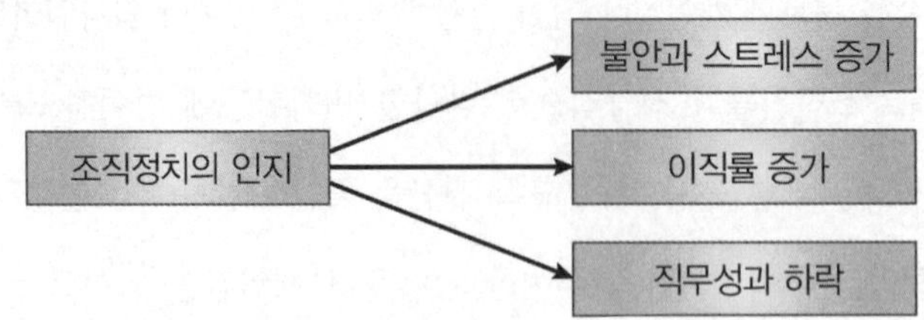

의견, 가치관, 해석, 목표가 다른 다양한 사람들이 모여 일하는 조직에서 정치적 행위는 피할 수 없는 현실이므로 부정적 측면을 극복하고 긍정적 측면을 강화하려는 노력이 필요하다. 조직정치에서는 실제로 나타나는 정치적 행위와 더불어 '**지각된 조직정치(POP : Perceived Organizational Politics)**'도 중요시된다. 실제 연구결과도 **지각된 조직정치가 직무만족, 조직몰입, 스트레스, 직무소진(burnout), 냉소주의(cynicism), 이직의도, 생산성 등에 영향을 미치는 것**으로 나타났다.

3 조직정치의 특징

- 직무수행을 위해 **반드시 필요하지 않은 행동**이다.
- **당사자의 이익을 위해 권력을 행사하는 행동**이다.
- **자신의 이해관계에 얽힌 의사결정에 영향을 미치는 행동**이다.

4 조직정치의 원인과 결과

(1) 조직정치의 원인(유발요인)

구분	내용
자원	**조직정치는 자원의 필요성과 희소성의 정도에 따라 결정**된다. 희소성이 높을수록 정치적 동기도 강해진다. 또한 새로운 자원에 대한 필요성도 조직정치를 발생시킨다.
의사결정	**불확실한 상황에서의 의사결정** 또는 **명확하지 않고 애매한 결정**을 내렸을 때 또 장기전략에 대한 결정일수록 조직정치가 발생할 가능성이 높다.
목표	**목표가 모호하고 불명확하거나 복잡**할수록 조직정치가 발생할 확률이 높다.
기술과 외부 환경	**조직 내의 기술이 복잡**해질수록, 그리고 **외부환경이 불확실하고 동태적(dynamic)**일수록 조직정치가 발생할 확률이 높아진다.
변화	조직구조의 재조정이나 계획된 조직개발노력, 그리고 외부의 압력에 의해 **변화**가 일어날 때는 조직 정치가 보다 크게 작용한다.

1) 개인상황

① 성격 : **마키아벨리즘적 성격이 강하거나 통제위치가 내부에 있는 사람**은 상황을 적극적으로 조작해서 자신에게 유리하게 만들 수 있다고 생각하기에 정치행동을 더 할 수 있다. 또한 셀프모니터링 성격요인이 높은 사람은 자기가 환경을 통제할 수 있다고 믿기 때문에 자기 이익을 위해 모든 일에 적극적인 자세를 취하면서 정치행동을 시도한다.

② 욕구 : **권력욕구가 강한 사람**들은 정치행동을 더 할 가능성이 높다.

③ 능력 : **실질적으로 조직에 공헌할 능력이 없는 사람**들은 무용지물로 취급받아 쫓겨날 위험이 있기 때문에 자신의 대수롭지 않은 업적을 과대포장하느라 정치적 행위가 많아진다.

④ 근속기간 : 조직에 많이 투자한 사람일수록 부당한 정치행동을 하다가 잘못되면 잃는 것이 많기 때문에 망설이지만, **신참자들은 투자기간이 짧기 때문에 부당한 정치행동을 많이 할 수 있다.**

⑤ 외부노동시장 : **외부에 취업기회가 많은 사람**들은 부당한 정치행동도 서슴지 않고 더 할 수 있다.

⑥ 경험 : **과거의 정치행동으로 이득을 본 경험**이 있으면 그런 행동을 또 할 것이다.

2) 조직상황

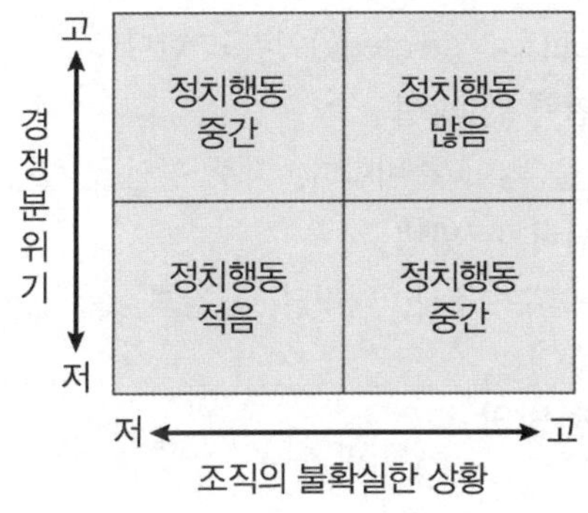

(2) 조직정치의 결과

일반적으로 직원들이 조직정치를 인식하게 되면 ① **직무만족도가 하락하고,** ② **불안과 스트레스가 증가하며,** ③ **이직률이 증가하고,** ④ **성과가 저하**된다. 하지만 긍정적 측면의 결과도 있다. **비판과 반대 집단이 형성됨으로써 잘 관리된다면 조직정치가 건설적 결과를 가져올 수 있다. 즉, 조직에 활력과 창의성을 높이기도 한다.**

1) 부정적 측면

부정적 측면의 조직정치는 직무만족과 **조직몰입의 저하, 직무소진, 이직의도, 결근율의 증가, 성과 및 생산성의 하락, 조직시민행동의 저하**를 가져온다. **개인적으로도 부정적인 결과가 초래**되는데 **정치적으로 불이익을 받은 구성원은 복수와 보복**을 가져오기도 한다. **조직정치의 심화, 정치적인 조직문화가 구축되면, 구성원들의 관심의 초점이 생산성과 성과 향상보다는 파벌의 형성과 줄서기에 집중하게 되며 이로 인하여 조직경쟁력의 약화를 초래**하게 된다.

2) 긍정적 측면

긍정적인 측면의 조직정치는 **비판과 반대집단이 형성됨으로써 건전한 발전을 위한 긴장이 조성되고 건설적인 비판과 방어는 조직의 활력과 집단의사결정의 부정적인 측면을 감소**시켜준다. 이 결과 조직은 **긍정적인 갈등을 유발**하고 **창의적인 아이디어를 조직에 도입하고자 할 때 도움**이 된다.

이러한 다양한 결과들은 조직경영에 있어 조직정치 관리 필요성을 보여준다.

5 조직정치 과정에서 사용되는 정치적 술수와 전략

(1) 인상관리

상대방에게 긍정적으로 보이는 행동을 취함으로써 권력을 얻을 수 있다. **권력을 획득하고 상대방에게 보이는 자신의 이미지를 개선하고 관리하는 전략을 인상관리**(impression management)라고 한다.

(2) 권력의 원천 사용

개인의 이해증진을 위해 사용하는지 혹은 집단을 위한 공익적 목적으로 사용하는지에 따라 정치적 전략과 정치적 술수로 나눌 수 있다. 앞서 배운 **권력의 원천을 개인의 이해증진을 위해서 사용한다면 정치적 술수**(political tactics)라 하고 **집단이나 조직, 또는 다른 사람들을 위해서 공익적으로 활용하면 정치적 전략**(political strategy)이라고 한다.

- 정치적 전략 : **긍정적 권력획득방법**
  전문성을 높인다, 대안을 많이 준비한다, 자주 상담을 한다, 정보를 많이 얻는다 등
- 정치적 술수 : **부정적 권력획득방법**
  상대방 비난·공격, 속임수, 조작, 거짓말, 과장과 축소 등

6 조직정치 관리를 위한 방안

(1) 개인차원

1) 인상관리

인상관리(impression management : IM)란 **개인이 다른 사람들이 가지고 있는 자신에 대한 이미지를 조정하려고 시도하는 과정**이다. 일반적으로 인상관리의 기법은 다음과 같은 것들이 있다.

순응 (conformity)	상대방의 승인을 얻기 위해 그 사람의 의견에 동의하는 것	비위 맞추기의 한 형태
호의 (favor)	상대방의 인정을 얻기 위해 그 사람에게 좋은 일을 해주는 것	비위 맞추기의 한 형태
변명 (excuses)	곤란한 사건의 부정적 영향을 줄이기 위해 설명을 부가하는 것	방어적 인상관리 기법
사과 (apologies)	바람직하지 않은 사건의 책임을 인정함과 동시에 자신의 행동에 대한 용서를 구하는 것	방어적 인상관리 기법
자기홍보 (self－production)	자신의 장점을 강조하고 단점을 보여주지 않는 것, 자신의 업적을 과시하는 것	자기중심적 인상관리 기법
향상 (enhancement)	자신이 해낸 일이 대부분의 사람이 생각하는 것보다 더 가치가 있는 것이라고 주장하는 것	자기중심적 인상관리 기법

아첨 (flattery)	남에게 잘 보이고 호의를 얻기 위해 그 사람의 장점을 칭찬하는 것	단정적(assertive) 인상관리 기법
예증 (exemplification)	요구받은 것보다 더 많이 노력해서 자신이 얼마나 헌신적으로 열심히 일하는가를 보여주는 것	단정적(assertive) 인상관리 기법

2) 긍정적 또는 부정적으로 사용되는 조직 내 정치행위

① **다른 사람들을 공격하고 비난**하기

② **정보를 정치적 수단으로 활용**하기

③ **호의적인 인상을 형성하기 위해 노력**하는 것

④ **개인적인 지지기반을 개발**해 두는 것

⑤ 다른 사람들을 칭찬하고 **감사표시(ingratiation)**를 하는 행위

⑥ **뜻이 같은 사람들(allies)과 연대(coalition)**

⑦ **권력자나 영향력 있는 사람들과 관계 형성**하기

⑧ **상대방이 '나'에게 책무감을 느끼도록 만들기**

(2) 조직차원

1) 제도의 불확실성을 줄인다.

① 평가의 원칙과 과정을 분명히 한다.

② 성과의 정도에 따라 차별적 보상을 한다.

③ 성과에 대한 보상은 신속하고 정확하게 집행한다.

2) 결탁집단을 관리한다.

① 조직 내 역기능적인 역할을 하는 결탁 세력을 제거 또는 분열시킨다.

② 개인적인 권력욕구보다는 조직의 목표에 전념할 수 있는 비정치적인 행위를 장려한다.

③ 태도에 대한 평가를 승진을 결정하는 중요한 요인 중 하나로 이용한다.

3) 조직정의(Organizational Justice)를 구현한다.

분배정의, 절차정의, 교류정의를 잘 관리한다. 조직정의는 **분배정의(distributive justice), 절차정의(procedural justice), 그리고 교류정의(interactional justice) 등 세 가지 유형**으로 구분된다. 보상이나 벌, 직무 등을 구성원들에게 배분할 때 결과가 정의로워야 한다는 것이 분배정의이고, 분배의 기준과 절차가 명확하고 공정해야 한다는 것이 절차정의이며, 서로 간 교류를 할 때 인격적으로 대하고 존중해줘야 한다는 것이 교류정의이다.

4) 윤리기준을 강화한다.

윤리기준을 엄격히 하고 윤리교육을 강화해야 한다.

CHAPTER PART 03 집단차원

04 | 리더십

제 1 절 리더십의 개념 및 중요성

1 리더십(Leadership)이란

(1) 리더십의 개념

리더십에 대한 일반적 정의는 어느 한 사람이 조직(집단)의 구성원들로 하여금 공동목표를 완성해 나가도록 그들에게 영향력을 행사하는 과정(process)이다. 리더십의 대가인 스토그딜(Stogdill)은 리더십이란 집단의 구성원들로 하여금 특정목표를 지향하게 하고, 그 목표달성을 위해 실제행동을 하도록 영향력을 행사하는 것이라고 한다. **로스트(Rost)는 '리더와 추종자들이 관심사를 매개로 특정한 목적을 효과적으로 달성하기 위하여 서로 영향을 주고받으면서 성장하는 과정'으로 정의**한다.

(2) 리더의 특성

- 구조적 측면에서 **리더는 집단에서 가장 높은 위치에 존재**한다.
- **리더십은 리더와 부하 간에 영향력이 행사되는 과정으로 이해**된다. 즉, 리더십이란 자신의 의지대로 부하의 태도 및 행동변화를 위해 방향을 제시하고 행동을 유도하고 나아가 부하를 지배하는 과정이다. 여기에 바로 리더의 권력이 행사되는 현상이 존재한다.
- 리더십은 **조직의 목표달성을 위해 필수적 수단**이다. 즉, 목표가 달성되기 위해서는 리더십이 투입되어야 가능하다.
- **개인수준에서 리더십은 멘토링, 코칭 그리고 동기부여로 나타나며, 집단수준에서 리더십은 팀을 구성하고, 집단응집력을 형성하게 하고 구성원들 간의 갈등을 해결하는 역할을 수행**한다. **조직수준에서는 조직문화를 형성하고 조직변화를 주도하는 역할**을 하기도 한다.

2 관리자와의 차이

관리자는 주어진 일을 진행시키고 조직의 규칙을 철저히 따르고, 비용이 최소화되도록 조직 생산성의 효율을 추구하며, 그 결과를 상부에 보고하는 역할을 한다. 즉, 자신의 역할을 잘 수행하면 조직에서 인정을 받고 빠른 승진이 보장된다. 그러나 환경변화로 인해 방향을 잡지 못할 때 관리자는 별다른 역할을 하지 못한다.

그러나 **리더는 조직이 위기에 빠지는 것을 사전에 예견하고 그에 맞는 행동을 계획하며, 업무지시 및 평가관리에 중점을 두기보다 부하에게 감동을 주고 문제를 해결하는 데 영감을 줄 수 있어야 한다.** 뿐만 아니라 리더는 조직의 생존과 관련되는 **위험에 대처**할 수 있다.

관리자(manager)	리더(leader)
위험을 통제한다.	기회를 모색한다.
일이 발생하면 대처한다.	일이 발생하기 전에 준비한다.
조직의 규칙을 집행한다.	조직의 규칙을 변화시킨다.
업무를 분장한다.	성취를 유도한다.
일에 대해서 계획, 조직화, 지휘, 통제한다.	비전을 창출한다.
단기적 시각에서 일을 처리한다.	장기적 시각에서 일을 처리한다.
• 공식적, 사무적 • 관리와 지시 • 기계적 의사결정 • 감독·통제 • 계획적·공식적 업무설계 • 계획에 따른 업무관리	• 인간적 • 지원과 유도 • 모험적 의사결정 • 직관적·영감적 결정 • 변화와 혁신 • 비전제시

3 리더십의 구조

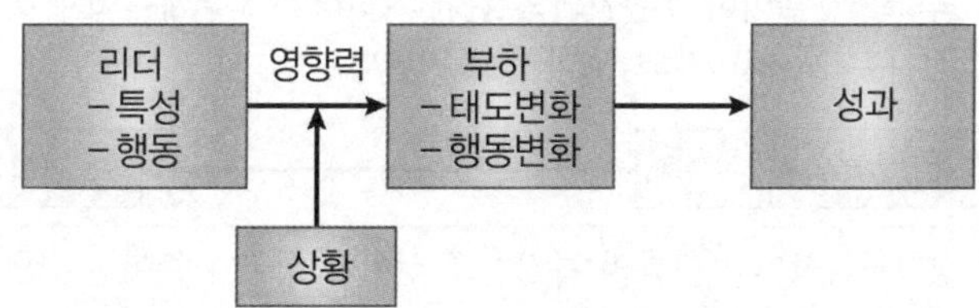

리더십은 리더가 부하 혹은 집단에게 영향력을 행사하여 그들의 **태도 및 행동을 변화**시키고 이를 통해 성과가 달성된다는 점에서 중요하다. 즉, 성과달성을 위해 리더십은 필수적 조건이라고 할 수 있다.

제 2 절 리더십 이론(Leadership Theory)의 발전과정

1 **제1유형** : 리더십 특성이론(leadership trait theory, 1930~40년대); 리더는 타고나는 것

2 **제2유형** : 리더십 지각이론

3 **제3유형** : 리더십 행동 및 관계이론(behavioral theory of leadership, 1940~60년대); 리더는 육성되는 것

4 제4유형 : 리더십 상황이론(contingency theory of leadership, 1970년대 이후)

5 제5유형 : 리더십은 변화주도 행위(최근이론)

6 제6유형 : 리더십 대체이론(최근이론)

▼ 리더십이론의 분류

유형	내용
1유형	리더십은 리더의 특성이다(리더가 일정한 신체적, 심리적, 성격적 특성을 가질 때 리더십의 효과가 커진다). 리더의 특성 → 리더십의 유효성
2유형	리더십은 추종자들의 머릿속에 존재하는 이미지다(리더의 특성이 하급자들에게 어떻게 지각(또는 인지)되는가에 따라 리더십의 유효성이 달라진다). 리더의 특성 → 추종자의 지각구조 → 리더십의 유효성
3유형	리더십은 리더의 행위이며 추종자와의 관계다(리더가 하위자들에게 특정한 행위를 보이거나 관계를 발전시킬 때 리더십의 효과가 증진된다). 리더의 행위 또는 관계 → 리더십의 유효성
4유형	리더십은 상황적합성이다(리더의 특정한 특성이나 행위가 주어진 상황에 적합하면 유효성이 커지고 그렇지 않으면 낮아진다). 리더의 행위 또는 특성 → 리더십의 유효성 ↑ 상황특성
5유형	리더십은 변화주도행위다(리더가 조직과 추종자들을 어떻게 변화시키는가에 따라 리더십의 유효성이 달라진다). 리더의 변화주도행위 → 리더십의 유효성
6유형	리더십의 효과는 다른 요인들로 대체될 수 있다(다른 요인들도 리더십과 똑같은 효과를 가져올 수 있다). 대체요인들 → 리더십과 같은 효과

제 3 절 제1유형 : 리더십 특성이론(Leadership Trait Theory)

1 의의

리더십을 성공적으로 이끄는 주된 요인이 리더가 갖춘 특성 및 자질에 있다고 주장하는 이론이다. 즉, 타고난 **자질(nature)**로 인해 위대한 인물이 된다는 것으로 보는 관점이다. 위인이론(the great man theory)이 나오게 된 전제는 위인은 보통 사람과 다른 그 무엇이 있을 것이라는 가정이다. 그래서 훌륭한 위인들을 연구대상으로 하여 그들의 공통점(공통특성)을 밝히고자 한 이론이다.

2 성공적인 리더십을 위한 특성

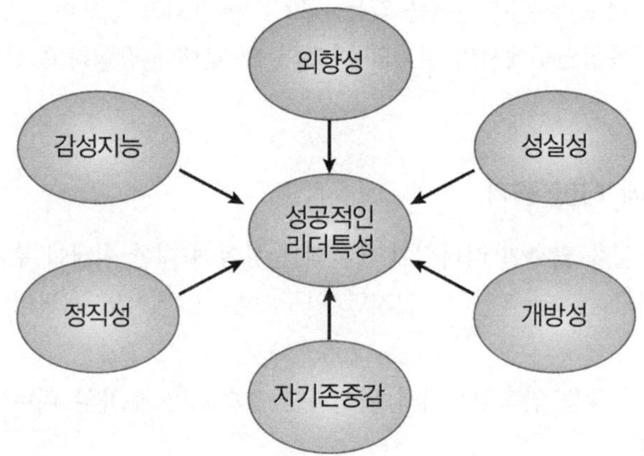

(1) 감성지능

감성지능이 높은 사람은 자기 인지 능력과 사회적 기술이 높게 나타난다. 즉, **감성지능이 높은 리더는 자신의 감정을 조절할 줄 알고 타인의 감정을 잘 이해할 수 있으며 인간관계를 보다 긍정적으로 구축하여 리더십 행사과정에 효과적**이다.

(2) Big5 성격특성

(3) 자기존중감

자기존중감이란 개인이 자신의 가치와 능력에 대해 긍정적인 평가를 하고 있는 정도를 의미한다. 즉, **높은 자신감을 가진 리더는 카리스마 리더십의 자질로도 평가**된다.

(4) 정직성

'올곧은 성품'을 가진 사람을 의미한다. 즉, 하는 일이 정도에 벗어나지 않으며 도덕적이며 원칙을 지키는 꾸준함을 보이는 사람으로 타인의 **신뢰**를 얻을 수 있다.

3 시사점

- **리더 특성과 리더십 유효성 간의 상관관계가 약하고 일관성이 없다.**
- 어떤 경우에는 **리더의 특성과 유효성의 관계가 상황변수들의 존재여부에 따라 달라진다는 사실이 보고**되었다.
- 초기의 리더 특성연구들은 **연구방법상의 문제점**을 극복하지 못하였다. 공식적으로 리더 자리에 임명된 사람들은 훌륭한 특성이 있기 때문에 리더가 된 경우도 있겠지만 **리더가 되었기 때문에 생기는 특성들(예 자신감)도 있을 수 있는데 리더와 하급자들의 특성을 비교하는 방법으로는 이러한 경우를 구별하여 결론을 도출할 수 없다.**
- 그 후의 **리더 특성이론에 대한 평가는 다소 긍정적인 논조**를 띠고 있다. 즉, 리더 특성과 리더십 유효성과의 관계가 어느 정도 일관된 패턴을 갖는 것으로 평가되고 있으며, **그 후의 연구에서 얻어진 결과들은 과거의 리더 특성연구에서의 결과와 비교해 볼 때보다 강력하고 신뢰성이 있는 것으로 나타나고 있다.**

4 리더십 특성이론에 대한 평가

- **리더가 가진 특성에 초점을 맞추어 리더십이 행사되는 상황에 대한 설명이 부족**하다. 예를 들어 외향성의 경우 영업분야에서는 효과적일 수 있지만 연구개발분야에서도 효과적일 수 있는지는 의문이 제기된다.
- **리더십은 부하와의 상호작용 연속선상에서 일어나는 것**이지만 **부하의 리더에 대한 영향력 문제는 전혀 포함되지 않았다.**
- **리더의 출현이나 등장을 예측하는 데 보다 유용**하다. 그러나 어떤 사람이 보이는 특성으로 리더가 추대될 수 있지만 이것이 그가 이끄는 집단의 목표가 성공적으로 달성된다는 것을 의미하지 않는다.
- **리더가 보유하고 있는 특성이 어떤 과정을 통해 부하에게 영향력이 발휘되는가에 대한 설명이 미흡**하다.
- 또한 **특성이론에서 거론되는 리더십 특성을 가지지 않은 사람 중에서도 리더가 된 사람이 많음을 발견**하였다(R. Stogdill).

제 4 절 제2유형 : 리더십 지각이론

1 의의 및 내용

콜더(Calder)는 리더십이 특성이기는 하지만 중요한 것은 그것이 추종자들에 의해서 어떻게 지각되는가 하는 점이라고 주장하면서 리더십의 귀인이론(Attribution Theory of Leadership)을 제시하였다. 즉, **리더가 보여주는 행동이나 그 행동의 결과에 대해서 추종자들은 끊임없이 원인을 찾게 된다. 그리고 리더의 행동과 그 결과에 대한 다른 해석이 가능하지 않을 때 "리더십 때문"이었다고 귀인하게 된다**는 것이다.

2 리더십 귀인의 네 가지 규칙

귀인의 네 가지 규칙이란, 리더가 어떤 행동이나 특성을 보였을 때, 그 행동이 ① **특이한가**(distinctive), **② 다른 리더들도 그런 행동을 보이는가, ③ 시간과 장소에 관계없이 일관성 있게 발생하는가, 그리고 ④ 리더십 이외의 다른 특성 때문일 가능성을 배제할 수 있는가** 등이며, **이들 질문에 모두 '예'로 답할 수 있으면 문제의 행동은 리더십 때문이었다고 귀인할 가능성이 상당히 높아지게 된다.**

3 잠재적 리더십 이론

또 한 가지 리더십 귀인에 영향을 미치는 것은 추종자들이 갖는 잠재적 리더십이론이다. 누구나 머릿속에 '리더는 이래야 된다'라고 하는 나름대로의 이론, 이미지, 또는 스테레오타입을 갖고 있다. 잠재적 이론의 획일적 적용에 따르는 오류, 오차는 종종 조직에서 특정한 경영자나 관리자가 갖는 특성을 과대포장하여 초인화, 영웅화시키는 결과를 낳는다.

제 5 절 제3유형 : 리더십 행동 및 관계 이론(behavioral theory of leadership)

1 리더십 행동이론의 의의와 등장배경 : 리더는 육성되는 것(nurture)

리더가 부하에게 보여주는 행동을 대상으로 성공적인 리더십을 밝혀내고자 하는 이론이다. 특성이론은 리더의 특성인 성격, 가치관 등 추상적인 구성개념을 관찰하는 데 한계가 있기 때문에 리더십 행동이론이 등장하였다. 리더가 부하에게 영향력을 행사할 때 행동이라는 도구를 사용하게 되고 이 행동이 부하에게 어떻게 지각되는지에 따라 부하는 리더의 리더십 행동을 평가하고 그에 상응하는 행동을 하게 된다.

또한 **특성이론은 리더는 타고난 것이라는 관점으로 인해 조직이 리더를 개발할 여지를 부정**하고 있지만 **행동이론은 어떻게 하면 효과적인 리더가 되는가에 중점을 두고 리더의 행동을 구체적으로 제시하고 이를 근거로 리더를 양성하기 위한 훈련을 시킬 수 있다.**

2 주요연구

(1) 아이오와 대학(University of IOWA) 연구(1938년)

1) 의의

아이오와 대학 연구에서는 10대 **소년들을 모으고 리더를 교체하며 리더의 행동양식을 관찰**하였다. 이에 **리더가 자신의 권한을 어떻게 사용하는지에 따라 리더의 유형을 3가지로 구분**하였다.

2) 리더십의 세 가지 유형

① 독재적 리더(autocratic leader)

구성원들의 의견을 듣지 않고 리더가 독단적으로 지시 · 명령하는 형태의 리더십으로 주로 보상과 처벌을 이용하여 부하들을 관리한다.

② 민주적 리더(democratic leader)

민주적 리더는 **부하의 만족을 중시하고, 의사결정 시 부하를 참여시키고, 부하의 의견을 반영하며 지휘하는 리더**를 의미한다.

③ 자유방임적 리더(laissez-faire leader)

자유방임적 리더는 **리더가 조직 운영에 관여하지 않는 리더십**으로 **리더는 모든 일을 구성원에게 위임하고 수동적인 입장에서 방관**한다.

3) 연구결과

민주적 리더십에서 구성원의 만족과 조직성과에 긍정적 영향이 있는 것으로 나타났다. 자유방임적 리더십이 만족도와 직무성과가 모두 낮은 것으로 나타나 가장 바람직하지 못한 것으로 나타났다.

① 리더는 집단의 활동에 거의 개입하지 않았다.

② 어린이들은 모든 결정을 리더가 없는 상황에서 스스로 내렸다.

③ 리더는 단지 활동에 필요한 정보만 제공하는 역할을 하였다.

(2) 미시간 대학교(University of Michigan) 연구(1940년대 후반~1950년대 초반)

1) 의의

연구의 대표적인 학자는 리커트, 칸과 카츠, 그리고 만(R. D. Mann)이다. 이 연구는 **리커트(Likert)를 필두로 이뤄졌다.** 이 연구의 목적은 주로 조직의 성과 및 효과성과 리더의 행동 특성이 어떤 관계를 갖는가를 찾아내는 일이었다. 연구팀은 **리더의 행동 유형을 직원 지향적 리더(조직원 중심형)와 생산 지향적 리더(직무 중심형)로 구분하였다.**

2) 리더의 유형

① 직원 지향적 리더(조직원 중심형)

직원 지향적 리더는 **인간관계를 강조**하고, **의사결정을 위임**하며 **지원적인 작업환경을 조성**하고 **직원들의 개인적 발전과 성취에 관심**을 갖는다.

② 생산 지향적 리더(직무 중심형)

생산 지향적 리더는 조직구성원이 해야 할 직무절차와 계획 등 기술적 측면과 과업적 측면을 강조한다. 그들의 주요 관심은 조직의 과업을 성취하는 데 있으며, 직원은 그것을 성취하는 도구로 간주한다.

중요한 것은 **미시간대학 연구에서는 직무 중심형과 조직원 중심형을 〈동일차원의 양극단〉으로 보고 있다는 점**이다.

3) 연구결과

대체로 **직원 지향적 리더십이 생산 지향적 리더십보다 상대적으로 직원들의 만족감과 생산성을 높인다는 것을 발견**했다.

(3) 오하이오 주립대학(Ohio State University : OSU)의 연구

1) 의의

오하이오 주립대학(Ohio State University : OSU)의 리더십 연구 프로그램으로 이 연구팀은 **리더십 스타일을 구조주도(initiating structure)와 배려(consideration)라는 두 개의 〈독립된 차원〉으로 보았다.** 미시간대학 연구에서와는 달리, **리더는 구조주도와 배려행위를 동시에 보일 수 있다는 관점**이다.

2) 리더십 행동

① 구조주도(Initiating structure)

집단구성원들의 성과를 극대화시키는 데 필요한 자원을 조달하고 이를 사용하는데 이니셔티브(initiative)를 가지는 행동을 의미한다. 즉, **리더의 구조주도 행위란 집단구성원들 간의 직위와 역할을 규정하거나 조직화하고 공식적 의사소통 채널을 설정하며 집단의 과업을 달성하는 방법을 제시하는 것과 관련된 리더의 행위**를 뜻한다.

② 배려(Consideration)

반면에 배려행위란 리더가 추종자들에게 보여주는 쌍방의사소통, 의견수렴, 상호신뢰, 존중, 따듯함 등의 범주에 속하는 리더의 행위를 의미한다. 즉, **집단구성원들의 욕구에 관심을 가지며 상호 신뢰관계를 구축하는 데 초점을 맞추는 행동을 의미**한다.

배려 행동	구조주도 행동
친근하고 접근하기에 편하다.	작업자에게 기대되는 일(혹은 역할)이 무엇인지 명확하게 알려준다.
작업자들을 기쁘게 하는 일을 한다.	작업자에게 합의된 절차의 사용을 촉구한다.
작업자들이 제안한 아이디어가 실행될 수 있도록 노력한다.	자신의 아이디어를 작업자들이 활용하도록 시도한다.
모든 작업자들은 자신과 동등하게 취급한다.	작업자들에게 자신의 태도나 입장을 분명히 한다.
작업자들이 변화의 필요성이나 징후를 사전에 알 수 있도록 해준다.	무엇을 해야 하고 어떻게 해야 하는지를 결정한다.

▼ **측정설문(LBDQ : Leader Behavior Description Questionnaire)**

구분	내용
구조주도행동	• 리더는 하급자들에게 분명한 직무를 정해준다. • 수행할 일에 대한 스케줄을 짜준다. • 규칙과 규정을 요구한다. • 마감기한을 중시한다.
배려행동	• 이야기를 나누면서 편안함을 느낀다. • 친구처럼 대해준다. • 개인적인 형편까지 신경을 써준다.

3) 성과와의 관계

배려행동은 작업장에서의 고충 건수와 자발적 이직 건수를 줄이는 결과를 가져다주는 반면 구조주도 행동은 이러한 것들을 높이는 것으로 나타났다. 또한 배려행동은 부하의 만족을 높이는 데 상당히 기여하지만 구조주도 행동은 성과를 높이는 데 긍정적인 역할을 한다. 만일 리더가 구조주도 행동만 하고 배려행동을 하지 않을 경우 성과는 단기적으로 높게 나타나지만 장기적으로는 이직, 불평, 태업, 결근 등 부정적인 결과를 가져줄 수 있다.

이후 연구자들은 **리더십 행동을 2차원적으로 보고 리더가 배려 행동과 구조주도 행동을 동시에 보여줄 때 리더십 유효성이 높아진다는 결론**을 내리고 있다.

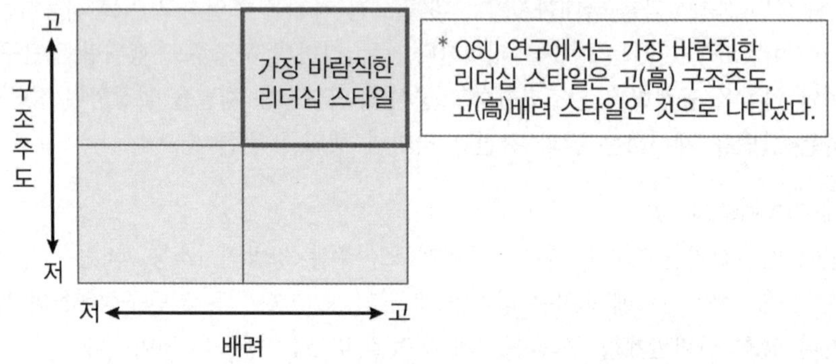

4) 평가

OSU 리더십 연구를 종합해 볼 때 두 가지 중요한 점을 발견할 수 있다.

첫째는 **많은 연구에서 구조주도와 배려의 유효성이 상황에 따라 달라진다는 사실을 발견**하였다는 점이다. 그리고 **둘째는 특성이론이 리더를 확보함에 있어 선발에 의존할 수밖에 없었던 반면에 행위중심이론에서는 리더십을 교육 · 훈련을 통하여 개발할 수 있게 됨으로써 수많은 리더십 훈련 프로그램들이 등장**하게 되었다는 점이다.

(4) 관리격자 모델(Managerial Grid Model, 1964년)

1) 의의

블레이크(Blake)와 머튼(Mouton)의 관리격자(Managerial Grid)프로그램에서는 리더의 관심을 **'생산에 대한 관심(concern for production)'**과 **'인간에 대한 관심(concern for people)'으로 나눈 뒤 리더십 유형을 구분**했다.

리더의 행동차원을 부하에 대한 관심행동(인간관계, 배려형)과 과업에 대한 관심행동(과업주도형)의 두 가지로 나눈 뒤 바둑판모형의 좌표로 만들어 **Y축을 인간관계행동, X축을 과업추진행동으로 명명**하고 **리더가 어느 쪽에 더 중점을 두고 리더십행동을 하는지에 따라 다섯 가지 형태의 리더십 유형을 가정**한 것이다.

2) 리더십 스타일

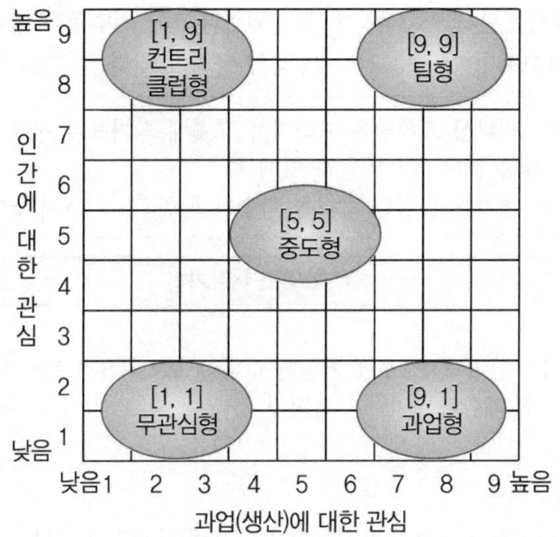

① (1, 1) : 무관심형(impoverished style)

생산에 대한 관심과 사람에 대한 관심 모두 낮으며, 요구되는 업무를 수행하는 데 노력을 최소화한다.

② (1, 9) : 컨트리클럽형(country club style)

인간에 대한 관심이 매우 높지만 생산에 대한 관심이 매우 낮은 경우다. 만족스러운 인간관계를 유지하기 위해 구성원들의 욕구에 깊은 관심을 보임으로써 긍정적이고 우호적 집단 분위기를 유지하지만 생산에 대한 적극적인 관심이 부족하여 효과적이라 보기 어렵다.

③ (9, 1) : 과업형(task style)

생산에 대한 관심이 매우 높으나 사람에 대한 관심이 매우 낮은 경우다. 인간적인 요소로 인한 방해가 최소화되도록 여건을 조성하는 것이 리더십을 효과적으로 이끈다고 믿는다. 단기적으로 성과를 높일 수 있지만 높은 성과를 장기적으로 유지하는 데에는 한계가 있다.

④ (5, 5) : 중도형(middle of the road)

생산에 대한 관심과 사람에 대한 관심이 중간 수준인 리더십 스타일을 의미한다. 최고의 성과보다는 적절한 수준에서 성과를 유지하려고 하며 동시에 구성원의 만족도도 추구한다. 즉, 적절한 업무 속도와 우호적인 집단 분위기를 동시에 추구하고자 한다.

⑤ (9, 9) : 팀형(team leader)

인간과 과업 모두에 높은 관심을 가지는 경우로 이러한 스타일의 리더는 높은 수준의 성과를 위해 부하들의 성과에 대한 몰입의 정도가 높아야 됨을 인식하고 **구성원들의 만족과 인간관계 그리고 집단의 긍정적인 분위기를 조성하는 한편 구성원들에게 성과를 강조**한다.

3) 기업에서의 활용 : 그리드 세미나(Grid Seminar)

관리격자 모델은 교육훈련 프로그램으로 활용되었다. 즉, **기업조직 리더들을 팀형(9,9)으로 개발시키기 위한 프로그램**이다. 구체적인 과정은 아래와 같다.

① 자신이 지각하는 **리더십 스타일을 관리격자 모델에 의거하여 진단**
② **팀형 리더십과 얼마나 차이**가 있는지 알게 함
③ **팀형 리더십으로 변화하기 위한 방법을 학습**하게 한 후 이를 **실행**에 옮기도록 함

그리드 훈련기법

1. 개념

그리드 훈련기법은 **관리격자모형에 기반한 리더십 교육·훈련 프로그램**으로 **기업의 리더들을 팀형으로 육성하고 개발하는 데 그 목적**이 있다.

2. 과정

(1) 그리드세미나 단계

그리드세미나에서는 **설문지와 사례연구를 통해 자신들의 리더십 스타일을 진단**하고 **다른 구성원들로부터 자신의 리더십 스타일에 대해 피드백**을 받는다.

(2) 팀워크 개발

다른 두 집단 속에서 자신의 직속상사 및 부하들과 리더십 스타일 개발을 위한 팀빌딩을 하는데, 팀빌딩은 일상적인 업무현장을 떠나 참여자들이 어떤 방해도 받지 않도록 해야 한다(Off－JT).

(3) 집단 간 개발단계

리더가 부서를 이끌어 갈 때 **조직 내 다른 다양한 부서와 상호 유기적인 조정과 협력관계를 구축함으로써 부서의 목표를 달성하는 데 도움이 되도록 하고 동시에 조직전체의 목표의 달성에 기여할 수 있도록 하는 스타일을 개발**한다.

(4) 이상적인 전략 모델 개발

조직의 목표와 성과를 달성할 수 있는 전략목표를 설정하는 단계이다.

(5) 이상적인 전략 모델 실행

이상적인 전략 실행 과정에서는 **장애물을 극복**해야 하는 바, 커뮤니케이션의 핵심적인 사람이나 부문을 확인하고, 조직·시장·환경의 특성에 대해 숙지하며, 과업을 수행할 때 그 과업에 관한 구체적인 부서단위를 확인해야 한다.

(6) 체계적인 비판

이상적인 전략을 달성하는 방향으로 리더십 스타일을 개발하여 실제 실행하는지에 대해 평가하고 향후 그리드 **조직개발을 수행하는 데 있어서 무엇에 초점을 둘 것인지를 결정**한다.

3. 효과

그리드 조직개발기법을 통해 **과업지향적이면서 동시에 관계지향적인 스타일을 개발**할 수 있다. 특히 프로그램 개발에 있어서 시간관리, 성과평가, 문제해결 프로그램, 의사결정능력 향상 프로그램 등과 같은 **업무수행기술의 개발을 위한 훈련과 대인관계 훈련이 포함**되어야 효과성을 증진시킬 수 있다.

4) PM 리더십 이론

구조주도와 배려는 미국에서 일본으로 전해지면서 **일본학자들에 의해서 나름대로 각색되어 '성과지향(Performance Orientation)'과 '유지(관계)지향(Maintenance Orientation)'이라고 불리게 된다. PM형 리더가 집단사기(morale)와 성과 측면에서 우수하다는 결론을 내렸다.** 즉, **성과에 대한 강조와 함께 유지노력이 주어지면(PM형) 추종자들은 리더의 성과지향적 행동을 지시나 압력으로 해석하기보다는 계획수립을 도와주고 무언가를 전수해 주기 위한 행동으로 평가한다**는 것이다.

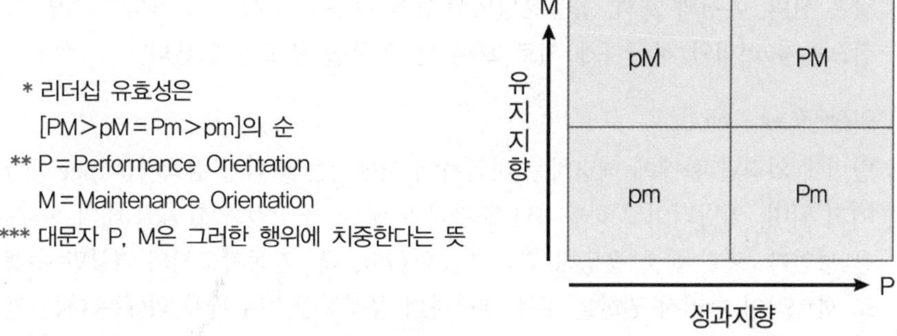

(5) 관계중심의 리더십이론 : 리더-구성원 교환이론

1) 등장 배경 : ALS과 VDL

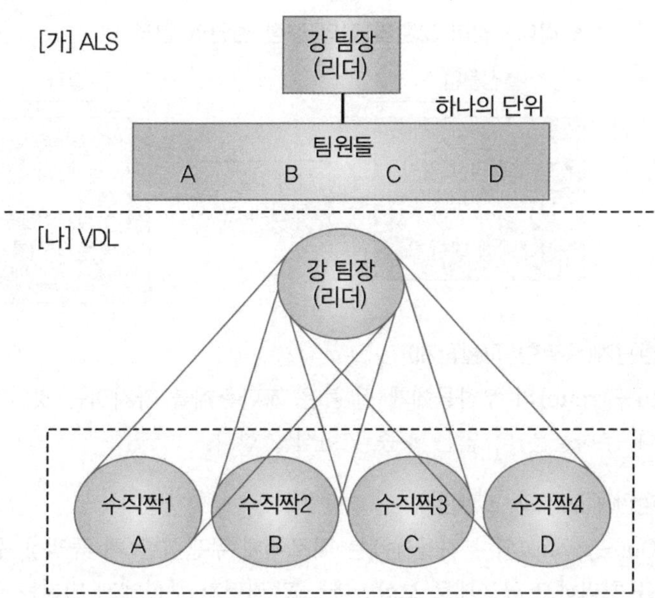

이제까지의 리더십 이론은 부하를 모두 똑같은 사람으로 취급하고 오직 리더에게만 초점을 맞추어 왔다. 리더십은 리더만의 문제가 아니라 리더와 부하와의 관계이다. 이에 **VDL 이론(Vertical Dyad Linkage Theory)은 리더와 부하의 상호작용에 초점을 맞추고 이들 관계에서 어떻게 리더십이 이루어지는가를 설명**한다. 이러한 VDL이론이 LMX이론이다. **리더와 부하의 관계는 리**

더가 부하 각각에 대하여 개별적인 관계를 형성하기 때문에, 리더와 부하 전체의 관계가 아닌 부하 한 사람 한 사람과의 일대일 관계라 말할 수 있다.

즉, VDL이론에서는 수직짝의 종류를 「내집단 짝(In－group)」과 「외집단 짝(out－group)」으로 나눈다('내집단'과 '외집단'으로 약칭함).

① 내집단(In－group)

심리적으로 보다 가깝게 느끼고 공식적인 관계에서 발생하는 책임 이상으로 부하들에게 믿음과 책임감을 형성한다. **리더와 하급자의 관계가 내집단 관계일 때는 상호 간에 동업자와 같은 신뢰, 존경과 호의, 공동운명의식 등을 나누어 갖게 되고 계약 외적인 행동교환이 발생함으로써 리더와 하급자가 서로 보다 큰 영향을 주고받게 된다.**

② 외집단(Out－group)

반면에 외집단 관계에 해당하는 하급자에 대해서는 **리더가 감독자(supervisor)의 행동**을 보이게 되며, 일방적이고 하향적인 영향력의 행사, 공식적 역할범위 내의 관계유지 등의 행동을 보인다. 또한 상호 운명적 결속력도 약하다. **즉, 감독자로서의 역할만 수행하고 일방적으로 하향적인 합리적 권한을 주로 행사하며 공식적인 직무관계 외에는 다른 인간적인 관계를 맺기 꺼려한다.**

2) 리더멤버 교환의 질(Quality)

▼ 리더－멤버 교환의 질의 결정 원인과 결과

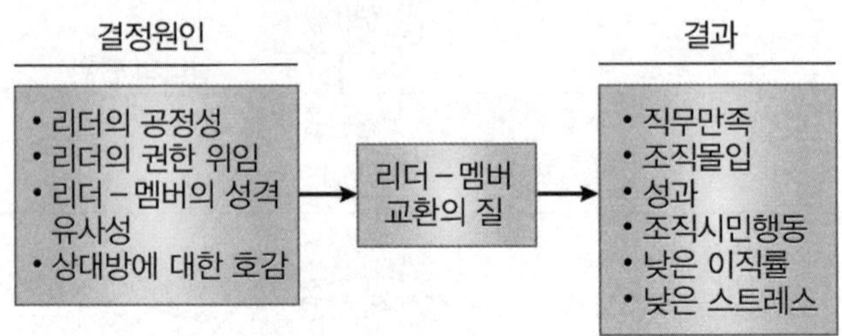

① 높은 교환관계(특별한 교환관계)

내집단(In－group)의 부하들에게 질 높은 교환관계를 가지려는 것이다. **리더의 특별한 대우**를 통해 부하들은 더 많은 **추종과 헌신**을 한다.

② 낮은 교환관계(보통의 교환관계)

외집단(Out－group)의 부하들에게는 서로에게 무관심한 채 규정상 주어진 대로 피동적으로 과업을 처리하고 규정대로 보상한다. 즉, 리더가 부하에게 미치는 영향력도 약하고 부하도 리더에 대한 충성과 헌신이 약하다.

3) LMX 발전단계

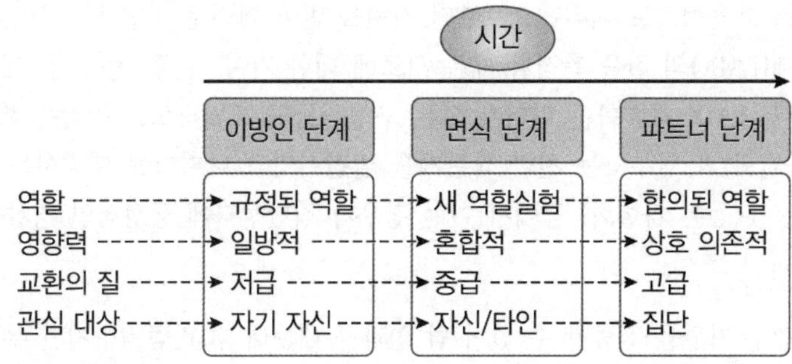

① 이방인 단계

이방인 단계에서는 **리더와 해당 하급자 간의 교류가 정해진 규정이나 공식적인 필요의 한계를 넘지 않는다.** 하급자는 계약관계나 규칙으로 정해진 일만을 수행하면 되고 직제상의 리더에 대해서 조직에서의 일반 상급자의 대우만 해주면 된다. 이 단계에서 하급자는 집단보다는 자신을 먼저 생각하고 자신의 이익을 앞세운다.

② 면식 단계

면식 단계는 **리더나 하급자가 보다 밀접한 사회적 관계형성을 하자는 제안을 하면서 시작된다.**

③ 파트너 단계

세 번째 단계는 파트너십의 단계이다. 이제 **리더와 하급자는 상호 남다른 신뢰와 존경, 그리고 의무감을 갖게 된다. 서로 광범위한 측면에서 영향을 주고받는 관계**이다.

4) LMX와 LMX차별화

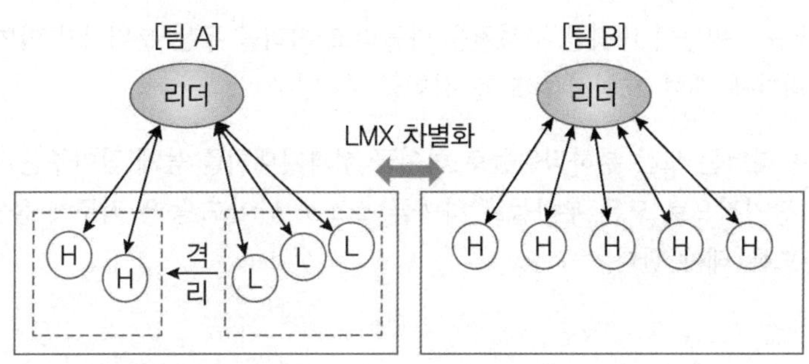

〈그림 읽기 참고〉

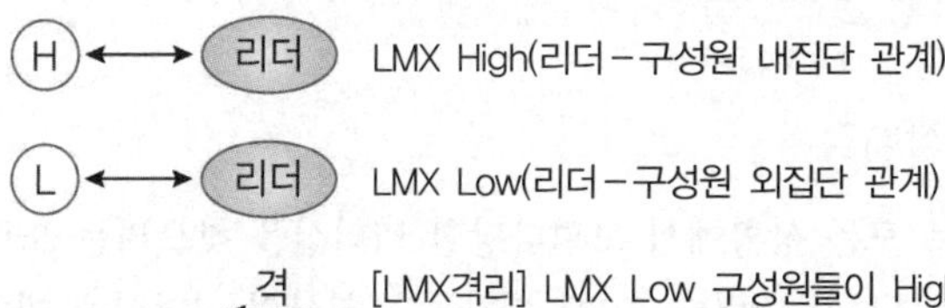

[LMX차별화] 팀 A는 2High와 3Low로 구성된 High 차별화 팀. 팀 B는 5High로 구성된 Low 차별화 팀
LMX차별화는 LMX High와 Low의 집단 간 비율 차이를 뜻함

높은 교환관계와 낮은 교환관계의 비율 차이의 정도를 LMX 차별화라고 한다. 이러한 차별화를 통해 리더는 효율적으로 내집단으로부터 지원을 받아 어려운 과업을 달성할 수 있다. **리더 – 구성원 짝관계(LMX)의 질을 측정할 때는 서로에 대한 기여, 존중, 충성심, 애정 등 네 가지 차원을 사용**한다. **LMX 차별화는 리더가 모든 구성원들과 개별적으로 똑같은 짝관계를 발전시키는 것(낮은 차별화)과 일부와는 친한 짝관계를 발전시키고 나머지에 대해서는 공식적인 짝관계로 내버려두는 것(높은 차별화) 중에서 어떤 경우가 집단성과에 긍정적인 영향을 미치는가를 연구하는 것**이다.

긍정적 측면은 **자원을 집중할 수 있어 팀 성과를 내는데 더 바람직**하지만 **부정적 측면은 불공정하다는 비판**을 받을 수 있으며, 이것이 결국 구성원들의 성과를 떨어뜨릴 수 있다. **제프리 페퍼(J. Pfeffer)는 특수한 인재들이나 부하들과 특별한 관계를 유지하면서 특별대우를 하는 것은 득보다 실이 많다고 주장**한다. 즉, **차별관리는 나머지 부하들에게 자괴감과 무관심을 일으켜 직무태만과 복지부동의 분위기를 양산**할 수 있다.

특히 주의해야 할 것은 **내집단 구성원의 철회**이다. 내집단의 구성원이 리더에 대한 호의적 태도를 철회할 수 있는 것인데, 이 원인은 ① **낮은 LMX 차별화**와 ② **높은 LMX 차별화로 인한 LMX 격리**를 통해 나타날 수 있다. 철회의 원인으로는 다음과 같은 이유들이 있다.

① 낮은 LMX 차별화

파레토법칙으로 알려진 80 : 20 법칙은 조직에서는 **구성원 20%가 나머지 80%를 먹여살린다는 것**으로, **20%에 대한 특별대우가 없이 고성과자를 나머지 사람과 똑같이 대할 경우 리더에 대한 호의적 태도를 철회**할 수 있다.

② 높은 LMX 차별화로 인한 LMX 격리

외집단 구성원들이 **내집단 구성원을 따돌리고 거리를 두는 분위기가 만연할 때 내집단 구성원은 리더에 대한 호의적 태도를 철회**할 수 있다.

결론적으로 리더는 모든 부하직원들로 하여금 성과기대치를 높게 잡아주는 것이 좋다(피그말리온 효과). 장기적으로 모든 부하들로 하여금 스스로 난이도 높은 직무에 몰입하는 능력과 자신감을 갖추도록 해야 한다.

제 6 절 제4유형 : 리더십 상황이론

1 리더십 상황이론의 의의와 등장배경

특성이론과 행동이론은 본질적으로 모든 상황에서 보편타당한 리더십을 찾으려는 노력이었다. 그러나 실무에서 이러한 일관성을 확보하기 어렵다. 이에 학자들은 **최상의 리더십에 대해 의문**을 가지게 되었고 **효과적인 리더십은 리더가 부하에게 영향력을 행사하는 과정에 존재할 수 있는 여러**

상황에 의해 결정될 수 있다는 인식을 하게 되었다. 많은 실증연구의 결과로 입증된 것은 **보편적 리더십이 존재한다는 사실이 아니라 특성이든 행위든 간에 리더십의 유효성은 상황변수의 조건에 따라 달라진다는 사실**이다. 즉, **리더십 효과성을 설명해 줄 수 있는 상황을 발견하는 데 초점을 두고 진행**한 연구다.

2 주요 연구

(1) 피들러(Fiedler)의 리더십 효과성 이론

1) 의의

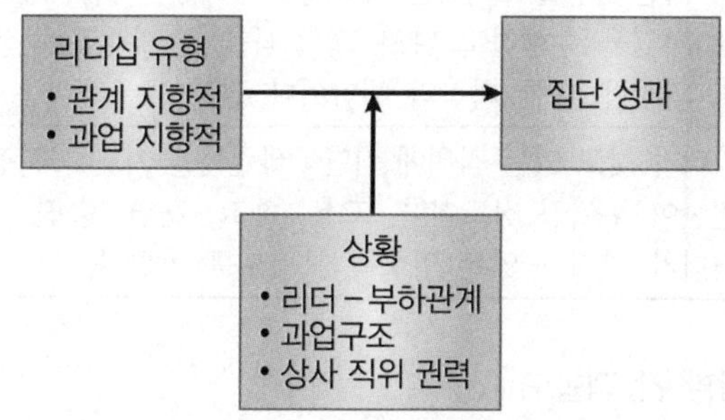

피들러(Fiedler)의 리더십 상황모델은 **최초의 상황이론**으로 알려져 있다. 그는 **집단의 성과는 과업동기 또는 관계동기라고 불리는 리더의 성격적 특성과 리더십 상황의 "호의성(favorableness)" 간의 적합화(match) 정도에 달려 있다고 주장**했다.

2) 리더십 유형 : LPC 설문으로 측정

리더의 성격특성은 LPC(Least Preferred Co－Worker) **설문에 의해서 측정**된다. **높은 점수가 나올 경우 〈관계지향적 리더〉이며, 낮은 점수가 나올 경우 〈과업지향적 리더〉**이다.

3) 상황변수 : 상황적 호의성(favorableness)

리더가 구성원에 대해 통제력 내지 영향력을 가지고 있는 정도를 기준으로 삼아 3가지의 상황변수를 도출하였다.

① 리더－구성원 관계(leader－member relations)

집단구성원이 **리더를 좋아하고 신뢰하여 리더가 지시하는 것을 기꺼이 따르려고 하는 정도**를 의미한다.

② 과업구조(task structure)

집단구성원들이 **각자가 해야 할 일을 명확히 알고 있는 정도**를 의미한다. 과업구조는 ⅰ.목표명료성, ⅱ.목표－경로의 다양성, ⅲ. 검증가능성, ⅳ. 구체성의 내용을 포함한다.

③ 직위 권력(position power)

리더가 **집단구성원들로 하여금 자신의 지시를 수용할 수 있게 하는 힘**으로 합법적 권력, 보상적 권력 그리고 강제적 권력을 가지고 있는 정도를 의미한다.

변수	정의
리더-구성원 관계	집단의 구성원들이 리더를 신뢰하고 좋아하며 리더의 말(guidance)을 기꺼이 따르려는 정도를 뜻하며, 가장 중요한 상황변수이다. 종업원이 리더에게 가지고 있는 자신감, 신뢰, 존경의 정도가 해당된다.
과업 구조	작업할당의 조직화 혹은 비조직화 수준을 말한다. 두 번째로 중요한 상황변수로서 다음과 같은 내용을 포함한다. ① 과업의 요구조건들(requirements)이 얼마나 명백히 정해져 있는가 하는 것(목표명료성) ② 어떤 과업을 수행하는 데 사용될 수 있는 과업수행 방법의 수(목표-경로의 다양성) ③ 과업을 수행하고 나서 그 결과를 알 수 있는 정도(검증가능성) ④ 과업에 대한 최적의 해답이나 결과가 존재하는 정도(구체성)
직위 권력	리더가 갖고 있는 직위에 집단구성원들을 지도하고 평가하고 상과 벌을 줄 수 있는 권한이 주어진 정도이다. 고용, 해고, 훈련, 승진, 봉급인상과 같은 변수에 대해 리더가 가지고 있는 영향력의 정도를 말한다.

4) 리더십 유형과 상황 간 적합도

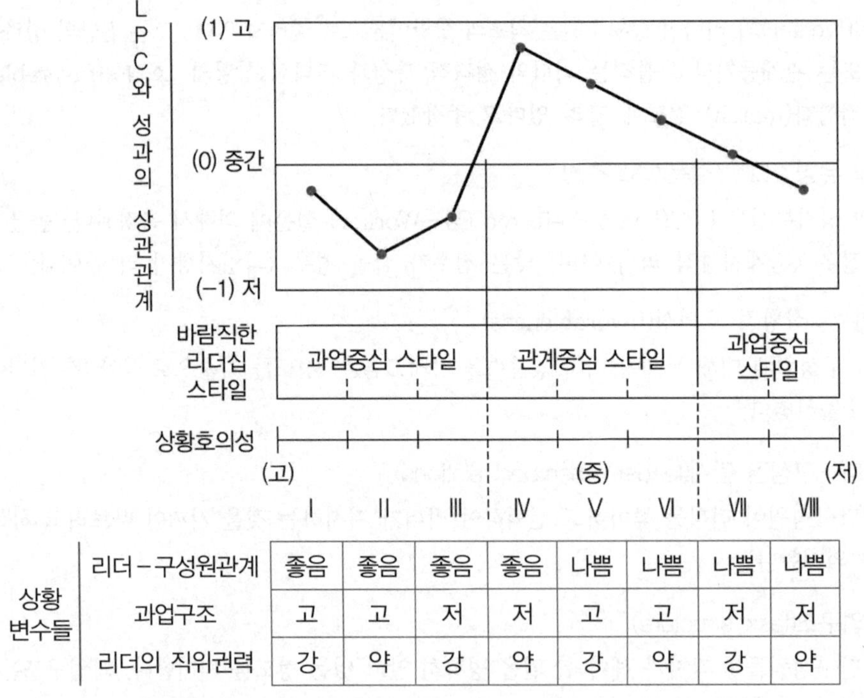

상황변수들								
리더-구성원관계	좋음	좋음	좋음	좋음	나쁨	나쁨	나쁨	나쁨
과업구조	고	고	저	저	고	고	저	저
리더의 직위권력	강	약	강	약	강	약	강	약

피들러는 세 가지 상황변수를 2등분한 후 조합하여 8가지의 상황으로 나누고, 각각의 상황이 리더에게 얼마나 호의적인가를 '상황의 호의성'이라는 이름하에 제시하였다. 즉, **구성원에 대한 리더의 영향력이나 통제력에 따라서 유리한 상황과 불리한 상황으로 구분**한 것이다.

피들러는 상황변수를 세 가지로 구체화하고 있다. 즉, 리더－구성원 간의 관계(leader－member relations), 과업구조(task structure), 그리고 직위권력(position power) 등이 그들이다. **리더－구성원의 관계가 좋은가 나쁜가, 과업구조가 높은가 낮은가, 직위권한이 강한가 약한가로 평가하여 종합할 때 세 가지 상황변수를 종합하면 리더들은 8가지의 상황 혹은 범주 중 한 곳에 위치**한다. 피들러의 상황모델은 최상의 리더십 효율성을 얻기 위해 구성원 개개인의 LPC와 세 가지 상황변수를 일치시킬 것을 요구했다. 피들러는 **개인의 리더십 유형이 고정**되어 있는 것으로 **리더의 불변성을 강조**하고 **리더와 상황의 적합관계를 가정**했다는 사실을 염두에 둘 필요가 있다. 이것이 의미하는 것은 **만약 어떤 상황이 과업지향적 리더를 필요로 하는데 그 리더의 위치에 있는 사람이 관계지향적인 사람이라면 상황이 수정되거나 혹은 리더를 교체해야 최상의 효율성이 달성**될 수 있다는 것이다. 피들러는 리더십 유형을 타고나는 것이라고 생각하기 때문에 개인의 리더십 유형을 상황에 맞게 변화시킬 수 없다고 보고 있다.

피들러에 따르면, 상황호의성이 중간정도일 때에는(상황 Ⅳ, Ⅴ, Ⅵ) 관계지향적인 리더십 스타일이 최적이라고 한다. 반대로 상황이 아주 호의적이든가(상황 Ⅰ, Ⅱ, Ⅲ) 또는 비호의적일 때(상황 Ⅶ, Ⅷ)에는 과업중심적 리더십 스타일이 최선의 성과를 가져다준다고 한다.

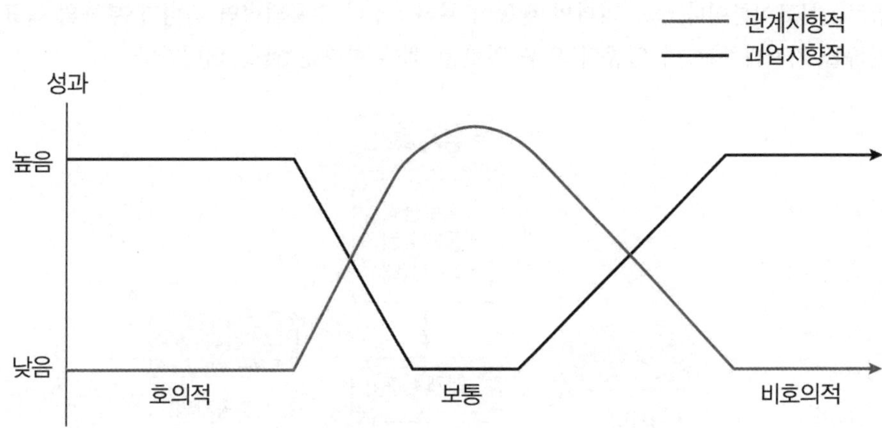

5) 평가

① **리더십을 인식**하는 데 있어서 관계지향적인 리더와 과업지향적인 리더를 LPC 점수로 **하나의 연속선상에 있는 것으로 간주**하였다. 즉, **어떤 리더가 관계지향적이면 그는 과업지향적이 될 수 없는 리더라는 논리**이다. 그러나 **리더는 이 두 종류의 행동을 동시에 보일 수 있다.**

② **LPC 점수로 리더십을 측정했지만 LPC 척도의 타당성에 문제가 제기**된다. 리더십은 리더가 부하에게 행사될 때 부하가 이것을 어떻게 지각하느냐에 따라 달라질 수 있지만, **리더 자신이 민주적으로 행동한다고 해도 부하가 전제적으로 받아들일 경우 그 리더십은 전제적 리더십이 되는 것이다.** 따라서 **리더십 측정은 부하를 대상으로 해야 신뢰성 확보가 가능**하다.

③ LPC와 리더십 상황모델의 실질적 이용에는 문제점이 존재하지만 피들러 연구는 **리더십의 효율성을 이해하는 데 있어서 공헌을 한 최초의 상황이론**이라는 점에서 의의가 있다.

6) 시사점

개인의 리더십 스타일이 고정되었다는 가정하에서 리더의 효율성을 향상시키는 방법이 두 가지가 존재하는 바 우선 **리더를 변화시켜 상황에 맞추거나 상황을 변화시켜 그 리더에 맞추는 방법**이다. 후자의 경우 **업무를 재조정하고, 임금인상, 승진, 징계조치와 같이 리더가 통제해야만 하는 권한을 증가 혹은 감소**시킴으로써 이뤄질 수 있다.

(2) 하우스(R. J. House)의 경로-목표 이론(Path-Goal Theory)

1) 내용

로버트 하우스(Robert House) 교수는 세 편의 논문을 통하여 경로-목표이론을 제시하였다. **경로-목표이론은 동기이론 중 하나인 기대이론**(Expectancy theory)**에 기초하여 제시**되었다. 기대이론에 의하면 어떤 작업자가 성과를 높이는 것을 자신이 추구하는 목표달성을 위한 하나의 경로로 본다면 그는 생산성을 높일 것이다. 물론 여기서 그 자신이 생산성을 높이는 데 필요한 제반 여건이 갖추어져 있어야 한다. **기대치와 수단성 그리고 유의성을 종합적으로 하급자들이 자기 자신, 일, 그리고 관리층(또는 조직)에 대해서 갖는 '기대감(신뢰 또는 믿음 포함)'이라고 표현한다면 리더가 하급자들(추종자들)의 기대감에 영향을 미치는 과정을 설명하려 했던 것이 경로-목표이론이다.** 즉, **리더의 행동이 부하로부터 수용되려면 리더가 부하의 목표달성 내지 만족을 가져다주는 데 일종의 도구 역할을 해야 한다는 것을 의미**한다.

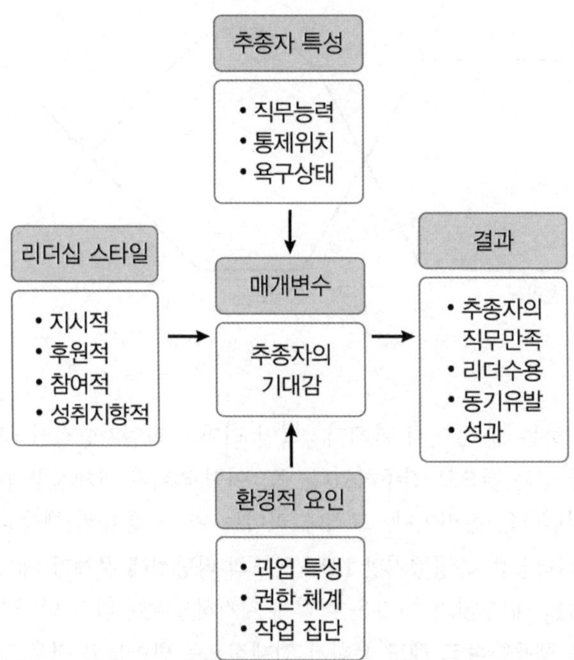

경로-목표이론에 따르면 리더가 할 일은 부하직원이 목표를 달성하도록 돕는 것이며, **부하직원의 목표가 조직과 집단의 전체적인 목표와 부합하도록 필요한 방향과 지원을 제공하는 것이라고 주장**한다.

2) 리더십 스타일

지시적 리더십 (Directive leadership)	도구적 리더십(Instrumental Leadership)이라고도 표현되며 하급자 통제, 조직화, 감독 등과 관련되는 리더의 행위이다. 규정을 마련하여 준수토록 하고 부과된 작업 일정을 수립하거나 직무를 명확히 해주는 것 등의 리더행위를 포함한다.
후원적 리더십 (Supportive leadership)	추종자들의 욕구와 복지에 관심을 보이고 언제든지 친구처럼 대해주며, 동지적 관계를 중시하는 리더의 행위를 말한다.
참여적 리더십 (Participative leadership)	의사결정을 할 때 하급자들과 상의하고 그들의 아이디어를 진지하게 고려해 주는 리더십 행위를 뜻한다.
성취지향적 리더십 (Achievement oriented leadership)	도전적 목표를 수립하고 최우수를 지향하며 자신의 능력에 자신감을 갖도록 함으로써 추종자들이 최고의 성과를 달성할 수 있도록 하는 리더십 스타일이다.

3) 상황변수

하우스는 **리더십을 리더의 행위로 보았으며 독립된 네 차원으로 분석하여 한 리더가 동시에 여러 스타일을 가질 수 있도록 이론을 구성**하였다. 하우스는 어떠한 리더십 스타일이 유효한가는 추종자의 특성과 환경적 요인에 달려 있다고 주장하였다.

① 부하의 특성

❶ 직무능력(ability)

능력이란 **특정 과업을 수행할 수 있는 최대한의 한계를 나타내는 것**으로 자신의 능력에 대한 지각이 높아질수록 지시적 리더십의 필요성은 낮아진다.

❷ 통제위치(locus of control)

통제의 위치란 **자신의 신변에 일어나는 일을 자신이 통제할 수 있다고 믿는지 혹은 환경에 의하여 통제된다고 믿는지를 의미하는 것**이다. 전자를 내재론자(internal)라고 하며 후자를 외재론자(external)라고 구분한다. 내재론자인 부하는 참여적 리더십을 만족하지만 외재론자는 지시적 리더십의 행사가 적절하다.

❸ 욕구상태(need for affiliation)

욕구상태란 **부하가 가진 욕구와 동기를 의미**하는 바, 친화 욕구(need for affiliation)가 강한 구성원은 지원적 리더십을 선호한다.

② 환경적 요인

❶ 과업(task) 특성

Fiedler의 **과업구조(task structure)의 개념과 비슷**하다. 만약 **과업의 내용이 불명확하거나 모호하면 리더가 과업을 구조화하는 것이 필요**하다. 그리고 구성원들이 고도로 단순・반복적인 과업을 수행하는 경우 그들의 동기부여를 위해서 지원적 리더십을 사용하는 것이 좋다.

❷ 권한 체계(authority system)

권한은 **조직으로부터 공식적이고 합법적으로 부여받은 리더의 권한을 의미하는 것**으로 부하의 행동을 통제하는 규정과 규칙의 정도를 의미한다. 공식적 권한 체계가 약한 작업 상황일수록 지시적 리더십을 통하여 리더가 규칙이나 작업상의 요구를 명백히 하여 부하의 과업수행을 도와야 할 것이다.

❸ 작업집단(work group)

작업집단의 특성은 **구성원들의 교육수준이나 구성원 간 관계의 친밀도 등을 포함하는 개념**이다.

부하 특성 및 과업환경		효과적인 리더십
직무능력	높은 능력과 경험	참여적 or 성취지향적
	낮은 능력과 경험	지시적 or 후원적(자신감 결여)
통제위치	내재론자	참여적 리더십
	외재론자	지시적 리더십
	권위적 성향	지시적 리더십(불확실한 상황)
욕구 및 동인	하위욕구가 강한 경우	지시적 리더십
	상위욕구가 강한 경우	참여적 or 성취지향적
	친교욕구가 강한 경우	후원적 리더십
과업 특성	낮은 과업구조(높은 역할 모호성)	지시적 리더십
	높은 과업구조(단순반복 작업)	후원적 리더십
권한 체계	불명확	지시적 리더십
작업집단	형성기	지시적 리더십
	정착/안정기	지원적 or 참여적

4) 상황변수에 따른 경로－목표 이론의 연구결과

리더십 스타일	상황에 따른 효과
지시적 리더십	① 지시적 리더십을 사용할 경우 외재적 통제위치를 갖거나 과업능력이 낮은 하급자들에게 긍정적으로 작용하여 만족도를 높여준다. ② 과업능력이 높은 하급자들에게는 부정적 영향을 미친다. 이들에게는 참여적이나 성취지향적 리더십이 적합하다. ③ 모호한 과업을 수행하는 하급자들의 경우, 긍정적으로 작용하여 만족도를 높여주고 동기를 유발시킨다. ④ 명확한 과업을 수행하는 하급자들의 경우에는 부정적으로 작용하여 만족도와 동기를 저하시킨다. 이들에게는 후원적 리더십이 적합하다.

후원적 리더십	① 스트레스나 좌절감 또는 욕구불만을 느끼게 하는 과업을 수행하는 하급자들에게 후원적 리더십은 긍정적으로 작용하여 만족도를 높여준다. ② 과업이 어렵고 하급자가 자신감이 없거나 실패할 것을 크게 두려워하는 경우, 후원적 리더십은 하급자의 불안감을 덜어주고 자신감과 결의를 북돋아 줄 수 있다.
참여적 리더십	① 통제위치에 있어 내재론자에 속하는 하급자들에 대해서 참여적 리더십을 사용하면 긍정적으로 작용하여 만족도를 높여줄 수 있다. ② 애매한 과업에 대하여 개인적 애착을 갖고 있는 하급자들에게 참여적 리더십을 사용하면 하급자들의 만족도와 동기를 높여준다. ③ 하급자들의 과업이 매우 구조화되어 있고 자신들의 업무를 명확히 이해하고 있는 경우, 참여적 리더십은 효과가 없다. ④ 하급자들이 높은 자율욕구나 성취욕구를 갖고 있는 경우, 참여적 리더십은 하급자들의 만족도와 동기를 높여준다.
성취지향적 리더십	애매하고 반복적이지 않은 과업을 수행하는 하급자들에게 성취지향적 리더십을 사용하면 그들의 자신감과 동기를 높여준다.

① **지시적 리더십이 효과적인 상황은 직무가 구조화되어 있지 않아서 과업 모호성으로 인해 부하에게 긴장과 좌절이 조성될 때, 복종적인 부하의 의존성 욕구를 충족시켜 줄 때, 부하가 정보와 기술에 있어서 상사에 의존하는 경우, 부하의 능력 수준이 낮으며 외적통제성향을 가지고 있을 때 그리고 상사가 강력한 직위 권한을 가지고 있을 때 효과적**이다.

② **지원적 리더십이 효과적인 상황은 과업이 극히 구조화되어 있어 내재적인 만족을 주지 못하는 반복적인 과업일 경우 부하의 좌절을 완화하고, 부하가 높은 수준의 사회적 욕구를 가지고 있을 때 그리고 과업 특성상 작업 집단구성원 간 상호작용이 많이 필요할 때 효과적**이다.

③ **참여적 리더십은 부하가 내적통제성향을 가지고 있을 때, 부하의 능력 수준이 높을 때, 과업이 내재적 모티베이션을 줄 수 있을 때, 즉 과업이 흥미롭고 도전감을 유발할 때 효과적**이다. 또한 **집단구성원 간 상호작용이 많이 필요할 때, 부하의 독립심이 높을 때, 개인의 목표와 조직의 목표가 일치할 때, 결정사항에 대해 부하의 수용성이 의사결정을 실행하는 데 중요할 때 효과적**이다.

④ **성취지향적 리더십은 부하의 능력이 높거나 성취욕구를 강하게 가진 부하에게 적합**하다.

5) 평가

상황변수들을 조합한 구체적 경우에 있어서의 리더십 스타일 선택방법을 제시하지 않고 있다. 이것이 하우스 이론이 구체적이지 못하다고 비판받은 이유이다. 즉, **기대이론을 바탕으로 특정 리더십이 특정 상황에서 왜 효과적일 수 있는지에 대한 이유를 설명해 준 측면에서 의의**가 있지만 **다루고자 하는 상황과 변수가 많아서 모든 변수들 간 영향력을 전체적으로 밝히지 못하고 있다.**

(3) 허시와 블랜차드(Hersey & Blanchard)의 상황적 리더십 이론(Situational Leadership Theory : SLT)

1) 의의

OSU 연구에서 제시된 **리더의 배려와 구조주도 행위가 리더십 유효성과 일관된 결과를 보여주지 못한 점에 착안**하여 허시와 블랜차드가 OSU 연구를 토대로 "상황적 리더십이론"을 발표하게 되었다.

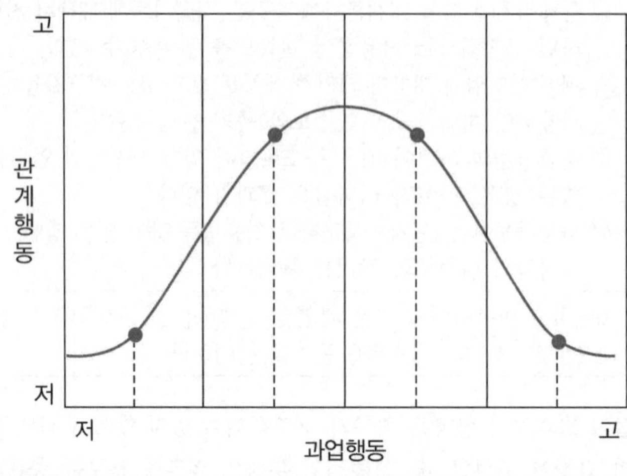

부하의 성숙도	M4	M3	M2	M1
리더십 유형	위임형	참여형	지도형	지시형

2) 리더십 스타일

① 과업행동

리더가 집단구성원들의 역할과 범위와 한계를 명확히 해 주는 행동이다. 즉, 각 구성원이 해야 할 과업을 언제, 어디서, 어떻게 수행해야 하는가를 설명해주는 행동을 말한다.

② 관계행동

리더가 부하와의 커뮤니케이션을 보다 개방적으로 유지하고 부하에 대한 사회정서적인 지원을 하며 부하와 보다 긴밀한 인간관계를 유지하는 행동을 말한다.

3) 상황변수 : 구성원들의 성숙도(maturity : readiness)

상황변수로는 하급자들의 '성숙'(readiness)을 들었다. 즉, 하급자들의 성숙도에 따라 리더십 스타일의 유효성이 달라진다는 주장이다. **성숙도란 ① 하급자가 달성 가능한 범위 내에서 높은 목표를 세울 수 있는 역량(성취욕구), ② 하급자들이 자신의 일에 대해서 책임을 지려는 의지와 능력, ③ 하급자들이 갖는 과업과 관련된 교육과 경험** 등을 통칭한다. 요컨대, 성숙도란 **하급자들의 일에 대한 능력과 의지**를 뜻한다.

① 직무상의 성숙도(능력) : 해당 직무를 수행하는 데 필요한 기능 및 지식, 즉 역량을 보유하고 있는 정도

② 심리상의 성숙도(의지) : 자신감과 독립의 정도, 즉 일하고자 하는 의지를 의미함

4) 상황에 따른 리더십의 효과성

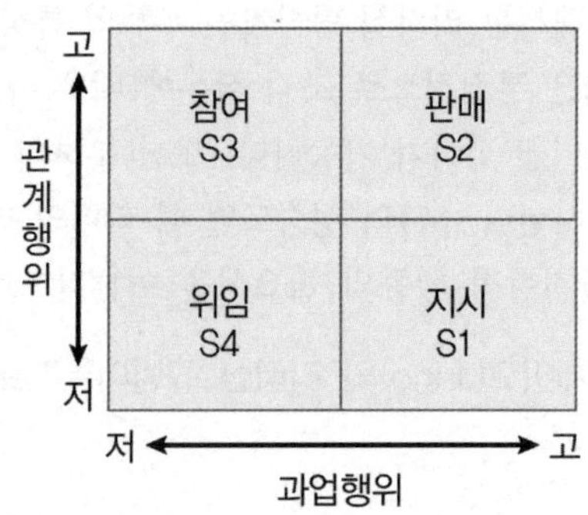

① 부하의 능력과 의지가 모두 낮은 경우(M1) : **지시형(telling) 리더**

하급자들의 성숙수준이 R1일 때의 상황을 그림에서 S1사분면으로 보고 그에 맞는 리더십 스타일을 과업행위 고(高), 관계행위 저(低)인 '지시형'이라고 제시하고 있다. **부하의 직무수행 역량이 갖추어져 있지 않기 때문에 리더가 부하에게 직무수행 방법 및 절차 등을 구체적으로 지시하여 부하의 성과를 높이는 것을 우선적으로 요구한다.**

② 부하의 능력은 낮으나 의지가 높은 경우(M2) : **지도형(selling) 리더**

하급자들의 리더의 능력개발 덕택에 능력은 아직 모자라지만 의지와 어느 정도의 자신감을 갖게 되면 R2의 성숙수준에 이르게 되는데 이를 사분면에서 S2로 표시하고 이때 최적 리더십을 과업행위 고, 관계행위 고인 '판매형'(또는 지도형－코칭형)이라고 본다. **해당 직무를 시작한 지 약간의 기간이 지났을 때 일반적으로 발견되는 현상**으로 부하는 조직에 대한 이해 및 자신의 조직에서의 정체감을 발견하고 몰입이 높아지지만 직무가 요구하는 역량은 아직 충분히 가지지 못한 경우다.

③ 부하의 능력은 높으나 의지가 낮은 경우(M3) : **참여형(participating) 리더**

R3단계는 **하급자들이 능력은 갖추었으나 의지가 낮은 단계**이다. 이 상황(S3)에서 리더는 될 수 있으면 하급자들을 의사결정에 참여시키고 지원해줌으로써 하급자들의 과업의지를 북돋워야 한다. 부하가 **매너리즘에 빠진 상태**로 리더는 약간 낮은 과업행동과 약간 높은 관계행동 수준을 보여줘야 한다.

④ 부하의 능력과 의지가 모두 높은 경우(M4) : **위임형(delegating) 리더**

하급자들이 능력과 의지 차원에서 완전히 성숙한 R4단계에서는(S4상황) 과업행위든 관계행위든 간에 리더의 간섭을 될 수 있으면 배제할 수 있도록 '위임형' 스타일을 사용하라고 허시와 블랜차드는 추천하고 있다. **스스로 동기유발이 되는 상태**로 리더가 구체적 지시를 하지 않더라도 스스로 목표달성을 할 수 있기 때문에 **권한을 부하에게 대폭 위임한다. 승진을 앞둔 구성원에게 주로 발견된다.**

5) 평가

효과적인 리더십 행사를 위해서는 리더십 당사자인 부하의 특성에 초점을 맞추어 리더의 행동에 변화가 있어야 한다는 관점은 본질적으로 조직 실무에 매우 타당한 시사점을 제공한다. 부하의 특성을 고려해야 효과적 리더십 행사가 가능하다. 또한 **부하의 성숙도는 결국 조직 내지 리더가 개발시켜야 한다는 점을 시사한다. M4의 성숙도일 때 리더의 리더십에 대한 부담이 최소화되기 때문이다. 즉, 리더의 개발지향적 행동의 필요성을 이론적으로 뒷받침해 준다.**

(4) 브룸(Vroom), 예튼(Yetton), 제이고(Jago)의 리더십 규범이론(Leadership Normative Theory)

1) 내용

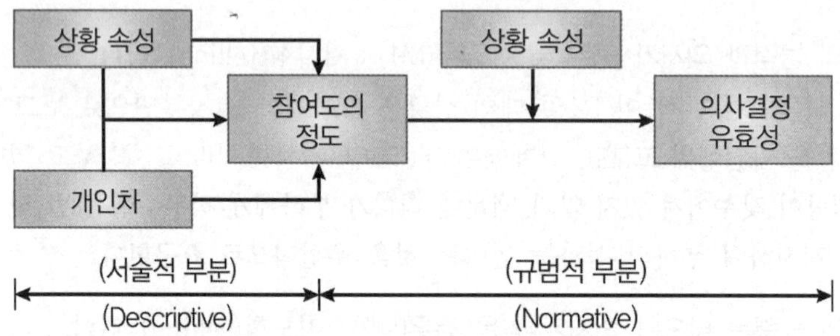

브룸과 예튼(Vroom & Yetton)이 1973년 의사결정자로서의 리더의 역할에 초점을 맞춰 개발한 이론으로서 1988년에 그동안의 연구결과를 종합하여 브룸과 제이고(Vroom & Jago)가 수정 · 보완하였다.

우선 리더의 행위에 대해서는 의사결정에 있어 리더가 하급자들을 참여시키는 정도에 따라 다섯 가지로 구분하고 있으며, 상황변수들은 리더 자신이나 하급자 특성에 관계된 상황변수들, 의사결정사안의 특성에 관련된 변수들로 구성된다. 또 결과변수도 의사결정의 질이나 결정수용도(acceptance) 등으로 타 이론들과는 차이가 난다.

이 이론은 크게 서술적 부분과 규범적 부분으로 나뉜다. **서술적 부분은 어떤 개인적 특성(개인차)을 갖는 리더가 어떤 상황(상황속성)에서 하급자들을 얼마나 참여시키는가에 관련**된다. **규범적 부분은 특정 상황에서 어느 정도로 참여시켜야 효과적인 결정을 할 수 있는가와 관련**된다.

2) **리더십 스타일** : 하급자를 의사결정에 참여시키는 정도

참여의 정도(degree of participation)란 리더가 의사결정을 함에 있어 하급자를 참여시키는 정도를 구분해 놓은 것이다. 어떤 상황에서 어떤 의사결정방법을 선택해야 더 효과적인가를 처방하는 것이 브룸&예튼&제이고 이론의 규범 부분이다.

<table>
<tr><td rowspan="2">A I
(순수독단형)</td><td>리더가 현재 가지고 있는 정보를 이용하여 리더가 혼자 문제를 풀고 의사결정을 내리는 방법이다.</td></tr>
<tr><td>경영자 혼자서 문제를 해결하고 의사결정을 한다.</td></tr>
<tr><td rowspan="2">A II
(참고적 독단형)</td><td>리더가 하급자들로부터 단순정보를 얻되, 그 이상의 하급자 참여 없이 리더 스스로 결정을 내리는 방법이다. 중요한 것은 리더가 하급자들로부터 문제해결에 필요한 단편적 정보를 얻기는 하되 문제를 정의하고 대안을 발견하고 평가하는 과정에 하급자들을 참여시키지는 않는다. 따라서 하급자들은 문제에 대해 걱정하거나 리더와 함께 대안발견을 위해 고민할 필요가 없다.</td></tr>
<tr><td>경영자는 하급자들에게 정보를 요청하지만 의사결정을 혼자 한다. 하급자에게는 문제가 무엇인지를 알려줄 수도 있고 알려주지 않을 수도 있다.</td></tr>
<tr><td rowspan="2">C I
(개별참여형)</td><td>리더는 관련된 하급자들과 각각 개별적으로 문제를 공유하며 그들로부터 해결책에 대한 아이디어나 제안을 얻되, 하급자들을 한꺼번에 모아 놓고 그룹으로 접촉하지는 않으며, 최종 의사결정은 리더가 내린다.</td></tr>
<tr><td>경영자는 하급자와 문제를 함께 공유하며 정보와 평가를 그들에게 요청한다. 화합은 집단으로서 이루어지지 않고 1 : 1로 이루어진다. 그 다음 경영자가 혼자서 의사결정을 한다.</td></tr>
<tr><td rowspan="2">C II
(집단참여형)</td><td>리더가 직면한 문제를 하급자들과 '그룹미팅'을 통하여 공유한다. 이 그룹미팅에서 하급자들의 아이디어나 제안들을 얻지만 최종 결정은 리더가 내린다.</td></tr>
<tr><td>경영자와 하급자들은 문제를 토론하기 위해서 하나의 집단으로 모이지만 경영자가 최종적인 의사 결정을 한다.</td></tr>
<tr><td rowspan="2">G II
(위임형)</td><td>하급자 그룹에게 결정권한을 위임하는 방법이다. 리더는 직면한 문제를 하급자들과 그룹으로 공유하며 그들 스스로 대안들을 생각해내고, 평가하여 모종의 해결책에 의견 일치를 보도록 한다. 예를 들어, 의장으로서 회의에서 토의를 주재하고 토의내용이 문제의 영역을 벗어나지 않게 하며 특히 결정적인 안건들이 토의되도록 할 수 있다. 리더는 하급자 그룹에게 자기가 갖고 있는 정보나 아이디어를 제공할 수 있지만, 하급자들로 하여금 자신의 '방안'을 따르도록 '압력'을 가하지는 않으며 전체 그룹의 지지를 받는 결정에 대하여 리더는 기꺼이 그 결정을 받아들이고 실행에 옮긴다.</td></tr>
<tr><td>경영자와 하급자는 문제를 토론하기 위해서 집단으로서 만나며 집단 전체적으로 의사결정을 한다.</td></tr>
</table>

3) 상황속성들(situational attributes) : 의사결정의 질(quality)과 수용도(acceptance)

관련성	상황속성들	질문형식(나 = 리더])	응답형식
① 의사결정의 질과 관련된 속성들	속성 A : 의사결정의 질의 중요성	의사결정의 질이 중요한 사안인가?	예 또는 아니오
	속성 B : 문제와 관련된 리더의 정보수준	내가 혼자 의사결정을 내리기에 충분한 정보나 지식을 갖고 있는가?	예 또는 아니오
	속성 C : 문제의 구조화 여부	문제가 구조화되어 있는가?	예 또는 아니오
② 의사결정의 수용도와 관련된 속성들	속성 D : 하급자의 수용의 중요성	결정사항의 효과적 실천을 위해서 하급자들의 결정사항 수용이 중요한가?	예 또는 아니오
	속성 E : 리더의 독단적 결정의 수용가능성	나의 독단적 결정을 하급자들이 수용할 가능성이 있는가?	예 또는 아니오
	속성 F : 하급자들의 조직목표 공유 여부	하급자들이 조직의 목표를 공유하는가?	예 또는 아니오
	속성 G : 하급자들 간에 갈등 존재 여부	제시된 대안들에 대하여 하급자들 간에 갈등이나 의견의 불일치가 존재하는가?	예 또는 아니오

A와 C는 리더가 최종 결정을 내린다는 점에서 유사하다. 그러나 둘 간의 핵심적 차이점은 리더가 하급자와 문제를 공유하는가의 여부에 달려있다.

C(참여)와 G(위임)의 유사점과 차이점은 무엇인가? **C와 G의 유사점은 둘 다 집단의사결정을 한다는 점**이다. 그러나 둘은 **결정권의 소재**에 있어 큰 차이를 보인다. **C의 경우 리더가 하급자들에게 의견은 묻되 결정은 리더가 내린다. 그러나 G의 경우는 결정권까지도 하급자들에게 넘겨주는 것이다.**

즉, 의사결정의 유효성이란, 선택된 대안이 내용상 질이 높고 하급자들이 그것을 자기의 것으로 받아들이고 수용하는 경우를 뜻한다.

4) 리더십의 효과성 : 의사결정나무(decision tree)와 처방

남은 문제는 이들 상황변수들을 조합하여 각각의 상황에 대해서 가장 적합한 의사결정방식이 무엇인지를 처방하는 일이다. 특히 일곱 가지 상황속성 각각에 대한 응답을 '예/아니오'로 이분하고 있다. 일곱 상황변수를 각각을 이분하면 128가지의 경우가 나오는데 불필요하고 중복되는 경우를 줄여 13가지로 줄였다. 아울러 7가지 규칙[12)]을 적용함으로써 13가지 조합된 상황 각각에 대한 최적 의사결정방법 처방을 도출한 것이다.

---

12) 리더 정보의 규칙, 목적 합치의 규칙, 구조 부재의 규칙, 수용의 규칙, 갈등의 규칙, 공평성의 규칙, 수용 우선의 규칙 등

하나 이상의 처방이 내려진 경우 단지 시간비용(time cost)을 절감하려는 리더라면 처방 내에서 독단에 가까운 의사결정방법을 선택할 것이고 하급자 개발(development)을 중시하는 리더라면 위임에 가까운 방식을 선택하게 될 것이다.

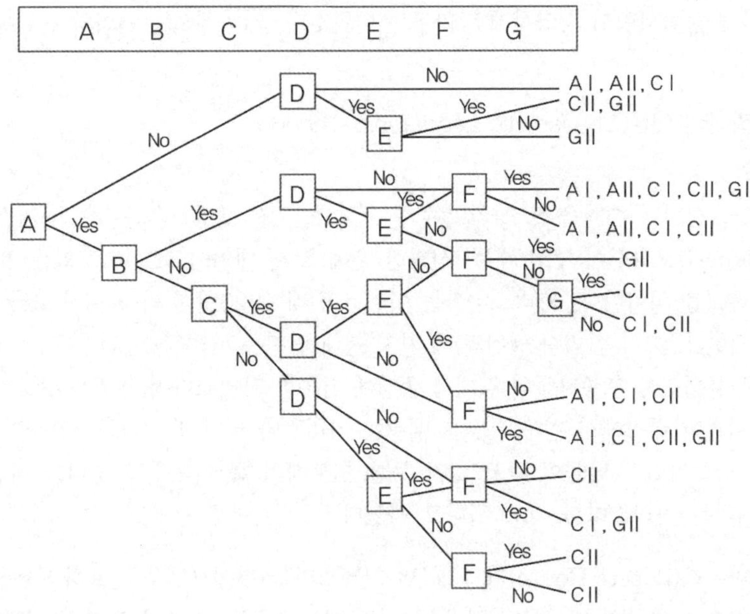

• 질문 :
A : 질적 수준이 높은 의사결정이 요구되는가?
B : 리더가 홀로 질이 높은 의사결정을 하는 데 필요한 충분한 정보를 가지고 있지 않는가?
C : 결정할 문제가 구조화되어 있지 않는가?
D : 결정 내용을 부하가 수용하는 것이 그것을 집행하는 데 중요한가?
E : 리더가 홀로 의사결정을 하는 경우에 그것을 부하가 수용할 가능성이 있는가?
F : 부하들은 이 문제의 해결을 통해 달성할 목표를 공유하고 있는가?
G : 부하들이 목표 달성 방법에 관해 동의하지 않는 경우에 의사결정을 하면 부하들 간에 갈등이 일어날 수 있는가?

5) 이론의 평가

리더가 내리는 의사결정 상황에 초점을 맞추어 조직에서 존재할 수 있는 의사결정 상황들을 체계적으로 제시했다는 측면에서 가치가 있다.

그러나 너무 복잡하여 조직에서 적용하는 데 어려움이 따른다. 또한 **리더가 의사결정을 내릴 때 리더에만 초점을 맞춘 나머지 부하와의 상호작용에 대해서는 전혀 고려하지 않고 있다.** 그리고 **의사결정에 존재하는 다른 상황들도 고려해야 한다는 요구**도 있다(예 부하가 보유하고 있는 정보와 양, 시간제약 및 지리적 분산).

제 7 절 최근 주목받는 현대적 리더십 이론

1 제5유형 : 리더십은 변화주도 행위

1980년대 중반에 들어서면서 경영학계의 화두는 변화였다. 이하에서는 변화와 관련된 리더십 유형을 살펴볼 것이다.

(1) 카리스마 리더십 이론(Charismatic Leadership Theory)

1) 등장배경

"리더는 늘 신비의 베일을 쓰고 있어야 한다."(드골, 전 프랑스 대통령). **카리스마의 어원은 그리스어 'kharisma(신이 주신 재능, 신성한 은혜)'로서 개인이 소지하고 있는 영적 · 심적 · 초자연적인 특질을 의미**한다. 카리스마라는 어휘는 원래 1920년대 막스 베버(Max Weber)에 의해서 제시되었다. 그가 합법적 권위의 세 가지 형태를 전통적 권위, 법적 권위, 그리고 카리스마적 권위로 분류하면서 **추종자들의 절대적 존경에 기초한 카리스마적 권위를 강조**한 이래 지금까지 여러 사회과학 분야에서 연구되었다. 베버는 카리스마 리더십을 하급자의 리더에 대한 지각의 결과로 보고 리더가 **남들이 갖고 있지 못한 천부적인 특성**을 갖고 있다고 하급자들이 느끼게 될 때 리더는 카리스마를 갖게 된다고 하였다.

로버트 하우스(Robert House)가 1977년 카리스마 리더십모델을 발표하면서 카리스마 리더십이 본격적으로 연구의 대상이 되었다. 논리적 방법으로는 그 뜻을 명확히 설명할 수 없는 힘을 카리스마라고 한다. 리더에게 이런 특질이 있을 때 부하들이 이를 신봉함으로써 생기는 리더십이 카리스마 리더십이다. 즉, 카리스마 리더십은 부하로 하여금 대가 없이 또는 리더의 구체적 간섭 없이도 자발적으로 조직에 헌신하도록 하는 리더십이다.

2) 카리스마의 행위

카리스마 리더에게 요구되는 행동은 다음과 같다.

① **자기확신** : 카리스마 리더들은 고도의 자신감, 자기의 신념에 대한 높은 확신, 그리고 남들에게 영향력을 행사하려는 강한 욕구를 가지고 있을 가능성이 크다.

② **인상관리** : 카리스마 리더는 자기가 유능하고 성공적이라는 인상을 심어주기 위해 부단히 노력한다. 과장되면 거짓된 행동을 보이기도 한다.

③ **이데올로기 비전** : 행동뿐만 아니라 멤버들에게 이데올로기 목표를 제시할 수도 있다. 장래에 대한 매력적인 비전을 제시해줌으로써 그 집단이 수행해야 할 목표에 대해 보다 깊은 의미를 부여하고, 열성과 흥분을 불러일으킨다.

④ **솔선수범** : 부하들에게 스스로 행동의 모범을 보임으로써 부하들의 행동뿐만 아니라 가치관, 태도, 감정 등 모든 것을 자기가 원하는 쪽으로 변화시킨다.

⑤ **감정적 행위** : 감정에 호소하여 부하의 동기를 유발시킨다. 예 적을 무찌르자!

▼ 카리스마 리더와 비카리스마 리더의 비교

행위 요소	카리스마 리더	비카리스마 리더
현상에 대한 태도	현 상태에 근본적으로 불만족하며 변화시키려고 노력함	근본적으로 현 상태에 만족하고 그것을 유지하려 함
미래의 목표	현 상태를 크게 뛰어넘는 이상적 비전을 제시	현 상태에서 크게 차이가 나지 않는 목표 중시
존경	관점과 비전을 공유함으로써 하급자들이 존경하고 동일시 또는 모방하려 함	관점을 공유하므로 하급자들이 존경하게 됨
전문성	기존의 질서를 뒤엎을 수 있는 혁신적 수단을 사용하는 데 있어 전문가로 인정받음	현 질서하에서 목표를 달성하는 데 필요한 수단을 사용함에 있어 전문가임
환경에 대한 민감성	현 상태를 변혁시키는 데 크게 필요한 환경에 대한 민감성을 갖춤	현 상태 유지가 목적이므로 환경적 민감성의 필요성이 낮음
명확성	미래의 비전과 리더십 동기에 있어 매우 명확함	목표도 리더십 동기도 명확하지 않음
힘의 원천	전문성, 존경, 특출한 영웅에 대한 하급자들의 칭송에 기초한 개인적 힘에 의지함	직위 권한과 개인적 힘(보상, 전문성, 친분)에 기초함
리더-추종자의 관계	• 엘리트, 사업가, 행동 모델 • 사람들을 변화시켜 급진적 변화를 수용하도록 함	• 평범, 합의 촉구 또는 지시적 • 자신의 관점을 공유하도록 하급자들을 몰아붙이거나 지시함

3) 카리스마적 리더십의 핵심 구성요소

카리스마 리더십 이론은 다섯 가지 행동 요인들로 구성된다. 첫째는 **환경민감성**(sensitivity to environment)으로 카리스마 리더는 **현 상태에 대해서 불만을 제기하고 조직이 획기적으로 성장/발전하는 데 필요한 변화의 필요성을 역설**한다. 둘째는 **욕구민감성**(sensitivity to member's needs)으로 **구성원들이 갖고 있는 욕구를 면밀히 파악하여 정확히 이해하는 것**이다. 셋째는 **전략적 비전 정형화**(strategic vision articulation)라고 하며, **구성원들에게 비전을 제시하고 감동적으로 전파하는 일련의 행위**를 말한다. 넷째는 **개인위험감수**(personal risk)로 **리더는 비전 달성의 자신감을 보이고 미래 성과에 대한 믿음을 주며, 자기희생적 모범을 보여줌으로써 구성원들의 신뢰와 몰입을 이끌어 내야 한다는 것**이며, 끝으로 다섯째는 **비정형행동**(unconventional behavior)으로 **규범과 전통에 얽매이지 않은 자유로운 행동을 할 수 있다는 것을 보여주는 것**이다.

요인	의미
환경 민감성 (sensitivity of environment)	현상 불만, 획기적 변화의 필요성 역설
욕구 민감성 (sensitivity of member's needs)	구성원들의 불평, 불만, 고민을 면밀히 분석
전략적 비전 정형화 (strategic vision articulation)	구성원들이 원대한 희망을 갖게 하는 비전 제시 및 전파
개인위험감수 (personal risk)	비전 달성의 자신감, 미래 성과에 대한 믿음, 자기희생 행동
비정형적 행동 (unconventional behavior)	규범에 얽매이지 않은 자유로운 모습 보여줌

4) **카리스마적 리더의 성과달성 단계**

① 1단계 : **비전 설정 단계**

미래의 변화 트렌드에 따른 비전을 명확하게 지시하여 자신 및 자신이 이끄는 집단에 대해 높은 기대수준을 가지게 하며 이러한 기대에 부응하기 위한 일관성 있는 행동 모델을 설정한다.

② 2단계 : **동력화(energizing) 단계**

적극적인 관심 표명, 개인적 확신 그리고 성공에 대한 자신감을 통해 집단을 동력화시킨다.

③ 3단계 : **실천 단계**

집단에 대한 자신의 지원과 공감 그리고 믿음을 보여줌으로써 집단이 성과를 달성할 수 있도록 한다.

비전 설정 단계	동력화 단계	실천 단계
• 강력하고 설득력 있는 비전을 제시 • 높은 기대를 설정 , • 지속성 있는 행동을 설정	• 개인적인 흥미를 보여줌 • 개인적인 자신감을 표현함 • 성공사례를 찾아 활용함	• 개인적인 자원을 표현함 • 공감 • 부하들 앞에서 확신을 표현함

5) 카리스마의 자아개념(self – concept) 변화단계

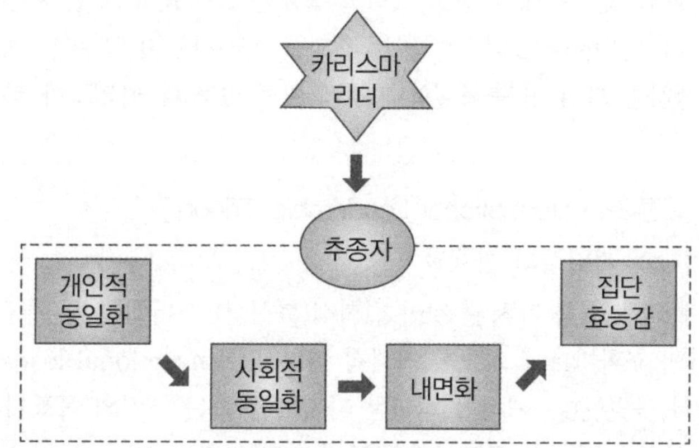

① 개인적 동일화

개인적 동일화란 추종자가 **리더의 행동을 모방하고 리더의 태도를 본받아 리더처럼 되려는 것을 의미**한다.

② 사회적 동일화

사회적 동일화란 **리더와 집단 자체가 같은 태도, 같은 가치관, 같은 행동을 보여주게 되는 현상을 의미**한다.

③ 내면화

내면화란 **리더의 가치와 이념을 추종자들이 자신의 것으로 받아들이는 것**을 뜻한다.

④ 집단효능감

자기효능감은 앞의 '개인차'에서도 자세히 설명된 개념으로, 개인이 자신의 일에 대해서 갖는 '할 수 있다는 믿음'을 뜻한다. 집단차원에서의 **집단 효능감은 집단 전체가 집단의 목표를 달성할 수 있다는 자신감과 믿음을 의미**한다.

카리스마 **리더는 추종자들에게 개인적, 사회적 동일화 개념을 심어주고 가치와 욕구를 내면화시키며 집단효능감을 제고함으로써 그들의 성과를 기대 이상으로 높인다.**

6) 카리스마 리더십의 효과

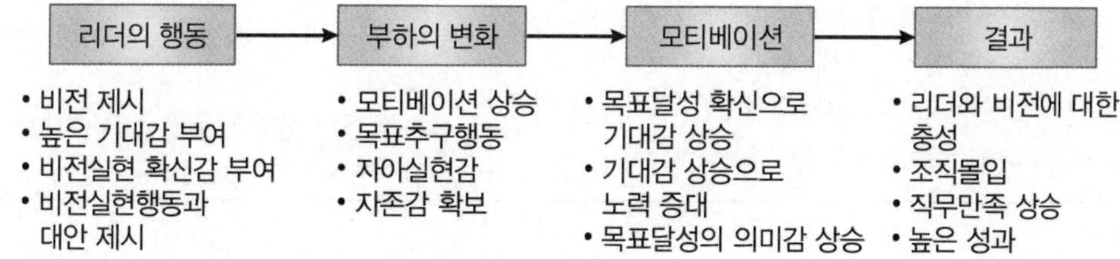

리더에 대한 높은 신뢰를 보여주고 리더에 대해 무조건적으로 수용하며 리더의 비전이나 사명에 대한 감정적 몰입, 만족, 성과 향상 그리고 목표를 달성할 수 있는 자신감을 가지게 된다. 그러나 카리스마 리더십이 항상 일관성 있는 결과를 가져다주지 않는다. 예를 들어 **부하가 높은 스트레스가 발생하는 과업 및 불확실한 환경에 처해 있을 때 카리스마 리더십이 보다 효과적이라는 것이다.**

(2) 변혁적 리더십 이론(Transformational Leadership Theory)

1) 등장배경 : 거래적 리더십의 한계점

J.M.Burns에 의해 처음 제시된 것이 변혁적(혁신적) 리더십이다. 기존의 다른 모든 연구가 리더와 부하 간의 교환관계에 기초한 **거래적 리더십(transactional leadership)에 치중해 있다고 비판**하는 데서 출발한다. **거래적 리더는 자기가 원하는 조직의 목표치가 무엇인지를 부하에게 주지시키고, 목표를 달성한 결과치의 정도에 따라 부하가 어떤 보상을 받을지를 명확히 해준다. 그 다음에 리더는 부하들이 원하는 바(예 급여인상, 승진)가 무엇인지를 파악하여, 리더 자신이 원하는 목표치와 부하가 원하는 보상을 맞바꾸는 것이다.**

거래적 리더십은 부하가 리더에게 복종하는 대가로 임금이나 신임을 얻는 **교환적(exchange) 관계**에 토대를 두는 반면, **변혁적 리더십은 리더와 부하 모두의 동기와 목적의식을 고취시키는 것**이다. **거래적 리더는 부하를 단순히 일차적 욕구수준에 머물러 있는 사람으로 보지만, 변혁적 리더는 부하를 전인으로 파악하여 부하의 상위욕구를 중시한다. 물론 이 둘은 상호 보완적일 수 있다.**

거래적 리더십은 부하를 장기적으로 동기화할 수 없으나 혁신적 리더십이 항상 좋은 것은 아니다. 혁신적 리더에게는 창의적인 자질이 요구되는데 이때 부하에게도 창의적 자질이 있어야 혁신적 리더십이 제구실을 하며 그렇지 않으면 차라리 거래적 리더십이 더 효과적이다. 아무리 혁신적이더라도 자질만 있고 업무능력이 약하면 효율적 리더십을 발휘하기 어렵다. 또한 혁신적인 자질도 부하와 리더에게 모두 자율권이 확보되었을 경우에만 제대로 발휘할 수 있다.

거래적 리더(transactional leader)	혁신적 리더(transformational leader)
• 부하의 노력과 업적에 따라 보상과 칭찬을 함 • 높은 성과에 보상하겠노라고 약속 내지 언질을 줌 • 부하의 행동이 규정이나 관례에 어긋남이 없는지 감독·관찰·시정해 줌 • 책임을 피하고 중요결정사항은 위아래로 미룸	• 부하들에게 비전과 미션을 제시하고 신뢰를 보이며 자긍심을 유발시킴 • 부하들의 지혜와 논리성, 문제 해결력 등을 일깨워 줌 • 부하 한 사람 한 사람을 존중하며 개별적 관심을 쏟음 • 목표를 쉽게 설명해 주고 높은 기대를 가지도록 동기부여시키며 영감을 불어넣어 줌

PART 03

2) 내용

변혁적 리더십 이론(Transformational Leadership Theory)은 1978년 번즈(Burns)에 의해서 처음 제시되었으며 그 후 1985년 배스(Bass)가 조직상황에 맞춰 구체화함으로써 널리 알려지게 되었다. 변혁적 리더는 **저차원 욕구에 얽매어 살아가는 사람들이 고차원 욕구를 추구하도록 마음 속 가치체계를 변혁**(transform)**시키는 리더**이다.

3) 구성요소

리더십 유형	요인 이름		의미
변혁적 리더십	카리스마	영감적 동기부여	비전 제시, 긍정과 열정의 비전과 높은 기대 전파
		이상적 역할모델	집단이익 강조, 엄격한 윤리규범, 모범 행동
	지적 자극		현상에 대해서 새로운 관점을 갖도록 자극
	개별적 배려		구성원 욕구파악, 임파워먼트, 역량개발
거래적 리더십	조건적 보상		임무의 만족스런 수행에 보상 제공
	예외관리	능동적 예외관리	과업명시, 과정관찰, 수시 개입
		수동적 예외관리	과업명시, 문제 발생 시 개입

추종자들이 고차원 욕구를 갖도록 만들기 위해서 리더는 **영감적 동기부여**(inspirational motivation), **이상적 역할모델**(idealized influence), **지적 자극**(intellectual stimulation), **개별적 배려**(individualized consideration) 등 행동을 보여야 한다. 영감적 동기부여란 리더가 구성원들에게 비전을 제시하고 이를 긍정과 열정을 가지고 소통하는 것이며, 이상적 역할모델은 추종자들이 리더에 대해서 존경, 자부심, 일체감을 갖도록 개인보다 집단이익을 강조하고 엄격한 윤리규범을 보여주며 이상적 리더로서 모범적 행동을 보이는 것이다. 지적 자극이란 기존의 관행에 대해서 추종자들이 의문을 갖고 현상을 새로운 관점에서 바라보도록 외적으로 자극하는 리더의 행동을 뜻하며, 개별적 배려는 추종자 개인의 욕구와 감정과 능력을 파악하여 코칭, 지원, 자극을 통해서 임파워먼트시켜주는 행동이다.

변혁적 리더십 이론에서는 영감적 동기부여와 이상적 역할모델을 합하여 카리스마라고 정의한다. 이처럼 비전과 그에 관련된 리더의 행동을 강조하고 있다는 점이 변혁적 리더십이 앞서 배운 카리스마 리더십과 유사하다고 평가받는 이유이다.

거래적 리더십은 **조건적 보상**(contingent reward), **능동적 예외관리**(active management by exception), **수동적 예외관리**(passive management by exception) 등 세 가지 요인들로 구성된다. 리더의 조건적 보상행위는 구성원들에게 과업과 임무를 명확히 해주고 만족스러운 수준을 달성했을 때 보상을 제공하는 것을 말한다. 리더의 능동적 예외관리행동은 구성원의 직무수행과정에 적극 개입하여 지속적으로 과정을 살펴 잘못이 있을 경우 그때그때 수정해주는 행동을 뜻하며, 수동적 예외관리 행동은 문제가 발생했을 때만 개입하여 수정을 해주는 스타일을 말한다.

배스(Bass)는 변혁적 리더십과 거래적 리더십은 양립할 수 있으나 변혁적 리더십의 효과가 거래적 리더십 효과보다 더 크다고 주장하였다.

4) 카리스마 리더 vs 변혁적 리더

카리스마 리더는 권위, 높은 수준의 자아 그리고 자신의 믿음에 대한 강력한 욕구를 가지며, 부하들에게 비전을 제시하기는 하지만 동시에 **부하들에게 리더 자신에 대한 충성과 헌신을 보이도록 요구하여 때로는 부하를 의존적으로 만들기도 한다.**

그러나 **변혁적 리더**는 **부하들에게 권한을 위임해주고 그들의 위상을 제고시키는 특성**을 가지고 있다. 또한 변혁적 리더의 요건에 카리스마가 하나의 구성요소로 포함되기 때문에 **변혁적 리더는 카리스마적인 리더보다 포괄적인 특성을 가지고 있다고 볼 수 있다.**

5) 변혁적 리더십의 효과 발생과정

① 개인과 조직 특성 → 리더의 행동(영, 이, 지, 개) → 성과

조직문화가 융통성이 있으며 변화에 보다 잘 적응하는 조직문화의 경우 변혁적 리더가 만들어질 가능성이 높다. 또한 **리더 스스로가 낙관적이고 열정이 있을수록** 변혁적 리더일 가능성이 높다.

② 변혁적 리더십의 과정

변혁적 리더십은 리더의 행동특성이 부하들의 자각에 의한 변화를 촉진하고 그 결과 부하들의 모티베이션 수준을 높여 성과가 향상되도록 하는 과정으로 이해할 수 있다.

변혁적 리더십을 발휘하는 리더는 집단 전체가 나아가야 할 바람직한 방향으로서 이상주의를 표방하며, 구성원들에게 목표를 성취할 수 있는 능력을 키워주고 신뢰를 구축함으로써 구성원들 개개인에게 '에너지를 불어넣어' 부하들을 **임파워먼트(개별적 배려)**하는 리더이다. 변혁적 리더는 **매우 높은 자신감과 현상태를 뛰어넘는 이상적인 비전을 체계적으로 제시하는 능력(영감적 동기부여)**을 지니고 있고, **비전을 추구하기 위해 개인적인 위험을 기꺼이 감수(이상적 역할모델)**하려고 하며, 늘 해오던 방식을 계속 반복하지 않고 **새로운 방법을 도입함(지적 자극)으로써 변화담당자로서 역할을 하여 구성원들로 하여금 기대 이상의 성과를 내도록 한다.**

임진왜란 당시 나라가 위기에 처해 있을 때 군사들로 하여금 자신 및 가족의 생존과 나라의 존망을 동일시하도록 고무(영감적 동기부여)시키고 잘 훈련시켜 능력을 키우며 자신감을 갖게 하여(개별적 배려) 12척의 함선으로 500여 척의 왜군함을 격침시킨 이순신 장군이 보여주는 리더십이 바로 변혁적 리더십의 대표적인 예라고 할 수 있다.

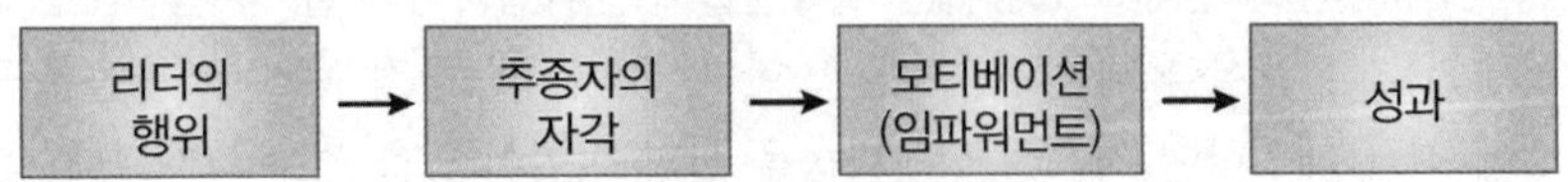

(3) 전략적 리더십 이론

1) 내용

조직의 전략을 책임지는 최고경영층(또는 전략층)에 대한 학자들의 관심이 높아지면서 생긴 개념이다. 이들 **최고경영층은 조직 전체의 성과를 책임지며 조직 내외의 여러 요인들의 변화에 대응하고 다양한 이해관계 집단들을 관리**한다. 결국 이들의 결정과 행동은 조직의 성과뿐 아니라 운명에도 커다란 영향을 미칠 수 있으므로 리더로서의 최고경영층의 행동과 역할을 이해하는 것은 매우 중요한 의미를 갖는다.

2) 전략적 리더십 스타일의 4유형

나하반디(Nahavandi)는 CEO의 전략적 리더십 스타일을 아래와 같이 4가지 유형으로 나누었다.

도전추구 \ 통제욕구	낮음	높음
높음	참여적 혁신형 (PI : Participative Innovator)	통제적 혁신형 (HCI : High Control Innovator)
낮음	과정관리형 (PM : Process Manager)	현상수호성 (SQG : Status－Quo Guardian)

① 과정관리형(PM)

조직운영과정에서 **구성원들을 많이 참여**시키지만 **전략적 선택에 있어서 매우 보수적이고 위험이 따르는 전략을 멀리하는 스타일을 의미**한다.

② 현상수호형(SQG)

안정을 추구하여 위험도가 높은 전략을 회피하려는 성향이 있으나 **내부관리에 있어서 매우 엄격한 통제력을 발휘하려는 특성**을 갖는다. 한마디로 과거의 성공을 유지하고 지키려는 스타일을 의미한다.

③ 참여적 혁신형(PI)

외적으로는 도전적이고 혁신을 추구하나 **조직 내적으로는 참여적이고 개방적인 문화를 유지하는 유형**을 의미한다. 즉, 구성원들을 스스로 문제를 찾아 새로운 방법으로 해결할 수 있도록 조직원들을 임파워먼트시킨다.

④ 통제적 혁신형(HCI)

내적으로는 강한 문화와 통제를 위한 제도를 중시하지만 외적으로는 **도전적 전략을 추구**하는 스타일이다. 새로운 시장에 진출하고 미개척분야에 도전하며 비관련 산업에 대해서도 사업기회를 노리는 혁신적 스타일이다. 그러나 **조직운영이나 관리에 있어서는 보수적이어서 최고경영자가 모든 권한을 가지고 통제하려는 속성**을 갖는다.

2 부하의 신뢰를 얻는 리더십

리더십도 사실은 리더와 부하의 인간관계에 바탕을 둔다. 아무리 유능하고 권력이 있어도 〈신뢰〉가 가지 않으면 껍데기만의 순응으로 끝난다. 리더가 부하들에게 신뢰를 얻으면 그로 인하여 부하들 간에게도 신뢰가 쌓이고 조직성과를 높인다. 신뢰와 관련된 리더십으로는 ① **윤리적 리더십**, ② **서번트 리더십**, ③ **진정성 리더십** 등이 있다.

(1) 윤리적 리더십

1) 출현 배경

기업의 사회적 책임이 중시되면서 **1980년대 중반부터 리더십에 윤리성(ethics)을 추가해야 한다는 주장이 대두**되고 있다.

2) 윤리적 리더십과 신뢰

카리스마 리더나 변혁적 리더와 같이 부하로부터의 신뢰를 통해 리더가 제시한 비전을 믿고 따르도록 하지만, 윤리적 리더십은 항상 부하들에게 정정당당하며 자신 있고 털어도 먼지 하나 없도록 처신하는 것이다. 즉, 변혁적 리더나 카리스마 리더는 비전이나 집단의 목표가 개인 자기이익이나 자기도취에서 설정된 것일 수도 있다. 따라서 윤리적 리더가 카리스마적 기질이나 행동을 활용할 때 진정한 신뢰를 얻을 수 있을 것이다.

3) 신뢰를 얻는 리더의 유효성

부하의 신뢰를 얻으면 결과적으로 리더십 효과가 증가한다. 위험의 감수, 정보의 공유를 통해 부하와 리더의 신뢰 관계가 형성되면 조직효율성이 증대되는 것은 자명하다.

(2) 서번트 리더십 이론(Servant Leadership Theory)

1) 정의

1970년대 미국 학자 로버트 그린리프(Greenleaf)가 처음 주창한 이론으로 서번트 리더는 집단 구성원 모두를 일체화시키면서 누구나 공감하는 공동의 비전을 만들어가고, 그 비전을 성취하는 데 집단구성원 개개인이 자신의 고유한 능력을 기꺼이 발휘하도록 만드는 사람을 말한다. **서번트와 리더는 서로 반대되는 개념이다. 역설적 측면을 가지고 있지만 이 두 단어를 창조적이고 의미 있게 결합한 것이다. 철학적 당위성을 강조한 것으로 리더의 역할이 과거 관리자에서 서번트로 변화되어야 함을 강조한다.**

리더의 자기희생은 **미시적 차원에서는 구성원들로 하여금 기회주의와 불안을 극복하게 하고, 적극적 행동을 유발하여 조직의 위기상황에서 구성원들의 위기적응행동을 촉진**한다. 거시적으로는 **조직 전체의 환경변화에 대한 적응력을 높인다.** 한편 **자기중심과 대조적인 타인중심의 가치관을 전달하고 도덕적 행동을 모델화하는 리더십 개념을 사회화된 카리스마**라고 한다.

2) 서번트 리더의 특성

특성	내용
예견	현재의 행동이 어떤 결과를 가져올 것인지 예견하고 상황판단을 한다.
개념화	철학적 깊이를 가진 개념적인 사고를 기반으로 부하들을 개발하려고 노력하며, 장기적이고 폭넓은 사고방식을 가지려고 노력한다.
인지	부하의 강점과 한계에 대하여 관찰하고 알려준다.
동정	부하의 감정에 공감하고, 부하가 실수했을 때에는 그들의 좋은 의도에 대해 알아준다.
경청	부하들의 욕구와 열망에 대해 경청하고 명확히 파악한다.
스튜워드십	리더 자신이 조직의 물적, 인적자원에 대한 감시자, 보호자라고 여긴다.
설득	지시보다 설득으로 부하를 대한다.
치유	부하의 실수를 해결해주기 위해 노력하며 위로해 준다.
구성원의 성장에 몰입	부하들의 현재 능력에 만족하지 않고 이를 개발, 발전시켜 나간다.
공동체형성	조직의 구성원들에게 조직 내·외부 모두 공동체 정신을 심어준다.

1970년대 **그린리프(Greenleaf)의 이론에서 봉사적 리더십의 근원**을 찾을 수 있는데, **그는 훌륭한 리더는 하인 바로 그 자체라고 했다. 하인은 자기중심이 아니라 타인(주인)의 요구에 응하고 타인에게 우선권을 두는 사람**이다. 따라서 봉사적 리더십은 **생산이나 업적보다 부하가 원하는 것을 들어주고 최대한 배려하는 리더십을 의미**한다. 봉사적 리더십은 부하를 지원하고 성장시킴으로써 리더십 유효성을 높일 수 있다.

3) 변혁적 리더와의 비교

① 공통점 : 구성원들에 대한 개별적인 배려를 강조

② 차이점

변혁적 리더십	서번트 리더십
조직과 조직목표달성을 위한 구성원의 몰입에 초점	자신의 집단구성원을 우선함. 즉, 조직의 목표달성보다 구성원에 대한 서비스에 초점을 둠. 이에 조직의 목표달성 이상의 것에 대한 책임이 요구되고 더 나아가 리더의 도덕성 및 자기희생으로까지의 당위성이 요구됨.

4) 서번트 리더십의 효과

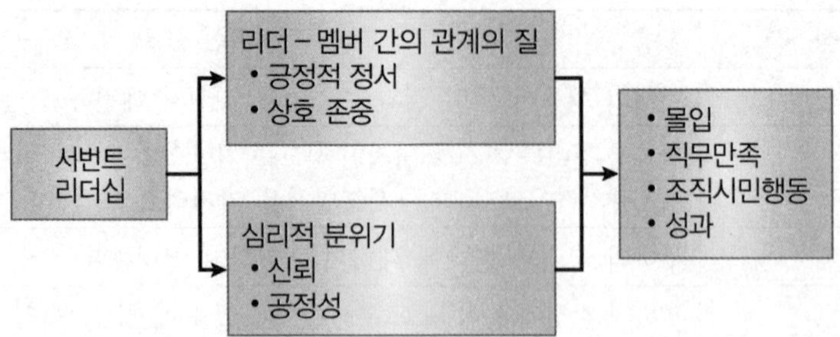

자기희생적 리더십으로 서번트 리더십은 집단 내 긍정적인 정서를 형성하고 리더 – 멤버 간 상호 존중하도록 만들어 **리더 – 멤버 간 관계의 질을 높인다.** 또한 **서번트 리더십은 집단 내 상호신뢰 및 공정성을 증가시켜 구성원들의 심리적 분위기가 호의적으로 된다.** 이 결과들은 집단구성원의 몰입, 직무만족, 조직시민행동 및 성과를 높인다.

5) 서번트 리더와 변혁적 리더의 비교

바부토와 휠러(Barbuto&Wheeler)는 서번트 리더와 변혁적 리더십의 개념적 차이를 다음과 같이 비교하였다.

	서번트 리더십	변혁적 리더십
리더의 역할	구성원을 섬김	규범적 조직목표 추구를 위해 구성원들을 영감적으로 고취시킴
부하의 역할	현명하고 자유롭고 자율적이 됨	조직의 목표를 추구하게 됨
기대되는 결과	구성원들의 만족, 개발, 서비스에 대한 몰입, 사회적 개선	목표일치, 노력증대, 만족, 생산성, 조직이익
개인수준	섬기려는 욕망	이끌려는 욕망
대인 간 수준	리더가 부하를 섬김	리더가 부하를 고무시킴
집단수준	리더는 구성원 욕구를 충족시키기 위해 집단을 섬김	리더는 집단목표를 추구하기 위해 집단을 결합함
조직수준	리더는 조직이 공동체를 섬기도록 준비시킴	리더는 조직목표를 추구하기 위해 구성원들을 고취시킴

(3) 진정성 리더십(Authentic Leadership)

1) 의의

자신에게 진솔한 모습으로 솔선수범하며 건강하고 알차게 조직을 이끌어가는 리더를 진성 리더라고 한다. 다른 사람에게 잘 보이려고 하는 행동, 싫어하면서도 좋아하는 것처럼 표현하는 것, 상을 받기 위해서, 아니면 벌을 피하기 위해서 하는 거짓된 행동은 진성 리더의 속성이 아니다. 즉, **정직하고 윤리적 행동**을 핵심으로 한다.

2) 진정성 리더십의 핵심요소

① 자아인식(self－awareness) : 리더가 자신의 특성을 있는 그대로 인식하는 것

② 자아 관련 정보의 편견 없는 수용(unbiased processing) : 좋든 나쁘든 자신에 관련된 정보를 진솔하게 받아들이는 것

③ 진성행동 : 자기 내면의 신념이나 가치와 일치하게 행동하는 것. 상황이 어쩔 수 없다고 자신의 부정한 행동을 합리화하는 것은 진성행동이 아님

④ 진정성에 기초한 대인관계 형성(relational authenticity) : 자기 자신을 적극적으로 표출하고 상호 친근감과 신뢰감을 구축하여 상대방이 '나'(리더)의 좋고 나쁜 참모습을 볼 수 있게 하는 것

3) 진정성 리더십의 형성 과정

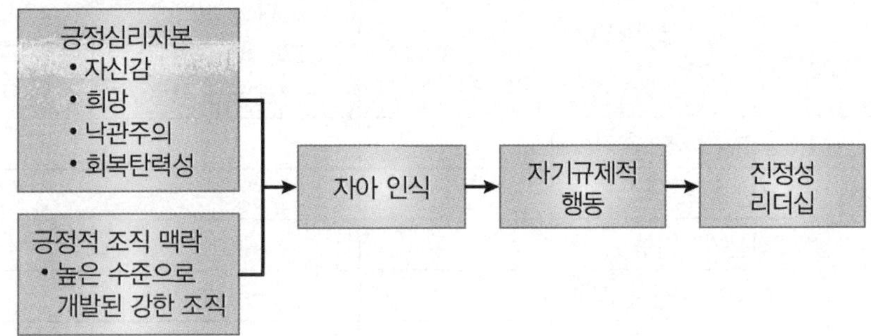

① 개인차원 : 긍정 심리자본

② 조직차원 : 긍정적 조직맥락 예 참여적 조직문화

③ 자아인식

④ 자기 규제적 행동 : 자신의 행동을 자아 개념과 일치시키려는 노력으로 계산적으로 기대되는 보상에 의해서라기보다 자신의 가치와 정체성에 일치되는 행동을 하는 것을 말함

⑤ 진정성 리더십

4) 효과

조직구성원들의 조직시민행동, 리더에 대한 만족 및 조직몰입을 증가시키고 이직 의도를 감소시킨다.

3 제6유형 : 리더십 대체이론 등

(1) 리더십 대체이론

1) 의의

리더십 상황변수가 너무 강력해서 리더의 역할을 대체하거나 무력화시킬 수 있다는 내용의 이론이다. **상황에는 리더를 대체할 수 있는 요인이 있어서 리더의 행동이 불필요하거나 중복될 수 있다는 것이며 무력화요인도 있어서 리더의 행동이 억제되거나 방해받는 현상이 나타난다는 것**이다.

리더십 대체이론은 1978년 **커와 저미어(Kerr & Jermier)에 의해서 제시**되었다. 이들은 하급자, 과업, 또는 조직의 어떤 특성들은 구조주도나 배려와 같은 리더십의 기능을 대체할 수 있다고 주장한다. 과업현장에 리더십 대체요인이 많이 존재하면 할수록 하급자들의 태도나 성과에 대한 리더십의 영향은 그만큼 줄어들게 된다.

2) 리더십 효과성에 영향을 미치는 상황요인

또한 **대체요인**들 중 **구조주도와 배려행위 모두를 대체하여 리더십 자체를 마비시키는 요인**들에 주목해야 한다. 이를 **중화요인(neutralizer)이라고 부르며**, 표에서 Box로 표시하였다. 중화요인이 조직현장에 많이 존재하게 되면 어떤 리더십 행위도 효과를 발휘할 수 없게 된다.

대체요인		관계지향적, 지원적 리더십, 또는 배려행위가 대체되는 경우	과업지향적, 수단적 리더십, 또는 구조주도 행위가 대체되는 경우
하급자 요인	1. 능력, 경험, 훈련, 지식		○
	2. 독립요구	○	○
	3. "전문가" 지향 성향	○	○
	4. 조직의 보상에 무관심	○	○
과업 요인	5. 명확하고 반복적임		○
	6. 방법에 따른 차이 없음		○
	7. 완성도에 대한 피드백 제공		○
	8. 내재적으로 만족을 줌	○	
조직 요인	9. 공식화(계획, 목표, 책임소개의 명확화)		○
	10. 경직성(규칙, 절차가 엄격히 지켜짐)		○
	11. 매우 구체적이고 적극적인 자문 및 스태프 기능의 존재		○
	12. 매우 유대가 있고 응집력이 강한 작업집단	○	○
	13. 조직의 보상이 리더의 통제 밖에 존재	○	○
	14. 상・하급자 간의 공간적 거리	○	○

한편 리더십 **촉진요인**(leadership enhancers)이란 **특정 리더행위 효과를 상승시키는 리더십 외적요인**들을 일컫는다. 리더십 **보완요인**(leadership supplement)이란 **하급자들의 성과에 영향을 미치기는 하지만 리더행위를 효과적으로 직접적으로 마비시키거나 상승시키지는 않는 요인**들이다. 최근의 연구에 따르면, **리더의 변혁적 행위나 카리스마 스타일에 대해서는 대체요인들이 상황변수로서 별로 영향을 미치지 못하는 것으로 나타났다**. 즉, **이들 리더십 행위들은 상황적 제약을 극복하여 성과에 직접적인 영향을 미친다고 해석할 수 있는 것**이다.

상황요인	내용
리더십 촉진요인 (leadership enhancers)	리더의 구성원에 대한 영향력을 증진시키는 환경이나 부하의 특성
리더십 중화요인 (leadership neutralizers)	리더의 부하에 대한 영향력의 효과성을 감소시키는 환경이나 부하의 특성
리더십 대체요인 (leadership substitutes)	특정한 리더십 행동의 필요성을 대체하는 것으로, 그 행동을 불필요하게 만드는 환경이나 부하의 특성

3) 리더십 대체이론의 평가

① 대체이론의 의의

기존의 리더십 이론은 공식적 리더의 역할에만 초점을 맞추고 있지만, **리더십 대체이론은 리더십 효과를 대체시킬 수 있는 대안적인 방법에 대해서도 생각해 보게 하는 계기를 마련**해 주고 있다.

② 대체이론의 한계

❶ 리더십 대체이론이 제시된 이후 상기한 바와 같이 여러 차례 검증이 이루어졌지만 **그동안 이루어진 연구들이 일관성 없는 결과를 보이고 있기 때문에 타당성과 유용성을 명확히 판단하기는 힘들다.**

❷ **대체요인과 중화요인 간 구분이 모호**하다.

❸ **중화요인(neutralizer)이 존재할 경우 어떤 리더십 행위도 효과를 발휘할 수 없게 되는데 이에 대해 커와 저미어는 현실적으로 리더의 행위를 완전히 압도할 강력한 중화요인들을 갖는 조직은 거의 없다고 주장**한다.

(2) 수퍼 리더십(Super Leadership)과 자율적 리더십(Self－Leadership)

1) 개념

일찍이 중국의 노자는 훌륭한 지도자는 자신이 부재 중일 때에도 부하들이 스스로 알아서 움직일 수 있도록 해야 한다고 말한 바 있다. 이처럼 만약 팀(부서) 구성원들이 관리자가 필요 없을 만큼 자율적으로 팀의 목표달성을 위해 열심히 노력하고 다른 팀원들과의 팀워크를 존중한다면 더 없이 바람직할 것이다. **셀프리더십(self leadership)이란 문자 그대로 자기가 스스로 자신을 리드하는 리더십을 말한다(Manz & Sims, 1980).** 특히 **리더가 구성원들을 스스로 판단하고 행동에 옮기며 그 결과도 책임질 수 있는 셀프리더로 만드는 리더십을 슈퍼리더십(super leadership)이라고 한다.**

2) 슈퍼리더십의 역할

첫째, **조직에서 리더가 먼저 셀프리더가 되어 행동으로 모범을 보임으로써 부하의 대리학습을 촉진할 수 있는 모델역할**을 한다.

둘째, **부하의 장래비전과 목표의 설정을 지원하는 코치로서의 역할**을 하여 **구성원 개개인이 스스로를 이끌어갈 수 있는 셀프리더가 되도록 한다.**

셋째, **집단을 자율적으로 운영되는 체제(예 자율경영팀)로 전환시키는 변화담당자로서의 역할**을 한다.

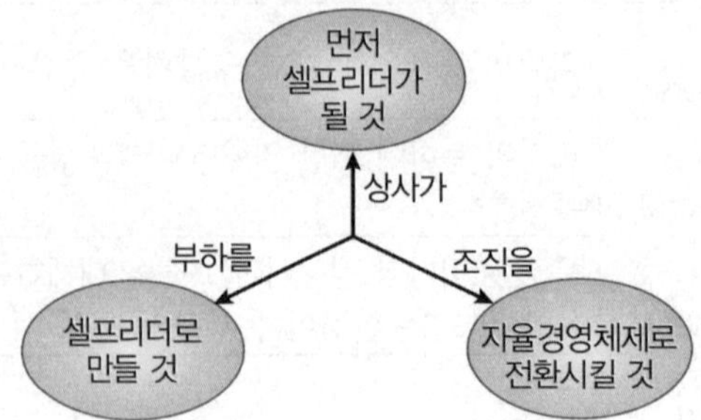

3) 추종자의 셀프리더십 형성과정

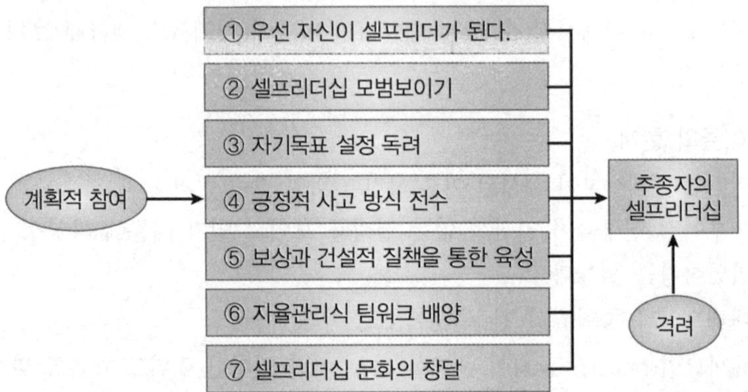

셀프리더십이 무르익게 되면 어떤 결과가 얻어지는가? 우선 **하급자의 조직몰입, 동기유발, 역량의 증대 등이 기대되며 그로 인하여 성과가 높아지고 혁신을 이룰 수 있게 된다. 셀프리더가 다시 수퍼리더가 될 수 있는 잠재력도 그만큼 커지게 된다.**

(3) 팔로워십(Followership)

켈리(Kelley)는 '**조직의 성공에 리더가 기여하는 바는 10%~20%에 불과하고 나머지 80~90%는 팔로워십이 결정한다'라고 가정**하여 팔로워십에 대한 인식을 바꿔야 한다고 주장하였다. 즉, **팔로워를 리더의 하수인 정도로 생각할 것이 아니라 독립적이고 능동적 주체로 인식해야 한다는 것**이다.

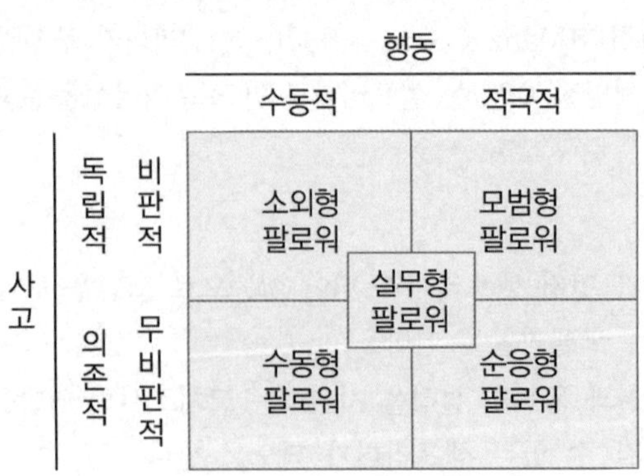

사고 \ 행동	수동적	적극적
독립적 비판적	소외형 팔로워	모범형 팔로워
(중앙)	실무형 팔로워	
의존적 무비판적	수동형 팔로워	순응형 팔로워

CHAPTER PART 03 집단차원

05 | 의사결정

제 1 절 의사결정의 개념, 특징 및 중요성

1 의사결정의 의의

의사결정이란 바람직한 목표를 달성하기 위하여 하나 혹은 그 이상의 대안 중에서 하나를 선택하는 것을 말한다. 즉, 의사결정이란 '**문제를 인식하여 진단하고 해결에 필요한 대안들을 찾아 평가한 후 최적의 대안을 선택하는 일련의 과정**'이라고 할 수 있다.

2 의사결정의 중요성 : 의사결정의 그레샴의 법칙

사소한 문제(악화)에 지나치게 몰입한 나머지 정작 중요한 문제(양화)의 해결에는 시간을 할애하지 못하는 경우(악화가 양화를 구축함)도 많다. 이것을 **의사결정의 그레샴(Gresham)의 법칙**이라고 한다. 기업의 유효성을 높이기 위해서는 의사결정의 질을 높이는 것이 중요하다.

제 2 절 의사결정 모형

1 합리적 의사결정 모형(Rational decision making model) : 규범적 모델(normative model)

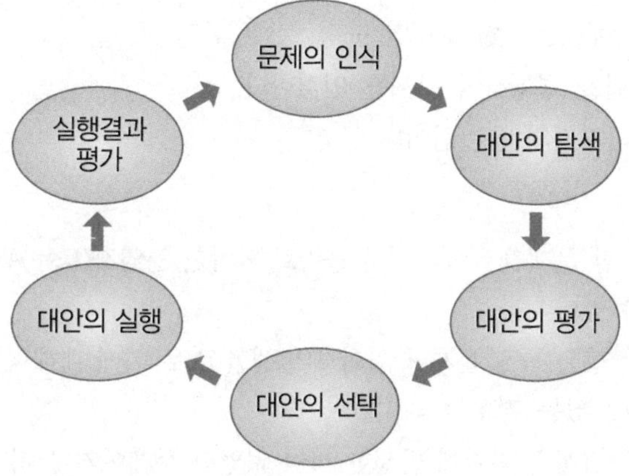

(1) 규범적 모델

어떤 문제가 발생하였을 때 위에서 제시한 의사결정과정을 단계적으로 거치는 것을 말한다. 이러한 모델은 **의사결정을 할 때 과학적이고 이성적인 사고를 통해 문제해결을 위한 최적(optimal)의 대안**

을 찾을 수 있다는 것을 전제로 하고 있다. 이러한 접근을 규범적 모델이라고 한다. 즉, **현실에서 추구해야 하는 이상적 모습을 요구**하는 것이다.

(2) 합리적 의사결정 모델의 한계

1) 조직에서 발생하는 문제를 정확히 인식하는 데 **모든 정보를 획득할 수 없다.**

2) **비구조화된 의사결정**인 경우 이를 해결할 수 있는 모든 대안에 대한 정보를 확보하는 것은 불가능하다.

(3) 의사결정의 과정

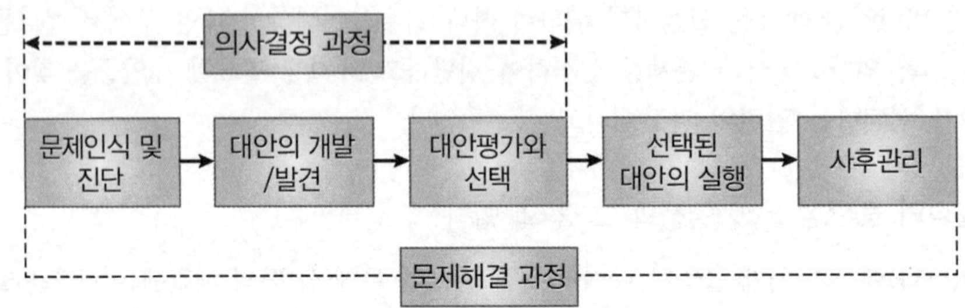

1) 문제의 인식

문제란 자신의 현재 상태와 기대하는 상태가 차이가 날 때 발생한다. 즉, **기업이 원하는 상태와 현재 상태 간의 차이가 존재할 때 문제가 발생**한다. 문제인식단계에서 중요한 것은 조기 인식이다. 의사결정자와 결정 관련자들 간의 '인식의 차이(perceptual difference)'다.

① 문제인식의 세 가지 방법

❶ 과거에 발생한 사건 기준

❷ 계획적 접근으로 시나리오를 가지고 미래를 예측

❸ 타인의 지각에 의존 예 고객의 불평

② 위 세 가지 방법을 병행하여 문제를 인식한다.

③ 문제인식은 의사결정의 출발점이다.

2) 대안의 탐색

조직에서 해결해야 할 문제가 무엇인지를 올바로 파악한 경영자(또는 관리자)는 **문제해결을 위한 대안들을 찾아내야 한다.**

① **구조화된 의사결정**은 특정 문제나 기회가 발생할 경우 이에 대해 선택해야 하는 **대안이 사전적으로 제시되어 있는 경우**를 의미한다.

② **비구조화된 의사결정**은 **과거에 발생한 적이 없었던 문제이거나 기회에 대해 내려야 하는 의사결정**을 의미한다.

③ **구조화된 의사결정**의 경우에는 **대안을 탐색하는 데 시간이 거의 소요되지 않는다.**

④ **비구조화된 의사결정**의 경우 **대안 탐색은 훨씬 복잡**하다. 문제 자체가 낯설고 특이한 것이기 때문에 의사결정자는 창의적으로 대안을 탐색해야 한다.

특징	의사결정 유형	
	구조적 의사결정	비구조적 의사결정
발생빈도	반복 · 일상적	비반복적 · 예외적
과업유형	단순 · 구체적	복잡 · 모호함
정보	충분 · 분석 용이	불충분 · 분석 어려움
결정방식	규정 · 정책	상황판단적 · 창의력
의사결정자	하위계층 담당자	최고경영층

3) 대안의 평가 및 선택

조직에서 해결해야 할 문제가 무엇인지를 올바로 파악한 경영자(또는 관리자)는 문제해결을 위한 대안들을 찾아내야 한다.

① 합리적 의사결정 모델(경제성의 원칙) : **투입 대비 산출이 큰 경우**

경제성의 원칙에 의거하여 우선순위를 정한 후 그 가운데 우수한 대안을 선택한다. 여러 대안들 중에서 가장 적합한 것을 선택한다면 합리적 혹은 최적화(optimization) 결정이라고 말한다. **이 모델은 인간은 경제적이며 합리적(economic and rational man)이라는 가정에서 출발**한다. **이는 최소의 비용으로 최대의 효과를 얻으려는 경제성 모델에 근거한 모델로서 인간은 의사결정에서 가능한 대안들을 모두 발견하고 평가하여 경제적으로 최적의 대안을 선택한다는 이론이다.**

그러나 **인간의 행동은 그렇게 완벽할 수 없으며 그렇게 합리적일 수도 없다.** 즉, **비화폐적(구성원 만족도), 정치적 속성을 가지고 있을 때에는 경제성 원칙 적용에 한계**가 있다.

② 제한된 합리성 모델 : **만족화 의사결정**

건초더미 속에 수백 개의 바늘이 있을 때 그중에서 가능한 한 가장 좋은 바늘을 찾아 사용하려고 하지만(합리성), 가장 좋은 것을 찾기에는 시간이 너무 걸린다(제한된 합리성). 그렇다고 무작정 집어서(비합리성) 사용하지는 않을 것이다. 이처럼 **문제해결 대안을 선택할 때 최선책을 발견하려고 하지 않고, 적당히 만족할 정도의 기준만 정해놓고 이를 통과하는 대안 중에 먼저 발견되는 것을 선택한다는 것이 사이먼(H. Simon)의 바늘이론**이다.

이 모델은 모든 의사결정자들은 **최적의 대안**을 찾으려 노력은 하지만 **시간의 부족, 정보의 부정확성, 개인의 능력한계 등의 이유로 최적 대안의 선택이 사실상 불가능하다는 관점**이다. **인간은 문제해결에 처하여 제한된 정보와 제한된 대안을 가지고 주어진 시간과 비용을 감안하여 합리적 선택을 하려고 노력한다는 것**이다.

제한적 합리주의 모델(bounded rationality)은 **첫째 객관적으로 최적의 대안을 선택하는 것이 아니라 개인적으로 만족스러운(satisficing) 수준의 대안을 선택하**게 되며, **둘째 대안이나 해결책 모색에 있어 매우 제한적이고, 셋째 결과에 영향을 미치는 요소들을 통제할 수 없는 상황에서 충분한 정보가 없이 결정을 내리게 된다는 점을 강조**한다.

앞서 경제적 합리성 모델이 규범적 모델이라면 제한적 합리주의 모델은 서술적 모형이라고 볼 수 있을 것이다.

③ 정치적 선택 모델 : **정치적 선택**

이 모델은 자신이나 자기편의 이익만을 충족시키려는 입장에서 대안을 선택하는 경우로 **권력이 강한 내·외부 이해관계자들의 목적을 추구하기 위해 사용**된다. **개인은 자신의 이익을 만족시켜 주는 대안을 의사결정 과정의 초기에 결정하며 새로운 정보가 얻어지더라도 그것을 바꾸지 않는다.** 대안의 발견이나 평가는 자신이 이미 결심한 대안을 강화시킬 목적으로 이루어진다.

4) 대안의 실행 및 실행결과 평가

선택된 대안은 실행되어야 한다. 실행되지 않은 결정은 아무런 쓸모가 없다. **이 단계에서는 실행담당자들의 실행의지(동기)가 무엇보다도 중요하다.** 이 단계는 의사결정에 드는 비용, 각 대안의 장·단점, 그리고 해결책 실천의 문제를 생각하는 단계이다. 대안 평가/선택 과정을 설명하는 데에는 경제적 합리성 모델, 제한적 합리주의 모델, 정치적 선택모델 등 세 가지 모델이 있다.

① 선택된 특정 대안을 실행에 옮길 때 실행할 도구 및 수단을 결정하는 단계

② **평가** : 정성적(예 고객만족도) 및 정량적(예 매출액)인 지표

5) 사후관리

이 단계는 **실행결과를 정리, 평가, 조정하는 단계**이다. 실적에 따라 보상과 벌이 가해지고 미진한 부분을 보완하게 된다. 또한 실행과정에서 학습한 사항들을 정리하고 재실행을 준비하는 단계이기도 하다.

6) 의사결정 후의 갈등(또는 후회) – 제니스와 만(Janis & Mann)

① 결정의 철회

자신의 판단에 잘못이 있었음을 인정하고 **새로운 길(대안)을 모색**하게 되는 것이다.

② 실행의 축소

실행규모를 축소하든가 지연시키는 것이다.

③ 결정의 재확인

자신이 내린 결정에 대하여 갈등이 생겼다 할지라도 **그 결정에 대해 긍정적인 면을 더욱 강조함으로써 자신의 결정이 잘된 것이라는 확신을 가지려는 방법**이다.

2 제한된 합리성 모형(Bounded rationality model) : 기술적 모델(Descriptive Model)

(1) 의의

조직 내 구성원들이 실제로 하고 있는 의사결정을 대상으로 접근하고 있다. 의사결정자는 충분한 정보를 가지고 있지 않으며 인지적 능력도 충분하지 않기 때문에 **합리적 의사결정에서의 최적의 의사결정(optimal decision)을 할 수 없다는 것이다.**

(2) 의사결정자가 객관적인 합리성을 갖기 어려운 이유

- **객관적 합리성은 모든 대안을 열거하기를 요구하는데, 현실적으로는 그중 일부만 열거할 수밖에 없다.**
- 객관적 합리성은 모든 대안 각각에 대한 실행 결과에 대해 완전한 지식을 요구하지만 현실적으로 거기에 대한 **의사결정자의 지식은 거의 단편적이고 불완전하다.**
- 설사 실행결과에 대한 지식이 완전하다 할지라도 의사결정자는 한순간에 모든 사안들을 완전하게 평가할 수 없다. 또한 평가체계가 변하지 않는다는 보장도 없다. 따라서 **대안에 대한 평가는 정확성과 일관성이라는 측면에서 제한을 받게 된다.**

즉, **인간은 완전한 합리성을 전제하기에 너무 부족한 동물이다. 그래서 다음과 같은 제한적 합리성(bounded rationality) 안에서 결정할 수밖에 없다.**

- **시간, 돈, 능력 등 여러 가지 제약**이 있다.
- **대안과 정보를 분석 · 검토 · 평가할 때 그 기준이 주관적**이었기에 그것이 다른 사람에게도 합리적일 것이라는 가정에는 문제가 있다.
- **수집된 정보는 과거에 근거한 것**이고 **대안이 실천되는 것은 다가올 미래**이기 때문에 **그 사이에 있을 변화는 예언가가 아닌 이상 아무도 예측할 수 없다.**

(3) 만족스러운 것(Satisfactory)

객관적인 최선책을 발견하는 것이 사실상 불가능하기 때문에 주어진 정보와 인지적인 능력 안에서 특정 기준을 세워 대안을 선택하는 것이다. 예를 들어 **건초더미에서 바늘을 찾을 때 합리성 모델은 건초더미에 있는 모든 바늘을 다 찾아내어 그중 가장 뾰족한 것을 선택**한다. 그러나 **제한된 합리성 모델은 주어진 시간에 바늘을 여러 개 찾아내어 그중 가장 뾰족한 것을 선택하는 것과 같다.**

(4) 특징

- 의사결정자는 특별한 경우를 제외하고 **최적의 의사결정을 위해 투입해야 하는 노력과 시간을 줄여 만족스러운 수준의 의사결정을 한다.**
- 점진적 조정이라는 단순화 전략을 택하게 된다. **현재 상태와 원하는 상태 간 차이를 한 번에 완전히 줄이는 것이 아니라 여러 차례에 걸쳐 이들 간의 간격을 조금씩 줄여나가는 방식의 의사결정을 하는 것을 말한다.**
- 실제 발생한 문제가 매우 복잡함에도 불구하고 이를 단순화시켜 접근하기 때문에 **기업의 사활이 걸린 중대한 사안에 대한 의사결정 모델로서는 한계가 있을 수밖에 없다.**

(5) 시사점

- **엄밀한 의미의 합리적 의사결정은 이상에 불과하다.**
- 조직운영 시 **의사결정자들의 능력에 한계가 있음을 고려**해야 한다.
- **합리성에도 수준이 있다면 조직이나 집단이 개인보다 더 합리적인 의사결정을 내린다는 보장이 없다.** 왜냐하면 대안은 여러 개인데 사람마다 합리성 기준이 다르기 때문이다.
- **정보가 완전할 수 없다는 것이 용인된다면 이를 악용해서 결정자들이 정확한 정보를 왜곡 · 조작하여 자신에게 유리한 결정이 나도록 유도할 가능성도 있다.**

3 직관적 의사결정 모델(Intuitive Decision Making Model)

(1) 의의

의식적인 논리적 과정을 거치지 않고 의사결정을 하는 것을 직관적 의사결정이라고 한다. 즉, **정보수집의 비용과 시간 때문에 대충 어느 선에서 끝내거나 자신의 경험 등을 이용하여 쉬운 지름길로 의사결정을 하는 것이다.**

(2) 상황조건

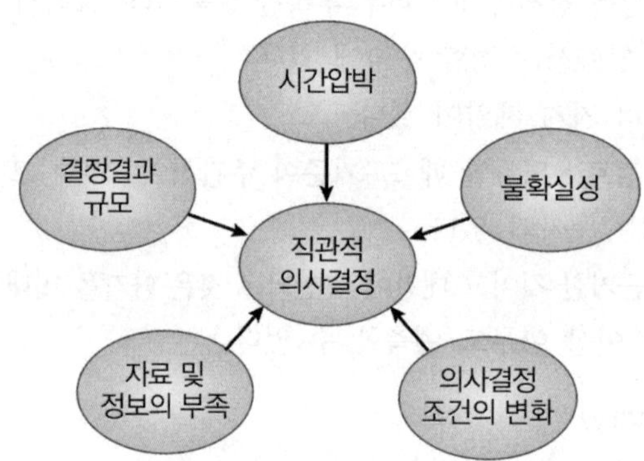

- 시간적 압박
- 의사결정의 결과가 가시적이고 엄청날 경우
- 불확실성
- 의사결정과 관련되는 조건이 빨리 변화할 때
- 자료 및 정보의 부족

(3) 직관의 형성과정 : 휴리스틱스

직관이란 오감 다음의 여섯 번째 감각으로 초감각이라고도 한다('감'에 의한 의사결정을 의미). 직관에 의한 결정은 **오랜 경험에서 나오는 판단과정으로 휴리스틱스(heuristics) 접근법이라고도 한다. 휴리스틱스는 카너먼(Kahneman)과 트버스키(Tversky)가 제시한 용어로 사람들이 평소에 결정이나 판단을 함에 있어 단순 사고와 주먹구구식(rule of thumb) 편법에 의한다고 가정한다.** 즉, **평소 경험했던 사실을 머릿속에 정형화시켜 놓고 다음에 일어나는 유사한 상황에서 깊이 생각하지 않고 머릿속에 담겨 있던 평소의 믿음과 경험으로 즉각 결정해 버리는 방식이다.**

1) **경험과 직관**

불확실하고 복잡한 상황에서 경험과 직관으로 신속하게 결정을 해버리는 주먹구구식 방법(cognitive laziness)을 의미한다.

2) **대표적 정보**

현재 알고 있는 관련 정보 중 가장 크게 앞에 떠오르는 것에 지나치게 가중치를 두고 결정하는 것이다. 예를 들어 과거의 한 제품에서 맛본 성공을 신제품과 연관시켜 이 제품도 성공할 것이라고 착각하는 것이다.

(4) 직관의 특징

- **예감은 기억 속에 잠재적으로 존재하는 정보를 종합하여 나타난다.**
- 내재화된 경험은 현재 의사결정의 대상에 대해 과거 유사한 상황에서 획득된 정보를 활용하여 **치밀한 분석 없이 의사결정을 하도록 유도한다.**
- 명시적 · 암묵적 전문지식은 어떤 대상, 사람, 상황 그리고 의사결정 사안에 대해 명시적 그리고 암묵적 지식을 종합한 것이다. **대개 연령과 경험에 정비례**한다.
- 느낌은 어떤 대상, 사람 등에 대해 자동적으로 부여되는 느낌으로 **직관적 반응은 전문지식과 느낌의 상호작용을 통해 나타난다.**

(5) 직관적 모델의 장 · 단점

1) **장점 : 의사결정이 신속하게 이루어지므로 복잡하고 변화가 빠른 조직생활에 매우 유용**하다고 할 수 있다.

2) **단점 :** 합리적 의사결정 모델과 비교해 볼 때 오류가 발생할 가능성이 높음. 또한 의사결정의 논리를 설명할 수 없기 때문에 무시되는 경향이 있다.

4 의사결정 모델의 정리

▼ **의사결정 모델들의 선택 상황**

모델	모델의 적용시기
합리성 모델	• 대안에 대한 정보를 수집할 수 있고, 계량화가 가능한 경우 • 의사결정이 매우 중요한 경우 • 결과를 극대화하기를 원할 때
제한된 합리성 모델	• 최소한의 판단기준이 명확할 때 • 많은 시간을 투자할 필요가 없거나 중대한 사안이 아닐 때 • 의사결정 결과에 대한 극대화의 필요가 없을 때
직관적 모델	• 목표가 불분명할 때 • 시간제한과 정보 과다로 인해 분석이 어렵고 비용이 많이 들 때 • 유사한 문제에 대한 경험이 없을 때

▼ 의사결정 모델의 장단점

구분	장점	단점
합리성 모델	• 의사결정자들에 대안을 찾기 전에 기준을 설정하도록 함 • 모든 대안에 대해 탐색한 후 수익을 극대화하는 최적 선택을 하도록 함	• 정보 과다로 인한 분석이 힘듦 • 마땅히 해야 할 선택에 대해 이해했다는 전제 • 가능한 모든 대안을 알아야 함 • 지각 편견이 없다는 전제 • 최적 선택을 하려는 의사가 있다는 전제
제한된 합리성 모델	인지 시간과 노력을 아낌	얻어진 해결책은 최적의 선택이 아닐 수 있음
직관적 모델	사안에 대한 인지 시간과 노력을 아낌	의사결정자가 이전에 관련된 교육, 경험, 혹은 지식이 없어 잘못된 결정을 초래할 수 있음

제 3 절 의사결정의 전형적 오류(A. Tversky & D. Kahneman)

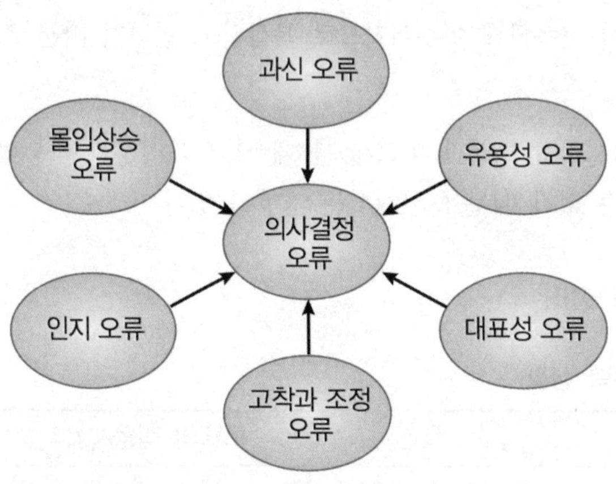

1 과신 오류(Overconfidence Bias)

- 의사결정자가 **자신이 미래에 일어날 의사결정 결과들에 대해 예측을 충분히 할 수 있다고 자신의 능력을 과신할 때 일어**난다.
- 협상에서 실패할 가능성이 높기 때문에 **시간을 충분히 가지고 자신의 판단을 보다 현실에 근접하게 하도록 노력**해야 할 것이다.

2 유용성 오류(Availability Heuristic)

- 의사결정자가 **과거 자기가 수집한 정보, 즉 기억되기 쉬운 정보만을 가지고 의사결정**을 하는 경우이다.
  예 최근에 발생, 현저성이 높은 것, 강력한 감정을 야기
- **쉽게 기억에 남아 의사결정에 주로 활용**하게 된다.

3 대표성 오류(Representativeness Heuristic)

- **과거의 어떤 사건이 현재의 비슷한 다른 상황에서 같은 효과를 낼 것이라고 생각하**는 데서 나온다. 즉, **과거의 사건이 대표성을 가지게 되고 의사결정자는 이를 기준으로 다른 의사결정을 하는 것**이다.
- 이러한 의사결정은 **고려해야 할 추가적인 정보를 등한시하게 되어 의사결정의 질을 떨어뜨린**다.

4 고착과 조정 오류(Anchoring and Adjustment Heuristic)

- 의사결정을 위해 정보를 수집할 때 **처음 수집된 정보가 의사결정의 기준이 되는 것**이다.
- 의사결정자는 초기 정보를 기준으로 의사결정 결과치에 약간의 수정을 가하여 최종 결과치로 판단하게 된다.
- 예를 들어 내년도 시장상황을 분석하지 않고 내년도 매출액 내지 예산을 올해 기준으로 5% 증가라고 예상하는 고착된 접근을 하는 것이다.

▼ 정보처리과정의 오류 유형

오류의 유형	해설
유용성 (Availability)	• 자주 접하여 기억되기 쉬운 사건이 판단에 영향을 미친다. 자주 보도되는 사건(또는 친숙한 사람)은 과대평가되고 그렇지 않은 사건(또는 사람)은 과소평가되는 경향이 있다. • 판단 현장에서 존재하는 특정한 정보나 단서(cues)가 판단에 영향을 미칠 수 있다.
대표성 (Representativeness)	• 어떤 사건이나 사람이 특정 집단의 속성을 갖고 있다고 하여 진실을 확인하지 않고 그 집단의 일원으로 판별하는 성향이다. 예를 들어 A라는 사람이 법관티가 난다고 하여 그를 판사나 검사로 상상해 버리는 경우가 있다.
고착과 조정 (Anchoring & Adjustment)	• 특정 값이나 수치를 근거로 미래의 값을 예측하고 난 후, 현재의 상황을 고려하여 예측치에 약간의 수정을 가하는 방법이다. 최초에 선택되는 값에 따라 선택되는 결과에 큰 차이를 보이므로 오류의 소지가 크다. 내년도 매출 예측을 하면서 올해 매출을 앵커로 잡고 내년의 경제상황을 고려하여 +5% 정도로 잡는 경우가 예가 될 수 있다.

5 인지 오류(Framing Bias)

- 정보를 인지적으로 처리하는 과정에서 발생하는 오류로 **특정 사건 내지 문제가 제시되는 형태에 따라 의사결정이 달라지는 것**을 말한다.
- 특히 부정적 문장일 때 위험회피적 의사결정, 긍정적 문장일 때 위험추구적 의사결정의 가능성이 높아진다. 예 살코기 85%가 지방 15%보다 매출액 ↑

6 몰입상승 오류(Escalation of Commitment Bias)

(1) 의의

몰입상승(escalation of commitment)이란 분명히 잘못된 결정이나 실패할 것이 확실한 일에 고집스럽게 집착하는 심리를 말한다. 영국정부가 사업성이 전혀 없다는 것이 명백한 초음속 여객기 콩코드기의 운영을 쉽게 포기하지 못하고 계속 매달리다가 결국 큰 손해를 보고 운행정지를 했던 예를 비유하여 "**콩코드 오류(Concord fallacy)**"라고 부르기도 한다.

즉, **경영자가 어떤 의사결정이 잘못되었음을 인지한 후에도 시간, 노력, 자원을 계속 투입하여 결국에 가서는 조직에 큰 해를 입히는 경우**를 의미한다. 몰입상승이 발생하는 원인으로는 **의사결정자의 자기합리화, 도박꾼의 착각, 지각결함, 그리고 매몰비용(sunk cost)에 대한 미련 등**을 들 수 있다.

(2) 몰입상승 오류가 나타나는 단계

- 의사결정자는 **부정적인 결과를 가져다주는 의사결정**을 한다.
- 의사결정이 잘못되었음을 알고도 **자원을 더 투입**한다.
- 결국 의사결정에 **커다란 손해**가 발생한다.

(3) 몰입상승의 오류가 발생하는 원인

- 의사결정자의 자기합리화
- 결과에 대한 착각(도박꾼의 착각)
- 지각결함
- 매몰비용에 대한 집착 등

(4) 오류 극복방안

- 의사결정을 할 때 한 번에 커다란 결과가 나올 수 있는 것을 피하고 **목표를 여러 작은 것으로 쪼개어 설정**한다.
- 어떤 프로젝트가 운영될 때 **의사결정 권한을 관리자들이 돌아가며 갖는다.**
- 의사결정을 할 때 **차후에 발생하는 비용을 장기적으로 계산**한다.
- **집단의사결정 제도를 도입**하여 위에서 언급한 오류의 원인이 발생하는 것을 최소화한다.

의사결정의 편견

1. 인지적 인색자(cognitive miser)
인지적 인색자란 **상당히 제한된 정보만으로 타인을 지각하고 해석하고 평가하려는 것**이다.

2. 의사결정의 편견
(1) 판단적 휴리스틱(heuristic)
휴리스틱이란 **사람들의 의사처리 과정을 줄이기 위해 사용되는 경험규칙 또는 지름길을 의미**한다. 즉, 의사결정의 지름길이란 경험을 통해 습득한 정보를 나타내기 때문에 **의사결정자가 현재의 문제를 신속하게 평가하는 데 도움**을 주지만 이러한 손쉬운 의사결정 방법은 **의사결정의 질을 떨어뜨릴 수 있는 시스템적 오류**를 초래할 수 있다.

(2) 의사결정의 오류 유형
1) 가용성 휴리스틱(availability heuristic)
결정자들이 **쉽게 기억해서 사용할 수 있는 정보에 판단의 근거를 두는 경향**을 의미한다. 쉽게 기억할 수 있는 정보란 최근에 일어난 일, 두드러진 일(예 비행기 추락), 강한 감정을 일으키는 일의 경우 등이 있다.

2) 대표성 휴리스틱(representative heuristic)
대표성 휴리스틱이란 사람이 **비슷한 사건으로부터 받았던 인상에 근거하여 사건 발생의 가능성을 평가**하는 것이다. 예를 들어 관리자는 어느 특정 대학 출신의 세 명이 좋은 직원이었다면 이에 영향을 받아 그 대학교를 졸업한 사람을 고용할 수도 있다.

3) 확증 편향(confirmation bias)
확증편향은 **자신의 신념과 일치하는 정보는 받아들이고 신념과 일치하지 않는 정보는 무시하**는 경향이다.

4) 고착적 편향(anchoring bias)
의사결정자가 결정에 관련된 **첫 번째 정보에 영향을 받았을 때 발생하는 오류**다. 이러한 편향은 초기의 정보, 인상, 자료, 피드백 또는 편견들이 그 다음의 판단이나 결정에 제한을 두기 때문에 발생한다.

5) 과신편향(overconfidence bias)
과신편향은 **측정이나 예측에 관한 과도한 신뢰를 가지는 경우**다.

6) 후판단 편향(hindsight bias)
후판단 편향이란 **사후확신 편향**이라고도 불리며 사후확신 편향은 **'그럴 줄 알았어' 효과**(knew-it-all-along effect)라고도 하며 **이미 일어난 사건을 그 일이 일어나기 전에 비해 더 예측 가능한 것으로 생각하는 경향**을 말한다. 어떤 일의 결과를 알고 나면, 그 일이 일어나리라는 것을 처음부터 알고 있었던 것처럼 믿는 사람의 인지적 편향을 지칭하는 것이다. 즉, 미리 예측을 하는 것이 아니라 일어난 일에 대해 원래 모두 알고 있었다는 듯이 말하거나 생각하는 것을 말한다.

7) 프레이밍(framing bias)
동일한 내용임에도 불구하고 **제시된 프레임에 따라 다르게 해석하는 현상**이다.

8) 몰입상승편향(escalation of commitment)

몰입 상승 편향은 **나쁜 상황이 뒤바뀔 가능성이 없는 상황에서 효과적이지 못한 일련의 행동에 집착하는 경향**을 가리킨다. 몰입상승편향을 줄이기 위한 방안은 다음과 같은 것들이 있다.

- **성과에 대한 최소한의 목표**를 정한다.
- 프로젝트를 통해 **관리자들은 주기적으로 중요한 요직에 순환 배치**시킨다.
- **의사결정자들이 프로젝트에 혼자만 빠져있게끔 하지 않도록 만든다.**
- **지속성에 따른 비용을 의사결정자들이 인식**하도록 한다.

3. 의사결정오류의 극복 방안

위와 같은 의사결정 오류는 정보처리 과정에서 〈객관적 정보〉가 아닌 〈주관적 정보〉로 쉽고 빠르게 판단하는 데서 나오는 휴리스틱스(Heuristics) 오류다. 이러한 오류를 극복하는 방안으로는 ① zero-based thinking, ② **증거기반경영**(evidence-based management), ③ **집단의사결정제도를 활용**하는 등의 방안이 있는바 이하에서 자세히 살펴보도록 하겠다.

(1) Zero-based thinking

제로베이스사고란 **완전히 모르는 상태에서 다시 생각하는 것을 의미**한다. 즉, 기존에 가진 생각이나 관습에서 벗어나 객관적 판단을 내리는 것이다.

(2) 증거기반경영(evidence-based management)

증거기반경영이란 **과학적 데이터, 통계, 사실(fact)에 기반하여 의사결정**을 내리는 것이다.

(3) 집단의사결정제도의 도입

개인의사결정에서 다양한 의견 제시가 어려워 휴리스틱스와 같은 오류가 발생할 수 있다. 이에 보다 **다양한 의견과 사회적 자본 등 다양한 자원을 활용할 수 있는 집단의사결정제도를 도입**함으로써 의사결정 오류를 극복할 수 있다. 집단의사결정 기법은 ① **브레인스토밍**, ② **명목집단법**, ③ **델파이법** 등이 있다.

제 4 절 의사결정의 수준

1 개인 의사결정

개인의사결정은 **개인이 혼자서 판단, 선택, 결정하는 과정**을 말한다. 개인의사결정에 영향을 주는 요인들은 스키마, 창의력, 정보처리능력, 휴리스틱스, 개인의 속성 등 개인의 성품과 성향에 관계된 요소들이다.

(1) 스키마(Schema)

스키마란 **과거의 경험에 의해서 형성된 개인의 인지구조**를 의미한다.

(2) 창의성

창의성이란 **비범한 대안을 찾아낼 수 있는 능력**을 말한다.

(3) 정보처리능력

정보의 중요성을 정확히 평가하여 신속히 처리할 수 있는 능력을 의미한다.

(4) 휴리스틱스

(5) 개인의 속성

스키마, 창의력, 정보처리능력, 휴리스틱스뿐만 아니라 **개인이 갖고 있는 성격이나 가치관 등의 속성들도 개인의사결정에 영향**을 미칠 수 있다.

2 집단 의사결정

(1) 집단 의사결정의 의의 및 특징

집단의사결정은 개인의사결정과 비교해 볼 때, **집단의 특수성(공동목표, 연대감, 상호작용)으로 인한 여러 가지 특성**을 갖는다.

- 집단의사결정은 문제해결에 이르는 **시간은 길지만 정확도가 높다.**
- 어려운 문제 해결 시 **집단 내 구성원이 가지고 있는 모든 자원을 활용**할 수 있다.
- **집단 내 구성원의 능력이 상당히 우수한 경우에 이들은 서로 자원을 공유하지 않으려는 경향**이 있다.
- **고능력을 가진 개인의 의사결정이 보통의 능력집단의 집단적 의사결정보다 나은 결과**를 가져온다.

(2) 개인 의사결정과의 차이

개인과 집단의사결정의 차이점 중 하나는 의사결정의 최종단계에 있어 개인의사결정은 선택을 하는 것이고, 집단의사결정은 **〈집단합의〉에 이르는 것**이라고 볼 수 있다. **개인의사결정은 의사결정의 시간을 단축할 수 있다는 장점을 가진 반면, 집단의사결정은 의사결정의 정확도와 의사결정에 필요한 정보의 풍부함을 장점으로 한다.**

(3) 집단 의사결정의 장·단점

구분	내용
장점	① 구성원으로부터 다양한 정보를 얻을 수 있다. ② 다각도로 문제에 접근할 수 있다. ③ 구성원의 합의에 의한 것이므로 수용도와 응집력이 높아진다. ④ 의사결정에 참여한 구성원들의 교육효과가 높게 나타난다.
단점	① 집단 내 정치적 힘이 작용한다. ② 의사결정 시간이 지연된다. ③ 서로의 의견에 비판 없이 동의하는 경향이 있다. ④ 차선책을 채택하는 오류를 범한다. ⑤ 집단사고의 함정에 빠질 수 있다.

1) **장점**

① 다양성으로 인한 이점

② 오류발견의 용이성

③ 의사결정에 대한 수용성 증대

④ 집단구성원의 학습효과

2) **단점**

① 과도한 시간 소모

② 책임의 분산 현상

③ **집단 양극화 현상** : 집단의사결정 참가자들의 토론 과정에서 구성원 간 극단적인 쏠림이 나타나는 현상

(4) 집단 의사결정의 오류

1) **집단사고(Groupthink)**

① 의의

집단사고란 **집단구성원들 간의 잘못된 의견일치 추구성향**을 말한다. 집단사고에 빠진 구성원들은 **자신이 속한 집단이 최고라는 착각**에 빠지게 되며 **다른 집단에 대해 배타적 태도**를 가지고 **집단 내부적으로는 구성원들 간에 의견이 일치되어 있다는 착각**을 하게 된다. 즉, **자기가 속한 집단의 역량을 과도하게 높이 평가하려는 성향을 보이며 타 집단에 대해서 폐쇄적 아집을 보이며 구성원들은 서로 견제하여 의사결정을 할 때 반대 의견이 있더라도 스스로 발언을 자제하는 등의 획일성 추구성향**을 보인다. 그 결과, **집단의사결정이 역기능적 결과**를 낳게 된다.

② 집단사고의 발생징후

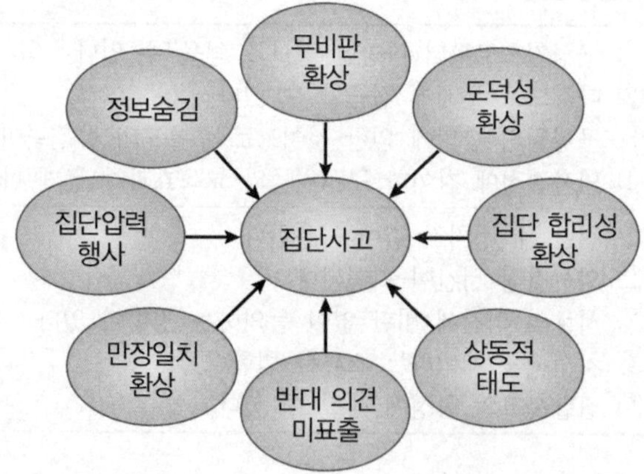

❶ 집단구성원들이 매우 낙천적이며 과도한 위험부담을 추구하는 경우다. 이들은 **자기들이 비판받아서는 안 된다는 환상**을 가지고 있다.

❷ **자기들이 내린 결정은 도덕적이라는 환상**을 가지고 있다.

❸ **자기들이 내린 의사결정은 합리적이라고 생각**하고 이를 반박할 수 있는 정보들에 대해서는 무시한다.

❹ 이들은 **다른 의견을 가진 집단에 대해 적 또는 바보로 보는 상동적 태도**를 가지고 있다.

❺ 이들의 의사결정 과정에서 각각이 개인적으로 집단의 의견에 반대되는 생각을 하고 있어도 이를 표시하지 않는다. 다시 말하면 **감히 비판하지 않는다.** 집단토론에서는 대개 강경론자가 분위기를 장악하는데 누가 반대 의견을 내면 심하게 공격하고 심지어 배신자라는 낙인을 찍는다.

❻ 이들은 의사결정에 있어 **만장일치가 이루어져 있다는 환상**을 가지고 있다. **반대자는 발언을 하지 않고 중립인 사람은 찬성하는 것으로 해석하게 된다.**

❼ 집단의사결정에 대해 의문을 가지는 구성원에게 **집단이 의사결정에 동조하도록 압력을 가한다.**

❽ 이들은 **집단의 의사결정에 불리한 정보가 나타날 경우 이를 숨김**으로써 집단 속에서 자신의 안전을 추구한다. 이렇게 됨으로써 집단에 부정적인 정보는 묻히게 되는 것이다.

③ 집단사고의 모델

집단사고가 나타나게 되는 **전제조건**들은 세 가지로 요약된다. **첫째, 집단의 응집력이 높고, 둘째, 집단이 외부로부터 고립되어 있든가 충분한 토의가 이루어질 수 없는 등의 구조적 결함을 갖고 있으며, 셋째, 외부로부터의 위험이 임박하여 구성원들 간에 스트레스가 고조되어 있는 경우** 등이다.

집단사고에 빠지게 되면 **의사결정에 있어 문제해결이 처음 제시된 범위에서 벗어나지 못하게 제한되며 새로운 정보나 변화에 민감하게 반응하지 못한다.** 또한 **전문가의 조언이나 자문을 무시하며 문제인식에 소극적이고, 따라서 상황적응능력이 떨어지게 된다.**

극복방안으로는 **자유로운 토론 분위기를 만들거나 카리스마 리더가 집단사고의 원인인 경우에는 리더 없는 집단토론방식을 채택하는 것도 좋은 방법**이 될 수 있다.

집단사고의 전제조건들

집단 응집력	(+)	구조적 결합	(+)	촉진적 상황요건
		1. 외부로부터의 고립 2. 비민주적 리더십 3. 토의절차상의 방법부재 4. 구성원 간의 사회적 배경 및 이념적 동질성		1. 외부 위험에 의한 스트레스 급증 2. 일시적으로 유발된 자존감 저하

⇩

의견일치추구(집단사고)경향

⇩

집단사고의 증상

유형	증상
유형 1. 집단역량의 과대평가	1. 자기 집단은 취약성이 없다는 착각 2. 자기 집단의 도덕성에 대한 신념
유형 2. 폐쇄적인 아집	3. 우리가 항상 옳다는 식의 집단적 합리화 4. 타집단에 대한 부정적 고정관념
유형 3. 획일성 추구 압력	5. 반대 의견을 스스로 자제하려는 자기검열(self-censorship)심리 6. 구성원들 간에 만장일치가 이루어져 있다는 착각 7. 반대자에 대한 직접적 압력 8. 구성원들이 반대의견을 제시하지 못하도록 하기 위해서 자체 설정한 규제

⇩

역기능적 의사 결정 증상

1. 불완전한 대안 모색
2. 선호하는 대안의 잠재적 위험성 간과
3. 초기에 기각된 대안에 대한 재평가가 이루어지지 않음
4. 빈약한 정보탐색
5. 유리한 정보만을 편파적으로 받아들임
6. 상황대응계획(contingency plan)의 부재

⇩

성공적인 결과창출의 확률 저하

④ 집단사고를 막기 위한 방안

집단	• 집단은 토론 중 **집단사고의 징후**가 나타나는지를 살펴보고, **우려되는 징후가 나타날 경우 이를 막을 수 있는 노력을 한다.** • 대안에 대해 **반대 의견을 반드시 내는 사람을 돌아가며 정한다.** • 해당 집단에 소속해 있지 않은 **외부 전문가를 참석하게 하여 의견을 듣는다.** • 토론에서 **상이한 의견들이 인정될 수 있는 분위기**를 만든다.
집단 구성원	• **자신이 집단사고의 징후가 될 수 있는 행동을 하는지를 점검**한다. • 자신이 토론의 방향에 **반대되는 의견**을 가지고 있음에도 **이를 개진하지 않는지를 점검한다.** • 자신이 **토론에 부정적인 정보를 가지고 있으면서 이를 감추고 있는지를 점검**한다. • **다른 집단구성원들에게 특정 의견에 대해 동의하도록 압력을 가하지 않는다.**
집단 리더	• 집단구성원들을 가끔 **두 개 집단으로 나누어 토론하**게 한다. • 두 개의 집단들로 하여금 **같은 주제를 가지고 토론**하게 한다. • 집단구성원이 어떤 안에 대해 **비판적인 발언**을 할 때 이를 격려한다. • 가끔 공개토론을 멈추고 대안에 대한 각자의 의견을 **익명으로 제출**할 수 있도록 한다.

2) 집단양극화(Group Bipolarization)

① 개념

집단양극화란 집단 토의 전에는 개인의 의견이 극단적이지 않았는데 집단 토의 후에 양극단으로 쏠리는 쪽으로 태도가 편중되는 현상을 말한다. 집단으로 의사결정을 할 경우 태도를 한 쪽으로 편향시키는 경향이 있는데, 집단은 **위험이 큰 쪽으로 의견을 모으는 '모험이행 현상(risky shift phenomenon)'을 보이나, 반대로 어떤 때에는 보수적인 방향으로 의견을 모으는 경향**도 있다.

② 원인

❶ 집단으로 의사결정을 할 경우 **책임이 분산**되기 때문이다. 개인으로 의사결정을 할 경우 의사결정에 대한 책임이 전적으로 자신에게 달려 있기 때문에 신중한 의사결정을 하게 되지만 집단 의사결정은 책임에 대한 부담감이 적어지기 때문에 무책임한 견해로 의견이 쏠리는 것이다.

❷ 다른 구성원이 **자신과 동일한 견해를 가지고 있다는 것을 확인함으로써 자신의 견해를 더욱 과신**하게 된다. 이러한 과신으로 인하여 극단적인 결정으로 유도되는 것이다.

❸ **일부 구성원들이 자신들이 선호하는 대안(alternatives)을 강하게 설득**함으로써 결국 극단적 의사결정으로 이끄는 경우도 있다.

3) 애쉬 효과(Asch Effect)

사람들이 **심리적으로 다른 사람들의 의견을 따라가는 성향**을 나타내는 말이다. 즉, **다수가 공유하는 틀린 생각 때문에 개인의 옳은 판단이 영향을 받게 되는 현상**을 〈애쉬 효과〉라고 한다. 일반적으로 말하는 **'동조현상'**(conformity)**과 유사한 개념**이다.

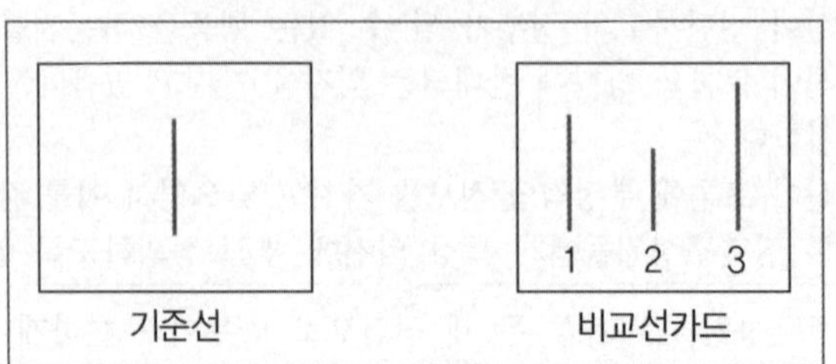

(5) 집단 의사결정 기법

1) 브레인스토밍(Brainstorming)

A.F. Osborn**이 개발한 기법**으로 이 기법은 **여러 명이 한 가지의 문제를 놓고 아이디어를 무작위로 개진하여 그중에서 최선책을 찾아내는 방법**이다.

브레인스토밍의 규칙
① 타인의 아이디어에 대해서 비판할 수 없다.
② 자유로이 아이디어를 개진할 수 있다.
③ 가능한 한 많은 아이디어를 개진하는 것이 좋다.
④ 개진한 아이디어를 통합하고 발전시켜 나가야 한다.

2) 명목집단법(Nominal Group Technique : NGT)

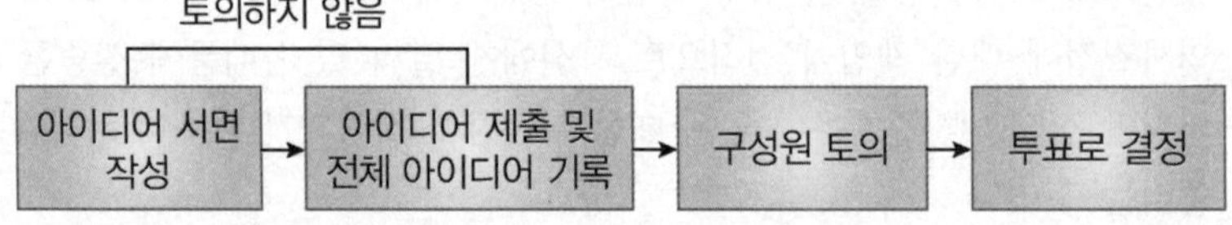

NGT(Nominal Group Technique)의 주된 특징은 참석자들로 하여금 서로 대화에 의한 의사소통을 못하도록 하는 데 있다. 그럼으로써, 집단의 각 구성원들이 진실로 마음속에 생각하고 있는바를 끄집어 내려는 것이다. 의사결정에 참여한 모든 구성원들은 각자 타인의 영향을 받지 않고 자신의 의사를 개진할 수 있기 때문에 의사결정을 방해하는 타인의 영향력을 줄일 수 있다는 장점을 가지고 있다. 이 방법이 효과적으로 사용되는 때는 새로운 사실의 발견이나 아이디어를 얻고자 할 때, 정보의 종합이 필요할 때, 최종결정을 내릴 때 등이다.

명목집단법 운용의 가이드라인
① 소집단 구성원들이 테이블에 둘러앉되 **서로 말을 하지 않는다.** ② 각 구성원들은 문제에 대해 생각하는 바를 **백지에 적는다.** ③ 다음은 **한 사람씩 돌아가면서 자신의 아이디어를 발표**하고 **서기나 사회자는 구성원 모두가 한눈에 볼 수 있도록 제시되는 아이디어를 칠판이나 큰 차트(chart)에 적는다.** 각 아이디어에 대한 토의는 하지 않는다. ④ 이 결과로 아이디어 목록이 얻어진다. **그리고 난 다음, 각각의 아이디어에 대하여 구두로 보조설명이나 지지 이유에 대한 설명을 하도록 한다.** ⑤ 끝으로, 각 참석자들은 **제시된 아이디어에 대한 우선순위를 묻는 비밀투표를 실시**한다. **최고의 표를 얻은 안이 채택**된다.

PART 03

3) 델파이(Delphi)법

델파이(Delphi)법은 구성원이 한 곳에 모여 토론하여 결정을 하는 것이 아니라 **각자 떨어져 있는 비대면 상태에서 전문적 의견을 설문을 통해서 전하고 다른 사람들의 의견을 보고나서 다시 수정한 의견을 제시하는 일련의 절차를 거쳐 최종결정을 내리는 방법**이다. 의사결정의 참석자들이 서로 얼굴을 볼 수 없도록 떨어져 있는 상태에서 시행한다. 델파이법은 지극히 불확실한 미래의 현상을 예측하는 도구로 많이 사용되어 왔다.

델파이법 가이드라인
① **문제** 설정 ② **첫 번째 설문지 시행, 응답 종합** ③ **종합된 응답결과를 참여자들에게 제공** ④ **종합・요약된 다른 사람들의 응답을 본 뒤 두 번째 설문에 각자의 수정된 의견제시, 정리 및 재송부** ⑤ **②~④의 과정을 적절한 해결책이 얻어질 때까지 계속**함

4) 반론자 지명기법(Devil's advocate method)

지명반론자법 또는 악마의 변론자법(Devil's Advocate Method)은 **집단을 둘로 나누어 한 집단이 제시한 의견에 대해서 반론자로 지명된 집단의 반론을 듣고 토론을 벌여 본래의 안을 수정하고 보완하는 일련의 과정을 거친 후 최종 대안을 도출하는 방법**이다.

지명반론자법 절차
① 의사결정에 참여한 집단을 둘로 나누거나 집단구성원 중 몇 명을 택하여 **지명반론자에 임명**한다. ② **한 집단이 먼저 문제해결에 대한 수렴된 의견을 제시**한다. ③ **수렴된 의견을 지명반론집단 또는 지명반론자에게 설명**을 한다. ④ **반론자는 이에 대한 반론을 제시**한다. ⑤ 제시된 의견을 바탕으로 **최선의 해결책을 찾을 수 있도록 계속 토론**을 한다. ⑥ 이와 같은 절차를 **최종안이 나올 때까지 계속**한다.

5) 프리모텀(Premortem) 기법

의사들이 고안한 것을 원용한 기법이다. 의사들이 어떤 환자가 치료 후 사망했을 때 사망원인을 사후적으로 찾아냄으로써 향후 환자들의 치료에 활용하고 있다. 이러한 기법을 기업에 적용한 것으로 **어떤 프로젝트가 실패했다고 미리 가정하고 실패의 원인을 집단이 찾는 활동이다. 실패 확률이 30% 감소된다는 주장이 있다.**

프리모텀기법의 절차
① 향후 **실행될 프로젝트에 대해 자세한 실천계획을 수립**한다. ② 특정집단에 프로젝트의 내용과 실행계획을 설명하고, **이 집단은 이 프로젝트가 실패할 것이라는 것을 상상하게 한다. 집단구성원들은 각자가 프로젝트가 실패할 이유를 작성한다. 구성원들이 제출한 실패 이유들을 모두가 공유한다.** ③ **실패한 이유에 대한 리스트가 검토되고 새로운 아이디어가 추가**된다. ④ **실패 이유들은 주제 내지 사안별로 재분류**한다. ⑤ **실패한 이유를 검토한 것을 바탕으로 원래의 프로젝트 계획에 수정**을 가한다.

(6) 집단 의사결정의 순기능과 역기능

순기능	역기능
• 집단구성원의 **다양성** 이점 • **오류 발견**의 용이성 • 의사결정에 대한 **수용성** 증대 • 집단구성원의 **학습** 효과	• 의사결정에 **과도한 시간** 소모 • **책임의 분산** 현상 • **집단 양극화** 현상 • **집단사고**

3 조직차원의 의사결정

조직차원에서의 의사결정은 항상 한 경영자에 의해 결정되는 것이 아니다. 대부분의 의사결정에는 여러 명의 경영자들이 포함된다는 특징이 있다.

조직 수준에서의 의사결정에 관한 연구에 의하면 조직의 의사결정 모형은 경영과학 모델, 카네기 모형, 점진적 의사결정 과정 모형, 쓰레기통 모형 등 네 가지 유형으로 제시할 수 있다.

(1) 경영과학적 모델

조직에서의 의사결정에서 경영과학 모형(management science approach)은 개인 의사결정에서의 합리적인 의사결정 모형과 흡사하다. 경영과학은 제2차 세계대전 기간 중에 등장했다. 전쟁 중에 개인적인 의사결정 능력을 넘어선 대규모의 긴급한 군사적인 문제를 해결하기 위해 수학과 통계기법이 활용되었다. 이때 **의사결정에서 사람이 개입되는 요소는 완전히 배제된다.**

수리적 모형을 활용하여 관련 변수들을 계량화하고, 계량화할 수 있는 대안 및 각 해결안의 확률을 제시한다. 이러한 부서에서는 **선형계획법, 베이지안(Bayesian) 통계학, PERT차트 및 컴퓨터 시뮬레이션 등의 기법**을 사용한다.

경영과학은 문제가 분석가능하고 변수 정의와 측정이 가능할 때 조직의 의사결정을 하기에 훌륭한 방법이다. 수리적 모형에서는 최종 결과에 어떻게든 관련이 있는 변수들을 천 개 이상 다룰 수 있다.

그러나 **경영과학적인 접근방법에서의 한 가지 문제점은 계량적 데이터가 충분하지 않고 암묵적인 지식을 다루지 못한다는 것**이다. 문제가 있다고 암시되는 비공식적인 정황들은 경영자의 개인적인 판단근거에 의해 더 잘 감지되기 때문이다. **중요한 요인이 계량화될 수 없어서 모형에 포함되지 못한다면 아무리 정교한 수리적 분석일지라도 전혀 의미가 없는 것**이다. 경쟁자의 반응, 소비자의 기호, 상품의 인기도와 같은 요인들이 계량화될 수 없는 질적인 차원에 해당된다. 즉, 경영과학의 역할은 경영자의 의사결정을 보완하는 것이어야 한다.

PART 03

(2) 카네기 모형

1) 의의

조직에서의 의사결정은 많은 관리자들이 관여되며 최종적 선택은 이들 관리자의 연합인 세력집단에 의해 행해진다는 사실을 발견하였다. 세력집단(coalition)이란 조직의 이해관계자 집단으로 문제해결과 대안선택에 다각도로 영향을 미치는 여러 집단을 지칭한다. **조직에서의 의사결정 방법 중 카네기 모형(Carnegie model)은 카네기－멜론(Carnegie－Mellon) 대학의 리차드 사이어트(Richard Cyert), 제임스 마치(James March), 허버트 사이먼(Herbert Simon)의 연구에 기초하고 있다.** 경제학 연구에서 기업의 모든 관련된 정보는 최고 의사결정자가 선택하는 데 충분하게 집중된다고 생각하여 기업에서의 의사결정 주체는 하나인 것으로 가정했다. 카네기 그룹의 연구에서는 조직 수준에서의 의사결정에는 많은 경영자들이 관여하며 최종선택은 이 경영자들의 연합인 세력집단(coalition)에 의해 결정되는 것이라고 제시하였다. 세력집단은 조직 목표와 문제의 우선순위(priority)에 대해 동의하는 몇몇 경영자들의 동맹이다.

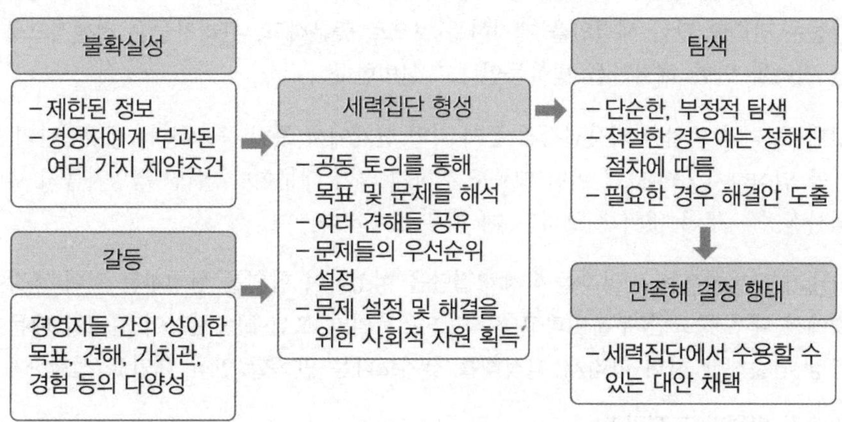

2) 세력집단 존재의 필요성

경영자의 세력집단은 두 가지 이유로 필요하다. **첫째, 조직목표는 종종 애매할 수도 있고 부서의 활동 목표가 종종 일관성이 없을 수도 있다.** 목표가 애매하고 일관성이 없을 때 관리자들은 문제의 우선순위에 합의하지 않는다. 따라서 그들은 문제 해결에 대해 교섭해야만 하고 해결하고자 하는 문제를 중심으로 세력집단을 형성한다.

두 번째 이유는 개개의 경영자들은 합리적이고자 하지만 개인적인 인식의 한계와 다른 제약조건들이 작용한다는 것이다. 즉, 시간과 자원 및 능력의 한계 때문에 의사결정과 관련된 모든 변수와 정보를 다룰 수가 없다. 이러한 한계성으로 인해 세력집단을 형성하는 행동이 유발된다. **경영자들은 정보를 수집하거나 모호함을 줄이기 위해 서로 대화를 하고 견해를 나눈다.** 적절한 정보를 가지고 있거나 의사결정의 결과에 이해관계가 걸려 있는 사람들이 의논 상대가 된다. **세력집단을 형성하는 것이 이해관계가 걸려 있는 사람들이 지지하는 쪽으로 의사결정을 이끌 수 있게 된다.**

3) 시사점

세력집단 형성과정은 조직의 의사결정 행위에 몇 가지 의미를 가지고 있다. **첫째, 의사결정은 문제해결을 최적화하는 것보다 만족화를 택한다.** 만족화(satisficing)란 조직이 성과수준을 최대치보다는 여러 개의 목표를 동시에 성취시킬 수 있는 만족치를 받아들이는 것을 의미한다. **즉, 의사결정에서 세력집단은 모든 집단 구성원들이 만족스럽다고 생각하는 해결책을 수락하는 것이다.**

둘째, 관리자들은 당면한 문제와 단기적 해결책에 관심이 있다. 즉, 사이어트와 마치가 당면과제 검토라고 부르는 방식을 취한다. **당면과제 검토 방식(problemistic search)은 문제를 빨리 해결하기 위해 당면한 환경을 검토하는 것을 의미**한다. **카네기 모형에 의하면 해결안을 찾는 행동은 만족할 만한 해결안을 제시하는 것으로 충분하고, 관리자들은 전형적으로 첫 번째 나타난 만족할 만한 해결안을 받아들인다고 설명한다.**

셋째, 토의와 교섭이 의사결정의 문제 확인 단계에서 특히 중요하다. 세력집단의 구성원들이 문제를 인식하지 못한다면 어떤 행동도 취하지 않기 때문이다. 핵심 경영자들의 세력집단 형성은 의사결정을 무리 없이 실행하는 데 매우 중요하다.

카네기 모형에서는 관리자들이 세력집단을 형성하여 합의를 형성하는 것이 조직에서의 의사결정에서 매우 중요한 부분이라고 지적한다. **토의와 교섭에는 시간이 걸리기 때문에 검토과정은 항상 단순해야 하며 따라서 최적해를 찾기보다는 만족할 만한 대안을 선택**하게 된다.

4) 카네기 모형과 조직관리

지금 결정해야 할 사안임에도 불구하고 이해관계자들의 관심 밖이라면 결정이 이루어지지 않는다. 그러므로 카네기 모델에서는 관리자들이 세력집단을 형성하여 합의를 도출하는 것이 매우 중요하다. 관리자 입장에서 교섭은 시간이 걸리고 귀찮은 일이기 때문에 최적해를 선택하는 것보다 토론과 교섭없이 만족할 만한 대안 선택으로 간다.

자주 있는 문제라면 조직에 이미 규정과 절차가 있어 새로운 세력집단 형성이나 그들 간 정치게임도 적지만, 전혀 새로운 문제가 대두될 경우 서로 간 파워게임과 정치적 줄다리기도 성행할 것이며 갈등도 많아진다. 따라서 경영자들은 조직을 운영하면서 핵심부서 관리자들을 세력집단 속으로 끌어들이려 한다. 세력집단을 끌어들임으로써 정당성을 확보하여 결정을 내리는 것이다.

(3) 점진적 모형

1) 의의

헨리 민츠버그(Henry Mintzberg)와 몬트리올 맥길(McGill) 대학의 동료들은 25개의 의사결정 사례를 추적하여 조사했다. 점진적 의사결정 과정 모형(incremental decision model)이라고 불리는 이 접근방법은 카네기 모형에서 설명한 정치적이고 사회적인 요인보다는 문제 발견에서부터 해결안 제시까지 수행된 활동들의 구조화된 행동 순서를 밝히고 있다.

이 연구에서 발견한 한 가지 중요한 사실은 **조직에서의 중요한 선택과정은 항상 그 결정을 내리기까지 일련의 작은 선택의 연속적인 조합으로 이루어진다는 것**이다. 그러므로 **수많은 조직의 의사결정은 단 한 번의 큰 결단이라기보다는 조그마한 판단들의 연속이라 할 수 있다.**

즉, 점진적 의사결정모형(incremental decision process model)이란 조직의 중요한 결정은 한 순간에 한번으로 되는 것이 아니라 일련의 작은 결정들의 연속적인 조합으로 이뤄진다는 것이다. 그리고 그러한 결정은 한 번의 큰 결단으로 된 것이 아니라 여러 개의 의사결정 포인트를 통과하면서 장애물에 부딪히기도 하고 이전의 결정으로 다시 돌아가기도 하는 등 수많은 소소한 결정에 의해 점진적으로 최종 해결안에 접근한다는 것이다.

2) 의사결정의 세 가지 단계

조직은 여러 개의 의사결정 포인트들을 통과하면서 거기에 놓여 있는 장애물에 부딪히게 되는데 민츠버그는 이 장애물을 의사결정 차단(decision interrupts)이라고 불렀다. 의사결정이 차단된다는 것은 의사결정의 이전 사안으로 되돌아가서 뭔가 새로운 시도를 다시 해야만 하는 것을 의미한다. 의사결정 과정이 순환되는 것은 실행 가능한 대안을 찾기 위한 한 가지 방법이 된다. 그리고 이렇게 구해진 최후의 해결안은 초기에 예상했던 것과는 매우 다를 수도 있을 것이다.

민츠버그와 그의 동료들이 발견한 의사결정 단계의 패턴은 크게 〈확인 - 개발 - 선택〉의 3단계로 구분된다.

① 확인단계 : 인식 및 진단

확인단계는 '인식'에서 시작된다. 인식이란 한 사람 혹은 여러 사람의 경영자가 문제와 의사결정의 필요성을 깨닫기 시작하는 것을 의미한다. 이는 외부환경 요소가 변화하거나 내부성과가 기준치에 도달하지 못했을 때 등 문제나 기회에 의해 유발된다.

두 번째 조치는 '진단'인데, 문제 상황을 정의하고자 하려면 더 많은 정보를 얻어야 한다. 문제가 심각할 경우에는 진단을 깊이 있게 계속할 시간이 없으며, 즉각적인 대응이 이루어지게 해야만 한다. 문제의 심각성이 미미한 경우에는 보통 좀 더 체계적인 방법으로 진단이 이루어진다.

② 개발단계 : **탐색&정리 및 설계**

개발 단계에서는 **확인 단계에서 정의된 문제를 해결하기 위한 방안을 찾는다.** 첫째 **'탐색' 과정은 해결안을 조직 내의 기존의 해결 방법들 중에서 찾는다.**

두 번째 방향은 **문제에 대한 개별적인 해결안을 '설계'하는 것이다.** 이러한 상황은 문제가 전혀 새로운 것이어서 이전의 경험이 가치가 없을 때 발생한다. 이상적인 해결방법에 대해 단지 모호한 아이디어만을 갖고 있을 뿐이라는 것을 발견하고, 이러한 모호한 아이디어들이 점차적으로 시행착오적 과정을 거치면서 문제에 적합한 해결방안이 나타나게 된다. 즉, 해결방안을 찾는 과정은 모호한 아이디어를 조금씩 구체화시켜 가면서 차근차근 조금씩 해결안을 쌓아가는 것이다.

③ 선택단계 : **판단&분석&교섭에 의한 승인**

이 단계는 **해결안이 평가되고 선택되는 단계**이다. 평가와 선택은 아래의 세 가지 방법으로 완성된다.

❶ 판단(judgement) : 경험에 의한 '판단'에 따를 경우

❷ 분석(analysis) : 경영과학 기법과 같은 보다 체계적인 근거에 의해 평가

❸ 교섭(bargaining) : 토의와 교섭을 통해 세력집단을 형성

조직에서 결정사항이 공식적으로 수락하면 '승인(authorization)'이 되는 것이다. 즉, 의사결정 책임을 질 수 있는 상위계층으로 넘겨지는 것이다.

3) 동태적 요인들

위와 같은 의사결정 과정은 순환하여 발생한다. 즉, **조직의 의사결정이 인지로부터 승인에 이르는 정해진 과정을 따라 진행되는 것이 아니다. 문제에 변화가 발생하면 다시 의사결정이 이전 단계로 되돌아가야 하며, 이것이 의사결정 차단**이다.

만약 **문제에 적합한 해결안이 불만족스럽다고 인지되면, 의사결정의 첫 시작 단계로 돌아가서 그 문제가 정말 해결해야 할 가치가 있는 것인지에 대해 다시 검토**할 것이다. 이러한 피드백 순환과정이 일어나는 원인으로는 **의사결정의 타이밍, 조직 내의 정치적 행위, 경영자들 간의 의견 불일치, 실행 가능한 해결방안을 설정할 능력 부재, 경영자의 이직, 또는 새로운 대안의 갑작스러운 출현 등을 들 수 있다.**

따라서 **의사결정은 문제가 해결되기까지 수많은 반복 순환을 요구하는 동태적인 과정으로 이해해야 할 것**이다.

(4) 쓰레기통 모형(Garbage Can Model)

1) 카네기 모형과 점진적 의사결정 과정 모형의 결합

문제확인 단계에서는 카네기 모형에서 설명한 세력집단 형성이 필연적이다. 문제가 애매모호하거나 경영자들이 문제의 심각성에 대해 이견을 표출할 때는 토론과 협상 및 세력 집단 형성이

불가피하다. 점진적 의사결정 모형은 해결책에 도달하는 과정에 중점을 두는 경향이 있다. 일단은 당면한 문제에 대해 의견 일치가 된 후, 어떤 해결책이 적절할 것인지 판단하기 위해 다양한 해결책을 검증하는 단계가 순서에 따라 진행된다.

카네기 모형과 점진적 의사결정의 모형은 서로 배타적인 것이 아니다. **이 두 모형은 문제의 확인 단계 또는 문제의 해결 단계별로 불확실성이 있을 때 서로 다르게 적용된다.** 의사결정의 두 단계에서 동시에 불확실성이 높으면 조직은 상당히 어려운 상황에 처한 것이다. 이러한 상황에서의 의사결정은 카네기 모형과 점진적 모형을 조합하는 것이 되며, 이 조합은 쓰레기통 모형에서 기술하고 있는 상황으로 진화한다.

특히 복잡하고 혼란한 상황인 '조직화된 무정부 상태(organized anarchies)' 속에서 조직은 불합리한 결정을 하게 된다는 것이 쓰레기통 모형의 핵심이다.

2) 쓰레기통 모형의 의의

쓰레기통 모형은 조직을 전반적인 관점에서 이해하고 모든 부문의 경영자들이 내리는 수많은 의사결정 과정을 이해하는 데 도움이 될 것이다. 가끔 조직의 의사결정은 더욱 엉망진창인 경우도 있다.

① 조직화된 무질서

쓰레기통 모형은 성장과 변화가 지속적으로 요구되는 학습조직과 같이 극단적으로 불확실한 상황에 놓여 있는 조직에서의 의사결정의 패턴을 설명하기 위해 제시되었다. 쓰레기통 모형을 처음 제시한 **마이클 코헨(Michael Cohen), 제임스 마치(James March), 요한 올슨(Johan Olsen)은 매우 불확실한 상황을 조직화된 무질서(organized anarchy)라고 불렀으며, 이는 극단적으로 유기적인 조직을 뜻하는 것이다.** 조직화된 무질서 상황에서는 다음과 같은 세 가지 특성에 의해 의사결정 과정이 이뤄진다.

❶ 우선순위의 혼란

목표, 문제, 대안 및 해결방안 등이 분명하지 않으므로 의사결정의 각 단계는 애매모호함의 정도에 의해 결정된다. 결정에 참여하는 사람들 간에 무엇을 선택하는 것이 바람직한지에 대한 합의가 없다는 점과 참여자 중에서 어느 개인 한 사람을 두고 보더라도 스스로 자신이 무엇을 좋아하는지조차 모르면서 결정에 참여하는 경우가 있음을 말한다.

❷ 기술의 모호성과 난해성

문제의 인과관계를 밝히기 어렵다. 그리고 의사결정에 활용할 명시적인 데이터베이스를 얻을 수 없다. 의사결정에서 달성하려는 목표와 이를 달성하기 위한 수단 사이에 존재하는 인과 관계인 기술이 불명확하다는 것이다. 즉, 결정에 참여하는 사람이 목표를 명확히 알아도 무엇을 수단으로 선택해야 하는지 잘 모르는 경우가 많으며, 이 경우에는 시행착오를 통해 운영되는 것이 보통이라는 것이다.

❸ 직무 변경

직무 담당자의 직무가 바뀌게 된다. 아울러 직원들이 바빠서 어떤 한 문제에만 매달리기에는 시간이 부족하다. 따라서 어떤 주어진 문제를 결정하는데 책임져야 할 사람이 정해져 있지도 않고 제한적이다. 모든 결정 과정에 참여하는 사람들은 그 자신의 시간적 제약 때문에 어떤 경우에는 결정에 참여하기도 하고 어떤 경우에는 참여하지 않기도 한다는 것이다.

조직화된 무질서의 세 가지 특성

쓰레기통 모형에서는 매우 불확실한 상황을 **〈조직화된 무질서(organized anarchy)〉**라고 부른다. **조직화된 무질서는 빠른 변화와 조직 간의 연계관계성 강화, 일관된 원칙의 유지가 불가능해진 환경 특성에 맞추어진 것이다.** 조직들은 때때로 불확실하고 문제해결이 어려운 상황에서도 결정을 내려야 하는 경우가 있다. **조직화된 무질서 상황에서는 다음 세 가지 특성에 의해 의사결정이 이뤄진다.**

① 선호(preference)의 불확실성 : **선택 기준의 문제**
조직이 일관되고 확실한 우선순위를 갖는 것처럼 보이지만 사실은 그렇지 않다고 한다. 의사결정자들은 정책이나 목표에 대한 자신의 선호를 정확하게 규정하지 못하고, 설사 규정한다고 하더라도 서로 모순을 일으키기 쉽다. **즉, 선호에 입각한 의사결정이 아니라 목표를 정해나가면서 선호를 발견한다는 것이다.** 기업의 목표의 우선순위는 시간에 따라 바뀐다.

② 불명확한 기술 : **기술의 모호성과 난해성**
기술이란 목표와 수단 사이의 인과관계이다. 즉, 목표달성을 위한 수단이 불명확하다는 것은 **시행착오를 통해 인과관계를 파악할 수밖에 없다는 것을 의미**하다.

③ 일시적 참여자 : **직무 변경**
의사결정 참여자들의 잦은 교체를 의미한다. 이로 인하여 **담당자의 직무가 지속적으로 바뀌게 된다.** 따라서 주어진 문제를 결정하는데, 책임져야 할 사람이 정해져 있지도 않고 제한적이다.

많은 조직들이 때로는 불확실하고 문제해결이 어려운 상황에서도 결정을 내려야만 하는 경우에 처한다. 쓰레기통 모형은 이러한 종류의 의사결정에 대한 접근방법을 이해하는 데 유용할 것이다.

② 사건들의 흐름

쓰레기통 모형의 독특한 특성은 의사결정 과정이 문제발생에서 시작해서 문제해결로 끝나는 연속적인 단계라고 보지 않는 것이다. 실제로 문제확인과 문제해결은 서로 연결되어 있지 않을 수도 있다. 예를 들어 아무런 문제가 제기되지 않은 경우에도 어떤 아이디어가 하나의 해결방안으로서 제시될 수 있으며, 어떤 문제는 상존하고 있지만 결코 해결방안을 제시하지 못하는 경우도 있다. 따라서 의사결정은 조직 내의 여러 가지 사건들의 독립적 흐름들의 결과물이다. 조직의 의사결정에 관련된 네 가지 흐름은 다음과 같다.

❶ 문제들 : **문제들은 현재 활동들과 성과에 대해 불만족한 것들이다.** 주로 원하는 성과와 현재 활동들 사이의 격차로써 표출된다.

❷ 잠재적 해결책들 : **해결책은 누군가가 채택되기를 원하여 제안한 아이디어들이다.** 중요한 것은 문제와는 상관없이 해결책들이 존재한다는 것이다.

❸ 참여자들 : **조직에서의 참여자들은 조직 전체에 왕래하는 직원들, 즉 고용되거나 직무를 다시 맡거나 해고된 사람들이다.** 모든 결정 과정에 참여하는 사람들은 그 자신의 시간적 제약 때문에 어떤 경우에는 결정에 참여하기도 하고 어떤 경우에는 참여하지 않기도 한다는 것이다.

❹ 선택 기회들 : **선택 기회는 조직에서 일상적으로 의사결정을 해야 할 때 우연히 발생하는 것이다.** 계약이 체결될 때, 사람들이 고용될 때 또는 신제품이 승인될 때 발생한다. 또한 참여자와 해결책들 및 문제들이 적절하게 배합되었을 때도 발생한다.

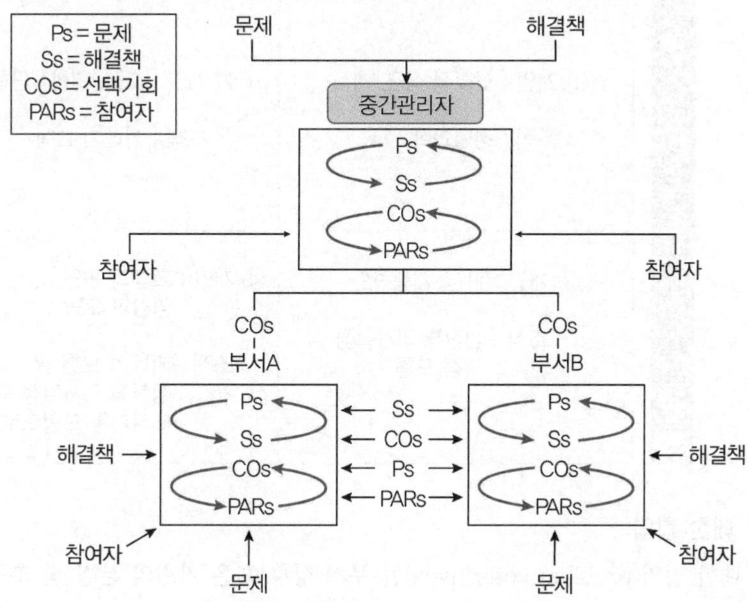

이러한 네 가지 흐름의 개념에 의하면 조직에서 의사결정의 전반적인 패턴은 무작위적인 특성을 지닌다. 즉, **문제들, 해결책들, 참여자들 및 선택 기회들이 모두 조직 안에서 흘러 다니고 있는 것**이다. 어떤 의미에서 조직은 이러한 흐름이 뒤섞여 있는 커다란 쓰레기통이라 할 수 있다. **문제, 해결책, 그리고 참여자가 우연히 한 점에서 연결될 때 어떤 결정이 이루어지고 문제가 해결되는 것**이다.

조직에서의 의사결정들은 무질서하게 나타나는 것이지 논리적인 순서에 의해 결론나는 것이 아니다. 상황이 너무 불명확하고 복잡하기 때문에 의사결정, 문제, 그리고 해결책은 독립적인 사건들로서 행동한다. 그것이 연결될 때 어떤 문제들은 풀리게 되지만, 대다수는 그렇지 못하다.

3) **쓰레기통 모형이 제시하는 시사점**

① **문제가 존재하지 않는 경우에도 해결책이 제안**될 수 있다.

② **문제를 해결하지 못하는 방안이 채택**되기도 한다.

③ **문제가 해결되지 않은 채 지속**될 수 있다.

④ **몇몇 소수의 문제가 풀리는 것**이다. **의사결정 과정은 집합적으로 일어난다**[13].

4 조직차원의 의사결정 모형 정리 : 상황 적합적 의사결정 체계

위 4가지 조직차원의 의사결정 모형 중 어떤 방법을 사용할 것인가는 조직이 처한 상황에 적합(contingent)해야 한다. 의사결정방법을 선택하는 데 기준이 될 수 있는 두 가지 특성은 **(1) 문제에 대한 합의 여부와 (2) 문제해결의 수단에 관한 기술적인 지식**이다.

해결방안에 대한 지식 ＼ 문제에 대한 합의	확실	불확실
확실	① 개인 : 합리적 접근, 계산 조직 : 경영과학	② 개인 : 교섭, 연합집단형성 조직 : 카네기 모형
불확실	③ 개인 : 판단, 시행착오 조직 : 점진적 의사결정 과정 모형	④ 개인 : 교섭과 판단, 영감과 모방 조직 : 카네기 모형 및 점진적 의사결정 모형, 쓰레기통 모형으로 진화됨

(1) **문제에 대한 합의**

문제에 대한 합의(problem consensus)는 **문제 상황 혹은 기회의 본질 및 추구해야 할 목표와 결과에 대한 경영자들 간의 의견 일치성**을 말한다. 의견 일치가 되는 경우에는 불확실성이 줄어든다. 즉, 조직의 문제와 목표 및 성과기준이 명확해지는 것이다. 의견이 불일치하면 조직의 목표 및 성과기준에 대한 논쟁이 생기고 자연히 불확실이 증가한다.

문제에 대한 합의를 이루는 것은 의사결정 과정 중 문제확인 단계에서 특히 중요하다. 문제가 명확해지고 문제인식에 대한 합의가 이루어지면, 문제해결에 대한 명확한 기준과 성과 목표가 설정될 수 있기 때문이다. 문제에 대한 합의가 이루어지지 않으면 문제확인이 불확실하므로 경영자는 목표 및 우선순위 결정에 의견이 일치되도록 하는 데 집중적으로 노력해야만 한다.

---

13) 점진적 의사결정이랑 일맥상통하는 내용. 즉, 한 번에 큰 문제를 해결하는 것이 아니라 소수의 문제를 점진적으로 해결한다는 의미

(2) 해결방안에 관한 기술적인 지식

기술적인 지식(technical knowledge)은 **문제를 해결하고 조직목표를 달성하는 방법에 대한 이해와 동의를 의미**한다.

문제해결에 대한 수단을 잘 이해하고 있으면, 적절한 대안을 도출하고 어느 정도 확실하게 문제해결 가능성을 타진할 수 있을 것이다. 하지만 문제해결에 대한 수단을 잘 이해하지 못하면, 적절한 대안설정이 어렵고 문제해결 가능성이 불확실하게 된다. 이때에는 직관과 판단 및 시행착오를 통한 의사결정이 필요하게 된다.

문제 확인

- 문제 확인이 불확실할 경우에는 카네기 모형 적용
- 정치적 및 사회적 과정 요구
- 세력집단 형성, 합의 도출 노력 및 목표들과 문제 우선순위에 관한 갈등 해결

➡

문제 해결

- 문제 해결이 불확실할 경우에는 점진적 과정 모형 적용
- 점진적이고, 시행착오적인 과정 요구
- 중대한 문제는 작은 단계들로 나누어서 해결
- 난관에 부딪힐 경우에는 처음부터 다시 반복하여 시행

(3) 적합성 분석 체계(Contingency Decision-Making Framework)

문제인식에 대한 합의성: 강함 ↔ 약함

해결방안에 대한 합의성: 강함 ↕ 약함

셀 1		셀 2	
개인	합리적·계산적 접근	개인	교섭, 세력집단 형성
조직	경영과학 모형	조직	카네기 모형
셀 3		**셀 4**	
개인	판단·시행착오	개인	판단, 교섭, 직관, 영감, 모방
조직	점진적 모형	조직	쓰레기통 모형

1) 셀1

불확실한 상황이 없기 때문에 합리적인 의사결정 절차에 따르면 된다. 즉, 의사결정은 수리적인 계산을 활용하고, 대안 설정 및 최적해는 분석과 계산에 의해 선택될 수 있다.

2) 셀2

문제 및 우선순위 설정에서 불확실성이 높기 때문에 합의에 이르기까지는 교섭과 타협을 해야 한다. 이런 상황에서는 경영자가 의사결정 과정에서 합의를 이루어낼 수 있도록 많은 사람들과 접촉해야 한다. 또한 다양한 의견들을 표면화시켜야 하고, 합의를 이룰 때까지 논의를 계속해야만 한다. 조직의 문제에 대하여 의견차이가 있을 때에는 카네기 모형이 적용된다.

3) 셀3

문제와 성과기준은 확실하지만 대안을 제시할 기술적인 지식이 애매하며 불확실하다. 조직의 의사결정에는 점진적인 의사결정 과정에 따라 시행착오적인 결정을 따라야 한다. 일단 문제가 정의되면 작은 문제들을 연속적으로 해결해 가면서 해결방안을 찾아갈 수 있게 된다.

4) 셀4

문제확인과 해결방안 설정이 모두 불확실성한 상황인 셀4에서는 의사결정이 어렵다.

전체 조직이 문제와 해결방안 설정이 매우 불확실한 상황에 직면하면 쓰레기통 모형이 나타난다. 경영자들은 처음에는 셀2와 셀3 상황에서 사용한 방법들을 활용할 수 있지만, 문제확인에서 시작하여 해결안 선택으로 끝나는 논리적인 의사결정 단계를 그대로 따라갈 수는 없게 된다. 문제가 제기되고 해결안이 나오는 경우와 잠재적인 해결방안이 먼저 나와서 문제를 풀게 되는 경우가 서로 비슷하게 나타난다. 이러한 상황에서는 해결안을 선택할 기회를 촉진시키기 위해서 경영자는 문제 제기 및 아이디어 제안이 광범위하게 토의될 수 있게 이끌어야 한다. 결국 시행착오를 통하면서 조직의 어떤 문제들은 해결될 수 있을 것이다.

5 윤리적 의사결정(의사결정의 윤리성)

(1) 기업윤리의 개념

기업윤리는 "**주주, 근로자, 타 기업, 노동조합, 소비자 등 다양한 이해관계 집단과 밀접한 연관을 갖는 기업 의사결정의 옳고 그름 또는 선하고 악함에 관련된 문제**"로 **정의**할 수 있다. 기업윤리는 **기업이 공정하고 투명하며 정의롭게 경영활동을 수행하도록 하는 지침 또는 준칙이며, 기업이 계속하여 존속, 발전하기 위해서 마땅히 행하거나 준수해야 할 규범**을 말한다.

(2) 비윤리적 행동이 발생하는 원리

- 기업의 의사결정자들이 **'내 맘대로 한다'는 식의 방종형 기준을 적용**하기 때문이다.
- **'힘 있는 자가 항상 옳다'는 태도** 때문에 윤리적 한계를 넘게 되기도 한다.
- **'불법을 하더라도 걸리지만 않으면 된다'는 옳지 못한 가치관**이 또 하나의 원인을 제공한다.
- **법의 허점을 최대한 이용하여 자신의 이익을 극대화**하려는 경우이다.

(3) 윤리성 확보의 원칙

조직의 의사결정자들은 다음과 같은 윤리성 확보의 원칙들을 적용할 필요가 있다.

1) **공개의 원칙** : 의사결정의 기준이 공개되더라도 떳떳할 수 있는가?

2) **분배정의의 원칙** : 개인에 대한 평가나 보상의 기준이 임의적이지 않은가?

3) **불가피성의 원칙** : 같은 상황에서 누가 결정을 하더라도 똑같은 선택을 할 수밖에 없는가?

4) **역지사지의 원칙** : 자신의 결정에 영향을 받는 사람들의 입장에서 받아들일 수 있는 선택인가?

(4) 윤리적 의사결정 접근법

1) 공리주의

특정 행위의 도덕성은 그 행위 자체보다는 그러한 행위로 인해 초래되는 결과로써 판단되어야 한다는 것이 공리주의 관점이다. 즉, 공리주의 기준은 목적론적 윤리론이라고도 한다(Helms & Hutchins, 1992). 즉, "**최대 다수의 최대 행복"에 기초하여 특정 행동과 정책의 옳고 그름은 그 결과로 나타나는 사회적 비용과 이익을 기준으로 평가해야 한다는 것**이다.

이 관점에 따르면 조직관리와 관련된 윤리적인 문제가 발생하거나 다양한 조직관리 제도가 존재한다면 그중 가장 이익이 크거나 혹은 가장 비용이 적은 행동이나 제도가 가장 윤리적인 것이라는 주장이다. 따라서 공리주의적 관점에서 윤리적 의사결정은 다른 방안이나 대안들과 비교했을 때 특정 의사결정에 관련되어 가장 많은 수의 사람들에게 혜택이 돌아갈 수 있을 경우에 그 의사결정을 윤리적이라고 받아들이게 된다.

2) 의무론적 윤리론(혹은 공민권적 접근)

공민권적 접근법은 그 행위가 야기한 결과가 아니라 그 행위 자체가 **인간 본연의 양심(혹은 권리(right))**에 따라 옳다고 여겨지는 결정일 때 그 행위를 도덕적으로 올바르다고 주장한다. 즉, 의무론적 윤리론은 과정에 초점을 둔다(이 측면에서 공리주의 관점과 대비됨).

공민권적 접근법의 대표적 이론이 칸트의 의무론이다. 칸트는 인간이 가진 자율성과 이성적 능력을 모든 사람들에게 보편타당하게 적용될 수 있는 합리적이고 이성적 추론을 통해 확립하고자 하였다. 결국 윤리적 행위란 다른 사람의 권리를 존중하고, 이러한 권리를 존중하기 위해 지켜야 할 의무를 지키는 행위를 말한다.

3) 공정성 접근법

기업의 의사결정은 구성원들 간의 이익은 물론 비용도 공평하게 배분되도록 이루어져야 한다는 것이 공정성 이론(Justice Theory)이다. 따라서 성과도 공평하게 공유하지만 구성원의 잘못에 대한 불이익도 잘못한 구성원에게 돌아가야 한다는 점을 강조하는 이론이다.

공정성이론은 사람과 관련된 조직관리의 여러 이슈들이 윤리적인가를 판단할 때 상당한 논리적인 근거를 제시해 줄 수 있다. 특히 조직행동 분야에서 잘 정립되고 구체화된 개념들인 **분배적 공정성, 절차적 공정성, 상호적 공정성 개념은 이러한 윤리적 판단을 위한 논리적 근거를 제시하는 데 적극적으로 사용**된다.

▼ 비교표

구분	공리주의	의무론	공정성
전제조건	관련자들의 비용-효용 관계에 따를 것	합리적인 성찰에 의한 의사결정자여야 함	이익과 비용의 공정한 배분에 따라야 함
장점	노동의 효율성과 기업의 생산성을 향상	인간적인 작업조건 형성	성과창출을 위한 공정한 조건이 모두에게 제공됨
한계	효용성을 계산하는 범위를 정하는데 어려움	의사결정자 본인의 합리성에 의존함	공정성에 대한 판단과 공감대 형성의 어려움

(5) 윤리경영의 속성

1) 책임성

책임성이란 **최고수준의 제품과 서비스를 제공함으로써 고객에게 만족을 주는 것은 물론 결과에 대한 책임을 지는 것으로 의미하는 것**으로 여기서 책임성은 **기업 내부 당사자**는 물론 **기업의 외부관계자에 대한 사회적 책임**을 의미한다.

2) 투명성

기업의 정책이나 방침은 **누구나 알 수 있도록 명시적으로 공표**되어야 하며, **구성원에게 공개**가 되어야 한다.

3) 공정성

기업의 구성원 모두에게 보상이나 개발 등 기회를 공평하게 주어야 하는 것은 물론, 기회에 따른 보상을 제공할 때도 공정하고 형평성 있는 기준들이 일관성 있게 제공되어야 한다.

CHAPTER PART 03 집단차원

06 | 갈등과 협상

제 1 절 갈등에 대한 관점

1 **일원적 조직관** : 갈등에 대한 전통적 관점

갈등에 관한 초기의 연구로는 과학적 관리를 주장했던 **테일러(Frederick W. Taylor)의 연구**를 들 수 있다. 그는 **모든 갈등이란 결국 관리자의 권위를 위협하는 것이기 때문에 가능하면 피해야 하며 갈등의 상황이 전개되면 이를 곧 해결해야 한다고 주장**하였다.

2 **다원적 조직관** : 갈등에 대한 현대적 관점

1950년대 이후, 인간관계론자들은 **갈등이란 피할 수 없는 것**이므로 관리자들은 오히려 **갈등의 존재를 인정**하고 갈등과 더불어 사는 방법을 터득해야 한다고 제시했다.

그러나 **1970년대** 들어서면서, **갈등이란 그 근원과 강도에 따라서 긍정적인 결과를 낳을 수도 있고 부정적인 결과를 낳을 수도 있음이 밝혀졌다.** 반면에 지나치게 심한 갈등을 겪고 있는 조직은 조직 내의 권력의 획득을 목적으로 한 정치적 분쟁, 불만족, 팀워크의 상실, 그리고 이직 등을 유발하여 조직의 성과를 떨어뜨리게 된다.

전통적 관점	현대적 관점
갈등은 제거되어야 한다. 이것은 집단활동을 방해하고 실제로 **높은 업적 달성을 방해**한다.	갈등은 실제로 조직의 업적달성을 증대시킬 수 있다. 이것은 최선의 결과를 얻도록 관리되어야 한다. **어떻게 관리되는가에 따라 그것은 조직업적에 공헌할 수도 있고 그렇지 못할 수도 있다.**
최선의 조직에는 갈등이 없다.	최선의 조직에는 **어느 정도 알맞은 수준의 갈등이 있어서 이것이 높은 업적달성을 위해 사람들을 자극하고 동기를 부여**한다.
갈등은 피할 수 있다.	갈등은 **조직 생명의 통합적인 한 부분**이다.
갈등은 신뢰의 부족, 직무역할의 불명확성 또는 커뮤니케이션 오류 등 **관리활동의 잘못에서 연유**된다.	갈등은 **서로 다른 조직구조, 보상, 목표 및 가치관에서 연유**된다. 이는 또한 사람 내부에 있는 자연적인 공격성에서 연유될 수도 있다.
갈등은 높은 스트레스, 사람들 간의 적대 행위 및 사보타지 등을 유발하므로 **본질적으로 나쁜 것**이다.	갈등은 사람들로 하여금 **문제를 해결하도록 촉진**하므로 좋은 것이다.

제 2 절 갈등(Conflict)이란

1 갈등의 개념 및 특징

(1) 개념

리터러(J. Litterer)에 따르면, 갈등이란 **"어떤 개인이나 집단이 다른 사람이나 집단과의 상호작용이나 활동으로 상대적 손실을 지각한 결과, 대립 · 다툼 · 적대감이 발생하는 행동의 한 형태"**로 정의된다. 갈등이란 용어는 '칡'을 의미하는 한자어 '갈(葛)'과 '등나무'를 의미하는 '등(藤)'으로 구성된 것이다. 이들은 모두 덩굴식물인데, 덩굴이 돌아가는 방향이 서로 다르다. 칡은 오른쪽으로 감지만 등나무는 왼쪽으로 감는다. 이들이 서로 얽히면 풀기 어렵다. 갈등이란 이러한 나무들의 덩굴이 서로 복잡하게 뒤엉켜 있는 것과 같이 서로 적대시하면서 분쟁을 일으키는 것을 말한다. 또한 이것은 목표, 관심, 원칙 혹은 감정에 있어서 다른 사람들과 양립할 수 없는 상황을 말한다.

(2) 조직에서 발생하는 갈등의 특징

- **갈등은 하나의 사건이 아니라 과정을 의미**한다. 이것은 과거의 어떤 사건으로부터 시간이 경과함에 따라 발전한 것이다. 갈등의 원인은 어떤 사건의 발생에서 시작된 것이지만 **갈등은 시간이 흐름에 따라 발생한다.**
- 갈등은 **당사자들이 갈등이 되는 사건이나 현상을 지각할 때 비로소 이를 갈등이라고 부른다.**
- 갈등에는 **적대적인 감정**이 존재한다.

2 갈등의 유형

(1) 갈등의 주체

- 개인 내부(가치관 등)
- 개인 – 개인(이대리와 김부장)
- 개인 – 집단(김부장과 회사)
- 집단 – 집단(영업팀과 생산팀)
- 조직과 조직(노조와 기업)

(2) 갈등의 속성

1) 드러난 갈등(overt conflict)

갈등 당사자가 갈등 상황을 그대로 표출하는 것이다.

2) 숨겨진 갈등(covert conflict)

갈등 당사자가 상대방에 대해 갈등을 느끼고 있지만 표출하지 않는 경우이다.

(3) 갈등에 대한 두 가지 관점 : 기능적 갈등과 역기능적 갈등

기능적 갈등이란 조직의 목표달성에 도움이 되고 조직성과를 높이는 데 기여하는 건설적인 갈등이며, **역기능적 갈등은 조직의 성과를 저해하는 불필요한 갈등**이다.

기능적 갈등이란 C-type 갈등(Cognitive conflict : 인지적 갈등)이라고도 하고, 역기능적 갈등은 A-type 갈등(Affective conflict : 감정적 갈등)이라고도 부른다. 즉, **C-type 갈등은 직무목표나 직무내용과 관련된 갈등으로, 구성원들 간 공동 목표의식이 뚜렷하고 신뢰관계가 확실하다면 개인의 생산성 향상에 긍정적 역할**을 한다. 그러나 **A-type 갈등은 인간관계에서의 적대감이나 마찰로 인한 갈등으로 커뮤니케이션 단절 등으로 부정적 결과를 발생**시킨다.

갈등에 대한 두 가지 관점
갈등을 바라보는 관점에 따라 **건설적 갈등(constructive conflict)**과 **관계적 갈등(relationship conflict)** 등 두 가지로 나눌 수 있다. ① 건설적 갈등 건설적 갈등은 **서로의 다른 관점에 대해 존중을 바탕으로 토론에 초점을 두는 것을 의미**한다. 즉, 상대방에 대한 인신공격적인 발언 없이 토론에 초점을 맞추면서 아이디어 도출에 집중하여 의사결정이나 집단활동의 성과를 높일 수 있다. ② 관계적 갈등 관계적 갈등은 **인간관계에 초점을 맞추는 것으로 의견 차이에 집중하기보다는 인격충돌(personality clash) 같은 대인간 갈등에 초점**을 맞춘다. 당사자들은 상대를 깎아내리거나 공격을 하면서 상대방에 대한 부정적 감정을 발생시키기 때문에 집단의 성과에 부정적이다.

3 건설적 비판과 파괴적 비판

건설적 비판은 기능적 갈등을 낳고, 파괴적 비판은 역기능적 갈등을 낳는다.

건설적 비판	파괴적 비판
상대방의 자존심을 보호해 가면서 사려 깊게 비판함	빈정거리면서 신랄하고 가혹하게 비판함
위협적 요소가 없음	위협적 요소를 포함함
비판 받을 일이 발생한 후 가능하면 빠른 시간 내에 비판이 가해짐	이유도 없이 한참 뒤에 비판이 시작됨
잘못을 내적 요인에 귀인하지 않음	잘못을 상대방의 내적 원인으로 돌림
구체적으로 잘못된 부분에 대해서만 비판함	모든 것을 싸잡아 비판함
사람 자체가 아니라 그의 행동에 초점	사람 자체에 대한 비판
상대방이 개선할 수 있도록 돕는 것이 목적	상대방에 대한 지배와 복수심리를 충족시킬 목적
개선을 위한 구체적 제안을 함	개선을 위한 제안이 없음

제 3 절 갈등의 진행과정

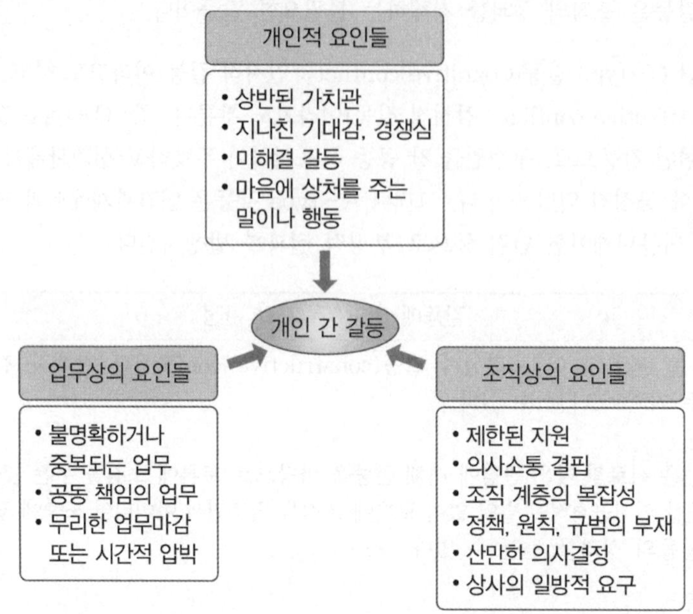

1 갈등의 원인

(1) 인적 요인(Human Factor)

1) 성격 및 가치관의 차이

권위주의 성향이 높은 상사와 낮은 부하는 갈등을 일으킬 수 있다. 한편 **상이한 가치관** 역시 갈등으로 표출될 수 있다. 보통 성격의 경우 당면한 문제를 해결하기 위해 특별한 노력을 기울이기보다 다른 회사로 이직하려는 노력을 하게 되고, 가치관이 상반된 모습을 보여주는 경우 이들 간 갈등이 생긴다.

2) 역할 기대의 차이

조직에서 기대되는 역할의 차이로 발생하는 예가 라인부서와 스태프부서이다. 라인부서는 스태프부서를 자신이 필요로 하는 정보와 서비스를 제공하여 라인부서를 보조하는 것으로 생각하지만 스태프부서는 자신들만의 전문성을 가지고 이를 통해 라인부서를 지휘하는 것으로 생각한다.

3) 숙련과 능력의 차이

능력이 높은 자는 능력이 낮은 자에게 불만을 가지게 된다. 일의 진행에 차질을 빚기 때문이다.

4) 적절하지 못한 커뮤니케이션

메시지 구성이 잘못되었거나 적절하지 못한 매체를 사용한 경우 메시지 해석상에 어려움이 따르고 이것이 갈등을 유발한다. 커뮤니케이션에서 **피드백도 그 방법이 적절치 못할 경우** 갈등을 일으킨다.

(2) 과업 요인(Task Factor)

1) 부서 간 기능 차이

부서의 기능이 상이하면 조직의 목표달성을 위한 업무의 우선순위가 다를 수 있다. 영업부서는 매출신장을 통해 자사제품 시장 점유율 확대를 우선시하겠지만, 재무부서에서는 매출 이익을 우선시할 것이다. 이때 영업부서는 가격 인하를 통해 매출을 증대하려고 하면, 재무부서는 반대할 것이다. 또한 생산부서는 원가절감이 우선이지만, 연구개발부서는 장기적 시각에서 기술적 우위에 더 가치를 둔다. 이렇게 부서의 기능 차이는 갈등을 유발한다.

2) 과업의 상호의존성(Interdependence)

과업 상호의존성(task interdependence)은 조직 내 상호의존성의 한 형태로 **협업 수행과정에서 내재하는 상호의존적 직무의 특성**으로 정의된다. **높은 과업 상호의존성이 작용하는 팀이나 집단에서는 과업 성과를 달성하기 위해 구성원들 사이에 정보공유, 전문분야에 대한 지식교환 등 활동이 활발히 이루어진다.** 과업 상호의존성이 높은 경우 어떤 프로젝트를 공동으로 해야 할 때 갈등이 발생할 수 있다. 예를 들어 업무 분담에서 나타나는 업무의 중첩성, 업무 진행속도와 관련하여 한 사람이 어떤 일을 완성해야 다음 사람이 이를 받아 진행하는데 그가 일을 제때에 완성하지 못하는 경우 등이다.

3) 과업의 역할 및 권한 모호성

누가 무슨 일을 해야 하는지 명확하게 설정되거나 제시되어 있지 않은 경우 과업 수행을 서로 미루게 되며, 나중에 이 일에 문제가 생길 경우 서로 책임을 미루게 된다. 부서 간 권한 관계가 문제가 생기는 경우도 갈등이 발생한다. 특히 초기 성장하는 벤처기업에서 새로 생기는 업무에 대해 부서들은 서로 관할권을 주장한다. 소위 말해 **영역 싸움**이 발생한다.

4) 목표에 대한 인식의 차이

개별 부서가 추구하는 목표가 상이해서 갈등이 생길 수도 있다. 영업팀장은 고객 만족 극대화를 위해 구입한 제품이 소량일지라도 그때그때 신속하게 배송되기를 원한다. 반면에 배송팀장의 경우 배송비 절감이 목표이기 때문에 고객들이 구입하는 제품이 일정량이 될 때까지 기다렸다가 배송해야 배송비를 줄일 수 있다. 이렇게 부서의 목표가 상이해서 갈등이 일어날 수 있다.

(3) 조직 요인(Organizational Factor)

1) 제한된 자원(Resource Scarcity)

조직의 자원은 크게 인적, 물적, 재무적 자원이 있다. 인사부서는 타 부서에 필요한 인력을, 구매부서는 생산에 필요한 원재료를, 재무부서는 필요한 예산을 지원해야 한다. 하지만 조직은 이러한 자원을 필요한 만큼 항상 확보하지 못한다. **이에 자원을 공급하는 부서에 경쟁적으로 정치적 행동을 하게 되고 이러한 경우 부서 간 갈등은 더욱 심화된다.**

2) 관리스타일

관리스타일이란 **조직에서 구성원을 통제하는 제 방법**이다. 특히 상사가 구성원을 **비인격적으로 대하고, 자신의 업무수행을 위한 도구로 취급할 경우 갈등이 발생**할 수 있다.

3) 보상시스템의 신뢰성

조직에서의 보상은 임금과 승진이 있다. 특히 성과제를 도입하면서 **평가의 공정성이 확보되지 않으면 부하는 열심히 일하기보다 조직정치가 일어날 수 있다. 이에 승진에 탈락된 직원은 갈등에 빠질 수 있다.**

4) 조직 구조상의 문제

조직구조는 복잡성, 집중성, 공식화로 구성되어 있는데 **조직구조가 잘못 설계되면 갈등이 발생**할 수 있다. 특히 **매트릭스 조직**에서는 두 명의 상사로부터 지시를 받고 보고하는 과정에서 갈등이 생길 수 있다.

2 갈등 과정(Conflict Process)

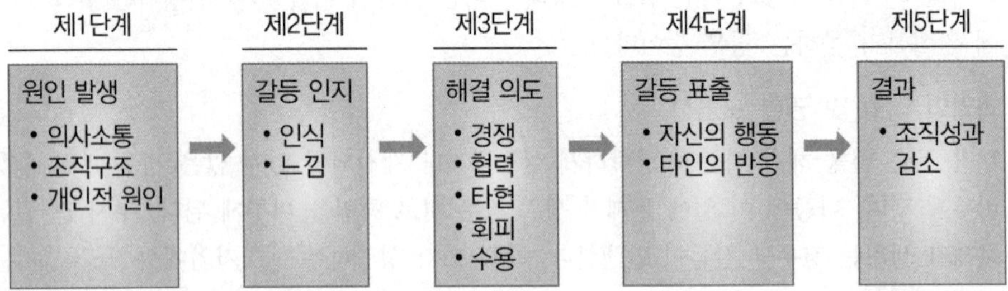

(1) 1단계 : 원인 발생

갈등을 일으킬 수 있는 **원인**이 발생하는 단계다.

(2) 2단계 : 갈등인지

갈등인지는 상대방 때문에 자신의 이익이 타격을 받거나 어떠한 안건이나 사건에 대하여 커다란 의견 차이를 갖고 있다고 인식될 때 발생한다. 이러한 위협인식은 갈등심리를 자극한다. **갈등원인을 제공하여 상대방이 이를 인지하고 적대감을 느끼는데 이때가 비로소 갈등이 발생된 상태**이다. 즉, **인식함으로써 갈등이 발생**한다.

(3) 3단계 : 해결의도

갈등을 인식하고 갈등심리에 자극을 받은 개인은 갈등에 **대처할 의지**를 갖게 된다. 이러한 의지는 곧 행동으로 이어지고 개인의 이러한 행동에 대해 상대방은 어떠한 방법으로든지 반응을 보일 것이다. 상대방의 반응은 개인의 갈등심리에 다시 영향을 미치게 된다.

즉, 갈등을 인지하고 어떤 방향으로 행동하고자 하는 의사결정을 했으면 행동 직전단계인 해결의도 단계이다. 이때 개인은 Thomas, Kilmann, Rahim의 **갈등관리 다섯 가지 유형으로 대응**할 수 있다.

(4) 4단계 : 갈등 표출

갈등이 겉으로 드러나서 제3자도 알아차릴 수 있는 단계이다. 이때 **갈등의 양에 따라 순기능 혹은 역기능으로 나타날 수 있다.**

갈등 없음	중간	갈등 포화
정상행동	자기주장, 문제제기	비정상 행동
loyalty	voice	exit / neglect

3 갈등의 결과

순기능	역기능
• 문제 발견 • 활동력 증가 • 충성심 증가 • 혁신풍토 조성 • 도전적 분위기 상승 • 다양성과 창조성 증대 • 문제해결 활동 증가 • 창의적 아이디어 증가 • 도전적 분위기 증가 • 변화에 대한 인식 증가 • 목표달성을 위한 실천 행동 증가	• 커뮤니케이션 감소 • 독재자 출현 • 편견의 증가 • 파벌의식 고조 • 상호 경계의식 증가 • 융통성 없는 공식화 • 혼란과 분열로 인한 조직 에너지 분산 • 심리적 안정감 위협 • 집단응집력 훼손 • 적대감과 공격적 행동증가 • 목표의식 결여

4 갈등의 양과 성과 간의 관계

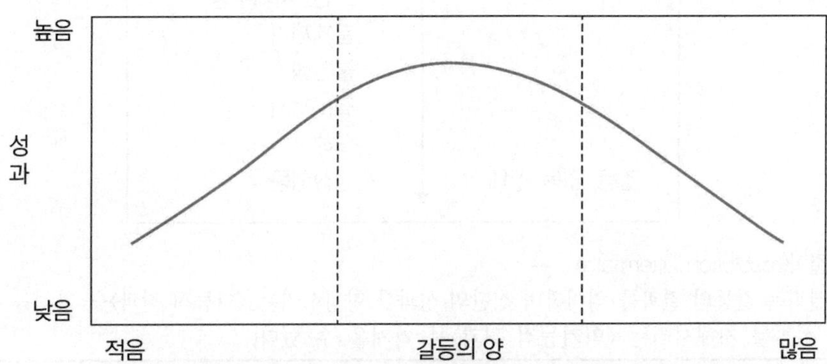

갈등 과소	적정 수준	갈등 과다
• 적응력 둔화 • 획일성 • 무사안일 • 포기와 침체	• 문제해결을 위한 활동 • 창의적인 아이디어 • 도전적인 분위기 • 변화지향 • 목표달성을 위한 실천 행동	• 혼란과 분열 • 불안과 위협 • 응집력 훼손 • 적대감과 공격적 행동 • 목표의식 결여

Pondy(1967)의 갈등국면의 분류

1. 잠재적 갈등(latent conflict)

표면적으로 **갈등은 없는 상태이지만 갈등을 유도하는 상황**을 의미한다. 즉, **갈등의 선행조건**으로 **의사소통, 조직구조, 개인적 원인** 등이 있다.

2. 인지된 갈등(perceived conflict)

인지된 혹은 지각된 갈등은 **개인의 갈등적 상태의 인식수준**을 의미하며 이는 **논리적**이면서 **비개인적**인 상태다.

3. 자각된(감지된) 갈등(felt conflict)

자각된 갈등(감지된 갈등, felt conflict)은 **개인화된 갈등관계**를 의미하는 것으로 위협이나 적대행위, 공표 및 신용하지 않는 심리적 상태를 느끼고 있는 것이다. 즉, **불신과 같은 감정적 상태로 표현**된다.

4. 명백한 행동(manifest behavior)

명백한 행동은 공격적이고, 경쟁적이며, 논쟁적이거나 문제를 해결하는 행동을 유인하는 것을 말한다. 이때 갈등처리의도(경쟁, 협동, 타협, 회피, 수용 등)에 따른 행동이 도출되는데 **갈등의 양에 따라 다음과 같은 행동이 도출**될 수 있다.

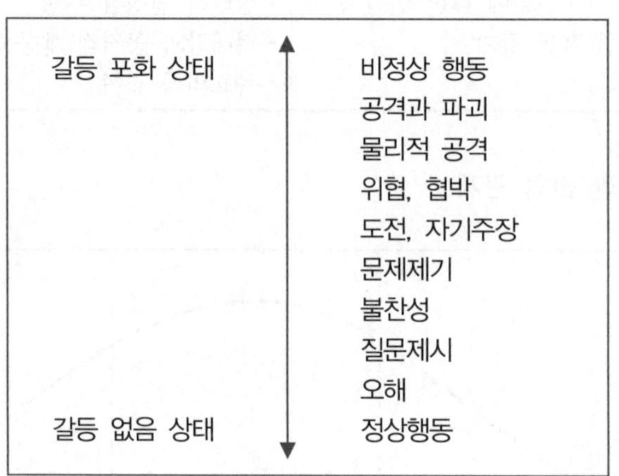

5. 해결결과(resolution aftermath)

해결결과는 **갈등의 결과**를 의미하며 집단의 성과를 향상시키는 **〈기능적 결과〉**를 가져올 수도 있고, 집단 성과를 저해시키는 **〈역기능적 결과〉**를 가져올 수 있다.

제 4 절 갈등의 관리

1 갈등의 강도와 결과

갈등해결에 최선의 방법이 있는 것이 아니라 상황과의 적합성이 중요하다는 관점에서 학자들은 갈등관리의 상황이론적 입장을 견지하여 왔다. 특히 조직 내 갈등부재상황의 문제점을 지적하는 학자들이 많다. 서로에 대한 무관심이나 창조력의 결핍 등과 같은 **무기력한 상황에서는 의도적으로 갈등을 만들 필요가 있다.** 또한 집단 내에서 너무 쉽게 합의에 도달하는 경향이 있을 때나 변화를 시도하려 할 경우에도 갈등의 주입이 필요하다. **역기능적인 갈등의 상황에서는 적절한 갈등극복 방안의 도입이 요구된다.**

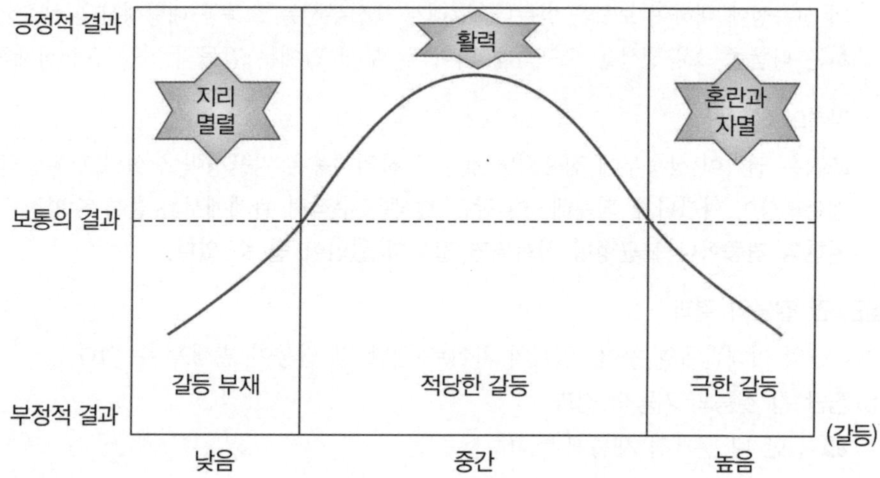

▼ 상황에 따른 갈등관리 형태

갈등의 상황	• 갈등해결에 많은 시간과 노력이 든다. • 갈등이 파괴적이다. • 갈등원인이 집단이기주의 때문이다. • 지나친 갈등으로 조직성과가 떨어진다.	• 무사안일의 분위기다. • 너무 쉽게 의견에 동조한다. • 보수적이고 창의적이지 않다. • 변화와 도전정신이 필요하다.
갈등관리 형태	갈등의 축소	갈등의 조장

2 집단 간 갈등

(1) 집단 간 갈등의 원인과 결과

1) 집단 간 갈등의 원인

① 업무의 상호의존성

업무의 상호의존성이란 조직 내의 집단이 업무를 효과적으로 완수하기 위하여 협조, 정보

교환, 순응 및 그 밖의 협동적인 활동에 있어서 서로 의존하고 있는 정도를 말한다. **일반적으로 상호의존성의 정도가 높거나 집단 간 영역이 애매할 때 갈등의 기회가 많아진다.**

② 제한된 자원

집단들이 업무를 수행하기 위하여 물리적인 공간, 설비, 운영자금, 예산 등 **한정된 자원의 사용에 공동으로 의존하는 것**이다. 한편 조직의 자원은 제한되어 있으므로 각 집단이 원하는 자원을 충족시킬 수 없게 되어 갈등의 잠재성이 존재하게 된다.

③ 집단보상제도

집단별로 분리하여 그 업적을 평가 · 보상하면 집단 간 갈등의 가능성은 그만큼 더 커진다. 예를 들어 생산부서는 생산비를 최소화시킨 활동에 대하여 보상을 받으며, 판매부서는 판매의 신속성에 대하여 보상을 받는다. 그래서 생산부서는 소품종 대량생산을 선호하고 판매부서는 다품종 소량생산을 요구하게 되어 두 부서 간에는 갈등의 가능성이 잠재하게 된다.

④ 권력의 불균형

조직은 권한이 상층부에 집중되면 될수록 하위계층은 자율성이 상실되고 권한의 불균형적 배분현상이 나타나게 되는데, 이 같은 현상은 수직적 관계에서는 물론 수평적 관계에서도 **권한의 편중이나 불균형이 심화되면 갈등의 원인이 될 수 있다.**

2) 집단 간 갈등의 결과

집단 간의 이해관계의 차이, 인식의 차이로 집단 간 갈등이 발생할 수 있다.

① 집단 간 갈등의 기능적 결과

❶ 집단 내 문제점 새롭게 인식

❷ 해결방안 모색

❸ 긍정적 변화

❹ 효과적 대안 선택

② 집단 간 갈등의 역기능적 결과

집단 내 변화		집단 간 변화
• 응집력 증가 • 과업활동 증가	• 독재자의 출현 • 집단규범 강화	• 집단의식 고조 • 부정적인 편견 • 커뮤니케이션 단절

(2) 집단 간 갈등의 관리방안

1) 직접 대면

갈등을 겪고 있는 집단을 직접적으로 대면시킴으로써 서로의 입장을 밝히고 갈등의 원인을 규명하여 갈등을 해소하고자 하는 것이다.

2) 공동목표설정(초월적 목표)

집단 간의 갈등을 해소하기 위한 또 다른 방안으로는 **갈등을 겪고 있는 집단 간의 공동의 목표 또는 초월적 목표**(superordinate goals)**를 설정**해주는 것이다.

3) 자원의 확충

자원 자체의 규모를 늘림으로써 갈등을 해결하는 것이다.

4) 공동 관심사의 강조

갈등을 겪고 있는 집단 간의 차이점은 무시하고 **공동 관심사를 강조**함으로써 공동의 목표를 함께 달성할 수 있는 계기를 만든다.

5) 협상

정해진 절차 안에서 타협을 시도하는 것으로 **쌍방이 비슷한 수준의 힘을 갖고 있는 경우 바람직**하다.

6) 권력을 이용한 갈등 해결

상급자가 권한을 사용하여 집단갈등을 해결하는 방법이다.

7) 행동변화 유도

집단구성원들의 행위나 태도에 변화를 줌으로써 갈등을 해소하고자 하는 방법이다.

8) 조직구조 개편

조직 내 집단갈등을 관리하기 위한 조직구조의 변화방법은 **집단 간의 갈등을 관리할 조정자**(coordinator)를 둔다거나 **집단구성원들 간의 자리 이동을 통하여 지나친 집단의 응집력을 방지하는 등의 방법**을 포함한다.

9) 공동의 적 만들기

공공의 적을 만들어주면 갈등이 해결될 가능성이 높아진다.

3 갈등 조장 전략

(1) 인사제도의 변화

연공서열 기준의 인사제도를 연봉제로 바꿈으로써 구성원들 간 경쟁을 유도한다. 또한 영업직 사원에게는 과거 기본급과 성과급을 병행해 왔던 데에서 기본급 비율을 현저히 낮춘다.

(2) 의사결정 방법의 변화 : 악마의 옹호자(Devil's Advocacy) 기법

조직에서 개인의 의사결정 사안을 공동으로 하게 할 경우 갈등이 발생한다. 여기서 소위 말하는 **악마의 옹호자 기법을 도입하면 갈등이 조장**된다.

(3) 목표의 상향 조정

대개 조직은 **목표관리법**(management by objective)을 도입하고 있는데 구성원의 보상은 목표달성 정도에 따라 결정된다. 이 경우 **조직이 목표를 과거보다 높게 설정하여 구성원을 긴장**하게 만든다.

(4) 관리 스타일의 변화

조직의 관리방법은 크게 엄격한 통제와 느슨한 통제로 구분할 수 있는데 과거 해왔던 **느슨한 통제 스타일에서 엄격한 통제 스타일로 바꾸는 것**이다. 즉, 상사가 부하를 꼼꼼히 챙길 때 부하들은 더 긴장한다.

(5) 혁신 요구의 강화

구성원들로 하여금 **지속적 혁신을 요구하여 구성원들이 매너리즘에 빠지는 것을 방지**한다.

4 갈등 해결 전략

(1) Thomas & Kilmann & Rahim의 갈등 처리 모델

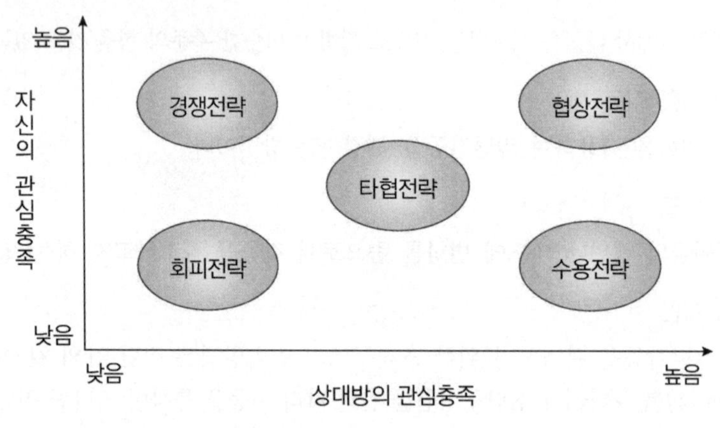

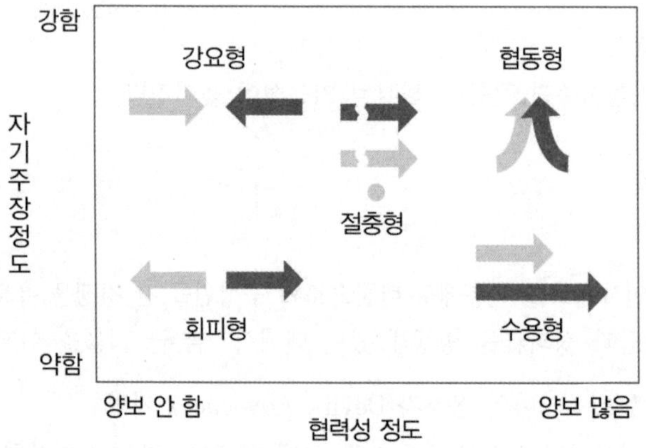

1) 경쟁형(competing)

① 개념

공식적인 권위를 사용하여 복종을 유도하기 때문에 강압형이라고도 불린다. 경쟁형은 받아들이기 싫은 해결책이 제시될 때 주로 쓰인다. 그러나 공개적이고 참여적인 분위기에서는 부적합하다.

② 장・단점

경쟁형은 **신속한 의사결정에 도움**이 되지만 win-lose의 **경우가 되기 때문에 상대방의 분노나 원망을 초래**할 수 있다.

③ 적합한 상황

보통 직급상 상위인 상사가 부하에게 쓰이는 전략으로 **부하가 외적 통제위치를 가지고 있거나 과업능력이 낮을 때 경쟁형이 적합**하다.

2) 협동형(collaborating)

① 개념

자신과 상대방(타인)의 관심과 이해관계를 정확히 파악하여 문제해결을 위한 통합적 대안을 도출해낸다. 문제의 취지가 불명확하거나 복잡할 경우에는 협동형이 매우 적절하다. 그러나 상반된 가치관으로 인해 발생하는 갈등의 관리방법으로서는 부적합하다.

② 장・단점

win-win **전략**이기 때문에 **양 당사자의 이해관심사(interest)를 모두 충족시킬 수 있다는 장점**이 있지만 **시간이 오래 걸린다는 단점**이 있다.

③ 적합한 상황

서로의 이해관심사(interest)가 일치할 때 적합하며 〈통합적 협상〉에서 많이 쓰이는 전략이다.

3) 타협형(compromising)

① 개념

자신과 타인의 공통된 관심분야를 중심으로 이익과 손해를 서로 주고받는 것이다. 즉, **자기 이익의 주장을 절반쯤 낮추고 상대방의 이익을 어느 정도 배려하는 것**이다. 따라서 갈등당사자가 부분적인 만족과 부분적인 불만을 갖게 할 수 있는 방법이다.

② 장・단점

서로 양보를 하는 전략으로 민주적이며 협상에서 경쟁형이나 협동형으로 해결할 수 없을 때 사용될 수 있다는 장점이 있지만 서로 손해를 볼 수 있다는 점에서는 한계가 있다.

③ 적합한 상황

서로의 입장(position)이 대립할 때, 예를 들어 합의금을 정하거나 연봉 협상 시에 적절하다. 보통 〈분배적 협상〉에서 많이 쓰인다.

4) 회피형(avoiding)

① 개념

직면한 문제들을 해결하지 않고 피하는 것을 말한다. **문제가 사소한 것이거나 피하는 것이 오히려 이익이 될 경우에 적합**하다. 갈등회피는 어려운 문제를 접했을 때 일어나는 자연스러운 반응이지만 매우 중요한 문제마저 회피하면 책임을 회피한다는 비판을 받을 수도 있다.

② 장·단점

시간과 비용측면에서는 회피형이 좋지만 습관화가 될 경우 중요한 문제마저 회피할 수 있는 위험이 존재한다.

③ 적합한 상황

갈등해결로 인한 이익보다 회피를 통해 절약되는 갈등비용이 클 때 적합하다. 즉, **문제가 사소한 경우 적합**하다.

5) 수용형(accommodating)

① 개념

타인의 관심부분(이해, 이익)을 충족시켜주기 위해서 자신의 관심부분을 양보(또는 포기)한다. 배려형은 보통 수용형 또는 온화형이라고도 불린다. 배려를 해준 후 무엇인가를 보답받을 수 있을 때에는 매우 적절하다.

② 장·단점

수용형은 강압형과 반대로 타인으로 하여금 **긍정적 인상을 얻음으로써 협력적 관계를 유지**할 수 있지만 **부하의 불만족을 초래**할 수 있다.

③ 적합한 상황

수용형은 배려를 해줌으로써 보답을 받을 수 있을 때, 신뢰를 구축하기 위한 방법으로 사용될 때 적합하다.

(2) 상위목표의 설정

공동으로 해결해야 할 상위목표를 제시하여 정보 공유와 상호 커뮤니케이션을 통해 갈등을 해결하는 계기를 찾는다.

(3) 제도의 명확화

권한 및 책임이 불명확하여 갈등이 생기는 경우 조직이 규정을 정비하고, 권한 관계를 명확히 함으로써 해결한다.

(4) 조직개편

부서 간 갈등의 이유 중 하나가 **해당 부서가 하는 기능이 서로 다르기 때문**인 경우가 많다. 예를 들어 영업부서에서는 판매 저조의 원인을 제품의 품질에서 찾으려 한다. 이런 경우 **영업부서의 마케팅 업무 중 일부를 생산본부장 밑에 둔다거나, 생산부서에서 했던 품질관리 업무를 영업본부에 귀속시키는 등 기능의 상이함으로 인해 불가피하게 발생하는 갈등을 감소**시킨다.

(5) 조직 내 인적 교류의 확대

역지사지 경험을 통해 상대방의 업무 및 작업환경에 대해 보다 많은 이해를 할 수 있게 하여 갈등을 감소시킨다.

제 5 절 협상(Negotiation)

1 협상의 개념과 중요성

(1) 협상의 개념

협상(negotiation)이란 **서로 상이한 이해와 관심을 갖고 있는 둘 또는 그 이상의 당사자들이 합의에 이르기 위해 노력해 가는 과정**이다. 협상은 개인 간, 집단 간, 조직 간 혹은 국가 간에 대화를 통하여 당사자들이 원하는 무엇인가를 얻어 내는 것이다. 즉, 두 사람 혹은 두 집단 이상이 서로 물질과 서비스를 교환하기 위해 교환율을 약정하는 과정이다.

협상 행위는 다음과 같은 상황을 전제로 한다.

- **서로 맞대고 있는 두 주체**가 있다.
- **이해관계가 상충**된다.
- 두 주체가 **싸움보다는 타협이 유리하다고 생각**한다.
- **타협의 결과로 인하여 두 주체의 입장이 달라진다.**
- 현 상태에서 **두 주체가 상호 의존관계에 있기 때문에 관계를 무작정 끊을 수 없다.**

(2) 협상의 중요성

협상은 당사자 간 교류를 통하여 **서로 원하는 것을 충족시켜가는 과정**이라는 점에서 의의가 있다. 또한 조직 내에서 협상이 중요한 이유는 **향후 원만한 관계의 기초**가 될 수 있기 때문이다. 즉, 당장의 협상 결과보다는 협상 과정에서 보여준 행태와 당사자에 대한 평가 등에 기초하여 추후 협상에 있어서 긍정적 영향을 끼칠 수 있는지 여부도 중요하다.

2 협상의 과정

일반적으로 협상은 다섯 단계를 거쳐 이루어진다. 다섯 단계는 사전준비, 절차합의, 조건제시 및 설명, 해결교섭, 합의와 실행 등이다.

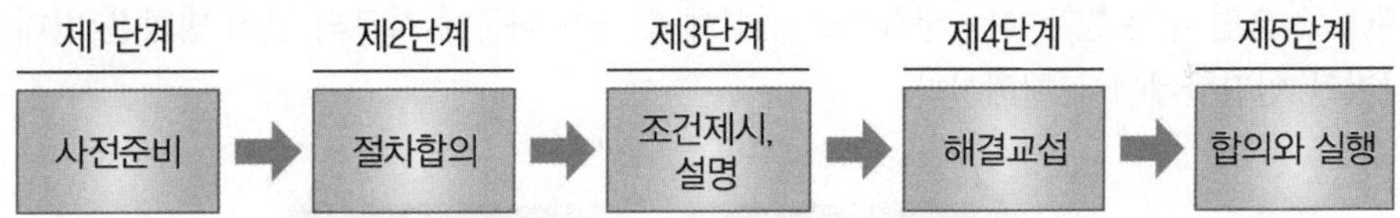

(1) 사전 준비 : BATNA 결정

협상준비는 'BATNA'를 결정함으로써 완성된다. BATNA란 'Best Alternative To a Negotiated Agreement'의 **첫 자를 딴 조어로서, 협상에서의 최소수용조건 또는 차선책**을 의미한다.

BATNA에 따라서 **〈협상력〉이 달라지기 때문에 중요하다. 이는 협상을 통한 합의가 불가능할 경우 취할 수 있는 최소의 대안을 의미하는데 다양한 대안이 마련**될수록 **협상자는 자신 있게 협상을 진행**할 수 있다. 즉, 우월한 대안을 가진 쪽이 협상에서 유리하기 때문에 BATNA를 굳건히 해야 한다.

(2) 절차 합의

협상의 관련 당사자들이 **절차와 규칙을 합의하는 단계**로 누가 협상에 참여하여 언제까지 어떻게 합의에 이를 것인가를 결정한다. 이 단계에서 서로의 초기 요구조건을 교환할 수도 있다.

(3) 조건 제시 및 설명

조건을 제시하고 그 배경과 이유, 그리고 타당성을 구체적으로 설명한다. 서로 자신의 요구가 타당하다는 것을 자료나 근거를 곁들여 주장하게 된다.

(4) 해결 교섭

교섭(bargaining)이 일어나는 단계로 **양보하기도 하고 상대방의 양보를 요구하기도 하면서 합의를 위해 노력**해나간다.

(5) 합의와 실행

4단계(해결 교섭 단계)에서 **합의한 사항을 문서화**하고 그의 실행을 위한 구체적 사항들을 결정하는 단계이다. 이 단계에서는 실무자들의 참여와 노력이 중요하다.

3 협상의 전술

(1) 언어적 협상전술

언어적 협상전술에 포함되는 구체적인 행동들은 약속, 위협, 권고, 경고, 보상, 처벌, 규범적 호소, 공약, 자기 폭로, 질문, 명령 등이다.

(2) 비언어적 전술

비언어적 전설에 해당하는 행위로는 침묵, 대화의 중복, 안면 직시, 신체적 접촉 등이 포함된다.

4 협상 전략의 유형

(1) 배분적(distributive) 협상전략 : zero-sum 협상

정해진 파이를 나누어 가지는 zero-sum(**혹은** win-lose)**협상**을 의미한다. 재화가 한정된 상황에서 내가 얻으면 너는 잃는다는 생각으로 협상에 임하기 때문에 **서로의 관심 방향은 반대**이며, 주로 **단기적인 인간관계**에서 행해진다.

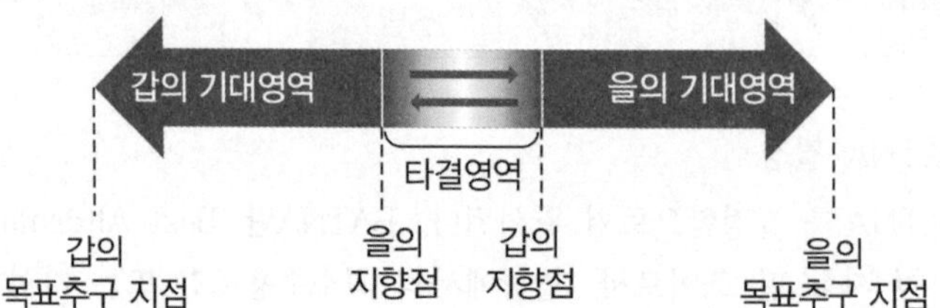

1) 배분적 협상의 기준

① 목표수준(target level) : **협상을 마무리 짓고자 하는 수준**이다.

② 저항수준(resistance level) : **협상에서 상대에게 지불할 수 있는 최고치**로서 **상대에게 미리 알려서는 안 되는 최후의 보루점**이다.

③ 요구수준(asking level) : **상대가 요구하는 수준**으로, 이것을 토대로 상대의 목표수준과 저항수준을 추측할 수 있다.

④ 개시수준(starting level) : **상대에게 제시하는 최초의 수준**으로, 자신의 목표와 비교해 너무 차이가 나면 협상과정에서 양보할 수 있는 여지도 많고 시간도 벌 수 있지만 처음부터 거절당하여 협상에 실패할 수도 있다.

2) 배분적 협상의 핵심요소

① 정보관리 : **협상대상에 대한 객관적인 정보를 충분히 파악**하여 협상에 임해야 한다. 동시에 상대방의 목표수준과 최후의 보루는 어디이며 상대가 사용할 수 있는 권력의 크기에 관한 정보도 파악하면 협상을 유리하게 진행할 수 있다.

② 시간 : **마감시간이 얼마나 남았는지도 매우 중요하다.** 시간이 임박할수록 협상에서 불리해질 것이기 때문에 시간을 넉넉히 갖도록 준비하고 시간정보가 상대에게 노출되지 않도록 노력해야 한다.

③ 권한 : **협상당사자인 상대방이 차지하고 있는 지위와 권한을 미리 알아두면 협상에 우위를 점할 수 있다.** 더 높은 결정권자와 협상할수록 시간이 덜 낭비된다.

(2) 통합적(Integrative) 협상전략 : plus－sum **협상**

1) 의의 및 중요성

통합적 협상이란 plus－sum(**혹은** positive－sum or win－win)**협상**으로, 배분적 협상일 때는 어느 한쪽이 손해를 볼 수 있지만 통합적 협상은 양쪽이 이득을 얻을 수 있다. 다시 말해 **상대의 관심사(interest)를 파악하여 그의 욕구를 들어주도록 노력하고, 어느 정도 기꺼이 양보해 주면 다음번 협상에서 유리한 고지를 차지**할 수 있다.

이해관심사(interest) 파악★
이해관심사란 협상을 통해 자신이 궁극적으로 얻고자 하는 것으로 하버드 협상문제연구소 소장이었던 로저 피셔는 그의 저서 『Getting to yes』에서 협상과 관련한 재미난 사례를 소개하고 있다. 도서관에서 두 사람이 다투고 있다. 한 사람은 창문을 열어 놓기를 원하고 또 한 사람은 닫기를 원한다. 그들은 창문을 얼마만큼 열어둘 것인지를 두고 다투기 시작한다. "창문을 좀 엽시다", "아니에요, 저는 닫아야겠어요", "아니요, 열어요". 이런 경우 반나절 동안 창문을 열고 닫거나 반쯤 여는 등의 절충안은 올바른 방식이 아니다. 그 대신 그는 **시너지효과를 낼 수 있는 방법**을 제시한다. "당신이 창문을 열려고 하는 이유가 뭡니까?", "환기를 좀 시키고 싶어서지요", "그런데 당신은 왜 또 창문을 닫으려는 겁니까?", "요즘 같은 날 바람이 싫어서요". **그렇다면 바람을 피하면서도 신선한 공기를 들어오게 하는 방법**은 없을까. 서로를 존중하고 상대방의 욕구를 이해하게 된다면 우리는 옆방의 창문을 열거나 **에어컨을 켜거나 서로 잠시 동안 자리를 바꾸는 다양한 방법을 생각**해 낼 수 있을 것이다. 로져 피셔는 이것을 '통합적 협상' 또는 '윈－윈 협상'이라 지칭하며, **서로의 입장(position)이 아닌 이해관계(interest)에 초점을 맞춰 협상을 하라고 주문한다.**

2) 성공요인

① 목표의 공통성 : 서로 경쟁하는 것보다 협력하는 것이 모두에게 이익이라는 믿음과 지식이 있어야 한다.

② 문제해결능력 : 능력이 있으면 더 자신 있게 협상에 임한다.

③ 상대방 인정 : 상대방의 입장과 태도를 인정하고 대우하면서 협상에 임한다.

④ 정확한 의사소통 : 서로의 말에 대한 오해가 없어야 한다.

⑤ 신뢰 : 친화적이고 협력적으로 협력을 유도한다.

3) 조직에의 시사점

	주요관심사	협상 방식	대안
배분적 협상	입장 (position)	노동조합 : 구조조정 반대	구조조정 실시 or 실시 안 함 (win－lose)
		회사 : 구조조정 실시	
통합적 협상	이해관심사 (interest)	노동조합 : 고용불안, 생계유지, 일자리 상실 두려움, 우려 등	노－사 모두 win－win할 수 있는 제3의 대안 도출
		회사 : 비용절감, 회사경영개선 등	

(3) 배분적 협상과 통합적 협상의 비교

구분	배분적 협상	통합적 협상
목표(동기부여)	가능한 한 많은 파이를 차지함(개별이익)	양측 모두 만족할 정도만 차지함(공동이익)
추구하는 결과	승자－패자	승자－승자
협상초점	최후의 타결지점이 어디인가에 관심	이것이 상대에게 왜 그렇게 중요한지에 관심
관심사	서로 반대됨	서로 일치함
정보공유	낮음(정보를 제공하면 상대가 유리함)	높음(정보를 공유하면 서로에게 이익이 되는 방법을 찾을 수 있음)
관계의 지속가능성	단기	장기
이해관계	상반됨	일치함
이슈	하나 혹은 소수	다수

5 제삼자 협상

(1) **중재자**(mediator) : 중재자는 **중립적 제삼자로서 추론, 설득, 대안, 제시 등을 통해 협상의 해결을 촉진**한다.

(2) **조정자**(arbitrator) : **협상의 합의를 결정할 수 있는 권한을 지닌 제삼자**이다. 조정자는 자발적이거나 강제적일 수 있다. 중재와 비교했을 때 조정은 어떤 식으로든 항상 타결책이 도출된다는 것이 장점이다. 부정적 측면의 존재 여부는 조정자가 얼마나 강제적이었는지에 달려 있다.

(3) **알선자**(conciliator) : **신뢰받는 제삼자**로서 **협상 당사자 사이에서 비공식적 의사소통의 다리 역할을 하는 사람을 의미**한다. 알선은 중재와 비슷하지만 알선자는 단순한 의사소통을 하는 중간자 이상의 역할을 한다. 또한 알선자는 사실 발견, 메시지 해석, 합의를 위한 당사자 설득 등에도 관여한다.

박문각 공인노무사

PART

04

조직차원

CHAPTER PART 04 조직차원

01 | 조직 및 조직이론

제1절 조직의 등장배경

1 노동의 분업

(1) 분업의 의의

예로부터 인간은 어떻게 하면 노동은 적게 하고 산출은 크게 할 수 있을까에 관심을 쏟았다. 이러한 **효율적 노동**을 위해 탄생한 것이 분업이다.

아담 스미스(A. Smith)는 옷핀 만드는 소규모 공장을 방문했는데 **공원 10명이 똑같은 작업을 하는 것이 비능률적**으로 보였다. 이에 아담 스미스는 **옷핀 제조를 14개 작업 단위로 분리**하여 각자 일을 나누어 맡아 **전문화**하도록 했다. 그 결과 **전에는 10명이 하루에 240개를 만들었는데 이제는 하루 48,000개의 옷핀을 만들 수 있게 되었다.**

(2) 분업의 효과

- 같은 일을 반복함으로써 **숙련도**를 높이고 따라서 **작업속도**도 빨라진다.
- 숙달된 일을 계속하다 보면 새로운 작업방법이나 아이디어를 통해 **기술혁신**이 촉진된다.
- 한 사람이 한 가지 노동만 하기 때문에 여러 가지 생산도구를 소유할 필요가 없으며 따라서 **생산시설을 최소한만 유지**하면 된다.
- 한 사람이 여러 가지 도구와 생산시설로 **옮겨 다니는 시간과 번거로움을 피할 수 있다.**
- 각자 자신이 잘하는 일 한 가지만 하기 때문에 인적 자원의 **적재적소 배치**가 가능하다.

2 거래비용이론

윌리엄슨(O. Williamson)의 거래비용이론은 비교적 현대이론으로 조직의 탄생을 설명하는 대표적인 이론이다.

(1) 시장에서의 교환과 거래비용 : 보이지 않는 손

분업은 인간사회에 첫 전문화를 가져왔다. 단, 전문성이 부족한 부분에 대해서는 교환을 통해 충족했는데 이로 인하여 '시장(교환장소)'이 발생했다. 시장 메커니즘의 가장 큰 특징은 **아담 스미스가 말하는 '보이지 않는 손'의 기능**이다. 교환행동의 전반적 토대가 되는 판매자와 구매자의 거래가격 수준이 보이지 않는 손에 의해 조정된다. 그러므로 시장기능이 **완전경쟁상황**이라면 **교환을 위한 추가비용이나 당사자 사이의 거래를 조정할 별도의 자원이 필요 없다.**

그러나 인간사회에서는 완전경쟁시장이 별로 없고 **불완전경쟁시장**만 존재한다. 완전경쟁시장의 조건은 다수의 판매자와 구매자, 자유로운 시장 진입과 탈퇴, 상품의 동질성, 완전한 시장정보, 일물일가의 법칙 등이 보장되어야 하는데 현실은 그렇지 않다. **실제 시장은 외부 거래상대의 소수성과 그들의 독점, 거래자들의 사익을 추구하는 교활한 기회주의 성향과 그에 따른 정보의 왜곡과 부족, 미래의 불확실성과 인간의 제한된 합리성, 정보처리의 인지적 한계 등으로 인하여 시장 메커니즘이 제대로 작동할 수 없다.** 이를 **시장실패(market failure)**라고 한다. 이로 인해 **별도의 추가적인 거래 비용(transaction cost)이 발생**한다.

거래비용의 상대적 개념은 곧 신뢰(trust)이다. 그러므로 능력이 부족한 친척을 경영고위층에 영입하는 네포티즘(nepotism)이나 경륜이 좀 부족해도 동창생이나 가까운 사람을 고위층에 임명하는 리더를 무조건 나쁘다고 비판해서는 안 된다. 나름의 거래비용을 최소화하려는 현명한 생각에서 나온 것이다.

(2) **거래비용과 조직의 탄생** : 보이는 손

거래비용을 학문적으로 정의하자면 교환 시장에서 거래 상대방과 시비하고 감시하는 데 들어가는 비용이다. 즉, 경제 단위들 사이에 거래하는 데 필요한 정보수집비용이나 거래과정에서 소요되는 가격협상비용, 거래자의 존재와 위치를 알리고 찾는 비용, 거래자의 이기적 행동을 미연에 방지하기 위한 비용 등이 그것이다. 이러한 거래비용의 크기는 거래에 따르는 불확실성이 클수록, 거래당사자들이 보유하고 있는 정보량의 격차가 클수록, 정보를 처리하고 해석하는 기술이 약할수록 거래비용은 커질 수밖에 없다.

이때 **거래비용을 줄이는 방법은 위계계층(hierarchy)을 통해 거래 양측에게 정보도 전달해주고 서로 속이지 못하도록 거래를 교통 정리하면 된다. 즉, 복종을 통해 거래를 제대로 하게 하는 것이다.** 보이는 손으로 거래를 교통정리하는 것이며, 비약하자면 토마스 홉스(T. Hobbes)의 말처럼 인간은 만인의 만인에 대한 투쟁(시장실패 원인)이므로 리바이어던(국가, 법, 제도)이라는 거대한 '보이는 손'이 지배하는 사회(조직)를 만드는 것이다.

결과적으로 **시장거래**로 이루어질 모든 거래를 조직 **내부**로 끌어들임으로써 **불확실성을 줄이고 안정성을 확보**한 것이다.

(3) **거래비용의 축소와 조직화의 필요성**

거래는 시장을 통해서 그때마다 이루어지는 방식과 조직을 통하여 이루어지는 두 가지 방식이 있다. 둘 중 어느 것을 택하느냐는 거래관계의 형성에 정보가 얼마나 많이 필요한지에 달려있다. 정보가 많이 필요하다면 차라리 두 당사자가 통합해서 조직을 만들어 조직 내 거래를 하면 된다. 물론 통합에도 내부 관리비용 혹은 내부인 간 갈등이라는 비용이 따르지만 그보다 더 큰 시장거래비용 때문에 통합이 낫다고 판단할 수 있다. 공급업체 흡수나 기업 간 합병이 좋은 예이다. 최근으로 오면서 기업이 대규모화되고 거대기업이 출현하는 이유도 거래비용이 점차 증대됨에 따라 이를 줄이려는 노력의 일환으로 보인다.

즉, 상대기업(예 원재료 공급회사)이 시장에서 기회주의적인 행동을 하며 수시로 약속을 어기거나 공급을 중단하거나 할 경우 소위 시장실패(market failure)가 된다. 기업은 그러한 불확실성을 줄이기 위해 원료를 스스로 생산하거나 공급처를 내부로 흡수하여 산하에 거느린다. 즉, 위계적 조직을 만들기도 하고 아예 통합해서 큰 조직으로 만들기도 한다.

(4) 비판점

기업 결합이나 네트워크조직 형태가 해당 기업의 거래비용을 완전히 사라지게 할 수 없다. 결합하는 두 당사자 기업의 거래비용은 감소되겠지만 각 기업은 환경에 속한 다른 수많은 곳과 거래를 하는데, 한 두 기업과 결합한다고 해서 그 기업의 거래비용이 현저히 줄어드는 것도 아니라는 것이다.

기업 결합이나 다른 기업과의 유대관계를 맺어서 **큰 조직**을 만들어 놓으면 **변화환경에 대응할 때 유연성이나 혁신을 감소시켜서 효율적으로 대응하지 못하게 하는 원인**이 될 수 있다.

기업 결합이나 합병으로 **거래비용은 줄일 수 있지만 그 조직은 비대화**된다. 조직규모가 너무 커지면 조직 내부의 **부서나 업무의 종류가 많아지고 이를 연계하고 조정하려면 또 다른 비용이 발생**한다. 즉 **내부 거래비용이 추가적으로 발생**한다.
동일조직인데도 개인끼리 혹은 부서끼리 기회적으로 행동하며 정보를 감추고 속이고 정치적으로 행동한다. 즉, 조직 내에도 거래비용은 존재한다.

제 2 절 조직이란

1 정의

조직(Organization)이란 공동의 목표를 수행하기 위해 사람들이 모여서 상호관계를 짓는 사회적 구성체라고 할 수 있다. 조직은 ① **사회적 존재로서,** ② **목적성을 가지고 있고,** ③ **어떤 특정한 의도에 의하여 행동들이 구조화되고 조정되며,** ④ **외부환경과 긴밀한 연결성**을 가지고 있다.

조직의 **개방시스템**(Open system)**은 외부환경으로부터 투입을 획득하여 이것을 가공/변환하고 다시 그 산출물을 환경으로 돌려주는 시스템**을 말한다.

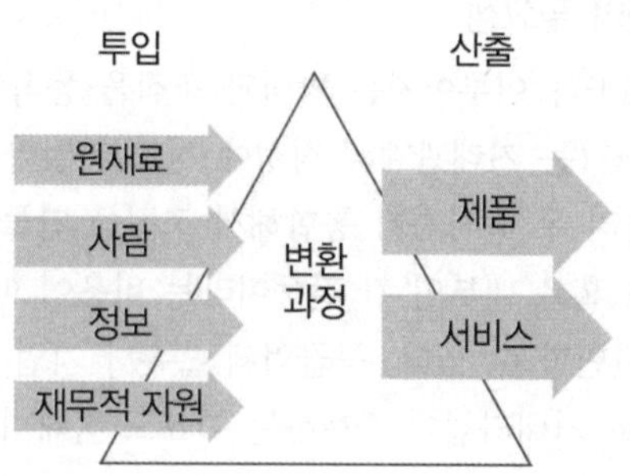

2 속성

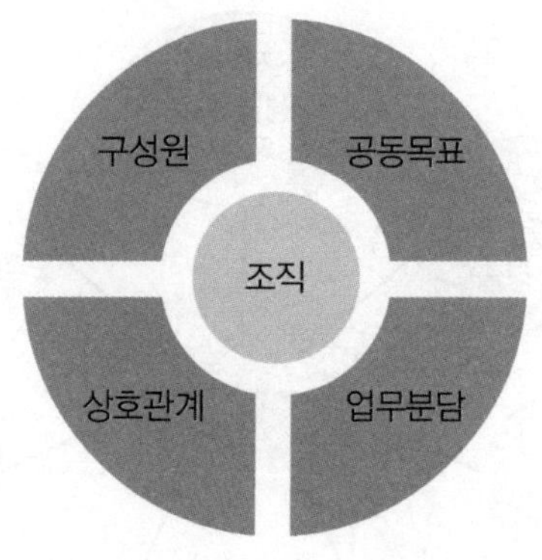

(1) 공동목표(Common goal)

조직구성원들이 공유하며 **함께 추구하는 목표**가 존재한다.

(2) 분업(Division of labor)

공동목표를 달성하기 위해 해야 할 일을 서로 나누어 맡으며 목표의 최종 완성은 이들의 활동 결과가 합해져서 이루어진다.

(3) 통합(Coordination)

나누어진 일들은 서로 독립적으로 진행되는 것이 아니라 **목표를 중심으로 상호 연결・조정되**면서 완성되는데 이를 가리켜 구성원들끼리 상호 유기적인 관계를 가진다고 한다.

(4) 권한체계(Hierarchy of authority)

조직 안에는 사람들에게 **일을 나누고 지시하고 조정하고 연결하고 통제하는 권한과 지휘체계가 존재**한다.

3 부작용

(1) 간접비용의 발생

조직 자체를 유지하는 비용으로 조직은 **직접비용뿐만 아니라 간접비용을 부담**해야 한다.

(2) 탈인간화

농경사회에서는 자기 땅에서 자기 소유의 농기구를 이용해서 마음대로 농사를 짓고 생산물도 마음대로 처분해 왔지만, 현대사회에서 근로자는 **일터도 생산도구도 생산물도 자기의 것이 아니다.** 즉, 조직의 탄생으로 **탈인간화** 혹은 **소외(아노미)현상**이 나타난 것이다.

(3) 조직화 비용[14]

14) 거래비용이론 내용 참고

4 조직의 중요성

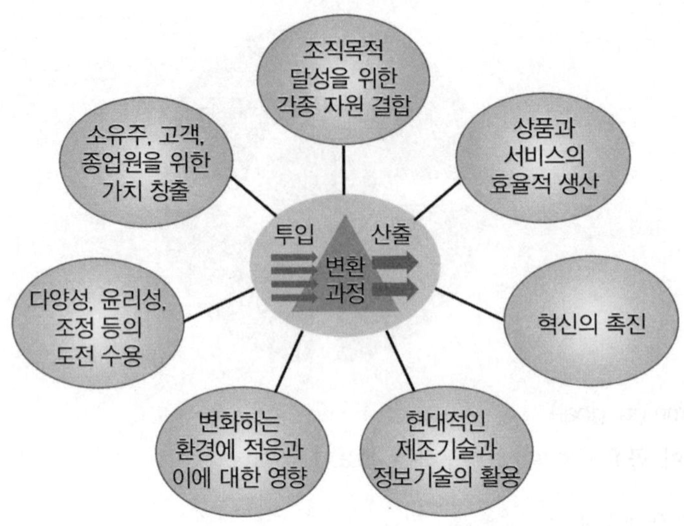

제 3 절 조직이론

1 조직이론의 등장배경

(1) 인과관계 규명

인과관계(x → y)를 밝히는 것이 학문이다. 즉, 조직규모가 커지면 점차 공식화가 된다는 것을 밝힌다면 일종의 조직이론이라고 할 수 있다.

(2) 조직이론의 특징

1) 경험적 연구(귀납법)

현상을 관찰하여 원인과 결과의 상관관계를 발견해서 하나의 학설을 만들고, 또 다른 사람이 동일한 인과관계를 재확인하고, 이러한 일들이 되풀이되면서 그 학설은 일반화되는 것이고 어느 정도 널리 일반화된다면 그 사실은 하나의 이론이 된다.

조직을 이해하고 연구하되 상식적으로만 파악하는 것이 아니라 체계적으로 접근한다는 의미는 **조직현상과 관련된 많은 요인들 간의 상관관계나 인과관계의 존재여부를 객관적으로 규명한다는 것**이다. 즉, 조직에 대해 확실한 내용을 말하려면 **통제된 상황에서의 자료수집과 합리적이고 철저한 방법으로 측정하고 해석한 결과로 얻어진 과학적인 근거에 입각**해야 한다.

2) 이론적 연구(연역법)

기존의 좋은 이론을 기초로 하여 또 하나의 새로운 추측을 하고 그 추측에 근거한 **임시적 인과관계(가설)**를 설정해 놓고 그것이 맞는지 현실에서 실험하여 입증함으로써 새 이론을 내는 방법이다.

그리고 체계적이라는 또 하나의 의미는 조직에 대해 가지게 되는 **즉흥적인 생각이나 직관을 과학적인 연구에 기반을 둔 이론으로 대치시키는 데 그 목적**이 있는 것이다. 즉, **직관으로 생각**한 것을 **실제로 그러한지 현실표본을 관찰**하고 **통계적 자료를 분석**해서 **인과성을 밝히면 된다.**

3) 소결

그러므로 학자들은 조직현상을 연구하면서 많은 패턴과 법칙들을 발견한다. 예를 들어 조직구성원이 많아지면 조직의 계층이 늘어나는 등 **독립변수와 종속변수의 관계로 설명되는 많은 조직이론들이 발견**된다. **20세기 들어 현대적인 기업조직이 급증하면서 조직의 실체를 파악하려는 다방면의 시도**가 있어 왔고 오늘에 이르기까지 많은 이론들이 주장되고 발전되어 왔다. 이하에서는 조직이론의 발전과 변천사에 대해 자세히 살펴본다.

제 4 절 조직이론의 발전

1 고전적 조직이론

고전적 조직이론은 **〈기계로서의 조직관〉**을 가지는 바, 조직은 기계적으로 꾸며져야 하고 기계적으로 돌아가는 것이 당연하다는 시각이다. 기계는 항상 동일한 방식으로 돌아가고 반복된다. 즉, **처음에 가장 효율적으로 장치되면 다음부터는 그 방식을 되풀이하면 된다. 이렇게 되면 예측도 가능**하다.

기계로서의 조직관점은 조직이 기계처럼 합리적으로 만들어지고 운영되어야 한다는 것을 전제로 한다. 조직체를 합리적으로 운영하기 위해서는 어떤 환경에 처하더라도 보편적으로 적용되는 원칙(one best way)이 있다는 것을 가정한다. 이러한 가정을 바탕으로 조직이론이 체계화되었는데 대표적으로 테일러(F. W. Taylor)의 과학적 관리법, 파욜(H. Fayol)의 일반관리론, 베버(M. Weber)의 관료제론이 있다.

(1) 과학적 관리법

1) 등장배경

테일러에 의해 시도되었던 과학적 관리법(scientific management)이 대표적이다. 이 사고는 효율성과 노동생산성을 중요시 여긴다. **테일러는 "보다 높은 생산성을 위하여 종업원들을 기계처럼 만들 필요가 있다"라는 말을 하였다.** 그는 **기존의 주먹구구식 경영**은 **정밀하고 과학적인 연구조사에 의하여 만들어진 방법으로 대체되어야 한다고 주장**하였다. 이것을 위해서는 정밀한 과업표준절차의 개발, 이에 적절한 근로자의 선발, 표준 절차에 따른 근로자 훈련, 과업의 신중한 계획, 생산성 향상을 위한 인센티브 제공이 이루어져야 한다.

1911년 공학기술자인 테일러(F. W. Taylor)의 『과학적 관리법』이라는 책이 출판되면서 조직 안에서 일어나는 **효율적 생산**의 문제와 효과적인 상호 협력의 문제를 해결하기 위한 최적화모델이 무엇인가에 대한 관심이 연구자들의 주된 주제였다. 테일러는 근로자들의 동작, 작업순서, 작업시간에 관심을 둔 동작연구(motion study)와 시간연구(time study)로 표준시간 측정을 활발하게 진행하였고 근로자는 근로자대로 생산성이 오른 만큼 보너스를 더 받고 만족해하기도 했다.

테일러는 당시에 산업혁명과 자본주의의 발전 과정에서 기업의 생산성과 능률성을 향상시키기 위해서는 기존의 **관습적 · 전통적 관리방법**이나 **주먹구구식**(rule of thumb) 혹은 **관리자의 독단적인 직관에 의존하는 방법**을 지양하고 **객관적으로 확립된 과학적 원리와 방법을 연구해 적용**하려고 했다. 즉, 조직구성원의 작업 과정과 과업을 과학적으로 분석해 편성하고 관리함으로써 조직의 생산성과 능률성을 제고하고자 하는 이론이다.

그 후 **포드(H. Ford)의 자동차 공장관리방식**은 **과학적 관리의 꽃**이라고 할 수 있을 정도로 컨베이어벨트시스템을 사용한 소위 **3S를 실천**하기까지 이르렀다.

> **〈포드시스템의 대량생산의 원천 3S〉**
> - Simplification : 제품 작업의 단순화
> - Standardization : 부품의 표준화
> - Specialization : 공장 · 기계 · 공구의 전문화

2) 주요내용

① 시간 및 동작연구와 과업관리

노동자의 작업에 소요되는 시간과 실제로 이뤄지는 기본적 동작을 연구(time and motion study)해 **표준화하고 객관적인 과업**(task)을 정해 노동자들에게 할당하고 그 과업의 관리를 철저히 하는 방법을 고안했다.

② 개별적 성과급의 지급

노동자의 개인적 성과에 따라 보수를 지급하는 방법을 연구했다. 테일러는 **사람이란 이기적이고 경제적 · 합리성을 추구하는 존재(경제적 동물,** homo economicus)로 봤다. 따라서 개인적인 성과에 따라 보수를 지급하면 훨씬 더 조직의 능률성 향상에 도움이 된다고 생각했다. 개개인이 수행한 **성과에 따라 보수를 지급**하는 방법이 집단이 달성한 성과에 따라 보수를 지급하는 것보다 **조직의 생산성을 더 높이고 개인들을 더욱 적절하게 동기부여**한다는 것이다.

③ 기능적 감독제도의 적용

전문적인 기능적 감독자(functional foremanship)를 고용해 노동자의 업무수행방법, 기계의 속도, 업무수행진도와 우선순위 등을 결정하고 적용해야 한다는 것이다. 즉, 테일러는 일선감독자의 직무구조에 분업의 원리를 적용하여 일선감독자는 부하 근로자의 생산을 감독하는 데에만 치중하도록 하고, 기타 생산계획이나 품질점검 그리고 근로자들의 훈련 등 다른 관리업무는 이를 전문적으로 취급할 수 있는 감독자를 따로 채용하여 그들에게 이들 관리 업무를 맡겨야 한다는 **기능별 직장제도**(functional foremanship)**를 제안**하였다.

④ 노동자의 과학적인 선발과 능력 발전

과업을 담당할 수 있는 육체적 · 정신적 능력이 있는가를 측정해 노동자를 **선발**하고, **임무를 부여**하여, **훈련**을 통해 능력을 발전시켜야 한다는 것이다. 과학적 관리법은 **인적자원관리를 합리화하고 과학화하는데 기여**하였는데 **조직의 효율적 목적달성을 위해 최적의 구조(one best way)가 있다는 것을 전제**하여 **인간공학적 관점(human engineering)**에서 **물리적 작업환경을 표준화**하였고, 직무분석 및 직무설계를 통해 직무에서 요구되는 KSA를 연구함으로써 **근로자의 과학적 선발에 실질적 공헌**을 한 것이다.

⑤ 관리층과 노동자의 협동

생산량 증대를 통한 **이윤 확대가 관리층뿐만 아니라 노동자에게도 이익**이 되므로, 관리층과 노동자는 서로 협동해 과업이 위와 같은 원리에 따라 이뤄지도록 해야 한다는 것이다.

3) 평가

① 공헌

과학적 관리론은 **현대 조직이론의 기초**를 놓았으며 **조직관리의 기능적 합리성을 제고하는 데 크게 기여**했다. 다시 말하면, **능률과 생산성 그리고 이윤 추구를 기본 이념으로 추구하는 기업 조직에서 인간을 최대한 기능적 · 합리적인 방법으로 생산과정에 활용하는 지식과 기술의 체계를 확립하고 적용하는 데 일정한 공헌**을 했다. 또한 이러한 관리법은 공공 부문인 정부 행정조직의 편성과 관리 운영에도 적용돼 능률성과 생산성을 향상시켰으며, 학교 · 군대 · 교회 등 사회조직의 관리 운영에도 괄목하게 적용됐다.

② 한계

과학적 관리론은 **사회적 · 감정적 · 정서적인 속성을 지닌 인간을 단순히 기계적 · 합리적 · 비인간적인 도구로 취급**하고, **물리적이며 금전적인 수단에 의한 조작적 관리 대상으로 관리함으로써 오히려 인간의 자발적인 생산성을 저하시킨다는 비판**을 받는다. 또한 과학적 관리론은 **작업 현장의 하위계층 노동자의 조직과 관리에 주로 초점**을 둔 나머지 **관리자의 입장에서 조직 전체를 거시적으로 조직하고 관리하는 원리와 방법의 탐구를 등한시**했다.

(2) 일반관리론(조직화 중심의 사고)

1) 내용

고전적 관점의 또 다른 영역으로 조직화 중심의 사고를 들 수 있다. **생산현장에서 수행되는 작업, 즉 기술핵(작업현장)에 주로 관심을 가졌던 과학적 관리법**과는 달리 **조직화 중심의 사고[관리원칙(administrative principles) 중심의 사고]는 조직 전체적 시각에서의 조직설계와 기능에 관심**을 가졌다. **앙리 파욜(Henri Fayol)**의 연구가 좋은 예이다.

관리원칙은 관료조직(bureaucratic organization)의 탄생에도 큰 공헌을 하게 된다. 관료조직이란 잘 정의된 권한과 책임, 공식화된 기록유지, 표준화된 규정의 예외 없는 적용 등을 강조함으로써 비개인화와 합리성이 유지되도록 설계된 조직을 말한다.

관료적 특성들은 산업혁명의 조직환경에 매우 잘 부응했던 개념이지만 이 관점은 이후 사회적 맥락과 인간을 이해하지 못하였다는 비난에 직면하게 된다.

2) 테일러와의 차이점

과학적 관리법의 대가였던 **테일러가 작업장의 일선감독자 입장에서 효율적 관리를 다루었다면 파욜(H. Fayol)은 경영자의 자리에서 조직 전체를 효율적으로 운영하는 원칙을 찾아낸 사람**이다. 즉, 테일러가 작업자의 작업프로세스 관리에 초점을 두었다면 파욜은 조직 자체의 관리에 관심이 더 컸다고 할 수 있다.

정리하면 **테일러는 공장의 하위 단위(노동자)로부터 거슬러 올라가는 방법**을 취한 반면 **파욜은 관리자로부터 아래로 내려가는 방법**을 취했다.

3) 조직 기능과 관리요소

파욜에 의하면 조직은 그것이 단순하든 복잡하든 규모가 크든 작든 **여섯 가지의 활동 영역**을 가지고 있다고 규정한다. 그것은 ① **기술활동**, ② **영업활동**, ③ **재무활동**, ④ **보호활동**, ⑤ **회계활동**, ⑥ **관리활동** 등이다. 이 중 특히 **관리활동**(administration)**은 계획**(planning) · **조직화**(organizing) · **명령**(commanding) · **조정**(coordinating) · **통제**(controlling) **등의 요소**로 이뤄지며 그 기능은 다른 다섯 가지 기능과는 구분되면서도 동시에 다섯 가지 기능 수행과 밀접히 관련되는 전체적 혹은 일반적인 기능이다.

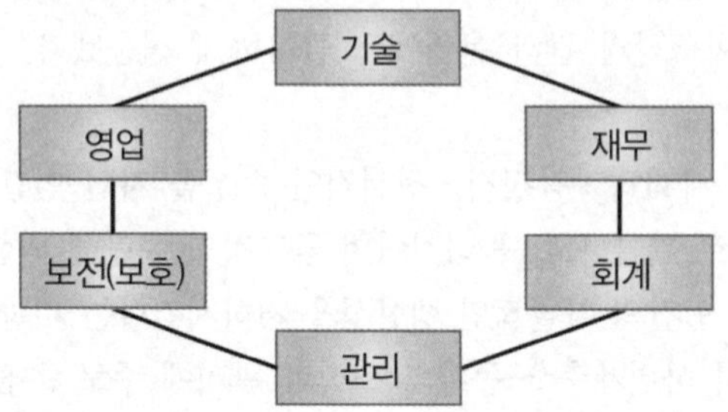

관리의 요소 : 계획 · 조직화 · 명령(지휘) · 조정 · 통제

4) 조직관리의 원리

다섯 가지의 관리 요소가 효율적으로 수행되기 위해 갖춰야 할 **14가지 원리를 제시**하고 있다. 이 원리들은 조직의 관리층, 특히 최고관리자층이 실행해야 할 중요한 관리 규범을 포함하는 것이다. 그가 제시한 관리의 원리는 ① **분업**, ② **권한과 책임**, ③ **규율**, ④ **명령 통일**, ⑤ **지시의 일원화**, ⑥ **조직 전체의 이익에 대한 개인 이익의 종속**, ⑦ **보수**, ⑧ **집권화와 분권화**, ⑨ **계층의 연쇄**, ⑩ **질서**, ⑪ **공평**, ⑫ **고용의 안정**, ⑬ **자발성**, ⑭ **단결심** 등이다.

5) 한계

파욜은 14가지 관리원칙이 절대적이거나 경직된 것은 아니라고 했지만, 후세 사람들은 **그의 일반관리원칙들이 서로 상충되는 것도 있다고 비판**했다. **또한 파욜의 일반관리론은 과학적 검증을**

거쳤거나 실제 조사연구를 통해서 도출된 것이 아니라 순전히 자신의 관리 경험에서 나온 것에 불과하다는 것이다.

(3) 관료제론

1) 의의

19세기 말 독일의 사회학자 **베버**(M. Weber)는 조직구성원들 간의 권력관계를 연구하여 조직의 권한구조이론을 정립했는데 **조직의 운영과 구성원 통치방법을 다음과 같이 세 가지로 규명**하였다.

① **카리스마적 통치**(Charismatic authority) : **통치자가 지닌 신성함과 비범함**을 수용하고 정당화하고 복종한다. 통치자를 신의 대리인이라고 믿기까지 한다.

② **전통적 통치**(Traditional authority) : **전통과 관습의 무게** 때문에 당연히 수용하고 복종한다.

③ **합법적 통치**(Rational legal authority) : **명문화된 규칙과 법규**가 합법적이고 정당하다고 믿기 때문에 구성원이 조직의 통치에 따른다.

베버의 관료제 개념은 카리스마적 통치나 전통적 통치를 제외하고 **합법적 통치에 기초**한다. 즉, 합법・합리성이 지배하는 조직구조와 형태의 전형이 관료제라고 보며 사람들의 사회적 행위를 합리적으로 조직된 행위로 변형하는 수단을 관료제라고 설명한다.

베버는 **어느 조직이나 미리 정해진 규칙과 법에 따라 운영되는 관료제 형태를 적용해야 하며 관료조직이야말로 시대와 공간을 초월하여 언제 어디서나 합법적 통치를 할 수 있는 조직형태라고 주장**했다. 관료제(bureaucracy)라는 말은 **bureau(사무실, 책상)와 cracy(관리, 지배)의 합성어로서 사무실 책상에서 미리 규정과 절차를 정해놓고 나서 전체 구성원들은 그에 따라 현장실무를 진행해야 한다는 뜻**이다.

2) 관료제의 특징

① 법과 규칙의 지배(법과 규칙)

관료제는 의도적으로 제도화된 공식적인 법과 규칙에 따라 성립되고 그 안에서는 **모든 절차와 행위가 법규에 따라 이뤄지고 통제**된다.

② 계층제

관료제는 계층제로 이뤄지며, 그 안에서는 **상하의 직위・위계서열・권한 및 책임이 확립**되어 있다.

③ 문서에 의한 직무 수행(문서주의)

관료제 안에서 이뤄지는 **직무 수행**, 즉 결정과 집행은 구두로서 이뤄지는 것이 아니라 **객관적인 문서로서 작성되어 시행되고 보관**된다.

④ 비인간성 혹은 비정의성(비인간화)

관료제 안에서 일하는 사람들은 그의 결정과 집행 등의 행위에서 **증오나 애정과 같은 감정을 배제하고 오직 법과 규칙이 정한 객관성과 형식을 따라야 한다.** 따라서 관료제는 비인간성 및 비정의성을 지닌다.

⑤ 분업 · 전문화(전문화)

기능적인 합리성에 따라 조직을 분업화 · 전문화하고, 전문적인 자격과 능력을 가진 사람을 선발해 직무를 맡겨 과업을 수행하도록 해야 한다.

⑥ 연공서열 혹은 업적에 의한 승진

조직 안에서의 승진은 그 직원의 **연공서열(seniority)이나 업적 혹은 두 가지 기준 모두를 잘 평가**해 이뤄져야 한다.

관료제란 이상과 같은 각각의 특징이 조화롭게 융합해 이뤄지는 조직의 상태다. 그러나 이러한 관료제 모형은 베버는 소위 이념형(ideal type)이라고 말한다. 이념형을 100% 완전하게 지닌 조직은 현실에 없기 때문에, 베버는 이와 같은 관료제의 이념형적 특징을 일부라도 뚜렷하게 지니고 있으면 그것은 관료제라고 한다.

3) 비판

① 비실증적 이론

베버의 관료제 이론은 실증적인 연구를 토대로 제시된 이론이 아니다. **상상을 통해 구상해 놓은 이념형**이다. 따라서 실증적 연구자들은 그 이론의 타당성을 비판한다.

② 기계적 조직관

베버의 관료제는 기계적(mechanical) 모형에 입각한다. 관료제의 구조와 형태는 물리적인 기계의 구성물과 유사하다. 그것은 기계적 원리에 따른 수직적 계층분화와 수평적 부서조직으로 이뤄진다. 따라서 그 속에 존재하는 **인간도 '복잡한 기계 속의 나사'와 같은 것으로 취급**된다.

③ 의도치 않는 기능(역기능)의 발생

베버는 앞에서 설명한 바와 같이 관료제는 능률성, 예측성 및 안정성 등의 순기능을 발휘한다고 생각했다. 그러나 베버 이후의 학자들은 **관료제가 그 구조적 특징에서 비롯되는 여러 가지 역기능도 발생**시킨다는 사실을 경험적 연구를 통해 증명하고 있다.

④ 폐쇄적 조직관

고전적 관료제 이론에서는 관료제란 **그것을 둘러싸고 있는 사회적 환경과 교호적 관계를 갖**

지 않은 하나의 폐쇄적 체제로 봤다. 이것은 전술한 **기계적 조직관에서 비롯**하는 것이다. 이러한 조직관에 근거하게 되면 아무리 내부조직이 정교하고, 주어진 목표를 잘 수행한다 하더라도 그 목표가 전체적인 사회체제와 어떤 관계를 갖는 것이 좋으며, 어떻게 적응해야 하는가를 잘 인식하지 못한다.

⑤ 상황조건을 고려치 않은 보편적 일반이론

관료제론은 본래 **프러시아의 군대조직의 경험을 유추해 정부·기업 등 조직모형으로 보편화·일반화한 것**이다. 그러나 **상황조건을 고려하지 않고 정부·기업 등과 같은 모든 조직에 보편적으로 적용하는 데는 한계**가 있다.

⑥ 공식적 구조의 강조

기계적 조직관에 입각한 관료제는 합리적인 공식적 구조를 구성하고 공식적으로 관리하는 것을 강조한다. 따라서 **공식구조 속에서 자생하는 비공식적 인간관계나 그 기능은 경시**되기 쉽다.

4) 관료적 조직의 유연성 문제

1980년대는 낭비 없는 관리조직, 유연성과 학습, 고객에의 빠른 대응성, 종업원의 작업몰입, 제품의 품질과 같은 새로운 조직문화가 강조되는 시기였다. 또한 보다 효과적인 문제해결과 일상적 관리업무를 줄이기 위해 생산직에 팀제를 도입하였다. 새로운 조직설계는 품질의 향상을 가져다주었고 비용을 줄여주었으며 혁신을 일으키면서 기업경쟁력을 높여주었다.

관료제의 병폐와 유연한 조직 도입의 필요성

2017년 유나이티드 항공의 시작은 좋지 못했다. 직원이 소비자와 교류하는 과정에서 지켜야 하는 규칙, 규제로 인하여 몇몇 사건이 있었고 이는 국제적 비난으로 이뤄졌다.

① 직원 가족 특전 혜택을 받으려면 승객이 항공사를 대표하는 만큼 적절한 복장을 갖추어야 한다는 규정이 있었다. 이에 레깅스를 입은 두 승객의 탑승을 저지했다.

② 환자를 치료해야 했던 의사 데이비드 다오가 비행기에 탑승했다. 항공사 직원 4명이 탑승을 해야 하는 상황에서 다오를 강제로 내리게 했다. 그 과정에서 내리는 과정에서 다오는 좌석 팔걸이에 부딪혀 코가 부러지고 뇌진탕 증세를 보였다. 유나이티드 정책은 승객을 비자발적으로 내리게 하는 정책이 있었다.

③ 결혼을 앞둔 부부가 결혼식을 위해 비행기에 탑승했다. 그들은 그들의 좌석에서 잠을 자는 남자를 발견했고 다른 좌석에 앉았다. 승무원은 곧 그들에게 그들의 자리로 돌아갈 것을 요청했고 그들은 순순히 따랐다. 그런데 갑자기 보안관이 와서는 그들에게 비행기에서 내리라고 했다. 이후 유나이티드 항공은 이 커플이 반복적으로 업그레이드 된 좌석에 앉으려고 했고 승무원의 지시를 따르지 않았기 때문에 권한 내에서 비행기에서 내리게 했다고 발표했다.

→ 이러한 일련의 사건은 곧 **유나이티드항공의 직원이 매일 발생하는 규칙이나 정책 위반에 대처할 수 있는 재량권이나 유연성을 지니지 있지 않음**을 보여준다. 즉, **엄격하고 규칙을 따라야 하는 관료제 탓으로 고객중심의 가치를 놓치고 있는 것이다.**

5) 관료제의 순기능과 역기능

관료제의 특징	순기능	역기능
법과 규칙의 강조	공식성 제고, 정확성, 공평, 공정, 통일성, 객관성, 안정성, 일관성, 계속성, 예측성 확보, 조직의 질서 유지	동조과잉, 목표전환, 획일성, 경직성, 변화에 대한 저항, 반응성 결여, 형식주의, 무사안일주의
계층적 조직구조	명령 복종 체계 확립, 질서의 유지와 조정, 조직 내의 수직적 권한 및 책임 체계 확립	의사소통의 왜곡과 지연, 의사결정의 지연과 교착, 상급자의 권위에 의존, 책임의 회피와 전가, 권력 집중과 과두제[15]
문서주의	직무 수행의 공식성·객관성 확립, 결과의 보존	형식주의, 서면(문서)주의 발생
비인간화 (비정의화)	인간의 주관적 감정의 배제, 객관적이고 공평무사한 직무 수행	인간적 감정이 메마른 냉담한 관료 형태
전문화	전문가에 의한 직무 수행, 직무 수행의 능률화	'훈련된 무능(전문화로 인해 한 가지 일에는 능하나 다른 일에는 무능한 현상)', 협조와 조정의 곤란, 할거주의, 조직구성원의 도구화, 반복적인 일에 대한 흥미 상실
승진 : 연공서열 혹은 업적(능력)	• 연공－직업공무원제 발전, 조직의 안정, 장기재직자의 사기 양양 • 업적(능력)－조직의 혁신, 능력자 우대	• 연공－무능한 장기 경력자의 보호 • 업적－장기 재직자의 사기 저하

6) 관료제조직의 병폐(Bureaupathology)

관료제론은 **정서적·감정적인 면을 너무 배제**하고 인간을 규정에 의해 움직이는 꼭두각시 취급을 하였다는 비판을 받는다. 또한 **규정에 너무 집착하다 보면 조직이 경직화되어 상황변화에 대처하는 융통성이 부족해지고 개인의 재량권 폭이 좁아지고 다양성과 창의성 개발이 제한을 받게 되는 단점**이 있다. 소위 **관료병리학적(bureaupathology) 내용**을 요약하면 다음과 같다.

① 개인의 로봇화 기능

② 개인의 성숙한 성장저해로 상사에 의존

③ 복종과 집단사고 현상 만연

④ 예외 발생 시 대처능력 부족

⑤ 계층화로 의사소통 왜곡

⑥ 새로운 인재의 유입과 동화의 어려움

⑦ 주어진 지위와 권리만 주장하고 고객에게 거만하고 무관심함

---

15) 사전적 의미로는 1인이나 다수 또는 전체가 지배하는 것이 아니라 몇몇 소수가 지배하는 정치체제를 의미한다. 즉, 소수 권력층에 의한 지배를 의미한다.

⑧ 분화된 업무만 알고 전체적 업무 이해 부족

⑨ 보이는 것, 계량화된 것만 맹종하고 추상적인 것, 불확실한 것을 무조건 배제

⑩ 경직된 행동으로 목표와 수단의 전도 가능성

2 신고전이론 : 인간관계론

과학적 관리법의 위세에 눌려 산업심리와 인간관계에 관한 초기 연구들은 관심을 끌지 못하게 된다. 그러나 호손 연구(Hawthorne studies)로 알려진 한 시카고 전기회사에서의 일련의 실험은 이를 반전시키는 계기를 주었다. 이 연구의 결론은 간명하다. **종업원들에 대한 긍정적 처우가 이들을 동기유발시키고 궁극적으로는 생산성 향상에 매우 중요하다는 것**이다. 이러한 연구 결과의 발표는 종업원 관리에 대한 하나의 혁명을 가져왔다. 종업원의 처우, 리더십, 동기유발, 인적자원관리 등의 후속 연구들을 촉발시키는 계기가 되었다. 인간관계와 종업원의 행동에 주목하였던 이들 접근법은 이후 경영과 조직연구에 새로운 전기를 마련하게 된다.

하버드대의 메이요(E. Mayo)와 뢰슬리스버거(F. Roethlisberger)를 중심으로 시카고에 있는 전기회사의 호손공장에서 1927년부터 1932년까지 장장 5년여에 걸쳐 실험을 계속했는데 많은 새로운 사실이 우연한 기회에 발견되었다.

(1) 호손실험의 과정과 내용

1) 조명실험(illumination experiment, 1924~1927)

공장 내의 조명의 명암정도에 따라 노동자의 생산성이 어떻게 다르게 나타나는지를 측정했다. **조사 결과 생산량의 증가 혹은 감소는 조명의 명암과 일치하지 않았다.** 조명도를 낮춰도 생산량이 증가하는 경우도 있었다. 이것은 노동자의 생산성은 조명과 같은 물리적 요인에 의해 결정되지 않음을 입증하는 것이다. 따라서 종래의 **과학적 관리론의 기본적인 명제, 즉 노동자의 생산성은 물리적 자극이나 요인에 의해 결정된다는 명제가 타당치 않음을 발견**한 것이다.

2) 계전기 조립작업 실험(relay room experiment, 1927~1929)

연구자들은 조명실험에 이어 계전기조립실에서 **일하는 6명의 여성 노동자들의 작업상황을 관찰연구**했다. **근무시간, 휴식시간, 작업실의 온도와 습도, 수면 시간, 식사 및 임금의 지급 방법 등에 변화를 가하고 그 결과를 측정**했다. 그러나 그와 같은 **물리적 혹은 물질적 자극은 생산에 큰 영향을 미치지 않음을 발견**했다.

3) 면접조사(interviewing program, 1928~1930)

연구자들은 이와 같은 반응이 왜 일어나는가를 심층적으로 밝히기 위해 **노동자들이 그들의 직무·작업환경·감독자에 대해 갖는 지각 및 인지 등을 면접을 통해 확인**했다. 그 결과 조직의 생산성을 향상시키기 위해서는 **물리적인 작업조건의 개선보다는 조직구성원의 개인적·사회적 감정이나 태도 등 인간적인 요인을 중요하게 다뤄야 함**을 알게 됐다.

4) **배전기 전선작업실의 관찰(bank wiring room study, 1931~1932) 혹은 뱅크선작업실험(Bank wiring room experiment)**

연구자들은 계속해서 **배전기 전선작업실에서 일하는 노동자를 대상으로 연구**했다. 여기에서 **노동자의 작업이나 생산성**은 공식적인 관리자의 지시나 감독보다는 그들의 **자생적 · 비공식적 집단에서 형성되는 '사회적 규범(social norms)'에 더 많은 영향을 받아 이뤄짐을 발견**했다. 즉, 공식조직 속의 비공식집단의 존재와 비공식집단 속에서 형성되는 사회적 규범을 집단 구성원들이 공유하고 그것이 그들의 행동에 크게 영향을 미치는 것을 알게 된 것이다.

(2) 인간관계론의 성립

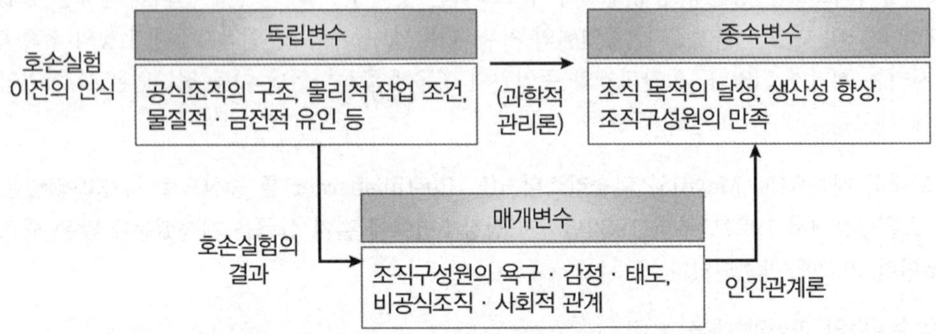

근로자의 만족과 생산성은 근로자의 욕구 · 감정 · 태도 · 가치관 · 비공식조직과 같은 사회적 관계 등이 중요한 매개변수로 작용해 형성됨을 확인한 것이다.

- **조직은 인간이다.** 즉, 조직은 기계가 아니라 감성과 정서를 지닌 인간으로 구성된 **사회심리적 체제다.**
- 조직구성원은 **물질적 · 경제적 조건보다**는 다양한 **사회심리적 욕구의 충족에 의해 동기가 유발**되며 그러한 동기가 생산성에 영향을 미친다.
- **비공식집단과 사회적 관계는 매우 중요**하다. **비공식집단 안에서 형성되는 사회적 규범**은 그 구성원들의 태도와 행동을 결정하는 역할을 한다.
- 권위적인 리더십 혹은 생산 지향적 리더십보다는 **민주적이며 인간주의적인 리더십이 조직구성원들의 자발적 근무 의욕 향상에 더욱 도움**을 준다.
- 인간은 소극적 · 수동적 존재가 아니라 **적극적 · 능동적 존재**다.
- 조직의 효율적 관리를 위해서는 조직관리자의 기술적인 기량(technical skill)에 못지않게 **사회적 기량(social skill)이 중요**하다.
- **조직의 의사결정 과정에 조직구성원을 참여**시킴으로써 **조직 내에서 그들의 참여감 · 인정감 · 만족감 등을 높인다.**

(3) 평가

1) 공헌

인간관계론은 고전적 조직관리론을 대표하는 과학적 관리론을 비판하고 새로운 관리론의 지평을 열게 되었다. 그러므로 **'신고전적(neoclassical)' 조직관리론**이라고도 부른다. **인간관계론은 조직구성원들의 인간적 존엄성을 높이고 직무수행에서 긍정적인 동기 유발을 통해 조직의 생산성 향상에 더욱 기여했으며, 사회심리적 요인을 중요시하는 여러 가지 관리방법을 발전시키는 데 기여**했다.

2) 한계

① 인간적 감정주의 지향

과학적 관리론이 '인간 없는 조직(organization without people)'을 지향한 반면 인간관계론은 **'조직 없는 인간(people without organization)'을 지향**한다.

② '경제인'가설의 지나친 경시

인간을 경제적 욕구의 극대화를 추구하는 존재로 보는 것, **즉 경제적 자극(경제적 보상)이 인간의 욕구를 자극하고 그것이 근무 동기에 중요하게 작용한다는 주장을 지나치게 경시하는 것**이다.

③ 비공식집단의 역할에 대한 강조

비공식집단의 역할을 지나치게 강조한다. 조직 내에서 좌절감을 느끼고 안정감을 추구하는 구성원에게는 비공식집단이 매우 중요하겠지만 **자주성·독립성·창의성을 추구하는 구성원에게는 별 의미가 없을 수 있다.**

④ 보수주의

인간관계 중심의 조직관리는 **조직 내부의 인간관계를 안정시키는 데 치중**하므로 **조직에 변화와 혁신의 도입을 저해하기 쉽다.** 따라서 조직관리가 현상 유지 혹은 보수주의에 빠지는 결과를 초래할 수 있다.

⑤ 공식적 계층제 구조의 유지

인간관계론은 관리자에게 인간관계의 중요성을 환기시켰을 뿐 **조직의 공식적인 계층제조직 구조의 유지 자체는 아무런 수정도 없는 이론**이다.

⑥ 과학적 타당성이 낮은 소박한 인간관리 기술

초기의 **인간관계론은 잘 정립된 이론이기보다 조직 속 인간을 존중해 관리하는 하나의 소박한 대인관리 기술의 성격을 지닌 것**이다. **예를 들면 노동자가 조직에서 심리적 만족감을 갖는 경우에 그의 생산성이 높다고 하는 주장은 실증적 근거가 약하다.** 따라서 인간관계론은 더욱 정교한 이론 체계를 확립하려는 학문적 노력을 통해 1960년대에 후기인간관계론 혹은 행태과학으로 발전했다.

(4) 과학적 관리론과의 비교

1) 조직관

고전적 조직론은 조직을 일정한 목적을 달성하기 위한 **기계적 · 공식적 체제로 규정하고 관리하는 것을 강조**한다. 그러나 인간관계론에서는 조직이란 여러 가지 감정과 정서를 지닌 인간들로 구성된 하나의 **심리적 · 사회적 체제, 혹은 '사회기술적 체제'로 본다.**

2) 인간관

과학적 관리론은 조직구성원을 **'생리적 · 육체적 존재', '합리적 경제인' 혹은 X이론의 입장**에서 본다. 그러나 **인간관계론**은 조직 내 인간을 **'사회심리적 존재' 혹은 Y이론의 입장**에서 본다.

3) 조직구성원의 동기부여 방법

과학적 관리론은 조직구성원에 대한 동기부여 방법으로서 **물리적인 작업환경 개선, 물질적 · 경제적 보상과 명령과 지시에 의한 동기부여를 강조**한다. 반면에 **인간관계론**은 **구성원들 간에 형성되는 사회적 관계와 그들의 감정 및 심리적 요인을 중요하게 고려**한다.

4) 조직에서 추구하는 이념

과학적 관리론은 **기계적 능률주의, 기능적 합리성 등을 강조**하는 데 반해 인간관계론은 **사회적 능률성, 실질적 합리성, 인간주의를 강조**한다.

5) 개인적 경쟁과 집단적 협동

과학적 관리론은 **구성원들을 개인별로 관리하고 경쟁시켜 조직의 성과와 생산성을 추구하는 데 반해 인간관계론은 조직 내 집단주의 사회적 연대 및 협동 체제의 확립을 강조**한다.

요컨대 과학적 관리론은 조직관리에서 기능적 합리화를 강조함으로써 조직의 생산성을 향상시키고자 하는 반면, 인간관계론은 조직관리의 인간화를 통해 생산성을 향상시키고자 하는 것이다.

3 행태과학(Behavior science)

가. 초기 행동과학

(1) 등장배경

행태과학의 기원은 1930년대 나타난 인간관계다. 행태과학은 인간관계론을 비판적으로 승계하면서 새롭게 내용을 구성한 하나의 학문이며 이론적 체계다. **초기 행태과학은 조직 속의 인간 행태에 대해 연구하고 인간주의적 관리방법의 기초를 조성했지만, 이론적으로 미숙하고 단순한 처방을 하는 데 불과**했다. 이에 이론의 과학적 수준을 높이고자 후기 행태과학이 1960년대 등장한 것이다.

(2) 이론의 과정과 특징

조직구성원의 인간적 측면을 수용한다. 즉, 조직구성원들은 다양한 욕구를 가진 인간이며, 특히 그들의 사회적 욕구를 연구하고, 그 결과를 이용하여 조직의 생산성을 향상시킬 수 있다는 신념을 토대로 한다.

이 시기에 이르러 조직구성원들이 건강하고 충족된 삶을 영위하고 그들의 직무현장에서 효과적으로 과업을 수행하기 위해서는 조직의 구성원으로서 충족되어야 할 복잡한 욕구들이 있으며, 이 욕구들을 충족시켜줄 때 가장 과업을 잘 수행해 낸다는 연구 결과들이 쏟아져 나왔다.

- **Mayo & Roethlisberger의 인간관계론**
- **McGreagor의 X-Y이론**
- **Selznick의 초기제도화이론**

Selznick은 유기체로서의 **조직이 생존하기 위한 요건으로써 제도화(institutionalization)의 필요성을 처음으로 제시**하고 있는데 그가 주장하는 **제도화는 조직과 환경과의 관계에 있어서의 제도화의 문제**와 **조직내부의 개인과 조직 간의 관계에 있어서의 제도와의 문제**로 양분되어 있다.

PART 04

외부환경에 적응하는 방법으로 호선(co-optation)을 취하게 된다. 이는 조직이 살아남기 위해서는 **조직의 안정 또는 생존을 위협하는 대상이나 요소를 조직의 정책결정구조 속에 흡수시키고 이를 관행화하여 공식적·비공식적으로 제도화**시킴으로써 조직의 안정과 생존을 확보하는 방어메커니즘이다. 예로 **정부요직에 있던 사람을 은퇴 후 기업의 고문 등에 임명하는 사례**는 **기업이 정부로부터의 불확실성을 줄여나가는 데 있어서 이들의 역할이 중요하였기 때문**이다. 이와 같이 조직과 환경, 조직 내의 의사소통에 있어 제도화하는 개념은 목표달성을 위한 당면한 과제를 넘어서 조직수명을 연장하는 영속성을 위하여 새로운 형태의 관행과 규칙을 채택하게 되었다.

결국 **제도(institution)를 조직연구의 핵심개념으로 사용하는 접근방법**이다. 제도란 **인간의 교호작용을 모양짓는 인위적 제약(humanly devised constraints)**이다. 제도는 **사람이 만들어 사람의 행동을 제약**하는 것이기 때문에 **인위적 제약**이라 한다. 제도는 **인간사회를 규율하는 게임의 규칙**이다. 제도는 **인간생활에 구조화된 틀을 제공**함으로써 **불확실성을 줄이고 사람들의 안정적 교호작용을 추구**한다.

나. 후기 행동과학

행태과학(behavior science)이란 과학적 방법을 통해 인간의 행태에 관해 연구하는 학문이다. 그리고 이러한 행태과학의 이론과 지식을 이용해 조직 속의 집단이나 개인의 행태에 관해 연구하고 설명하는 것을 조직행태론(theory of organizational behavior)이라고 한다. 그러므로 **조직행태론이란 조직 속의 인간의 행태를 연구하는 행태과학이며, 이를 후기 인간관계론이라고 부르기도 한다.**

1938년 **버나드(C. I. Barnard)**는 인간을 조직의 세포로 파악하고 **조직이란 인간의 협동체제로 규정**했으며, 조직은 그 참여자의 공헌과 만족 간에 균형이 유지되어야 존속할 수 있다고 보았다. 말하자면 **'인간과 더불어 있는 조직(organization with people)'을 주장**했다.

1940년대 **사이먼(H. A. Simon)** 역시 **인간은 정보를 처리하는 의사결정자**이고, **조직은 의사결정체제**라고 규정했으며, **논리 실증주의 방법을 인간 행태의 연구에 적용**해 행태주의 이론의 발전에 기여했다.

(1) Barnard의 협동체계론

Barnard는 **고전이론에서는 인간이 무시된 공식조직만 존재하고(organization without people), 신고전이론에서는 공식조직이 무시된 채 인간만 존재(people without organization)한다고 비판**했다. 이에 **두 가지 이론의 통합적인 시각을 조직을 목적지향적인 사회시스템이라고 보았다.** 여기서 목적지향은 공식조직의 논리를 함축하고 있으며 사회시스템은 조직구성원들 간의 상호작용 현상을 말한다.

1) 조직이란?

Barnard는 조직을 기본적으로 **협동시스템**으로 보았다. 즉, 〈협동〉이라 함은 2인 이상의 사람들이 의도적으로 조정된 행동이라는 것인데, 여기서 의도적이라는 것은 조직목적으로부터 나오는 것이다. 즉, **조직목적 달성을 위해 구성원들이 협동하는 관계로 본 것**이다. 또한 〈시스템〉이라는 것은 동태적인 입장으로 시스템을 구성하고 있는 각 부분이 목적달성을 위해 일정 방식으로 규정되고, 조정되고, 변화를 일으키는 것을 의미한다.

2) 조직의 기본 구성요소

① 협동의지(Willingness to cooperate)

조직의 목적달성을 위해 개인이 노력하고자 하는 마음의 상태를 말한다. 이러한 **공헌 의욕**은 **개인이 조직에 주는 공헌과 이에 대한 대가로 조직으로부터 받는 것의 비교를 통해 생긴다.**

② 조직의 공동목적(Common purpose)

조직구성원들이 수용할 수 있는 목적을 말한다. 공헌하려는 의사는 협동의 목적이 없으면 발휘될 수 없으며 여러 가지 힘이 결합되어 있다는 것은 조직에 공통의 목적이 있지 않으면 안 된다는 것이다. **즉, 목적달성 방향으로 여러 힘이 결합되고 이것이 협동시스템으로 발전되어야 한다는 것**이다.

③ 커뮤니케이션(Communication)

앞의 두 가지 조건이 형성될 수 있게 하는 유일한 수단이다. 커뮤니케이션을 통해 **조직의 목적을 이해**시키고, **공헌의욕을 통한 노력의 결과 얻어지는 보상이 무엇인지도 알 수 있게 해준다.** 따라서 커뮤니케이션은 **조직의 목적과 조직구성원의 협동에의 의사를 연결시켜주는 수단으로서 조직의 존재에 필수적인 것**이다.

3) 조직의 존속이론 : 조직균형론

Barnard의 조직론은 조직의 목적과 개인의 목적(동기)은 원래 일치하는 것이 아니라는 데에서 출발한다. 일치하지 않는 이 두 개의 목적을 어떻게 극복하느냐가 Barnard 조직이론의 출발점이다. 조직의 존속을 위해서는 대내적 균형과 대외적 균형을 유지해야 한다고 주장한다.

① 대내적 균형 : **공헌 ≤ 보상**

조직의 대내적 균형은 조직과 조직구성원 개인 간 관계에 관한 것으로서 **조직구성원 개인이 조직에 공헌하기 위해 협동할 의사를 가지고 있어 그 조직을 떠나지 않으려는 상태 그리고**

조직도 그 개인을 계속 보유하고자 하는 상태를 말한다. 이러기 위해서는 **개인이 조직에 주는 공헌(contribution)과 조직이 개인에게 주는 보상(inducement)이 엇비슷하거나 공헌보다 보상이 더 커야 된다는 것**이다.

여기서 **보상의 가치는 개인의 욕구수준에 의해 개인의 입장에서 평가되는 주관적 가치**이다. 이에 조직입장에서는 보상 그 자체보다도 개인의 욕구수준을 조직의 능력에 합당하게 변경시키는 것도 중요하다. 이에 Barnard는 객관적인 보상을 효과적으로 제공하는 과정인 **인센티브의 방법**(method of incentive)[16]과 개인의 주관적 태도 내지 보상에 대한 기대수준을 변경시키는 **설득의 방법**(method of persuasion)[17]을 통해 이 관계를 균형으로 유지할 수 있는 방법을 제시했다.

② 대외적 균형

조직의 대외적 균형은 **외부환경과의 균형**을 말한다. **조직은 조직외부에 상품 및 서비스를 제공하고 매출액, 이익 등의 반대급부를 획득**한다. 여기서 **이익은 바로 잉여가치**를 말한다. 따라서 조직은 조직외부에서 들어온 제 가치(원자재)를 변환시켜 다시 조직외부로 내보내어 **잉여가치를 창출할 때 존속이 가능**해진다. **잉여가치를 창출하지 못하게 될 경우 종국에는 소멸**하게 된다.

4) Barnard 조직이론의 핵심

① 조직의 본질을 인식하는 데 있어서 **조직목적이라는 합리적 측면과 조직구성원의 협동의지라는 인간성 측면을 모두 포함**시켰다.

② **조직에서 최적의 경제성이라는 공식적 측면**과 **사회적 균형이라는 비공식적 측면을 통합**하려는 시도가 높이 평가된다.

③ **과거의 정태적인 조직 시각을 협동시스템의 역동성 그리고 조직의 존속이라는 시간적 개념을 도입**하여 **조직을 동태적으로 보았다.** 이러한 관점은 과거 고전이론이나 신고전이론의 관심의 대상을 뛰어 넘었다고 볼 수 있다.

(2) Simon의 의사결정체계

1) 내용

의사결정의 이론모형 중 만족모형(satisfying model)은 합리모형의 한계점을 극복하기 위해 제시된 의사결정모형으로 합리모형에서와 같이 **완전한 합리성이 아닌 제한된 합리성(bounded rationality)에 기초**하고 있다(Simon&March, 1958). 즉, 인간은 불행하게도 완전한 합리성을 전제하기에 부족하기 때문에, 최선책을 발견하지 않고 적당히 만족할 정도의 기준만을 정해놓고 이를 통과하는 대안 중에 먼저 발견되는 것을 선택한다는 것이 제한된 합리성이다. **제한된 합리성의 방식**은 다음과 같다.

---

16) 여기서 인센티브는 금전 내지 물적 인센티브뿐만 아니라 비금전적 보상, 즉 위신, 인정감 등이 있다.

17) 설득의 방법은 주로 개인으로부터 공헌을 얻는 데 충분한 보상을 조직이 할 수 없을 때 도입된다. 예를 들어 개인의 보상에 대한 기대수준을 낮게 하기 위해 해당 조직이 가지고 있는 대외적 명성 등을 활용하는 것이다.

① **만족화(satisficing) : 만족수준**을 정해 놓고 최고가 아니더라도 그 수준에 다다르면 택한다.
② **규범적(normative) : 대부분의 사람들이 정하는 수준**을 택한다. 가장 편하고 안전하기 때문이다.
③ **관리적(managerial)** : 너무 비합리적이어서도 안되고 지나치게 합리적이면 시간과 비용이 많이 들기 때문에 **여러 가지를 고려하여 적정하게 택하는데,** 이것을 관리행위라고 본다. 이것이 현실적이며 일반적이다.

2) 시사점

① 엄밀한 의미의 **합리적 의사결정은 이상에 불과**하다.
② 조직운영 시 **의사결정자들의 능력에 한계가 있음을 고려**해야 한다.
③ 합리성에도 수준이 있다면 **조직이나 집단이 개인보다 더 합리적인 결정을 내린다는 보장이 없다.** 왜냐하면 대안은 여러 개인데 사람마다 합리성 기준이 다르기 때문이다.
④ **정보가 완전할 수 없다는 것이 용인**된다면 **이를 악용해서 결정자들이 정확한 정보를 왜곡·조작하여 자신에게 유리한 결정이 나도록 유도할 가능성**도 있다.

3) 비판

① 최선의 대안이 아니라 만족할 만한 대안을 찾은 후에 대안 탐색을 중단하게 되면 **검토되지 않은 대안 중에 훨씬 더 중요한 대안이 있을지 모름에도 불구하고 이를 간과**하게 된다.
② 만족여부는 의사결정자의 기대수준에 달려있는데, 이 기대 수준 자체가 극히 유동적이므로 **어느 것이 만족할 만한 대안인지를 객관적으로 판단하기 어렵다.**
③ 일상적이고 중요성이 떨어지는 의사결정에는 무작위적으로 대안을 고려하고 만족할 만한 대안이 있으면 대안의 탐색이 중단된다는 주장이 일리가 있지만, **예외적이고 중대한 의사결정에는 좀 더 분석적 결정이 이뤄질 가능성이 크다.**

4 현대적 접근

(1) 시스템이론

1) 의의

베르탈란피(L. V. Bertalanffy)의 일반시스템이론은 유기체를 시스템의 예로 설명함으로써 조직에 대한 생물학적 은유를 확산시켰다. **조직을 기계로 간주하기보다 생물학적 유기체로 간주**하게 되면 조직의 가장 중요한 **목표가 생존(survival)**이라는 사실을 알 수 있다. 그리고 **생존을 위해서는 환경에의 적응이 가장 중요**한 이슈가 된다. 그러므로 **조직을 시스템으로 파악**한다는 말은 **살아 있는 유기체로 파악**한다는 뜻이며 동시에 **다양한 이해관계자 집단이 상호작용을 하고 있음을 의미**한다. 따라서 다양한 이해관계자 집단의 요구들을 얼마나 잘 충족시켜 주느냐가 조직의 평가기준이 되며 조직의 생존을 위해 유효성을 높여야 한다는 말은 이해관계자의 욕구를 잘 충족시킨다는 의미다. 결국 시스템이론의 두 가지 기본적인 사고는 ① **개방성과** ② **생존의 문제**이다.

① **개방체계** : 조직은 유기체이기 때문에 **환경과 끊임없이 교환하면서 존재**한다. 즉, 조직설계 시 항상 환경을 염두에 두어야 한다는 점을 강조하였다.

② **생존** : 환경과의 상호작용은 **자기 보존**의 근본이며 **조직 내부시스템과 환경과의 균형적 교환**은 조직을 유지하는 데 결정적으로 중요하다.

2) 개방시스템

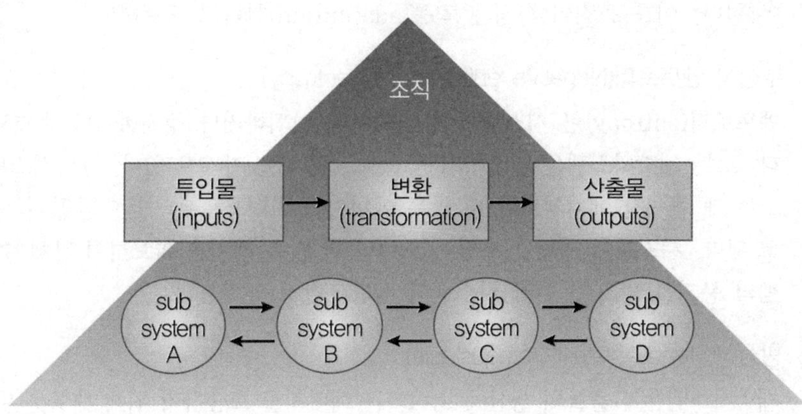

① 의의

시스템이란 통일된 전체를 구성하고 있는 상호 관련되고 상호 의존적인 '부분'들의 집합이다. 외부에서 **투입(inputs)을 받아들이고 변환(transform)시켜 다시 외부에 산출물(outputs)을 내어놓는 개방시스템**이다. 개방시스템(open system)은 폐쇄시스템의 반대개념으로 외부의 환경과 무엇인가 교류를 계속하는 시스템이다. 반면에 **폐쇄시스템(closed system)**이란 하나의 체제가 그를 둘러싸고 있는 **외부 환경과 상호의존 · 상호작용하지 않고 존재하는 일종의 자급자족적 체제**를 말한다.

② 하위시스템 간의 상호 의존성과 조화

시스템 내의 부분적 개체들 간은 서로 상호관계에 있다. 이때 개체들의 작은 집합들을 하위시스템(sub system)이라고 한다. **system이란 라틴어의 systema(여러 개의 조합)에서 온 말로 두 개 이상 여러 개의 단위가 서로 연결되어 상호작용하며 전체적으로 하나를 이루고 있는 것을 말한다.**

3) 개방시스템의 특성

① 순환적 특성(Cyclical character)

환경은 기업에게 자본, 노동력, 원자재를 투입하고 기업은 이들을 적당히 배합하여 산출물을 만들어서 다시 공급하고 대금을 회수한다. 즉, **개방시스템에서 조직은 환경으로부터 필요한 것을 받고 다시 환경에 산출하면서 환경으로 배출된 산출물은 그 시스템의 계속적인 활동을 위한 새로운 투입물의 수단이 되어 다시 시스템으로 들어가는데 이러한 순환과정이 영속화되면서 조직이 존속되는 것**이다.

② 환경의식(Environmental awareness)

조직은 어떤 환경이 위협이 되고 기회가 되는지 파악하려 들기 때문에 항상 환경을 의식한다. 즉, 기업은 환경에 민감할 뿐만 아니라 항상 환경을 주시(의식)하고 그에 맞추어 행동해야 한다. 이를 조직이 환경에 적응(adaptation)한다고 표현하다.

③ 부정적 엔트로피(Negative entropy : Negentropy)

엔트로피(entropy)란 시스템이 붕괴되거나 쇠퇴하거나 정지하거나 소멸되는 성향을 뜻한다. 모든 개방시스템은 멸망하지 않으려는 속성을 가지고 있다. 개방시스템은 산출물을 만드는 데 들어간 에너지보다 더 많은 에너지를 환경으로부터 받아들일 수 있는 능력을 가지고 있다. **시스템이 쇠퇴할 조짐이 보이면 더 많은 자원을 확보하여 자체 수정함으로써 시스템의 붕괴를 막고 오히려 시스템의 성장·발전도 가능하다.**

④ 항상성(Steady state : Homeostasis)

개방시스템은 산출물의 생산에 소비되는 에너지를 보충하기 위해 새로운 투입물을 유입시키는 에너지를 교환함으로써 항상 균형을 유지한다. **즉, 조직은 스스로 〈안정적 상태〉를 유지할 수 있는 능력이 있다는 의미이다.** 조직은 **개방시스템**이기 때문에 **어떤 규범이나 표준을 이탈하면 스스로 바로잡는 행위를 촉발**시킨다. **환경의 부단한 변화에 대응하고 피드백을 받아 수정하여 반응하는 〈자기조절능력〉을 가진다.**

⑤ 확장성(Movement toward growth)

개방시스템이 더 정교하고 복잡하게 되면 소멸에 저항하고(**부정적 엔트로피**), 자기 상태를 계속 유지(**항상성**)하려는 활동이 활발해져서 **오히려 시스템은 확장하고 성장하는 방향으로 움직인다.** 요컨대 기업조직은 성장하기 위해서 존속하는 것이 아니라 존속하기 위한 여력을 축적하느라 노력하다가 결과적으로 성장하게 되는 것이다.

⑥ 균형성(Balance of maintenance and adaptiveness)

개방시스템은 **안정(현상유지)과 변화(변화혁신)라는 두 가지 상반된 활동의 균형을 추구**한다. 조직이 안정과 변화 사이에 적당한 균형을 이루면 급진적인 변동을 예방하고 시스템의 불균형을 막아주는 역할을 한다. 환경이 변할 때에는 별 수 없이 시스템의 내부도 변해야 한다. 이는 환경에 적응하는 과정으로 변화를 의미한다. 동시에 조직은 현재 상태를 유지하려는 속성도 있어서 혁신속성과 안정속성 간의 균형을 유지한다.

⑦ 이인동과성(Equifinality)

방법과 수단은 여럿이며 서로 다르지만 모두 동일한 결과에 이른다는 의미이다. 즉, 목표에 도달하는 경로가 여러 개가 있다는 의미는 목표를 달성하는 데 다양한 투입과 전환과정이 있을 수 있다는 것을 의미하며 어떤 문제에 부딪혀도 이를 **해결할 수단(대안)이 여러 개**라는 사실도 제시한다. 다양한 수단이 있을 때는 **신중한 선택(의사결정)이 필요**한바, 선택을 잘하기 위해 조직의 리더나 의사결정자들에게 능력과 경륜이 필요하다.

4) 평가

① 유용성

❶ 조직을 상호의존하고 상호작용하는 부분들로 구성된 전체로 파악함으로써 조직이론의 구성과 실제의 조직관리에서 **전체적 · 통합적인 관점**을 발전시킨다.

❷ 조직 내부의 각 구성원 및 부서들이 **자신이 조직에서 하는 일과 활동이 조직 내부의 다른 사람들이나 다른 부서의 일과 어떻게 서로 관련돼 있는가를 생각**하게 한다.

❸ 조직의 관리자나 구성원들로 하여금 **조직과 환경의 관계에 대해 관심**을 갖도록 하고 그 관계의 변화에 잘 대응하도록 한다.

❹ 조직의 **목표달성에 필요한 여러 가지 투입과 과정을 체계적으로 개발**하도록 한다.

② 문제점

❶ **개념의 물화**(reification)다. **체제란 인간이 만든 하나의 추상적 개념에 불과**함에도 **어떤 객관적인 생물학적 구조와 기능을 갖는 것으로 인지하고 설명**하려고 한다.

❷ **상위 체제에 대한 하위 체제의 종속관념의 존재**다. 체제에는 상위체제 · 하위체제 및 재하위 체제(sub-subsystem)와 같은 **계층적 질서와 지배-종속 개념이 존재**한다.

❸ **현상 유지를 옹호**한다. **체제는 안정성 · 균형 · 유형 유지를 지향**한다. 따라서 체제 접근방법은 현상을 옹호하고 **보수주의에 빠진다는 비판**을 받는다.

(2) 상황적합론

1) 내용

상황이론은 환경 변화에 알맞게 맞추는(good fit) 것이 최선의 관리라고 주장한다. Contingent의 의미 자체가 조건부, 임시적, 그때그때, 비정규적, 예측불허의 뜻을 가지고 있으므로 조직이 처한 다양한 문제들은 그때그때 상황에 적합하게 맞추어 관리해야 한다는 의미이다.

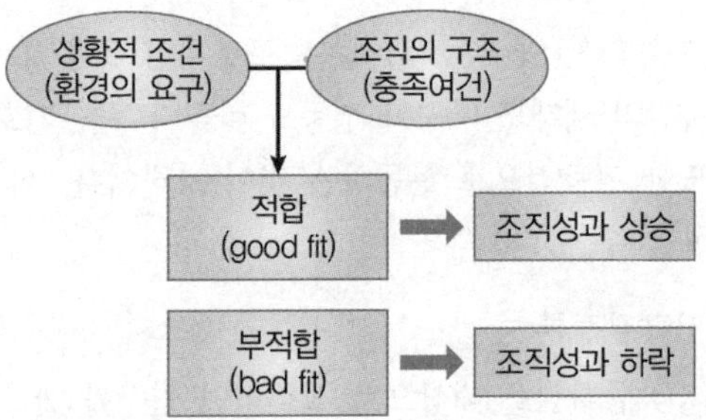

특정 상황(규모, 기술 등)에 잘 어울리는 최선의 조직은 딱 한 개뿐인데(one best way) 조직마다 상황이 다를 터이니 각 조직의 one best way는 서로 다르다. 결국 **다수의 다양한 one best way가 존재**한다. 즉, 합리적이고 효율적인 관리방식은 여러 가지인 셈이다.

조직이 잘되기 위해서는 조직 내 하위시스템 간의 적합과 조화, 그리고 조직과 환경과의 적합한 조화가 이루어져야 한다는 것이다. 이에 상황이론은 조직구조와 여러 상황요인과의 적합성 여부를 중점적으로 다루었다.

상황이론의 핵심
• 상황요인과 조직구조 사이에 관련성이 있다. 즉, **상황요인이 변하면 그 결과로 조직구조가 따라서 변한다.** 그리고 변해야 한다. 왜냐하면 다음의 내용 때문이다. • **조직구조와 상황요인이 적합관계에 있으면 높은 조직성과로 이어지고 부적합관계에 있으면 조직성과는 감소**한다.

2) 한계

① '학문', '이론'이라 하면 어디까지나 보편타당한 유일한 진리를 찾는 것인데 특정 상황의 특수한 범위 안에서만 적용된다면 **학문의 보편타당성(university) 목적에 위배**된다. 저마다 자신에 맞는 특수한 one way가 옳다면 이 세상엔 수많은 one way가 있게 되므로 아무리 좋은 이론과 주장이더라도 나만의 특수 상황에는 아무 쓸모없는 이론이 된다.

② **상황은 너무 다양하고 수시로 변하기 때문**에 상황과 적합한 이론이 구축되었다고 하더라도 **현실적으로 이론을 적용하기에는 한계**에 부딪힌다.

(3) 전략적 선택이론(Strategic Choice Theory)

전략적 선택이론(Strategic Choice Theory)이란 **조직이 환경에 적합하게 맞추어 나가야 한다는 상황이론과는 달리 조직이 능동적으로 상황을 선택하고 조작할 수 있다는 관점의 이론**이다. 즉, **환경은 조직관리자의 전략에 따라 선택된다. 이는 환경결정론적 의미가 아니라 조직이 상당한 재량을 가지고 스스로 설계하고 운영한다는 것**이다. 조직은 환경의 제약으로부터 최대한 자유로워지기 위해 노력하면서 적응하기 때문에 조직구조도 조직이 원하는 대로 만들었다고 할 수 있다.

이처럼 조직은 아무런 자유의지(Free will) 없는 로봇처럼 조종되는 것이 아니라 환경이 변하면 그에 맞게 능동적으로 자신의 체제도 바꾸고 행동도 바꾼다. **즉, 기호와 이해관계에 따라서 주관성을 가지고 능동적으로 또한 전략적으로 활동하는 것이 조직이다.** 심지어 때로는 자신의 구미에 맞도록 환경을 조작·변형할 수 있다.

1) Chandler의 이론 : 전략결정론

Chandler는 미국의 70개 기업을 대상으로 실증적인 연구를 한 『전략과 조직구조』라는 책에서 기업이 채택한 전략과 조직 구조 사이에는 아주 밀접한 상관관계가 있음을 발견하고, **'구조는 전략을 따른다'는 유명한 명제를 제시**하였다.

2) 전략적 선택이론의 내용

1970년대 차일드(J. Child)는 챈들러가 주장한 전략결정론을 확장시킨 전략적 선택이론을 주장하였다. 환경이 조직구조를 결정한다고 하더라도 환경은 그저 일방적으로 주어진 것이 아니라 조직의 주도적인 의사결정자(관리자)에 의해 전략에 따라 선택된 것이다. 그러므로 환경이 조직에 미치는 영향력은 그다지 중요하지 않고 조직관리자가 환경을 어떻게 인식하느냐가 중요하다. 즉, **관리자가 환경의 일방적 지배를 받는 것이 아니라 환경을 임의적으로 혹은 전략적으로 해석하고 선택할 수 있다는 것이 소위 전략적 선택이론이다. 조직은 능동적으로 환경에 대응하면서 환경과 조화를 이루려 하기 때문**에 **〈환경의 결정〉이 아니라 〈환경에 적응〉 혹은 〈환경을 선택〉으로 표현하는 것이 옳다.**

전략적 선택이론 : 환경의 활용
페니실린을 발명한 알렉산더 플레밍의 연구실은 매우 열악하고 협소하였다. 창문의 유리창은 깨져서 바람과 먼지가 들어왔다. 그는 이 연구실에서 곰팡이에 대한 연구에 몰입하였다. 어느 날 그는 깨진 창문을 통해 날아온 곰팡이의 포자를 현미경으로 관찰한 후 중요한 사실을 발견하였다. 그 곰팡이에 페니실린의 원료가 숨어 있었던 것이다. 그는 이것을 토대로 페니실린을 만들었다. 몇 년 후 한 친구가 플레밍의 연구실을 방문하고 깜짝 놀랐다. “이렇게 형편없는 연구실에서 페니실린을 만들다니.” 플레밍은 빙그레 웃으면서 대답했다. “이 열악한 연구실이 페니실린을 발명하게 해 주었다네. 밖에서 창틈으로 날아온 먼지가 페니실린 발명의 실마리가 되었지. 중요한 것은 환경이 아니라 환경을 잘 활용하려는 강한 의지라네.” **환경을 탓하는 사람은 발전도 없다. 성공한 사람들은 열악한 환경을 도약의 발판으로 삼는다. 문제는 외부 환경이 아니라 자기 내부에 있는 ‘무사안일’이다.**

3) 전략적 선택의 방식

① 대안의 선택

조직관리자들의 재량 폭이 생각보다 많다. 환경에 적응하는 방법이 단 한 개뿐이라면 조직도 별 수 없겠지만 대개의 경우 **상황에 대처할 수 있는 대안은 여러 가지**가 있다. **이때 여러 대안 중 어느 것을 선택할 것인지는 환경이 결정하는 것이 아니라 조직의 의사결정자인 관리자가 결정하는 것**이다.

② 환경의 조작과 통제

조직은 환경의 지배만 받는 것이 아니라 때로는 자신의 구미에 맞도록 환경을 조작·변형·조절할 수도 있다. 특히 대기업의 경우라면 시장수요가 없더라도 자신들이 잘 만들 수 있는 제품이나 서비스를 만들어 놓고 광고와 홍보로써 억지로 **유행을 창조**하고 소비자를 부추겨 사도록 만들기도 한다.

③ 주관적 환경지각

객관적 환경(사실의 환경)과 관리자가 지각하는 주관적 환경 사이의 격차로 동일한 환경일지라도 모든 조직들이 기계적으로 똑같이 반응하는 것은 아니다. **조직관리자의 주관에 따라 환경을 달리 해석하고 다르게 반응하기 때문에 조직의 다양한 전략적 선택들이 나온다.** 즉, 조직의 설계과정에서 조직관리자의 주관성(의사결정자의 재량)이 개입된다는 것이다. 주관적 환경과 유사한 개념으로 〈**창조된 환경**(enacted environment)〉이 있다. **환경이 조직을 창조하는 것이 아니라 조직이 환경을 창조하고 조직을 거기에 맞추어 가는 셈이다.** 동일 환경일지라도 경영자의 가치관, 경험, 성격 등에 따라 실제의 환경을 각자 나름대로 재창조하는 것이다.

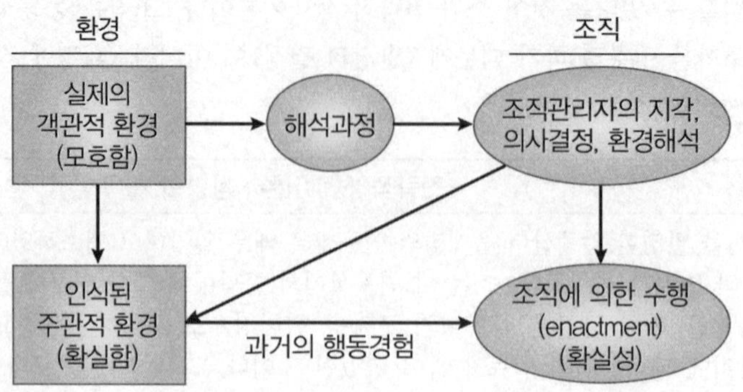

4) 전략적 선택론의 비판점

환경에 대응하기 위한 여러 대안들 중에서 관리자는 재량권을 가지고 마음에 드는 하나의 전략을 선택할 수 있지만 **현실에서는 대내외적 제약조건으로 자유로운 선택이 언제나 가능하지 않다.** 구체적 내용은 다음과 같다.

① 대내적 제약

소규모 회사가 처음 출발할 때에는 관리자가 마음대로 할 수 있다고 하더라도 **점점 회사가 커지면서** 인원과 부서가 늘고 **규정과 관습이 고착화**되면 관리자라도 조직을 자의적으로 조종할 수 없다. 가장 큰 장애물로는 조직의 사회화와 조직문화의 고착이다. 어떤 조직이건 오래 지속되다 보면 굳어지는 문화가 있고 지각패턴도 정해진다. 즉, 사회화를 통해 조직문화가 정착되면 변해가는 환경에 맞추어 조직을 변화시키는 것이 쉽지 않다.

② 대외적 제약

기업이 신시장 개척 전략을 선택하여 침투하려고 해도 이미 들어와 있는 기존 업체들의 **규모의 경제에 밀리거나 기존 업체의 노하우를 따라갈 수 없다거나 이미 앞서간 기업들의 브랜드 명성을 파고들 수 없어서 제대로 뜻을 펴지 못하는 때도 많다.** 또한 **대기업의 조정력에 밀리거나 정치 · 사회적 권력단체와 연계가 잘되어 있는 다른 업체 때문에 힘쓸 겨를도 없이 밀려나는 경우가 많다.** 우리나라에서 99% 이상이 중소기업이지만, 시장을 좌우할 수 있는 대기업 사장은 수십 명도 안 된다.

전략적 선택의 폭은 대규모 조직 혹은 초창기 조직, 정치적으로 든든한 배경이 있거나 유능한 로비스트가 많은 조직, 혹은 조직문화가 유연하여 혁신에 민감하고 기꺼이 혁신을 하려는 구성원들로 가득차 있는 조직의 경우에 넓어진다.

(4) 자원의존이론(Resource Dependence Theory, Pfeffer & Salancik)

1) 의의

조직의 생존과 직결되는 자원의 공급자로서의 환경에 관심을 쏟기 시작했다. 자원의존이론은 조직과 환경과의 상호관계를 강조하고 있지만 그렇다고 환경이 조직의 모든 것을 결정한다는 환경결정론을 따르는 것은 아니다. 조직은 다양한 이해관계자들의 연합체(coalition)이기 때문에 조직은 조직 자체의 것이 아니라 이해관계자들의 것이다. 그리고 **조직은 자급자족이 불가능하며 이해관계자들로부터 생존에 필요한 자원(resource)을 공급받아야 한다. 그러므로 조직이 생존하려면 그들과의 관계를 잘 유지하면서 그들의 자원 공급에 의존(resource dependence)할 수밖에 없다.** 즉, 조직이 이해자 집단들에게 의존한다는 말이나, 조직이 자원에 의존한다는 말이나, 조직의 환경의존도라는 말은 동일한 말이다.

자원의존가들은 조직관리자들이 자원공급자들에게 전적으로 의존만 하지 말고 전략적으로 이들을 관리하고 조절하며 상호 교환의 균형을 유지해야 한다고 한다. 자원공급자를 잃지 않으려면 조직은 공급자들의 요구에 맞게, 다시 말해서 환경의 요구에 맞게 조직을 만들거나 그게 여의치 않다면 자기 조직에게 어울리는 새로운 이해관계자(자원공급자)를 찾아 나선다. 만일 자원공급자의 요구를 들어주기 어려우면 공급자들은 그저 놓치는 것이 아니라 그들로 하여금 조직이 공급할 수 있는 자원을 요구하도록 그들을 변화시킬 수도 있다.

자원 의존 이론(resource-dependence)은 조직이 중요한 자원을 공급받기 위하여 환경에 의존할 수밖에 없다는 사실을 강조한다. **조직은 가능한 한 환경에 대한 의존도를 최소화하고, 자율성과 독립성을 유지하기 위하여 환경에 대하여 영향력을 행사하려 한다.** 이 관점에 의하여 조직의 성공은 독립성과 자율성을 유지함으로써 가능하다. 따라서 외부에 대한 의존도가 높아지는 위협을 경험하는 조직은 외부자원에 대한 통제를 강화하여 의존도를 낮추고자 한다.

2) 자원의존성의 결정요인

① 자원의 집중도와 대체성

조직이 필요로 하는 자원이 **외부의 한 사람 혹은 한 집단에 집중**(concentration)되어 있을수록 조직은 그 소유자에게 의존할 수밖에 없다.

② 자원의 풍부성과 희소성

조직이 획득해야 하는 자원이 충분하지 못하다면 그 희소자원 공급자의 영향력은 커진다. 따라서 조직의 자원의존도는 동일한 자원이라도 시간에 따라 변할 수 있다. 이자율이 상대적으로 비쌀 때와 쌀 때에 자금을 공급하는 은행에 대한 기업의 은행의존도 크기는 많이 달라질 것이다.

③ 자원의 상호의존성

조직이 필요로 하는 자원의 종류가 여러 가지인데 자원 간의 상호 연관성이 많아서 서로 얽혀 있다면 조직의 환경의존도가 커진다. 왜냐하면 하나의 환경요소가 변함에 따라 다른 곳의 환경요소에 변화를 끼친다면 조직은 더욱더 미래가 불확실해지기 때문이다. 자원공급자끼리 서로 얽혀 있어서 한 자원의 공급자 행동이 다른 공급자의 행동에 영향을 미친다면 조직 입장에서는 더욱 앞이 불확실해진다. 얼음 장수가 여러 명이면 팥빙수 장사의 환경의존도가 약하겠지만, 얼음 공급자끼리 상호 연관성이 커서 담합한다면 조직의 환경의존도, 즉 환경의 조직에 대한 지배력은 커질 것이다.

④ 조직의 환경 인식 능력

자원의 구조적 상황 이외에도 조직이 자원의 상황을 얼마나 잘 감지하는지가 자원 의존성과 관련이 있다. 지피지기면 백전불태라고 **환경 속의 자원 상태를 정확히 파악한 조직이라면 모르지만 잘 모르고 있을수록 조직의 환경의존도는 커질 것**이다. 자원이 아무리 희소하고 공급자가 한 곳에 집중되어 있다고 할지라도 이에 대한 정확한 정보를 가지고 있는 조직이라면 자원의존성은 줄어든다.

3) 조직의 환경 적응

자원의존이론은 **자원 공급자들에게 전적으로 의존하지 말고 전략적으로 이들을 관리하고 조절하며 서로 간 이해 상충의 균형을 잡아주어야 한다는 것**이다. **즉, 조직은 스스로 찾아낸 환경에 그저 반사적이고 피동적으로 반응(react)하는 것이 아니라 환경을 능동적(enact)으로 만들어 간다고 하였다.** 이를 위해 조직에서는 조직의 외부자원 의존도를 낮추기도 하고 조직 내부의 결속을 다지면서 스스로 유연성을 발휘하기도 하는데 이에 대해 구체적으로 살펴보면 다음과 같다.

① 리더의 역할

환경과의 관계에서 **이해관계자들의 욕구를 파악하고 이에 대한 전략을 수립**한다. 뿐만 아니라 **환경의 제약조건을 인식하고 제약조건의 압력을 최소화하는 전략을 수립하고 진행**한다.

② 자원 의존성 약화 : **소극적 전략, 적극적 전략**

③ 차별화와 다원화 전략

조직의 여러 부서 간 상호관련성이 밀접하면 외부 환경의 자원 공급처에 차질이 생길 때 조직의 한 부서에만 영향을 미치는 것이 아니라 연쇄적으로 다른 부서에도 영향을 미친다. 따라서 **부서 간 연결 고리를 차단하여 상호독립적으로 해야 하며 이는 차별화 정책으로 가능**하다. 이는 자원 공급에 차질이 생겨도 해당 부서만 피해를 보고 다른 부서에는 영향이 못 미치게 하기 위함이다.

한편 **외부 거래처 혹은 생산품목을 다원화하여 환경의존도를 낮추고 위협을 감소시키는 전략도 있다. 제품 다각화, 거래처 분산, 포트폴리오 전략 등이 모두 다원화 전략**에 속한다.

4) 자원통제를 위한 조직의 전략(Daft) : 소극적 전략, 적극적 전략

① 의의

자원의존(resource-dependence)이란 **조직이 생존을 위하여 환경에 의존한다는 의미**이지만 **동시에 조직은 환경에 대한 의존도를 최소화하기 위하여 자원에 대한 통제력을 확보하려고 노력**한다.

일반적으로 조직들은 의존도를 낮추기 위하여 노력하지만, 비용이나 위험도가 지나치게 높을 경우에는 희소 자원을 공유함으로써 비용과 위험을 낮추어 국제적 경쟁력을 높이려는 시도를 하기도 한다. 다른 조직과 공식적 관계를 맺어서 자원의 의존을 관리할 때 경영자는 딜레마를 경험한다. 다른 조직과 협력관계를 설정함으로써 자원의 확보에 대한 위험을 낮추려고 하는 동시에 조직의 자율성과 독립성도 극대화하려 하기 때문이다. 조직 간 원활한 연계를 위해서는 서로 긴밀한 조정을 해야 하는데, 그렇게 하려면 자기 조직의 입장에 따라서만 의사결정을 내리는 것이 불가능하게 된다. 조직 간 관계의 설정은 자원의 확보와 자율성 사이에 상충관계를 낳는다. 이미 자율성을 유지할 수 있을 만큼 충분한 자원을 확보한 조직은 새로운 관계를 맺으려고 하지 않는다. 그러나 자원이 부족한 조직은 자원을 구하기 위하여 독립성을 유보하고 다른 조직과 관계를 맺으려 할 것이다.

② 자원통제를 위한 조직의 전략

첫째는 환경 속에 있는 **핵심조직과 우호적인 관계를 맺는 전략**이고 둘째는 **환경 영역을 재구성**하는 것이다.

❶ 환경과 우호적인 관계 수립 : **소극적 전략**

- 소유권 설정

  상대 기업의 일부를 인수하거나 기업 지배권을 확보함으로써 자사가 보유하지 못한 기술이나 제품 혹은 다른 자원을 확보하는 것이다. 소유권 설정이나 지배를 강화하는 것은 M&A(Merger & Acquisition)를 통해서 가능하다. 인수(acquisition)는 한 조직이 다른 조직을 자신의 조직으로 흡수하는 것을 가리킨다. 한편 신설합병(merger)은 둘 이상의 조직이 하나의 새로운 조직으로 통합되는 것을 가리킨다.

- 전략적 제휴

  사업 분야와 **지역적인 위치, 보유 기술 등에서 상호 보완할 수 있는 여지**가 큰 경우 흡수나 소유권을 설정하기보다 전략적 제휴를 체결하는 방법을 사용한다. 전략적 제휴는 **계약**이나 **합작기업**의 형태로 체결된다. **계약과 합작기업은 쌍방 간 법적 구속이 가능한 관계를 맺어 불확실성을 낮추는 방법**이다.

- 호선과 중역 겸임

  호선(cooptation)이란 **중요한 환경 부분의 리더를 조직구성원으로 초빙하는 것**이다. **중역 겸임**(interlocking directorates)은 **한 기업의 중역으로 있는 사람이 다른 기업의 중역을 겸직함으로써 공식적으로 두 기업 사이에 연계 관계가 성립되는 것**을 가리킨다. 중역은 두 기업 사이에 의사소통의 고리가 되어 정책 및 의사결정에 영향을 미치게 된다.

- 중역 채용

  중역을 파견하거나 교류하는 것도 외부 조직과 우호적인 관계를 맺는 방법이 된다. **중역 채용을 통하여 조직 사이에 영향력 및 의사소통의 경로를 확보**하는 것은 재무적인 불확실성을 제거하고 다른 조직에 대한 의존도를 낮추는 좋은 방법이 된다.

• 광고와 홍보

환경과 우호적인 관계를 설정하기 위해서 자주 사용하는 방법이다. 홍보는 광고와 비슷하지만 내용을 전달하는 비용이 들지 않고 여론의 형성을 목적으로 한다는 점에서 차이가 있다. **자기 조직에 대해서 우호적인 내용이 다뤄지도록 하는 모든 활동을 포함**한다. 즉, 홍보는 **자기 조직에 대해서 긍정적인 이미지를 갖도록 하는 활동을 전개**하는 것이다.

❷ 환경에 대한 직접적인 통제 : 적극적 전략

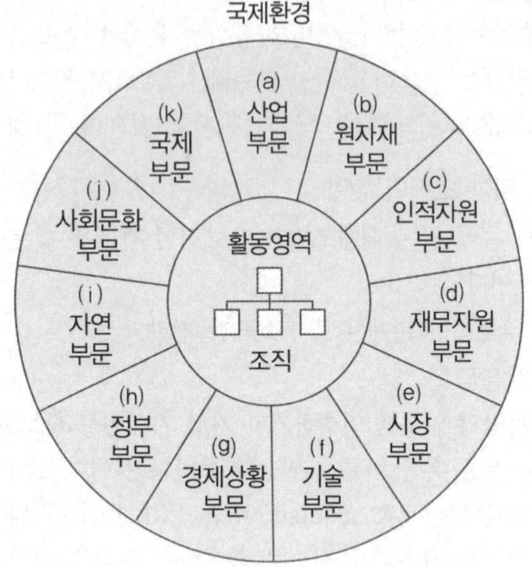

• 활동 영역의 변경

11개의 세부 환경 영역은 고정된 것이 아니며 활동 영역을 다시 변경할 수 있다. 월마트는 창고형 대규모 할인 매장 영업에 오랫동안 치중해오다가 마침내 온라인 판매를 실시하기로 하였다.

• 정치적 활동

정치적 활동이란 정부의 입법과 규제에 영향을 미치기 위한 모든 활동을 포함한다. 정치적 전략은 신규 경쟁자를 막기 위한 규제를 요구하거나 비우호적인 입법을 방지하는 전략을 말한다.

• 산업협회

외부환경에 영향을 미치기 위한 활동은 **비슷한 이해관계를 지닌 다른 조직과 연합**하여 전개하는 것이 좋다.

• 비합법적인 활동

비합법적인 활동은 기업이 활동을 통제하기 위하여 사용하는 **최후의 수단**이다. 하지만 일반적으로 이러한 활동은 **역효과**를 낳는 경우가 많다.

③ 자원 의존 관계의 유형 : 통제의 강도에 따른 자원의존 관계 분류

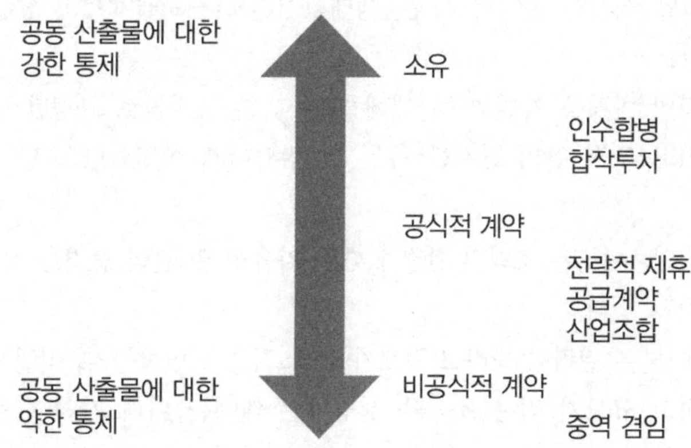

❶ 인수/합병(Merger & Acquisition)

피인수기업의 모든 자원과 자산, 채무를 인수기업이 흡수하는 것이다.

❷ 합작투자(Joint Venture)

둘 이상의 기업이 혁신적인 제품이나 공동 기술을 개발하기 위하여 서로 협력하여 새로운 조직을 만드는 것이다.

❸ 전략적 제휴(Strategic Alliance)

합작기업보다 덜 공식적이고 통제력이 약한 형태이다. 이는 **둘 이상의 조직이 서로 협력하기로 협약을 맺고 각각 독립성을 유지하면서 공동의 목표를 취하여 자원을 투여하는** 것이다.

❹ 공급계약

여러 조직들은 **핵심 공급자들과 계약을 맺어 내부 자원과 역량을 보충할 수 있는 자원을 확보**한다.

❺ 산업 조합(Trade Association)

동일 산업에 속하는 조직들이 서로 만나서 정보를 교환하고 상대방의 활동을 감시하는 **연합체**이다.

❻ 중역 겸임

1명의 중역이 여러 기업의 이사회에서 활동할 때 중역 겸임이 발생한다.

5) 평가

① 의의

❶ **조직이 필요한 자원을 환경(다른 조직)에 의존하지만 환경을 능동적으로 관리하고 환경에 적응하는 전략적인 주체가 되어야 함을 강조**한다.

❷ 환경이 조직에 미치는 제약성과 불확실성을 인식하면서 조직의 환경에 대한 적극적 대응 전략을 제시한 점에서 **개체군생태학이론보다 포괄적이고 상황조건적합이론보다 구체적**이다.

❸ 조직의 환경을 자원의존관계에 있는 다른 조직들로 규정함으로써 **환경의 개념과 경계, 그리고 조직 간의 관계를 훨씬 더 명확하게 설명**한다고 할 수 있다.

② 한계

❶ 자원의존이론은 **조직의 환경에 대한 자율성 및 관리 능력을 실제 현실보다 지나치게 부각**시키고 있다.

❷ 이 이론은 **권력이 강하고 규모가 큰 조직을 설명하는 데 적절**하다고 할 수 있으나 **권력이 약하고 규모가 작은 조직을 설명하는 데에는 여러 가지 한계**가 있다.

(5) 협력 네트워크 관점

1) 의의

협력 네트워크(collaboration-network perspective)는 자원의존 관점에 대한 대안으로 떠오르는 이론으로, 기업들이 경쟁력을 높이고 희소한 자원을 공유하기 위하여 서로 협력하는 데 관심을 갖는다.

이제 기업들은 생태시스템 안에 있는 다른 기업들과 함께 공진화함으로써 서로를 강력하게 만들어줄 필요가 있다. **공진화(coevolution)를 통해서 전체 시스템이 더욱 강력해지는 것이다. 공진화(coevolution)**란 **서로 다른 기업이 서로 영향을 주며 진화하는 것**으로 기업들도 서로 토의하고 비전을 나누고 동맹을 맺고 복잡한 관계를 관리하는 과정에서 공진화한다.

이제 **경영자들은 경제적인 측면의 공진화를 리드하는 방법을 배워야 한다.** 생태시스템 안에 있는 다른 조직과 협력하여 풍부한 사업 기회를 창조하고 평가할 수 있어야 한다는 말이다. 헤이 그룹(Hay Group)의 조사에 의하면 경영자의 **운영역할**(operation roles)과 **협력역할**(collaboration roles)은 서로 구별된다. 지금까지 경영자들은 **수직적 권한을 활용하여 자원을 동원하여 사업성과를 달성하는 전통적 운영 역할의 수행에 익숙**하다. 그러나 **협력 역할은 수직적 권한이 통하지 않는 수평적 관계를 통한 성과 달성을 요구**한다.

코피티션(coopetition)이란 **협력**(cooperation)**과 경쟁**(competition)**의 조합어**로 **경쟁을 통한 협력이라는 의미의 신조어**이다. 즉, 경쟁조직과 협력하면서 경쟁력을 높인다는 것으로 "$1+1=2+\alpha$"라는 **기본공식을 기대**하는 것이다. **상호협력을 통해 시너지효과를 내자는 공진화의 논리와 일맥상통하는 것이다.** 시간이 흐르면서 공진화가 진행되고 그와 더불어 전체 시스템은 더욱 공고해진다.

2) 협력의 동기

오늘날 기업들이 조직 간 협력에 관심을 갖는 이유는 무엇인가? **많은 기업들이 독립성을 유지해야 한다는 생각에서 벗어나서 다른 기업들과 상호의존적인 관계를 형성하여 독자적으로는 달성**

할 수 없던 성과를 거두고 있다. 혁신과 변화 적응, 문제해결, 성과 제고를 위해서는 조직 간 협력이 필수 요건이 되었다. 조직간 협력은 **장기 투자와 위험 추구를 가능하게 하는 일종의 안전망**과 같다.

3) 조직 간 관계에 대한 전통적 관점과 현대적 관점의 비교

전통적 관점 : 적대적	**새로운 관점** : 동반자
낮은 상호의존성 • 의심, 경쟁, 적대적 • 세부적인 성과 기준, 세밀한 감시 • 가격, 효능, 자사의 이익 • 제한된 정보와 피드백 • 법적 방식을 통한 갈등 해결 • 최소한의 관여 및 관계 특유적 투자, 서로 구분된 자원 • 단기적 거래 • 관계를 제약하는 계약	높은 상호의존성 • 신뢰, 쌍방을 향한 가치 부가, 높은 헌신 • 느슨한 성과 기준, 문제 공유 • 공평, 공정한 거래, 쌍방의 이익 • 전자적 연결을 통한 핵심 정보 공유, 문제 피드백 토론 • 긴밀한 조정 메커니즘, 인력의 상주 • 제품 설계와 생산에 상호 참여, 자원공유 • 장기적 거래 • 계약범위를 초월한 협력

(6) 생태학적 이론

1) 의의

유기체(organism)와 환경(environment)의 관계를 연구하는 학문을 생태학(ecology)이라고 한다. **조직생태학은 하나의 유기체로서 조직과 그 환경의 상호의존 · 상호작용의 관계를 설명하고 예측하는 학문**이다. 여기서 **조직군 생태학(population ecology)이란 개별 조직들의 집합체인 조직개체군과 환경의 관계를 연구하는 학문**이다. 특히 **조직 개체군에서 일어나는 변이 · 선택 · 보존 혹은 소멸 현상이 어떻게 이뤄지는가를 설명하는 데 중점**을 둔다.

조직군 생태학 관점(population-ecology perspective)은 조직 개체군 내부의 조직적 다양성과 적응의 문제에 초점을 맞춘다는 점에서 다른 관점과 다르다. **조직군(population)이란 유사한 형태의 자원을 활용하여 유사한 산출물을 생산하며 유사한 행동 양식을 보이는 조직들의 집합을 가리킨다. 동일한 조직군에 속한 조직은 유사한 자원, 유사한 고객을 두고 서로 경쟁한다.** 시애틀 지역에 있으면서 서로 경쟁하는 금융기관들, 텍사스주 휴스턴에서 서로 경쟁하는 자동차 딜러들을 예로 들 수 있다.

생태학 이론가들은 **사회 안에서 다수를 차지하는 조직 형태와 이들과 다른 변종조직이 조직군 안에서 어떻게 나타나고 활동하는지에 관심**을 갖는다. 조직의 다양성을 창출한 새로운 조직형태가 지속적으로 나타나는 이유가 무엇인가? 답은 **기존조직이 내부적 관성 때문에 환경의 요구에 맞추어 적절히 변화하지 못한다는 데에 있다.** 조직군 안에 나타나는 혁신과 변화는 기존 조직의 개혁과 변화보다는 새로운 유형의 조직이 탄생하는 것을 통해 일어난다. **조직의 형태는 한 번 정해지면 변화되지 않으려는 관성이 있기 때문에 전체 사회의 발전은 혁신적인 시도를 하는 새**

로운 형태의 조직에 의해서 이루어지는 게 일반적이다. 변화에 소극적인 기존 조직보다는 새롭게 출현하는 조직이 사회의 새로운 요구를 더욱 잘 충족시키는 것이다.

2) 특징

① 분석 및 연구 단위의 확장과 거시화

인간 사회세계의 계층구조는 개인 → 집단 → 개별 단위 조직 → 조직개체군으로 설명할 수 있다. 즉, 인간사회 계층구조 중에서 그 **분석 및 연구단위를 조직개체군과 그 환경에 둔다.** 이에 개별 단위 조직이나 개인 및 집단을 분석 단위로 삼는 조직이론보다 그 범위가 확장되고 수준이 높으며 거시적이다.

② 생물학적 적자생존 및 자연도태론에 입각한 조직이론

다윈(Darwin)의 『종의 기원(1859)』에서 볼 수 있는 **변이(variation), 적자생존(survival of the fittest), 자연도태 혹은 자연선택(natural selection)이론**을 **조직개체군과 환경의 관계를 설명하는 데 유추**한다.

③ 개체군 내 조직 형태의 환경 적합에 대한 관심

기존의 조직들은 내부의 관성(구조적 관성), 즉 매몰비용, 정보의 한계, 내부의 정치와 규범과 절차 때문에 **환경의 변화에 적응하지 못하는 사이에 환경의 요구에 더욱 적합한 새로운 조직들이 출현하는 것에 주목**한다.

④ 적소 및 적합성 강조

조직형태(organization form)란 조직이 사용하는 기술, 구조, 제품, 목표, 인력 등의 전체를 가리키며, 환경에 의해 선택되거나 도태되는 것이다. **새로운 조직은 자신이 생존할 수 있는 적소(niche)를 찾기 위해 노력**한다. 적소(niche)란 어떤 생물체가 **환경 속에서 생존하는 데 적합한 특정한 환경 자원 및 필요가 존재하는 영역(서식지)**을 말한다. Hannan & Freeman (1977)은 적소 혹은 적합성(fitness)이란 **어떤 개체군이 다른 개체군을 경쟁에서 물리치는 공간적으로 제한된 구역**이며, **그 개체군의 생존과 번식을 가능하게 해주는 모든 자원의 복합체**라고 정의한다.

3) 생태학 변화의 과정

왜 대규모 기업들은 변화에 적응하는 데 그토록 큰 어려움을 겪는 것인가[18]? 조직군 생태학 관점을 처음으로 제시한 **마이클 해넌(Michael Hannan)과 존 프리먼(John Freeman)은 조직의 변화능력에 큰 제약요인이 있기 때문**이라고 설명한다. 공장과 장비에 대한 대규모의 투자, 전문화된 인력, 제한된 정보, 의사결정자의 경직된 관점, 기존 절차를 정당화하는 과거의 성공체험, 기업문화 변혁의 어려움 등으로 인하여 변화하는 데 제약이 있다는 것이다. 이처럼 많은 저항을 뚫고 진정한 변혁을 이루어내는 일은 매우 드물고 성공 가능성도 낮다.

18) 변이는 대규모 기업이 아닌 새로 출현하는 기업에서 생겨남

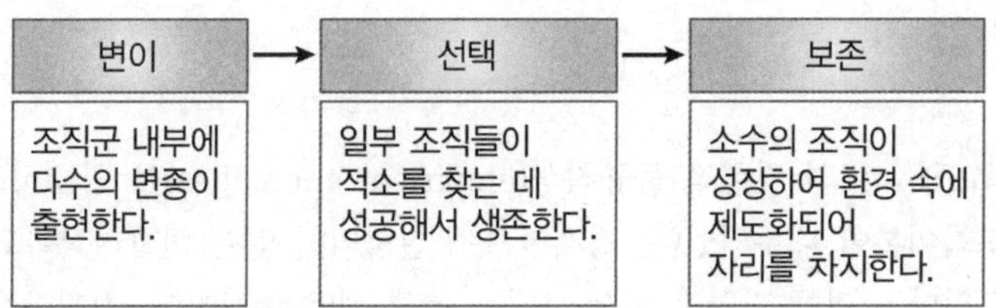

① 변이(variation) : **새롭고 다양한 조직 형태**들이 조직군 안에 출현

② 선택(selection) : 새로 출현한 조직 형태가 환**경에 적합한 것으로 받아들여져 생존**하는 여부

③ 보존(retention) : 환경의 선택을 받은 조직 형태가 **보호받아 제도화**하는 것

4) 생존전략

① 제너럴리스트(generalist) : **넓은 범위의 적소 또는 활동 영역을 지닌 조직**, 즉 **다양한 범위의 제품이나 서비스를 여러 시장을 대상으로 제공**하는 조직

② 스페셜리스트(specialist) : **좁은 범위의 제품이나 서비스**를 **한정된 시장에 제공**하는 조직

스페셜리스트와 제너럴리스트의 활동영역이 중첩되는 부분에서는 스페셜리스트가 더욱 강한 경쟁력을 보인다. 그러나 **제너럴리스트의 넓은 활동영역은 환경의 변화로부터 제너럴리스트를 보**호해준다.

5) 평가

① 의의

❶ 조직과 환경과의 관계를 연구하는 다른 이론과는 달리 **조직개체군으로 조직의 연구·분석 수준을 높여서 환경과의 관계를 연구함으로써 조직과 환경 간의 관계에 관한 연구를 거시 사회학적 차원으로 높였다.**

❷ **조직의 생존과 적응을 환경 선택적 관점에서 설명하는 데 유용한 이론**을 확립한다.

② 한계

❶ 지나치게 **조직에 대한 환경결정론**에 기울어져 있다. 조직관리자가 행사하는 전략적 선택을 완전히 배제해 버리는 것이다.

❷ 자연적 생물세계를 연구하는 개념과 방법을 유추해 인간으로 구성된 사회조직을 설명하고자 하는 데 근본적인 문제점이 있다. 동물이나 식물의 세계와는 달리 사회조직은 인간의 감정·의지·이성·윤리·사상 및 권력과 계급으로 구성된 하나의 **사회적 실체**다. 따라서 **생물학적 환경결정론의 맥락에서만 설명하기 어려운 존재다.**

❸ **경험적·실증적 연구 수준이 높지 않다.** 예를 들면, 개체군에는 어떤 조직들이 포함되고, 개체군의 경계는 어떻게 명확하게 정해지며, 적소나 적합성에 관해 어떻게 조작적 정의를 하고, 적합성을 확립하는 과정은 어떻게 이뤄지며, 변이의 근원은 무엇인가에 대한 설명이 미숙한 단계라고 할 수 있다.

(7) 제도화 관점

1) 등장배경

DiMaggio와 Powell의 **경험적 불규칙성(empirical anomalies)을 규명하고자 하는 일련의 연구에서 제도화이론이 대두**되었다. 경제적으로 설명되지 않는 비합리적이고 비이성적인 제도가 정형화되고 있다는 것을 기업의 현장 사례를 통해 깨달은 것이다. 경영자들이 반드시 합리적인 의사결정을 내리지 않을 뿐만 아니라 심지어 전문가를 고용하여 의견을 듣는 것도 경영자들이 의사결정에 조언을 구하기보다 정당성을 얻으려 하는 경우도 있다는 것이다.

2) 의의

제도화(institutionalization)란 제도가 확립되는 과정으로 사회적 행위자들의 상호작용 속에서 정형화된 행위 유형을 구성원이 보편적으로 받아들여 규칙·절차 및 행동의 유형을 확립하는 과정이다. **제도화 관점은 조직은 제도적 환경으로부터 정당성(legitimacy)을 확보하고 사회적 지지를 획득함으로써 생존한다고 설명**한다. 여기서는 효율성보다 조직의 존재 자체가 사회적으로 가치 있다고 인정받는 것이 중요하다.

즉, 제도화 관점(institutional perspective)은 **어떻게 하면 조직이 조직에 대해서 가진 환경의 기대에 부응함으로써 생존하고 발전할 수 있는지를 설명**해준다. **제도적 환경**(institutional environment)은 고객, 투자자, 협회, 이사회, 정부, 협력 기업들을 포함하는 **이해관계자들의 규범과 가치로 구성**된다. **정당성**(legitimacy)이란 환경의 규범과 가치, 신념 체계에 비추어볼 때 **조직의 활동이 바람직하고 적절하다는 사회 전반의 인식**이다.

3) 제도화 관점과 조직설계

제도화 이론에서는 조직에는 두 가지 차원, 즉 **기술적인 차원과 제도적인 차원이 있는 것으로 이해**한다. **기술적인 차원은 일상적인 업무 수행을 위한 기술과 운영의 조건을 다루는 차원**이다. **제도적인 차원**은 외부의 **일반 대중에게 비춰지는 조직의 이미지**이다. **기술적인 차원**에 대해서는 **합리성과 효율성의 규범이 지배**하지만, **제도적인 차원**에서는 **외부환경이 조직에 대해서 갖고 있는 기대 규범이 지배**한다.

여기서 **디커플링(decoupling) 현상**이 나타날 수 있는데 외부의 가치와 규범적 압력에 대응하기 위해 그러한 가치와 규범을 잘 드러내는 **제도화된 공식구조를 채택(adoption)하되, 내부에서는 기술적 합리성을 유지하기 위해 실질적인 활용(implementation)을 하지 않는 괴리**를 디커플링이라고 한다(Meyer & Rowan, 1977).

4) 제도적 유사성

제도적 유사성(institutional similarity)은 **동일한 장(field)에 속한 조직들에서 공통적으로 드러나는 구조와 관점의 유사성**을 가리킨다. **동형화(isomorphism)**란 조직군 안에 있는 한 단위 개체가 **유사한 환경 조건에 속해 있는 다른 개체를 닮아가는 과정**을 가리킨다.

① 모방적 힘 또는 동형화(Mimetic force 또는 isomorphism)

불확실성에 직면해 있을 때 다른 조직을 모방하여 그들이 하는 대로 따라하려는 모방적 힘(mimetic force)이 작용한다. 경영자들은 **한 기업에서 출현한 혁신을 성공이라고 생각하는 경향**이 있기 때문에 **한 기업에서 시작된 경영 관행은 모방을 통해서 다른 기업으로 빠른 속도로 확산**되곤 한다.

② 강압적 힘 또는 동형화(Coercive force 또는 isomorphism)

모든 조직은 공식적 또는 비공식적으로 정부와 규제기관, 그리고 환경 속의 다른 조직들로부터 압력을 받는다. 그 기업이 의존해야 하는 조직으로부터는 더 큰 압력을 받는다. 강압적 힘(coercive force)이란 어떤 조직에 대해서 다른 조직과 비슷한 조직구조와 경영기법, 경영방식을 택하도록 가해지는 외부의 압력을 가리킨다.

③ 규범적 힘 또는 동형화(Normative force 또는 isomorphism)

제도론 관점에서 제기하는 세 번째 메커니즘은 규범적인 힘이다. 규범적 힘(normative force)이란 **전문적인 기준을 수용**하거나 **전문가 단체에서 가장 효과적이고 최선의 방법이라고 규정한 방식을 수용**하는 것을 말한다.

구분	모방적 힘	강압적 힘	규범적 힘
조직유사성의 원인	불확실성	의존성	의무, 책임
사건	혁신, 가시성	법령, 규칙, 제재	전문가 인증, 심의
사회적 토대	문화적 지원	법적	도덕적
사례	리엔지니어링, 벤치마킹	오염통제, 학교 규제	회계기준, 컨설턴트 훈련

제도적 환경에 대해 조직의 정당성을 확보하는 과정에는 **모방적 · 강압적 · 규범적 힘이 모두 작용할 수도 있으며, 어느 한 가지 힘만 주로 작용**할 수도 있다.

5) 평가

① 의의

❶ **조직의 제도나 행위를 좀 더 거시적인 맥락에서 이해하고 설명하는 데 도움**을 준다. 단순히 특정한 과업환경(task environment)이나 기술적 환경의 맥락에서가 아니라 사회·문화, 국가 및 세계 체제라는 넓은 시각 속에서 조직의 제도적 환경과 구조 및 행위를 설명하는 장점이 있다.

❷ 조직이 기술적 · 경제적 환경 속에서 어떻게 기능적 합리성과 능률성을 실현하는가에 관해 설명하는 데 초점을 두는 기존의 이론과는 달리 **사회문화적으로 형성되고 당연시되는 가치와 규범이 조직의 구조 및 행위로 어떻게 제도화되고 정당성을 인정받으며 생존하는가를 설명하는 이론적 유용성**이 있다.

❸ 조직의 제도가 동형화되는 메커니즘을 설명하는 데 유용하며 **실제 조직의 운영과 생존의 근거와 이유를 이해하는 데 도움**을 준다.

② 문제점

❶ **제도화 이론에서 사용하는 개념과 그 개념들 간의 관계를 명확하게 이해하기 어렵다.** 문화, 제도, 사회적 가치, 상징, 조직의 제도 등 개념이 서로 복합되어 명확하게 이해하고 설명하기 어렵다.

❷ 주로 학교조직이나 행정기관 대상으로 연구한 이론으로 **효율성 확보를 추구하는 기업조직을 설명하는 데에 한계**가 있다. 즉, 조직 간 차이와 특수성을 고려하지 않고 일반적으로 설명하려고 하는 데 한계를 지닌다.

❸ **조직의 미시적 수준에서 일어나는 행위를 무시하는 경향**이 있다. 거시적 이론이 지니는 한계라고 할 수 있다. 예를 들면 조직 내 미시적 수준에서 발생하는 개인의 이익 추구 행위, 비공식적 관계, 갈등, 태도 등에 관한 설명이 소홀하다.

❹ **조직의 제도화 행위의 결정과 존속이 사회문화적 환경의 영향에 결정된다는 논리**에 치우쳐 있다.

5 조직경제학

1970년대 이후 신제도 경제학이 대두하면서 **경제학적 시각과 조직행태론적 개념이 결합된 매우 특화된 조직이론**이 나타나게 되었는데 이것을 조직경제학 혹은 신제도 경제학적 조직이론이라고 한다.

(1) 대리인 이론

1) 의의

대리인 이론에 따르면 **사회생활은 대리인(agent, 근로자 등)과 본인(principal, 주인, 사용자 등) 간의 일련의 계약과 위반 관계로 상정**될 수 있다. 사회적 관계는 본인과 대리인이라는 두 당사자에 의해 이뤄지며, 대리인은 주인을 대신해 특정 행동을 대행해주고, 주인은 대리인에게 권한을 위임한다. **그러나 주인과 대리인 간 상충하는 이해관계로 인해 대리손실(agency cost) 이 발생**한다. 효율적인 본인-대리인 관계를 유지하기 위해서는 대리손실을 최소화해야 한다는 것이다.

2) 대리인 비용

① **감시비용(monitoring cost)** : 주주가 대리인이 자신의 권익을 보호하기 위한 경영을 하고 있는지 감시하는 데 소요되는 비용

② **확증비용(bonding cost)** : 대리인이 자신의 경영활동과 의사결정이 주주를 위한 것임을 주주들에게 증명하려는 데 소요되는 비용

③ **잔여손실(residual cost)** : 감시비용이나 확증비용 이외에 경영자가 기업을 위한 최적의 의사결정을 하지 않음으로써 발생하는 기업가치손실을 의미

3) 도덕적 해이(moral hazard)

도덕적 해이란 일반적인 의미로는 미국에서 보험가입자들의 부도덕한 행위를 가리키는 말로 사용되기 시작하였다. **윤리적으로나 법적으로 자신이 해야 할 최선의 의무**를 다하지 않은 행위를

나타내는데, 법 또는 제도적 허점을 이용하거나 자기 책임을 소홀히 하는 행동을 포괄하는 용어로 확대되었다.

① 거래비용이론의 관점

거래비용이론(transaction cost theory)이 가정하는 **인간이란 기회주의적이며 자신에게 이익이 되는 것을 취하는 방향으로 노력하는 존재**이다. 기회주의적 행동은 속임수를 쓰면서까지 자기 이익을 추구하는 것인데, 이는 부정직하거나 약속을 불이행하거나 책임을 회피하는 세 가지 형태로 나타난다.

② 대리인이론의 관점

주주 입장에서 CEO는 자신들의 대리인이다. **대리인 관점에서 대리인과 주인 간에는 상호 불신과 이해의 상충관계, 즉 대리인 문제(Agency problem)가 불가피**하다. 이때 주인이란 자신의 이해관계에 직결되는 의사결정을 타인에게 위임하는 자를 말하고 대리인이란 주인으로부터 그러한 업무를 위임받은 자를 말한다. 주인은 대리인의 노력과 봉사로 자신의 이익을 추구하려는 이기적 동기를 가지고 있으며 대리인은 주인이 주는 대가로 자기 이익을 추구하는 과정에서 〈**대리손실(agency cost)**〉이 발생하게 된다.

③ 도덕적 해이의 결과

도덕적 해이는 일차적으로 거래관계에 있는 상대방이나 이해관계자에게 손실을 입히지만 다음으로는 **제삼자에게 피해가 전가**되는 경우도 많다. 예를 들면 금융기관이나 보험회사의 경영자들이 도덕적 해이에 빠지면 **그 회사들의 주주들이 일차적으로 피해를 입는다. 기업의 반윤리적 행위는 조직성과에도 악영향을 미친다. 이를테면 대표적 사례인 분식회계, 탈세, 편법증여, 편법 상속 등이 포함된다.**

경영자가 주주의 이익이 아닌 자기 자신의 이익을 우선시하는 경우로 짧은 기간 동안 단기성과를 높이기 위해서 기업가치를 높일 수 있는 기회가 충분히 있음에도 **미래를 위한 투자를 하지 않고 비용만 줄이거나 단기적 이익을 위해서 우량 자회사를 매각하는 일**도 벌어진다. 미국의 엔론 그리고 월드컴이라는 전문 경영인들은 높은 성과급을 위해 실적을 부풀려서 주주들을 속이는 **회계 부정 사건**을 저지른 경우도 있었다. 또한 대기업 회장이 기업의 내부정보를 이용한 주식 거래를 통해서 사적 이득을 취한 경우도 있었다.

④ 도덕적 해이의 방지책

❶ 인센티브 보상 계약

경영자의 행동과 기업의 목표를 일치시키는 것이다. 즉, 경영자가 열심히 일하면 일할수록 경영자에게도 이득이 되고 주주에게도 이득이 될 수 있도록 보상을 설계하는 것이다. 대표적으로 〈**스톡옵션(stock option)**〉 **제도**가 있다. 이는 경영자의 보수를 주가와 연동시키는 제도로 경영자와 주주의 이익이 일치하는 보상시스템이다. 그러나 스톡옵션은 부여받은 임직원이 자신의 이익을 극대화하기 위하여 기업경영을 단기성과 위주로 만들 수 있으며, 주식매입선택권 행사 과정에서 주식수가 증가하여 그 결과 주가가 낮아질 수 있는 문제점도 있다.

❷ 모니터링

이사회 모니터링을 통해 경영진을 감시하는 것이다. 이를 위해서는 사외의사제도 등 다양한 감독장치들을 만들어 둔다. 또한 기업 경영자뿐만 아니라 기업의 회계감사 혹은 감독자를 또 감시하는 이중적 장치도 필요하다.

❸ 경영참가제도

경영참가란 **근로자가 경영에 참가하는 일**을 말한다. 경영참가제도에는 **재산참가, 성과참가, 의사결정참가(관리참가) 등 세 가지 형태**가 있다. ① **관리참가는 경영 의사결정에 종업원들의 의견을 반영**하는 것이며, ② **성과참가 혹은 분배참가란 생산보상제도나 이윤분배제도를 실시**하는 것이고, ③ **자본참가**란 종업원 지주제도를 통해 **종업원이 자기가 소속하는 기업의 주식을 소유**하는 것 등을 말한다.

(2) 거래비용이론 : 시장과 위계이론

1) 거래와 거래비용

거래란 재화(상품)나 서비스의 매매에서 금전이나 물품을 주고받는 행위를 말한다. 거래는 그 방법에 따라 시장거래와 내부거래로 나눌 수 있다.

① 시장거래

시장거래는 거래 당사자가 **시장이라는 장소에서 거래**에 관계되는 정보를 수집・교환・흥정하며 거래하는 것을 말한다.

② 내부거래

내부거래란 **조직 내부에서 이뤄지는 거래**를 말한다. 이것은 거래에 관련되는 요소를 하나의 조직에 내부화하는 것으로 **조직의 계층제(hierarchy)를 통해 수행**된다.

③ 거래비용

거래비용(transaction)이란 **거래 계약을 체결하고 그것을 이행하는 데 필요한 비용**을 말한다.

- 탐색비용(search cost) : 적절한 거래 상대를 찾기 위한 비용
- 모니터링 비용(monitoring cost) : 상대방이 제공하는 정보의 진위나 상품의 가치를 파악하고 상대방이 계약을 충실하게 이행하는지 평가하기 위한 비용
- 협상비용(bargaining cost) : 서로 유리한 조건에서 거래를 수립하기 위해 밀고 당기는 비용
- 계약비용(contracting cost) : 서로 유리하게 계약조건을 결정하고 불확실성이 없도록 정확한 계약서를 작성하는 비용
- 이행비용(enforcement cost) : 계약이 계약서에 쓰인 대로 충실하게 실천되도록 하는 비용

2) 의의

1991년 노벨 경제학상 수상자 **코스(Coase)**는 그의 논문에서 시장경제가 개개인이 맺는 수많은 경제적 거래를 효율적으로 조정할 수 있다면 왜 기업이라는 또 다른 경제적 거래 조정 수단이 존재하는가를 가장 먼저 정리하였다. 즉, **코스는 어떤 경우에는 경제적 거래를 관리하기 위해**

시장을 이용하는 원가가 그 경제적 거래를 기업 영역 내부로 끌어들여서 수직적 통합을 하는 원가보다 더 높다는 사실을 발견했다.

이에 **윌리엄슨(Williamson)은 그의 저서 『시장과 위계(market and hierarchy)』에서 거래비용 접근방법을 통해 시장이라는 교환거래제도가 존재함에도 불구하고 왜 계층제로 상징되는 조직 제도가 생성되고 선택하는지를 설명**한다. **시장과 조직은 두 개의 대체적인 거래 양식**이며, 어느 **양식이 선택될지는 각각의 거래비용을 비교하고 고려해서 한다는 것**이다. 만약 **시장의 거래비용이 조직의 내부거래 비용보다 높은 경우에는 조직의 생성 혹은 내부조직화의 선택이 강화된다는 논리**이다.

3) 거래비용의 결정 요인과 내부조직화의 논리

① 인간적 요인

제한된 합리성과 기회주의 행태를 의미한다. **제한된 합리성**(bounded rationality)이란 **의사결정자가 의도적으로는 합리적으로 결정하고자 하지만 현실적으로 제한을 받는 의사결정을 하는 것**을 말한다(Simon, 1947). 제한된 합리성을 초래하는 근원은 현실적으로 정보의 부족, 불확실, 의사결정자의 인지 능력의 한계 및 시간 제약 등에 있다. **기회주의**(opportunism)란 **거래자가 자기의 이익을 추구하기 위해 거래 상대자에게 불이익이 될 수 있는 정보를 선택·왜곡 및 조작하는 등의 행동을 하는 것**을 말한다. 거래자들이 조직 속으로 들어와 조직의 구성원으로서의 조직의 규칙과 명령에 따라 일을 수행하게 함으로써 거래비용을 줄이고 효율성을 확보할 수 있는 것이다.

② 환경적 요인

거래비용의 환경적 요인은 **불확실성·복잡성·자산의 특수성 및 거래빈도** 등이다. **거래의 불확실성**(uncertainty)**이란 거래 상대자의 신용상태가 기회주의적 행동 개연성 등을 확실히 알 수 없는 경우**를 말하며, **복잡성**(complexity)**이란 거래 계약 규정이나 절차 등이 복잡한 것**을 말한다. **거래의 빈도**(frequency)**란 거래의 발생 정도**를 말한다. **소수의 거래자**와는 거래빈도가 많지 않기 때문에 거래비용이 발생하게 된다. 거래가 규칙적·일상적으로 반복되는 경우에 내부조직화함으로써 비용을 줄이고 효율성을 높일 수 있다.

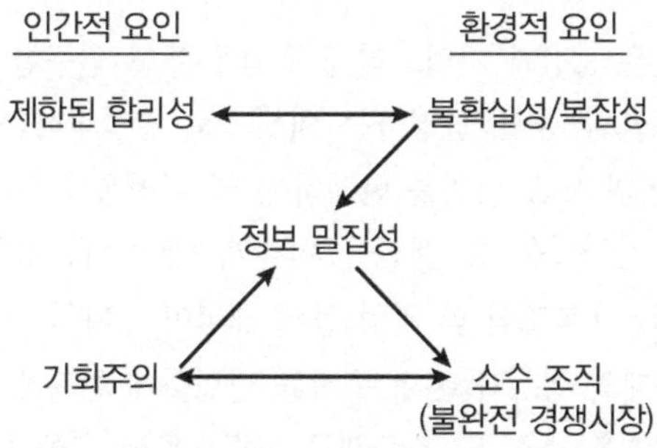

③ 전제조건 : **정보의 편재성**(information impactedness)

불확실성/복잡성과 기회의의 간 상호작용 결과로 정보의 밀집성(편재성)이 전제조건이 된다. **정보의 편재성이란 정보의 격차를 의미하는 것으로 당사자에게는 알려져 있으나 다른 사람이 알기 위해서는 비용이 많이 드는 것**이다. 정보의 불완전성(information imperfection) 및 정보의 중요성(impact)이라고도 불린다.

4) 조직의 선택과 형태

거래비용이론에서는 **시장거래비용이 높은 경우 해결방안으로 내부조직화를 제안**한다. 즉, **계층제 조직**을 선택하는 것이다. 시장거래로 이뤄질 거래를 조직 내부로 끌어들임으로써 제한된 합리성과 불확실성을 극복하여 안정성을 확보하는 것이다.

그러나 **조직 내에서도 효율적 자원배분이 이뤄지지 못하는 〈조직실패(organizational failure)〉가 나타날 수 있다.** 즉, **조직규모가 너무 커지면 조직 내부의 부서나 업무의 종류가 많아지고 이를 연계하고 조정하려면 또 다른 비용이 발생**한다. 또한 관리가 어려워지고 부서 간 내부 회계처리 문제가 추가되기도 하며 부서끼리의 **갈등으로 소위 내부 거래비용이 추가적으로 발생**한다.

조직화비용과 거래비용이 같아지는 지점에서 더 이상 내부화 과정은 이뤄지지 않는다. 즉, 이 지점을 적정 규모라고 할 수 있다.

5) 평가

① 의의

❶ 거래비용이론은 경제학자들로 하여금 조직사회학의 개념에, **조직사회학자들로 하여금 경제학적 개념에 관심을 갖게 하고 그 개념들을 적용해 시장·조직 및 제도의 관계를 분석하고 설명하는 데 도움을 주는 이론**이다.

❷ **거래비용적 관점에서 조직(계층제조직)이 생성·선택 및 변화되는 메커니즘을 설명함으로써 조직이론의 발전에 일정한 기여**를 하고 있다.

❸ 시장과 기업조직 간의 적절한 관계 설정 방안을 선택할 때 도움이 될 뿐만 아니라 시장과 정부조직 간의 관계 설정 방안을 구상하는 데 도움이 되는 이론이라고 할 수 있다. 즉, **시장이 실패한 경우에 정부를 비롯한 공공조직이 해야 할 역할이 무엇이며, 반대로 공공조직이 실패할 경우 시장의 중요성과 역할이 무엇인가를 암시하는 이론**이다.

② 한계

❶ **거래비용이론은 시장과 기업조직에 초점을 두고 연구한 이론**이다. 따라서 그것을 **공공조직 및 비영리조직 등을 설명하는 이론으로 일반화하는 데는 한계**가 있다.

❷ **거래비용 개념의 포괄 범위를 한정하는 데 어려움**이 있다. 현실적으로 어떤 비용으로 한정할 것이고 간접비용 등 계산을 어떻게 해야 하는가의 문제점이 있다.

❸ **조직·계층제·내부조직 및 기업 등의 개념이 명확히 구분되지 않고 쓰이는 것도 문제**다.

❹ 조직 및 계층제의 생성과 존재 목적을 편협하게 한정해 설명하고 있다. **시장의 거래비용이 높으면 거래를 조직 및 계층제로 옮김으로써 효율성을 높인다고 설명**하는 것은 타당하다. 그러나 **조직은 그와 같은 효율성을 달성하기 위해서만 형성 혹은 존재하지 않는다.** 시장을 통제하고 독점을 누리고자 하는 목적도 있기 때문이다.

제 5 절 조직이론의 분류

1 Daft : 조직 간 관계의 분석의 틀

조직 간 관계(interorganizational relationships)란 **둘 이상의 조직 사이의 자원 거래, 물류, 연결이 지속적으로 이루어지는 관계**를 가리킨다. 조직생태시스템(organizational ecosystem)은 조직 공동체와 환경 사이의 상호작용으로 형성된 시스템을 가리킨다. 조직생태시스템은 전통적인 산업의 경계를 초월하여 구성된다.

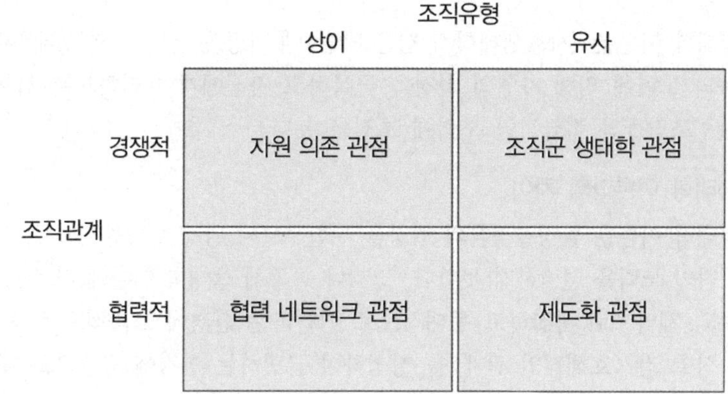

2 Astley와 Van de Ven

조직이론은 **결정론적 혹은 임의론적 지향적** 그리고 **개별 조직 혹은 조직군 수준** 두 개의 상호 배타적인 차원에 의해 네 가지 관점으로 분류한다.

분석수준	결정론	임의론
조직군	자연적 선택 관점 －조직군 생태학이론 －시장과 위계이론	공통적 행동 관점 －공동체 생태학이론
개별조직	시스템 구조적 관점 －구조적 상황이론	전략적 선택 관점 －전략적 선택이론 －자원의존이론

인간본성에 대한 가정

(1) **결정론** : **조직이 환경에 의해 결정**된다는 입장이다.

(2) **임의론** : **조직이 환경을 변화시키거나 또는 조직이 환경에 적극적으로 대응**한다는 입장이다.

(3) 공동체 생태학 이론

1) 의의

공동체 생태학 이론(Community Ecology Theory)이란 조직 공동체 내의 복수의 다양한 개체군 간 관계성에 대한 연구분야이다. 즉, **환경에 대응하기 위한 조직들의 공동의 노력을 중시하는 것**이다. 공동체 생태학이론은 기본적으로 조직은 환경과의 관계 속에서 그 활동을 영위하고, 조직의 생존과 성과는 다른 조직들과의 관계에 좌우된다는 인식에 바탕을 두고 있다. 이 분야의 연구들은 연구자들에 따라 **공동체 생태학, 공동전략, 조직 간 네트워크, 전략적 네트워크 등** 상이한 명칭으로 불린다.

공동체 생태학 이론은 **〈사회생태학적 접근 방법〉**에 바탕을 둔다. 사회생태학적 접근 방법은 **조직의 공동의 노력에 의해 자연의 환경을 극복하고 자신에게 유리하도록 사회환경을 형성하고 통제하려는 조직들의 적극적인 노력에 초점**을 둔다.

2) 조직군 생태학 이론과의 차이

조직군 생태학 이론은 **환경결정론의 입장**을 취함으로써 환경에 능동적으로 대처해 나가는 조직들의 공동적인 노력을 설명하지 못한다. 그러나 공동체 생태학 이론에 따르면 **개별 조직은 자원이나 정보의 제약으로 복잡하고 동태적으로 변화하는 환경에 효과적으로 적응하기 위해 많은 조직들이 상호 간 〈호혜적인 관계〉를 형성하여 급변하는 환경에 공동으로 대처**하고 있다. 즉, **조직군 생태학 이론은 조직들의 공동적인 노력을 설명하지 못한다.** 예를 들어 전국경제인연합회와 같은 각종 협회의 등장이 대표적인 예이다.

3) 자원의존이론과의 차이

자원의존이론은 개별 조직에 초점을 맞추고 개별 조직이 환경에의 **자원의존을 탈피하기 위한 전략적 수단으로서 조직 간 네트워크를 고려**하고 있다. 반면에 **공동체 생태학 이론은 좀 더 거시적으로 조직 간 관계 그 자체에 연구를 초점**을 둔다.

4) 호혜적 관계의 형성 이유

조직은 다음과 같은 이유에서 호혜적인 관계를 형성한다.

필요성	정부나 법률 등의 규제에 대응하기 위해 조직 간에 교환관계나 연합을 형성
불균형	조직 간에 중요한 자원들이 산재되어 있는 경우 핵심적인 자원을 획득하기 위해 조직 간의 관계를 형성하는 것
호혜성	공동의 목표나 이익을 추구하기 위해 조직 간에 관계를 형성하는 것
효율성	조직 내부의 투입과 산출의 비율을 향상시키기 위해 조직 간에 관계를 형성하는 것
안정성	자원의 희소성이나 환경 변화에 대한 불완전한 지식에 의해 유발되는 환경의 불확실성을 줄이기 위해 조직 간에 관계를 형성하는 것
정당성	조직의 명성이나 이미지를 제고하고 기존의 사회적 규범이나 신념 및 외부 기관들의 기대에 부응하기 위해 조직 간에 관계를 형성하는 것

5) 역기능

조직간 공동전략은 역기능도 동시에 존재한다. ① **개별 조직의 전략적 유연성을 감소**시키고, ② **외부적 제약의 영향을 증대**시키며, ③ **새로운 진입 조직이 등장해서 조직 자체적인 적응 능력을 저하**시키는 것 등의 역기능이 존재한다.

3 Scott

조직에 대한 관점 \ 인간에 대한 관점	합리적	사회적
폐쇄적	1900~1930 Taylor(1911) Weber (1947번역) Fayol(1949번역) 제1상한	1930~1960 Mayo(1945) Selznick(1948) McGregor(1960) 제2상한
개방적	제3상한 1960~1970 Chandler(1962) Lawrence & Lorsch(1967) Thompson(1967)	제4상한 1970~ March(1976) Weick(1979) Senge(1990)

조직의 체제론자인 Scott 교수는 **조직의 발생이 인위적인지 자연적인지에 따라 합리적이냐 사회적이냐 하는 인간에 대한 관점**과 **환경을 고려하는지 여부에 따라 폐쇄적이냐 개방적이냐 하는 조직에 대한 관점** 등 두 가지 기준에 따라 총 4개의 체제로 조직을 분류하였다.

(1) 분류기준

1) 조직에 대한 관점

조직의 '환경'개념을 이론에 포함시켰는지 여부에 따라 폐쇄적(closed)인지 혹은 개방적(open)인지로 구분하였다.

2) 인간에 대한 관점

이론이 조직을 구성하는 인간을 '합리적'이라고 가정하는지 여부에 따라 합리적(rational)인지 혹은 사회적/자연적(social or natural)인지로 구분하였다.

(2) 모형

1) 폐쇄-합리적 조직이론 모형 : 기계적 효율성 강조(1900년~1930년)

조직을 외부 환경과 단절된 폐쇄체제로 보면서 **조직구성원들이 합리적으로 사고하고 행동하는 것으로 간주하는 이론**이다. 이 모형의 근본 가정은 조직을 외부환경과는 아무 상관이 없는 완전히 폐쇄된 체계로 보았고 조직을 구성하는 인간을 합리적으로 사고하고 행동하는 것으로 보았다.

① **조직의 효율성을 강조하고**, ② **정확성, 안정성, 책임성을 강조**한다는 〈**장점**〉이 있지만, ❶ **인간적 가치관과** ❷ **환경의 중요성, 그리고** ❸ **조직의 비공식적 요인에 대해 고려를 하지 못했다**는 〈**단점**〉이 있다.

2) **폐쇄-사회적 조직이론의 모형 : 인간관계의 강조(1930년~1960년)**

조직 구성원들이 자연적이고 사회적 존재임을 가정한 상태에서 출발한 이론으로 구성원들은 욕구를 가진 인간이며 그들의 사회적 욕구를 연구하고 그 결과를 이용함으로써 조직의 생산성을 향상시킬 수 있다는 가정하에서 만들어졌다.

① **인간의 사회적 욕구를 강조**하고, ② **조직의 비공식적 요인을 개척**했다는 점에서 〈**장점**〉이 있지만, ❶ **조직의 비공식적 측면과** ❷ **인간이 심리적, 사회적 존재라는 측면만 강조**하는 경향이 있다는 〈**단점**〉이 있다.

3) **개방-합리적 조직이론의 모형 : 환경변수에 초점을 둔 상황이론(1960년~1975년)**

조직의 합리적 목적수행을 위해서 조직을 둘러싼 환경변수인 정치, 경제, 사회, 문화, 기술 등 요소에 근거한 이론이다. 즉, 유기체의 생존의 원천에 대한 관점을 조직내부에서 조직의 외부환경으로 옮겼다고 할 수 있는데 이러한 사고는 바로 조직에 관한 '시스템적 접근'의 근간을 이루었다.

이 모형은 **조직을 유기체로 간주하면서 조직환경에 대한 효과적 적응을 강조한 것에** 〈**의의**〉가 있지만, **조직의 전략적 선택의 중요성을 소홀히 했다는** 〈**비판**〉이 있다.

4) **개방-사회적 조직이론의 모형**

조직을 둘러싼 환경의 중요성을 강조하면서도 조직의 합리적 목적수행보다는 **조직의 존속이나 비합리적, 동기적 측면을 강조하는 이론**이다.

이 모형은 조직의 자기 조직화와 학습을 중시하면서 조직의 비합리성과 효과적 생존을 강조했으나 처방적인 면이 부족하다는 것을 단점으로 꼽을 수 있다. 특히 개방-사회적 조직이론은 조직이 목표달성보다는 생존을 중시하고 조직 속에 흐르고 있는 비공식성, 비합리성에 초점을 맞추어 규칙만으로는 설명하기 어려운 조직의 비합리적인 동기적 측면을 중점적으로 다루고 있다.

① Weick의 사회심리조직이론(조직화 이론)

사회심리학적 관점에서 왜 조직은 환경의 특정 측면에만 관심을 가지는지, 실제 존재하는 세상의 정보를 어떻게 처리하는지에 관한 문제를 조직화된 모형으로 설명한다. 즉, 투입요소로서의 정보는 애매하고 불확실하다. 조직은 정보 투입의 모호성을 감소시킬 필요가 있다. 조직화는 바로 불확실한 투입을 어느 정도 확실한 수준으로 바꾸고, **모호한 정보를 구성원 사이의 상호작용을 통해 어느 정도 분명한 정보로 전환하는 활동**이다. 결국 Weick은 조직화를 환경 탐색, 해석, 그리고 학습의 과정으로 파악하여 조직에 참여하는 인간들 사이의 상호작용에 의해 **환경이 재구성**된다는 측면을 강조한다.

Weick은 사회심리학적 관점에서 환경문제를 접근한다. ① **조직구조나 조직설계는 조직환경, 조직기술, 조직규모 등 상황요소에 관계없이 관련 문제나 기회를 해석하는 조직관리자**

의 결정에 따라 결정되는 것이며, ② **환경탐색 → (조직관리자) 해석 → (구성원) 학습으로 연결**된 일련의 과정인 **조직화를 통해 환경에 대한 대응방식을 결정**한다. 즉, Weick은 **조직환경은 주어지는 것이 아니라 조직에 참여하는 사람들 사이의 상호작용에 의해 재구성**되는 것이며, 조직구조나 전략 역시 이러한 조직화의 단계인 탐색과 해석에서부터 시작된다고 보았다. 다음은 조직화 과정에 관한 도식이다.

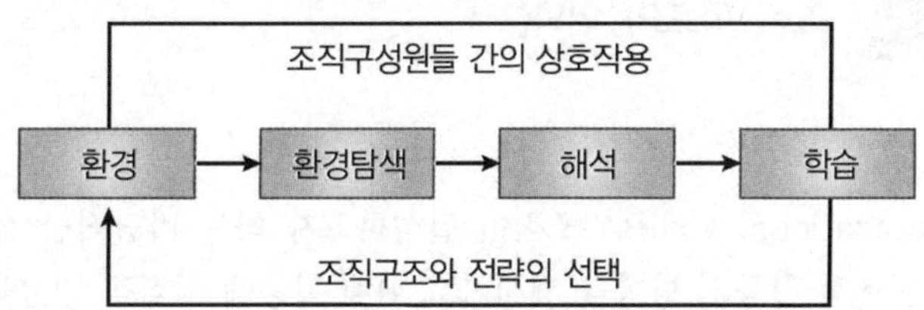

여기서 조직이 인지하지 않은 환경은 조직에서 고려대상이 아니다. 즉, 환경은 주어지는 것이 아니라 인간 사이의 상호작용에 의해서 창조되는 것이다.

② Senge의 학습조직이론

Senge는 1990년대 들어서 변화하는 시대의 이상적인 조직의 모습으로 〈학습조직〉이라는 개념을 제시하였다. 21세기의 경쟁력이 단지 제품의 양이나 질보다는 지식추출과 지식의 생산능력에 좌우되는 만큼 **기업의 성공을 위해서는 끊임없이 배우고 새로운 것을 창출할 수 있는 학습조직이 되어야 한다고 주장**하였다. Senge는 학습조직을 구성하는 핵심 요인으로 시스템사고, 팀학습, 개인숙련, 사고모형, 공유비전이라는 5가지를 제시하고 있다.

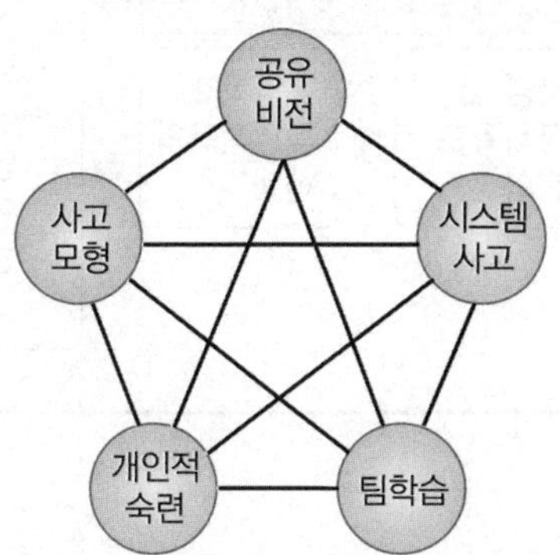

❶ 시스템 사고 : 현상을 단선적이고 평면적으로 이해하는 것이 아니라 **전체를 보고 전체에 포함된 부분들 사이의 순환적·동태적 인간관계를 이해하는 문제해결 수단**이다.
❷ 개인적 숙련 : **현재의 자기능력을 심화**시켜 나가는 행위
❸ 사고모형 : **인간이 경험하는 현상들을 이해한 체계 또는 준거의 틀**로 **인간의 철학적 기반**에 해당한다.
❹ 공유비전 : **조직이 추구하는 방향**으로 그것이 왜 중요한 것인지에 관한 **조직구성원들이 공감대를 형성**하는 것이다.
❺ 팀학습 : **팀구성원들이 바람직한 결과를 얻기 위하여 의도적·체계적으로 지속하는 학습**행위

CHAPTER PART 04 조직차원

02 | 전략 및 조직효과성

제1절 조직 목표의 의의

1 의의

조직의 목표(organizational goal)란 조직이 달성하고자 하는 바람직한 상태(desired state)를 말한다. 조직의 목표는 **조직 활동의 방향을 제시**하고 **현재 활동에 실질적 영향을 미치는 사회적 힘**을 가지고 있다. 조직의 목표는 **조직의 합법성 및 정당성의 근거를 제공**하고 조직 구성원의 행동 기준을 제공하고 동기를 부여하며, 의사결정의 지침을 제공하고, 나아가 효과성 평가의 기준을 제공하는 기능을 수행한다.

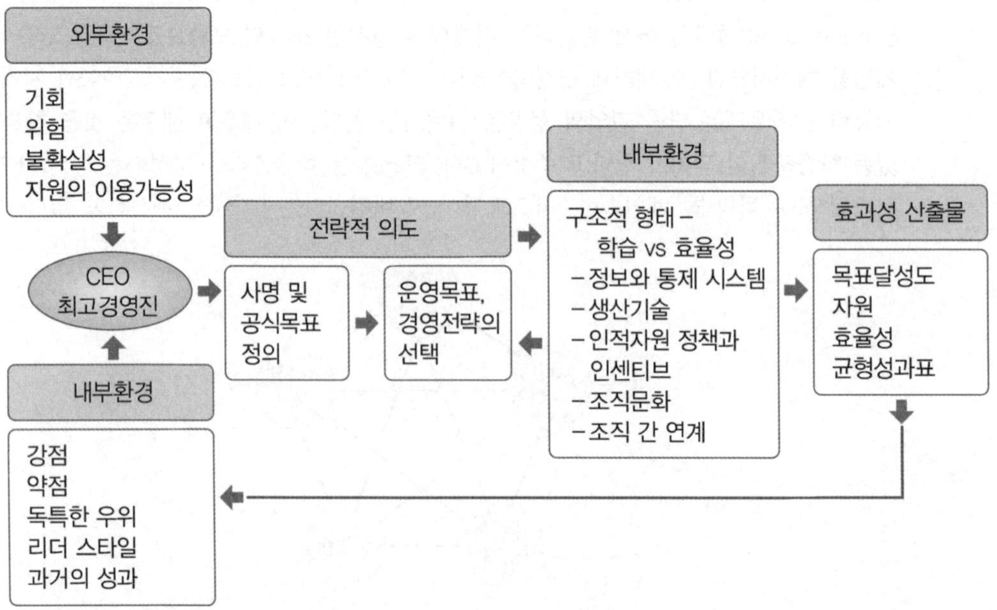

한 마디로 조직 목표는 **전략적 의도**(strategic intent)다. **전략적 의도란 조직의 모든 에너지와 자원이 집중되고 통합된 강력한 전체목표를 지향**하는 것을 말한다. 예 마이크로소프트 "모든 가정에 있는 책상 위에 컴퓨터를 보급한다."

(1) 사명(Mission)

조직의 비전, 공유가치와 신념, **조직이 존재하는 정당한 이유**를 나타낸다. 사명은 때로 공식적인 목표(official goal)로 불리며, 여기에는 조직이 달성하고자 하는 사업 범위와 결과가 공식적으로 언급되어 있다. **즉, 조직의 목적과 철학이 담겨있다.**

(2) **경쟁우위**(Competitive Advantage)란 특정 조직이 **다른 조직과 구별**되고 시장에서 고객이나 수요자들의 요구를 해결하는 데 **차별적 우위**를 가져오는 것을 말한다.

(3) **핵심역량**(Core Competence)은 **경쟁자와 비교하여 특별히 잘할 수 있는 그 무엇**으로 정의된다.

2 유형 : 공식목표와 운영목표

공식목표는 조직의 행동을 규제하기 위한 정관, 연례보고서, 경영자의 공언 등에 표현되는 **조직의 일반목표로서 사회적 관점에서 조직 활동을 정당화**시켜 준다. 이에 반해 **실질적 목표(혹은 운영목표)**란 조직이 **실질적 활동을 통하여 추구하는 목표**로서 조직의 외부환경의 상호작용과 조직내부에서 형성되는 것이다. 즉, **운영목표**(operating goal)**는 실제적인 운영활동을 통하여 조직이 실제로 달성하려고 하는 최종결과물을 나타낸다.**

3 목표의 중요성

공식목표와 사명 선언문은 조직의 가치 시스템을 나타내주고 조직에 전체적인 목적과 비전을 부여해주는 데 비해, **운영목표는 조직이 수행하는 주요한 과업을 구체적으로 나타내주고 있다.** 공식목표가 **조직에 정당성(존재 이유)을 부여**해주는 반면, 운영목표는 **보다 명확하게 잘 정의**되어야 한다.

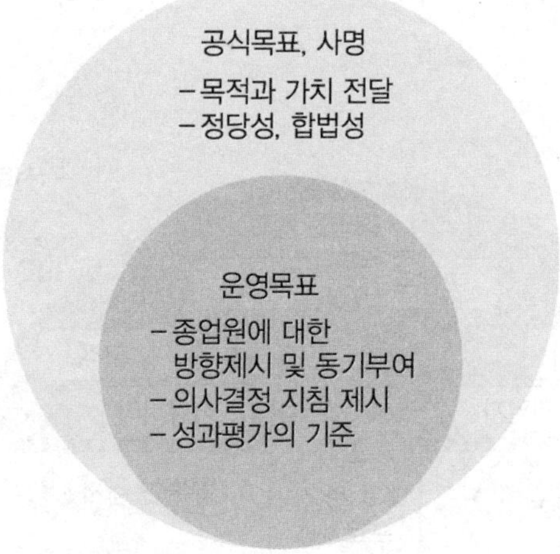

제 2 절 조직효과성(조직유효성)

1 의의

조직효과성(organizational effectiveness)**이란 '조직이 목표를 달성하는 정도'**를 의미한다(C.I. Barnard). 즉, **조직의 목표달성 정도나 조직이 얼마나 잘 되고 있는지를 표시하는 개념으로서 조직의 성과를 평가하는 하나의 기준**이다.

반면 **효율성**(efficiency)**은 조직의 목적을 달성하기 위해 사용된 자원의 양과 관련**이 있다. **목적달성(산출) 대비 사용된 자원의 양(투입)이 효율성**이다. 효과성(effectiveness)은 조직이 달성하고자 하는 진정한 목적을 달성하였는가의 정도를 의미한다.

조직효과성은 사회적인 구성물(social construct)이다. 다시 말해 조직효과성은 개인이나 그룹에 의해 만들어지고 정의되는 것이지 외부 세계에서 독립적으로 존재하는 개념이 아니다. **경영자는 효과성 측정을 위해 아래의 네 가지 접근방법 중 하나 이상의 방법을 사용한다.**

- 목표 접근방법
- 자원기준 접근방법
- 내부과정 접근방법
- 전략적 이해관계자 접근방법

2 조직 효과성 모형

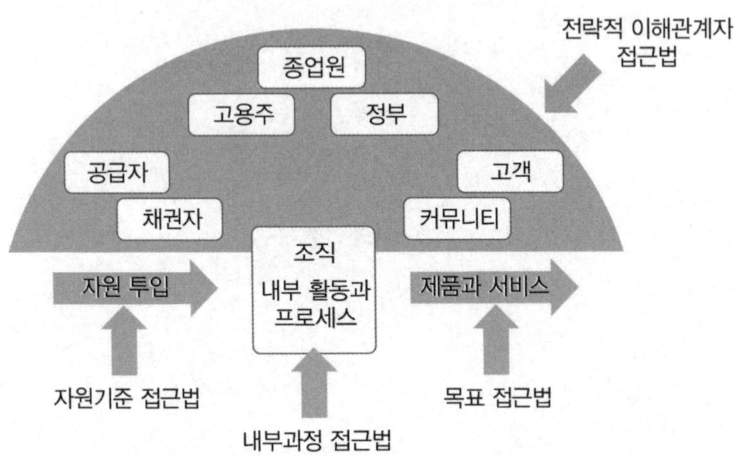

(1) 전통적인 접근법

1) 목표접근방법(Goal Approach)

조직효과성에 대한 목표접근방법(goal approach)은 **목표에 대한 파악과 목표를 달성하고 있는 정도를 평가하는 과정으로 이루어진다.** 조직체제의 산출(output)에 위치하며 산출 목표의 달성에 초점을 맞춘다. 이 모형에서 보면 조직은 그 목표를 달성하는 정도가 높고 클수록 효과성이 높다.

① 유용성

산출목표는 쉽게 측정이 가능하기 때문에 목표 접근방법은 비즈니스 조직에서 활용된다. 사회적 문제를 해결하는 데 중점을 두고 있는 **일부 비영리조직들 또한 목표 접근방법을 유용하게 활용할 수 있다.**

❶ 조직의 효과성을 조직이 산출하고자 설정한 목표의 달성 정도에 비춰 규정하고 설명하므로 그 **논리성과 타당성이 매우 높다.**

❷ **전통적으로 가장 널리 인정되는 이론**이다.

② 문제점

그러나 비영리조직에서 운영목표를 확실히 하고 효과성을 측정하는 것은 쉽지 않다. ① 여러 가지 목적으로 인한 문제와 **② 목표 달성 지표의 주관성으로 인한 문제**이다. 또한 직원 복지나 사회 책임, 고객 만족도와 같이 주관적인 평가가 필요한 목표도 존재하지만, 주관적 목표측정의 문제도 발생한다.

❶ **조직의 목표가 과연 조직 안의 누구의 목표인가를 단정하기 어려운 경우가 많다.**

❷ 조직효과성을 측정할 때 **장기 목표, 단기목표 등 어느 목표에 초점을 둘 것인지 문제**가 있다.

❸ 조직은 다양한 목표를 추구하는데 이들이 **상충하고 경합**하는 경우 목표의 성과측정과 효과성 판단이 어렵다.

❹ 조직구성원들 사이에 **조직목표에 대한 합의**가 잘 이뤄지지 않는 경우가 있다.

③ 목표지표(3~4개 정도 암기)

측정이 가능한 운영목표를 의미하는바, 구체적인 내용은 아래와 같다.

❶ **수익성** : 비용을 차감하고 난 후 투자나 사업 운영에서 얻어진 초과 이득

❷ **시장점유율** : 경쟁기업과 비교하여 기업이 차지할 수 있는 시장의 비율

❸ **성장** : 시간에 따라 기업이 매출이나 수익 혹은 고객을 늘릴 수 있는 능력

❹ **사회적 책임** : 조직이 자신뿐 아니라 사회의 이해관계에 잘 공헌하는 정도

❺ **제품 품질** : 조직이 제품이나 서비스의 높은 품질을 유지할 수 있는 능력

2) 체제자원적 접근법(System Resource Approach)

자원기준 접근방법(resource-based approach)은 **투입 측면을 기준으로 효과성을 평가하는 방법**으로 **조직이 효과적이기 위해서는 가치 있는 자원을 효과적으로 획득하고 관리할 수 있어야 한다는 것을 전제**로 하고 있다. 조직의 투입 측면에서 유효성을 판단한다. 즉, 고성과를 위한 필요한 자원획득이 유효성의 평가 기준이 된다.

① 유용성

다른 성과지표를 사용할 수 없는 경우 자원기준 접근방법이 유용하게 사용될 수 있다. 예를 들어 많은 **비영리조직과 사회복지 조직의 경우 산출물이나 내부 효율성을 측정하기 어려운 경우가 많다.** 비록 자원기준 접근방법이 효과성을 측정하기 위한 다른 측정법의 사용이 어

려울 때 빛을 발하기는 하나 이 접근방법에는 약점이 존재한다. 이 접근방법은 조직이 고객의 니즈를 얼마나 잘 파악하고 있는지 고려하지 못한다. 자원의 가치는 외부환경에 따라 달라질 수 있기 때문에 이 접근방법은 조직이 고객의 니즈를 얼마나 잘 파악하고 있는지 고려하지 못한다.

❶ 체제자원모형은 **조직이 환경에서 자원을 획득하고 생존 및 적응하는 능력을 평가하는 접근방법으로서 유용**하다.

❷ **조직 간에 효과성을 비교하는 데 무난한 기준을 제시**한다. 즉, 조직들(정부, 기업, 대학 등)은 각각 목표가 다르고 내부 과정도 차이가 있다.

② 문제점

❶ 조직의 궁극적 목표보다 수단적 목표 실현에 초점을 둠으로써 **무엇을 위해 자원을 확보하는지 등한시**한다. 즉, **우수한 인적자원 확보는 수단이지 조직의 궁극적 목표는 아니다.** 그 자체의 한계성으로 **목표모형 등과 병행해서 적용**해야 한다.

❷ **측정 수단의 어려움**에 비판이 있다. 즉, **자원 측면에서의 효과성 측정을** 재무적 기준으로 해야 하는지, 인적 기준으로 해야 하는지 측정기준이 애매하다는 비판이 있다.

③ 자원기준 지표

❶ 협상지위(bargaining position) : 재무자원, 원재료, 인적자원, 브랜드, 지식, 기술 등과 같은 **희소하고 가치 있는 자원을 외부로부터 획득할 수 있는 능력**

❷ 상황판단능력 : **외부환경과 공급력에 대한 실제 상황을 의사결정자가 정확하게 인지하고 해석**할 수 있는 능력

❸ 조직관리역량 : 높은 성과를 얻을 수 있도록 일상적인 조직 활동에 필요한 **유형(공급자원, 인력)과 무형(지식, 기업문화)의 자원과 역량 등을 관리할 수 있는 능력**

❹ 환경대응역량 : 변화하는 자원 측면의 **환경에 대응할 수 있는 조직 능력**

3) 내부과정 접근방법(Internal Process Approach)

내부과정 접근방법(internal process approach)은 **조직의 내부 건전성과 효율성에 초점을 두고 효과성을 평가**한다. 확보된 자원을 이용해 생산물이나 서비스를 산출하는 〈내부 과정의 능률성〉이나 내부 구성원 및 직원의 욕구 만족과 능력발전을 도모하는 조직 내부의 활동에 초점을 맞춘다.

① 유용성

자원의 효율적인 사용과 내부 기능들의 조화는 조직의 효과성을 측정하는 데 좋은 방법이기 때문에 내부과정 접근방법은 중요하게 여겨진다. 오늘날의 대부분의 경영자들은 적극적으로 참여하려는 조직원들의 몰입도와 긍정적인 기업 문화가 효과성을 측정하는 중요한 내부 지표라고 믿고 있다. 내부과정 접근방법 또한 단점을 가지고 있다. 총산출량 그리고 조직과 외부환경과의 관계는 이 접근방법을 통해서는 측정이 불가능하다. 다른 문제는 내부 건강과 기능의 평가가 매우 주관적이라는 것인데 이는 내부 과정에 대한 정량적 측정이 어렵기 때문이다.

❶ **조직의 산출 목표 달성을 위해 내부 과정의 능률성이 중요함을 강조하는 데 의미가 있다.**

❷ **조직의 효과성에 영향을 미치는 능동적 요소인 인적 자원관리를 중요시하고 있는 점도 유용하다.**

② 문제점

❶ **조직의 환경은 다루지 않고 내부 과정의 능률성만을 미시적으로 측정하고 평가하는 한계를** 지니고 있다.

❷ 내부과정 중에서 특히 **조직구성원 및 인적 자원의 주관적·심리적 요소의 평가에 많은 비중**을 둠으로써 **객관적인 평가 비중을 소홀히 할 수 있다.**

③ 내부과정지표

❶ **강하고 적응적인 기업문화**와 **긍정적인 업무 분위기**

❷ 종업원과 경영진 사이의 **자신감과 신뢰**

❸ 산출물을 얻기 위해 최소한의 자원을 이용하는 것과 같은 **운영 효율성**

❹ **왜곡 없는** 수평적, 수직적 **의사소통**

❺ **종업원의 성장과 개발**

❻ 조직 전체에 도움이 되는 **조직 부문 간 협력과 갈등 해결**

PART 04

(2) 현대적 접근법

1) 전략적 이해관계자 접근방법(Strategic Constituents Approach)

전략적 이해관계자 접근방법(strategic constituents approach)은 조직의 생존능력을 좌우하는 **주요 이해관계자들 만족도에 집중하여 효과성을 측정**해낸다. 이 전략적 이해관계자들의 만족도는 조직의 성과지표로도 평가될 수 있다. 조직의 구성원, 이해관계자 및 참여자가 선호하는 만족의 지표에 근거해 조직의 효과성을 규정하고 설명한다.

이해관계자란 조직의 결과물에 발언권을 갖는 조직 밖의 임의 집단으로 이들에 대한 예로는 다음이 있다.

- **고객** : 높은 수준의 제품과 서비스 품질의 제품과 서비스를 정확한 시간과 합리적인 가격으로 요구하는 소비자들
- **종업원** : 적정수준의 임금, 편익, 작업조건, 감독을 요구하는 조직 내부의 사람들
- **주주** : 자신의 투자에 대한 재무적 대가를 요구하는 사람들

① 유용성

여러 연구에 의하면 다양한 이해관계자의 평가는 조직의 적응능력과 관련된 조직효과성을 잘 반영하고 있다고 밝혀졌다. 전략적 이해관계자 접근방법은 효과성이 매우 복잡하고 다차원적인 개념이고 이를 측정하기 위한 유일한 측정법이 존재하지 않는다는 것을 인정하고 있다는 점에서 가장 많이 사용된다. 즉, 통합적인 접근방법을 취하고 있다는 점에서 의의가 있다.

❶ **조직의 효과성**을 조직과 관계를 갖는 **다양한 이해관계자의 시각에서 규정하고 평가**한다.

❷ 조직의 효과성을 **조직 내외의 다양하고 넓은 시각에서 접근하고 이해**하므로 **조직이 그 안팎에서 일어나는 변화에 지속적으로 적응하는 능력을 갖는다.**

② 문제점

❶ **조직이 관련 이해집단의 정체와 그들 간의 관계 수준과 성격, 그리고 그 집단이나 개인들이 인식하는 조직효과성의 기준을 정확하게 파악하기 어려운 경우**가 많다. 특히 **조직 내외의 환경이 급속히 변화하는 상황에서는 그 어려움이 더욱 증가**한다.

❷ 조직효과성이 다양한 집단의 기준에 따라 다원적으로 정해지므로 **조직 전체를 관통하는 효과성의 개념과 지표를 설정하기 어렵다.**

③ 전략적 이해관계자 지표

전략적 이해관계자	효과성의 기준
• 소유주	• 재무 수익률
• 종업원	• 급여, 좋은 상사, 직원 만족도
• 고객	• 제품이나 서비스의 품질
• 채권자	• 재정 신용도
• 지역사회	• 지역사회에 대한 투자
• 공급자	• 만족스러운 거래 관계
• 정부	• 법과 규제에 대한 준수

2) 경쟁가치 접근법 or 통합적 효과성 모형(Quinn and Rohrbaugh)

유연한 구조

내부 집중	인간관계 강조 주요 목표 : 인적자원개발 하위 목표 : 결속, 사기증진, 훈련	개방 시스템 강조 주요 목표 : 성장, 자원 확보 하위 목표 : 유연성, 준비성, 외부평가	외부 집중
	내부과정 강조 주요 목표 : 안정성, 균형 하위 목표 : 정보 관리, 의사소통	합리적 목표 강조 주요 목표 : 생산성, 효율성, 수익성 하위 목표 : 내부 계획, 목표 설정	

통제 구조

경쟁적 가치 모형(competing values model)은 조직의 한 부분에 집중하기보다 조직의 다양한 부분들을 균형 있게 다루고자 한다. 이 모형은 기본적으로 무엇이 효과성을 구성하는지에 대해 여러 가지 이견이 있으며 서로 경쟁하는 관점이 있다는 가정에 기초하고 있다. Quinn and Rohrbaugh에 의해 처음 개발된 이 모형은 관리자와 연구자들이 사용하는 다양한 성과 지표들을 결합하여 사용한다.

첫째, 가치 차원은 조직이 지배적인 가치를 내부에 집중하고 있는지 혹은 외부에 집중하고 있는지와 관련되어 있다. 내부 집중은 직원의 효율성이나 건강에 대한 관리적인 고려에 집중하는 반면 외부 집중은 외부환경에 대한 조직 자체의 건강에 집중하는 것을 말한다.

둘째, 가치 차원은 조직구조(structure)가 조직의 안정성을 중시하느냐 혹은 유연성을 중시하느냐와 관련이 있다. 안전성은 효율성과 하향식 통제와 같은 경영 가치를 반영하며 유연성은 학습과 변화의 가치를 반영한다.

▼ 조직의 초점

내부	외부
조직구성원들의 복지와 능률성의 가치에 관심	환경에 대한 조직 자체의 건전성을 강조

▼ 조직구조의 선호

통제	유연
조직의 능률성과 하향적 통제에 관심	학습과 변화에 가치를 둠

▼ 목표와 수단 체계

목표	수단
목표를 달성하면 유효한 조직	목표를 달성하기 위한 과정이 더 중요

모형	가치 (강조점)	효과성 기준	
		수단(means)	목표(ends)
인간관계	사람 및 유연성	응집력과 사기의 유지	인적자원의 가치 및 인적자원의 개발
개방체계	조직 및 유연성	유연성과 준비성의 유지	성장, 자원획득, 외부의 지원
합리적 목적	조직 및 통제	계획, 목표설정 및 평가	생산성, 능률
내부적 과정	사람 및 통제	정보관리, 의사소통	안정, 균형 유지

네 가지 모형은 모두 바람직하지만 상호 경쟁적인 가치 기준을 포함하고 있으므로 조직의 성장 단계가 어느 위치에 와 있는지에 따라서 혹은 **조직이 처한 상황**에 따라서 **네 모형의 가중치를 고려하면서 유효성을 판단**해야 합리적이다.

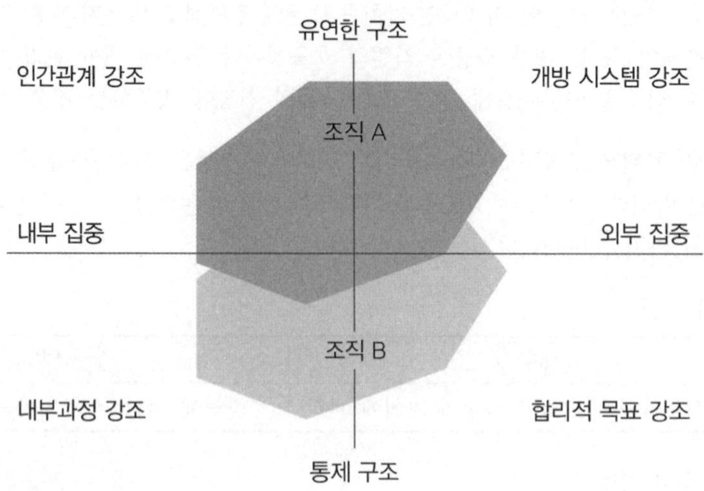

개방시스템 강조 (open systems emphasis)	**창업시기**에 환경에 유연한 대처가 가능한 단계
	외부 집중과 유연성의 조합으로 **관리자의 주요목표는 성장과 자원확보**이다. 조직은 **유연성, 준비성, 긍정적인 외부평가**와 같은 하위목표들을 통해 주요 목표를 달성한다.
합리적 목표 강조 (rational goal emphasis)	**어느 정도 공식화 단계**에 있는 경우로 공식목표가 설정되어 있고, 그 목표가 조직구성원 모두에게 분명하게 이해되는 단계
	구조적 통제와 외부 집중을 강조하는 관리체제로 **주요 목표는 생산성, 효율성, 수익성**이 있다. 이 경우 조직은 **통제를 통해 목표를 달성**하기 원한다.
내부과정 강조 (internal process emphasis)	생산을 위한 조직 내부의 기능이 순조롭게 분화되고 통합되고, 조직 구성원 간 응집력이 높아 하루하루 일과가 계획적으로 잘 진행되는 **공식화된 단계**
	내부집중과 구조적 통제에 가치를 둔다. **주요 목표는 질서정연한 방법을 통해 안정적인 조직환경을 유지하려는 것**이다. 외부환경과 잘 융화되고 단순히 현재의 상황을 유지하기 원하는 조직들은 이 강조를 반영하고 있다. **하위 목표들은 효율적인 의사소통, 정보관리, 의사결정과 관련되어 있는 경우가 많다.** 이 강조는 **인적자원보다는 효율성을 위한 내부과정에 더 집중**한다는 차이가 있다.
인간관계 강조 (human relations emphasis)	**집단공동체 단계**에서 조직구성원 간 신뢰수준이 높아 아무리 어려운 과업이라도 서로 협조하여 달성할 수 있는 잠재력을 갖춘 단계
	내부 집중과 유연한 구조의 가치를 반영한다. 여기에서는 **인적자원의 개발에 주안점**을 두고 있다. **직원들은 자율성과 역량 개발을 위한 기회를 부여**받게 된다.

① 유용성

조직이 추구하는 다양한 목표와 가치에 근거해 효과성에 관한 여러 가지 개념과 모형을 하나의 틀에 통합해 설명하고 있는 점에서 그 의의와 유용성이 있다.

❶ **효과성의 다양한 개념들을 하나의 관점으로 통합**하였다.

❷ 이 모형은 **효과성의 기준이 조직의 경영 가치에 따라 어떻게 사회적으로 구성되는지에 관심**을 불러 일으켰으며 **경쟁하는 가치들이 동시에 어떻게 존재하는지를 밝혀냈다.**

예 공공기관 → 내부 good, 개방 bad

과거에 삼성을 이끌어왔던 효과성의 가치는 바로 **내부과정과 합리적 목표 강조를 우선시**하는 것이었다. 경영자는 **안정성, 생산성, 효율성, 그리고 지속적인 수익성을 가치있게 여겼다.** 그러나 **이건희 회장은 변혁 없이는 수익이 지속되지 않을 것이라고 보았다.** 그는 조직이 우선적으로 **인적자원과 개방시스템을 강조하는 효과성을 추구하도록 변화**시켰다. 모든 조직에는 경쟁하는 생각들, 목표들, 그리고 가치들이 혼합되어 존재함을 생각해보자. 강조되는 목표와 가치는 시간이 지남에 따라 새로운 요구를 충족시키기 위해 변화한다.

② 문제점

❶ 하나의 통합된 틀 안에 네 가지 모형을 분류해 설명하는 것이 타당한 것인지에 대한 **실증적 뒷받침이 약하다.**

❷ **조직은 살아 움직이는 유기체처럼 변화하고 성장하는 체제**라고 할 수 있는데, **이 모형은 그러한 변화와 성장을 적절하게 평가해 효과성을 규정하기 어려운 한계**가 있다.

3) 균형성과표(BSC)

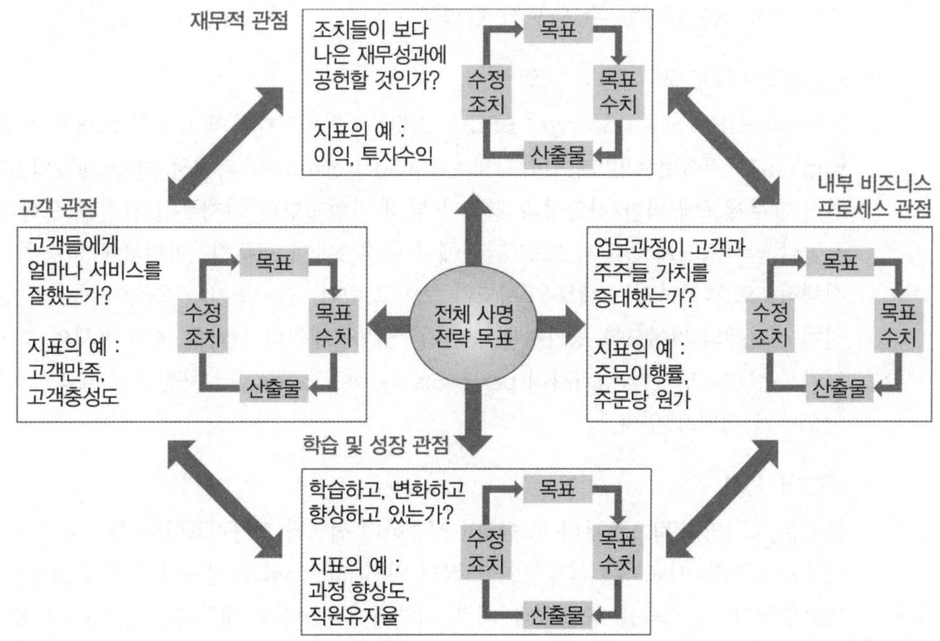

① 조직효과성 측정 도구로서 BSC

최근 **통제시스템에서 일어난 혁신**은 **재무적인 성과지표뿐만 아니라 시장, 고객 및 직원의 관점에서도 성과지표를 개발하여 다양한 관점에서 성과를 평가할 수 있게 했다는 것**이다. 균형성과지표(BSC : Balanced Score Card)는 회사의 핵심성공요인들과 관련된 운영지표들과 전통적 재무지표들 사이에서 균형을 유지하도록 만든 포괄적 경영통제시스템이다. 균형성과지표는 **재무성과, 고객 서비스, 내부 비즈니스 프로세스, 조직의 학습 및 성장 역량이라는 네 가지 관점을 포함**하고 있다.

이 네 가지 관점을 사용하여 경영자는 **조직이 추적할 핵심성과지표(KPIs)를 파**악한다. **재무적 관점**은 조직 활동들이 단기 및 장기 재무성과를 향상시키는 데 공헌해야 한다는 관심을 반영한다. **순수익률, 투자수익률 등 전통적 지표가 여기에 포함**된다. **고객 서비스 지표**는 **고객 유지 및 만족뿐만 아니라 고객이 조직을 보는 관점 등의 지표도 측정**한다. **비즈니스 프로세스 지표**는 **주문 이행률, 주문당 원가 등의 생산 및 운영 통계치 등에 초점**을 맞춘다. 마지막 부분은 자원 및 인적자본이 회사의 미래를 위해 얼마나 잘 관리되고 있는가에 초점을 맞추어 조직의 **학습 및 성장 잠재력**을 보는 것이다. **직원 유지율, 비즈니스 프로세스 향상도, 신제품 도입 등이 그러한 지표**다.

각 관점에서 이루어지는 단기적 행동들이 서로 연결되고, 더 나아가 조직의 사명, 전략, 목표와도 연결되어 있어서 서로를 강화시킨다. 최근 균형성과지표는 네 가지 영역들 사이에 존재하는 인과관계로부터 조직성과가 어떻게 만들어지는지를 경영자가 파악할 수 있도록 지원하는 시스템으로 발전했다. **조직의 효과성은 네 가지 영역의 요소들이 얼마나 잘 조화를 이루고 있느냐에 의해 결정**된다. 그래서 개인, 팀 및 부서는 우수한 조직성과를 이끌어 내는 세부 목표들을 달성할 수 있도록 협력하고 있다.

② 균형성과표(BSC)의 기원과 의의

균형성과표(Balanced Scored : BSC)는 1992년 하버드대학의 교수인 **로버트 캐플란(Robert Kaplan)과 컨설턴트인 데이비드 노튼(David Norton)에 의해서 처음 개발**되었다. BSC는 **과거 재무제표에 의한 경영성과 평가와 달리 기업경영의 비재무적 관점을 포함**하고 있어서 오늘날 인사평가에 있어서 BSC 관점에서 피평가자의 **재무적, 비재무적 역량을 전략적이고 전체적으로 평가하려는 새로운 시도**가 보이고 있다. 인사평가의 목적이 개인과 집단의 조직 전체 성과에의 기여도를 평가하는 것이기 때문에 **개인의 성과를 조직 전체의 경영 관점에서 평가**하는 BSC평가가 성과관리(performance management)차원에서 효과가 있는 평가수단으로 인식되고 있다.

③ BSC의 정의

BSC는 **조직의 전략으로부터 도출되어 신중하게 선택된 평가지표들의 합**으로 정의할 수 있다. BSC로 선택된 지표들은 경영진이 조직의 미션(mission)과 전략적 목표를 달성하기 위한 성과요인들과 그 결과를 종업원과 외부 이해관계자들에게 제공하는 정보라고 볼 수 있다.

④ 성과측정 시스템으로서 BSC

재무재표와 같은 재무성과지표들은 평가지표로서 한계를 내포하고 있다. 재무적 성과지표는 **과거에 발생한 사실을 잘 반영**할지는 모르지만 지식과 관계 네트워크 등의 무형자산이 중요시되는 오늘날 조직의 가치창출 메커니즘에 대해서는 설명해 주지 못한다. 우리는 재무성과지표를 **후행지표**라 부른다. 재무성과지표는 **과거에 이루어진 행위에 대한 결과물**이다. BSC는 이러한 **후행지표들을 미래의 경제성과동인인 선행지표들을 통해 보완하는 역할**을 한다.

BSC는 **장기적 관점에서 직원들의 의사결정에 제대로 방향성을 제시해 주지 못하는 재무통제 시스템에 초점을 맞추기보다는 전략수행과 관련된 주요 요인들을 묘사하는 측정지표를 채택**하고 있다. 이러한 측정지표의 사용은 전략 달성에 중요한 요인이 된다. BSC는 재무적 성과지표를 계속 유지하는 반면에 다른 세 가지 관점인 고객, 내부 프로세스, 학습 및 성장 관점으로 재무제표의 한계점을 보완한다고 볼 수 있다.

⑤ BSC의 네 가지 관점

❶ 고객관점(customer perspective)

고객관점은 **시장과 목표 고객관점에서 기업의 경영성과를 평가**하는 것이다. BSC에서 고객관점과 관련된 성과지표로 시장점유율, 고객수, 고객확보(신규고객수), 고객만족, 고객유지(고객 유지율, 상실고객수) 등을 들 수 있다. 트리시와 위어즈마는 운영의 우수성, 제품 선도력, 고객친밀성 등 세 가지 요소를 고객관점에서 평가할 것을 제안하였다(Treacy & Wiersema, 1995).

❷ 내부 프로세스 관점(internal perspective)

내부 프로세스 관점은 **고객과 주주에게 가치를 지속적으로 제공하기 위해서 기업이 어떤 프로세스에서 남보다 탁월해야 하는가에 대해 살펴보는 것**이다. 경영 시스템(관리비, 제안건수), 제품개발, 생산, 품질, 적송, 사후 서비스, 정보기술 등이 이러한 관점과 관련된 것들이다.

❸ 학습 및 성장 관점(learning and growth perspective)

학습 및 성장관점의 성과지표들은 **나머지 다른 세 가지 관점들을 가능하게 하는 요소**로서 **직원의 숙련도나 정보 시스템 등과 관련된 현재의 조직 인프라가 목표 달성에 요구되는 수준과 차이가 있다는 것을 발견**할 수 있다. 이 관점에서 설정한 성과지표들은 이러한 차이를 줄여서 미래의 지속적인 성과달성을 도모한다. 직원숙련도, 직원만족, 정보획득 가능성, 연구개발(R&D) 등이 바로 그것들이다.

❹ 재무 관점(financial perspective)

재무적 측정지표는 **영리조직에 있어서 중요한 요소**다. 재무관점에서의 성과지표는 다른 관점과 관련된 성과지표들을 이용해서 실행한 전략이 향상된 결과를 낳는지 알려준다. 재무적 측정지표로는 자기자본이익률, EVA(Economic Value Added), 수익성 등을 들 수 있다.

⑥ BSC 평가의 기대효과

❶ 전략실행 모니터링

BSC는 조직의 비전과 전략수립의 기본방향을 제시함과 동시에 **전략의 실질적인 달성촉진 도구로서 활용**된다.

❷ 사업 포트폴리오 최적화

사업 포트폴리오 **최적화는 회사 내에서 추진되는 여러 가지 사업들의 상대적 중요성을 고려하여 전사적 관점에서 시너지를 극대화할 수 있도록 사업을 구성하는 전략적 의사결정**이다. BSC 평가는 경영자들이 다양한 사업의 성과를 전사적 전략관점에서 조망하여 이에 따르는 신속한 의사결정을 하게 해준다.

❸ 조직운영체계 혁신

BSC는 전략수립에서부터 세부 실행에 이르기까지 **조직의 전반적 활동을 모두 다루기 때문에 업무 중복을 방지하고 일관성 있게 추진하여 조직 운영체계를 통합**할 수 있다.

❹ 균형된 평가를 통한 목표달성 지원

BSC는 **과거지향적 평가와 재무중심적 평가에서 벗어나, 미래지향적이고 재무적 측면과 비재무적 측면의 균형된 성과평가를 위한 기준을 제시**한다.

❺ 전사적 자원관리(Enterprise Resource Planning : ERP)

BSC는 조직의 가장 상위 의사결정인 전략에서 성과지표 및 목표에 이르는 실행 의사결정까지를 모두 포함하고 있기 때문에 전사적 자원관리를 가능하게 한다. 즉, **BSC를 통해 조직 내 한정된 자원을 어떻게 전략적으로 활용하고 할당할 것인가를 결정하는 데 도움**을 주며 **궁극적으로 차기의 전략 수립과 실행을 위해 조직의 자원과 역량을 가장 효율적으로 관리하는 방안을 제시**한다.

❻ 협력적 조직문화 활성화

BSC는 핵심성과지표, 목표설정 및 피드백 그리고 그 결과에 대한 평가와 보상이라는 구체적 기준과 방법을 통해 조직구성원들이 스스로 변화하게 만든다. 즉, BSC는 **조직 구성원들에게 '나와 우리 조직이 왜 변화해야만 하는가'에 대한 당위성을 제시하여 협력적 조직문화를 형성하는데 구심적 역할**을 한다.

> 캐스케이딩(cascading) : **전사적 목표 → 부서의 목표 → 개인의 목표로 이어지는 전략과 목표의 연계**★
> BSC는 캐스케이딩을 통해 전사적 전략목표가 조직의 하부단위까지 일관된 관점하에서 잘 연계될 수 있도록 도와준다.

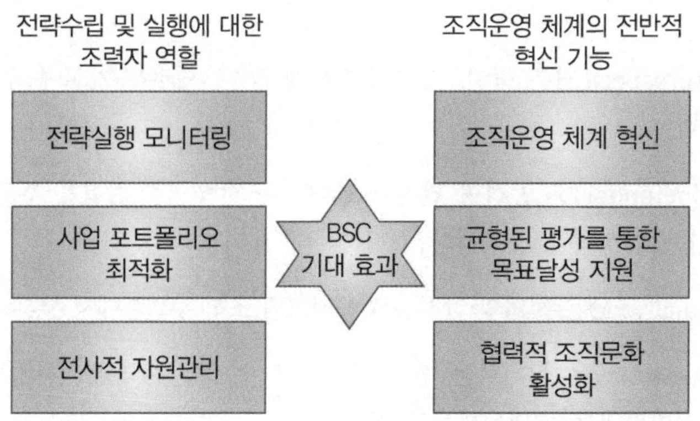

제 3 절 전략(strategy)

1 전략의 의의

전략(strategy)은 조직이 목표를 달성하기 위해 경쟁적인 외부환경과 상호작용을 어떻게 할 것인가에 관한 계획이다. 즉, 목표달성을 위해 환경에 어떻게 적응할까에 대한 계획으로 전략은 기업경영에 도입되어 기업이 **불확실한 상황 및 경쟁환경에서 나아가야 할 방향을 설정하고 기업의 목적을 달성하기 위하여 체계적이고 합리적인 대응 노력을 기울이도록 하는 기본방침 또는 계획**의 의미를 갖고 있다. **목표는 조직이 원하는 것**이라면, **전략은 그것을 어떻게 달성할 것인가로 정의**하기도 한다.

2 관련이론

(1) Chandler

챈들러(Chandler)는 **"구조는 전략을 따른다(structure follows strategy)"라는 일반명제**를 내놓는다. 즉, **환경이 전략을 결정하고, 다시 전략이 조직구조를 결정한다고 본다.** 한편 **챈들러**는 모든 구조적 상황 이론가들이 **전략적 선택의 중요성을 간과하고 있다고 비판**하면서 **환경의 영향이 관리자의 인식을 통해 조정된다고 본다.** 즉, **〈전략적 선택〉의 중요성을 무시하고 있다는 점을 비판**한다.

챈들러는 **1909년부터 1959년까지 기업 발전 경로를 추적**한 결과 **기업의 전략 변화가 선행**하고, **이후 조직구조의 변화가 초래된다는 결론**을 내놓는다. **기업의 전략으로 제품 다각화를 제시**하였다. 챈들러는 **제품 다각화 수준이 낮을 때는 단순조직이나 기능식 조직이 적합**하고 **다각화 수준이 높을 때는 사업부 조직이 적합**하다고 주장했다.

시간	→		
제품다각화	→		
구조	단순조직	기능조직	사업부조직

(2) Miles & Snow

1) **공격형 전략(prospector)**은 **혁신, 적극적인 위험 감수, 새로운 기회에 대한 탐색과 성장을 추구**하는 전략이다.

2) **방어형 전략(defender)**은 **공격형 전략과 반대**되는 전략으로 **위험을 추구하거나 새로운 기회를 탐색하기보다는 안정성을 중요시하는 전략**이다.

3) **분석형 전략(analyzer)**은 **사업의 안정성을 유지**하되 **조직 주변부에서 부분적으로 혁신을 추구**한다.

4) **반응형 전략(reactor)**은 **실제로는 전략이라고 할 수 없는 것**으로, **환경의 기회와 위협에 대해 그때그때 임시방편적으로 대응하는 것**을 말한다.

(3) Porter

1) **차별화 전략**

차별화 전략(Differentiation)은 **산업 내 다른 경쟁자에 비해 독특한 제품이나 서비스를 제공하는 전략**으로 이 전략은 **일반적으로 가격에 덜 민감한 고객들을 대상으로 하기 때문에 수익성이 상당히 높다.**

2) **저원가 전략**

저원가 전략(low-cost leadership)은 **경쟁자에 비해 가격을 낮게 책정함으로써 시장점유율을 증가**시키는 전략이다. 저원가 전략은 혁신과 성장을 위해 새로운 기회를 찾거나 위험을 감수하기 보다는 **안정성을 추구하는 전략**이다. 원가가 낮다는 것은 경쟁자보다 싼 값으로 동등한 품질의 제품을 공급하면서 적절한 수준의 이익을 남길 수 있다는 것을 의미한다.

3) **경쟁적 행동 범위**

어떤 전략을 선택하든 **경쟁적 행동 범위는 넓을 수도 있고 좁을 수도 있다.** 다시 말해, 조직은 **다양한 시장과 여러 종류의 고객들을 상대하는 것을 선택**하거나 아니면 **특정 시장과 고객층에 집중하는 것을 선택**할 수 있다.

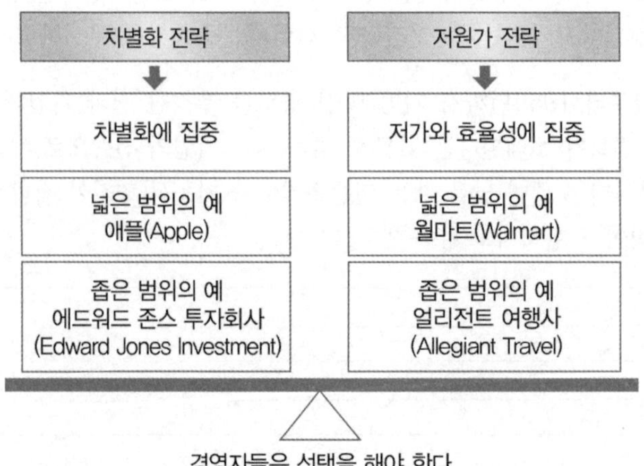

3 조직전략과 조직설계

포터의 경쟁 전략	마일즈와 스노우의 전략 유형
전략 : **차별화 전략** 조직설계 : - 학습지향 : 유연하고 느슨하게 짜인 방식, 강력한 수평적 조정 활동 - 높은 연구개발 능력 - 고객과 친밀성을 높일 수 있는 가치와 메커니즘 구축 - 창의성, 위험 감수, 혁신에 대한 보상 전략 : **저원가 전략** 조직설계 : - 효율 지향 강력한 집권화, 철저한 원가관리 상세한 보고서 - 표준화된 작업 절차 - 효율적인 조달과 유통시스템 - 자세한 감독 - 일상적인 과업 - 제한된 자율권	전략 : **공격형 전략** 조직설계 : - 학습지향 : 유연성이 높고 분권화된 구조 - 높은 연구개발 능력 전략 : **방어형 전략** 조직설계 : - 효율 지향 : 집권화와 철저한 원가관리 - 생산 효율성에 대한 강조, 낮은 간접비 강조 - 밀접한 감독 : 낮은 자율권 전략 : **분석형 전략** 조직설계 : - 효율과 학습의 균형 : 유연성과 적응성하에서 철저한 원가 관리 - 안정적인 제품에 대한 효율적 생산 : 혁신을 위한 창의성, 연구개발, 위험 감수 강조 전략 : **반응형 전략** 조직설계 : - 명확한 방향 없음 : 상황에 따라 조직구조 특성이 갑작스럽게 변화

(1) 전략과 조직구조의 관계

'혁신'을 전략으로 내세우는 경우	**유기적 구조**가 적합. 유연하고, 낮은 공식화・분권화 구조
'안정'을 전략으로 내세우는 경우	**기계적 구조**가 적합. 엄격한 통제구조, 높은 공식화, 높은 집권화 구조

(2) 전략에 따른 적합한 구조

공격형 전략	**유연하고 분권화된 자율 구조**
방어형 전략	**경직적이고 표준화된 통제형 구조**
분석형 전략	**유연하고 혁신적이며 분권화된** 구조
반응형 전략	**수시로 변동적**인 **무형의 구조**
차별화 전략	**느슨한 수평적 조정**에 의한 관리

CHAPTER PART 04 조직차원

03 | 조직구조의 설계

제 1 절 조직구조

1 조직구조란?

조직 안에서 과업들이 분리되고, 분리된 과업들이 연결되고, 과업의 집단들이 모여서 부서를 이루고, 다시 부서들끼리 연결된 상태를 조직구조(organizational structure)라고 한다. 조직은 과업을 맡고 있는 여러 개인들 혹은 집단들로 구성되어 있다. **조직구조를 그림으로 표현한 것을 〈조직도(organizational chart)〉**라고 하며, 조직도상에 개인 혹은 집단의 연결을 위해서 각 역할을 배정하고 제대로 기능하도록 절차와 일의 순서를 정하는 것이다. 즉, **조직도란 조직 내부의 직위, 부서, 부서 간 관계, 계층구조, 분업구조, 권한과 의사소통 체계, 의사결정 통로, 명령과 보고 체계 등을 보여주는 도표**다. 조직도는 특정 조직의 전체적인 활동을 시각적으로 보여준다.

조직구조(organization structure)의 **세 가지 핵심요소**는 다음과 같다.

- 조직구조는 계층의 수, 관리 감독 폭 등 **공식적인 보고체계**를 나타낸다.
- 조직구조는 **개인을 부서로, 부서를 전체 조직으로 집단화**한다.
- 조직구조는 **부서 간 효과적인 의사소통, 조정, 통합이 이루어질 수 있도록 설계**되어야 한다.

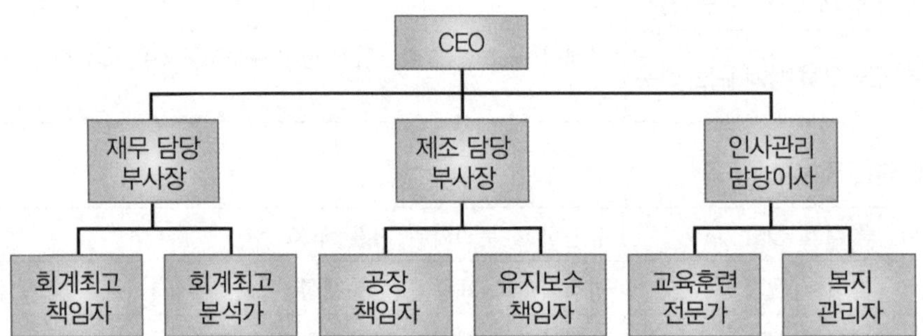

수직적 구조가 항상 효과적인 것은 아니다. 특히 환경이 급변하는 경우에는 문제가 초래될 수 있다. 이런 문제 해결을 위해 조직은 오랫동안 다른 조직구조를 개발했으며, 이들 중 많은 것들은 **외부환경 변화에 쉽게 적응할 수 있도록 수평적인 조정과 의사소통의 활성화를 목표로 하고 있다.** 21세기 기업으로 지속적인 경쟁우위를 확보하기 위해서는 새로운 조직화와 관리 방법의 활용이 매우 중요하다.

2 조직구조의 설계

조직을 설계(design)한다는 말은 **여러 작업과 담당자, 그리고 담당 부문들을 전문화시켜 잘 나누고 (differentiation), 나누어진 과업들이 서로 연결되도록 잘 통합**(integration)시키는 것이다.

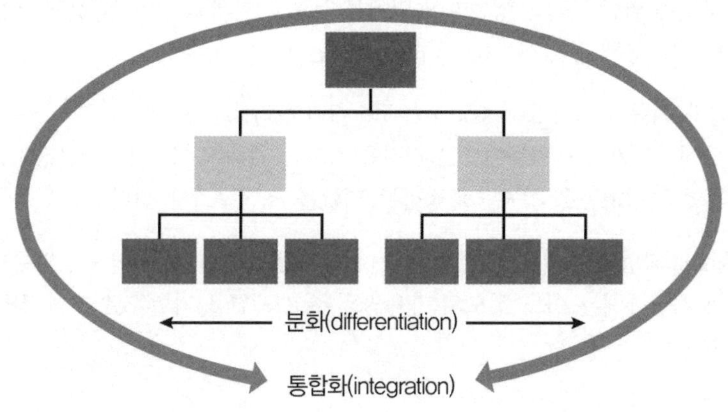

3 조직구조의 역할 : 조직구조는 왜 필요한가?

조직설계를 어떻게 하느냐에 따라서 그 조직의 유효성(구성원들의 사기부여, 인간관계, 업무성과)이 좌우된다. **조직 구성원들은 그 조직구조의 제약을 받으면서 구조적 방침에 따라서 행동**한다. 예를 들어 은행원 김 대리가 어떤 고객의 요청에 따라 천만원을 빌려주었으면 그는 **상사의 지시를 받았거나, 규정에 따랐거나, 권한을 위임받았거나 하는 은행의 구조에 따랐을 것**이다. **김 대리는 이러한 제도 내에서 결정**해야 하며 **그의 행동 역시 이러한 제도에 의해 제한 · 조절 · 관리되는 것**이다. 즉, **조직구조는 조직구성원의 행동을 좌지우지하는 막강한 역할을 담당**한다. 조직구조는 조직 안에서 다음과 같은 역할을 한다.

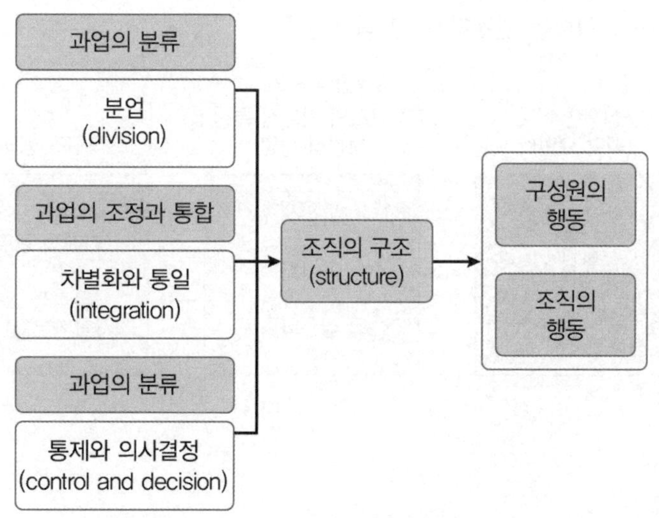

• 분업화(Division of Labor)
여러 과업(작업자 포함)들은 분리되고 연결되는데 이것이 조직구조에 따라 행해진다.

• 조정과 통합(Integration)
나누어진 각 부문들은 역할, 목표, 행동방식 면에서 서로 구별되고, 차이를 갖게 되는데 조직의 구조는 이들을 한 목표를 향해 통합시키는 도구로 사용된다.

• 구성원 의사결정과 행동의 통제(Decision making and control)
조직이 목표를 완성하려면 구성원들이 의사결정을 하고 실천해야 하는데 그 결정권한을 지위에 따라 배분해주고 그들의 결정행동을 통제 · 조정하는 역할을 조직구조가 한다.

이 중 분업과 통합은 〈과업(일)〉에 관한 것이고 통제는 사람에 관한 것이다. 즉, 업무를 어떻게 나누고 연결시킬 것인가와 사람에게는 어느 정도의 자율권을 주고 제한을 가할 것인가를 정하는 것이 조직구조 설계의 핵심이다.

제 2 절 조직구조의 특성

1 폐쇄적 조직이론(Closed Systems)에 따른 구조적 차원

조직의 내부적 특성을 설명하는 변수로 **복잡성(complexity)**, **집권화(centralization)**, **공식화(formalization)** 등이 있다.

2 개방적 조직이론(Open Systems)에 따른 상황변수

조직의 구조적 차원에 영향을 미치는 상황요인이 있는데 크게 **환경, 기술, 조직 규모, 전략, 권력 및 정치** 등이 있다. 조직구조의 결정에 작용하는 요인, 즉 **상황변수는 조직구조의 특성에 영향을 미치고, 이것이 결국 조직구조 형태를 결정하는 데 작용**한다.

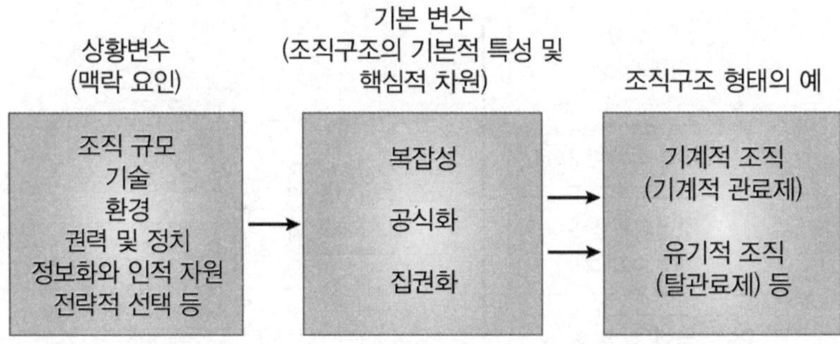

제 3 절 조직의 구조적 차원의 변수

1 복잡성(Complexity)

복잡성이란 **조직의 분화 정도**(degree of differentiation)로 조직이 인적·물적 자원을 과업에 할당하고 업무와 권위를 세분화하는 과정을 말한다. 즉, 공간적(수평적 혹은 수직적)으로 얼마나 분화되어 있는지의 정도이며 나누어진 단위가 많을수록 **부문화**(departmentation)된 것이고 전문화된 부서단위가 매우 다양하게 나뉘어졌다는 의미이다. 다른 말로는 **전문화**(specialization)라고도 할 수 있는데, 이러한 **과업의 분할**은 수평적으로 혹은 수직적으로 이뤄진다.

복잡성 (complexity)	수평적 분화(horizontal differentiation)	전문화(specialization)
		부문화(departmentalization)
	수직적 분화(vertical differentiation)	통제의 범위(span of control)
	공간적 분화(spatial differentiation)	조직의 지리적 분산 정도

(1) 수평적 분업(수평적 분화) : 어느 정도의 구체적인 과업을 수행하도록 할당할 것인지

조직이 수행하는 **업무의 세분화를 의미**한다. 수평적 분화는 **직무의 분화**(division of labor)와 **사람의 전문화**(specialization)라는 두 가지 측면을 포괄한다. 조직 내에서 **전문화된 지식과 기술을 요구하는 직무의 수가 많을수록 수평적 분화가 더욱 많이 일어나 조직은 그만큼 복잡**해진다.

1) 직무의 전문화 : 분업

분업(division of labor)이란 **아담스미스**(Adam Smith)가 18세기에 고안한 개념으로 ① **상대적으로 적은 업무를 반복하여 과업 수행에 대한 숙련도를 높여 효율성을 증가하고,** ② **현실적으로 지식 및 능력의 한계로 한 사람이 모든 일을 다 수행할 수 없기 때문에 분업을 하게 된다.** 즉, 같은 작업의 반복을 통하여 짧은 시간 내에 **숙련**될 수 있기 때문에 **생산성**을 높이기 위함에 그 목적이 있다.

다만, 분업은 항상 효과적이지는 않다. 왜냐하면 ① **전문화가 지나치게 극단적으로 진행될 경우 작업이 너무 단순화됨으로써 불만족·좌절감·소외감을 갖게 만들어 인간의 기계화 및 비인간화를 초래**할 수 있고, ② **분업이 고도화될수록 각 기능의 고유성이 높아져 특정 기능자의 결근이나 퇴직 시 대체 기능자를 구하기 힘들기 때문**이다.

2) 부문화(Departmentation)

부문화(departmentation)란 분화된 여러 활동을 수평적으로 조정하는 방법이다. **즉, 부문화는 분업으로 세분화된 활동을 직무와 대응시키고 이를 다시 조직 전체수준에서 집단별로 결합시키는 과정**이다. 부문화의 유형 및 방법들로서는 1) 기능별 부문화, 2) 제품별 부문화, 3) 지역적 부문화, 4) 공정(프로세스)별 부문화, 5) 프로젝트별 부문화, 6) 고객별 부문화, 7) 혼합형 부문화 등이 있다.

(2) 수직적 복잡성(수직적 분화) : 어느 정도의 재량권과 책임을 부여하는지

수직적 분화는 **'조직구조의 깊이'**를 가리키는 용어로서, 권한 계층의 최상층으로부터 최하층에까지 이르는 **계층의 수**를 의미한다. 특정 과업을 수행함에 있어서 과업 수행 방법의 결정이나 후속조치에 대하여 **어느 정도나 재량권과 책임을 가지고 있느냐 하는 개념**이다. **수직적 분업화의 정도가 높다**는 것은 과업 수행 방법의 결정이나 후속조치에 대하여 **아무런 재량권이나 책임이 없어 타인에 의하여 결정된 수행 방법에 의해 과업만을 반복하는 경우**를 말한다. 반대로 **수직적 분업화의 정도가 낮다**는 것은 과업의 수행 방법, 실제적인 수행, 수행 후의 조치 등을 분업화하지 않고 한 **사람이 포괄적으로 책임지고 수행하는 경우**를 말한다. 즉, 수직적 복잡성은 **〈위계(hierarchy)〉**와 **〈통제의 폭〉**을 의미한다.

1) 의의

① 위계(Hierarchy)

위계란 **조직구성원 간 정보와 지식, 권한과 책임, 보상과 혜택 등의 측면에서 서로 차별화된 상태**를 말한다.

❶ 조직에서 계층의 의미와 특징

- 권한과 책임의 차별화를 위한 **직위의 분할**
- **위에서 아래로 리더십이 행사**됨
- **위계 상층부**일수록 **더 불확실하고 복잡한 의사결정**을 함
- **명령과 통제와 보고의 주요 경로**가 됨
- **조직규모 증가**와 **시간의 경과**에 따라 **위계가 증가**됨

❷ 조직에서 계층이 필요한 이유

- 과업은 계획과 전략, 실행과 검토 과정을 거쳐야 하는데 이는 한 집단에서 모두 하기에는 역부족이기 때문에 **수직적 전문화를 통해 실행자는 계획자의 지시에 따라 과업이 완수하도록 하는 것**임
- 분업에 의해 분리된 개인들의 접촉과 커뮤니케이션이 부족한 상황에서 **통합과 조정을 담당하는 신분이 필요한데 각 부서는 이들에게 순종해야 통합이 가능**
- **조직에 필요한 과업을 부여**하고 **규칙을 만들기 위한 근거를 담당**
- 승진과 경력의 상승 등 **상향이동하려는 동기부여의 원동력**이 됨

❸ 전통적 조직에서의 계층 증가 현상

- 권한은 **위에서 아래로 차별적 배분이 되고 보고는 아래에서 위로 진행**됨(**권한 연결고리** : chain of authority)
- **보고는 한 사람에게만** 하고 **한 사람으로부터만 지시**받도록 함(**지휘통일** : unity of command)
- **한 상사가 책임지는 부하의 수**에 제한을 둠(**통제범위** : span of control)
- 부하에 대한 상사의 **과업할당권, 평가권, 보상결정권**

❹ 현대적 조직에서의 계층의 감소 추세

• 권한과 명령의 주체는 **개인이 아닌 팀과 부서에 의해 행사됨**
• 급한 과업에 관한 한 **권한과 책임의 불일치를 허용**
• **권한의 분산**과 **분권화 추세**
• **명령적 리더십**이 아닌 **전체적 비전**에 의존
• **개방적 커뮤니케이션**과 정보의 배분
• **감독과 규제**가 아닌 **목표의 합의와 조화에 의존**
• **위계계층 수를 줄이려는 노력**

② 통제의 폭(Span of control)

통제의 폭이란 **한 사람의 관리자가 효과적으로 직접 관리할 수 있는 부하의 수**를 뜻한다. 통제의 폭이 넓다는 것은 한 사람의 관리자가 관리해야 할 부하의 수가 많다는 것을 의미하고, 그 폭이 좁다는 것은 부하의 수가 적다는 것을 의미한다. 다른 조건이 동일하다고 할 때 **일반적으로 통제의 폭이 좁으면 좁을수록 고도의 수직적 분화가 일어나 고층구조(tall structure)가 형성되고 그 폭이 넓으면 넓을수록 평면구조(flat structure)가 이뤄진다.**

Flat 구조와 Tall 구조의 비교

통솔범위가 넓거나 좁은 것에 관련한 논쟁은 바로 계층의 높낮이에 관한 논쟁이다. **통솔의 범위를 좁히면 계층의 수가 많아져서 고층구조(tall structure)**가 되고, **통솔의 범위를 넓히면 계층의 수가 적어져서 저층구조(flat structure)가 된다.**

고층구조와 저층구조는 **조직의 전체 규모에 비해서 계층의 수가 얼마나 되는지를 기준으로 하여 구분**된다. 계층의 수가 많으면 고층구조이며 적으면 저층구조이다. 그림으로 표현하면 아래와 같다.

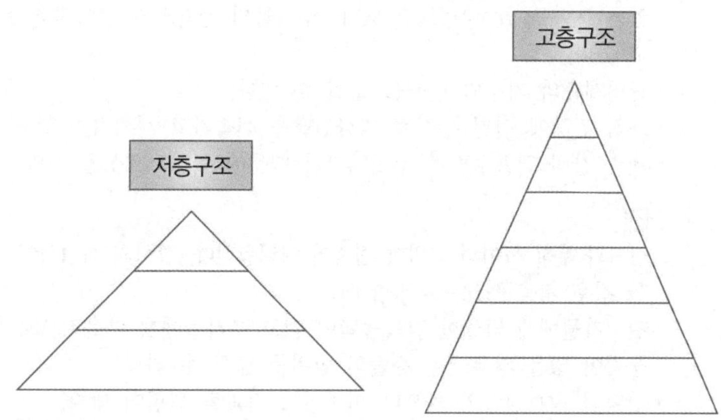

(1) 고층구조

1) 장점

- 통솔범위가 좁기 때문에 **직접 거느리는 부하에 대해 면밀한 통제와 감독이 가능**하다.
- 상향적인 정보의 흐름이 여러 계층에서 검토되어 **과오나 미비점이 발견되고 수정될 가능성이 크다.**
- 각 계층의 감독자 특히 상층부의 관리자들은 직접 거느리는 부하의 수가 적고 따라서 **감독부담이 적기 때문에 기본적인 정책문제나 장기적인 장래의 문제를 생각할 수 있는 여유**를 갖게 된다.
- 조직이 **탁월한 능력을 가진 감독자나 관리자를 구하기 어려운 때**에는 통솔범위를 좁혀야 한다. **통솔범위가 좁으면 보통의 관리자들도 감독업무를 제대로 해낼 수 있다.**
- **직속 상사와 부하 사이의 의사전달과 조정이 원활**하다.

2) 단점

- 계층이 많을수록 관리층의 수를 증가시켜 조직에게 **비용의 부담**을 줄 수 있다.
- 수직적 의사전달이 많은 계층을 경유해야 하는 경우 **의사전달이 지연되고 왜곡될 위험성**이 있다.
- 계층이 너무 세분화되면 **계층 간 역할차이가 작아지기 때문에 인접한 계층 간 권한과 책임에 관한 구분이 불분명**해진다. 즉, **관리과정에 혼란**을 일으킬 수 있다.
- 면밀한 통제를 수반하는 고층구조는 **부하들의 자율성과 창의성을 저해하고 직무수행동기를 떨어뜨린다.**

(2) 저층구조

1) 장점

- 저층구조는 **분권화의 결과**이면서 **분권화를 촉진하기 위한 수단**이다. 직접 감독해야 할 부하의 수가 많으면 감독자는 책임과 권한을 위임하지 않을 수 없다. 보다 많은 권한과 책임을 위임하면 시간과 능력에 여유가 생겨서 다시 더 많은 부하를 거느릴 수 있게 된다. 분권화가 촉진되면 **창의성**을 발휘할 수 있고 **자율적**으로 일해 나갈 수 있는 능력을 발전시킬 수 있다. **부하들의 성숙도가 높아지면 분권화는 더욱 촉진될** 수 있다.
- **관리계층의 기구와 인원을 줄일 수 있다.**
- 조직 전체에 걸친 수직적 **의사전달을 신속하고 정확하게 할 수 있다.**
- 계층 간의 역할구별이 뚜렷해지기 때문에 **역할모호성을 줄일 수 있다.**

2) 단점

- **상사와 부하 사이의 긴밀한 접촉이 어려워진다. 상사의 직접적이고 긴밀한 감독이 필요한 경우 저층구조는 부적합**하다.
- **관리자들에게 탁월한 감독능력이 없고 부하들에게 자율적으로 일을 처리할 수 있는 능력이 없을 경우**에는 **통솔의 범위를 넓힐 수 없다.**
- 상향적 정보전달의 **과오나 미비점이 간과될 위험**이 크다.

2) 수직적 분화의 방법

① 관리(계획, 감독)와 실천(실무, 실행)을 분리

관리 부문과 관리부문에서 구성한 계획을 실행만 하는 부문으로 분리하는 것을 수직적 분업(또는 전문화)라고 한다. 이로 인하여 회사의 경우 대리, 과장, 차장, 부장 등 수직적 분업이 이뤄지는데, 이 경우 해당 과업의 설계자가 따로 있고 실천자가 따로 있으며 감독자 또한 따로 있는 경우를 말한다. 실무자는 작업절차나 후속조치에 대해 아무런 재량권을 갖지 못한다. 수직적 분업화는 **계획과 실천을 분리**함으로써 **계획담당자는 계획에 전문적으로 몰입**하고 **실무자는 오직 실행만을 반복**함으로써 **계획과 실행 모두 능률적인 것을 노린 것**이지만, **실제는 갈등, 의사소통 지연, 관리비용 등 부정적 측면도 존재**한다.

② 관리업무 자체의 분할

계획·관리하는 업무를 분업화하는 것 역시 수직적 분업화라고 한다.

(3) 수평적 분업화와 수직적 분업화의 관계

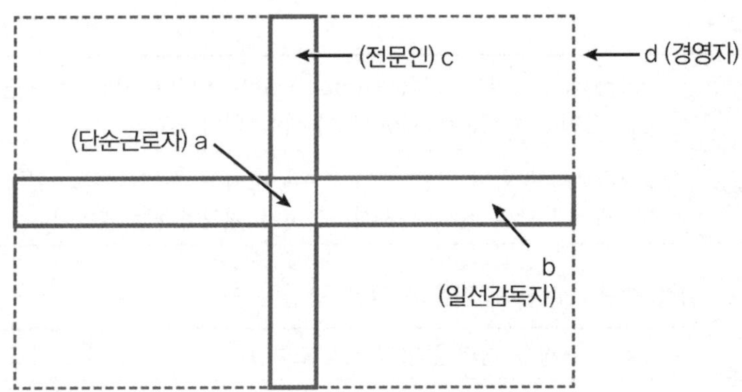

a	한정된 과업을 수행하는 조립공장의 생산사원
b	조립생산라인의 일선감독자
c	대학교수와 같은 전문인
d	경영자

즉, 수평적 분업과 수직적 분업의 상호관련성을 보면, **수평적 분업화와 수직적 분업화가 언제나 같이 움직이는 것은 아니고 때로는 독립적인 관계에 있다.** 동일한 상황에서도 적절한 정도의 분업화가 필요하다.

1) 조직에의 시사점

조직구조의 지나친 복잡성 증대는 조직효과성을 저해할 수도 있다. 즉, 조직구조의 복잡성이 높아질수록 관리자는 의사전달·조정·통제상의 문제를 다루는 데 그만큼 더 주의를 기울여야 한다. 왜냐하면 구조의 복잡성이 증대됨에 따라 분산되는 여러 가지 조직활동을 조직목표의 달성

방향으로 유연하게 결합시켜야 할 책임은 관리자에게 있기 때문이다. 또한 관리자 수가 증가하면 비용의 문제도 나타날 수 있다.

결론적으로 **복잡성이 창출해내는 효율성과 경제성은 조직을 조정·통합해야 한다는 부담 증가로 이어진다는 사실을 주목하여 분업화의 적정 수준에서 조직을 설계**해야 한다.

(4) 공간적 분업(spatial dispersion)

공간적 분산이라고도 하며 공간적 분산이란 조직을 구성하는 인원이나 시설 및 하위조직 등이 **지역적으로 분산되는 것**을 말한다.

(5) 분할된 과업의 통합과 조정문제

분업화를 통하여 여러 기능과 작업집단이 만들어지면 각 기능과 부문은 나름대로 목적을 갖고 관점도 서로 달라진다. 하지만 **분리된 작업집단의 작업결과가 합해져야 조직목표가 완수된다. 이 때문에 이들을 다시 연결시키고 통합해야 할 문제가 대두**되는데 **각 기능과 부문 간의 협동을 꾀하고 상호 연결시키는 것을 통합화**(integration)라 한다. 통합화 역시 **수평적 통합**과 **수직적 통합**으로 구분될 수 있다.

수평적 통합	분화된 과업들 간의 **조정**(coordination)이 잘되며 시너지를 창출하고 역할을 맡은 자들 간에 응집성(cohesion)이 높다는 의미이다.
수직적 통합	수직적으로 분화된 역할 사이에 계획된 대로 실행이 되고 실행결과가 계획 맡은 자에게 피드백이 잘되며 **지시·보고가 원활**하다는 의미이다.

통합과 조정을 위한 수단으로 크게 다음과 같은 방법이 있다.

공식화	**공식과 규정**을 미리 통합적으로 조화롭게 만들어 그대로 따르게 한다.
표준화	적용할 공식과 규정의 **내용을 동일하게 통일**시킨다.
상호조정	당사자들이 **상호 소통**하면서 조정하도록 여건을 마련해준다.

2 집권화(centralization) : 의사결정의 소재

(1) 의의

조직에서 집권화란 **조직 내부의 의사결정**(decision making) **권한의 소재**(locus)**에 관련되는 개념**이다. **의사결정 권한이 비교적 조직의 상위층에 집중되는 현상을 집권화**라고 한다. 반대로 **조직의 하위층에 의사결정 권한이 많이 분산되는 현상을 분권화**(decentralization)라고 한다. 즉, 조직의 전략적인 주요 결정에 소수의 고위층만 참여하는 경우에는 집권화가 높다고 할 것이며, 반대로 중·하위층 조직구성원의 다수가 결정을 주도하는 경우에는 분권화가 높은 조직이라고 할 수 있다.

(2) 장점과 단점

집권화는 문제를 조직 전체의 관점에서 보고 통일적·종합적·통합적인 결정을 하며, 그것을 수행하는 데 적합하다. 또한 **조직 전체가 돌발적인 상황이나 위기에 처할 때 그에 신속하고 강력하게 대응하는 의사결정**을 하고 행동을 할 수 있다. 그러나 **집권화는 조직의 상급자에게 과중한 업무를 부담**시키고, 조직을 구성하는 **하위 단위의 실정에 적응하는 결정을 하기 어려우며, 하급자의 자율성을 저해**하고, **조직 내 참여적 의사결정을 제약**하며, **하급자를 장래의 관리자로 육성할 기회를 제한**할 수 있다.

분권화는 조직 하위 단위의 실정에 적합한 의사결정·조직구성원의 참여감 증대·사기 양양, 조직의 유연성 향상, 후계 관리자의 육성에 유리하다. 그러나 **하위계층 인력의 능력이 부족한 경우 비효율적인 의사결정, 조직 내 부서이기주의, 조직 내 상충되고 중복되는 목표와 업무 수행 등이 발생**할 수 있다.

(3) 유형 : 수직적 분권화와 수평적 분권화

수직적 분권화는 의사결정권을 지위 계층 상 위에서 아래로 위임한 것이고, 수평적 분권화는 직속 부하가 아닌 자기 지위계층 밖의 부서 혹은 다른 전문가에게 위임한 것이다. 즉, 수직적 분권화는 공식적으로 조직의 상하계층 중 어느 계층에 어느 정도의 의사결정 권한을 위양할 것인가 하는 것을 결정하는 것이다.

그러나 **수평적 분권화**는 공식적으로는 단지 관리자나 경영자를 보좌하기 위해 존재하는 **스태프도 상당한 의사결정권한을 비공식적으로 행사**하고 있다(과업절차를 설계하는 **전문스태프** 및 **전문가**의 전문지식).

(4) 집권화와 분권화의 비교

구분	집중화	분권화
의의	의사결정권이 조직의 어떤 단일 위치에 집중되어 있는 정도	조직에서의 의사결정 권한을 어느 정도 하부 혹은 다른 부서에 위양할 것인지를 말한다.
필요성	분리된 단위 부서의 연결·조정 일사불란한 업무처리	관리능력의 한계 외부상황에 적절·신속 대처 의사결정 위임을 통해 책임회피, 사기저하 등 부작용을 해소하고 창의성 발현을 통해 조직의 효율성 제고

(5) 집권화와 분권화에 따른 조직 설계

집권화(centralization)는 의사결정 권한이 조직의 상위계층에 있다는 것을 의미하며, 분권화(decentralization)는 의사결정 권한이 조직의 하위계층에 있음을 의미한다. 조직은 효율성 목적의 전통적인 조직설계를 지향할 수도 있고, 유연한 학습조직을 지향할 수도 있다. 전통적 조직은 **기계적 구조로 수직적 의사소통과 통제를 중시**하지만, **학습 지향 조직은 유기적 구조로 수평적 의사소통과 조정을 강조**한다.

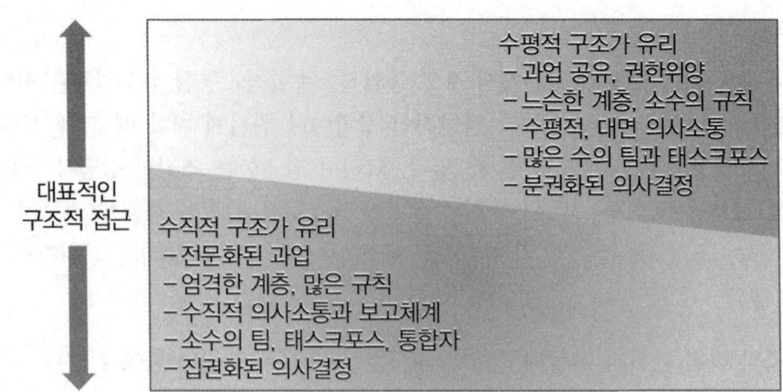

3 공식화(Formalization) : 업무의 방식과 절차를 규정화

(1) 의의

공식화는 **구성원의 업무와 행동을 미리 규칙이나 절차로 규정해 두는 정도**를 의미한다. 즉, 조직구성원 및 조직 관련자들이 언제, 무엇을 어떻게 해야 하는가를 공식적으로 어느 정도나 규정하느냐에 관한 개념이다. 공식화는 구성원들이 자기 업무를 어떻게 처리하는지를 통제하고 예측하기 위한 것이다. 이는 구성원 입장에서는 '**지켜야 할 약속**'이다.

(2) 표준화(Standardization)

1) 공식화와의 차이

공식화는 규정과 절차를 정하는 것이라면, **표준화는 업무방식과 생산과정이 통일된 정도**를 의미한다. 교수로 예를 들면 강의 활동(내용, 시간, 진도)은 누구나 비슷하여 표준화되어 있지만 각 대학에서 교수들에게 미리 공식과 규정을 정해주는 것은 아니기에 공식화 정도는 낮다. **즉, 작업방식이 미리 정해졌으면 공식화이며 다른 작업자들과 유사하게 통일되어 있으면 표준화라고 할 수 있다.**

2) 유형

① 투입물의 표준화

작업자의 기술과 자격의 표준화

② 과정의 표준화

행동절차의 표준화

③ 산출물의 표준화

제품 및 서비스의 품질 수준, 수량 등의 표준화

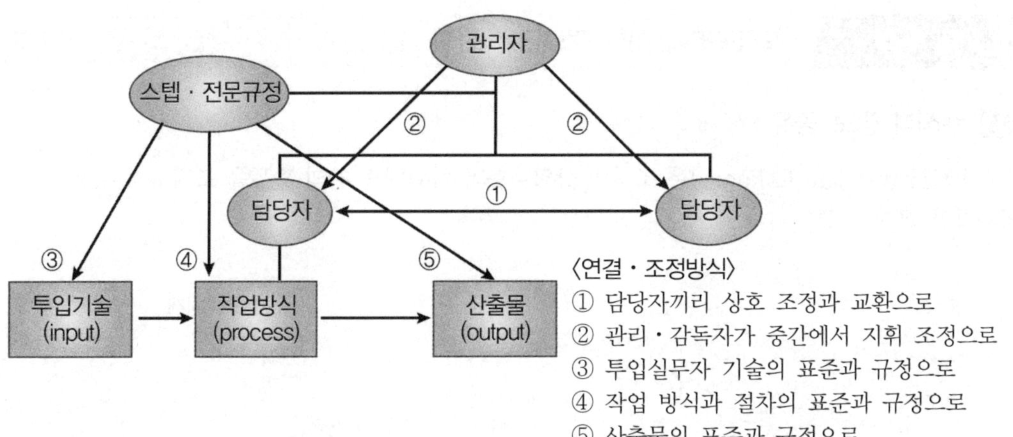

(3) 장점 및 단점

1) 장점

① 조직구성원의 행동을 정형화함으로써 **통제를 용이**하게 하는 것이 가능하다. 행동을 표준화하면 표준화 이외의 행동은 줄어들게 된다.

② 공식화의 정도가 높을수록 조직 내에 어떤 행동이 있을 때 그 결과에 대한 **예측가능성이 높아진다.**

③ 조직 내 활동을 고도로 표준화할 경우 **어떤 상황에서 무슨 행동을 해야 하는 것을 알게 되므로 혼란을 막을 수 있다.** 공식화는 언제, 누가, 무엇을 해야 하는가를 알려주므로 **분쟁이 많이 줄어들 수 있다.**

④ 업무의 표준화를 통해 자유재량이 적어질 수 있다. 자유재량이 높아지면 직무 수행 시에 더 많은 판단력이 요구되므로 고능력자가 필요하고 고능력자에 대한 인건비가 상승하지만, 고도로 공식화된 직무를 수행할 경우 문서화된 절차에 따라 업무를 수행하기 때문에 **자유재량에 따른 비용이 감소된다.**

즉, 공식화는 표준화와 함께 사용하면 업무의 효율적 수행을 가능하게 한다는 점에서 매우 유익하다. 그러나 공식화가 조직 목적의 효율적 수행보다 규칙에 집착할 경우 조직구성원의 **자율성과 창조성을 억압하는 요인으로 작용하여 부정적 결과를 초래할 수 있다.**

2) 단점

① 조직구성원의 자율성이 축소된다. 특히, 규칙과 규정에 의존하여 업무를 수행하다 보면 문서에 의존하는 **문서주의를 야기**할 수 있다.

② **관료제의 병리현상**이 만연할 수 있다.

4 기본 변수들의 통합

Burns & Stalker(1961)에 따르면 조직구조의 기본 변수를 통합하여 조직구조를 **기계적 구조**(mechanistic structure)와 **유기적 구조**(organic structure)로 구분했다.

제 4 절 조직구조에 대한 정보공유 관점

1 수직적 정보 공유 : 통제

수직적 연결(vertical linkages)은 **조직의 상위계층과 하위계층 간의 활동을 조정**하기 위해 사용되며, **일차적인 목적은 통제**이다.

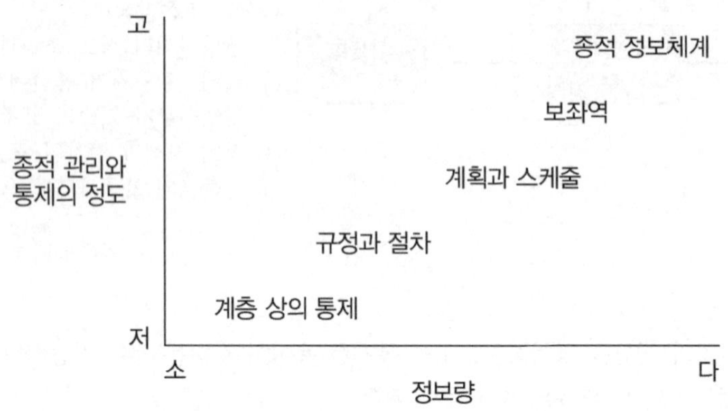

(1) 일반적 통제

1) 계층 의뢰

첫 번째 수직적 장치는 계층 또는 명령체계로 조직도상의 수직선으로 표시되어 있다. 종업원이 어떻게 해결해야 할지 모르는 문제가 발생한 경우 종업원은 **계층상의 상사**에게 문제를 보고하고, 상사가 이 문제를 해결한 경우 그 결과가 종업원에게 내려간다.

2) 규칙과 계획

다음으로 많이 사용되는 연결 장치는 규칙과 계획(rules and plans)이다. 반복적으로 일어나는 문제나 의사결정 사안의 경우 상사와 직접적으로 의사소통하지 않고 해결할 수 있도록 **규칙이나 절차 등을 설정**할 수 있다.

3) 수직적 정보시스템

수직적 정보시스템(vertical information system)은 **수직적 정보 흐름의 양을 증가시키는 전략**이라고 할 수 있다. 수직적 정보시스템에는 **정기적인 보고서, 이메일, 문서화된 정보, 컴퓨터 기반 의사소통** 등이 포함되어 있다.

(2) Ouchi

UCLA의 윌리엄 **오우치(William Ouchi) 교수**가 제안한 조직 통제 전략으로 **관료적 통제, 시장 통제, 문화통제**를 제시한다. 각각의 통제 전략은 서로 다른 유형의 정보에 기반을 두고 있지만, 한 조직 내에서 세 가지 전략이 동시에 시행될 수 있다.

1) **관료적 통제**

관료적 통제(bureaucratic control) 전략은 행동을 양식화하고 관료적인 업무를 평가하기 위해서 규정, 정책, 계층적 권한, 서류화된 문서, 표준화와 그 밖의 다른 **관료주의적 메커니즘을 활용**한다. 관료주의 통제는 **표준화된 규칙**과 **관리자의 합리적-법적 권한**에 기반을 둔다. 관료적 규칙과 절차의 첫 번째 목적은 직원 행동을 표준화하고 통제하는 것이다.

2) **시장통제**

시장통제(market control)는 가격경쟁을 통해 한 조직 혹은 주요 부서나 사업부의 산출물 또는 생산성을 평가하고자 할 때 발생한다. 시장 통제에 대한 개념은 경제학에서 시작되었다. 경영자들은 가격과 수익을 비교해서 기업의 효율성을 평가하기 때문에, 가격은 효율적인 통제 수단이 된다. 최고경영자들은 기업의 성과를 측정하기 위해 항상 **가격 메커니즘을 사용**한다. 기업의 매출과 비용은 전년도 성과 또는 다른 기업들의 성과와 비교할 수 있는 손익계산서로 요약된다.

3) **문화 통제**

문화 통제(clan control)란 행동을 통제하기 위해 **기업문화, 공유된 가치와 약속, 전통, 믿음과 같은 사회적 특성을 사용**하는 것이다. 문화 통제를 이용하는 조직은 종업원들에게 공유된 가치와 신뢰를 중시하게 하는 강한 문화가 필요하다. **문화 통제는 불확실성과 모호성이 높을 때 더욱 중요**하다. 높은 불확실성은 조직이 자신의 서비스에 대해 가격을 정할 수 없음을 의미하며 환경이 너무나 빠르게 변하기 때문에 규칙과 규제가 모든 행동을 명확히 설명할 수 없음을 의미한다. 종교 집단이나 사회적 사명을 중시하는 조직처럼, 문화 통제에서는 조직목표에 대해 헌신적인 사람들이 고용될 것이다. 새로운 종업원들은 동료들과 동화되기까지 긴 시간의 사회화 과정이 필요하다. 집단의 규범을 따라야 한다는 강한 압력이 존재하며, 그러한 규범이 조직구성원의 행동을 통제한다. 경영자는 주로 멘토나 역할 모델 또는 가치전달자로서의 역할을 한다.

효과적인 문화 통제의 핵심은 직원 행동을 가이드하는 **강한 문화적 가치의 형성**이다. 관리자의 통제에 대한 접근방식은 많은 조직에서 변화하고 있다. 상사가 없는 형태로 가는 트렌드와 협동적 작업 방식으로의 이동과 관련되어 많은 회사들은 관료적 통제와 연관된 위계적 프로세스보다는 문화 통제와 유사한 분권화 방식을 채택하고 있다.

(3) 피드백 통제 모형

1) **조직수준 : 균형성과지표(BSC)**

2) **행동통제와 결과통제**

2 수평적 정보 공유 : 통합 및 조정

(1) 의의 및 필요성

통합(integration)이란 **조직의 과업을 수행할 때 여러 다른 하위 체계 사이의 노력을 통일시키는 과정**(Lawrence & Lorsch, 1967)으로서, **조직의 목표와 연관되어 수행되는 의식적인 과정**이다.

또한 조정은 상호 **분화된 조직의 활동을 동시화(synchronization)시키는 노력**이다. 즉, 조직에서의 통합은 분화된 활동을 조직의 목표 수행에 적합하도록 통합하고 조정할 필요에 따라 제기된 것이다. 통합과 조정은 분화된 직무 활동들을 서로 연결시킨다는 점에서 같은 기능을 수행한다.

개인의 과업을 분화하고 그 과업을 연결하여 하나의 단위 부서로 묶는 부서화가 진행수록 조직은 상호 의존성을 가진 조직 내의 다른 과업들과의 관계를 조정할 필요를 갖게 된다. 이때 조직은 각각의 개인 과업을 적절히 상호 조정하기 위해 이들을 통합하는 수단이 필요하게 된다.

협력(collaboration)은 2개 이상의 부서 사람들이 개인 혹은 부서만으로 달성하기 어려운 보다 큰 공동목표나 공유목적 달성을 위해 공동으로 노력하는 것을 의미한다. **수평적 연결(horizontal linkage)은 부서 간 수평적으로 일어나는 의사소통과 조정을 의미한다.**

(2) 유형

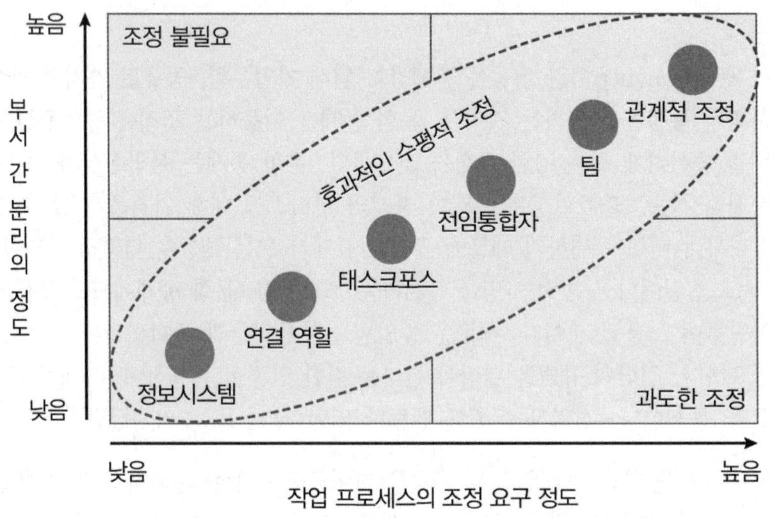

1) 정보시스템

기능부서를 가로지르는 정보시스템(information system)을 활용하는 것이다. 컴퓨터를 활용한 정보시스템은 조직 전체에 흩어져 있는 관리자와 현장 작업자들이 문제, 기회, 활동, 의사결정 사항 등에 대한 정보를 일상적으로 교환할 수 있도록 한다.

2) 연락관

고차원적인 수평적 연결은 **해당 문제와 관련이 있는 관리자와 종업원 간 이루어지는 직접 접촉 방식**이다. 직접적인 접촉을 촉진하는 한 가지 방법은 전문적인 연락관(liaison role)을 설치하는 것이다.

3) 태스크 포스(Task Force)

태스크 포스는 **문제와 연관성 있는 각 부서를 대표하는 사람들로 구성되는 일시적인 위원회**이다.

4) 전임통합자(Full-time integrator)

강력한 수평적 연결장치는 **오직 조정역할을 전담 수행하는 직위나 부서를 만드는 것**이다. 전임통합자는 흔히 제품관리자, 프로젝트 관리자, 프로그램 관리자 또는 브랜드 관리자 등과 같은 직책을 가지고 있다.

5) 기능횡단팀(cross-functional team)

여러 부서 출신으로 지속적으로 존재하는 태스크 포스 팀이며 흔히 전임통합자와 함께 활용된다. 상당 기간 여러 부서 업무 간 조정과 협력이 필요할 경우 기능횡단팀이 해결책이 된다.

6) 관계적 조정

가장 높은 수준의 수평적 조정은 관계적 조정이다. 관계적 조정(relational coordination)은 **목표와 지식, 상호 존중을 기반으로 적시에 빈번하게 문제해결 커뮤니케이션이 이루어지는 것**을 말한다. 사우스웨스트 항공의 경영진은 현장의 관계적 조정을 통하여 항공기 출발 관련 모든 부서 간 조정이 긴밀하게 이루어지도록 하였다. **관계적 조정이 높을 경우 구성원들은 그들에게 할 일을 지시하는 상사나 공식적인 메커니즘 없이도 스스로 정보를 공유하고 자신들의 활동을 조정**한다.

(3) 통합 및 조정의 저해요인

1) 책임소재의 불명확성

전문화와 분업으로 인한 할거주의(sectionalism)는 책임의 문제를 불러일으키는 바, 조직 내부에서의 통합과 조정은 물론 외부로부터의 수용에 대한 통합과 조정도 어렵게 한다. 할거주의란 관료제의 구조적 특성 때문에 조직구성원들이 자신이 소속된 기관과 부서만을 생각하고 다른 부서에 대해 배려하지 않는 편협한 태도를 취하는 현상을 말한다.

2) 경직된 조직

동태적 사회환경으로부터 기동성 있게 대응하지 못하는 경우 체제의 투입–전환–산출의 기능이 둔화되어 조직의 동태성 내지 생동감이 둔화된다.

3) 합리적인 의사결정 체제의 미비

의사결정의 합리성을 저해하는 요인을 극복하지 못하면 부서 간 통합 및 조정은 어려워진다.

3 구조적 결함

일반적으로 **조직구조가 조직의 요구사항에 맞게 정렬되지 못한 경우**에는 구조적 결함(symptoms of structural deficiency)으로 인해 다음과 같은 증상들이 나타난다.

- 부서 간 협조가 잘 이루어지지 않는다.
- 의사결정이 지연되거나 의사결정의 질이 떨어진다.
- 변화하는 환경에 혁신적으로 대응하지 못한다.
- 직원들의 성과가 떨어지고 목표가 달성되지 못한다.

04 | 조직구조의 유형

제 1 절 Mintzberg의 조직구조 유형

1 이상적 조직유형에 관한 논의

하나의 이상적이고 가장 합리적인 조직은 존재할 수 없다. ① 둘러싼 환경이 조직마다 다양하고, ② 시간에 따라 이상적 조직모형은 다를 수 있기 때문이다.

그럼에도 다음과 같은 이유에서 **이상적 조직유형에 대한 연구의 필요성**이 제기된다.

- 실제의 조직들을 이상적 유형에 비추어보고 대비시키면서 분석해 보는 것이 훨씬 효과적일 뿐 아니라 **현실의 조직이 이상적 조직과 얼마나 괴리가 있는지 구체적인 잣대로 재어 볼 수 있기 때문이다.**
- 조직의 이상적 구조는 구성원들에게 상호 조정・연결하는 데 필요한 행동을 제시해 준다. 즉, **이상적 잣대를 통하여 바람직한 행동이 무엇인지 파악할 수 있다.**

이에 민츠버그는 조직을 설계하는 데 매우 유용한 분석의 틀을 제시하였다.

2 Mintzberg의 이론

민츠버그(Mintzberg)는 조직이란 적어도 다섯 가지 기본 부문으로 이루어져 있으며 각 부문별로 나름 대로의 힘을 발휘하여 각각 자기 쪽으로 조직을 몰고 가려는 힘이 작용한다고 하였다. 그리하여 다섯 부문 중 어디에 무게중심이 놓여 있는지에 따라서 조직의 형태는 달라진다는 것이다. 이하에서는 민츠버그가 말하는 다섯 부문에 대해 살펴보고 조직의 유형을 살펴보겠다.

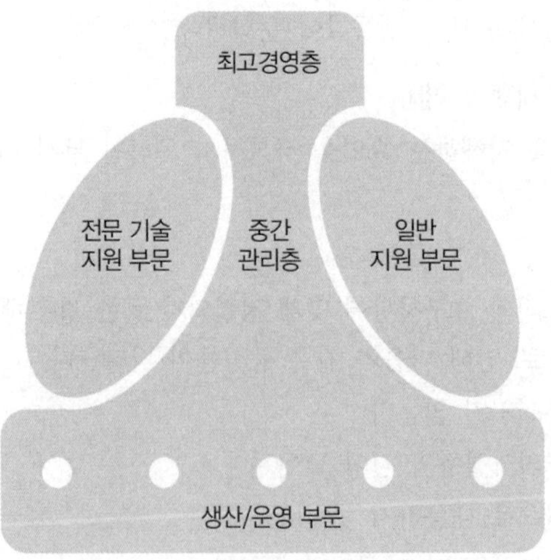

그의 주장에 따르면 **조직은 서로 다른 다섯 가지 방향으로 작용하는 다섯 개의 부문의 힘의 구심점을 가지고 있다.** 따라서 **조직구조란 조직에 작용하는 이 다섯 가지 힘의 구심점들의 집합이며 다섯 개 구심점 중에서 어디에 힘이 더 치중되어 있는지에 따라 조직의 형태는 달라진다.**

(1) 조직의 다섯 가지 기본 부문

조직의 다섯 가지 기본 부분은 서로 다른 다섯 가지 방향으로 작용하는 다섯 가지 힘(조정압력)이 존재한다.

1) 최고경영층/전략경영 부문(Strategic Apex) : 직접 감독에 의한 조정

조직을 가장 포괄적인 관점에서 관리하는 **최고관리층들이 있는 곳**으로 조직의 전략을 형성한다. 최고경영층이 행사하는 힘은 **〈직접 감독〉에 의해 〈집권화〉**하기도 하고 조정을 통하여 힘을 발휘하기도 하는데 조직의 힘이 이곳에 집중되면 조직은 **〈단순구조(simple structure)〉 형태**로 된다.

2) 핵심 생산/운영 부문(Technical/Operating core) : 과업 기술의 표준화에 의한 조정

조직의 제품이나 서비스를 생산해 내는 기본적인 일들이 발생하는 곳이다. 즉, **조직목표에 직결되는 업무를 실제로 담당하는 실무 작업자들이 있는 곳** 또는 **제품이나 용역을 생산하는 기본적 과업들이 행해지는 곳**에 조직의 힘이 집중되는 경우이다. 예를 들어 병원조직의 수술 및 치료부서, 자동차 회사의 조립생산부서, 대학교의 강사진이 소속된 각 학과 등이 있다.

기술구조 부문에서는 **〈과업 기술의 표준화〉에 의한 조정을 통해 힘이 발휘**되며, 이 힘이 강력할 때 조직은 **〈전문적 관료제(professional bureaucracy)〉 구조**가 된다. 공식화 및 표준화된 규정에서 가능한 한 벗어나 자신들의 논리(전문화된 기술 및 지식)대로 자율적으로 생산활동을 하는 쪽으로 힘을 작용시킨다(투입물의 표준화 ↔ 과정 / 산출의 표준화).

3) 중간계층 부문(middle line) : 분권화 및 산출물의 표준화

전략부문과 핵심 운영 부문을 직접적으로 연결시키는 라인에 위치한 모든 중간관리자로 구성되어 있다. 이들은 상급자나 주변 관련 부서로부터 독립하여 자율적 · 독자적으로 행동하려 하고 아랫사람들에 대해서는 권한을 자기에게 집중시키려는 방향으로 힘을 작용한다. 즉, **분권화와 산출물의 표준화를 통해 조정**이 이뤄지며, 이 힘이 커질 경우 조직은 **〈사업부제 구조(divisional form)〉의 형태**가 된다.

4) 전문/기술지원 부분(Technostructure) : 과업 과정 표준화에 의한 조정

조직 내 과업 과정과 산출물이 표준화되는 시스템을 설계하는 분석가를 포함한다. **기술전문가 집단**이자 제품 · 서비스의 생산과 직접 연결되는 자문을 맡은 부서로서 예를 들면 공장의 작업설계팀, 업무 프로세스 설계팀 등이 있다. 이들은 **실무부서를 통제하고 움직이려는 취지에서 작업 과정을 표준화하고 규정을 제정하여 실무진들로 하여금 이것들을 지키도록 힘을 발휘**한다.

실무자들은 그저 계획된 대로 움직이는 허수아비이고 조직의 힘은 계획과 규정을 제정하는 전문부서에서 힘을 갖게 되는데 우리는 이들을 테크노크라트라고 한다. 즉, **〈과업 과정의 표준화〉에**

의한 조정을 통해 힘을 발휘하며, 이 힘이 강력할 때 조직은 〈기계적 관료제 구조(machine bureaucracy)〉의 형태가 된다.

5) 일반지원 부문(Staff) : 협조 및 혁신

기본적인 과업 흐름 외에 발생하는 조직의 문제에 대해 지원하는 모든 전문가로 구성된다. 조직의 기본적인 과업과는 직접 상관이 없지만 그 과업이 제대로 달성되도록 지원하고 조직의 기타 문제, 예를 들어 공장 사원들의 관리, 임금, 후생, 홍보, 법률 등에 관한 보조기능을 맡은 스태프로 구성되어 있다. 이 경우 **〈상호적응〉에 의한 조정을 통해 힘이 발휘**되고, 이 힘이 강력할 때 조직은 **〈애드호크라시(adhocracy)〉 구조의 형태**가 된다.

위와 같은 기본 부문을 중심으로 순수한 조직형태의 원형을 분류할 수 있는데 힘의 무게가 앞의 다섯 가지 부문 중 어디에 치중되어 있는지에 따라 다섯 가지 순수 원형조직을 생각할 수 있다. 이하에서는 조직구조의 5대 순수원형에 대해 살펴보기로 한다.

(2) 5가지 조직유형(configuration)

1) 단순구조(simple structure)

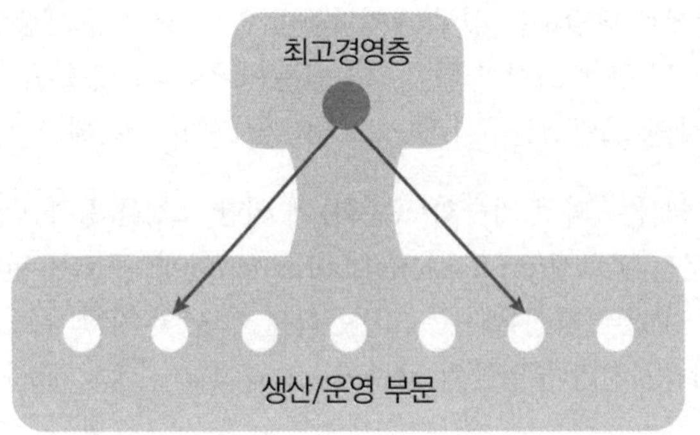

① 특성

단순구조를 가진 조직은 **분업화(전문화)도 별로 안 되어 있고, 공식화된 것은 거의 없고,** 한 사람의 절대권자가 전체 작업자를 직접 총괄하여 **집중화가 높은 특징**을 가지고 있다(집중화↑, 분업화/공식화↓). 초창기의 조직은 대부분 단순구조의 형태를 가지며, **유기적 조직구조**(organic organization)를 갖는다.

② 장단점

장점은 **〈조직의 단순성〉**에 있다. 따라서 **신속하고 유연하며 유지비용도 극히 적다.** 또한 매우 진취적이며 혁신적이고 관료제 구조에서 회피하는 위험한 환경에서도 잘 견디며 오히려 모험을 택하여 성장을 추구한다.

그러나 **매우 집권화되어 있기 때문에 최고경영층에게 모든 것을 의존**하며 기업주 한 사람의 건강이 악화되거나 그가 한 번 생각을 잘못하면 조직의 생존이 흔들린다. 뿐만 아니라 구조적인 변화가 필요하더라도 최고경영자가 변화를 거부한다면 **유연성이 상실**되어 조직에 치명적 부담이 된다. 즉, **견제세력이 없기 때문에 한두 사람의 지배자가 권력을 남용하거나 조직을 개인 판단으로 몰고 가서 위험에 빠뜨릴 수 있다.**

2) 전문적 관료제(professional bureaucracy)

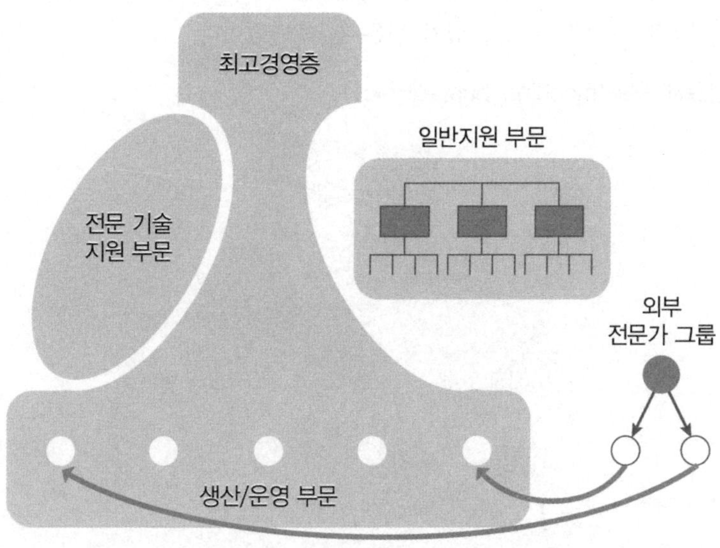

① 특성

전문적 관료제 조직이 수행하는 과업은 고도로 복잡한 것들이다. 병원이나 대학처럼 실무 생산 부문의 과업이 전문적이고 다양해서 일괄통제가 불가능할 때는 **고도로 개발된 기술이나 지식을 소유한 전문가들이 작업일선에서 자신의 과업에 대해 상당한 통제력과 재량권을 가진다.** 의사나 교수에게는 작업지시나 통제규정이 거의 없다. 이들 전문가의 과업은 전문적 담당자의 표준화된 자질과 능력 심사기준을 미리 정해놓고 이에 맞는 사람만 선발하면 그 이상의 통제가 필요 없다. 이들의 자격, 경험, 자질이 작업수행을 보증해주기 때문이다. **즉, 복잡성(분화) 및 공식화(단, 기술의 표준화↑) 및 집중성이 낮다. 이 측면에서 기계적 관료제와 정반대이다.**

② 장단점

과업기술은 복잡하고 동시에 환경은 안정적인 상황에 가장 적합한 조직인데 역시 병원과 대학이 가장 좋은 예이다. 또한 **전문적 관료제는 구성원들에게 폭넓은 재량권을 위임했다는 점과 이에 수반되는 자유스러운 창조행동과 아이디어 개발 가능성이 장점으로 대두**된다. **전문가 집단인 실무진은 고도로 동기부여**되어 있으며 자신의 작업에 대한 책임감과 고객서비스 마인드도 크기 때문에 기계적 관료제가 지닌 단점인 실무자와 고객 사이의 장벽이 여기서는 존재하지 않는다. 구성원 상호 간이나 고객과의 인간적인 접촉을 유지함으로써 비인간화의 위험도 적다.

그러나 전문가인 실무진(평교수)과 관리층에 속한 관리자(총장, 처장)들의 갈등을 피하기 어려우며 지원스태프(행정직원)와의 조정문제도 야기된다. 그러므로 자기 분야에서 전문가라고 자부하는 의사나 교수들을 통제하는 것이 최고경영진의 입장에서나 중간관리층에서는 어려운 문제가 아닐 수 없다. 그리고 환경 변화로 인한 조직혁신이 필요할 때에도 전문가라는 위치 때문에 그들의 수락을 얻기 힘든 점도 단점이다.

3) 기계적 관료제 구조(machine bureaucracy)

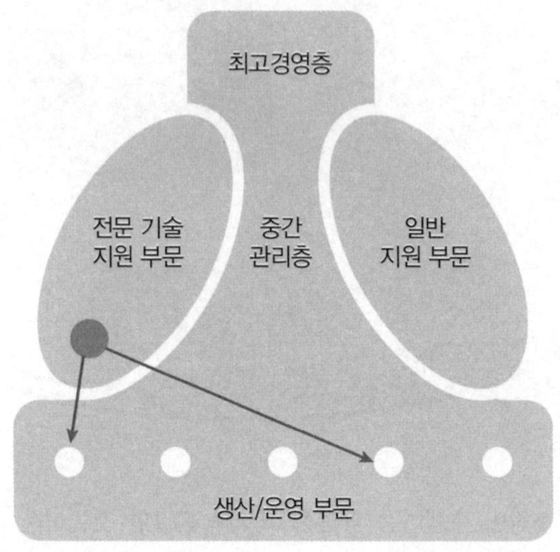

① 특성

비슷한 제품과 서비스가 대량으로 생산되기 때문에 **작업자의 행동을 표준화시키는 것이 효과적**이다. **이러한 조직은 규정과 규칙도 많으며 이러한 규정을 만드는 기술전문 참모들의 역할이 두드러진다.** 이에 **수평적 복잡성과 수직적 복잡성이 둘 다 높고, 공식화 수준도 매우 높으며, 집권화된 조직형태**를 가지고 있다.

② 장단점

업무수행이 정확하고 일관성이 있으며 규정에 따라 처리하므로 인간적 오해나 갈등도 별로 없다. 따라서 **자원 낭비의 염려도 적고 어느 조직보다도 합리성을 발휘할 수 있다는 장점**이 있다. 특히 이러한 조직구조는 **쉽게 통제가 가능**하며 **효율적**이기 때문에 대량의 동일한 산출물을 생산해 내는 데 적합한 조직형태이다.

그러나 과업의 지나친 세분화로 인하여 단순노동이 계속되고 그 결과 조직구성원의 행동은 로봇이나 허수아비처럼 되어 **비인간화를 초래**할 수 있다. 또한 업무가 세분화되어 있기 때문에 각 담당자는 조직 전체를 보지 않고 오직 자기업무에만 전력을 다하다 보면 **개인 간, 부서 간 갈등이 자주 발생**하기도 하고 전체적으로 도움이 되지 않는 상호경쟁만 늘어난다. 결국 조직의 최종 목표인 고객서비스가 약해지고 즉각적인 변화에 둔하고 혁신에 대한 저항도 커진다. 이러한 단점들은 흔히 **〈관료제의 병폐〉**로 일컬어지는 것들이다.

4) 사업부제 구조(divisional form)

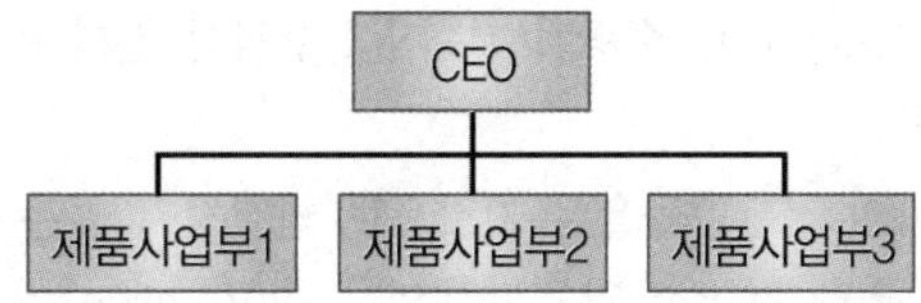

① 특성

사업부제는 **제품별·시장별 기준으로 묶은 조직**으로서 본사 하나를 두고 서로 이질적인 사업부단위를 모아 연결해 놓고 각 사업부에 자율권을 부여한 조직형태이다. **각 사업부는 본사로부터 운영 활동에 필요한 권한을 부여받아 이익책임단위로서 각각 자율적으로 행하기 때문에 조직 전체를 보면 분권화된 조직이다.** 하지만 단위 사업부 조직 내의 구조는 대개 기계적 관료제 형태가 많다. 왜냐하면 그 사업단위 내에서는 제품도 시장도 한 두 개로 제한되어 있기 때문에 제품생산의 반복성과 시장의 단순성이 존재하기 때문이다. 이처럼 사업부제 조직구조는 완전한 하나의 구조가 아니라 하나의 조직구조에 또 하나의 조직구조를 겹쳐 놓은 형태를 띤다.

사업부조직을 만들어야 하는 이유는 무엇보다도 **시장 및 생산제품과 서비스의 다양성** 때문이다. **이들이 다양하고 서로 이질적일수록 본사에서 일괄취급이 어렵기 때문에 사업부 특성에 따라 자율적인 영업활동을 전개하도록 위임하는 것이다.** 사업부조직은 조직규모가 크고 연혁이 오래되어 이미 성숙된 조직에서 가능하지, 규모가 작아 분산의 필요성이 적거나 연륜이 짧아서 시장점유율도 낮고 시장지배력도 없는 상황에서는 역효과가 나기 쉽다. 왜냐하면 사업부는 작은 중소기업과 같아서 함부로 시장에 내놓았다가는 큰 변을 당할 수도 있기 때문이다.

② 장단점

사업부별로 제품과 서비스 혹은 고객과 지역별 차이를 고려하여 본사에서 자원배분을 달리 할 수 있다는 점이 가장 큰 장점이다. 즉, 효율적인 자원 배분이 가능하다. 거대 조직을 작게 분사한 형태이므로 사업부 입장에서는 환경 변화에 적응하는 유연성을 높이고 필요한 경우 즉각적인 대응과 변신이 수월하다.

그러나 각 사업부별로 운영하다 보면 각 사업본부장은 오직 재무적 성과에만 의존하고 본사의 혁신적 측면과 장기적인 관점에서의 경영을 망각하기도 한다. 이러한 성과 중심의 통제 시스템은 이익과 매출액과 같은 양적 성과만을 중시하게 되어 고객서비스와 제품의 질, 사원의 동기부여, 환경보호 등을 등한시하기 쉽다. 조직이나 개인이나 양적인 성과만 강조하면 성과 향상을 위해 수단·방법을 가리지 않는다. 그리고 **조직형태만 사업부제로 해 놓고 본사가 권한을 쥐고 위임하지 않으면 사업부제의 본래 목적을 상실하고 현장과는 거리가 먼 의사결정이 이루어지는 경우도 종종 있다.**

5) 애드호크라시(혁신구조)(adhocracy)

① 특성 : **낮은 수준의 복잡성(단, 수평적 분화↑, 수직적 분화 아주↓), 낮은 수준의 공식화, 낮은 수준의 집권화**

서로 다른 전문 분야의 전문가들을 유기적으로 연결시켜 놓은 구조이다. ad hoc이란 '~에 가장 알맞은', '~를 위해 특별히 만들어진'의 뜻이고, cracy는 '관리', '지배'를 말한다. 즉, 애드호크라시조직은 특수 상황에 그때그때 알맞게 만들어지고 유연하게 행동하는 **임시적·즉흥적 조직구조**이다. **이 조직은 고정적인 지위계층이나 분업화된 작업단위도 없고 과제별·프로젝트별로 필요하면 만들어져서 필요한 대로 행동한다.** 따라서 애드호크라시 구조는 유동적이며 좀 복잡하지만 경계가 불분명할 때도 있어서 관료제 조직과는 정반대의 조직이라고 할 수 있다.

② 장단점

혁신구조는 구성원의 능력과 전문성을 최대한 발휘하게 함으로써 **혁신을 유도하고 급격한 환경 변화에 대처하기 좋은 조직**이다. 특히 새로운 전략과 비전이 최고경영층이 아니라 아래에서부터 학습과정을 통하여 제시될 뿐만 아니라 전략의 실행도 자발적으로 진행되는 **민주적 분위기**라는 점이 강점이다. **따라서 고객의 요구와 시장 변화에 따라 프로젝트 팀을 신속하게 구축하여 유연하게 대처할 수 있어서 좋다.**

하지만 **기능부서와 프로젝트 팀 간 갈등과 권력투쟁이 만만치 않으므로 이를 잘 조정**해야 한다. 프로젝트 팀원들도 **자신의 책임, 역할, 권한의 경계가 모호하여 이로 인한 스트레스와 심리적 긴장**이 문제점으로 지적되고 있다. 구성원 입장에서 보면 **잦은 계약관계 설정과 해지, 그리고 짧은 소속기간으로 인하여 심리적 스트레스는 높고 조직에 대한 충성과 몰입을 등한시할 수 있으며 장기적인 측면에서 행동하려고 하지 않는다.**

분류	단순구조	기계적 관료제	전문적 관료제	사업부제	애드호크라시
조정수단	직접 감독	업무 표준화	지식/기술의 표준화	산출물의 표준화	상호조정
핵심부문	전략층	기술구조	핵심운영층	중간관리층	지원 스태프
상황요인★	• 단순하고 동태적 • 주로 초창기 소규모 조직에서 발견	• 단순하고 안정적	• 복잡하고 안정적	• 고객이나 제품의 다양성 • 안정적 환경에서 운영되는 대기업	• 동태적이고 복잡한 환경
전문화	낮음	높음(기능별)	높음(기술적)	중간	높음(기술적)
공식화	낮음	높음	낮음	높음	낮음
통합/조정	낮음	낮음	높음	낮음	높음
집권/분권	집권화	집권화	분권화	분권화	분권화
위계계층	낮음	높음	낮음	높음	낮음
예	신생조직	행정부	대학, 병원	오래된 대기업	연구소

3 현실적 조직유형 : 혼합구조(Hybrid structure)

대부분의 조직은 순수 유형의 조직구조를 갖고 있기 보다는 **하나 이상 조직의 특성을 적당히 혼합**하여 조직의 효율을 높이고자 하는데, 이러한 조직을 혼합형 조직이라고 한다. 즉, **조직 차원에서 조직형태의 강점은 취하고 약점은 피하는 방향으로 합해서 설계하는 혼합형 구조(hybrid structure)를 선택**하게 된다.

혼합형 조직은 **기능부서의 효율성과 고객의 다양한 욕구충족 및 혁신이라는 조직의 상충적인 목표를 모두 달성하고자 하는 경우에 적합**하다.

장점	단점
• 제품라인의 적응성 및 조정, 집권화된 기능부서의 효율성 • 기업목표와 사업부 목표의 효과적 조정 (제품 라인 간의 조정, 제품 라인 내)	• 관리 스태프의 비대화 우려 • 본사 관리 스태프와 사업부 간 갈등 야기

▼ 조직설계의 목적에 따른 조직구조의 특성

구조 형성의 방향	조직구조의 형태	핵심조정 메커니즘	조직의 주요 부문
집권화	단순조직	직접적 감독체계	전략부문
표준화	기계적 관료제	작업 과정 표준화	기술전문가부문
전문화	전문적 관료제	직무기술 표준화	핵심운영부문
분권화	사업부 조직	산출물의 표준화	중간라인부문
협력화	임시적 조직	부서 간 상호조정	지원스태프부문

▼ 민츠버그가 제시한 조직 설계의 5가지 옵션 요약

차원	단순조직	기계적 관료제	전문적 관료제	사업부 조직	임시적 조직
전문화	저	고	고	고	고
공식화	저	고	저	고	저
집권화	고	고	저	한정된 분권화	저
환경	단순/역동	단순/안정	복잡/안정	단순/안정	복잡/역동
종합	유기적	기계적	기계적	기계적	유기적

PART 04

제 2 절 기본적 조직구조

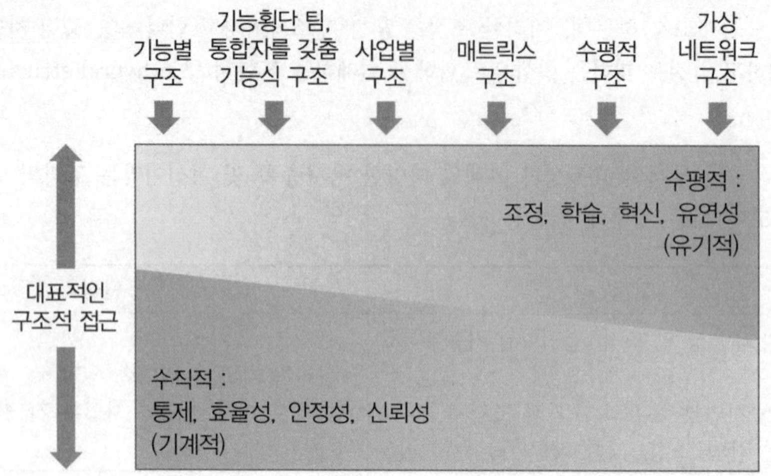

(1) **기능별 부서화**(functional grouping)는 **과업, 업무처리 과정, 지식이나 기술의 유사성**에 근거해 종업원들을 부서화하는 방법이다.

(2) **사업별 부서화**(divisional grouping)는 **제품**에 따라 구성원들을 부서화하는 방법이다.

(3) **다초점 부서화**(multifocused grouping)는 조직이 **두 가지 구조화 방법을 동시에 고려**해 부서화하는 방법이다. 이와 같은 구조는 흔히 **매트릭스 구조**(matrix grouping)로 불린다.

(4) **가상 네트워크 부서화**(virtual network grouping)는 **각각의 독립적인 구성 요소들이 느슨하게 연결**되어 있는 형태이다.

(5) **홀라크라시팀 부서화**(holacracy team grouping)는 부서화 방법 중 가장 최근에 등장한 부서화 방법이다. 이 방식은 전체 조직이 특정 과업이나 활동을 추진하기 위해 필요한 사람들로 구성된 **자율경영팀으로 구성되도록 부서화**한다.

1 종적 조직

종적 조직이란 **종적 관리 메커니즘(계층 상 통제, 규정과 절차, 계획과 스케줄)의 필요성이 큰 조직**을 의미한다.

(1) 기능식 조직

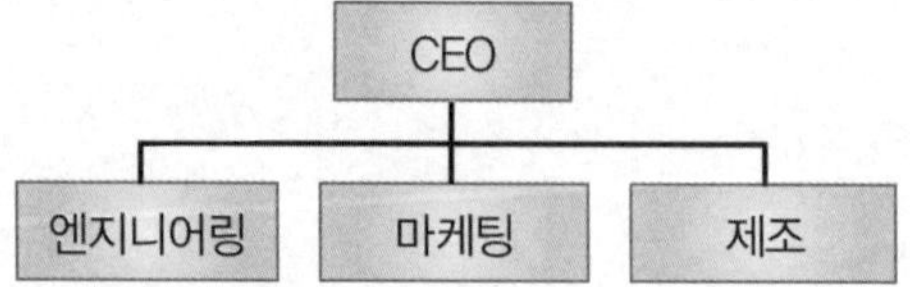

1) 의의 및 특징

U-form(unitary form)이라고도 불리는 **기능별 구조**(functional structure)는 **조직의 상위계층에서 하위계층까지 공통 기능 중심으로 활동이 부서화되는 구조**이다. 기능별 구조의 경우 **특정 활동과 관련된 모든 지식과 기술을 집중화(전문화)함으로써 조직에 수준 높은 핵심 지식을 제공하는 역할**을 한다. 따라서 기능별 구조는 목표달성을 위해 특정 분야에 대한 전문지식이 중요할 경우, 수직적 계층을 따라 조직이 통제되고 조정되어 효율성이 강조될 경우 효과적이다.

기능별 구조는 또한 구성원이 전문지식과 기술을 개발하는 데 도움이 된다. 구성원들은 자신의 부서 내에서 다양한 기능과 지식을 습득할 수 있다. **기능별 구조의 주요 약점은 환경 변화 대응을 위해 필요한 부서 간 조정과 반응이 느리다는 점**이다. 또한 **의사결정이 최고경영진에 집중**됨에 따라 **신속한 환경 대응이 어렵고, 수직적 계층상의 업무 과부하 현상이 발생할 수 있으며, 조정이 느리기 때문에 혁신이 느려지고, 전체 목표에 대한 구성원들의 시각이 편협할 수 있다는 점**이다.

즉, 기능식 구조는 **기능별 전문화에 의해 능률화를 촉진**시킬 수 있지만, **조직 구성 부문들이 기능과 활동을 수행하는 과정에서 자기 부문 중심에 빠져 조직 전체의 목표를 망각하고 부문들 간 갈등이 발생**하는 경우가 있다.

2) 필요한 경우

환경이 비교적 안정적이고 **각 부서 간의 기술적 상호의존성이 낮으며 일상적인 기술이 사용**되는 조직에서는 조직관리의 효율을 높일 수 있다. 또한 **조직의 내부효율이 중요**하고 **기술적 전문화의 필요성이 낮은 경우**에도 적합하며, **조직규모는 작거나 중간 정도**일 때 적절히 사용될 수 있다.

3) 장단점

① 장점

유사한 업무를 결합시킴으로써 생기는 전문화의 이점으로 규모의 경제(economy of scale)를 얻을 수 있다. 또한 같은 기능을 가진 사람들이 동일한 장소에서 업무를 수행하면 자원과 노력의 낭비를 줄일 수 있으며, 개인의 업무에 필요한 모든 기술을 그가 속한 부서 내에서 숙달시킬 수 있으므로 **짧은 시간에 효과적으로 기술을 익히는 데 매우 유익**하다. 그리고 **함께 일하는 동료들 사이에서 공통된 사고와 언어를 공유하게 되므로 업무분위기가 좋아지며 업무능률을 최대한 향상**시킬 수 있다.

② 단점

기능조직에서는 부서에서 함께 일하는 동료들과의 협조는 잘되지만 다른 부서와는 상이한 목표를 갖고 있기 때문에 **부서 간 조정이 매우 곤란**하게 된다. **조직구성원은 자신이 속한 부서의 목표 달성에 치중하므로 조직 전체의 목표 달성에는 제한된 시각을 갖게 된다.** 또한 어떠한 결과에 대하여 단일 기능부서가 전적으로 책임을 질 수 없으므로 **과업수행의 책임소재가 불분명**해지고 전체 조직이 효과성이 떨어진다. 이처럼 기능조직에서 야기되는 **하위부서 간의 갈등은 목표와 수단이 전도되는 상황을 유발하여 업무능률을 떨어뜨릴 수도 있다.**

또한 기능조직은 **급속히 변화하는 환경에 대한 적응력이 매우 떨어진다.** 환경 변화에 대한 적응력이 떨어지면 혁신이 늦어진다. 환경이 급변하거나 기술이 비일상적이고 상호의존성이 증가하면 새로운 의사결정 사항들이 많아지고, 환경에 대한 최고경영층의 신속한 대응이 요구되므로 종적 관리 메커니즘만으로는 효과적 조직관리가 어렵게 된다.

한편 기능조직에서는 **유능한 최고경영자를 양성하기 곤란**하다. 최고경영자가 담당하는 직무의 고유 특성인 통합적인 업무를 다루는 기술을 배우고 익힐 수 있는 직책이 없기 때문에 조직 전반적인 관리기술을 개발시키기가 곤란하다. 그러므로 기능조직에서는 유능한 최고경영자 양성을 위한 별도의 교육과 훈련 계획이 필요하다.

장점	단점
• 기능부서 내의 규모의 경제 효과 달성 • 특정 분야에 대한 깊이 있는 지식과 기술 개발 가능 • 기능별 목표달성 • 제품이 소수인 경우 적절	• 환경 변화에 대한 느린 반응 • 의사결정 문제가 최고경영층에 집중됨으로써 과부하 발생 • 부서 간 수평적 조정 약함 • 혁신이 낮음 • 조직목표에 대한 제한적인 시각

(2) 사업부제 조직(= 제품조직)

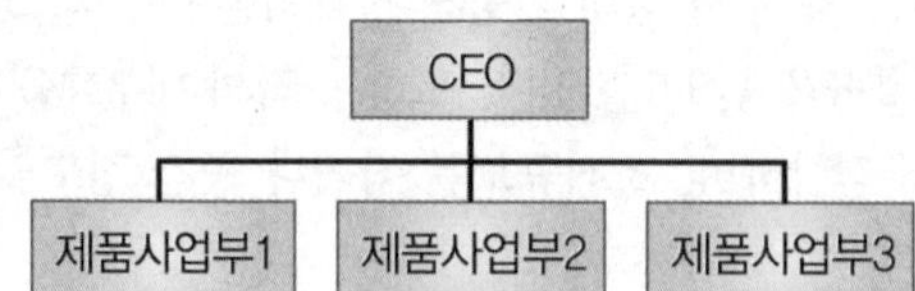

1) 의의 및 특징

M – form(Multi – divisional) **혹은 분권화된 조직구조라고도 불리는 사업별구조**(divisional structure)는 **사업부를 개별제품, 서비스, 제품그룹, 주요 프로젝트나 프로그램, 사업 또는 이익센터 등에 따라서 조직화**한다. 사업별 구조는 권한이 조직의 하위계층에 가까이 있기 때문에 **의사결정 권한이 분권화**되어 있다. 이에 비해 기능별 구조는 모든 의사결정이 최고경영진에게 집중되는 집권화된 조직구조이다.

제품조직에서 각 사업부는 보통 경영 전반에 대한 자율적인 관리권한을 갖고 있으며, 사업부의 책임관리자(사업본부장)는 모든 업무에 대하여 전적인 책임을 지고 전략을 수립 · 집행한다. 각 사업부에서 생산되는 제품과 관련된 모든 사항에 대한 의사결정 권한은 사업본부장에게 주어진다. 한편 **독립채산제로 운영된다는 특징**이 있다.

2) 필요한 경우

기능부서 간 조정문제가 매우 중요해지면 사업부제 조직을 사용하는 것이 효과적이다. **조직규모가 크고 환경변화가 많으며 부문 간 상호의존성이 클 경우에는 각 기능부문 간 조정이 매우 중요**하다. 이때 사업부제 조직을 이용하면 효과적이다.

3) **대기업에 적합한 조직구조 : Williamson의 M형 가설**

윌리엄슨은 거래비용 이론 관점에서 "**다각화된 기능별 조직구조의 거대기업은 내부조직의 비효율성이 높다.** 예컨대 여러 종류의 제품과 여러 지역을 관리해야 하는 기업이 기능별 조직구조를 가지면 영업부서는 단독으로 수많은 제품과 지역을 대상으로 경영하여야 하기 때문에 당연히 조직의 비효율성이 높게 될 수밖에 없는 것이다. **따라서 내부조직의 비효율 제거를 위해서 사업부제로 전환하게 된다**"**라고 설명**한다.

조직 내 거래비용을 줄이기 위해서 윌리엄슨은 M형 구조가 U형 구조보다 효율적인 구조라는 M형 가설을 주장한다. 전통적인 **U형 구조**는 조직의 **규모가 확대되고 사업 영역이 다양화**됨에 따라 각 **부문 간 조정이 어려워지고 개별 부서가 부서의 목표만을 추구하는 경향**이 있다. 반면에 **M형 구조**는 각 부문이 자체의 사업 영역 내에서 이익 극대화를 위한 합리적 행동을 추구하므로, 대규모 조직에서 발생하기 쉬운 불합리한 요인들이 제거되고 **기능 간 조정이 용이해짐으로써 조직의 효율적 운영이 가능**해진다.

PART 04

4) **장단점**

① 장점

제품이나 서비스에 대한 모든 책임이 사업본부장에게 부과되므로 각 사업부에서는 여러 가지 소단위의 사업을 포괄적으로 경영함으로써 **불안정한 환경변화에 대하여 효과적으로 신속하게 대응할 수 있다는 장점**이 있다. 또한 여러 기능부서가 한 부서에 속해 있기 때문에 **기능 간 조정이 매우 용이**하다.

또한 제품별 사업부제 조직의 경우 **사업부마다 서로 다른 제품을 생산 · 판매하고 각각의 시장특성에 적절히 대응함으로써 소비자들의 만족을 증대시킬 수 있을 뿐만 아니라 시장세분화에 따른 제품의 차별화가 용이하다.** 그리고 본사의 최고경영층이 일상적인 잡무로부터 벗어날 수 있기 때문에 전체 조직의 장기적인 전략수집과 같은 주요 업무에 노력을 집중하여 **변화하는 환경에 대하여 효과적인 대응을 할 수 있게 된다.**

② 단점

제품별 사업부제 조직의 단점은 기능조직에서와는 달리 **규모의 경제로부터 얻는 이점을 갖지 못하며,** 모든 제품 단위마다 유사한 설비와 기능을 갖추어야 하므로 **자원활용 측면에서 비경제적**이다. 또한 제품조직에서는 제품라인이 분리되어 있고 라인 간의 협력을 고무시키는 인센티브가 거의 없기 때문에 **제품라인 간의 조정이 곤란**하다. 실제로 사업부제를 실시하고 있는 여러 회사에서 사업부 간의 조정과 관련된 문제를 갖고 있는 경우가 많이 있다.

제품별 사업부제 조직에서는 **기능이 여러 사업부로 분산되어있기 때문에 기술의 기능별 전문화가 어려워진다는 단점**도 발생한다. 또한 사업부제에 속한 조직구성원들은 **자신이 관련된 제품 라인에 관심이 집중되기 때문에 전체 조직 차원에서 기술의 통합과 전문화가 곤란**해지기도 한다.

장점	단점
• 불안정한 환경에서 신속한 변화에 적합 • 제품에 대한 책임과 담당자가 명확하기 때문에 고객만족을 높일 수 있음 • 기능부서 간 원활한 조정 • 제품, 지역, 고객별 차이에 신속하게 적응 가능 • 몇 개의 제품을 가진 대규모 기업에 적합 • 분권화된 의사결정	• 기능부서에서 규모의 경제 효과 감소 • 제품라인 간 조정이 약화될 수 있음 • 특정분야에 대한 지식과 능력의 전문화가 곤란 • 제품라인 간 통합과 표준화가 곤란

2 횡적 조직

(1) 매트릭스 조직

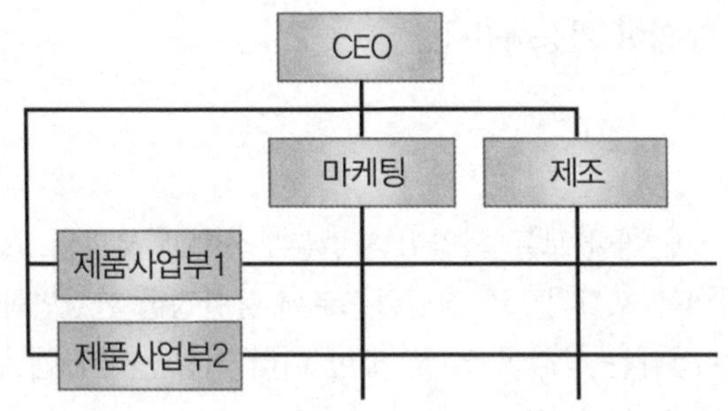

1) 의의 및 특징

매트릭스 조직은 **부서단위를 한 번은 사업별 혹은 제품별로 나누고 이를 다시 한 번 기능별로 묶어서 두 구조를 포개어 놓은 유형**이다. 그러므로 매트릭스 조직 구조는 부서와 기능 간의 수평적인 연결이 매우 높은 조직유형이다. 이러한 형태의 조직에서는 제품별 관리자와 기능별 관리자가 동등한 권한을 가지고 있기 때문에 **전통적인 '명령통일의 원칙**(unity of command)**'을** 무시하고 **한 개인이 두 상급자의 지시를 받으며 보고**를 하게 된다(two boss system). 그러므로 **부서 간 통합을 위해서는 빈번한 상호접촉과 협조, 의사소통, 토론이 항상 있어야 할 것**이다.

2) 필요한 경우

분리가 안 되는 생산설비가 있거나, **한 종류의 제품이 극히 이질적인 두 개의 시장에 나가거나, 단기간에 여러 기술을 요하는 하나의 프로젝트를 완수해야 할 때** 효과적이다. 또한 **제품라인 간에 몇몇 자원을 공유해야 하거나 인력과 시설이 공동으로 필요한 경우**에도 매트릭스 구조가 효과적이다. 예를 들면 모든 제품라인에 전문가를 한 사람씩 배치할 필요가 없다면 한 두 사람의 전문가로 하여금 모든 제품라인을 통제하라고 할 수 있다. 그리고 회사의 사업영역이 복잡하고 불확실하기 때문에 사업부 간 조정과 정보처리가 필요하다면 매트릭스 구조가 적격이다. **결국 매트릭스 구조는 전통적인 수직적 계층 구조에 현대적인 수평적 팀조직을 겹쳐 놓음으로써 양자 간의 상호교류와 균형을 추구한 것으로 볼 수 있다.** 매트릭스 구조(matrix structure)는 **기술**

적 전문성과 제품 혁신, 변화가 조직의 목표를 달성하는 데 중요한 경우에 사용될 수 있다.
한편 다음과 같은 조건에서 매트릭스 조직구조 설계를 고려할 수 있다.

① 조건1 : 제품라인 간 희소한 자원(인력)을 공유해야 할 경우, **중간정도의 제품라인을 가지고 있는 중소기업**으로 인력과 시설에 대한 유연한 공동활용이 필요한 경우

② 조건2 : **깊이 있는 기술적 지식(기능별 구조)**과 **빈번한 신제품 개발(사업별 구조)** 등과 같이 **두 가지 이상의 중요한 산출 목표가 요구**되는 경우. 이러한 이중의 압력은 기능 측면과 제품 측면의 균형이 요구된다는 것을 의미함

③ 조건3 : 조직이 처한 **환경 영역이 복잡하고, 불확실한 경우**. 빈번한 외부환경 변화와 부서 간의 높은 상호의존성은 수직, 수평적인 양방향에서 많은 조정과 정보처리가 필요함

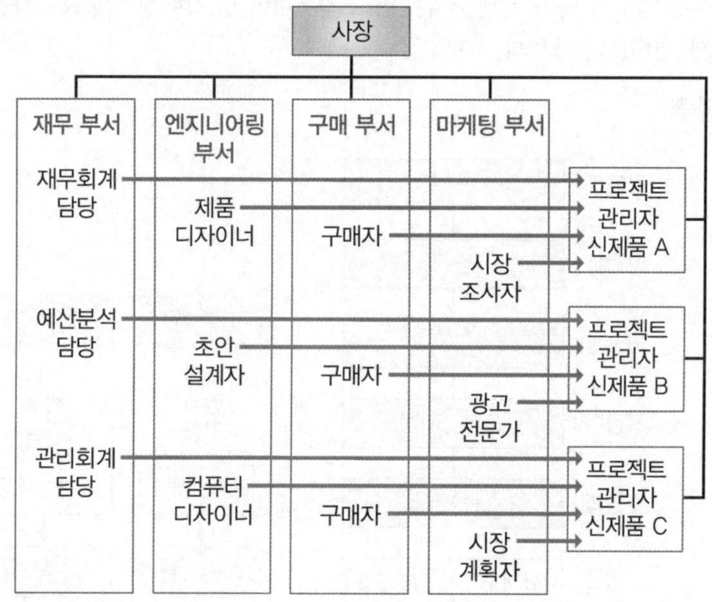

3) 장단점

① 장점

매트릭스 조직은 **제품라인과 기능별 전문성이 모두 필요한 경우**에 **제품별 관리자와 기능부서 관리자 간의 조정과 커뮤니케이션을 통하여 강점을 발휘**할 것이다. 그리고 **고객이 요구하는 이중적 요구사항을 충족**시킬 수도 있으며 **인력과 시설 같은 중앙의 자원을 사용할 수 있다는 장점**이 있다. 조직구성원들도 **자신의 관심사에 따라 전문 노하우를 익히며 특수제품 혹은 특수고객층에 대한 지식 연마를 선택할 수 있다.**

② 단점

이중보고체계로 인하여 구성원들에게 혼선을 가져오며 인간관계의 **갈등을 초래**하기도 한다는 점이 있다. 그리고 조정과 토의가 많이 필요한 만큼 관리자들이 **토론과 회의에 소모하는 시간도 많다.**

장점	단점
• 고객의 이중적인 요구에 대응토록 조정 가능 • 여러 제품 라인에 인적자원을 유연하게 공유 • 불안정한 환경에서 복잡한 의사결정에 대응 • 제품기술 개발에 대한 적절한 기회를 제공 • 소수의 제품 라인과 중규모 조직에 적절	• 이중보고체계로 인해 종업원들이 혼란 • 다양한 인간관계기술에 대한 교육훈련 필요 • 빈번한 회의와 조정 과정으로 시간 소요 • 종업원들이 매트릭스 구조의 특성을 이해하지 못함 • 권력의 균형을 유지하는 데 많은 노력이 필요

그러나 **기능별 조직이냐, 부문별 조직이냐, 매트릭스 조직이냐의 문제는 하나의 연속선상에 놓여 있는 '정도'의 문제이지 상호 별개의 것은 아니다.** 부서를 집단화하고 연결·조정하는 방법과 상호 의존성 정도에 따라 **사실상 무수한 조직유형이 있으며 실제의 조직들은 이들 간의 중간에서 혼합된 형태로 존재한다.**

(2) 프로세스 조직

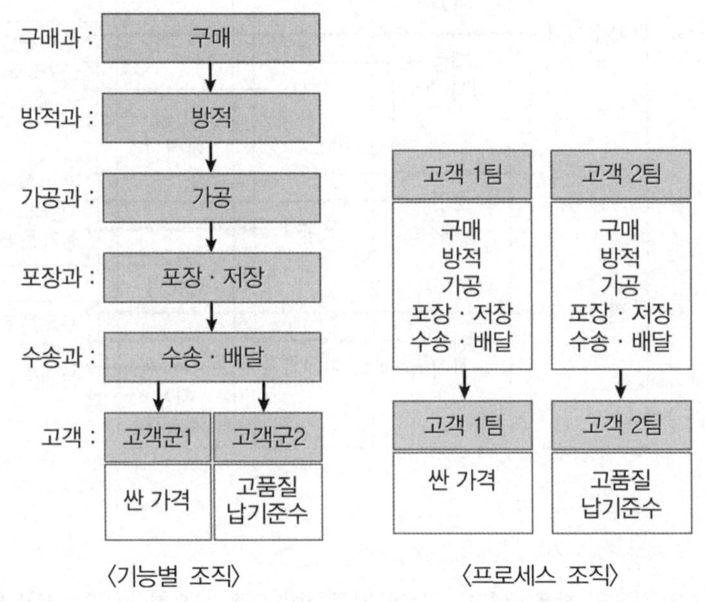

〈기능별 조직〉 〈프로세스 조직〉

1) 의의 및 특징

산업계에 **고객의 중요성이 강조**되면서 **조직의 운영도 생산자 중심(seller's market)에서 소비자 중심, 이용자 중심(buyer's market)으로 변해야 한다는 취지**에서 제품과 서비스를 생산하는 과정을 근본적으로 재설계하였다. **즉, 고객의 기대가치를 가장 이상적으로 반영할 수 있도록 조직 전체의 업무 프로세스를 우선으로 설계한 조직유형이다.** 결국 업무가 수평으로 진행되도록 한 것이라서 수평적 조직구조라고도 한다.

프로세스 조직이란 **리엔지니어링(Business Process Reengineering)**에 의하여 **기존의 업무처리절차를 재설계하여 획기적인 경영성과를 도모하도록 설계된 조직**이다. 프로세스 조직의 **근본**

목표는 고객을 중심으로 고객의 가치를 가장 이상적으로 반영할 수 있도록 전체 업무 프로세스를 근본적으로 재설계했다는 점에서 **단순한 업무 프로세스의 개선과는 다르다.**

한편 리엔지니어링이란 **정보의 전달구조에 따라 조직을 재설계**하는 것이다. 고객과 시장의 정보가 날로 중요해지고 있는 오늘날 의사결정이 정보에 가장 밀착된 현장에서 바로 이루어져야 한다. 조직의 최고층을 거쳐서 우회하는 의사결정 구조는 더 이상 적합하지 않다. 그러므로 팀이 하나의 업무 프로세스를 수행하는 데 필요한 인력을 자율적으로 운영하고 통제할 수 있어야 하는데, 여기에는 업무에 필요한 능력을 가진 사람은 물론 그 업무에 관한 의사결정을 할 수 있는 권한도 포함된다.

2) 예시

보험대리인(설계사 혹은 영업사원)의 예를 들어보자. **전통적 조직구조에서는 일선 보험대리인도 고객에 대한 정보를 알기 위해 본사의 여러 부서로 전화를 해야 했다.** 왜냐하면 고객파일이 여러 부서에 분산되어 있어서 파악이 쉽지 않았기 때문이다. **이런 상황에서는 부서 간 조정도, 정보전달 속도도 느리다.** 또한 이런 조직에서는 정보제공자들이 보험설계사를 직접 대면하지 않은 상태에서 전화로 처리했기 때문에 정보제공을 그렇게 중시하지 않았다. 더군다나 본사의 각 부서는 고객의 당초 니즈와 요구사항을 무시한 채 자기 부서 중심으로 의사결정을 하고 만다.

그러나 **프로세스 조직에서는 회사가 특정 대리인들을 담당하는 팀을 구성**한 후 이들 구성원들로 하여금 보험계약과 증권발급, 보험료 청구 등의 업무를 하게 한다. 그들은 대리인의 고객에게 문제가 생기거나 고객이 불만을 제기하게 되면 **팀원 모두가 최선을 다해 이를 해결해 줄 것**이다. 그 이유는 보험대리인의 고객이 바로 자신들의 고객이나 마찬가지이기 때문이다.

3) 프로세스 조직의 설계

① 팀 단위의 업무수행

프로세스 팀이 조직구조 단위의 최소단위이다. **프로세스 팀이란 전체 프로세스 중 하나의 프로세스를 완수하기 위해 함께 일하는 사람들의 집합을 말한다.** 그러므로 프로세스 팀은 하나의 완결된 과업을 수행하기 위해 서로 다른 기술과 기능을 보유한 사람들로 구성된다. 이는 종전 조직과 달리 기능에 따라 개별적으로 흩어져 있던 종업원들을 함께 모아 놓고 서로 의논해 가며 과업을 완수하도록 배치한 것이다.

② 스태프기능의 축소와 변화

과업을 계획·조정·통제하는 부서와 실제 계획대로 일을 실행하는 부서를 나누는 것이 원칙이었다. 그런 조직은 상호 견제와 통제의 수월성, 그리고 각 기능부서의 전문화를 도모한다는 점에서 효과적이지만 **통제부서의 거대화로 인한 경제적·비경제적 비용이 많았다.** 예를 들면 실무자가 문방구 소모품 한 개를 사오는 데 있어 처리 인원은 한 사람으로 족하지만 그 구매를 허락하고 확인하는 작업에는 담당자는 물론이며 스태프부서의 많은 시간, 인원, 노력이 추가로 투입된다.

그러나 **프로세스 중심의 팀제**가 되면 스태프부서는 엄격한 확인 작업 대신에 총체적이면서도 **다소 완화된 통제를 행사**한다. **즉, 통제를 줄이거나 불필요한 것을 제거함으로써 엄격한 통제로 인한 지나친 관리비용을 최소화하여 조직구성원들이 저지르는 약간의 실수비용을 보상하고도 남을 수 있도록 한다.**

4) 장단점

① 장점

프로세스 조직의 장점은 **고객의 가치와 욕구를 가장 이상적으로 실현**시킬 수 있도록 업무수행 방식을 재배치했다는 점이다. 고객들이 **중단 없는 서비스**를 받게 한다든가 **고객의 욕구를 즉시 해결**해 주는 방향으로 단위 과업들이 전체적으로 연결되었기 때문에 **고객을 위한 조직**이라고 할 수 있다. 또한 고객 입장에서 설계되기 때문에 내부 의사결정 과정이 처음에는 어설프게 보이기도 하지만 **고객 욕구에 신속하게 대응**할 수 있다. 프로세스 조직은 수평적 구조인 만큼 유연성도 높기 때문에 고객 요구에 일괄적으로 신속하게 대응하는 것이 가능하다.

그리고 조직의 각 부서 활동이 고객 중심으로 되어 있기 때문에 고객을 위한 생산성의 향상과 속도와 효율성의 개선이 잘 이루어져서 고객만족도를 높일 수 있다. 뿐만 아니라 프로세스 조직은 계획・통제・검토를 담당하는 스태프(관리) 부문의 업무를 현장 팀이 직접 수행하므로 간접 인력의 감축과 불필요한 업무단계를 줄일 수 있는 장점이 있다.

또한 프로세스 조직은 각 부서 간에 경계가 없기 때문에 **각 담당자들이 자기 부서의 목표에 국한되지 않고 회사 전체적인 관점에서 활동이 가능**하며 **전체 목표의 완성에 전력을 다한다.** 동시에 **조직 분위기 역시 수평적이라서 구성원의 팀워크를 유도하기 쉽고 의사결정 참여로 새로운 아이디어 창출이 가능**하며 **그만큼 사원들에게 동기부여도 된다.**

② 단점

실질적인 프로세스 조직이 안착되려면 **조직의 인사제도와 조직 분위기, 경영철학과 정보시스템이 같이 변화되어 있어야 하는데 이것들은 모두 프로세스 조직에 맞게 변화시키는 것은 어렵기도 하고 시간이 걸리는** 일이다. 그리고 전통적 조직에서 전반적 관리를 담당했던 **높은 지위의 관리자들은 수평적 조직에서는 많은 권한을 아래로 위임하고 나약한 존재가 된다. 조직의 높은 관리자들의 사기가 떨어지고 실망**을 하게 된다면 장기적으로 바람직한 일은 아니다. 그러므로 프로세스 조직을 도입하려면 **구성원 전체의 공감대 구축뿐만 아니라 평소 이에 대한 교육과 훈련이 뒷받침되어야 한다.**

장점	단점
• 고객에 대한 유연하고 신속한 대응 • 종업원의 관심사가 고객을 위한 가치 창출에 집중되어 있음 • 종업원들의 조직목표에 대한 폭넓은 시각 • 팀워크와 협력을 증진 • 종업원들에게 책임감 공유, 의사결정 참여, 조직목적에 기여할 수 있는 기회를 제공함으로써 삶의 질을 개선	• 핵심 프로세스를 규명하는 데 시간이 걸림 • 조직문화, 직무설계, 경영철학, 정보와 보상시스템 등에 대한 개선이 필요 • 관리자는 권력과 권한이 감소 • 종업원들이 효과적으로 작업하기 위해서는 상당한 훈련이 필요 • 기능별 조직의 다양한 기능을 수행해야 하는 세분화된 전문적인 기능 개발에 한계

PART 04

(3) 네트워크 조직

1) 의의 및 특징

① 경쟁적 관계 → 협력적 관계

오늘날 조직들은 외부조직인 고객, 공급자, 제휴업체 등과의 관계를 긴밀하게 형성하고 있다. 이들은 **관계적 자산**을 재무적 자산만큼이나 중요하게 생각하고 관리하고 있다.

조직 간 협력관계가 급증하는 이유는 어떤 조직도 스스로 모든 것을 충족할 수 없기 때문이다. 조직은 개방시스템으로서 환경으로부터 필요한 자원을 공급받기도 하고 환경이 필요로 하는 자원을 제공해 주기도 하면서 생존해 나간다. **네트워크조직은 바로 환경 내에 있는 다른 조직과의 협력 관계를 나타내는 현상이라고 볼 수 있다.**

② 거래비용 경제학의 접근

Williamson은 **1960년대 이후 거래비용경제학**(transaction cost economics)을 바탕으로 **시장(market)거래에서 기회주의적 행동으로 시장실패가 일어날 경우** 기업은 불확실성을 줄이기 위해 그 자원을 스스로 생산하거나 서비스를 제공하는 기능을 **내부에 위계조직화**(hierarchy)하게 된다는 이분법적 논리를 제시하였다.

그러나 내부 조직화가 **환경의 불확실성을 최소화**할 수는 있지만 **조직 비대화에 따른 규모의 비경제와 경직성 등으로 인해 조직실패를 초래**할 수 있다. **기회주의적 행동으로 인한 시장실패와 조직의 비대화에서 오는 조직실패를 모두 해결하려는 시도가 바로 신뢰를 바탕으로 운영되는 네트워크 조직**이다.

이와 같이 신뢰를 바탕으로 운영되는 네트워크 조직이란 '상호의존적인 조직 사이의 협력관계'를 의미하는 것으로 정의할 수 있다. 즉, 네트워크조직은 업무적인 상호의존성이 큼에도 불구하고 내부화하거나 자본적으로 강하게 연결됨이 없이, **서로 독립성을 유지하는 조직들이 상대방이 보유하고 있는 자원을 마치 자신의 자원인 것처럼 활용하기 위하여 수직적·수평적·공간적 신뢰 관계로 연결된 조직 간의 상태로 볼 수 있다.**

		업무적 연결 낮음	업무적 연결 높음
자본적 연결	높음	지주회사 (1)	M-Form (2)
	낮음	시장 거래 관계 (3)	네트워크조직 (4)

(1)의 지주회사는 업무적인 연결이 낮은 여러 사업단위를 자본적으로 연결하고 있는 관계이며, (2)는 업무적인 연결도가 높아서 조직 외부에 둘 경우 불확실성이 커지는 것을 우려하여 내부화한 관계로서 M형 조직이 그 예이다. (3)의 시장 거래 관계는 자본적인 연결과 업무적인 연결이 모두 낮은 경우에 형성되는 일시적인 거래관계이다. **(4)의 네트워크조직은 상호의존성이 높아서 밀접한 상호작용을 통한 조정이 필요한 과업을 수행하고 있으면서도, 자본적으로 연결되지 않은 채 느슨하게 연결된 조직 간 협력의 네트워크 형태를 가리킨다.**

③ 관련개념

❶ 신뢰

신뢰는 어떤 공동체 안에서 다른 구성원들이 보편적인 규범에 의하여 규칙적이며 정직하고 협동적인 행동을 할 것이라는 기대이다. 이는 사회문화적 영향과 제도적인 영향 아래에서 구축되는데 구체적 내용은 다음과 같다.

첫째, **사회문화적 배경**이 기회주의적 행동을 제대로 제어하고 있는 경우이다. 배신은 곧 부정적 평판을 형성하여 전 사회에 알려지게 됨에 따라 앞으로 사업기회가 박탈되기 때문에 비교적 신뢰 관계가 잘 유지되고 있다.

둘째, 상대기업이 시장에서 보였던 **과거 행동**과 다른 협력 관계에서 나타난 평판 등을 오랫동안 경험하고 관찰한 결과에서 기인한다.

❷ 타산(Calculativeness)

타산이란 **기회주의적인 행동의 결과로 발생할 수 있는 손해가 그러한 행동으로 얻을 수 있는 잠재적 이익보다 크다고 예상될 때 신뢰적 행동을 보이게 되는 것**이다.

2) 발달배경

① 전략적 공생의 필요성

어느 한 기업이 혁신에 필요한 모든 기술을 확보하는 것은 불가능해졌으며 연구개발을 하는데 드는 비용의 규모도 대단히 증대되었다. 그리하여 기업들은 연구개발에 수반되는 **비용과 위험을 경쟁자와 공유함으로써 자사의 부담을 줄이려는 공생전략을 시도하게 되었다.**

한 기업이 독자적으로 자신의 성장과 유지에 필요한 혁신을 수행하기 어렵기 때문에 경쟁관계에 있는 다른 기업 또는 조직과 **협력적인 네트워크를 형성하고 이를 통하여 위험을 최소화하고 공생하려는 노력**을 많이 하게 되었다. 이와 같이 치열한 경쟁환경에서 기업이 경쟁우위를 창출하기 위해서는 공급자, 고객, 동업자 등 기업을 둘러싸고 있는 다양한 외부 경제주체들과 협력하여 새로운 '가치창조시스템'을 구축하는 것이 중요해지고 있다. 즉, 이제는 경쟁의 양상이 개별기업 간 경쟁에서 네트워크를 가진 시스템 간 경쟁으로 변화하고 있다.

② 조직혁신의 필요성

시장실패를 극복하기 위해 시장의 모든 기능을 내부화하고 환경의 불확실성을 최소화하기 위한 수직적 통합, 합병과 다각화를 통한 수평적 통합으로 조직이 지나치게 비대화된다. 그러나 **조직이 비대화·관료화됨에 따라 종업원의 무기력화, 경직성이 증대되어, 변화 적응력 감소 및 관리비용의 증가 등 조직실패 현상이 심각히 대두되고 있다. 이를 해결하기 위한 조직혁신 방안으로 최근 논의되는 것이 내부 부서를 외부화하여 조직실패를 개선하려는 네트워크 조직**이다.

③ 정보통신기술의 발전

네트워크조직이 효율적으로 운영되기 위해서는 여러 측면에서 긴밀한 조정이 이루어져야 한다. 이러한 조정 과정을 용이하게 하는 것이 바로 정보통신기술이다. 최근 급속히 발전한 정보통신기술은 좋은 질의 정보를 빨리 전달하는 것이 가능하게 함으로써 네트워크조직 간의 이해를 증진시키게 되었으며, 또한 거래에서 발생할 수 있는 여러 가지 불확실성을 감소시킴으로써 네트워크조직의 형성을 더욱 촉진시키게 되었다. 즉, 정보통신 기술의 발전으로 말미암아 **어떤 조직이 다른 지역에 있는 조직들과도 마치 동일 지역에 있는 내부 부서 간의 관계와 같이 실시간(real time)으로 정보 공유하고 의견 교환하는 것이 가능하게 되었다.**

④ 세계화의 진전

기업의 세계화가 진전되고 정보통신기술이 발전하게 됨에 따라 **가치사슬 상 전방과 후방의 협력자들을 국내에 국한하지 않고 전 세계적으로 확보할 수 있게 되었다.**

3) 유형

네트워크 형성의 방향	네트워크 형성의 범위	네트워크의 기본관계
수직적	내부적	지배적
수평적	외부적	
복합적	지역적	협동적

① 네트워크의 기본관계 : **지배적 vs 협동적**

지배관계는 제도적인 유대형성을 통해서 강하게 연결되어 있는 관계로서 인수·합병에 의한 일체화, 기업계열화, 기업집단, 분사, 하청계열의 형성 등을 예로 들 수 있다. 협동관계는 제도적인 유대형성에 의존하지 않는 **약한 연결의 관계**로서 **다양한 기업이 횡적으로 느슨하게 연결되어 가는 네트워크화 전략**을 의미한다.

② 내부적 네트워크

시장거래적 경쟁과 기업가 정신을 기업 내에 도입하려는 시도이다. **조직 내에 소규모의 자율적 사업단위를 구축하고 사업운영에 관한 권한을 철저하게 위양하여 자율적 사업단위 간에 경쟁과 협조를 동시에 추구함으로써 사내에 전략적 시너지를 창출**하려는 조직형태이다. 이때 사업을 수행하는 자율적 단위조직의 자산소유권은 기업이 내부화하되, 이들 단위조직 간의 거래는 인위적으로 설정된 **이전가격(transfer price) 대신에 시장에서 결정되는 가격으로 이루어지도록 함으로써 능률 향상을 도모**한다.

❶ 수직적 내부 네트워크 : **소사장제**

기업의 연구개발, 생산 및 판매 부분 중 일부를 자산을 소유하면서도 경영을 독립시킴으로써 네트워크 형식으로 관리하는 경우를 말한다. 예를 들어 중소기업 삼영기계에서는 8개의 소사장제로 전환하여 만성적인 근무태도의 나태함, 작업속도의 느슨함 등 문제점을 극복했다. 소사장제 도입 후 근로자의 주인의식과 책임감이 제고되어 가동률이 크게 향상되었고 공정을 맡고 있는 소사장 간에 철저한 품질점검으로 인하여 불량품이 현격히 감소하여 매출이 180%(25억원 → 70억원)나 증가하였다.

❷ 수평적 내부 네트워크 : **사내벤처**

수평적 내부 네트워크는 기업이 새로운 영역에 수평적으로 진입하기 위해 사내에 독립적인 조직을 네트워크 형식으로 설립하여 관리하는 경우를 말한다. LG그룹의 교통정보팀이 그 좋은 예이다. LG그룹은 회사가 연구개발을 지원해 성공하면 회사가 51%, 벤처가 49%의 지분을 나누는 조건으로 사내 벤처기업을 공모했고, 교통정보팀이 첫 수혜자가 된 것이다. 교통정보팀은 모기업의 경영과는 상관없이 기술개발활동에 혼신을 쏟고 일하는 네트워크조직이다.

③ 외부적 네트워크

환경 변화의 속도가 빨라지고 불연속성이 심화됨에 따라 기업이 모든 활동을 내부적으로 수행하는 데 한계를 갖게 되었다. 더구나 **효율적 자원 공급자가 내부보다는 기업 외부에 존재**할 때 불가피하게 외부 공급자와 연계 관계를 추구하지 않을 수 없게 되었다. 외부적 네트워크조직은 산업을 단위로 국제적 네트워크로 형성되기도 한다.

❶ 수직적 외부 네트워크 : **모듈기업**

수직적 외부 네트워크는 생산 또는 판매를 위하여 중심기업 산하에 수직적으로 연결된 여러 기업을 가리킨다. 이를 모듈기업(modular corporation)이라고 부르기도 한다. **모듈기업은 자사의 능력을 지적 집약도가 높은 분야 예를 들면 상품기획이나 마케팅과 같은 분야에 특화하고, 부품제조나 유통, 정보처리, 판매 분야 등을 '모듈(module)'로 구분**

하여 외부 전문기업에 전략적으로 외주하는 방법이다. 이는 중심기업의 성격에 따라서 생산자 주도형(producer-driven) 네트워크와 구매자 주도형(buyer-driven) 네트워크로 구분할 수 있다.

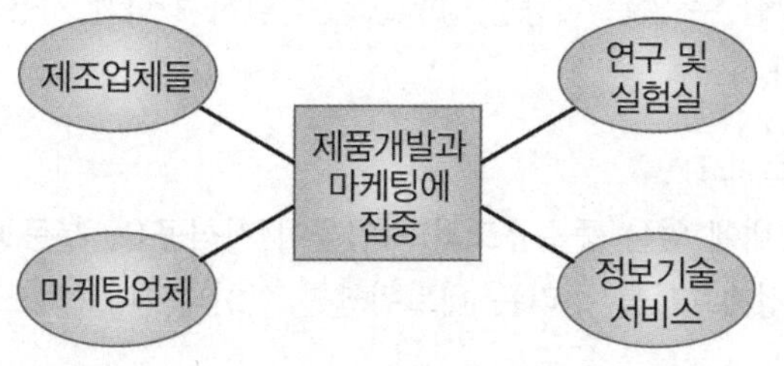

• 생산자 주도형 네트워크

생산자 주도형 네트워크는 최종 제품을 완성하는 **제조업체가 중심**이 되어 네트워크 조직을 형성한 것이다. 이러한 유형은 조립이 중심이 되는 자동차 산업, 항공기업, 전자산업 등에서 많이 볼 수 있다.

• 구매자 주도형 네트워크

디자인업체 또는 대형 구매자중심으로 이루어진 하청관계로 의류, 신발 등과 같이 노동집약적인 제품에서 많이 발견된다. 예를 들어 이랜드가 캐주얼 의류사업에 진입하면서 브랜드에 대한 디자인, 상품기획 및 마케팅에 관한 활동만 전문적으로 수행하는 한편, 생산은 전문업체로부터 납품을 받고, 판매는 프랜차이즈 형태로 독립된 매장주들을 통하여 영업하러 온 것이 좋은 예이다.

가상 네트워크 구조와 아웃소싱

조직설계에서 최근의 발전 양상은 전통적 조직의 경계를 초월하여 수평적 조정과 협력의 개념을 확장하는 구조이다. **최근 가장 널리 유행하고 있는 조직설계 추세는 조직의 다양한 부분을 외부의 파트너들에게 아웃소싱하는 것**이다. 아웃소싱(outsourcing)은 생산, 인적자원관리, 신용장관리 등과 같은 일부 업무나 기능을 계약을 통해 다른 기업에 위탁 처리하는 것을 말한다.

소수의 몇몇 기업은 **아웃소싱을 확장하여 가상 네트워크 구조를 운영**하고 있다. 가상 네트워크 구조(virtual network structure)는 때로 **모듈형 구조**라고 불리며, 모듈형 구조를 가진 기업은 **주요 기능과 프로세스의 대부분을 독립적인 기업과 하청계약**을 하며, **이들의 활동을 조정하기 위한 별도의 작은 본사를 운영**하고 있다.

네트워크 구조를 사용하는 조직은 전통적인 용어로 "조직의 경계가 어디인가?"라는 물음에 답하기 어렵다. 부서가 계약을 통해서 만들어지고 정보통신기술을 통해 조정되는 새로운 형태의 조직을 보여준다. **마치 블록을 조립하는 것과 같이 네트워크가 변화하는 요구를 충족시키기 위해 결합되거나 분리**되기도 한다.

❷ 수평적 외부 네트워크 : **전략적 제휴**

제휴에 참여하는 기업들 사이에 기여도나 힘의 측면에서 균형이 유지되는 형태로 이루어

지는 전략적 제휴가 수평적 외부 네트워크의 가장 대표적인 예이다. 즉, 기업 간 전략적 제휴로 1) 기술개발을 위한 **전략적 기술제휴**, 2) 새로운 사업에 진출을 위한 **전략적 사업제휴**, 3) 정보통신기술을 바탕으로 형성되는 **정보통신 네트워크**, 4) 여러 유사한 조직들이 개발할 수 없는 기능을 공동으로 개발하여 함께 사용하는 **프로그램협력 네트워크** 등이 있다.

④ 지역적 네트워크

특정 지역 내에 있는 중소규모의 기업들이 지식공유, 부품공급 및 하청관계를 통하여 연결되어 외부경제효과를 누리는 네트워크를 말한다. 대표적으로 **실리콘밸리**가 있다.

4) 장단점

① 장점

❶ **분권화를 통한 임파워먼트**가 가능하다.

❷ **혁신을 통한 경쟁력 배양**이 가능하다. 기술개발을 위한 전략적 제휴가 새로운 사업영역을 개척하기 위한 사내벤처의 경우 네트워크조직은 혁신을 통해 경쟁력을 제고하게 된다.

❸ 작은 조직이라도 **전 세계에서 인력과 자원 획득이 가능**하다.

❹ 공장, 장비, 유통 시설 등에 대한 **막대한 투자 없이도 사업이 가능**하다.

❺ **변화하는 요구에 매우 유연하고 신속한 대응이 용이**하며 **관리 간접비용 절감이 용이**하다.

② 단점

❶ 조직이 네트워크에 의해 **전략이나 행동에 제약을 받는 단점**이 있다. 특히 **지배적 네트워크 관계**에서는 **종속적 입장**에 있기 때문에 그 정도가 더욱 심하다.

❷ 상호 간 행동 제약으로 인하여 **네트워크 전체가 폐쇄화**될 수 있다.

❸ 네트워크 관리가 철저하지 않을 경우 기술, 경영 노하우 등을 외부 기업과 공유하는 과정에서 **네트워크 파트너가 경쟁자로 둔갑할 가능성이 있다.**

❹ 신뢰를 바탕으로 하는 네트워크 조직도 **예상치 않은 기회주의 행동 등으로 곤경**에 빠질 수 있기 때문에 대안을 준비해야 한다.

❺ **네트워크 간 경쟁이 심화**되어 전체의 효율성을 떨어뜨릴 수 있다.

❻ 많은 활동과 종업원에 대해 **관리자들이 직접적인 통제가 곤란하다.**

❼ 협력업체와의 **관계 유지 및 갈등 해결에 많은 시간이 소요**된다.

❽ **협력업체에 문제**가 발생할 경우 **조직 전체가 위험**해질 가능성이 있다.

❾ 계약에 따라 종업원이 교체될 수 있기 때문에 **종업원의 충성심과 기업문화가 약하다.**

5) 관리방안

① 네트워크 조직이란 쉽게 그만둘 수 없는 장기적인 관계를 설정하는 것이기 때문에 **상대조직을 신중하게 선택**하는 것이 무엇보다 중요하다.

② 네트워크 관계의 초기 형성은 신뢰를 바탕으로 이루어지지만, **네트워크 관계의 진행 과정에서도 신뢰를 계속적으로 유지·발전시키는 것이 대단히 중요**하다.

③ 정보통신 기술 확보를 통해 **네트워크 조직 간 적시적인 정보교환과 의사소통을 가능**하게 해야 한다.

④ 네트워크에서 중요한 역할을 담당하고 있는 개인이 기업을 떠날 경우 네트워크에 축적된 재산과 정보도 함께 사라져 버리기 쉽기 때문에 기업에서는 **인적자원관리에 특별히 관심**을 기울여야 한다.

⑤ 네트워크 형성 중 중요한 목적 중 하나가 지식의 획득과 창출이기 때문에 **지식공유를 위한 장을 마련해야 한다.**

⑥ **전략적 측면에서 네트워크 관계 전체를 포트폴리오 관점에서 관리하는 것이 중요**하다.

(4) 애드호크라시(Adhocracy)

1) 개념

애드호크라시는 일반적으로 〈특별임시위원회〉로 번역된다. 애드호크라시는 영구적인 부서나 공식화된 규칙, 그리고 일상적인 문제를 처리하기 위한 표준화된 절차가 없다. 애드호크라시는 **관료제의 반대개념**으로 관료제가 대규모성·복잡성, 그리고 표준화된 고정적 구조와 계층적 구조를 가지고 있는 데 비해, 애드호크라시는 **융통성이 있고 적응도가 높으며 혁신적인 성격을 갖는다.** 따라서 관료제를 기계적인 조직에 비유한다면 애드호크라시는 **유기적인 조직**에 비유할 수 있다.

단, **관료제가 이념형(ideal type)이듯이 순수한 애드호크라시 조직이란 실제로 찾기 어렵다.**

2) 조직적 특성

구조적 차원에서 애드호크라시는 **복잡성·공식화·집권화 정도가 모두 낮다.** 즉, 조직구조가 복잡하지 않고 형식주의나 공식성에 얽매이지 않으며, 의사결정이 분권화되어 있다.

① 낮은 수준의 복잡성

애드호크라시는 **고도의 수평적 분화**로 이뤄진 구조이지만 반대로 **수직적 분화는 낮다.** 즉, 다계층의 계층적 관리구조가 아니다.

② 낮은 수준의 공식화

애드호크라시는 공식적인 성격이 약하지만 전문성이 강하다. **즉, 규칙과 규정이 거의 없이 전문가의 전문성을 바탕으로 신속한 결정과 유연성에 따라 문제가 해결된다.**

③ 낮은 수준의 집권화

애드호크라시에서 요구되는 필수적 요소가 융통성과 신속성이다. 따라서 몇 명의 최고관리자가 모든 의사결정을 내리기 어렵기 때문에 애드호크라시에서는 **거의 모든 의사결정이 전문가로 구성된 팀에 분화**되어 있다.

3) 장·단점

장점	단점
• **조직의 적응력과 창의적인 특성이 중요**시되고, **공동목표를 달성하기 위해 다양한 전문 분야에서 차출된 전문 요원들의 협동적 노력**이 요구될 때, 그리고 **과업이 기술적이고 프로그램화 할 수 있어서 한 사람의 힘으로는 도저히 처리할 수 없을 때** 효과를 거둔다. • **팀워크와 협력**을 촉진한다. • 고객요구에 **신속하고 혁신적인 반응**을 촉진한다. • 구성원 개개인이 **넓은 시각**에서 조직의 목표를 바라볼 수 있다. • **업무와 긴밀한 의사결정**이 이루어진다. • 책임을 공유하고, 의사 결정을 내리고, 결과에 대한 책임을 지면서 구성원이 **성장**하는 것을 돕는다.	• **책임과 권한이 불분명**하여 갈등이나 조직정치가 일어날 수 있다. • 상하구분·권한과 책임의 명확한 구분이 없어 **모호성**이 존재한다. • 표준화되지 않은 작업으로 **비효율**이 발생할 수 있다. • 급속한 변화, 임시적 체계라는 점에서 구성원에게 **스트레스와 긴장**을 유발할 수 있다. • 개인과 팀이 책임감을 갖게 되기까지 **많은 시간**이 허비된다. • **경영철학과 문화의 큰 변화**가 필요하다. • **전통적 관리자**들은 권한과 권위를 버려야 되기 때문에 **거부감**을 갖는다. • 구성원의 상당 수준의 **사회적 스킬 훈련**이 필요하다. • 특정 기능 분야에 대한 **심층적인 스킬 개발에 한계**가 있다.

4) 적용상황

① 동태적이고 복잡한 환경, ② 수명주기 가운데 초기 단계, ③ 제품 경쟁 특히 품질 경쟁이 극심한 상황에서 제품의 혁신이 요구될 때에는 애드호크라시가 적합하다.

(5) 프로젝트 조직

1) 개념

프로젝트 조직(혹은 프로젝트 팀)은 기존의 피라미드 형태의 조직을 유지하면서 **특수한 목적에 따라 프로젝트나 특수 업무를 수행하기 위해 별도로 조직하는 형태다. 특수 업무가 종료되면 팀이 해체**된다는 특징이 있다.

2) 등장배경

프로젝트 조직은 **① 관료제의 한계, ② 성과 향상, ③ 급격한 환경변화에 대한 조직의 대처능력 강화, ④ 구성원 능력 개발** 등의 필요성으로 등장하였다.

3) 장단점

① 장점

팀제는 **① 변화하는 환경에 유연하게 적응**하고 문제 해결을 신속하게 할 수 있다. **② 관료제가 지니는 할거주의를 극복**하고 구성원을 더욱 적극적으로 동기 부여할 수 있다. ③ 여러 사람의 다양한 지식과 아이디어를 모르기 쉽고 **창의적으로 조직의 문제를 해결하는 데 도움**

이 된다. ④ 구성원의 공동 노력을 통해 더욱 **긍정적인 시너지 효과를 발생**시킬 수 있다. ⑤ 조직구성원 간의 **긴밀한 상호작용 과정 속에서 학습조직을 발전**시킬 수 있다.

② 단점

개인 중심의 직무 수행을 팀 중심으로 전환하더라도 ① **개인의 직무 수행 능력이나 행태가 쉽게 바뀌지 않는다.** ② **개인 중심의 직무 수행보다 더 많은 시간·자원·의사소통과 조정이 필요하고 팀 구성원 간에 상호 신뢰가 없는 경우에는 팀 안에 갈등과 불화가 그치지 않으며 팀의 효과성을 저해하기 쉽다.** ③ 팀 구성원 간에 **응집성이 강한 경우**에는 **집단사고(groupthink)에 의한 의사결정**에 빠지기 쉽다. ④ **팀 안에서 무임승차해 빈둥거리고 안일하게 지내는 사람들이 존재**할 수 있다. ⑤ 서열과 안정성을 중요시하는 **관료제 문화**와 그와는 다른 행태를 요구하는 **팀제가 상호 용납되지 않을 수 있다.**

(6) 역피라미드 조직

1) 등장배경 : 고객만족경영

다양한 고객의 기호와 고객 간의 이질성, 기술수준 평준화, 다양해진 고객의 Needs, 접점별 다양한 고객의 만족 등을 위해 차별화된 서비스의 필요성이 제기되었다. 제품이나 서비스가 사전 기대보다 크면 이는 고객 감동으로 이어지고, 이러한 **고객 감동을 실현시키는 것이 바로 고객만족경영**이라 할 수 있다. 대표적인 예시로 **노드스트롬**이 있으며 해당 **기업의 경영철학**은 **최고의 서비스, 구색, 품질, 가치를 지향**한다.

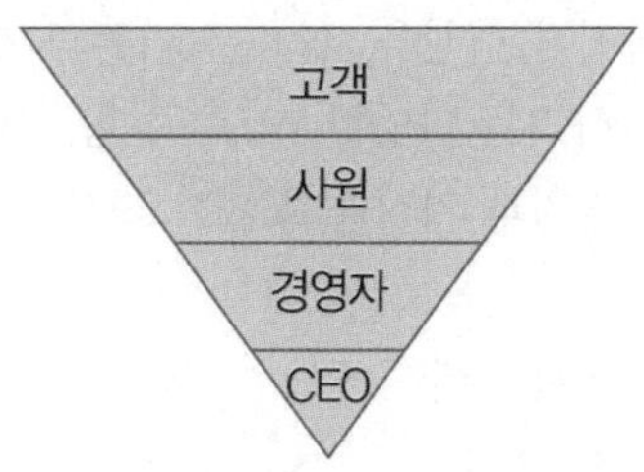

2) 의의

역피라미드 조직이란 **소비자 주도형 조직**이다. 노드스트롬의 조직구조는 역피라미드 형식이다. 맨 상단에 고객이 있고, 그 다음으로 일선종업원, 그 밑에 매장 및 상점 지배인 그리고 중간관리자, 맨 하단에 이사회가 위치하고 있다. 이러한 조직구조가 보여주는 것처럼 노드스트롬은 서비스에 대한 서비스리더들의 능력에 대한 깊은 신뢰가 있다. **높은 수준의 의사결정권한을 일선종업원에게 부여함으로써 서비스에 대한 즉각적인 처리가 이루어지게 하였다. 상사와 상의해보아야 한다는 말은 노드스트롬 매장에서 들을 수 없다.**

(7) 양손잡이형 조직(Ambidextrous organization)(=양면형 조직)

1) 개념

끊임없는 **변화와 혁신을 요구**하는 상황에서 품질은 올리고 원가는 낮추어야 한다는 **안정과 효율에 대한 압력**도 가중된다. **효율성과 유연성, 차별화와 저비용, 혁신과 안정 등과 같이 배타적인**

속성들을 조직 내에 동시에 가져오는 양면성 조직설계를 양면형 조직이라고 한다.

양손잡이의 조직인 양면형 조직은 "**기존의 업무를 수행하는 조직**과 별도로 **혁신적 제품을 기획·제작하는 조직을 두는 조직**"을 의미한다. 기업의 성장을 위해서는 양면형 조직을 통해 기계적 조직의 합리적 속성과 학습조직의 적응적 속성의 균형을 이뤄야 한다. 1976년 **던컨**(Robert B. Duncan)은 '**양면적 역량'으로 상충**(trade-offs)**되는 특성의 두 가지 과업을 동시에 추구할 수 있는 조직능력**이라고 정의했다.

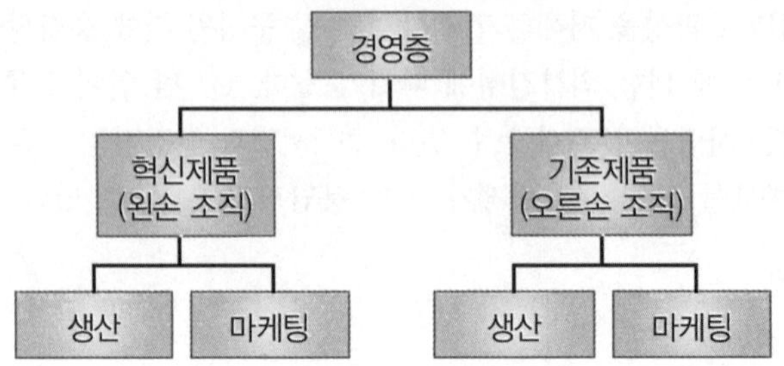

2) **탐색과 활용**

대표적인 양면적 역량은 '탐색 대 활용'으로, 마치(James G. March)가 조직학습의 관점에서 '**새로운 가능성에 대한 탐색**(exploration of new possibilities)'과 '**기존의 확실성에 대한 활용**(exploitation of old certainties)'**으로 주창**했다.

탐색은 새로움의 추구와 급진적 혁신을, 활용은 기존의 개선과 점진적 변화를 추구한다. 즉, 탐색은 새로운 가능성을 발굴하려는 다양한 시도, 실험, 시행착오로 표출된다. 반면 활용은 기존 활동의 오차를 최소화하여 자원과 지식을 효율적으로 운영하고자 내부적 변이를 감소시키는 경향이 있다.

① **탐색** : 혁신 및 급진적 변화 추구

② **활용** : 내부자원의 효율적 운영

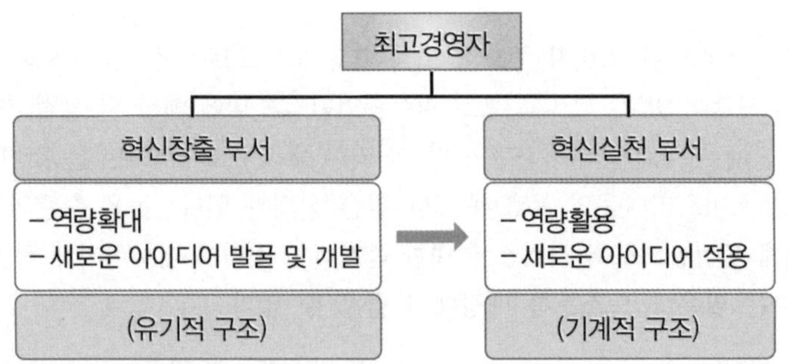

3) **상황조건 : 모순적 전략의 추구**

모순적 전략으로서 **효율성과 혁신성을 동시에 달성해야 하는 경우 양면형 조직을 활용**할 수 있다. 또한 인사관리 측면에서도 일의 성취와 사람에 대한 배려의 모순이 있는 경우에도 마찬가지다.

4) 설계방안

① 관리자의 딜레마적 사고에서 역설적 사고로의 변환

과거에는 딜레마(Dilemma)적 사고를 했다면 지금은 모순된 요소를 조합하여 새로운 대안을 만들어내는 역설(Paradox)적인 사고를 해야 한다는 것이다. 예를 들면 **딜레마적인 사고가 '효율성'과 '혁신성' 가운데 하나를 선택하는 것이라면, 역설적인 사고는 '효율성'과 '혁신성'을 동시에 만족시키는 시스템을 만들어내는 것을 말한다.** Toyota의 JIT(Just-In-Time) 시스템은 **무재고와 즉시대응 체제를 갖춤**으로써 **효율성과 혁신성을 모두 만족**시키는 **다품종 대량체제를 가능하게 했던 획기적인 방법**이다.

JIT(Just In Time)
적시생산시스템이란 **적시에 필요한 물건을 공급하여 재고가 남지 않도록 대량생산하는 일련의 활동**으로 도요타 생산방식, 무재고 시스템, 적시생산방식 등으로 불린다. JIT는 '불필요한 낭비 제거, 비용절감, 효율성'을 목표로 한다. • **린 식스 시그마와 카이젠** **린 식스 시그마는 팀 중심의 전체적인 접근으로서 품질을 개선하고 낭비를 줄이는 개념이다.** 이에 따르면 100만 개의 부품 당 3.4개의 결함을 목표로 한다(불량을 허용하지 않겠다는 무결점 개념). 여기서의 교훈은 **'카이젠(Kaizen)'**이다. **지속적인 개선**, 즉 카이젠은 점진적이고 작은 개선을 조직 내 모든 영역에서 지속적으로 실천하는 것이다. **카이젠은 쉽게 실천할 수 있는 작은 개선을 통한 성공을 추구한다.** 카이젠을 위해서는 ① **고객 중심으로 운영되고,** ② **낭비를 없애는 것이 전사적 목표여야 하며,** ③ **임파워먼트가 되어야 하며,** ④ **조직관리에 있어서 투명성이 유지되어 개선을 가시적으로 보여줘야 한다.**

② 조직형태의 변환

새로운 사업이나 제품개발 업무를 기존 조직과 분리하여 운영한다. 즉, 기존의 우수인재를 자출하여 별도의 **혁신팀을 구성하여 혁신적인 업무를 맡기는 것**이다.

③ 다양한 리더십의 활용

모순되는 전략을 추진하고 양손잡이 조직을 운영하기 위해서는 **여러 가지 유형의 리더십을 복합적으로 갖춘 리더가 필요**하다.

(8) 혼합형 조직(Hybrid structure)

1) 개념

여러 조직구조의 특성을 적당히 혼합하여 효율을 높이는 조직형태를 의미한다.

2) 필요한 상황

조직의 목표가 **각 기능부서에 대한 효율성과 고객의 다양한 욕구충족, 혁신을 필요로 하는 경우에 적합**하다. 이는 두 조직의 특성을 모두 가지고 있으므로 ① **불확실한 환경,** ② **일상적, 비일상적 기술에서도 모두 사용될 수 있으며,** ③ **대규모 조직에서 제품사업부 간 자원의 중복을 없애기 위해 사용할** 수 있다.

3) 유형

유형으로는 ① **기능식 구조와 사업부 구조 간 결합**, ② **기능식 구조와 프로세스 구조 간의 결합**이 있다.

4) 장단점

① 장점

기능부서의 효율성을 유지하는 한편 **제품부서가 환경에 대하여 충분히 적응성과 효율성을 동시에 추구**할 수 있도록 설계된 조직이다. 또한 혼합형 조직에서는 **조직 전체의 목표와 각 사업부의 목표를 효과적으로 조정**할 수 있다.

② 단점

각 제품사업부를 감독하기 위해 스태프를 두게 되는데 **스태프의 숫자가 지나치게 증가하여 관리경비가 낭비**될 우려가 있다. 또한 혼합형 조직은 본사부서가 사업부의 업무활동에 대하여 종적인 권한을 갖지 않도록 설계한 것임에도 불구하고 **본사부서가 사업부에 대하여 관여할 경우 본사와 사업부 간 갈등이 생기기도 한다.**

장점	단점
• 제품 라인의 적응성 및 조정, 집권화된 기능부서의 효율성 • 기업목표와 사업부 목표의 효과적 조정(제품 라인 간의 조정, 제품 라인 내)	• 관리 스태프의 비대화 우려 • 본사 관리 스태프와 사업부 간의 갈등 야기

(9) 파이프형 조직과 플랫폼형 조직

1) 파이프형 조직(Pipeline organization)

파이프형 조직은 **선형적 지시에 따라 일하는 전통적 조직**이다. 파이프의 한쪽 끝에서 자원을 획득하고 파이프를 가득 채워서 파이프의 다른 한 쪽 끝으로 결과물을 밀어 내보내 소비자에게 판매하는 것이다. 파이프는 서비스를 생산하기 위한 순차적 과정을 나타낸다.

2) 플랫폼형 조직(platform organization)

플랫폼형 조직은 사용자들을 연결하여 함께 가치 있는 무엇인가를 창출하고 소비할 수 있도록 한다. 사업의 관점에서 보면 특정 플랫폼은 사용자들이 그 플랫폼에서 가치를 창출하여 다른 사용자들이 소비할 수 있게 한다. 플랫폼 기반 조직에서는 **생산자와 소비자들이 〈디지털 기술〉을 통하여 연결**된다. 플랫폼 기반 조직들은 사용자들이 디지털 미디어 기기를 통해 직접 상호작용할 수 있는 커뮤니티를 만들기도 하는데, **성공적 플랫폼은 생산자와 소비자 사이의 교환비용을 극적으로 감소시킴으로써 연결을 촉진**한다.

① 교환형 플랫폼(exchange platforms) : 멤버들 간의 일 대 일 상호작용 촉진 예 카카오택시
② 메이커형 플랫폼(maker platforms) : 일 대 수천여 명 간 상호작용 촉진 예 유튜브

3) 플랫폼 조직 설계 시 고려사항(CSF)

① 건설적 문화에 대한 비전 제시

CEO 및 여타 최고지도자들은 그들 회사의 디지털 및 문화적 차원 양쪽 모두에 대한 비전을 의사소통할 수 있어야 한다. 특정 플랫폼 사업체에서의 기술적/디지털 사고방식이 조직문화를 압도하거나 우선시되어서는 안 된다.

② 디지털 인재에 대한 투자

많은 회사들에게는 올바른 디지털 스킬 및 사고방식과 더불어 올바른 인재를 획득하는 것이 중요한 과제가 되고 있다. 디지털 인재는 희소하기 때문에 디지털 역량 개발기회 부여를 통해 디지털 인재를 유지하는 것이 중요하다. 디지털 스킬 및 경험을 획득하면서 경력 성장 욕구를 달성시키는 강력한 문화적 규범들을 만들고, 이러한 것들이 직원들이 회사에 남도록 하는데 일조를 하는 것이다.

③ 소프트 스킬과 팀 빌딩 촉진

디지털 세계에서는 기술 도구들이 빠르게 변화하기 때문에 기술적 스킬이 일시적인 것처럼 보인다. 디지털 변형을 다루도록 가장 잘 준비된 회사들은 직원들의 인적 스킬 개발에 집중하는 경향이 있다. **기능별 탑(사일로)을 무너뜨리고 기능 간(cross-functional) 협동작업에 집중하는 것이 디지털 환경에서 핵심적 성공요인**이다.

CHAPTER 05 PART 04 조직차원

조직의 상황적 차원 : i. 환경

제1절 상황변수로서의 환경

1 의의

전 학문 분야에 **〈상황이론(Contingency Theory)〉이 도입**되면서 조직설계를 연구하는 자들도 상황요인에 대해 많은 관심을 갖게 되었다. Contingency란 '~에 따라서 같이 움직이다', '경우와 상황에 따라'의 뜻이 있는데, **조직구조도 조직이 처한 상황에 따라 같이 움직이며 상황요인에 의해 결정된다는 점을 강조한 이론이다. 여기서 조직설계에 가장 많은 영향을 미치는 변수로서 '환경(Environment)'에 대해 알아보도록 하겠다.**

환경이란 조직의 **경계(boundary) 밖에 존재하면서 조직에 영향을 미치거나 미칠 잠재력이 있는 모든 요인**을 의미한다. 조직의 입장에서 환경은 **조직에 문제를 제기하는 근원**이기도 하고, **자원의 제공자**이기도 하며, **조직의 변화를 촉진하는 기회의 제공자**이기도 하다. 즉, **조직은 환경과 상호작용을 하면서 목표를 달성해야 한다.**

(1) **과업환경**(Task Environment)

과업환경은 **조직의 목표달성에 직접적인 영향을 미치는 환경 영역**, 즉 **조직이 직접 상호작용해야 하는 부문**을 말한다.

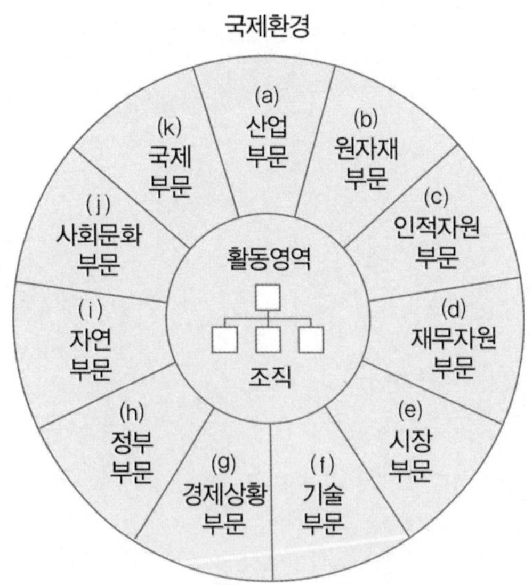

(2) 일반환경(general environment)

기업의 일상적인 활동에 직접 영향을 미치지 않고 **간접적으로 영향을 미치는 환경 부문**을 일반환경이라고 한다.

(3) 객관적(실제적) 환경(actual environment)

객관적 환경은 **객관적이고 확실한 자료에 근거하여 공통적으로 예측되는 환경**을 의미한다.

(4) 주관된(지각된) 환경(perceived environment)

경영진의 경험에 입각하여 예측된 환경으로 동일한 객관적 환경이라도 **경영진의 경험에 따라 다르게 해석**될 수 있다.

2 환경의 차원

(1) 일반환경의 차원

일반환경은 사회 내 **모든 조직에 일반적으로 나타나는 환경**으로 그 범위가 넓고 간접적으로 조직에 영향을 미친다. 일반환경은 **경제적 환경, 정치적 환경, 사회 · 문화적 환경, 기술적 환경**으로 분류할 수 있다. 이러한 일반환경은 상호 유기적으로 연결되어 조직에 영향을 미친다. 경영자는 일반환경에 대한 분석력과 통찰력을 지닌 안목으로 환경에 존재하는 인과관계를 파악해야 한다.

(2) 환경의 불확실성

불확실성(uncertainty)이란 의사결정자가 환경의 구성 요소에 대하여 충분한 정보를 갖고 있지 못하고, 외부의 변화를 예상하는 데 어려움을 겪는 것을 의미한다. Thompson과 Duncan은 **환경의 불확실성을 복잡성(complexity)과 동태성(volatility)으로 나누었다.**

1) 환경의 복잡성

환경의 복잡성(complexity)은 조직의 활동과 관련을 맺고 있는 환경 요소들의 수와 구성 요소 사이의 이질성, 즉 조직의 운영에 필요한 외부 요소들의 수와 그들 사이의 비유사성 수준을 의미한다. 환경이 복잡할수록 조직이 의사결정을 할 때 고려해야 할 환경요소가 많다는 것이다.

2) 환경의 동태성

환경의 동태성이란 조직이 의사결정을 할 때 고려하는 환경요소들이 얼마나 동태적인가에 관련된 개념으로 **환경요소들이 자주 변한다는 특징**이 있다.

3) 환경 불확실성의 통합적 틀

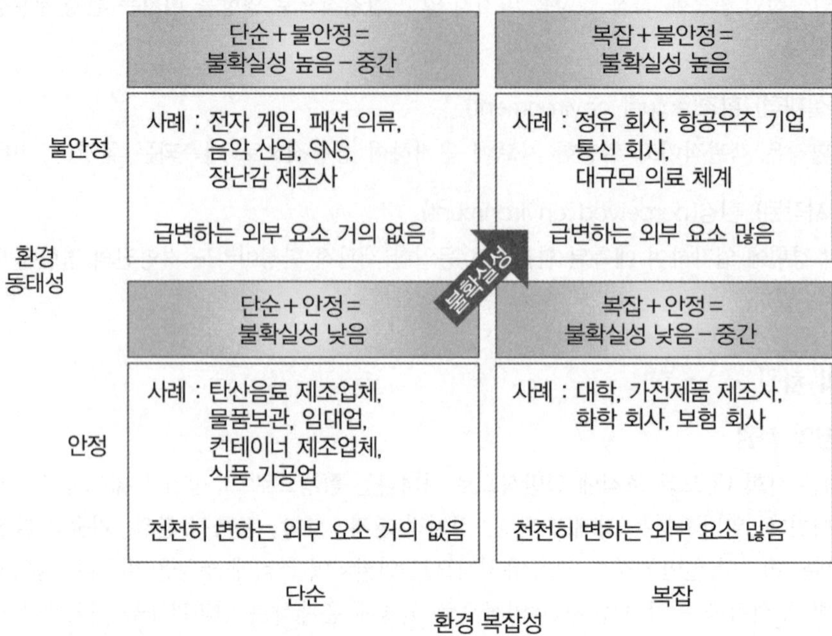

① 단순+안정=낮은 불확실성 예 음료병 제조업

병에 대한 수요는 연중 거의 변하지 않고 일정하며 경쟁자도 소수이고, 병을 제조하는 기술은 거의 변하지 않으며, 정부의 규제도 자주 변경되지 않는다. **즉, 고려해야 하는 환경요소가 소수이며 이들 요소의 특성은 거의 변하지 않는다.**

② 복잡+안정=다소 낮은 불확실성 예 대학

대학교는 소비자, 경쟁자, 정부 등 **많은 환경요소를 고려**해야 하지만 **이들 요소의 특성은 거의 변하지 않고, 변화한다 하더라도 그 정도를 예측할 수 있다.**

③ 단순+불안정=다소 높은 불확실성 예 유행의류 제조업

20대의 젊은 여성 고객층, 새로운 디자인 기술과 같은 **소수 환경요소를 고려**하면 되지만 **이들 소비자의 특성이나 디자인기술의 변화는 예측하기 어려울 정도로 빠르게 변화**한다.

④ 복잡+불안정=높은 불확실성 예 전자산업

국내외 컴퓨터 제조업, 소비자, 반도체 및 기타 부품의 기술변화 등 **고려해야 할 환경요소가 많으며 이들 환경 요소의 변화 정도도 하루가 다를 정도로 빨리 변화하고 있다.**

4) 환경 불확실성이 조직 특성에 미치는 영향

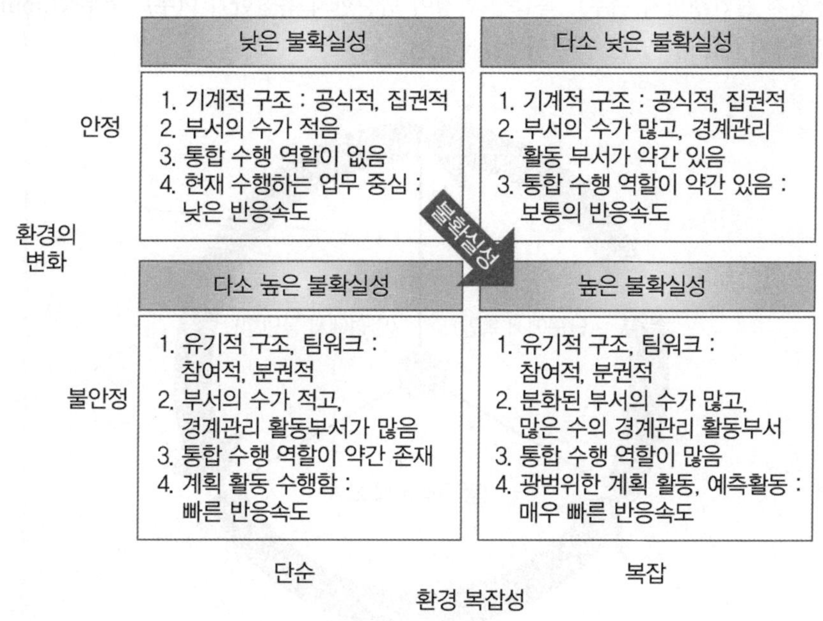

5) 환경의 복잡성과 동태성에 대한 대응

① 직위와 부서 설치

외부환경의 복잡성이 높을수록 조직 안에 직위와 부서의 수가 증가하고, 그에 따라서 조직 내부의 복잡성도 높아진다. 환경의 각 부문마다 그 부문을 담당할 부서 내지 사람을 두어야 하기 때문에 이런 현상이 나타난다.

② 관계구축하기

완충역할(buffering role)의 목적은 환경의 불확실성을 흡수하여 **기술핵심부서를 보호**하는 데 있다. **경계 관리 과업**(boundary spanning role)**이란 외부환경의 핵심 요소들과 조직을 연결하고 조정하는 것**을 말한다.

③ 분화와 통합

조직의 **분화**(differentiation)란 '**서로 다른 기능을 수행하는 부서의** 구성원 사이에 나타나는 인지적 및 감정적 성향의 차이, 그리고 이들 부서 사이에 나타나는 공식구조의 **차이**'를 의미한다. **통합**(integration)이란 **분화된 부서 간 협력의 질**을 의미한다.

(3) 환경의 3차원적 분류

데스와 베어드(Dess & Beard)는 이상의 2차원적 분류(복잡성, 동태성)에 **가용자원의 풍부성**(abundance)**이라는 기준을 추가**하였다. 즉, 복잡성, 동태성, 풍부성 등 3가지 기준으로 구분할 수 있다.

환경에서 발생하는 패턴과 사건은 세 가지 주요 차원을 통해 설명될 수 있다. **동태성(환경의 사건이 안정적인지 불안정한지 여부), 복잡성(환경이 단순한지 복잡한지 여부), 풍부성**(abundance; **조직의 성장을 지원할 수 있는 자원의 양**)이다.

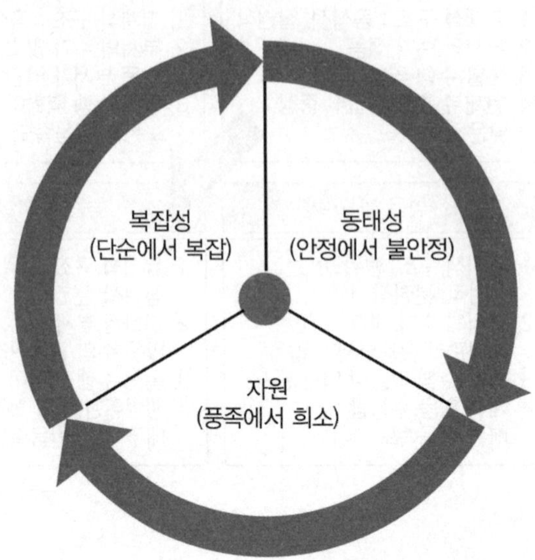

단순성과 복잡성	환경이 복잡(complex)하다는 말은 조직이 의사결정을 할 때 고려해야 할 요소가 많다는 의미이며 이것이 몇 개 안 되면 환경이 단순하다고 한다.
안정성과 동태성	의사결정을 할 때 고려해야 할 환경요소의 수가 아니라 그들 요소들이 얼마나 변하지 않고 안정적인지의 문제이다. 즉, 환경 동태성(environmental dynamism)은 환경 변화의 속도 내지는 변화의 정도이다.
풍부성과 희소성	풍부성(environmental richness 혹은 munificence)목표를 완수하려는 조직의 활동에 필요한 자원의 양이 충분히 공급될 수 있는지 여부를 의미한다.

제 2 절 환경과 조직구조의 관계에 대한 연구

1 번즈와 스토커(Burns & Stalker)

번즈와 스토커는 영국 내에 있는 20개 기업을 대상으로 연구한 결과 **외부환경과 조직의 내부구조가 서로 관련이 있음을 발견**하였다(1961). 즉, **환경의 가변성 정도와 조직구조를 대응**시켰다. **안정적 환경에서는 기계적 구조(mechanistic structure)로, 반면에 불안정한 환경에서는 유기적 구조(organic structure)로 설계해야 한다고 주장**했다.

조직은 기계적－유기적이라는 두 개념의 연속선 위에서 구분할 수 있다. 이들 개념은 **번즈와 스토커**가 영국의 공장조직들을 관찰한 후 처음으로 사용되었다. **기계적 조직(mechanistic)이란 그 말이 의미하는 바와 같이 표준화된 절차와 규칙 그리고 분명한 권한구조에 의하여 기계처럼 작동하는 조직을 말한다.** 이런 조직은 매우 공식화되어 있고 의사결정 권한이 상층에 집중되어 집권화가 높다. 기계적 조직은 조직의 효율성에 높은 관심을 갖는다. **유기적 조직(organic)은 느슨함, 정보의 자유스러운 흐름 및 적응성이라는 특성을 갖는 조직이다.** 규칙이나 규정이 문서화되어 있지 않고, 문서화되어 있어도 매우 유연하게 적용된다. 사람들은 그들 자신들의 방식으로 일을 처리할 수 있다. 권한계층은 느슨하면서도 분명하지 않다. 의사결정은 분권화되어 있다.

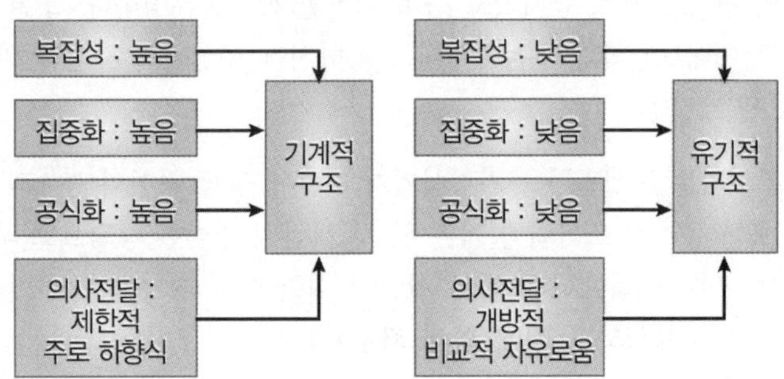

(1) 기계적 조직과 유기적 조직

1) 안정적 환경에서의 기계적 조직

안정적 환경에서의 기업구조는 과업이 엄격하게 구분되어 있고 명확한 책임할당과 체계적이고 제도화된 과업수행, 그리고 수직계층화된 지휘・보고체계와 의사결정 권한의 상부 집중화 현상이 뚜렷하다. 안정 환경에 처한 조직은 문서에 의한 소통, 의사결정의 집중화, 상급자의 갈등중재 등 기계적 조직유형을 띠고 있으며 **표준화에 의한 빈틈없는 관리, 권한의 세분화, 수직적 의사소통, 지위계층을 통한 부서 간의 연결을 꾀한다.**

기계적(mechanistic)이라는 의미는 사전에 모든 일이 정확하게 정해져 있어서 예외가 없는 구조이다. 효율적으로 설계되어 있으며 개인 간 프로세스도 가장 짧고 폐쇄된 시스템이다. **구성원들은 자신이 맡은 일에만 충실하도록 잘 훈련된다. 분업과 전문화가 최대한 잘 되어 있으며 중앙집권화되고 표준화와 공식화가 잘 되어 있다. 그 대신 변화와 창의성이 필요하거나 강조되지 않는다.**

기계적 조직은 조직 구성원의 입장에서 사람을 매우 편하게 해준다. 구성원들은 이미 해 오던 대로 혹은 이미 정해진 대로 **반복행동**을 하면 되고, 남이 하는 대로만 업무를 수행해도 **장기고용이 보장**된다. **이 경우 가급적 새로운 전략의 시도는 피하게 되고, 현상태를 유지하는 것이 목적이다.**

2) **가변적 환경에서의 유기적 조직**

급속하게 변하고 있는 동태적 환경에 속한 조직구조는 문서화된 규정이 거의 없고 상호 조정에 의해 갈등을 해결하며 구성원 간의 의사소통이 빈번하여 가변 상황에 유연하게 대처할 수 있는 유기적(organic) 조직유형을 갖추고 있다. 결국 변화하는 환경에 적응해야 하는 유기적 조직은 당사자들 상호 간의 조정과 연결, 구성원들 상호 간의 교제와 **수평적 관계, 그리고 아이디어 개발과 혁신을 겨냥한다. 그리고 유기적 조직은 의사결정 권한이 현장에 위임되어 있고 제도나 규칙의 적용이 매우 신축적이며 수평적 의사소통이 많고 상하 간 비교적 자유로운 관계가 유지된다.**

유기적 조직은 실제 유기체처럼 활동하면 된다. 규정과 전통에 너무 얽매이지 않고 재충전의 속성을 가지며 조직의 규정과 제도보다는 조직의 구성원에게 기대하는 바가 크다. 그러므로 구성원들은 개인적 지식과 열정을 소유해야 하며 성과향상을 주도하는 견인차가 되어야 한다. 책임과 업무분담의 경계가 서로 겹치기도 하며 권한관계도 불분명하다. 모든 것이 확고하게 정해지지 않았으므로 애매모호함과 부정확성이 난무하지만 **구성원의 자질과 의욕에 따라 애매모호함도 강점으로 될 수 있다.**

지속적인 변화분위기는 구성원들을 긴장시키기 때문에 항상 자신의 능력과 자질을 개발하지 않으면 안 된다. 또한 유기적 조직의 업적은 한 두 사람의 기발한 능력으로 좌우되는 경우도 많다 (파레토의 법칙). 같은 맥락에서 조직의 개인에 대한 보상과 응징도 개별적으로 차이가 크다. **구성원들의 행동은 자율성과 능력에 의해 좌우된다.**

		기계적 조직	유기적 조직
환경		안정적 환경	동태적 환경
조직설계	작업의 분업화	높음	낮음
	커뮤니케이션	명령, 지시	충고, 자문
	권한의 위치	조직의 최고층에 집중	능력과 기술을 가진 곳
	갈등해결방식	상급자의 의사결정	토론, 기타 상호작용
	정보의 흐름	제한되고 하향적	상하로 자유로움
	공식화	높음	낮음

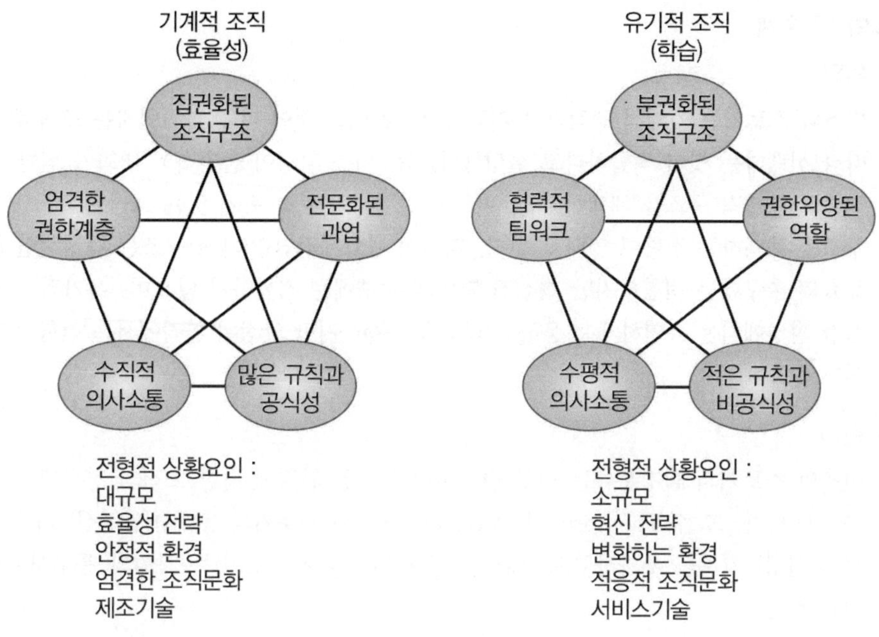

PART 04

(2) 기계적 조직과 유기적 조직의 비교

1) 의사결정 권한 : 집권화 vs 분권화

기계적 조직은 의사결정 권한이 조직의 상층부에 집중화되어 있는 **집권화**(centralization)**된 조직구조**를 가지지만, **유기적 조직**은 의사결정 권한이 하위계층에 분산되어 있는 **분권화**(decentralization)**된 조직구조**의 형태를 가진다.

2) 과업의 특성 : 전문화된 과업 vs 부서의 공동 과업

기계적 조직은 과업이 전문화되었지만 **유기적 조직은 부서의 공동 과업을 달성하기 위해 노력**한다.

3) 구성원 통제의 방법 : 공식 vs 비공식

기계적 조직은 권한과 통제의 체계가 엄격하며 규칙이 많으며, **공식적인 시스템으로 구성원 행동을 통제**한다. 그러나 **유기적 조직**은 **구성원들의 팀워크와 협력에 의해 조정**이 되며, 의사소통과 정보공유가 비공식적으로 이뤄진다.

4) 의사소통의 방식 : 수직적 vs 수평적

기계적 조직은 수직적 의사소통이 강조되지만 **유기적 조직에서는 상호 협조를 위한 수평적 의사소통이 강조**된다.

5) 조직구조 : Tall vs Flat

기계적 조직은 수직적 계층과 공식적 명령체계가 중요하기 때문에 Tall **구조의 형태**를 띠지만, **유기적 조직은 협력적 팀워크가 강조**되기 때문에 Flat **구조의 형태**를 띤다.

(3) 의의 및 한계

1) 의의

번즈와 스토커는 기계적 조직과 유기적 조직 중 어느 것이 더 효과적인지는 조직 환경의 특성에 따라 선택하는 것이 적합하다고 설명했다. 즉, 외부 환경이 불안하고 변화가 심한 조직은 일반적으로 유기적 구조를 채택하지만, 비교적 안정적인 환경 속에 있는 조직은 관료제적인 기계적 구조를 채택하는 경향이 있다고 한다. **따라서 관료제적인 기계적 구조는 안정적인 환경 속에서 능률의 추구에는 적합하지만 혁신적 과업의 수행에는 적합하지 않으며, 유기적 구조는 변화가 심한 환경에서는 유연하게 적응하고 혁신을 수행하지만 안정된 환경에서는 적합하지 않다는 것이다.**

2) 한계

번즈와 스토커의 환경분류는 너무 단순하여 복잡한 환경에 속한 조직의 경우에 적용시키는 데 무리가 있다. 그 후 Thompson과 Duncan은 **번즈와 스토커의 동태성(안정성) 기준 이외에 복잡성(동질성) 기준을 추가하였고, 데스와 베어드(Dess & Beard)는 자원의 풍부성이라는 개념을 시도했다.**

2 Thompson

Thompson은 조직이 환경의 불확실성을 감소시키기 위해 부서의 수를 증가시켜 나간다고 하면서, 조직의 부문별 역할 특성에 따라 구조 유형을 크게 두 가지로 구별했다. 즉, 조직을 기술핵심조직(technical core)과 이를 보호하기 위한 변경조직(boundary-spanning units)으로 개념화하였다.

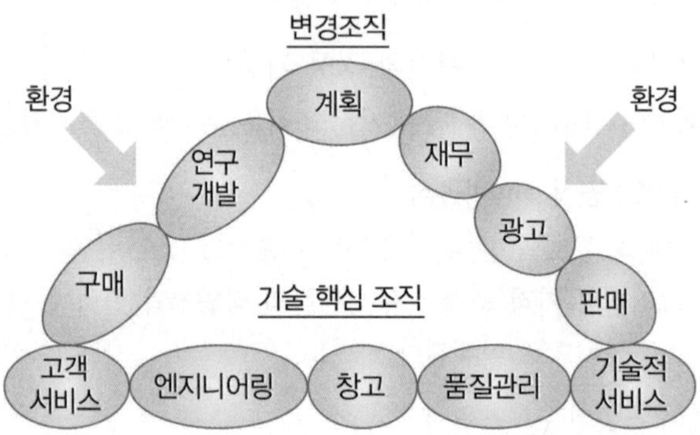

(1) 기술핵심조직과 변경조직

기술핵심조직이란 **중요한 생산활동을 수행하는 곳**으로서 **제조업의 경우는 생산현장 또는 조립라인에 해당**되며 **대학의 경우는 연구 및 강의가 행해지는 곳**이 기술핵심조직이다.

변경조직이란 기술 핵심조직이 효율적으로 운영될 수 있도록 외부환경의 영향력을 흡수하는 부서를 의미하는데 제조업의 경우에는 원부자재를 구입하는 구매부, 제품의 판매를 전담하는 영엽부, 시장조사부, 연구개발부 등이 이에 해당된다.

(2) 변경조직의 역할

변경조직은 **환경변화에 대한 정보를 탐지하거나 처리하는 역할**을 수행한다. 예를 들면 **제조업의 시장조사부는 소비자 욕구의 변화를 감시·분석하는 역할**을 하며, **연구개발부서에서는 새로운 기술에 대한 정보를 입수**한다. 또한 **변경조직은 외부환경에 대해 조직의 정보를 제공하는 역할**을 한다. 예를 들면 **광고를 통해 기업의 신제품이나 신입사원의 모집에 대한 정보를 제공**하며, **구매부에서는 원·부자재공급자에게 구매물품에 관한 정보를 알린다.**

안정적인 환경에서는 소수의 변경조직이 설계되지만, **복잡한 환경에서는 다수의 변경조직이 설계**된다.

3 Lawrence와 Lorsch

(1) 내용 : 분화와 통합

Lawrence와 Lorsch(1967)는 **환경의 성격에 따라 조직이 분화(differentiation) 구조를 갖거나 통합(integration) 구조를 가짐으로써 그 효과성을 확보한다고 설명**한다. **분화란 조직을 구성하는 하부 단위들이 각기 그들의 특성에 따라 전문화되고 차이를 나타내는 현상**이며, **통합이란 조직의 구성 단위들이 조직 전체의 공통된 목표 달성을 위해 통일성(unity)을 이루는 현상**을 말한다.

(2) 환경의 불확실성에 따른 분화와 통합

1) 차별화와 통합의 관계

불확실성이 높을수록 환경 변화에 대응하는 경계역할이 중요해지기 때문에 변경조직 관련 **부서 간의 차별화가 높아진다.** 즉, **환경이 더 복잡해질수록 조직 내 차별성이 더 커진다. 차별성이란 환경 부분의 불확실성을 다루는 데 특정 부서가 매우 특화되는 것을 의미**한다. **차별화된 부서를 통합하기 위한 관리자의 통합역할도 더욱 중요**해지기 때문에 보다 다양한 통합방법을 적용하여 전체 목표의 효과성 달성을 추구한다. 이러한 **높은 차별성과 함께 부서 간 협동을 달성하는 데 반드시 더 많은 시간과 자원을 투자**해야 한다.

▼ 통합의 방식

기계적	유기적
사전에 설정된 규율, 방침, 계획	TFT, 위원회, 연락담당자 등

2) 불확실성에 따른 차별화와 통합

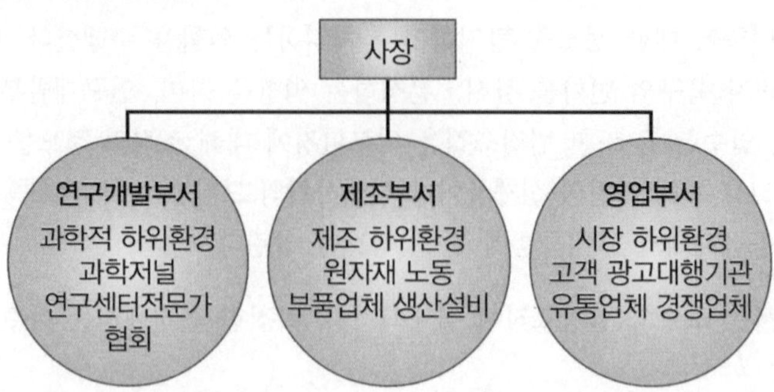

환경의 불확실성 정도에 따라 차별화와 통합의 정도가 다르다. 환경의 불확실성이 높은 플라스틱 산업의 경우 **변경조직의 차별화가 가장 높을 뿐만 아니라 부서 간의 통합을 위한 관리자의 역할비중 또한 가장 높은 것**으로 나타났다. 반면에 **환경의 불확실성이 가장 낮은 컨테이너 산업의 경우**에는 **변경조직의 차별화가 낮을 뿐만 아니라 부서 간의 통합을 위한 관리자의 역할도 거의 없는 것**으로 나타났다. **환경의 불확실성 정도가 중간 정도인 식료품 산업은 변경조직의 차별화와 관리자의 통합 역할도 중간정도**로 나타났다.

① 환경 불확실성과 조직의 통합자

산업	플라스틱	식품	컨테이너
환경의 불확실성	높음	보통	낮음
부서의 분화	높음	보통	낮음
통합역할 수행자의 비율	22%	17%	0%

② 부서 간 목표와 지향성의 차이

특성	연구개발부서	제조부서	영업부서
목표	신제품 개발, 품질	효율적 생산	고객만족
시간지향	장기	단기	단기
대인관계	주로 과업지향적	과업 지향	사회적
조직구조의 공식화 정도	낮음	높음	높음

3) 시사점

로렌스와 로시의 연구결과가 의미하는 것은, **환경의 불확실성 정도와 조직의 분화 및 통합 정도가 적합성을 유지할 때 조직의 성과가 좋다는 것**이다. 다시 말하면, **환경의 불확실성이 높을 때는 분화의 통합 정도가 높은 조직의 성과가 좋으며, 환경의 불확실성이 낮을 때는 분화와 통합 정도가 낮은 조직의 성과가 좋다는 것**이다.

제 3 절 환경관리의 방안

1 의의

환경에는 일반환경와 과업환경이 있다. **일반환경은 조직에 간접적으로 영향을 미치지만, 과업환경은 조직의 활동과 직접 관계가 있는 환경을 의미**한다. 과업환경의 예시로는 소비자 환경, 공급자 환경, 경쟁자 환경 등이 있다.

2 과업환경의 관리

과업환경의 관리는 **완충(buffer)과 경계(boundary)관리**의 두 가지 방식이 있다. **완충은 환경의 변화가 있을 때 충격을 감소하고 시간을 벌면서 대응책을 마련하는 것**이고, **경계관리는 환경과 접해 있는 곳에 집중하여 조직에 피해가 가지 않도록 완충장치를 마련해 놓고 예의주시하는 것**을 말한다.

(1) 완충

조직을 환경의 교란으로부터 차단시켜서 **조직의 내적 운영을 미리 계획한 대로 조직 자체적으로 자율적 관리를 하려는 전략**이다.

1) 규격화(coding)

외부에서 조직으로 공급되는 인적 · 물적 · 정보적 자원의 표준과 규격을 조직에 맞게 미리 정하여 조직에 익숙한 것만 조직으로 들어오도록 만들면 조직은 당황할 필요가 없다.

2) 비축(stockpiling)

원료를 많이 비축해 놓으면 갑자기 원료가격이 상승하거나 공급업자들이 담합을 해도 안심이다. 제품이나 기타 산출물을 많이 만들어 비축해 놓으면 시장의 갑작스러운 수요증가에 조직은 안정적으로 제품을 공급해 줄 수 있다.

3) 평준화(leveling)

규격화와 비축전략보다 더욱 적극적인 것으로서 조직에의 투입과 조직에서 나가는 산출이 항상 평탄하도록 **시장의 수요나 조직의 공급을 평준화**시키는 것이다. 항공업계가 비수기 관광상품을 만들어 공급한다든지 병원에서 수술 시간대를 한가한 때로 잡아서 하는 전략이다. 결과적으로 **조직의 공급능력에 맞게 환경의 수요량을 조절하여 수요와 공급을 동일하게 평준화시키는 전략**이다.

4) 예측(Forecasting)

환경 변화가 주기적이라서 예측이 어느 정도 가능하다면 계획과 예측으로 이에 미리 대비하면 된다. 항공사의 운항스케줄을 비수기와 성수기에 맞게 수립하거나 학생들이 중간고사, 기말고사 기간에 잠 못 자고 당황하지 않게 학기 초에 미리 공부를 해놓으면 환경을 잘 관리하는 것이다.

(2) 경계관리역할(Boundary Spanning Role)

경계관리역할은 **환경과 정보를 주고받는 역할**이다.

1) 정보입수(detect & bring)

환경에 관한 필요한 정보를 탐색하고 이를 조직 안으로 들어오는 역할이다.

2) 정보전달(send)

조직 안의 정보를 조직에게 필요한 정도로 **조직에게 유리하게 환경에 내보내는 역할**이다.

3) 경계의 확장과 수축

환경 경계역할은 주로 공식적으로 조직의 대표 기능을 하는 대표이사가 가장 많이 한다. 대표이사는 정부 고관을 만나서 **조직에 필요한 정보를 입수**하기도 하고 주주들에게 조직의 비전을 전달하기도 한다. 실무적으로 소비자 변화에 관한 정보는 소비자와 지속적으로 접촉하는 시장조사자, 판매원, 고객상담원 등이 담당하고 **조직정보를 외부에 전달하는 역할**은 주로 홍보팀이 한다.

① 경계의 확장(expansion)

조직은 환경의 변화가 심해져 위태로운 비상시에 모든 구성원을 경계선 쪽으로 동원시킨다. 대표적으로 경쟁사의 정보를 많이 얻기 위해서는 경쟁사의 중역을 스카우트해 오기도 한다.

② 경계의 축소(constriction)

확장과 반대의 전략으로 **회사의 정보가 새어 나가지 않도록** 판매원들에게 신제품 개발이 진행 중이라는 사실을 아직 알리지 못하도록 함구령을 내리거나, 외부 환경으로 정보나 기술이 자꾸 새어 나가면 변경에 근무하는 직원 수를 소수정예화시키는 것이다.

조직은 평소에는 경계선의 담을 보통 높이로 쌓아 두었다가도 비상시에는 경계선의 자원을 증가시켜 환경에 귀를 쫑긋 세운다. 때로는 경계를 넓히기도 하고 좁히기도 하면서 경계역할을 충실히 하기 위해 노력한다.

3 자원확보를 위한 환경대응전략 : 자원의존 관점

자원 의존(resource dependence)이란 **조직이 생존을 위하여 환경에 의존한다는 의미이지만 동시에 조직은 환경에 대한 의존도를 최소화하기 위하여 자원에 대한 통제력을 확보하려고 노력**한다.

일반적으로 조직들은 의존도를 낮추기 위하여 노력하지만, 비용이나 위험도가 지나치게 높을 경우에는 희소 자원을 공유함으로써 비용과 위험을 낮추어 국제적 경쟁력을 높이려는 시도를 하기도 한다. 다른 조직과 공식적 관계를 맺어서 자원의 의존을 관리할 때 경영자는 딜레마를 경험한다. **다른 조직과 협력관계를 설정함으로써 자원의 확보에 대한 위험을 낮추려고 하는 동시에 조직의 자율성과 독립성도 극대화하려 하기 때문**이다. 조직 간 원활한 연계를 위해서는 서로 긴밀한 조정을 해야 하는데, 그렇게 하려면 자기 조직의 입장에 따라서만 의사결정을 내리는 것이 불가능하게 된다. **조직 간 관계의 설정은 자원의 확보와 자율성 사이에 상충관계를 낳는다. 이미 자율성을 유지할 수 있을 만큼 충분**

한 자원을 확보한 조직은 새로운 관계를 맺으려고 하지 않는다. 그러나 자원이 부족한 조직은 자원을 구하기 위하여 독립성을 유보하고 다른 조직과 관계를 맺으려 할 것이다.

(1) 소극적 대응 : 환경과 우호 관계 유지

1) 소유권 설정

상대 기업의 일부를 인수하거나 기업 지배권을 확보함으로써 자사가 보유하지 못한 기술이나 제품 혹은 다른 자원을 확보하는 것이다. 소유권 설정이나 지배를 강화하는 것은 M&A(Merger & Acquisition)를 통해서 가능하다. 인수(acquisition)는 한 조직이 다른 조직을 자신의 조직으로 흡수하는 것을 가리킨다. 한편 신설합병(merger)은 둘 이상의 조직이 하나의 새로운 조직으로 통합되는 것을 가리킨다.

2) 전략적 제휴

사업 분야와 지역적인 위치, 보유 기술 등에서 **상호 보완할 수 있는 여지가 큰 경우 흡수나 소유권을 설정하기보다 전략적 제휴를 체결하는 방법을 사용**한다. 전략적 제휴는 계약이나 합작기업의 형태로 체결된다. 계약과 합작기업은 쌍방 간 법적 구속이 가능한 관계를 맺어 불확실성을 낮추는 방법이다.

3) 호선과 중역 겸임

호선(cooptation)이란 중요한 환경 부분의 리더를 조직구성원으로 초빙하는 것이다. **중역 겸임(interlocking directorates)은 한 기업의 중역으로 있는 사람이 다른 기업의 중역을 겸직함으로써 공식적으로 두 기업 사이에 연계 관계가 성립되는 것**을 가리킨다. 중역은 두 기업 사이에 의사소통의 고리가 되어 정책 및 의사결정에 영향을 미치게 된다.

4) 중역 채용

중역을 파견하거나 교류하는 것도 외부 조직과 우호적인 관계를 맺는 방법이 된다. 중역 채용을 통하여 **조직 사이에 영향력 및 의사소통의 경로를 확보**하는 것은 재무적인 불확실성을 제거하고 다른 조직에 대한 의존도를 낮추는 좋은 방법이 된다.

5) 광고와 홍보

환경과 우호적인 관계를 설정하기 위해서 자주 사용하는 방법이다. 홍보는 광고와 비슷하지만 내용을 전달하는 비용이 들지 않고 여론의 형성을 목적으로 한다는 점에서 차이가 있다. 자기 조직에 대해서 우호적인 내용이 다뤄지도록 하는 모든 활동을 포함한다. 즉, 홍보는 자기 조직에 대해서 긍정적인 이미지를 갖도록 하는 활동을 전개하는 것이다.

(2) 적극적 대응 : 환경을 직접 통제

1) 활동 영역의 변경

11개의 세부 환경 영역은 고정된 것이 아니며 활동 영역을 다시 변경할 수 있다. **월마트는 창고형 대규모 할인 매장 영업에 오랫동안 치중해오다가 마침내 온라인 판매를 실시하기로 하였다.**

2) **정치적 활동**

정치적 활동이란 **정부의 입법과 규제에 영향을 미치기 위한 모든 활동**을 포함한다. 정치적 전략은 신규 경쟁자를 막기 위한 규제를 요구하거나 비우호적인 입법을 방지하는 전략을 말한다.

3) **산업협회**

외부환경에 영향을 미치기 위한 활동은 **비슷한 이해관계를 지닌 다른 조직과 연합**하여 전개하는 것이 좋다.

4) **비합법적인 활동**

비합법적인 활동은 **기업이 활동을 통제하기 위하여 사용하는 최후의 수단**이다. 하지만 일반적으로 이러한 활동은 **역효과**를 낳는 경우가 많다.

조직 간 관계의 설정	환경 부분의 통제
• 소유 관계의 설정 • 계약, 합작기업 • 상호규제, 중역 겸임 • 경영자 채용 • 광고, 홍보	• 활동 영역의 변경 • 정치 활동, 규제 • 산업 조합 • 비합법적 행동

4 조직-환경 관계의 통합적 틀

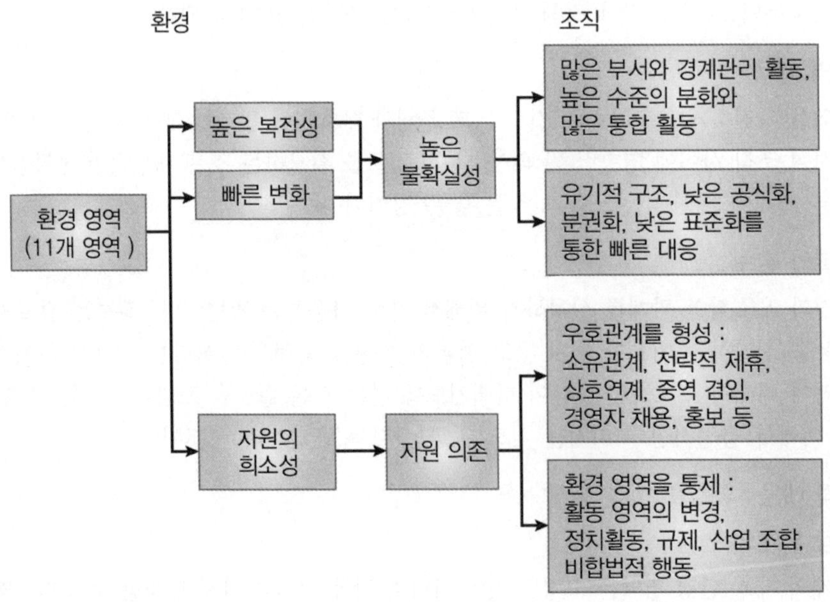

CHAPTER PART 04 조직차원

06 | 조직의 상황적 차원 : ii. 기술

제1절 조직구조에 영향을 미치는 상황변수로서의 기술

1 기술이란

조직 예	투입(input)	전환(transformation)	산출(output)
공장	원료 등 →	제조 활동 →	제품
은행	정보 등 →	운영 활동 →	서비스
대학	사람 등 →	교육 활동 →	졸업생
		〈전환기술〉	

기술이란 **입력물(inputs)을 산출물(outputs)로 변환시키는 방법**을 통틀어 일컫는 말이다. 이 변환(transformation)은 저절로 되기보다는 물질과 지식이 이용되고 누군가 이를 운영해야 된다. 그러므로 기술이란 조직의 여러 투입물을 환경이 원하는 산출물로 변환시키는 데 이용되는 지식, 도구, 변환방식, 활동의 일체를 말한다.

2 조직기술의 두 차원 : 조직설계의 기준

조직기술에 대한 정의를 '투입물을 산출물로 변환시키는 활동'이라고 한다면 이와 관련하여 수단성과 경제성의 두 차원으로 분리해서 연구할 필요가 있다. **즉, 조직기술에 맞게 조직을 설계한다는 의미는 조직기술이 'effectiveness'과 'efficiency'을 동시에 추구한다는 것이다.** 효과성은 **조직이 목표를 달성하는 데 수단으로서 조직기술이 제 역할을 했는지를 의미**하고, 효율성은 **적은 양의 input으로 목적을 달성했는지를 의미**한다.

3 조직기술의 분석수준

조직기술은 개인차원, 부서차원, 조직차원 등 세 가지로 분류할 수 있다.

(1) 개인차원의 기술

갈은 조직이라도 **개인마다 다루는 업무가 다르고 요구되는 기술도 다르다.** 개인차원의 기술은 부서수준 및 조직수준의 기술의 토대가 된다.

(2) 부서수준의 기술

조직의 **여러 부서에서 사용하는 다양한 기술**들이다. 유의할 것은 개인의 작업은 단순기술일지라도 한 부서 안에서 개인 간 상호의존성과 네트워크가 많다면 그 부서의 기술은 복잡하다고 할 수 있다. 즉, 개인수준의 기술은 단순하되 부서수준 기술은 복잡할 수도 있다.

(3) 조직수준의 기술

한 회사를 놓고 볼 때 전체적 수준의 기술이다. 은행의 기술과 대학의 기술이 다르며 산업별로 제조업체의 기술과 서비스업체의 기술이 다르다.

제 2 절 기술과 조직구조에 관한 연구

1 우드워드(J. Woodward) : 제조업

(1) 우드워드가 분류한 기술 유형

제조기술에 대하여 가장 영향력 있는 최초의 연구는 영국의 산업사회학자인 조앤 우드워드(Joan Woodward)에 의해 이루어졌다. 그녀의 연구는 1950년대 남부 에식스(Essex) 지방에서 **제조업체만을 대상으로** 현장연구를 통해 시작되었다.

1950년대까지 유행했던 경영기법은 보편적인 경영 원칙이었다. 즉, '유일 최선의 원칙(one best way)'으로 효과적인 조직은 모두 이를 사용해야 한다는 생각이었다. 우드워드는 100개의 제조기업을 조사하여 이들이 어떻게 조직되어 있는지를 파악하였다.

대부분의 작업이 기계에 의해 수행되는 회사의 기술은 복잡성이 높지만 반대로 작업자 손수 모든 일을 해야 하는 회사의 기술은 복잡성이 낮다. 이에 따라 **작업자가 생산과정에서 얼마나 많은 역할을 하는지 아니면 기계가 많은 역할을 하는지에 따라서 복잡성의 정도를 구분했다.** 그녀는 기계화 정도가 얼마나 되었는지를 측정하여 **복잡성(complexity)이라는 기준으로 기술을 3가지 유형으로 분류**하였다.

우드워드는 척도를 개발하고 제조과정의 기술적 복잡성에 따라 기업을 유형화하였다. 여기서 **기술 복잡성(technical complexity)이란 제조과정이 기계화(mechanization)된 정도를 의미**한다. **기술 복잡성이 높다는 것은 대부분의 작업이 기계에 의해 이루어진다는 뜻**이다. 반면 **기술 복잡성이 낮다는 것은 사람들이 생산과정에서 더 큰 역할을 수행함을 뜻**한다.

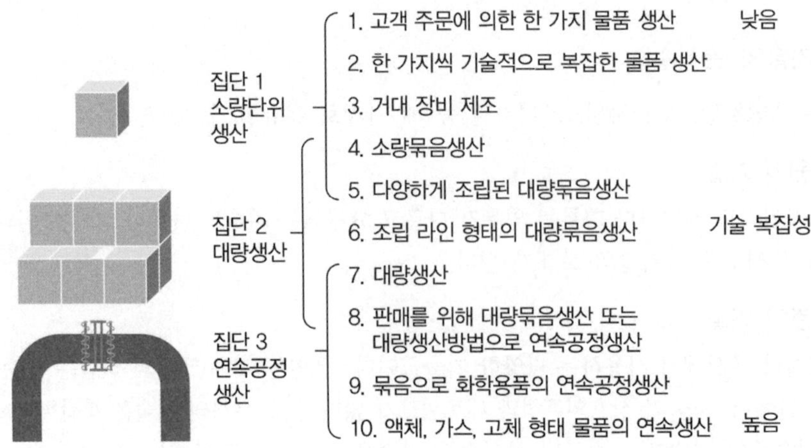

1) **소량단위생산기술(small-batch and unit production)**

이들 기업은 **고객의 특수한 욕구를 충족**시키기 위해 **주문을 받아 생산하고 조립하는 공작소(shop) 중심으로 운영**해 나간다. 주문작업이 기본이므로 소량생산(small-batch production)은 **사람들의 조작에 대한 의존도가 매우 높다. 이는 고도로 기계화되지 않음을 뜻한다.**

2) **대량생산기술(large-batch and mass production)**

대량생산(large-batch production)은 **표준화된 부품을 연속적으로 대량생산**하는 제조과정이다. **자동차용 조립라인**이 이에 해당된다.

3) **연속공정생산기술(continuous process production)**

연속공정생산(continuous process production)은 **모든 과정이 기계화**된 제조과정이다. 여기서는 조립라인 그 이상으로 기계화와 표준화가 이루어졌기 때문에 시작점과 멈춤이 없다. 자동화된 기계가 연속공정을 통제하고 결과에 대한 예측가능성이 매우 높다. **카타르에 있는 로열 더치 쉘의 새로운 'Pearl GTL(가스를 액체로 바꾸는, gas to liquid)' 공장이 좋은 사례**이다. 새로운 처리시설에서 천연가스는 많은 파이프, 저장 탱크, 가스화기와 단위, 정제, 반응기 및 기타 장치를 통해 흘러간다. 이때 **고도의 기능을 갖춘 근로자들이 중앙통제실에서 작업들을 모니터링**한다.

(2) 우드워드 연구의 시사점 : 기술결정론(technological imperative)

우드워드는 구조-기술의 관계를 상업적 성공 여부로 비교하였고 성공적인 기업이 상호보완적인 기술과 구조를 가지고 있음을 발견하였다. 이때 **성공한 소량 생산기업과 연속공정 생산기업은 유기적 조직구조를 가지고 있었고, 성공한 대량 생산기업은 기계적 구조를 지니고 있었다. 여기서 주는 시사점은 전략, 구조, 기술이 잘 연계되어야 하며, 특히 경쟁적 조건이 변화할 때는 더욱 그렇다.**

전략을 지원할 적합한 신기술을 채택하지 못하거나 기술에 맞는 전략을 만들지 못하면 성과는 떨어진다. 오늘날 경쟁의 심화로 시장은 더욱 변화하고 제품수명주기도 단축되는 상황에서 소비자들의 요구에 맞추어 기업은 유연성을 중시하게 되었다. 제조기업은 새로운 기술을 채택하여 유연성이라는 전략을 지원하고 있다. 그러나 높은 기계적 구조는 유연성을 해치며, 신기술의 이점을 활용하는 것을 방해하기 때문에 조직구조 설계와 관리 프로세스 또한 잘 연계되어야 한다.

우드워드 연구결과가 시사해 주는 바는 생산기술이 조직구조에 영향을 미친다는 사실 이외에도 **기술유형에 맞는 구조를 가진 조직이 유효한 조직이라는 사실을 강조**한다. 즉, **구조와 기술의 적합성(fit)을 강조함으로써 어느 한 기술에 적합한 조직구조는 단 한 가지뿐(one best way)이라는 소위 기술결정론의 창시자**가 된 셈이다. **결국 기술결정론의 요점은 크게 두 가지로 정리할 수 있다. 첫째는 조직이 사용하고 있는 기술은 조직구조 설계에 영향을 미친다는 것이며, 둘째는 기술과 구조가 적합하게 되어 있을수록 조직성과가 높다는 것이다.**

(3) 우드워드의 기술유형과 조직설계의 관계

우드워드는 기술유형과 조직구조 사이에 명백한 상관관계가 있다는 사실을 발견했다. **사용기술이**

단위생산기술에서 대량생산기술을 거쳐 연속공정생산기술로 복잡화되어감에 따라 보다 많은 관리자가 필요하게 되어 관리계층의 수가 증가됨을 쉽게 추측할 수 있었다. 그리고 대량조립생산에서는 직접관리보다는 표준화되고 공식화된 작업규칙과 운영제도가 더 많을 것이며 과업담당자들의 재량권은 자연적으로 줄어들기 마련이라는 사실도 찾아냈다. 그리고 대량조립생산에서는 직업이 단순반복적이기 때문에 문서화된 의사소통이 많아도 별 문제가 없지만 숙련된 전문기술자가 기계를 이용해서 작업하는 연속공정기술에서는 변화와 예외가 많고 문서가 공식보다는 자율권도 훨씬 많아 분권화된 구조를 가진다.

우드워드의 연구에 따르면 **경영진 계층의 수와 전체인력 중 관리자의 비율은 단위생산에서 연속생산으로 갈수록 기술의 복잡성이 커지면서 증가한다. 이는 복잡한 기술을 다루기 위해서는 경영의 요구사항들이 더욱 많아지기 때문**이다. **직접인력 대 간접인력의 비율은 기술의 복잡성이 커지면서 줄어든다.** 왜냐하면 **간접인력이 복잡한 기계를 지원하고 유지하는 데 더욱 필요하지만, 자동화된 설비에 의하여 생산 직접 인력은 줄어들기 때문**이다. 그 밖에 **통제의 폭, 공식화된 절차, 집권화 등 특성은 대량생산의 경우 더욱 높은데 그 이유는 작업이 표준화되었기 때문**이다. **단위생산과 연속공정생산기술은 고도로 숙련된 작업자들을 필요**로 하며, **기계를 잘 다루고 변화하는 조건에 적응하기 위해 구두 의사소통을 활용**한다.

전반적으로 **단위생산과 연속공정생산기술의 경영시스템은 유기적(organic)이어야 한다.** 이들은 보다 자유롭게 흘러가야 하며, 적응력이 높아야 하고, 적은 수의 표준화, 규정 및 절차가 요구된다. 그러나 **대량생산기술은 표준화된 직무와 공식화된 절차라는 기계적(mechanism)인 구조를 갖는다.** 우드워드의 기술에 대한 이 같은 발견은 조직구조를 만들 때 새로운 시각을 제공해주었다. 그녀의 말을 빌면 **"서로 다른 기술들은 개인과 조직들에게 다른 종류의 요구를 한다. 그래서 이러한 요구는 적절한 구조를 통해 충족되어야만 한다(기술결정론)."**

조직구조상의 특징	기술유형		
	단위소량생산	대량생산	연속공정생산
전반적 구조	유기적 · 인적 통제	기계적 · 비인적 통제	유기적 · 공정의 통제
작업자 수준	높음	낮음	높음
공식화	낮음	높음	낮음
집권화	낮음	높음	낮음
구두 커뮤니케이션	높음	낮음	높음
문서 커뮤니케이션	낮음	높음	낮음
관리계층의 수	하	중	상
상급자의 통제범위	중간	많고 넓음	좁고 작음
관리자의 비율	적음	중간	많음

(4) 스마트 공장(현대의 기술)

1) 의의

스마트 공장이란 **자동화된 공장**을 의미한다. 스마트 공장(smart factory)은 **컴퓨터로 작동하는 기계들이 대부분의 일상적인 업무를 처리하고 공장설비는 디지털 공급망 네트워크에서 공급업체와 고객들이 상호 디지털로 연결된 곳**이다.

2) 대량맞춤생산

스마트 공장은 **대량맞춤생산(mass customization)**을 위한 토대를 제공하였다. 이를 토대로 **개별고객의 요구에 맞게 독특한 디자인을 한 제품을 대량생산기술을 사용하여 신속하고 저렴한 비용으로 만들 수 있다.** 목표는 고객이 원하는 시기에 원하는 것을 정확히 제공하는 것이다. BMW 자동차 또한 원하는 사양과 부품으로 주문할 수 있다.

대량맞춤생산을 가능하게 한 **유연생산기술(Flexible Manufacturing Technology : FMT)**이란 **다품종 소량생산**을 가능하게 하는 시스템으로 **유연생산기술은 컴퓨터를 기초로 하여 제품설계, 제조, 마케팅, 재고관리와 품질관리 등을 전체적으로 관리하는 기술**을 의미한다. **유연생산과 린 생산은 대량주문생산을 위한 토대를 제공**한다. 즉, 개별 고객의 요구에 맞는 제품을 대량생산기술을 사용하여 신속하고 저렴한 비용으로 만들 수 있게 된 것이다.

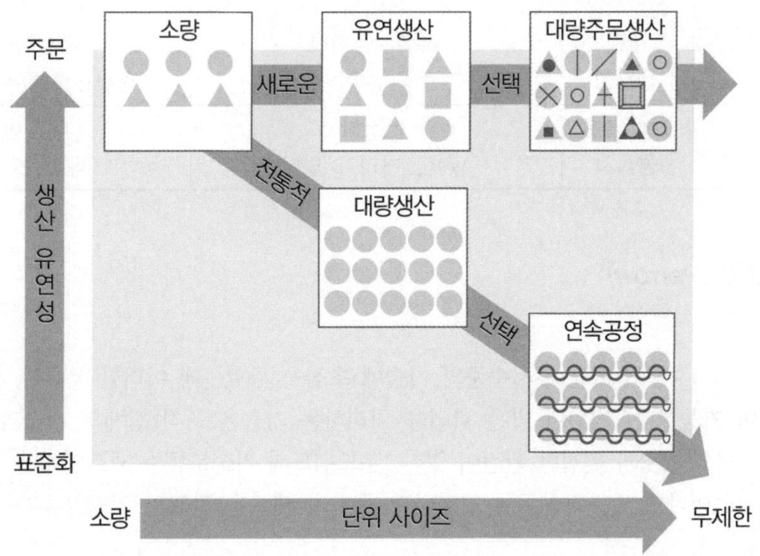

3) 성과 및 구조상의 시사점

연구결과에 따르면 **스마트 공장에서 기계 효율은 높아졌고, 노동생산성은 증가했으며, 불량률은 감소했고, 제품다양성과 고객만족은 증대**하였다. 많은 선진 제조업체들은 디지털 시스템과 린 생산방식을 통해 재창조되고 있으며 생산성 또한 높아지고 있다.

전통적 대량생산기술과 스마트 공장을 비교해보면, 스마트 공장은 **좁은 통제의 범위**를 갖는다. 또한 **적은 수의 계층, 적응적 과업들, 낮은 전문화, 그리고 분권화된 특성**이 있고, **전반적 환경은 유기적**이면서 **자기 통제적**(self-regulative)이다. 종업원은 팀 참여에 필요한 기술을 학습해야 하는데, 훈련이 광범위하고 빈번하기 때문에 종업원은 지나치게 전문화되지는 않지만 최신 지식을 접할 수 있다. 근로자가 전문화되어 인지력이 높아지면 추상적인 아이디어를 처리할 수 있고 문제해결 능력이 높아진다. 스마트 공장에서 한 조직과 다른 조직 간의 관계는 고객으로부터 요구사항이 바뀌면서 특징을 갖는다. 즉, 신기술로 이를 쉽게 처리할 수 있고, 최고품질의 원료를 제공하는 소수의 공급업자와 밀접한 관계를 갖게 된다.

4) 대량생산과 스마트 공장의 조직특성 비교

특징		대량생산	스마트 공장
구조	통제범위	넓다	좁다
	계층 수	많다	적다
	직무	일상적, 반복적인 일	숙련된 기술이 필요한 일
	전문화	높음	낮음
	의사결정	집권	분권
	종합적인	관료적, 기계론주의	자기 통제적, 유기적
인적자원	상호작용	독립형	팀워크
	훈련	좁음, 일회성	폭넓음, 빈번함
	전문성	수공, 기술적	인식, 사회적인 문제해결
조직 간	고객 수요	안정적	변화
	공급자	많음, 거리가 멀다	적음, 밀접한 관계

2 페로우(C. Perrow)

(1) 의의

페로우는 조직수준이 아닌 **부서수준의 기술에 초점**을 두었는데 이러한 분류는 **개인수준의 기술에도 적용이 가능**하다. 개인이 맡은 과업을 처리하는 기술은 조직 전체의 기술과는 별개이며 그가 소속한 부서의 기술과 밀접한 관련이 있다. 우드워드의 기술분류는 제조업에만 국한되었기에 서비스 생산기업이나 일반조직연구에 적절하지 못하여 새로운 관점의 기술분류가 시도되었다.

조직의 각 부서와 다른 비핵심 부서에는 고유한 기술로 구성된 자체 생산 프로세스가 있다. 부서기술의 본질을 분석하고 부서기술과 부서의 구조설계와의 관계를 살펴본다. 부서기술을 이해하는 데 가장 큰 영향을 미친 것으로는 찰스 페로우(Charles Perrow)가 개발한 모형이 있다. 페로우의 모형은 다양한 범위의 기술에 유용하며 부서들의 활동을 연구하는 데 적합하다.

(2) 기술분류를 위한 두 개의 축

1) 다양성(variety)

다양성은 **작업에서 예외(exception)의 수**이다. 이는 과업의 다양성(variety)이라 불리는데, 변환과정에서 나타나는 예상하지 못한 새로운 일들의 빈도를 말한다. 과업 다양성은 사람들이 조직의 투입물을 산출물로 변환시킬 때 작업절차가 매번 같은 방식으로 수행되는지 아니면 다른 방식으로 수행되는지를 말한다. 개인들이 수많은 예상하지 못한 상황에서 여러 가지 다양한 문제에 직면할 경우 다양성은 매우 높다. 반대로 문제가 거의 없고 매일매일의 직무가 반복적일 때 기술은 거의 다양성을 갖지 않는다.

2) 분석가능성(analyzability)

작업활동들이 분석 가능(analyzability)한지 여부이다. **변환과정이 분석 가능하다는 것은 곧 작업이 기계적 단계로 나누어질 수 있고, 문제를 해결하는 절차가 객관적이고 계산이 가능하다는 의미**이다. 이때 문제해결을 위해 규정이나 지침서 등 잘 정리된 표준절차가 있으면 분석가능한 것이지만, **분석하기가 어려워 문제가 생길 때 정확한 해결책을 찾기 어려운 경우라면 분석 가능성이 낮다.**

(3) 네 가지 기술유형

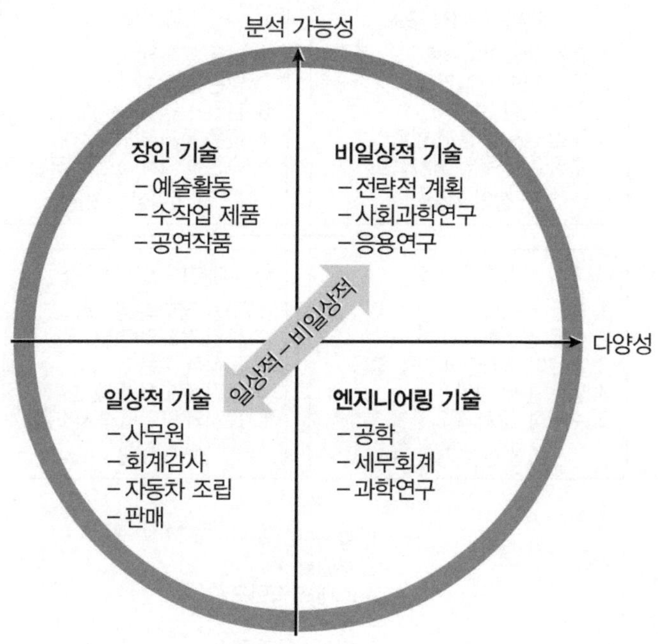

1) 일상적 기술(routine technologies)

과업의 다양성이 거의 없고 객관적이고 계산 가능한 절차를 사용할 수 있는 경우로 대표적으로 자동차 조립라인이 있다. 과업은 공식화가 잘 되어 있고 표준화가 가능하다. 예 석유화학 공장, 철강생산 공장, 대형 자동차 산업

2) **장인 기술(craft technologies)**

활동은 매우 안정되어 있지만, 변환과정은 분석 가능성이 낮고 잘 이해되지 않는 경우이다. 과업은 폭넓은 훈련과 경험을 요구하는데 이는 종업원들이 지혜, 직관, 경험과 같이 눈에 보이지 않는 요인들에 반응해야 하기 때문이다. 대표적으로 루이비통(Louis Vuitton)이 있다. 예 전통적 제품을 몇 대째 만들어 온 가구업, 구두제조, 공예, 도자기업 등

3) **엔지니어링 기술(engineering technologies)**

복잡하지만 수행해야 할 과업들의 다양성이 높은 경우이다. 하지만 **다양한 활동들은 이미 알려진 공식, 절차, 기법대로 다룰 수 있다.** 대표적으로 **회계업무**가 있다. 예 건축업, 회계법인

4) **비일상적 기술(nonroutine technologies)**

매우 높은 과업의 다양성을 갖고 있으며 그 변환절차는 분석 가능하지도 않고 잘 이해되지도 않는다. 전략계획, 기타 신규 프로젝트와 예상치 않은 문제를 해결해야 하는 작업들이 비일상적 기술이다. 예 항공산업, 프로젝트 단위업무를 다루는 기업, **고도의 전략업무**를 주 업무로 하는 기업

(4) 페로우의 기술유형과 조직설계

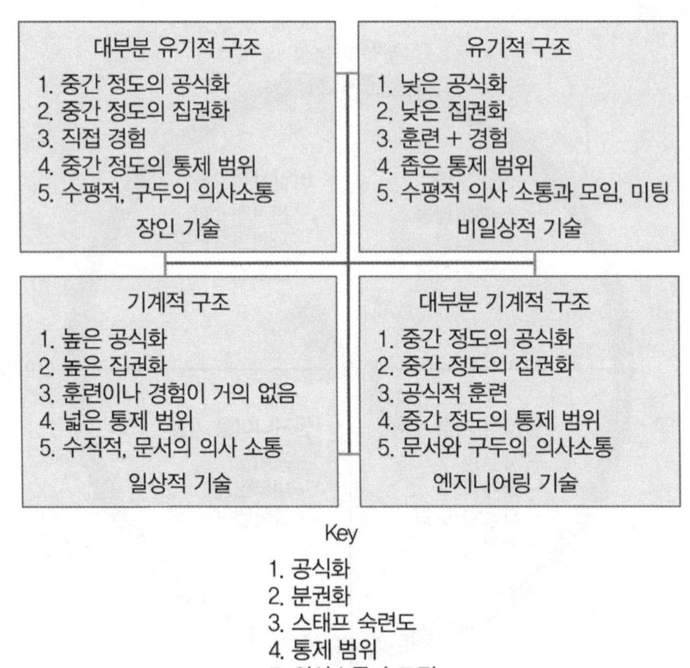

1) **조직의 특성**

일상기술을 사용하면 조직특성은 공식적이고 집권화되는 등 **기계적 조직**이 될 것이다. 반대로 **비일상적 기술을 사용하는 부서에서는 규정과 절차를 덜 중시하고 자유로운 의사소통과 자율적인 분위기가** 넘칠 것이다.

2) 스태프의 자격

일상기술을 사용하는 경우라면 스태프도 반복업무만 수행하고 경험도 단순하다. 그러나 **과업다양성이 많은 회사일수록 업무 관련 지식이 풍부하고 고도의 훈련이 필요**하다. 일상적 기술을 사용하는 작업 스태프들에게 교육이나 경험은 별로 필요 없다. 이는 반복적인 작업활동을 하기 때문이다. 폭넓은 다양성이 요구되는 작업 단위인 경우 스태프들은 보다 더 많은 숙련과 공식적 훈련을 받아야 한다. 분석가능성이 낮은 장인 기술의 경우 훈련이 직무경험을 통해 이루어지는 경우가 많다. **비일상적 활동은 보다 많은 공식 교육과 직무경험을 필요로 한다.**

3) 공식화 정도

일상기술을 사용하면 과업이 표준화되고 분업화되어 있기 때문에 그 부서는 매우 공식화될 수밖에 없으며 대개의 업무 수행 시 정해진 절차와 규칙이 있다. 일상적 기술은 표준화와 분업의 특성을 갖고 있으며, 공식적 규칙과 절차에 의해 지배되는 작업 과업들을 만든다.

한편 **비일상적 기술을 사용하는 부서의 구조는 공식화가 낮고, 표준화 또한 낮다.** 다양성이 높을 때, 예를 들어 연구부서의 경우 공식적 절차에 의해 이루어지는 활동들은 매우 적다.

4) 분권화 정도

일상적 기술에서 대부분의 과업활동에 대한 의사결정은 경영진에게 집중된다. 일상기술을 사용하면 관리자가 이미 다 알고 있으므로 의사결정권이 관리자에게 집중된다.

엔지니어링 기술에서 기술적 훈련을 받은 종업원들은 중간 정도의 의사결정 권한을 갖는다. 왜냐하면 기술지식이 과업수행에 중요하기 때문이다. 공학적 기술을 사용하는 부서인 경우에 기술적 경험과 지식이 매우 중요하므로 실무자들이 자신의 업무에 대해서 자율권을 많이 가진다.

장인기술에서 종업원들은 중간 정도의 의사결정 권한을 갖는다. 왜냐하면 오랜 경험을 가진 생산직 종업원들은 문제에 어떻게 대응할지를 잘 알고 있기 때문이다.

종업원들에 대한 분권화가 매우 큰 것은 비일상적 기술의 상황에서이다. 여기서 많은 결정은 종업원들에 의해 이루어진다. **비일상적 기술을 사용하는 곳은 매우 분권화되어 있다.**

5) 통제범위

통제범위란 한 사람의 관리자나 감독에게 보고할 종업원의 수를 말한다. 이런 특징은 부서 기술에 의해 결정된다. **기술이 더욱 복잡하고 비일상적일 때 감독이 관여해야 할 문제가 많아진다.** 통제의 폭은 종업원의 숙련정도 등 다른 요인에 의해서도 영향을 받지만, **복잡한 과업일수록 더욱 작아진다.** 왜냐하면 감독자와 부하들이 자주 상호작용을 해야만 하는 일들이 많아지기 때문이다.

즉, **과업이 복잡할수록, 그리고 비일상적일수록 상급자가 하급자의 일에 많이 관여하고 감독도 해야 하기 때문에 다수의 부하를 거느릴 수 없다. 자연히 통제범위는 좁아진다.** 반대로 **일상적 기술을 사용한다면 관리자 한 사람이 전체 부하들의 업무를 거의 파악하고 있으므로 많은 부하 직원들을 관리할 수 있다.**

6) 조정 메커니즘

일상적 기술이라면 수직적 의사소통을 통해 부서 간 조정이 진행되지만, 비일상적 기술을 사용하는 부서들은 정기적인 회의나 수평적 의사소통을 통해 조정이 진행된다. **의사소통 활동과 빈도는 과업의 다양성이 커지면서 늘어난다.** 자주 발생하는 문제로 문제해결을 위한 정보공유가 더욱 필요하며, 이는 활동들이 잘 완결되도록 만든다.

의사소통의 방향은 비일상적 작업에서 보통 수평적이지만, 일상적 작업에서는 수직적이 된다. 의사소통의 형태도 과업의 분석가능성에 따라 달리 나타난다. **과업의 분석가능성이 높으면 통계적이고 서면 형태의 의사소통(보고서, 규정, 절차)이 많다. 반면 과업의 분석가능성이 낮은 경우 정보는 서로 얼굴을 맞대어 전달되거나 전화나 그룹 미팅을 통해 전달된다.**

구분	일상적 기술	비일상적 기술	장인기술	공학적 기술
조직의 특성	기계적	유기적	다소 유기적	
공식화	높음	낮음	중간	
집권화	높음	낮음	중간	
스탭의 자격	낮은 훈련, 경험	훈련과 경험	작업경험	공식적 훈련
감독범위	넓음	좁음	중간	
의사소통	수직적, 문서	수평적	수평적, 언어	문서, 언어
조정과 통제	규칙, 예산, 보고서	회의, 규범	훈련, 모임	보고서, 모임

3 톰슨(Thompson)

(1) 의의

톰슨의 기술에 관한 개념은 매우 광범위하여 화이트 칼라직의 기술, 교육과 사무행정도 기술에 포함시킨다. **톰슨은 단위 작업 간의 상호의존성 정도에 따라 기술을 다시 세 가지 유형으로 분류했다. 상호의존성(interdependence)이란 부서가 자신의 과업들을 완수하기 위해 자원이나 원료 등의 필요를 이유로 서로에게 의존하는 정도를 일컫는다.** 낮은 상호의존성은 부서들이 자신의 일을 독립적으로 수행할 수 있으며, 따라서 상호작용, 상담, 또는 원료의 교환 등의 필요성이 거의 없는 경우이다. 반대로 높은 상호의존성은 부서들이 서로 자원들을 지속적으로 교환해야 하는 것을 말한다.

(2) 기술유형

제임스 톰슨(James Thompson)은 조직구조에 미치는 상호작용을 세 가지 유형으로 정의하였다. 집합적 상호의존성, 순차적 상호의존성, 교호적 상호의존성 등 세 가지이다.

1) 집합적 의존성에 의한 중개형 기술

집합적 상호의존성(pooled interdependence)은 부서들 간 상호의존성이 가장 낮은 경우이다.

여기서는 어떠한 작업을 위하여 여러 단위 부서나 조직을 거쳐야 할 필요가 없는 경우이다. 각 부서는 조직의 부문으로서 조직의 공통된 목표에 기여한다. 집합적 상호의존성은 사업부 구조 내 관계와도 유사하다. 사업부나 지점들은 금융자산을 공통된 집합 개념으로 공유하고 있으며, 각 사업부의 성공이 조직 전체 성공에 기여하는 형태이다.

톰슨은 집합적 상호의존성이 소위 중개 기술을 하는 기업들 내에 존재한다고 하였다. **중개기술(mediating technology)은 외부환경으로부터 고객에 중개하거나 연결해주는 재화나 서비스를 제공한다.** 따라서 **각 부서는 서로 독립적으로 일을 한다.** 예를 들어 중개회사, 부동산 사무실 등은 모두 사는 사람과 파는 사람을 중개하지만, 사무실은 조직 내에서 독립적으로 활동한다.

집합적 상호의존성이 갖는 관리적 의미는 간단하다. **톰슨은 관리자가 규정과 절차를 사용함으로써 부서 간에 이루어지는 활동들을 표준화시킨다고 한다.** 각 부서는 동일한 절차와 재무제표를 사용하므로 모든 부서결과는 측정할 수 있고 각 부문을 집합하여 전체의 성과를 합산할 수 있다. **부서 간에 매일 조정할 필요가 거의 없다.**

2) 순차적 의존성에 의한 연속형 기술

상호의존성이 연속적인 형태로 일어날 때, 예를 들어 **한 부서에서 만든 부품이 다음 부서의 투입물이 되는 경우를 순차적 상호의존성(sequential interdependence)이라고 부른다. 처음 부서는 반드시 다음 부서를 위해 올바로 일을 수행해야만 한다.** 순차적 상호의존성은 통합자나 태스크 포스와 같은 수평적 메커니즘에 대한 요구가 매우 높다.

순차적 상호의존성은 톰슨이 말한 연속형 기술(long-linked technology)에서 나타난다. **연속형 기술이란 생산의 한 단계가 다음 단계의 투입 활동이 되는 것을 말한다.** 조선회사의 사례는 순차적 상호의존성을 잘 보여준다. 또 다른 사례로 자동차 회사 조립생산 라인은 필요한 모든 부품들(엔진, 타이어, 스티어링 등)을 순차적으로 조립하게 된다.

경영진의 요구사항은 집합적 상호의존성보다 순차적 상호의존성에서 더 많아진다. 왜냐하면 연결된 공장이나 부서들 간 더 많은 조정이 필요하기 때문이다. 상호의존성은 일 방향의 원료의 흐름을 의미하기 때문에 폭넓은 계획과 스케줄이 필요하다. 부서B는 부서A로부터 기대하는 바를 알 필요가 있기에 양자는 정보를 교환하며 효과적으로 일을 수행할 수 있다. 공장들 간 또는 부서들 간에 매일매일 의사소통이 필요한 것은 예상하지 못한 문제와 예외적으로 발생하는 문제를 처리하기 위해서이다.

3) 교호적 의존성에 의한 집약형 기술

최고수준의 상호의존성이 교호적 상호의존성(reciprocal interdependence)이다. 이는 **작업A의 결과가 작업B의 투입이며, 작업B의 결과가 다시 작업A의 투입이 되는 경우**와 같이 **부서들의 결과가 서로에게 영향**을 미치는 경우를 말한다.

교호적 상호의존성은 **집약형 기술**(intensive technology)을 사용하는 경우에 나타난다. **집약형 기술이란 고객에게 다양한 제품과 서비스를 제공할 때 모든 업무 담당자가 협력하여 동시에 제**

공하는 것을 말한다. 환자들에게 종합적인 서비스를 제공하는 병원이 좋은 사례이다. 환자는 여러 병실을 오가며 의사, 간호사에게 엑스레이, 수술, 물리치료 등 필요한 치료를 받는다. 신제품을 개발하는 회사도 마찬가지이다. 설계, 엔지니어링, 제조, 마케팅 부서 간 긴밀한 조정이 필요하며 이 자원들이 종합적으로 고객의 제품을 충족시킨다.

교호적 상호의존성은 **부서들이 매우 긴밀히 작업**을 하며 타이트하게 조정해 나가야 한다. 교호적 상호의존성은 부서들이 함께 밀접하게 일하고 조정되기를 요구하기 때문에 다기능팀(cross－functional team)이나 수평적인 구조가 가장 적합하다. 이때 폭넓은 계획이 필요하지만 계획으로 모든 문제를 예상하거나 풀 수는 없다. 매일 상호작용과 서로 간의 조정이 부서마다 필요하다. 여러 부서들로부터 사람들은 서로 얼굴을 맞대고 조정하고, 팀워크를 맞추며 의사결정을 해 나가야 한다. 이 같은 이유로 조직 내 관리자들은 상호의존성을 중심으로 작업을 조직하고 **'관계적 조정(relational coordination)'을 적극 지원**해 나간다. 즉, 직원들이 직장 생활 속에 부서 간 정보공유와 협력적인 업무처리를 하도록 관리한다. 조정과 정보공유는 조직의 구조에 스며들어 있다.

(3) 톰슨의 기술유형과 조직설계와의 관계

	집합적 의존	순차적 의존	교호적 의존	팀 의존
기술의 상호 의존형태				
조정・통제 수단	－표준화 －규정・공식	－표준화 －규정・공식 －작업계획 －수직의사소통	－표준화 －규정・공식 －작업계획 －상호 조정 －회의	－표준화 －규정・공식 －작업계획 －상호 조정 －팀워크
예	－은행의 지점 －패스트 푸드 지점	－대량 조리 공장 －컨베이어시스템	－레스토랑 －병원	－연구개발팀 －전략계획팀
의사소통 빈도	적음	중간	많음	많음

1) 기술의 상호의존성과 조직구조의 설계

집합적 의존성이 있는 **중개형 기술을 사용하는 조직은 부서 간의 조정을 위해 공식과 절차, 표준화와 규정을 활용**할 것이다. 애초에 표준화된 규정만 제정하여 배포하면 각자가 그대로 따르기만 해도 전체적으로 조합이 되도록 되어 있기 때문이다. 중개형 기술의 영업활동은 타 부서와 무관하게 독자적으로 수행된다. 따라서 각 부서의 업무를 통일시키기 위한 표준화, 규정, 절차가 많으며 각자 규정에 따른다면 부서 간 직접적 상호작용은 별로 필요 없다.

그러나 과업이 차례대로 연계되어 한 과업이 다른 과업에 의존하게 되는 **연속형 기술**을 사용하는 조직은 단위작업들 간에 상호연계가 필수적이다. 이들 부서들은 조정하기 위해서는 **상호 빈번한 의사소통**도 필요하고 업무계획을 짤 때부터 서로 모여서 어긋나지 않도록 약속을 해놓아야 하고 그 약속을 지켜야 한다. 특히 작업의 양과 질뿐만 아니라 시간적으로 순서와 기일을 엄수하지 않으면 타 부서나 타인의 작업에 지장을 초래할 것이다.

교호적 의존성이 존재하는 **집약형 기술을 사용하는 조직**이라면 **처음부터 끝까지 회의와 의사소통**이 끊어지면 안된다. 직접 대면 혹은 간접적으로라도 의사소통을 지속하면서 과업을 함께 계획・실행・통제해 나가야 하는 가장 복잡한 조직형태가 될 것이다.

PART 04

2) 기술의 상호의존성과 부서화

의사결정, 의사소통, 조정의 문제들은 교호적 상호의존성에서 가장 크게 나타나므로, **교호적 상호의존성은 조직구조에서 최우선적으로 다루어져야 한다. 교호적 상호의존성을 지닌 활동들은 조직 내에서 가장 가깝게 그루핑되어야 하며 그래야 상호조정을 위해 서로 접근이 용이해진다.** 이 단위들은 조직도에서 같은 사람에게 보고하며, 물리적으로 가까이 있어 조정에 따른 비용과 노력을 최소화시켜야 한다. 그 **다음 우선순위는 순차적 상호의존성이고, 마지막으로 집합적 상호의존성이 사용된다.** 이 같은 조직화의 전략은 조정이 조직의 성공에 가장 중요한 의사소통 통로를 짧게 만들어준다.

상호의존성의 형태	수평적 의사소통과 의사결정의 요구	조정의 형태	부서화 우선순위
집합적(은행) 고객	낮은 의사소통	표준화, 규정, 절차 <u>사업부 구조</u>	낮음
순차적(조립 라인) 고객	중간 정도 의사소통	계획, 스케줄, 피드백 <u>태스크 포스</u>	증가
교호적(병원) 고객	높은 의사소통	상호조정, 부서 간 횡단미팅, 팀워크 <u>수평적 구조</u>	높음

조정비용을 최소화시키는 방향으로 부서의 수를 결정해야 하는바, 조정비용이 가장 많은 부서끼리 우선적으로 묶고 점차 조정비용이 덜 드는 부서끼리도 필요하다면 묶어 가는 것이 효율적인

부서화의 원칙이다. 예를 들면 과업이 서로 비슷하고 맞물려서 상호 의사소통과 빈번한 교류가 필수적이고 지속적이라면 차라리 두 부서로 나누지 않고 통일된 하나의 부서로 두는 것이 낫다. 반대로 과업의 질도 다르고 상호 교류도 가끔 필요한 정도라면 부서를 분리하는 것이 좋을 것이다.

대개는 상호관계가 밀접한 교호적 부서끼리 묶는 것이 일차적이고 **이렇게 묶인 부서들의 과업을 파악하여 과업진행의 순서대로 부서를 연결하면서 다시 묶는다.** 그리고 **마지막으로 집합적 의존성을 고려하여 다시 연결하는 것이 원칙**이다.

3) **과업의 상호의존성에 따른 조정의 방법**

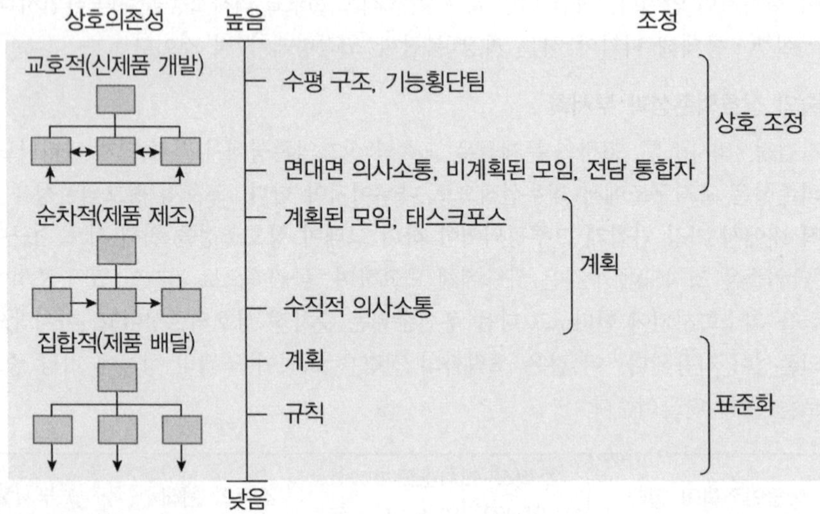

▼ 기술과 구조적 특징 정리

구분	기계적 조직 구조	유기적 조직 구조
Woodward	대량 생산기술	단위소량생산기술 연속공정생산기술
Perrow	일상적 기술	비일상적 기술 장인기술 공학적 기술
Thompson	중개형 기술 연속형 기술	집약형 기술

제 3 절 서비스 기술과 제조기술

1 서비스 기술이란

조직의 기술에서 가장 큰 변화 중 하나는 서비스 분야의 급성장이다. 서비스기술은 생산기술과 다르며 상이한 조직구조를 필요로 하는바, 구체적인 내용은 아래와 같다.

제조기업이 그 주요 목적을 제품생산을 통해 이룬다면, 서비스기업은 서비스의 생산과 공급을 통해 목적을 달성한다. 생산 기술에 비해 서비스 기술(service technology)의 가장 큰 차이는 무형의 산출물을 만들어내는 것으로 냉장고를 만드는 것처럼 손에 잡히는 것이 아니라 페이스북(Facebook)처럼 사회적 네트워킹과 같이 손에 잡히지 않는 것이다(intangible). 이처럼 서비스란 추상적이며, 물리적 제품과는 달리 서비스는 지식과 아이디어로 구성된다. 따라서 **생산업자의 제품이 차후에 판매를 위해 재고로 쌓아둘 수 있지만, 서비스는 생산과 동시에 소비된다는 특성이 있다. 고객은 의사나 변호사와 만난다.** 그리고 학생과 교사는 강의실이나 인터넷에서 함께 있다. 서비스란 무형의 제품으로 고객요구가 있기 전까지는 존재하지 않는다. 저장할 수 없고, 최종제품으로 볼 수도 없다. 만일 **서비스가 생산되면서 바로 소비되지 못하면, 이는 사라지고 만다.** 그래서 서비스기업은 **노동집약적**이며 **지식집약적**이다. 반면 **제조업은 자본집약적**이고 **대량생산, 연속공정, 그리고 스마트 생산기술에 대한 의존도가 높다.**

2 서비스 기술과 제조 기술의 차이

서비스 분야에서 **고객과 종업원의 직접적인 상호작용은 매우 높다.** 반면 제조업의 핵심기술에서 고객과 종업원 간의 직접적인 접촉은 거의 없다. 이런 직접 상호작용의 의미란 **인적요소(종업원)가 서비스 기업에서 매우 중요**하다는 것이다. **서비스는 고객의 만족 수준을 결정**하게 된다. **서비스의 품질은 느껴지는 것이지 유형의 제품처럼 직접 측정되고 비교되는 것이 아니다.** 또 다른 고객만족과 품질서비스의 지각에 영향을 미치는 요인은 **빠른 반응시간**이다. **서비스는 반드시 고객이 원하고 필요로 할 때 제공되어야 한다.**

서비스기술의 마지막 특성으로는 **위치 선정(site selection)이 제조업보다 훨씬 중요**하다는 점이다. 서비스란 눈에 보이지 않으므로 서비스는 고객이 받고자 하는 위치에 있어야 한다. 서비스는 널리 퍼져 있고 지리적으로 고객에 근접해 있다.

사실 100% 서비스나 100% 생산 특성만을 반영한 조직을 찾기란 불가능하다. 서비스기업은 일부 제조업의 특성을 갖기도 하고, 또는 반대인 경우도 있다. 제조업체들은 고객 서비스를 차별화와 경쟁력 강화의 목적으로 강조하고 있다. 그 밖에 제조기업들은 구매, 인적자원, 마케팅과 같은 서비스기술에 바탕을 둔 부서들을 갖고 있다. 한편 주유소, 주식거래소, 소매점, 패스트 푸드 등의 조직은 서비스 분야에 속하지만, 제품의 공급이 거래에 매우 중요한 부분을 차지한다. 따라서 대부분의 조직은 제품과 서비스의 일정 부분을 모두 갖고 있다. **중요한 점은 모든 조직이 제조와 서비스의 특성을 포함한 단일 연속선상에 분류될 수 있다.**

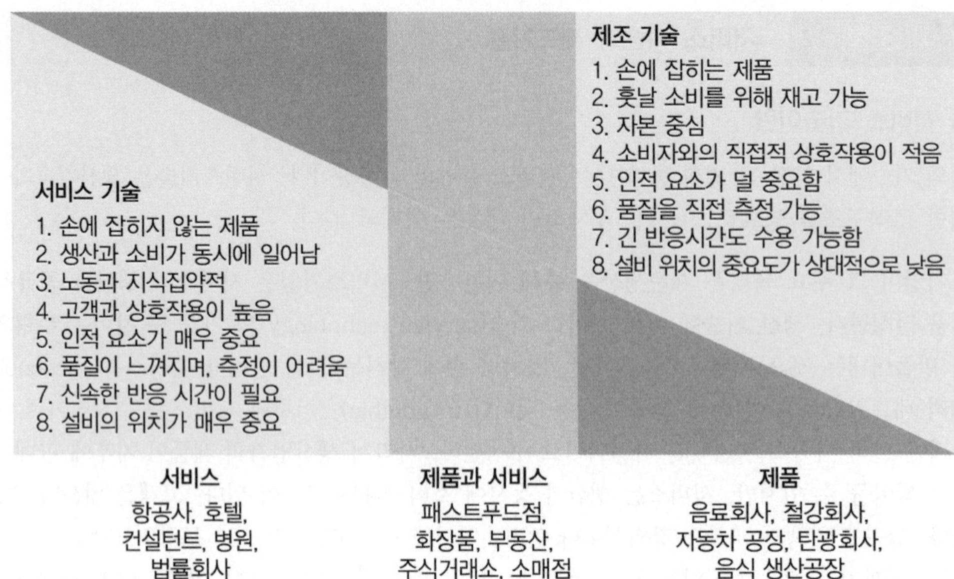

3 서비스 조직의 설계 방안

조직설계 시 **고객 접점은 경계 역할과 조직구조의 분리에 영향**을 준다. **경계 역할(boundary role)은 핵심기술 부분에 미치는 영향을 최소화하기 위해 제조업에서 주로 사용되는 기법**이다. 그러나 **서비스업에서는 고객이 의사와 같은 내부 기술 담당자와 직접 접촉**해야 한다. 따라서 **서비스업에서는 경계 역할이 제조업보다 덜 선호되는 경향**이 있다.

서비스기업은 정보와 무형의 산출물을 다루기 때문에 규모가 클 필요가 없다. 가장 큰 경제적 효과는 고객들 가까이 위치해 가능한 한 작은 단위로 쪼개는 것(분리)이다. 주식거래소, 병원, 컨설팅회사, 은행 등이 시설을 분산시켜 각 지역이나 지방에 사무실을 두는 것도 이런 이유 때문이다. **한편 제조기업은 단일 지역에 집중하여 운영하는데, 이는 원료와 인력을 활용하기 좋은 곳이기 때문이다. 대규모 제조기업은 값비싼 기계로 오랜 기간 생산을 함으로써 경제적 이점을 얻는다.**

서비스기술은 조직을 지시하고 통제하는 데 사용되는 내부 조직특성에도 영향을 미친다. 예를 들어 핵심기술 종업원의 기능은 더욱 높아질 필요가 있다. 그래서 이들 종업원은 충분한 지식으로 기계적 업무를 다루는 것 이상으로 고객의 문제를 잘 다룰 줄 알아야 한다. 또한 **사회적, 인간관계의 스킬과 기술적 스킬을 동시에 갖추어야 한다.** 고도의 스킬과 구조적 분산으로 인해, **서비스기업에서 의사결정은 분권화되어 있고, 공식화는 낮아진다.** 비록 어떤 서비스조직(예 패스트 푸드점)은 고객 서비스를 위한 규정과 절차를 두기도 하지만, 대체로 서비스업 종업원들이 관련 업무에 보다 **많은 자율과 재량권을 갖는다.**

	서비스 구조	제품 구조
	조직구조	
1. 분리된 경계역할	적음	많음
2. 지리적 분산	많음	적음
3. 의사결정	분권화	집권화
4. 공식화	낮음	높음
	인적자원	
1. 종업원의 기능 수준	높음	낮음
2. 스킬의 강조점	인간관계	기술적

CHAPTER PART 04 조직차원

07 | 조직의 상황적 차원 : iii. 규모

제 1 절 규모의 의의

조직의 규모는 일반적으로 **조직 구성원의 수**를 의미한다.

제 2 절 조직규모와 조직구조

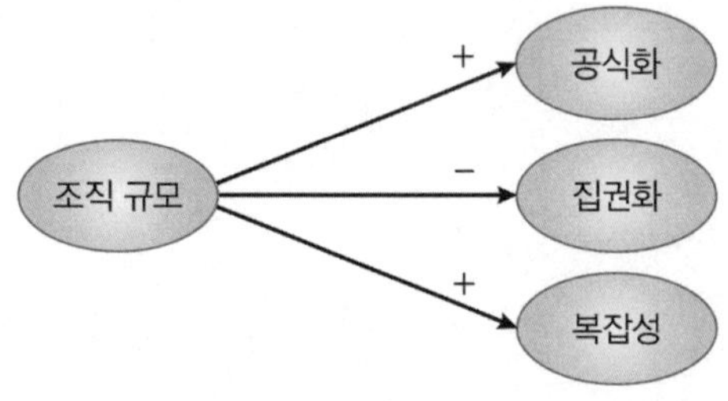

1 복잡성(Complexity) : 과업의 분화 정도

조직의 규모가 커지면 **분업이 발생하여 조직구조가 복잡**해진다. 하지만 **조직규모가 일정수준이 되면 과업 간 동질성이 이질성을 초과하게 되어 복잡성 증가 속도가 둔화**하게 된다. 즉, 조직의 규모가 증대함에 따라 처음에는 분화의 속도가 빠르지만 점점 상승의 폭이 낮아진다. 규모가 커지면 수직적 계층의 수도 커지며 수평적 분화, 지역적 분산도 커진다. 대규모의 조직에서는 사기업의 공공기관보다 규모가 복잡성에 미치는 효과가 크다.

2 공식화(Formalization) : 업무의 방식과 절차를 규정화

일반적으로 **조직규모가 커짐에 따라 공식성은 증가**한다. 왜냐하면 규모가 증가할수록 **구성원의 행동을 효율적으로 규제하기 위해 문서화된 규정과 규칙의 필요성이 증가**하기 때문이다. 또한 조직규모의 증가에 따라 분업의 정도가 증가하면 반복적인 업무가 늘어나게 되기 때문에 일상적 업무는 표준화를 통해 통제가 가능한바, 표준화의 정도도 증가하게 된다.

3 집권화(centralization) : 의사결정의 소재

조직의 규모가 커지면 권한의 집중화는 감소된다. 조직이 작으면 대체로 권한은 집중된다. 즉, **조직의 규모가 증가할수록 직원들은 공식화된 절차와 규정에 의해 관리를 수행하게 되므로 권한의 위임이 발생**한다. **권한의 남용을 방지하기 위한 표준화와 함께 분권화가 같이 진행되는 것**이다. 규모가 점점 증가하여 사업부제가 되면서 여러 지점과 지사가 출현하게 되면서 규정과 절차에 따른 권한 위임이 발생하여 집중성의 강도가 약해진다.

제 3 절 규모결정론과 그에 대한 비판

1 규모 결정론 : 규모가 조직구조를 결정

(1) 애스톤 그룹(Aston Group)

애스톤 그룹은 **조직규모와 성과와의 관계를 연구한 유명한 영국의 연구기관**이다. 특히 그들은 조직의 규모는 조직구조와 밀접한 관계를 가진다고 주장하였다. 조직규모가 커질수록 ① **부서의 수가 증대되어 복잡성이 높아지고** 동시에 **조정의 필요성도 커지게 되며**, ② 전체적인 협조와 커뮤니케이션을 위해 통일된 업무처리 절차와 표준화된 양식에 따라 업무수행을 함으로써 조정이 용이해지기 때문에 **공식화도 증가**하며, ③ 한 부서에 소속되는 인원수도 증가되기 때문에 각 부서별로 **권한 위임**이 이뤄진다.

(2) Blau & Child

규모에 따라 복잡성과 공식성은 높아지나 집권화는 낮아진다고 주장하였다. 즉, 분업으로 인한 규모의 경제 달성과 동시에 관리계층 증가로 인한 분권화가 이뤄진다고 보았다.

(3) Meyer

시간경과를 통해 조직규모가 조직구조에 영향을 미침을 발견하였다.

2 규모결정론에 대한 비판

다음의 학자들은 **조직의 규모는 조직의 구조에 영향을 전혀 미치지 않거나 미미한 영향을 미친다고 주장**하였다.

(1) Argyris

아지리스는 **Blau의 주장을 반박**하며 **조직규모는 조직구조에서 분화와 관계를 가지고 있으나 조직규모가 분화의 원인변수는 아니라고 주장**했다.

(2) Aldrich

알드리치는 **Aston Group의 연구를 반박**하면서 **규모는 결과이지 원인은 아니라고 보았다**. 알드리치는 기술이 조직구조를 결정하며 조직구조가 규모를 결정한다고 주장하면서 **기술이 구조의 중요한 결정요인이라고 본 것**이다.

(3) Hall

대규모 조직은 복잡성과 공식화를 높게 띠긴 하지만 단지 몇 개의 변수들에 대해서만 나타날 뿐이며 **조직규모와 구조와는 큰 관련이 없다는 결론**을 내렸다.

제 4 절 대규모의 딜레마

1 대규모

조직의 운영에는 자원과 **규모의 경제**가 요구된다. **대기업만이 규모와 생산성의 연결이 가능**하며, 규모 및 범위의 경제 실현이 가능하다. 대규모 기업은 소규모 기업이라면 파산할 수도 있는 경기불황에서도 무사히 헤쳐나갈 수 있으며 그들과 함께 하는 **지역사회에 더 많은 사회적 지원을 제공**할 수도 있다. **대규모 조직들은 어려운 시기에도 신속하게 회복할 수 있기 때문에 직원들에게 안정감과 소속감을 불러일으킬 수 있다.** 큰 회사는 복잡하며 표준화되어 있고 종종 **기계적으로 운영**된다. 대기업 안에는 수백개의 전문영역에 속한 사람들이 다양한 과업을 수행하여 여러 복잡한 제품을 생산한다. 또한 **대기업들은 수년 간 시장을 안정시킬 수 있다. 대기업에 취직한 종업원들은 안정적인 근무생활, 봉급인상, 승진을 기대할 수 있다.**

2 소규모

글로벌 경제에서 성공하는 주요 요인은 **변화하는 시장에 대한 민감한 대응과 유연성**이기 때문에 작은 것이 아름답다는 말이 설득력을 얻고 있다. **규모가 작은 기업은 고객 니즈와 시장 및 외부환경 변화에 신속하게 대응할 수 있다는 장점을 지닌다.** 게다가 작은 조직에서는 **종업원들이 자신을 한 공동체에 속한 구성원으로 느끼기 때문에 몰입도가 더 높아진다.** 종업원들은 좁은 범위에서 한정된 업무만 수행하는 것이 아니라 **다양한 과업을 수행**하게 된다. 많은 이들에게 소규모 회사에서 근무하는 것은 더 흥미롭고 만족감을 준다. 또한 작은 조직들은 **단순한 구조를 가지고 유기적이며 자유로운 경영 스타일로 기업가정신과 혁신을 촉진**한다.

대규모	소규모
규모의 경제, 글로벌 접근 수직적 계통, 기계적 복잡성 안정된 시장 "조직인"	반응적, 유연함, 지역적 접근 수평적, 유기적 단순성 특화시장 "기업가"

3 대기업–소기업의 혼합 : 양손잡이 조직의 활용

작은 기업이 소규모의 장점을 이용하여 성공하고 나면 규모가 커진다는 사실은 역설적이다. **소기업이 크게 성공하면 스스로 성공의 희생자가 된다. 기계적인 구조로 전환하여 수직적인 계층을 강조하고 기업가 대신 '조직인'을 만들어내는 것이다.** 거대 기업은 '혁신이 아닌 최적화에 맞는 구조'이다. 대기업이 되면 현재의 제품과 기술에 전념하게 되어 **미래를 위한 혁신의 지원에 어려움을 겪는다. GE의 전 회장인 잭 웰치(Jack Welch)는 '대기업/소기업 혼합'이라 불리는 방법을 해결책으로 제시했다.** 이러한 회사들은 유연성과 효율성을 동시에 가능케 하는 구조와 프로세스를 만들어낸다. 즉, **혁신의 활용을 위해서 소기업의 창의성과 대기업의 시스템 양쪽 모두에 적합한 구조와 프로세스를 만드는 〈양손잡이 접근법〉을 사용한다.**

양손잡이 접근법에서 관리자는 **특성 부서에는 혁신과 함께 새로운 아이디어를 제안하도록 유연성 및 그들의 자유를 북돋우지만, 조직 전반적으로는 혁신의 실행을 위해 보다 엄격하고 중앙 집권적이며 표준화된 접근**을 한다.

PART 04

제 5 절 조직의 수명주기(life cycle)

1 수명주기의 발달단계(Quinn & Cameron) : 일원적 모형

조직수명주기(life cycle)는 **조직이 탄생, 성장, 사멸 등의 과정에서 어떻게 성장하고 변화하는지를 알게 해주는 유용한 개념**이다.

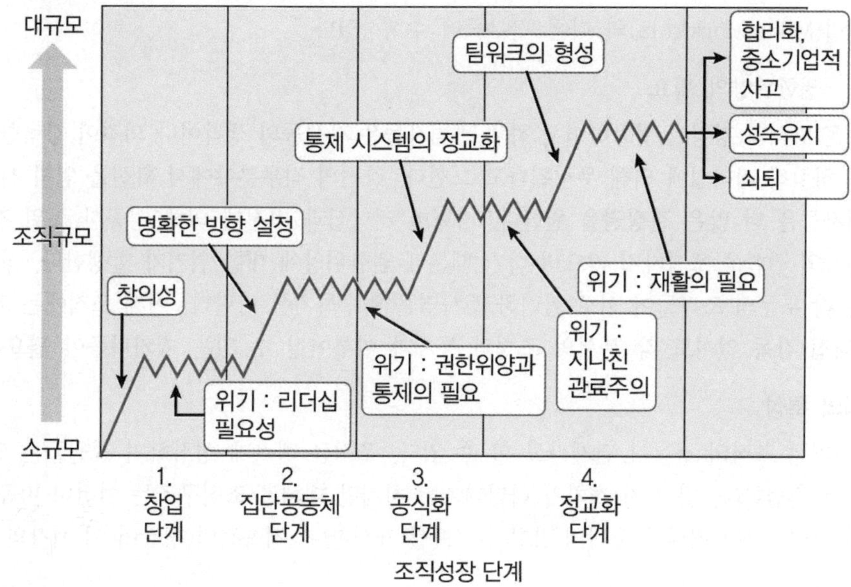

(1) 창업단계(entrepreneurial stage)

1) 의의

기업이 탄생하면 새로운 제품이나 서비스를 개발하여 시장에서 살아남는 것이 중요하다. **혁신적 성향을 지닌 창업자들은 기술적 측면에서 생산과 마케팅 활동에 총력을 기울인다.** 조직구조는 **비공식적**이며 **비관료적**이다. 애플(Apple, 초기의 애플컴퓨터)의 창업단계를 떠올리게 한다.

2) 위기 : 리더십의 요구

조직이 성장하면 종업원 수가 늘어가는데 종업원 수가 증가하면 **관리적인 문제**가 나타난다. 그러나 창의적이고 기술지향적인 기업가들은 관리적 문제보다 신제품이나 새로운 서비스를 개발하고 판매하는 데 더 많은 에너지를 사용한다. 이 위기를 극복하고 **지속적인 성장을 도모하기 위해서는 조직을 체계화**해야 할 뿐 아니라 **이를 수행할 수 있는 역량 있는 경영자를 영입**해야 한다.

3) 조직의 특성

창업 초기의 조직은 **규모가 작고 비관료적**이며 **최고경영자에 의해 모든 경영활동과 통제**가 이루어진다. 조직은 시장요구에 부합된 한 가지 제품이나 서비스를 생산하는 데 에너지를 집중한다.

(2) 집단공동체 단계(collectivity stage)

1) 의의

리더십 위기가 해결되면 **강력한 리더십이 형성**되고 **조직은 분명한 목표와 방향을 가지게 된다.** 집단공동체 단계는 **종업원들이 개인의 목표와 회사의 사명과 목표를 동일시**하고 기업의 성공을 위하여 헌신하는 시기이다. **종업원들은 자신을 집단공동체의 한 부분으로 생각**한다. 몇몇 공식적 시스템이 나타나기 시작하지만 **대부분 비공식 커뮤니케이션과 통제에 의해 운영**된다. 잡스는 CEO로서 또는 미래를 주도하는 지도자로서 남아 있기는 했지만 대부분의 경영에 대한 책임은 마쿨라(Mike Markkula)와 다른 간부들이 수행하였다.

2) 위기 : 권한위양의 필요

새로운 방식의 경영이 성공하면서 **하위 관리자들은 자신들의 생각이나 의견이 강력한 최고경영진의 하향적 리더십에 의해 무시된다고 느낀다. 자신의 직무분야에서 확신을 얻기 시작한 하위 관리자들은 더 많은 결정권을 원한다.** 강력한 리더십과 비전에 의해 성공한 상위 경영자들은 자신들의 권한을 포기하지 않으려 하기 때문에 **권한위양에 대한 위기가 발생**한다. 상위 경영자들은 각 부문의 조직들이 서로 협력하고 사명을 완수하기를 바란다. **이제 조직에는 최고경영층의 직접 감독 없이도 각 부서의 조정과 통제가 이루어질 수 있는 메커니즘이 필요하다.**

3) 조직의 특성

이 시기는 조직의 청년기 단계라고 할 수 있다. 조직은 빠르게 성장하며 직원들은 의욕적으로 임무에 전념한다. 몇 가지 절차가 나타나기는 하지만 **대체로 조직구조는 여전히 비공식적이다.** 강한 카리스마적 리더가 조직의 방향과 목표를 제시한다. 지속적인 성장이 이 시간의 주된 목표이다.

(3) 공식화 단계(Formalization stage)

1) 의의

공식화 단계는 **제도와 규칙, 절차 그리고 통제시스템을 구축하여 활용하는 단계**이다. **의사소통은 줄어들고 공식적인 방식으로 이루어진다.** 엔지니어, 인적자원관리 전문가, 그 밖의 스태프가 추가로 영입된다. 최고경영층은 전략과 계획 문제에 관심을 가지며, 중간 경영자에게 기업의 일상적인 운영활동에 대한 관리를 위임한다. 기능부문 간 조정을 용이하게 하기 위해 제품별 사업팀 또는 다른 형태의 분권화된 조직을 만든다. 관리자들은 점점 증가하는 운영의 복잡성을 관리하기 위한 새로운 시스템을 고안한다.

2) 위기 : 과다한 관료주의

조직이 성장하여 새로운 시스템과 프로그램들이 확산되면 중간관리계층은 압박을 느낀다. 조직은 **관료주의**로 흐르고 중간관리계층은 지원부서들의 간섭에 분노를 느낀다. **혁신이 이루어지지 않으며 기업은 너무 거대하고 복잡해져서 공식적인 프로그램들을 통해 관리하기가 힘들어진다.**

3) 조직의 특성

이 시기의 조직은 중년기에 진입하고 있으며, 서서히 **관료주의적 특징**이 나타나기 시작한다. **스태프 부문을 강화하고 절차를 공식화하며, 계층 조직이 출현하고, 업무 분담이 명확하게 이루어진다.** 제품 라인을 완성하기 위해 보완 제품을 개발한다. 독립적인 연구개발부서를 설치함으로써 혁신을 이루기도 한다. 이 시기의 **주된 목표는 내부 안정화와 시장 확대**이다. 공식적 통제시스템을 갖추고 나면 최고경영진은 상당한 **권한을 위임**한다.

(4) 정교화 단계(elaboration stage)

1) 의의

관료주의 위기에 대한 해결방안은 협동과 팀워크이다. 경영자들은 조직 전반에 걸쳐 조직 구성원들이 함께 문제를 해결하고 일하는 기술들을 개발한다. 애플은 현재 정교화 단계에 있다.

2) 위기 : 재활력화의 필요

조직이 정교화기에 도달한 후에는 일시적인 쇠퇴 기간을 맞게 된다. 관료주의의 팽배로 대응능력이 떨어져 환경 변화와 적절하게 조화를 이루지 못하도록 퇴보한 조직은, **혁신이나 구조조정을 하지 않으면 안 될 시기에 직면**하게 된다. 애플은 이 시기에 최고경영자를 여러 번 교체하였다. 1997년 스티브 잡스는 자신이 35년 전 설립했던 회사를 재건하기 위해 복귀했다. 잡스는 신속하게 회사를 재조직하여 비능률을 제거하고 고객이 원하는 혁신적인 제품을 만드는 것에 집중했다. 아이팟(iPod) 음악시스템과 아이폰(iPhone)으로 전환시키면서 애플에 기업가정신이 다시 도입되었다는 사실이다.

3) 조직의 특성

이 단계에 도달한 조직은 **방대한 통제시스템과 규칙, 절차를 가지고 있는 대규모 관료제 조직**이 된다. 조직 경영자는 **관료화가 더 심해지는 것을 막기 위해 조직 내에 팀을 만든다.** 최고경영자의 관심은 완벽한 조직을 만드는 데 있다. 조직의 지위와 명성이 매우 중요한 부분으로 여겨진다. 혁신은 R&D부서를 통해서 제도화된다. 경영진이 관료제를 견제하고 간소화하려 할 수도 있다.

(5) 수명주기별 조직의 특성

특징	1. 창업 단계	2. 집단공동체 단계	3. 공식화 단계	4. 정교화 단계
	비관료적	준관료적	관료적	초관료적
구조	비공식적, 1인 체제	대체로 비공식적, 부분적 절차	공식적 절차, 분업화, 전문가 영입	관료제 내의 팀 운영, 소규모 기업식 사고
제품 또는 서비스	단일 제품 또는 서비스	소수의 주요 제품 또는 서비스	제품 라인 또는 서비스 라인	복수의 제품 라인, 또는 서비스 라인
보상과 통제시스템	개인적, 온정적	개인적, 성공에 대한 공헌	비개인적, 공식화된 시스템	포괄적, 제품과 부서의 목적에 맞춤
혁신의 주체	창업주	종업원과 관리자	독립적인 혁신집단	제도화된 R&D
목표	생존	성장	내부 안정, 시장 확대	명성, 완전한 조직
최고경영자 관리 스타일	개인주의적, 기업가적	카리스마적, 방향제시	통제를 바탕으로 한 위임	팀 접근적, 관료화 타파

(6) 경쟁가치 모형과의 비교

경쟁 가치 모형	조직수명주기
개방 체계 모형	창업 단계, 정교화 단계
내부 과정 모형, 합리적 목표모형	공식화 단계
인간 관계 모형	집단 공동체 단계

2 Mintzberg : 다원적 모형

(1) 등장배경

실제 조직의 성장과정은 Quinn과 Cameron의 4단계보다 훨씬 복잡하며 어떤 의미에서는 조직 성장의 현실을 제대로 반영하지 못할 수 있다. 왜냐하면 그들이 제시한 모형은 어디까지나 복잡 다양한 현실을 지극히 단순화시킨 이론이기 때문이다. 따라서 조직성장의 현실을 보다 구체적으로 기술하고 설명하여 처방을 내리기 위한 모형이 제시되어야 할 것이다. 이러한 관점에서 **Mintzberg의 조직성장경로 모형은 조직이 성장하는 과정에서 요구되는 조직설계의 특징과 방향을 다원적인 시각에서 조명**한다.

(2) 조직구조 전환의 두 가지 유형

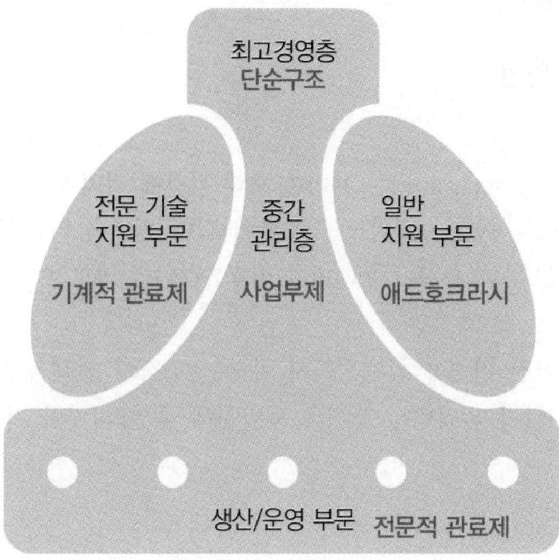

1) **단순한 환경 : 단순 → 기계적 관료제 → 사업부제 → 기계적 관료제 or 애드호크라시**

단순한 환경에서는 단순구조와 유사하게 시작되지만 시간이 흐를수록 외부 통제하에 있을수록, **안정이 요구**될수록, 그리고 어느 정도 규제된 기술시스템이 필요할수록, 조직의 행동을 공식화하려 하고 결국에는 **기계적 관료제 구조로 첫 번째 변환**을 하게 된다. 이 조직이 수직적인 통합과 나아가서 **제품다각화**를 통하여 계속해서 성장할 때 조직은 **사업부제 구조로의 두 번째 구조적 전환**을 하게 된다. 여기서 사업부 간 제품이 관련되어 상호의존성이 증가함에 따라 조직은 **합병 · 통합되어 기계적 관료제 구조**로 다시 돌아가거나 **혁신구조의 형태로 나아가는 새로운 혼합형 구조를 형성**하기도 한다.

2) **복잡한 환경 : 애드호크라시 → 기계적 or 전문적 관료제**

애드호크라시 구조로 시작해서 점차 보수적으로 되는 유형이다. 안정성을 추구하는 와중에 조직은 점차 관료제 구조로의 전환을 시작하는 것이다. 어떤 조직은 **몇몇 상황에 치중한 나머지 그 분야를 특화시키는 전문적 관료제 구조**로 되기도 한다. 어떤 조직에서는 **하나의 상황에 초점을 맞추어 기계적 관료제 구조로 전환**되기도 한다.

제 6 절 조직의 쇠퇴

1 조직쇠퇴의 의의와 원인

(1) 의의

조직 쇠퇴(organizational decline)라는 용어는 **오랜 기간에 걸쳐 나타나는 절대적이고 상당한 조직 자원 기반의 감소**를 의미한다. 일반적인 조직 쇠퇴의 원인은 다음의 3가지를 들 수 있다.

- **조직 퇴화 : 퇴화(atrophy)**는 조직이 오래되고 비효율적이며 과도하게 관료화되고 긴장감을 잃게 될 때 발생한다.
- **취약성** : 취약성은 주어진 환경에서 번성하지 못하는 조직의 전략적 무능을 반영한다.
- **환경의 쇠퇴와 경쟁** : 환경의 쇠퇴는 조직을 뒷받침해 줄 에너지와 자원이 감소됨을 의미한다.

(2) 원인

1) 조직의 구조와 문화

경직화된 조직구조는 특정 부서에 편중되고 조직의 전체적인 전략이 특정 부서의 이익과 관심에만 집중되기도 한다. 조직의 커뮤니케이션 네트워크나 정보체계가 잘못되어 있다면 원활한 정보소통이 가로막히게 되고 경영진이나 각 부서가 편중된 정보를 토대로 의사결정을 한다면 그 조직은 실수를 연발할 것이다. 이처럼 조직의 잘못된 권력구조가 조직쇠퇴의 원인이 된다.

한편 오랫동안 성공을 해오다 보면 **과거의 성공습관에 젖게 되고 주변 환경이 변하더라도 좀처럼 습관을 바꾸려고 하지 않는다.** 이를 조직의 **타성**(inertia)이라고 하는데 조직의 이러한 타성적 문화와 관습은 조직규모의 지나친 확대와 관리층의 증가를 가져와서 실무자들의 **융통성과 창의성을 가로막는다.** 또한 **환경변화에 신속히 적응하는 것을 저해한다.**

2) 환경 부적응

오늘날 대부분의 조직은 개방시스템으로서 외부 환경에서 자원을 투입하고 산출물로 외부의 수요를 충족시키면서 영위해 가는데, **조직으로 투입되던 자원이 갑자기 감소**한다든지 **조직의 산출물에 대한 수요가 감소**하면 그런 조직은 당연히 존재의 필요성을 상실한다.

환경은 조직에게 생존과 성장의 기회(opportunity)를 주기도 하지만 동시에 성장을 제약하거나 위협(threat)하는 요인이 되기도 한다. 그러므로 고객의 기호나 시장이 바뀌면 조직은 이에 맞추어야 한다.

3) 경쟁의 심화

기업조직들이 쇠퇴하는 큰 이유 중 하나는 **동일업계의 경쟁이 심해져서 여기에서 낙오되는 기업이 생기기 때문**이다. 개인이나 조직이나 똑같은 자원과 환경을 가지고도 경쟁전략에서 뒤지면 쇠퇴하기 마련이며 똑같은 경영으로 성공해 왔더라도 갑자기 외부에서 경쟁의 강도가 강해지면 조직은 쇠퇴한다. 발전이 없으면 그것이 곧 퇴보라는 말은 이를 두고 하는 말이다.

4) 취약성과 규모의 경제

조직이 자원이 부족하거나 변화에 대처할 능력이 부족하거나 인재가 부족해도 살아남기 힘들다. 예를 들어 중소기업들은 대기업에 비해서 시장정보의 수집이나 환경 변화에 대한 대처전략에서 취약하기 마련인데 결국 이를 이겨내지 못하고 쇠퇴하는 경우를 많이 본다. 또한 갓 태어난 조직은 경륜이나 노하우가 부족해서 취약성은 더 크다. 좀 더 시간이 흘러서 노하우와 기반을 다져 나간다면 쇠퇴의 위험은 그만큼 줄어들 것이다.

한편 조직이 경쟁에서 우위를 확보하려면 규모가 커야 하는 것이 보통이다. **즉, 조직세계에도 규모의 경제(economy of scale)가 적용된다. 그러나 무모한 규모 확장과 맹목적인 다각화는 쇠퇴를 부르기도 한다.** 미국의 크라이슬러사와 독일의 다임러벤츠사의 합병은 처음부터 조화를 예측하기 어려운 것이었다. 무분별한 확장과 탐욕스런 다각화는 조직을 침체로 유도하기 쉽다.

5) 경영진과 CEO

환경의 압력을 잘못 인식하다가 대응이 늦으면 조직은 타격을 받는다. 영업 출신의 CEO가 기술개발에의 투자를 무시하며 신제품 개발을 등한시하거나 기술자 출신의 CEO가 고객관계에 무관심하다가 낭패를 당하는 경우가 그것이다.

한편 자수성가한 최고경영자는 과거 자신의 성공방식만을 과신하고 주변인의 충고나 반대의견에 귀를 기울이려 하지 않는다. 결국 그 주변에는 예스맨만 포진하게 되고 조직의 분위기는 획일적이고 경직적이며 반대나 예외를 인정하지 않는 단순조직으로 변한다. 반성과 혁신은 불가능하게 된다. 결국 경영자의 과거 경험과 성격, 그의 가치관과 능력, 그리고 리더십 스타일과 인격까지도 조직흥망에 직접적 영향을 미친다.

2 조직쇠퇴의 단계

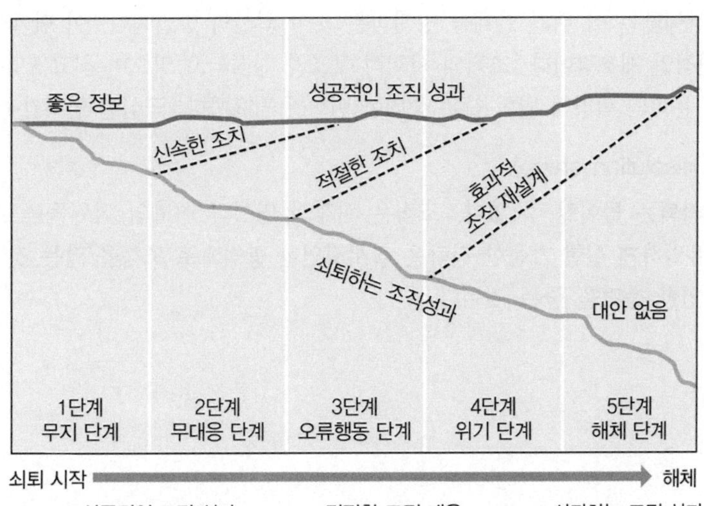

1) 무지 단계(Blinded stage)

쇠퇴의 첫 번째 단계는 무지 단계로, **조직의 장기적 생존을 위협하는 내・외부의 변화**가 있고 조직은 여기에 신중하게 접근할 필요가 있다. 과도하게 많은 임원이나 번잡한 절차 또는 고객과의 잦은 충돌과 같은 문제들이 이 시기에 상존한다. 경영자는 이 시기에 나타나는 **쇠퇴 신호를 놓치는 경향**이 있다. **이에 대한 해결책은 조기경보 체제를 구축하는 것**이다. **시기적절한 조기경보**와 **이에 대한 조치로 조직을 다시 본 궤도에 올려놓을 수 있는 시기**이기도 하다.

2) 무대응 단계(Inaction stage)

쇠퇴의 두 번째 단계는 **각종 성과 악화라는 경고에도 이를 부인하며 나타나는 무대응 단계**이다. 경영자는 직원과 주주들에게 **모든 것이 잘 되고 있다고 설득**하려 한다. 어떤 경우에는 **분식회계로 성과 문제를 은폐**하기도 한다. 이 단계의 해결책은 **쇠퇴 가능성을 인정하고 조직을 재활성화하기 위한 신속한 조치를 취하는 것**이다. 새로운 문제해결 접근법, 참여 의사결정의 확대, 무엇이 잘못되었는지 파악하려는 노력을 확산시킬 수 있는 리더십이 필요한 시기이다.

3) 오류 행동 단계(Faulty action stage)

세 번째 단계에서는 조직이 심각한 문제를 겪게 되고 저조한 성과지표들을 무시할 수 없게 된다. 이 단계에서 쇠퇴의 소용돌이를 조절하지 못하면 조직의 실패로 이어진다. 이러한 심각한 상황으로 인해 리더들은 중대한 변화를 고려하게 된다. **사원 감축을 포함한 긴축 조치가 취해질 수 있다. 리더들은 가치를 명확히 하고 정보를 제공함으로써 구성원들의 불확실성을 줄여나가야 한다.** 이 단계에서의 중대한 실수는 조직의 회생 기회를 감소시킨다.

4) 위기 단계(Crisis stage)

네 번째 단계에서 조직은 여전히 쇠퇴에 효과적으로 대처하지 못하며 **공황상태**에 놓여 있다. 조직은 혼란을 겪을 것이며 기본으로 돌아가려는 노력, 급격한 변화, 그리고 분노를 경험할 것이다. 경영자에게는 이 위기 단계를 방지하는 것이 최선의 방법이다. **이 단계에서의 유일한 해결책은 전면적인 재조직이다.** 조직의 사회적 구조가 침식되고 있으며 최고경영자의 교체나 조직구조, 전략, 문화의 혁명적 변화 같은 중대한 변화가 필요하다. **극심한 인력감축이 있을 수 있다.**

5) 해체 단계(Dissolution stage)

이 단계의 쇠퇴는 돌이킬 수 없다. 조직은 시장의 명성과 최고의 직원들을 모두 잃고 자본이 고갈된다. **유일하게 실현 가능한 전략은 질서정연한 방법으로 조직을 닫는 것**이며 **직원들의 직장 상실로 인한 충격을 줄는 것**이다.

3 조직쇠퇴의 유형과 극복방안

(1) 조직쇠퇴의 유형

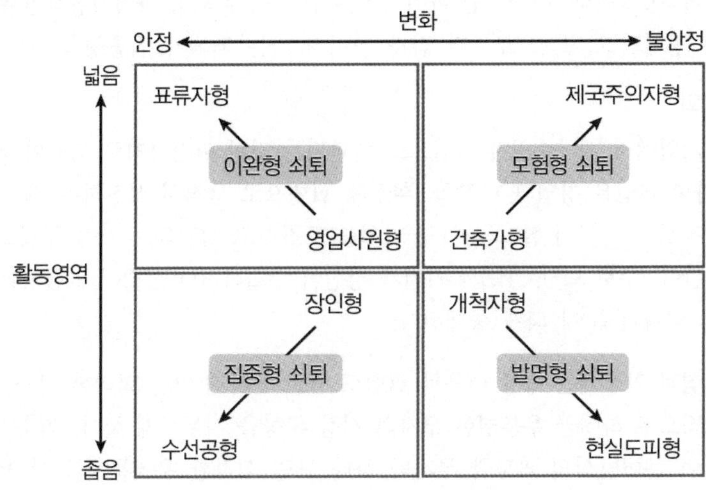

1) 집중형 쇠퇴

조직이 **장인(craft man)기업에서 일개 수선공으로 몰락한다고 비유될 수 있는 단계**이다. 장인기업은 장인정신이 투철하여 제품의 내구성이나 성능을 기업의 모토로 삼고 **가장 완벽한 제품을 추구**한다. 혹은 생산과정의 효율화와 기술혁신으로 제품원가를 계속 낮추어서 **최소의 비용으로 제품을 시장에 내어 놓는다. 생산공정의 효율화와 원가절감을 계속 강조**하다 보면 영업이나 재무보다 오직 **제조기술 부문에만 온 힘을 집중하게 되고 제조기술의 효율화만을 강조**하여 회사의 구석구석까지 기술중시 문화가 침투하여 고착화된다.

그러나 이처럼 치밀하고 완벽한 제조과정이나 생산원가절감에만 집중하다 보면 고객의 수요수준을 넘어 과다한 성능을 가진 제품이 생산되거나 **기술적으로 너무 앞선 신제품이 시장에 나오게 된다.** 결국 기술부서 위주로 자기들의 흥에 도취되어 고도의 기술연구만 하다가 **고객이 외면**하게 된다.

결론적으로 집중형 쇠퇴란 장인기업형으로만 계속 가다가 결국에는 **기존의 제품을 수선이나 해주는 수선공기업으로 전락하고 마는 경우를 의미**한다. 장인기업은 최초의 기술과 전문성으로 성장하지만 자신들의 기능과 재주에만 편협하게 집중화되어 그것이 무가치하게 될 때까지 계속 사용하다가 경쟁사와 고객이 무엇을 원하는지 무관심하게 된다. **장인이 자기가 만든 제품에만 애착을 가지고 새로운 형태의 것은 안 만들고 옛 제품을 수선이나 하는 수선공형 기업으로 쇠퇴한다는 것이다.** 밖은 내다보지 않고 자기 기술에 도취되어 시장에 걸맞지 않는 제품을 출시하여 기업을 망하게 한다.

또는 회사가 오직 **원가절감 운동에만 집중**하다가 낭패를 보는 경우도 있다. 이는 사원의 정신까지도 지배하여 감히 **다른 혁신은 생각할 엄두를 못 낸다.** 자연히 기업은 관료화되고 고객가치가 무엇인지는 관심이 없고 오직 원가절감에만 몰두한다. **과거의 성공했던 전략과 기술에만 매달려**

조직은 무기력과 복지부동에 젖은 채 보수화된다. 결국 경영진과 구성원 모두 **극도의 절약을 추구하면서 완전한 품질혁신은 못하고 현상유지 내지는 수선만 하다가 시대에 뒤떨어지는 수선공형 기업이 되고 만다.** 창의적인 아이디어는 뒤로 숨게 되고 **과거지향적인 관료적 통제로 인하여 혁신이 정체**되고 고객으로부터 점차 멀어져 가는 쇠퇴가 집중형 쇠퇴이다.

2) 모험형 쇠퇴

건축가형 기업에서 제국주의자 기업으로 변환되는 것과 마찬가지로 기업이 쇠퇴하는 것을 말한다. **건축가형 기업**은 **창업과 다각화, 확장과 합병으로 급격히 성장하는 기업**이다. 이 기업들의 장점은 경쟁사들보다 더 빨리 사업의 기회를 포착하고 약간의 위험을 무릅쓰고라도 **새 사업을 확장**해 나간다. 주로 회사 CEO의 기업가 정신이 투철하거나 성격이 모험적이고 야심에 차 있을 때 기업의 외형이 눈에 띄게 증대된다.

그러나 **모험과 확장에는 항상 비용과 위험도 따르기 마련**이다. 화려한 성공은 자만심과 탐욕을 키우고 조직으로 하여금 **무분별한 투자와 시장 확장**을 서두르게 한다. **익숙하지 않은 부실기업을 인수하여 문어발식의 과도한 투자를 하다 보면 심각한 운영문제를 야기**할 것이다. 앞에서 수선공형 기업이 너무 한 곳에만 집중하고 혁신을 멀리하다가 고객으로부터 멀어지면서 쇠퇴한다면 제국주의형 기업은 그 반대로 지나치게 확장하고 무작정 신사업을 벌이다가 **과중한 부담에 못 이겨 쇠퇴하게 되는 경우**이다.

3) 발명형 쇠퇴

개척가형에서 현실도피자로 몰락하는 단계로 비유될 수 있다. 발명에만 도취되어 이에 몰두하느라 재산과 인생을 모두 바치다가 기력이 다하여 쇠약해지는 한 인간의 모습에 비유되는 조직의 쇠퇴를 일컫는다. **실용성이나 현실성이 없는 새로운 기계를 발명하다가 소비자에게 외면당한다.**

물론 개척자형 조직의 처음 목표는 매우 바람직하여 제품과 기술면에서 그 분야 최고가 되자는 비전을 가지고 출발한다. 구성원들의 성향도 혁신 지향적이며 또한 자질도 풍부하기 때문에 신시장 개척이나 신기술의 발명에 박차를 가할 것이다. 이러한 조직은 처음에는 관료제적 분위기가 약하고 창의적인 사람이 빛을 보며 유기적인 조직구조하에서 유연한 협동과 커뮤니케이션이 이루어져서 바람직한 분위기로 진행된다.

그러나 이것이 지나치면 걷잡을 수 없이 혁신을 위한 혁신이 반복되다가 완전히 소비자 수준보다 수백 킬로미터를 앞지르게 된다. 조직은 연구개발팀 중심으로 운영되고 관료제 분위기는 전혀 없고 창의적인 전문가가 조직을 뒤흔든다. 경영진마저 **최고와 혁신을 외치면 조직은 순식간에 자기도취형의 아주 값비싼 산출물들을 쏟아 내지만 고객이 사용하기에는 너무 비싸고 고급이라서 외면당하고 만다.** 이러한 기업들은 너무 비현실적 제품 개발에 지나친 비용을 투자하면서 자신들의 자본조달능력까지 무시하는 결과를 가져온다.

결국 개척자형 기업이었을 때의 유연하고 혁신적인 바람직한 조직문화는 과학자나 연구 개발자 중심의 몽상가적 조직으로 변하여 **현실과 동떨어지면서 쇠퇴의 길을 걷게 되는 것이다.**

4) 이완형 쇠퇴

영업사원형에서 표류자형으로 몰락하는 것이 비유될 수 있다. 이완형 쇠퇴는 영업에만 몰두하는 것으로 **영업사원형 기업은 고객 중심을 외치면서 대단한 유통망과 판매전략을 시장 확대에 주력하는 기업이다.** 더 많은 고객의 더 많은 욕구를 충족시켜 주려고 매우 다양한 상품과 서비스를 시장에 내어 놓으며 광고와 홍보에도 주력하며 포장과 배달에도 막대한 비용을 투자한다.

그러다가 지나치게 되면 제품의 내용보다 겉 포장과 이미지만 강조하여 고객을 현혹시키기까지 할 수 있다. 고객의 실제 욕구를 충족시키기보다 자신들의 시장 침투 실력만 믿고 아무 상품이나 팔 수 있다고 착각하게 되어 **문어발식의 제품 종류의 확대와 점포의 확대를 쉬지 않고 계속하다가 방향을 잃고 표류하게 된다.** 이러한 **표류자형 기업은 무질서한 팽창으로 조직의 구조나 질서가 혼돈스럽고 경영자는 지나치게 방대한 조직을 통제할 수 없게 된다.** 널리 분포되어 있는 각 부문의 지점들끼리 서로 간 경쟁과 지역 분할 싸움으로 전체적인 조정과 통제는 불가능하기에 이른다. **결국 회사는 중앙의 강력한 리더십을 상실하고 구심점 없이 운영되는 표류자형의 기업으로 쇠퇴하고 만다.**

(2) 조직쇠퇴의 극복방안

1) 집중형 쇠퇴의 극복

최고경영자가 주변의 사람들로부터 **다양한 의견을 경청**해야 한다. 광범위한 의견수렴뿐 아니라 도외시된 부문이 어디 있는지를 항상 유의하고 각계각층에 의견 제시의 기회를 균등하게 배분해야 한다. **관료적인 통제방식을 지양하고 어느 정도 권한을 위임하며 예외와 유연성을 강조하는 분위기로 유도**할 필요가 있다. 전제적 리더십이 강한 수선공형 관리 형태를 바꾸어 민주적이고 상호작용적 상하관계를 마련하여 아랫사람의 처지와 의견을 포용하는 노력이 따라야 한다.

원가절감을 강조하다 보면 고객이 외면하는 싸구려 제품이 출시되기도 하는데 원가와 품질 모두 유지하면서 소비자에게 접근하는 **양면 전략**을 펴야 하며 한쪽에만 지나치게 편중하려는 경향은 없는지 항상 주의해야 한다. 또한 수선공형 기업은 판매나 영업을 소홀히 하는 경향이 있는데 **고객과의 창구를 항상 열어 놓고 마케팅 부서의 권한을 증대시켜 주는 전략이 필요**하다.

2) 모험형 쇠퇴의 극복

급격한 팽창과 합병에 주력하던 경영전략을 과감하게 바꾸어 전망이 약한 사업을 정리하고 핵심사업에만 전력으로 실주하는 전환이 필요할 것이다. 이익이 나더라도 경영능력에 무리가 따른다면 과감하게 매각하여 거기서 나오는 자본으로 핵심 사업을 더욱 키우는 것이 제국주의형 기업을 탈피하는 지름길이다. 그동안에는 재무팀에 역점을 두어 회사를 운영했지만 이제부터는 신제품의 개발을 돕거나 생산부서의 확충과 여타 부문에 대한 권한 위양도 가시적으로 실천하는 것이 필요하다.

PART 04

3) 발명형 쇠퇴의 극복

연구개발부서가 소비자와는 동떨어진 무모한 기술혁신만을 추구하는 **현실도피주의자형의 조직이 되지 않기 위해서는 세계 최고의 일등제품이나 기술우위만을 강조하지 말고 고객 관계 중시와 시장 중심의 전략을 병행해 나가야 한다.** 권한 배분도 과학자가 기술자에게뿐만 아니라 영업·회계·재무 담당자들에게도 동등하게 주어져야 한다. **판매부서와 긴밀한 의사소통**이 있어야 하며 **외부 환경 변화에 병행하는 전략을 추구해야 한다.**

조직 전체 목표와 고객욕구를 완전히 파악한 다음에 이를 토대로 제품의 개발과 생산이 설계되어야 한다.

4) 이완형 쇠퇴의 극복

조직이 리더십의 구심점을 잃고 표류자형 기업으로 전락하지 않기 위해서는 제품이나 시장 확대에 지나친 정력을 쏟는 것은 금물이다. 경영진이 통제하기 어려운 정도까지 지점망을 확대했거나 제품이 너무 다양하여 통일된 판매전략을 수립하기 어려우면 경영의 효율화를 꾀하기 어려워진다. 부득이 **판매점의 수가 증대되면 본사에서는 상호 연결망을 구축하여 정보교환과 공생전략으로 타 경쟁사와 경쟁하도록 유도해야 한다.** 또는 지역별로 제품별로 혹은 고객유형별로 나누어 각 부문에 맞는 다양한 리더십에 의한 관리전략도 필요하다.

시장 확대에만 치우친 경영의 결과로 기업이 표류하지 않기 위해서는 당연히 **제품개발과 생산분야에 동일한 관심과 투자를 하는 정책적 배려가 있어야 하며 품질개선에 앞장서야 한다.** 넓은 시장을 차지하고 있는 만큼 유형별로 고객의 욕구 파악을 더욱 정확히 하면서 변화하는 소비자 욕구를 적시에 맞추어 주는 제품 개발을 게을리해서는 안 될 것이다. 기업이 시장 확대에만 주력하면 제품이 구식인지 비경제적인지 모르고 지낼 때가 많지만 **항상 생산공정을 관찰하면서 개발된 제품이 확대되는 시장의 고객들이 원하는 것인지 주의 깊게 살펴야 한다.**

(3) 조직에의 시사점 : D. Miller 교수의 '이카로스 패러독스'

이카로스는 그리스 신화에 나오는 신으로 그의 아버지 다이달로스가 밀랍으로 만들어 준 날개를 달고 한없이 날아오르다가 태양 가까이 다가가서는 밀랍이 녹아 버리는 바람에 에게해 바다로 떨어져 죽었다. 이카로스 이야기는 **성공이 실패의 어머니가 될 수 있다는 메시지**를 준다.

이를 기업에 대입하면 **기업이 성장 단계에 따라서 변신을 해야 되는 것이 아니고 항상 성공을 경계해야 한다고 주장**하였다. 성공한 경영자가 권력을 잡고 있는 기간이 길어질수록 조직은 경영자를 중심으로 폐쇄적이고 고착화된 사고방식으로 하나의 목표와 하나의 전략만을 추구하다가 약간의 환경변화만 있어도 적응하지 못하고 곧바로 소멸되는 단세포조직으로 변한다.

(4) Quinn과 Cameron의 조직수명주기와 Miller의 조직쇠퇴

1) 집중형 쇠퇴(집단공동체단계)

	장인형 기업	수선공형 기업
전략	품질 혹은 원가주도형	기술적 수선공형
목표	품질 혹은 원가	완벽주의
문화	공학적	기술관료주의적
조직구조	집권화	초집권화

2) 모험형 쇠퇴(공식화단계)

	건축가형 기업	제국주의자형 기업
전략	팽창	극단적 팽창
목표	성장	웅장한 규모
문화	기업가 정신	사냥꾼 정신
조직구조	사업부제	산산이 분해된 조직구조

3) 발명형 쇠퇴(창업단계)

	개척자형 기업	현실도피주의자형 기업
전략	기술혁신	고기술 추구 현실도피주의
목표	사회를 위한 과학	기술지상주의
문화	R&D	두뇌집단중심
조직구조	유기적 구조	혼란스러운 구조

4) 이완형 쇠퇴(정교화 단계)

	영업사원형 기업	표류자형 기업
전략	현란한 판매기법	무분별한 제품 생산
목표	시장점유율	분기별 목표수치
문화	조직일체형 문화	정치적 문화
조직구조	분권화된 관료제	과도한 관료제

4 조직쇠퇴에 대한 관리적 대응

(1) 갈등의 증가

관리자는 조직의 쇠퇴기간에 자신의 갈등관리기술을 실제로 시험해 볼 기회를 갖게 된다. 조직쇠퇴와 관련된 갈등은 항상 역기능을 수반하는 부정적인 요소는 아니다. 만약 조직쇠퇴 상황에서 조직 내 갈등이 적절하게 관리만 된다면 오히려 조직쇠퇴를 지연시키거나 해소시킬 수 있는 기제로 작용할 수 있다. **갈등에서 벗어나기 위해서는 많은 변화가 실현되는데 그 같은 변화는 조직을 재활시킬 수가 있다. 새로운 활동영역의 선택, 신제품이나 서비스의 창출, 원가절감의 조치 등은 위축되고 있는 조직을 보다 능률적이고 활기차게 만들 수 있다.**

(2) 변화에 대한 저항의 증가

쇠퇴국면의 초기에 변화에 저항하는 주된 세력을 성장으로부터 가장 혜택을 받았던 기득이권을 가진 사람들이다. 그들의 권력기반이 도전을 받기 때문에 그들은 성장과 관련된 정책을 계속해서 밀고 나아가려고 한다. 따라서 **기득이권을 가진 이들을 권력위치에서 끌어내리는 것이 필요하고 그들 대신에 상이한 일련의 기득이권을 가진 새로운 리더들로 대치시키는 것이 필요**하다.

(3) 이직률의 증가

조직의 쇠퇴와 함께 나타나는 주요 잠재적인 문제점은 유능하고 가치 있는 종업원들을 계속 조직에 남아 있도록 하는 문제이다. **최고경영자는 장기적인 쇠퇴를 예방하고 느리게 진행되고 있는 쇠퇴가 가속화되어 급진적인 하강국면으로 떨어지는 것을 방지하려면 야망에 찬 조직구성원들에게 유인을 제공해야 한다.**

(4) 종업원의 동기유발 및 사기의 감퇴

쇠퇴기에는 일시해고, 직무의 재할당, 그리고 이와 비슷한 스트레스를 유발시키는 변화 등이 나타난다. 고도의 불확실성이 있는 상황에서 종업원들이 계속 동기화된다는 것은 기대하기 매우 어려운 일이다. 그러므로 **조직이 장기적인 쇠퇴를 겪고 있을 때 관리자들은 침체와 불안 및 스트레스의 특성을 나타내고 있는 조직풍토를 개선하기 위해 자신들의 역할을 효과적으로 수행해야 할 도전을** 받게 된다.

CHAPTER PART 04 조직차원

08 | 세계화

제1절 글로벌 확장의 동기

일반적으로 기업의 국제적 확장을 촉진하는 요인으로, **규모의 경제, 범위의 경제, 저렴한 생산 요소**라는 세 가지를 들 수 있다. 기업은 항상 더 큰 효과와 효율을 추구하는데, 글로벌 시장으로서의 확장은 이러한 목표를 달성하기 위한 유력한 방법 중 하나다.

1 규모의 경제

글로벌 기업이 되면 조직 운영 **규모의 확대를 통해 규모의 경제**(economies of scale)**를 달성**할 수 있다. 대기업화 성향은 산업혁명에서 비롯되었다. 산업혁명이 가져다 준 새로운 기술과 생산방식을 통해 기업들은 규모의 경제를 이해하기 시작하였다. 대량생산이 가능해지면서 기업들은 단위생산비용을 최소화할 수 있었다.

2 범위의 경제

범위의 경제(economies of scope)에서 범위란 **한 기업이 활동하는 지역, 국가, 시장의 수와 종류뿐 아니라 한 기업이 제공하는 제품과 서비스의 수와 종류를 의미**한다. 여러 국가에 진출한 기업은 소수의 국가에만 진출한 기업보다 마케팅 파워와 시너지 측면에서 큰 효과를 누릴 수 있다.

3 저렴한 생산 요소

글로벌 확장의 세 번째 동기는 생산 요소(factors of production)와 관련이 있다. 일찍부터 기업 해외투자의 주요 동기로서 **저렴한 가격으로 원자재와 기타 자원을 획득**하는 것을 들 수 있다.

제 2 절 국제화 발전 단계

구분	1. 국내기업 단계	2. 국제기업 단계	3. 다국적 기업 단계	4. 글로벌기업 단계
전향적 지향	국내 중심	수출 중심의 다국가적	다국적	글로벌
발전 단계	초기 해외시장 진입	해외시장에서의 경쟁적 입지	폭발적 성장	글로벌
조직구조	국내시장 중심 구조 + 수출부서	국내시장 중심 구조 + 국제사업부	세계적이며 지역적 특성을 지닌 제품	매트릭스, 초국가적 구조
시장 잠재력	보통, 대부분 국내시장	큼, 복수 해외시장	매우 큼, 다국적	전 세계

1 국내기업 단계

첫 번째 단계는 국내기업 단계(domestic stage)이다. 기업은 국내시장에 초점을 두고 있다. 그러나 글로벌 환경을 인지하고 있으며 생산규모를 확대하거나 규모의 경제를 실현하기 위해 **해외시장으로서의 진출을 고려**하기도 한다. 시장 잠재력은 제한적이며 주로 국내시장에 초점을 둔다. 국내시장을 위한 기업구조를 가지고 있으며, 전형적으로 기능별 혹은 사업부 조직 행태를 가진다. **해외 판매는 주로 수출부서를 통해서 이루어진다.**

2 국제기업 단계

두 번째 단계는 국제기업 단계(international stage)이다. 해외수출이 늘어나면서 다국가적으로 생각하기 시작하는 시기이다. 다국가적(multidomestic)이라는 말은 **해외에 여러 개의 시장을 가지는 것**을 말한다. 하지만 아직 이들 시장이 상호 연결되어 있지는 못하는 상태이다. 이 단계에 이르면 **기업 내 수출부서는 국제사업부로 대체**되며 **판매, 서비스, 해외물류를 위한 전문가 등이 고용되기 시작**한다. 복수의 국가가 독립된 하나의 잠재시장으로 인식되는 단계이다.

3 다국적 기업 단계

세 번째 단계는 다국적 기업 단계(multinational stage)이다. **여러 해외시장에서 폭넓은 경험을 가지면서 마케팅, 제조, 연구개발이 해외 여러 국가에서 수행되는 단계**이다. 해외시장에서의 판매가 대단히 큰 비중을 차지하는 시기이다.

4 글로벌 기업 단계

네 번째이자 국제화의 최종 단계는 글로벌 기업 단계(global stage)이다. 기업이 한 국가를 초월하는 단계이다. 사업은 단순히 국내 산업들의 집합을 넘어서 **전 세계의 자회사들이 서로 연계**되기 시작하는 단계이다. 진정한 글로벌 기업(global companies)은 더 이상 기업이 어느 한 국가에 속하는 것이 아닌

국적 없는 기업(stateless corporation)으로 진입하는 것이 특징이다. **글로벌 기업은 말 그대로 글로벌하게 운영되며, 전 세계가 이들 기업의 무대이다.**

5 문화지능의 필요성

기업의 국제화에 따라 경영자와 종업원들은 문화지능(cultural intelligence)이 필요해진다. **문화지능이란 추론과 관찰을 통해 낯선 제스처나 상황을 해석하고 적절한 행동 반응을 고안하는 능력을 말한다.** 문화지능은 개인이 새롭게 당면한 상황에서 상대의 의도를 이해하고 문화적으로 적합한 방식으로 대응하도록 해준다.

제 3 절 글로벌 설계에 따르는 도전

1 높아진 복잡성과 차별화

국제시장에 진입할 때 조직은 국내시장에서 경험하지 못한 높은 수준의 내적, 외적 복잡성을 경험한다. 따라서 경제발전, 언어, 정치시스템, 정부규제, 문화와 가치, 수송 및 커뮤니케이션 시설 등과 같은 인프라 구조가 다른 여러 나라에서 운영될 수 있는 조직구조를 설계해야만 한다.

환경의 복잡성과 불확실성이 증가함에 따라 조직은 이에 대응할 수 있는 전문 직위, 부서나 부문을 설치함으로써 차별화 정도가 높아진다. 즉, 최고경영진은 **여러 나라의 정부, 법률, 회계규정 문제를 처리할 수 있는 전문부서를 설치**한다.

다양한 법과 규제를 다루기 위한 부서들뿐만 아니라, 외부환경을 효과적으로 감지하고 반응하기 위해 더 많은 경계 부서들이 필요하다. 글로벌 기업들은 대체로 엔지니어링, 설계, 제조, 마케팅, 판매 등과 같은 기능을 전 세계에 분산하여 운영한다.

2 높아진 통합의 중요성

조직이 보다 차별화된다는 것은 결국 다양한 제품, 부문, 부서, 직위가 여러 나라에 흩어져 있다는 것을 의미하고, 결과적으로 경영자들은 경계 조직을 어떻게 통합할 것인가라는 커다란 문제에 봉착하게 된다. 모든 글로벌 조직은 적시 적소에 올바른 방법으로 다양한 부문들의 협력을 이끌어 내야하는 어려운 도전과제에 직면하고 있다.

3 지식과 혁신 이전의 어려움

국제기업이 당면하고 있는 세 번째 과제는 국제시장에서 학습을 통해서 **글로벌 지식을 창출하고 활용**하는 것이다. 일부 전문가들은 **급진적인 혁신이 중국과 인도와 같은 개발도상국의 기업들로부터 오는 비중이 높다고 믿는다.** 혁신에 관한 전통적인 관점은 주로 선진국에서 덜 개발된 다른 지역으로 혁신이 이전되는 것이지만 **트리클업(trickle-up) 혁신과 역혁신(reverse innovation)**에서 말하는 새로운 관점은 기업들이 국제기업들 간의 공유를 촉진하는 메커니즘에 더 많은 주의를 기울여야 한다고 주장한다.

한편 전 세계 곳곳에 흩어져 있는 사람들은 때때로 **신뢰할 수 있는 관계를 구축**하는 데 어려움을 겪는다. 다른 이유들은 다음과 같다.

- 언어 장벽, 문화적 차이, 지리적 거리 등과 같은 요인으로, **서로 상이한 국가의 사업부에 존재하는 지식과 기회를 인식하기 어렵다.**
- 때때로 경영자들이 조직 간 통합을 통해 얻을 수 있는 가치를 인식하지 못하고 **다른 부문과 협력하기 보다는 자기 부서의 이익을 지키려 한다.**
- **지역 본부가 지식을 권력으로 여기고 자체 내부에 보유**함으로써 글로벌 기업 내에서 영향력 발휘를 원하는 경우가 많기 때문이다.
- 'NIH(Not-Invented-Here)'**증상**으로 인해 경영자들이 **다른 지역의 노하우나 전문지식을 사용하는 것을 탐탁지 않게 생각하기 때문**이다.
- **지식의 많은 부분이 구성원의 정신 속에 존재**하므로 **쉽게 문서화되지 못하고, 다른 부서와 공유하기 어렵기 때문이다.**

이러한 글로벌화에 따르는 도전에 대처하기 위해서 **경영자는 지식의 개발과 공유를 독려하고 글로벌 조직 단위 전반에 걸쳐 발생하는 새로운 지식이나 혁신을 공유할 수 있는 시스템을 구축**해야 한다.

제 4 절 글로벌 전략에 적합한 조직구조의 설계

1 글로벌 환경과 국가별 여건에 대응하기 위한 전략 유형

(1) **글로벌 전략**(globalization strategy)이란 **제품설계와 제조 및 마케팅 전략 등을 전 세계적으로 표준화시키는 것**을 뜻하며, 이를 통해 새로운 시장에 진출하기 위해 새로운 제품을 개발하는 것보다 비용을 절약할 수 있다.

(2) **다국가적 전략**(multidomestic strategy)이란 **각 국가에서의 경쟁이 다른 나라에서의 경쟁과 관계 없이 이루어지는 것**을 말한다.

(3) 많은 경우 기업은 **글로벌 기회와 로컬(각 국가별) 기회에 동시에 대응하는 것이 필요**해진다. **글로컬라이제이션**(glocalization)이란 글로벌 시장이라도 제품이나 서비스가 현지의 관습과 문화에 따라 고객화가 이루어지면 더 크게 성공할 수 있다는 생각을 말한다. 따라서 글로컬라이제이션 전략(glocalization strategy)은 **글로벌 통합과 현지 대응성을 동시에 달성하려는 전략**을 말한다. 글로컬라이제이션 전략을 달성하는 것은 어려운 과제이다. **긴밀한 글로벌 통합과 동시에 지역적 유연성이라는 상충되는 요구를 동시에 달성해야 하기 때문이다. 그러나 글로벌 경쟁이 심화됨에 따라 여러 산업에 걸쳐 글로벌 효율성과 현지 국가의 요구에 대한 유연한 대응을 동시에 이루는 사례가 늘어나고 있다.**

2 글로벌 전략에 따른 조직구조 설계

(1) 글로벌 통합과 국가별 대응에 따른 글로벌 전략

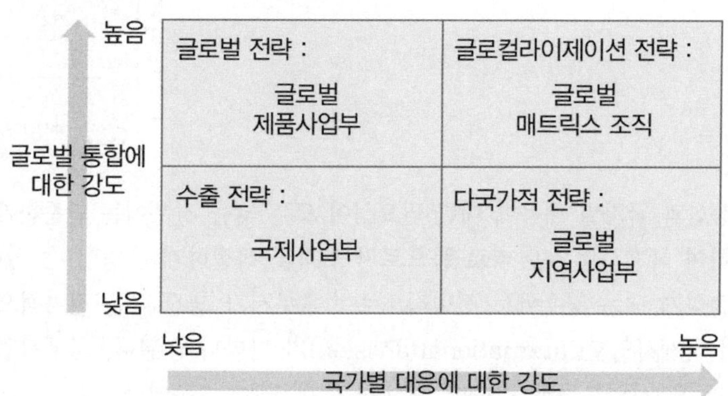

글로벌 통합에 대한 강도와 국가별 대응에 대한 강도에 따라 아래와 같은 4가지 전략을 나눌 수 있다.

1) **수출전략**

① 의의 및 예시

수출전략이란 **글로벌 통합과 국가별 대응이 모두 낮은 전략**이다. 국제화의 초기 단계에 있는 기업들이 **해외사장으로 지출하는 데에는 많은 위험이 존재**한다. 기업들은 해외시장에 대한 지식이 부족하고, 해외에 있는 고객의 수요에 대해서도 잘 알지 못하며, 정치적 위험과 문화적 차이를 관리하는 능력이 결여되어 있기 때문이다. 이와 같은 경우 수출을 이용한 해외사업운영은 기업들에게 해외시장에 대한 지식을 얻을 수 있는 기회를 제공하는 역할을 하며 해외시장에서의 경쟁능력을 길러준다.

과거의 수출지향적인 한국기업이 대표적인 예시다. 과거의 한국기업은 한국에서 제품을 생산한 후 자신의 브랜드 없이 주로 **주문자상표부착 방식(OEM)**[19]**으로 수출하는 형태**로 해외진출을 했었다.

② 적합한 조직구조 : **국제사업부**

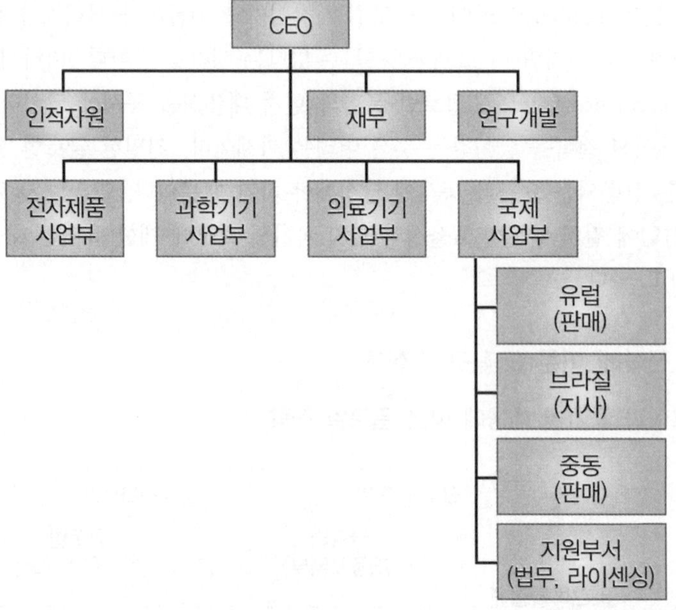

글로벌 통합과 국가별 대응에 대한 필요성이 모두 낮을 경우에는 단순하게 국내 사업부문들과 구분하여 국제사업부만 따로 둠으로써 조직을 적절하게 운영할 수 있다. 기업이 국제시장에 진출하게 되는 경우에는 전형적으로 수출부서가 생긴 다음 **점차적으로 수출부서가 확대되면서 국제사업부(international division)가 나타나게 된다. 국제사업부의 성격은 회사 내 다른 주요 사업부들과 비슷한 위상을 갖게 되는 수준이다.**

---

19) 종종 우리나라 브랜드의 옷이나 신발임에도 불구하고 'made in China'라고 적힌 것을 발견한다. 이것은 OEM을 했기 때문이다. 즉, 우리나라 기업이 다른 나라에 공장을 지어 제품을 만들고, 우리나라 상표를 달아 판매하는 방식을 OEM(주문자 상표 부착 생산)이라고 한다.

예 Nike와 하청생산업체 간의 관계는 Nike 입장에서는 운동화를 OEM 생산계약에 의하여 조달하는 해외산업운영방식이고, 동시에 동남아시아의 하청생산업자는 Nike에게 OEM 방식으로 납품함으로써 간접수출하는 방식으로 해외사업을 운영하는 체제이다.

국제사업부는 지리적인 기준에 의해 구분된다. 국제사업부는 독자적으로 여러 국가에서 사업(라이센싱, 합작기업)을 수행하는 데 필요한 기능부서를 갖게 되며, 국내 사업부문에서 만드는 제품이나 서비스를 판매하고, 현지 공장을 설립하거나, 기업이 국제적으로 더 특화된 분야로 진출하도록 선도해 나간다.

2) 글로벌 전략 : 글로벌 통합 전략

① 의의 및 예시

글로벌 전략은 **전 세계적인 통합을 강조하는 전략**으로 **주요 지역에 소수의 자회사를 설치해 두고 본국의 본사가 이들을 강하게 조정 · 통제하는 것**을 말한다. **현재 일본이나 한국의 동양권 기업들이 대표적 예시다. 이들 기업들은 미국과 유럽을 중심으로 주요 국가에 자회사를 설립해 두고 이런 소수의 자회사들의 활동을 본사가 강력하게 통제하는 방식으로 조정**하고 있다.

PART 04

② 적합한 조직구조 : 글로벌 제품사업부

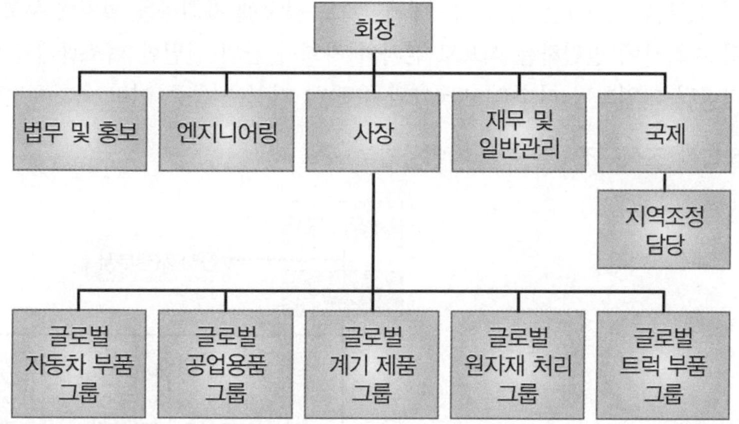

글로벌 제품사업부 구조(global product structure)에서는 제품사업부가 특정 제품분야의 전 세계 운영 책임을 맡는다. 이렇게 함으로써 세계 전역에 걸친 다양한 사업과 제품을 관리하는 데 상당히 효과적이기 때문에, 이 구조는 글로벌 시장목표를 달성하기 위해 가장 흔히 사용된다. 각 제품사업부의 최고책임자들은 원하는 방식대로 사업부문 내의 조직을 설계할 수 있으며, 또한 글로벌 시장에 대응하기 위해 나름대로 독특한 방법으로 직원들을 활용할 수도 있다. 더구나 급변하는 글로벌 시장 환경에 전사적으로 보다 신속하게 대응할 수 있기 때문에 글로벌 제품사업부 구조는 본사의 최고경영자들이 경쟁상황을 이해하는 데 보다 폭넓은 시각을 갖도록 해준다. 서비스기업 또한 사업부 구조를 채택할 수 있다.

글로벌 제품사업부 구조에서는 전 세계의 모든 시장에 대해서 각 사업부의 최고책임자가 제품 또는 서비스 생산 및 배분과 관련된 모든 기능들을 계획하고 조직화하고 통제하는 권한을 갖는다. 따라서 이러한 **제품 중심의 조직구조는 제품이 기술적으로 유사하고 전 세계적으로 마케팅을 표준화시킬 수 있는 경우에 가장 효과적**이다. 즉, **모든 시장을 위한 표준제품**

을 전 세계에서 생산, 판매함으로써, 규모의 경제 효과를 누리고 생산과 마케팅 및 광고 등에서 표준화가 가능한 경우에 글로벌 제품사업부 구조는 가장 효과적이다.

그러나 어떤 국가에서는 **제품사업부들 간에 협력하기보다는 경쟁이 심화됨으로써 조직운영이 원활하지 못하게 되는 경우**가 있다. 또한 **제품사업부 최고책임자가 어떤 특정 국가시장을 무시해 버리는 경우**도 있다. 이러한 문제를 해결하기 위해 이튼사가 **분명한 역할이 주어진 〈지역조정 담당자〉를 활용한 것은 훌륭한 방안**이었다고 볼 수 있다.

3) 다국가적 전략 : 현지 맞춤화 전략

① 의의 및 예시

다국가적 전략이란 **국가별 대응을 강조하는 전략**으로 Perlmutter의 분류에 따른 **〈현지중심주의(polycentrism)〉 전략**을 의미한다. **현지중심주의는 세계 각국의 문화와 경제환경이 서로 다르므로 현지를 가장 잘 아는 현지인이 현지에 맞는 방법으로 자회사를 운영해야 한다는 가정에서 비롯된다. 유럽이나 미국의 전통적인 서구의 다국적기업이 여기에 해당**한다. 이 전략을 추구하는 기업들은 대체적으로 **각국에 자회사를 설치해 두고 자회사의 운영은 해당 자회사에 일임하는 식으로 본사와 자회사 간의 긴밀한 협조관계가 없는 형태**다. 일찍이 다국적 기업화된 다수의 미국계와 유럽계 기업은 종종 이런 국가별전략을 추구하여 왔다.

② 적합한 조직구조 : 글로벌 지역사업부 구조

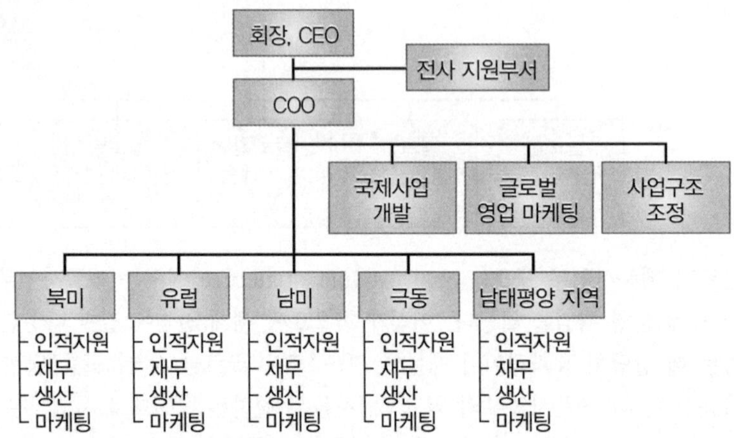

다양한 지역별 시장에서 개별국가의 독특한 수요에 각기 달리 대응함으로써 경쟁우위를 점하는 기업도 있다. 이런 경우에는 글로벌 지역 사업부 구조가 적합하며, **각 국가시장 및 지역시장별로 현지 특성에 적절하게 개량된 제품이나 서비스 중심의 사업부문을 두게 된다.** 광고회사인 오길비앤매더(Ogilvy & Mather)에서는 전 세계적으로 소비자의 성향, 선호도, 문화적 가치 및 정부의 규제정도 등에 따라서 조직을 4개의 지역권으로 구분하고 있다. 미국에서는 제품 광고에 어린이가 자주 나오지만, 프랑스에서는 광고에 어린이가 나오는 것은 법에 저촉된다. 또한 미국 텔레비전에서는 경쟁사 제품과 비교하는 것이 정기적으로 나타나지만, 독일에서는 이를 정부가 규제하고 있다.

다국가적 전략에 의해 특정 지역이나 현지국가의 시장 수요에 대처하는 것이 중요하다고 생각하는 기업에 적합하다. **글로벌 지역사업부 구조(global geographic structure)에서는 전 세계시장을 지리적인 권역으로 나누어 최고경영자에게 직속하는 지역별 사업부를 두며, 각 지역사업부가 특정 지역 내에서 이루어지는 모든 기능을 총괄하도록 하는 것**이다. 이러한 조직구조를 갖는 기업은 전형적으로 제품이 성숙기에 접어들었고 기술이 안정적인 경우가 많다. 이를 통해 **마케팅과 판매에서는 여러 국가별로 제각기 다른 욕구들은 충족시켜주면서 아울러 개별 국가시장 내에서는 생산비용을 낮추도록 할 수 있다.** 그러나 글로벌 지역사업부 구조를 활용하는 기업이 확산되고 있는 또 다른 이유로는 경영환경 및 경영방식의 변화를 들 수 있다. 서비스업의 성장이 몇 년 사이에 제조업의 성장을 앞지르기 시작하면서 그 비중이 커지게 되었는데 서비스업은 그 특성상 **현지 차원에서 차별적으로 사업을 수행**해야 한다.

경쟁 위협이 갈수록 고조됨에 따라 많은 제조업체들도 자사 제품을 특정 수요에 충족시키는 맞춤식 생산능력을 강화하기 시작했으며, 이러한 경향으로 말미암아 현지에서의 차별적인 지역적 대응문제를 보다 중요시하게 되었다. 오늘날의 모든 기업들은 고객과 보다 밀착된 관계를 형성해야 하는 경영환경 및 경쟁상황에 몰리게 되었으며, 따라서 이러한 상황에 적용하기 위해서는 제품 중심의 조직보다는 지역 중심의 조직을 선택하게 되는 것이다.

글로벌 지역사업부 구조를 사용하는 조직에서 직면하게 되는 문제는 각 지역사업부의 자율성에 관한 것이다. 예를 들어, 각 사업부에서는 그 지역의 요구만을 충족시키려고 하기 때문에 **신제품 연구개발 같은 문제를 글로벌 차원에서 계획하는 것이 어렵다.** 그리고 한 국가에서 개발된 기술이나 제품이 국제적으로 이전되는 것도 어려워지는데, 그 이유는 각 사업부에서 필요한 것은 각 사업부에서 자체적으로 개발하려고 하기 때문이다. 같은 이유로 **해외에서 개발된 제품을 국내시장에 신속하게 도입하는 것도 어렵게 되며, 따라서 각 지역들 간에 조직관리의 중복 문제가 발생하게 된다.** 지역 사업부 구조는 각 지역의 구체적 요구에 대한 대응을 중요시하기 때문에, **비용의 통제가 큰 문제**가 될 수 있다.

4) 글로컬라이제이션 전략 : 세계중심주의 전략

① 의의 및 예시

글로컬라이제이션 전략은 글로벌 통합과 국가별 대응을 모두 강조하는 전략으로 **세계 여러 지역에 자회사를 설립한 후 강력한 통제로서 이들을 하나의 기업으로 묶는 방법을 취하고 있다.** Perlmutter의 **〈세계중심주의(geocentrism)〉**에 해당한다. **세계중심주의의 기업은 본사와 자회사 간의 쌍방향의 정보교환과 협력적인 의사결정이 빈번하고 상호의존적인 구조를 갖는다.** 대표적인 예시로는 **〈초국적 기업〉**이 있다. **초국적 기업이란 말 그대로 국경을 벗어나 전 세계를 하나의 시장으로 파악하여 활동하는 기업, 즉 세계중심적인 다국적기업을 의미하는데 본사와 자회사 상호 간의 정보교환과 협력적인 의사결정이 빈번하게 일어나고 상호의존적인 구조를 갖는다.**

다시 말해 초국적 기업이란 국경과 본사의 개념이 없는 기업을 의미한다. 이러한 **초국적기업에서는 본사와 자회사의 경계가 약하고 해외의 자회사가 특정 사업분야에서 주도적인 역할을 할 수 있고 특정 업무를 잘 수행할 수 있는 사람은 국적을 불문하고 채용된다. 이러한 초국적기업은 전 세계를 하나로 파악하여 수립된 전략을 각 국가에서 수행하기 위해서 각각의 경영환경에 알맞은 현지화전략을 수립한다. Toyota와 한국의 현대/기아자동차** 역시 **본국중심주의에서 탈피하여 해외생산기지를 확충하고, 자회사의 자율권을 보장하려고 노력**하고 있다. 또한 과거 현지국중심주의 사고하에 국가별전략을 추구하던 **Ford와 GM** 역시 **본사와 자회사 간의 통제와 조정의 강도를 높이면서 글로벌전략을 추구**하고 있다.

② 조직구조 : 글로벌 매트릭스 구조(global matrix structure)

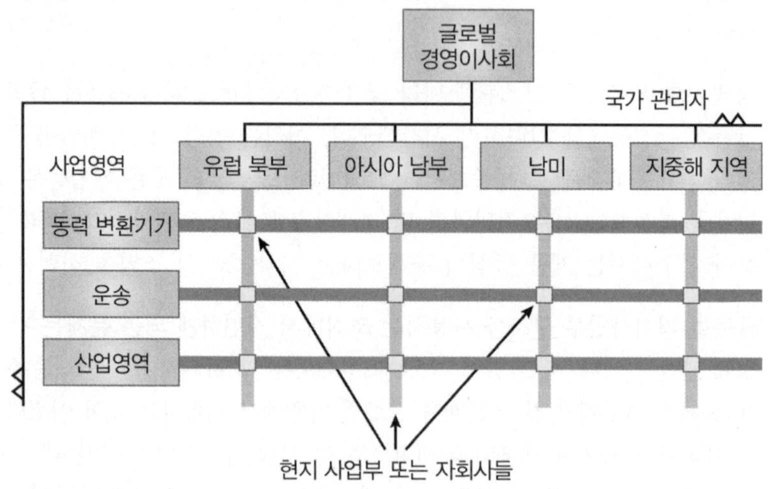

많은 경우에 기업들은 글로벌 시장 환경과 현지시장 특성 모두에 동시적으로 대응하기 원하며, 이때는 글로벌 매트릭스 구조를 활용할 수 있다. 즉 제품의 일부는 전 세계적으로 표준화하면서 또한 일부는 개별 국가들의 요구에 맞추도록 하는 것이다. 실제로, 대다수의 기업들이 글로벌 표준화와 지역의 요구에 적합한 대응에 대해 갈등 상황에 처해 있다.

글로벌 매트릭스 조직은 **제품 표준화와 지역별 현지화를 조합한 전략을 사용할 때 효과적**이다. 이는 **글로벌 기업이 글로벌 표준화와 지역 다변화 및 대응성 제고 측면 모두를 달성**할 수 있게끔 한다. 혼합형 구조는 대체로 환경의 변동성이 높은 경우에 주로 사용된다. 국가에서 **동태적인 시장상황에 대응하기 위하여 기능별, 지역별, 제품별 사업부 조직을 혼용**하고 있다.

3 글로벌 기업의 기업경영 방안

(1) 본국중심적 사고방식 지양

본국중심적 사고방식이란 한국인 직원이 외국에 가서도 한국식의 가치관과 행동방식을 그대로 적용하려는 사고방식을 말한다. 이러한 본국중심적 사고방식은 이질적인 문화환경 속에서 해외 사업을 효과적으로 운영하는 데 커다란 저해요인으로 작용한다.

(2) 문화적 가치를 바탕으로 한 핵심 경쟁우위 창출

문화는 경쟁우위를 창출하는 원천이 될 수 있다. Kotter와 Heskett 역시 문화적 가치를 의도적으로 관리하는 기업이 그렇지 않은 기업보다 우수한 성과를 낸다는 증거를 보여주었다. **즉, 고성과 문화에서 비롯된 경쟁우위라면 현지의 문화와 본국의 문화를 가능하면 조화시키는 것이 유리**하다. **고성과 문화는 ① 확고한 조직 사명이나 목적에 기반하고 있으며, ② 적응적 가치가 내재되어 의사결정과 사업관행을 이끌고 있으며, ③ 직원들이 기업성과와 조직문화 근간에 대해 책임감**을 갖도록 한다.

(3) 글로벌 기업에의 시사점 : 글로벌화와 현지화의 조화

1) 글로벌화와 현지화의 압력

글로벌 기업들은 전략을 수립하는 데 있어 두 가지 상반된 요구 사이의 균형을 이루어야 한다. **전 세계적인 통합의 중요성을 강조하는 글로벌 전략은 전 세계시장에서 규모의 경제를 활용하여 낮은 비용으로 생산을 하고 전 세계 고객을 상대로 하는 마케팅활동을 강조**한다. 그러나 **세계 각국이 서로 다른 정치적 · 문화적 환경을 갖고 있으며 다국적 기업들이 이러한 정치적 · 문화적 환경에 대응하기 위해 현지국 환경의 특성에 적응해야 할 필요성**이 있다. 즉, **글로벌 기업은 통합이라는 글로벌화와 차별화라는 현지화의 상반된 압력에 놓이게 된다.**

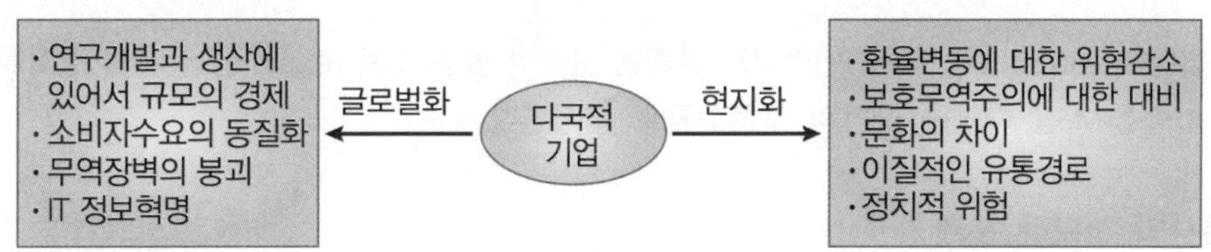

2) 글로벌화에 대한 압력 : 글로벌 통합에 대한 강도

다국적 기업이 글로벌화의 압력을 느끼는 이유는 산업과 경쟁이 글로벌화하는 추세에 있기 때문이다. **글로벌화 요인으로서 연구개발과 생산에 있어서 규모의 경제가 점차 중요해지고 있으며 전 세계적으로 소비자의 수요가 점차 동질화되는 추세에 있고 또한 GATT와 WTO체제하에서 무역장벽이 무너지고 있다.** 글로벌화의 필요성이 더욱 강조되는 산업은 표준화된 제품을 대량생산하는 산업으로 **〈기계적 조직〉에 보다 적합**한 전략이라고 할 수 있다.

3) 현지화에 대한 압력 : 국가별 대응에 대한 강도

다국적 기업이 현지화해야 하는 필요성 중 가장 큰 이유는 환율변동이다. **환율변동은 한 지역에 생산시설을 집중하는 글로벌 기업들에게 커다란 위험요소로서 작용한다**[20]**. 또한 무역분쟁이 발생할 가능성이 아직도 크다. Covid-19 사태로 침체된 내수시장과 산업을 보호하기 위해 보호무**

20) Caterpillar는 1980년대 초반에 미국의 달러화가 고평가됨에 따라 상당한 어려움을 겪었고 Komatsu 역시 1980년대 후반 엔화가 고평가됨에 따라 상당한 어려움을 겪었다. 아무리 소비자수요가 동질화되고 무역장벽이 철폐되며 규모의 경제가 중요하다고 해도, 환율이 급변할 경우에는 한 지역에 생산시설을 집중하여 규모의 경제를 활용하는 단순한 글로벌경영방식은 위험한 전략일 수밖에 없다. 따라서 다국적 기업들은 이러한 환위험을 피하기 위해 적극적인 현지화전략을 펴야 할 필요성을 느낀다.

역주의 경향이 나타나고 있다. 이와 같은 보호무역주의에 대한 근본적인 대책은 해외 각지에 생산기지를 두어 현지화하는 방법이다. 또한 **국가 간 정치적·문화적 환경의 차이**는 다국적기업들이 현지화의 필요성을 더욱 절실하게 느끼게 한다. 이러한 문화적 차이는 다양한 현지 소비자의 수요를 만족시키기를 요구하고 있으며 이 같은 소비자의 요구를 충족시키기 위해서 기업들은 적극적인 현지화전략을 취해야 할 필요성이 더 커지고 있다. 현지화 전략은 변화하는 환경에 빠르게 대응해야 하기 때문에 **〈유기적 조직〉에 보다 적합**한 전략이다.

4) **상반된 압력의 조화**

그러나 다국적 기업은 **글로벌화와 현지화라는 상반된 요구 사이에 적절한 조화**를 이루어야 하는 바, 해외시장에 진출한 후에는 **전 세계에 퍼져 있는 자회사들에 대한 통제와 조정을 어떻게 효과적으로 할 것인가가 글로벌 전략의 주요한 과제**이다. 이에 추가적인 글로벌 조정 메커니즘에 대해 고려할 수 있는 바, 자세한 내용은 이하에서 살펴보도록 하겠다.

제 5 절 추가적인 글로벌 조정 메커니즘

1 글로벌 팀

초국적 팀(transnational teams)이라고도 불리는 글로벌 팀(global teams)은 **국가의 경계를 초월하여 다양한 기술을 가진 다양한 국가의 구성원들로 구성**된다.

2 본사의 계획과 통제

강력한 글로벌 조정의 두 번째 방법은 **본사가 계획, 스케줄 설정에 적극적인 역할을 수행**함으로써 널리 흩어져 있는 지역 조직들이 동일한 방향을 향해 함께 일할 수 있도록 강력한 통제를 하는 방법이다.

3 확장된 조정 역할

기업은 또한 조직구조를 통해서 강력한 조정과 협력을 달성할 수도 있다. 즉, **조정을 담당하는 역할 또는 직위를 만들어 글로벌 기업의 각 부문들을 통합**할 수 있다.

4 조정의 이점

- 비용절감 : 협력은 글로벌 사업부별로 베스트 프랙티스를 공유함으로써 비용절감이라는 실질적이고 측정 가능한 결과를 만들어낼 수 있다.
- 더 나은 의사결정 : 사업부 간에 정보와 조언을 공유함으로써 경영자들은 전체 조직뿐만 아니라 자신의 부서를 지원할 더 나은 의사결정을 할 수 있다.
- 수익증대 : 다양한 사업부에서 전문성과 제품을 공유함으로써 조직은 수익을 향상시킨다.
- 혁신의 증대 : 아이디어의 공유와 부문 간 기술혁신의 공유는 창의성과 신제품(서비스) 개발을 촉진시킨다.

5 초국적 조직

(1) 의의

초국적 조직(Transnational model)**은 가장 진보된 국제조직의 형태이다.** 이 조직은 다양한 부문을 많이 가지고 있어서 조직의 복잡성이 가장 높으며, 여러 다양한 부문들을 통합하는 메커니즘으로 인해 조직의 조정 활동이 가장 잘 이루어진다. 초국적 조직은 기술적 진보, 급속한 혁신, 글로벌 학습과 지식공유뿐만 아니라, 글로벌 통합의 이점과 현지 적응의 이점을 동시에 추구하려고 하는, 세계 많은 나라에 자회사를 가진 거대 다국적 기업에 유용한 조직 모델이다.

(2) 초국적 조직의 특징

- 초국적 조직은 **유연한 집중화 원리**를 도입한다. 어떤 기능은 특정 국가에 집중시키는 반면에, 어떤 기능은 전지역에 분산시킨다. 예를 들어 네덜란드에는 연구개발기능을 스웨덴에는 구매센터를 집중시키는 반면에, 재무회계의 책임은 많은 나라로 분산한다.
- 초국적 조직은 **자회사 중심으로 운영**된다. 초국적 조직은 많은 조직 단위들이 각기 상이한 능력을 보유하고 있음을 인정한다.
- 초국적 조직에서는 수직적 계층보다는 기업문화, 공유된 비전과 가치관, 경영스타일에 의해 이루어진다. **초국적 조직은 근본적으로 수평적 조직이기 때문에 관계적 조정이 강화된다.**
- 초국적 기업의 사업 단위들은 **기업 내 다른 사업단위나 다른 기업과의 제휴관계를 형성**한다. 초국적 조직에서는 자원과 기능이 광범위하게 퍼져 있다 할지라도 상호의존성이 강한 자원과 기능은 적극적으로 통합한다.

(3) 조직에의 시사점

글로벌하게 활동하는 기업은 **다양한 조정방법**이 필요하며, 어떤 조직은 **초국적 조직모델을 지향**한다. 초국적 모델은 **상호의존성에 대한 철학에 바탕**을 두고 있다. **조직은 고도로 세분화되어 있지만, 동시에 여러 다양한 조직단위 간에 매우 높은 수준의 조정, 학습, 지식이전을 촉진한다.** 초국적 모델은 조직의 **복잡성과 통합**이라는 측면에서 궁극적으로 지향해야 할 글로벌 조직설계를 나타낸다. 초국적 조직의 각 단위조직은 **서로 긴밀하게 통합**해야 한다는 점을 잘 알고 있으며, **동시에 현지 상황에 적합한 행동을 통해 서로를 보완하고 강화하는 역할을 수행**한다.

09 | 정보화

제1절 의의

1 정보 및 정보기술의 정의

정보란 "정보사용자에게 새로운 의미를 제공해주거나 기존에 알고 있는 것을 바꾸게 하는 자료"를 말한다. 자료는 정보의 원료이며 자료가 사용자에게 어떠한 의미와 용도를 지닐 때 정보의 성격을 갖게 된다. **즉, 정보(Information)란 업무수행이나 의사결정에 적절한 도움을 줄 수 있는 자료를 의미한다.**

디지털 혁명과 인터넷의 확산으로 정보기술(information technology : IT)이 확산되고 있는 바, **정보기술이란 정보를 만들어내고 가공하고 전달하고 저장하고 활용하는 일체의 기술을 의미한다.** 즉, **정보를 빠른 속도로 검색, 처리, 전송, 저장하는 데 사용되는 각종 하드웨어와 소프트웨어를 일컫는 것**으로, 이는 조직의 의사결정을 지원하거나 업무 수행상 시간적·공간적·기능적 통합을 용이하게 한다.

2 정보의 일반 특성

(1) 정보의 양

정보의 양이란 조직구성원들이 과업수행과 관련하여 수집하고 처리하여야 할 **정보의 크기**를 의미한다. 만약 해결해야 할 과업이나 문제가 다양하고 새로운 것이라면 그만큼 과업 수행에 많은 양의 정보가 요구된다. 비일상적 기술, 부서 간의 상호의존성, 조직규모, 환경의 불확실성으로 과업 수행 시 발생되는 불확실성은 커진다. 이러한 불확실성이 커질수록 처리할 정보의 양은 더욱 커진다.

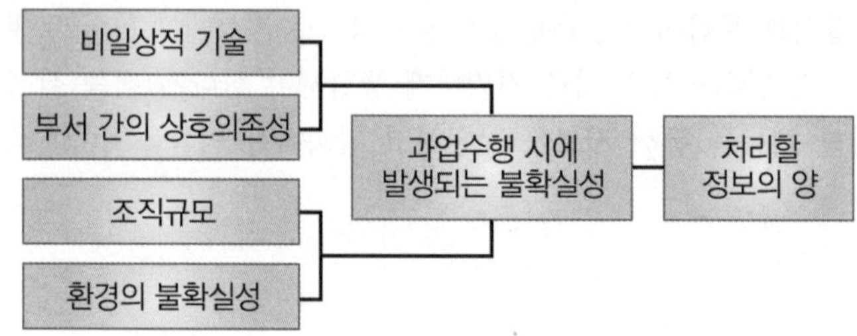

(2) 정보의 질

정보의 질이란 정보를 교환하는 데 있어서 상대방을 이해시키기 위하여 얼마만큼 **풍부한 단서를 제공하는가**를 의미한다.

정보화 이전에는 정보의 양과 정보의 질 사이에 딜레마를 겪었으나 **정보통신기술이 발달하면서 양질의 정보를 전달하는 것이 가능**해졌다.

3 디지털의 개념과 특징

(1) 디지털의 개념

디지털이란 0과 1의 **조합으로 이루어지는 2진법의 언어체계**로서 이를 활용하여 데이터가 전기의 꺼짐(0)과 켜짐(1)의 조합을 통해 전기로 변환될 수 있게 되었다. **즉, 모든 정보를 전기로 바꿀 수 있게 됨으로써 디지털 혁명이 일어난 것이다.**

(2) 디지털의 특징

- **광속성** : 정보가 전기를 타고 세계 어디로나 갈 수 있는 속성
- **확산성** : 한 사람의 정보가 전 세계인으로 보내지는 속성
- **쌍방성** : 전기는 한 방향이지만 정보는 양 방향으로 주고받을 수 있는 속성
- **반복성** : 한 개의 정보에 가치가 추가되어 새로운 정보로 변환되고 이것이 반복되면서 수개의 정보를 만들어내는 속성
- **개체성** : 각자가 접하는 정보의 종류가 다르기 때문에 개인의 능력의 정도에 따라 달라질 수 있는 속성

4 경영정보와 조직관리 : 경영정보시스템(Management Information System : MIS)

대다수의 조직은 **경영정보시스템을 도입하여 관리자와 종업원이 요구하는 정보를 제공**한다. **경영정보시스템이란 컴퓨터를 토대로 한 기기나 프로그램 등을 사용하여 구성원들이 과업을 수행하고, 의사결정을 하는 데 필요한 정보를 제공해 주는 시스템을 말한다. 경영정보시스템은 조직구성원이 공동으로 사용할 수 있는 데이터베이스를 구축하여 이를 폭 넓게 활용하고 있다.**

경영정보시스템과 관련된 개념으로 **의사결정지원시스템**이 있다. 이것은 조직에서 점차 전략적 의사결정의 중요성이 강조됨에 따라, 관리자가 직접 컴퓨터를 사용하여 전략적 의사결정에 활용할 수 있도록 고안된 특수한 경영정보시스템이다.

제 2 절 정보기술과 통제

1 정보기술과 집권적 의사결정

① 정보기술이 발달함에 따라 **대규모 조직이 집권화하는 데 필요한 복잡한 커뮤니케이션 네트워크를 설계할 수 있게 되었고,** ② 정보기술은 **지역별 · 계층별로 산재되어 있는 하부 구조를 통합하여 강력한 중앙집권적 조직 형태를 갖출 수 있게 하였으며,** ③ 모든 정보가 직접적으로 중앙에 집결되어 **최고경영층은 상당한 정보력을 보유**할 수 있게 되었기 때문에 **집권화를 촉진하는 경향**이 있다고 주장하는 학자들이 있다(Leavitt & Whistler).

2 정보기술과 분권적 의사결정

정보 기기가 복잡한 경영문제에서 발생하는 모든 변수를 계량화하여 최적의 의사결정을 내려 주지는 못한다. 의사결정은 결국 사람이 하는 것이지 컴퓨터가 하는 것은 아니다. 따라서 동일한 정보를 갖더라도 최고경영자는 그 문제에 정통한 전문가만큼 효과적인 의사결정을 내릴 수 없다. **이 때문에 의사결정은 아래로 위양하게 된다는 것이다.**

정보기술이 조직에 도입되면서 중하위관리자들은 보다 일상적이고 정형적인 업무들로부터 해방되었다. 컴퓨터가 도입되기 이전의 중하위관리자는 지역적으로 분산된 영업 현장의 판매량이나 재고량을 조사하고 이를 집계한 자료를 확인하고 점검하는 데 많은 시간을 소요하였다. **컴퓨터는 이와 같은 단순 · 정형화된 업무를 빠르고 정확하게 수행한다. 이에 상급자는 중하위관리자에게 책임과 권한을 위임하게 된다.** 이러한 과정은 **조직의 계층적 단계를 올라가면서 반복적으로 나타나는데 이를 〈폭포효과(cascade effect)〉라고 한다.**

즉, 중하위관리 역할이나 업무가 정보기술로 감소하면서 **책임과 권한의 위양이 촉진**되고 **과거의 감시나 통제의 역할보다는 기업전략의 수행에 필요한 단위조직의 목표 설정, 정책 입안, 현상의 분석과 대책 수립 등 좀 더 창의적이고 생산적인 업무의 수행자로서의 역할이 증가**하게 된다는 입장이다.

3 집분권화(Centrally Decentralized)의 관점 : 전문성의 강화와 의사결정의 집권화

위와 같이 정보 기술의 도입 결과로 권력이 집중되는지 혹은 분산되는지의 여부, 즉 집권화와 분권화는 이를 연구하는 학자들의 가장 큰 관심사 중 하나다. 그러나 정보 기술의 도입이 권력구조에 미치는 영향을 **가장 합리적으로 해석하면 정보 기술의 도입은 조직의 집분권화 현상을 초래할 가능성이 가장 높다고 볼 수 있다.** 정보 기술의 도입을 통해 **권력구조에서는 수평적 분화의 심화와 전문성 강화로 분권화가 촉진**되는 모습을 보이나, 정보기술의 발달로 **분화된 과업 수행에 대한 통제가 용이해져서 중요한 의사결정이 집권적으로 이뤄지는 경향을 보여 재집권화되는 모습**을 보인다는 것이다. 결국 **의사결정이 본질적으로 조직구성원 개개인에게 위임되고 분권화**되지만, **정보기술을 이용하여 통합된 정보체계를 통해 집권화되는 집분권화 현상**이 나타날 것으로 보인다.

한편 **수평적 분화가 확대되고 전문화에 의존**하게 되기 때문에 업무에 관한 **세부적인 표준화나 지침이 축소되고, 결과 중심의 규제 체제로 전환하여 공식화는 줄어드는 경향이 높을 것으로 본다.**

4 집권화 및 분권화에 영향을 미치는 네 가지 요인

요인	집권화가 바람직한 경우	분권화가 바람직한 경우
정보전달 비용	정보가 적정한 비용으로 중앙의사결정자에게 전달될 수 있을 경우	원거리 정보가 의사결정에 가치는 있으나 전달비용이 매우 높을 경우
의사결정 정보	원거리 정보를 사용하는 것이 의사결정에 가치가 있을 경우	현장의사결정자가 중요한 정보에 접근할 수 있고, 정보를 중앙에 전달하는 것이 어려울 경우
신뢰	중앙의사결정자가 중요한 의사결정 시에 현장의 의사결정자를 신뢰하지 않을 경우	현장의사결정자가 중요한 결정 시 중앙의사결정자를 신뢰하지 않을 경우
동기유발	업무가 단순하고 현장 의사결정자가 타율적인 명령 하에서도 열심히 일할 경우 (그러나 이는 점차 부적절해짐)	현장의사결정자가 스스로 결정을 할 때 더욱 열심히 일할 것으로 기대되는 경우 (이는 앞으로 더욱 중요해질 것임)

제 3 절 정보기술 발전에 따른 조직구조

1 개요

정보화로 인하여 조직 내 인적·비인적 접촉의 수를 증가시켜 **의사소통과 조정을 더욱 용이**하게 하였고, **계급이나 직위의 중요성은 점차 감소**하고 **전문적 지식이나 능력이 중요시**되어 간다. 즉, **전문화는 증가**하지만 **위계 계층은 감소**한다고 볼 수 있다.

2 정보화에 따른 조직구조의 영향

(1) 규모의 축소

플랫폼 기반 조직 형태 등 일부 인터넷 기반 사업의 경우 거의 사이버 공간에만 존재하는 사업들도 있다. 사무실과 집기, 빌딩 등 공식적 조직이 존재하지 않는 것이다. 이러한 **스마트 워크**(smart work)로 인하여 1명 또는 소수의 사람들이 자신의 집에서 또는 임대한 공간에서 그 사이트를 유지할 수도 있다. 오늘날 회사들은 IT **덕분에 많은 기능들을 외주 처리하고 내부 자원은 보다 적게 사용할 수 있게 되었다.**

(2) 조직구조의 분권화

오늘날 대부분의 조직에는 더 많은 분권화를 위해 IT를 활용하고 있다. 과거에는 본부의 최고경영자들만 접할 수 있었던 정보들은 디지털 IT를 활용하면 지역적으로 멀리 떨어져 있다고 할지라도 **그 조직 전체에 신속하고 용이하게 공유**된다. **여러 사업부 또는 사무실에 있는 경영자들도 본부에서의 결정을 기다리지 않더라도 중요한 의사결정에 필요한 정보를 신속하게 확보할 수 있게 된다.**

소셜 비즈니스 기술로 온라인으로 사람들이 만나고 조정하고 협동할 수 있게 됨에 따라서 가상팀 등과 같이 분산되어 있고 자율적으로 행동하는 집단들과의 의사소통과 의사결정이 촉진되었다.

(3) 수평적 조정 및 협업의 향상

디지털 IT 결과물 중 커다란 것은 바로 회사 내 조정과 의사소통을 향상시킬 수 있다는 잠재력이다. 사무실, 공장, 상점들이 세계 각 곳에 흩어져 있더라도 **IT 어플리케이션으로 인하여 사람들은 연결**될 수 있으며, 젊은 직원들에게는 회사에서 활용하는 전통적 도구의 상당수가 구식으로 보인다. IBM은 **가상팀을 많이 활용하며, 그 팀의 구성원들은 손쉽게 의사소통하고 공동 작업을 하기 위해 굉장히 다양한 소셜 비즈니스 도구를 활용한다.**

(4) 네트워크 구조의 고양 : 조직 간 관계의 향상

모듈기업(module corporation)과 같은 외부적 네트워크 구조를 가능하게 한다. 기업들을 매끈한 정보 흐름으로 함께 묶어주는 디지털 기술 덕분에 외주는 주요한 트렌드가 되고 있다. 리앤펑은 정보를 관리하는 전문 기업이며, 원자재를 공급해주고 봉제를 해주는 37개국 7,500개 파트너들과 전자적으로 연결된 웹에 의존한다. 리앤펑은 IT로 인하여 전 세계의 파트너들과 접촉을 유지하고 있으며 공장에서 유통 회사들에게 신속하게 제품을 이동시킬 수 있다. **가상 네트워크 구조에서는 대부분의 활동이 외주 처리되기 때문에 그 조직이 필요로 하는 다양한 기능들을 여러 상이한 회사들이 수행하는 것이다. 디지털 의사소통의 신속성과 용이성 때문에 그러한 네트워크 구조는 원가를 낮게 유지하면서도 신규시장에 진입하거나 사업영역을 확대하고 싶은 기업들에게는 실행 가능한 대안이 되는 것이다.**

(5) 정보기술을 활용한 수평적 조직구조의 설계 : 프로세스 조직과 리엔지니어링

정보화로 인하여 전자통신의 광범위한 활용은 **관리계층의 감소와 수평적인 조직구조**를 가져올 수 있다. 리엔지니어링(Reengineering)이란 사고의 근본적인 전환이자 급진적인 조직 프로세스의 재설계이며 이에 따라 비용, 품질, 서비스, 신속성과 같은 현대의 업무 성과들이 획기적으로 향상되는 것이다. **리엔지니어링은 정보기술을 통해 효율성을 극대화시킬 수 있다. 이러한 리엔지니어링을 통해 프로세스 조직을 활용할 수 있다. 프로세스 조직의 기본 단위는 '팀'이다.** 이러한 프로세스팀은 하나의 전체 프로세스를 수행하기 위해서 함께 작업하는 사람들의 집합을 의미한다. 하나의 완결된 과업을 수행하기 위하여 서로 다른 기술과 기능을 보유한 종업원들로 구성될 수 있다. 이와 같은 구성은 **전자적 연계에 의한 가상팀(virtual team)으로 구성된다. 오늘날 통신기술의 발달로 여러 기능을 담당하는 태스크 포스(task force)를 구성하기가 쉬워졌다.**

제 4 절 빅데이터와 조직구조

1 빅데이터의 개념과 특징

(1) 빅데이터의 개념

빅데이터(Big data)는 정보기술의 일반적인 처리용량을 능가하는 대규모 데이터셋을 말한다. 빅데이터 해석은 이러한 대규모 데이터셋을 검토하여 숨겨진 패턴, 상관관계 및 기타 유용한 정보를 찾아내어 보다 나은 의사결정을 도와주는 처리 과정을 의미한다.

(2) 특징 : 3V

빅데이터는 과거 의사결정의 기초가 되었던 정보와는 다음과 같은 측면에서 차이점이 있다.

- Volume(양) : Data base에 비해 차별화되는 대량의 물리적 데이터
- Variety(다양성) : 텍스트, 멀티미디어 등 비정형화, 정형화된 데이터가 다양하게 생성됨
- Velocity(속도) : 데이터 생성, 수집 및 이동되는 속도가 빨라지고 있음

2 빅데이터 활용을 위한 3대 요소

빅데이터 활용을 위한 요소 기술에는 자원, 기술, 인력이 있다.

(1) 자원

빅데이터를 위한 자원 확보, 빅데이터 품질 관리를 위한 자원 확보를 말하며 빅데이터를 관리, 처리하는 측면과 함께 활용할 수 있는 기업의 내부, 외부 빅데이터 자원을 수집하는 전략이 필요하다.

(2) 기술

빅데이터 프로세스와 새로운 기술을 의미한다. 빅데이터 인프라, 플랫폼, 분석기술 등을 말한다. 빅데이터 플랫폼으로는 하둡(Hadoop), 데이터 저장, 관리 기술에는 NoSQL, 분석기술에는 자연처리, 의미분석, 데이터 마이닝 등이 있다. 또한 분석한 데이터를 보여주는 시각화(visualization) 기술 등도 있다.

(3) 인력

국가, 기업 등은 데이터 사이언티스트 같은 인재를 확보하기 위해 내부 역량 강화, 외부 협력 전략을 수립할 필요가 있다. 수학, 공학적인 능력과 경제학, 통계학, 심리학 등에 능통한 인재가 필요하다. 또한 비판적 시각과 커뮤니케이션 능력, 스토리텔링 등 시각화 능력을 갖춘 인재도 필요하다.

3 빅데이터 분석 기법

(1) 텍스트 마이닝(Text Mining)

텍스트 마이닝은 비/반정형 텍스트 데이터(고정된 필드는 아니지만 스키마를 포함하는 데이터 예 XML, HTML 등)에서 자연언어처리 기술에 기반하여 유용한 정보를 추출, 가공하는 것을 목적으로 하는 기술이다. 텍스트 마이닝 기술을 통해 방대한 텍스트 뭉치에서 의미 있는 정보를 추출해

내고, 다른 정보와의 연계성을 파악하며, 텍스트가 가진 카테고리를 찾아내거나 단순한 정보 검색 그 이상의 결과를 얻어낼 수 있다.

(2) 평판분석(Opinion Mining)

소셜미디어 등의 정형/비정형 텍스트의 긍정, 부정, 중립의 선호도를 판별하는 기술이다. 오피니언 마이닝은 특정 서비스 및 상품에 대한 시장규모 예측, 소비자의 반응, 입소문 분석(Viral Analysis) 등에 활용되고 있다. 정확한 오피니언 마이닝을 위해서는 전문가에 의한 선호도를 나타내는 표현 및 단어 자원의 축적이 필요하다.

(3) 소셜 네트워크 분석(Social Network Analytics)

소셜 네트워크 분석은 간단히 소셜 분석으로 나타내며, 수학의 그래프 이론에 뿌리를 두고 있다. 소셜 네트워크 연결구조 및 연결강도 등을 바탕으로 사용자의 명성 및 영향력을 측정하여, 소셜 네트워크상에서 입소문의 중심이나 허브 역할을 하는 사용자를 찾는 데 주로 활용된다. 이렇게 소셜 네트워크상에서 영향력이 있는 사용자를 인플루언서(Influencer)라고 부르는데, 인플루언서 모니터링 및 관리는 마케팅 관점에서 중요하다.

(4) 클러스터 분석(Cluster Analysis)

클러스터 분석은 비슷한 특성을 가진 개체를 합쳐가면서 최종적으로 유사 특성의 그룹을 발굴하는 데 사용된다. 예를 들어 트위터상에서 주로 사진/카메라에 대해 이야기하는 사용자 그룹이 있을 수 있고, 자동차에 대해 관심 있는 사용자 그룹이 있을 수 있다. 이러한 관심사나 취미에 따른 사용자 그룹은 군집분석을 통해 분류할 수 있다.

4 빅데이터의 역할

(1) 환경의 불확실성에 대한 대응 : 통찰력

- 사회현상, 현실세계의 데이터를 기반으로 한 패턴 분석과 미래전망
- 여러 가지 가능성에 대한 시나리오 시뮬레이션
- 다각적인 상황이 고려된 통찰력을 제시
- 다수의 시나리오 상황 변화에 유연하게 대처

(2) 환경의 리스크에 대한 대응 : 대응력

- 환경, 소셜, 모니터링 정보의 패턴 분석을 통한 위험징후, 이상 신호 포착
- 이슈를 사전에 인지, 분석하고 빠른 의사결정과 실시간 대응 지원
- 기업과 국가 경영의 명성 제고 및 낭비요소 절감

(3) 스마트한 환경에 대한 대응 : 경쟁력

- 대규모 데이터 분석을 통한 상황인지, 인공지능 서비스 등 가능
- 개인화, 지능화 서비스 제공 확대

- 소셜분석, 평가, 신용, 평판 분석을 통해 최적의 선택 지원
- 트렌드 변화 분석을 통한 제품 경쟁력 확보

(4) 융합에 대한 대응 : 창조력

- 타 분야와의 결합을 통한 새로운 가치창출
- 인간관계, 상관관계가 컨버전스 분야의 데이터 분석으로 안전성 확보, 시행착오 최소화
- 방대한 데이터 활용을 통한 새로운 융합시장 창출

5 빅데이터와 조직구조

(1) 외주(아웃소싱)

데이터 분석 활동을 외주화하는 것이다. 분석팀을 운영할 지식이나 경험이 없는 조직들이 많기 때문에 가장 인기가 있는 것이 이 선택안이다. 더욱이 빅데이터 과학자들이나 분석가들을 찾는 것도 쉽지 않다. 따라서 외주를 통해 고정비를 변동비화하여 유연성을 증가시킬 수 있다. **내부 역량이 없는 회사들은 외주를 주면 적은 비용으로 해석 프로젝트를 수행하여 통찰력 얻을 수 있는 자원들을 신속하게 확보할 수 있다.**

(2) 집권화

전문가를 한 부서에 배치함으로써 집권화하는 방법이다. 집권화를 통해 핵심 분석가들을 모을 수 있고 그 부서가 필요한 데이터를 획득할 수 있으며 다양한 통계적 모델, 데이터 마이닝 모델, 예측 모델들을 효율적으로 시험하고 활용하여 필요한 전문기술을 개발하는 것을 확실하게 해줄 가장 용이한 방법이다.

(3) 분권화

데이터 해석을 완전히 분권화하여 데이터 과학자들을 각 부서 또는 사업단위별 소규모 분석가 집단으로 조직 전체에 분산시킨다. 완전 분권적 접근방식은 분석가들이 개별 부서나 사업단위들과 협업하고 각 사업 단위들의 요구사항에 맞춤형 모델을 제공할 수 있는 가장 쉬운 방법이기는 하지만 단위 경계를 넘어서 혁신적 솔루션을 공유하거나 조직 전체 문제 및 기회에 대해 바라는 결과를 달성하기 어렵게 한다.

(4) 균형적 설계

엑설런스센터(center of excellence)에 소수의 데이터 과학자들을 배치하고, 다른 전문가들은 여러 기능부서나 사업단위에서 근무하는 것이다. 중앙단위의 전문가 팀은 데이터 해석과 관련하여 소싱하고 질문에 답변하며 다양한 부서 및 사업단위들을 도와주는 역할을 하게 된다.

PART 04

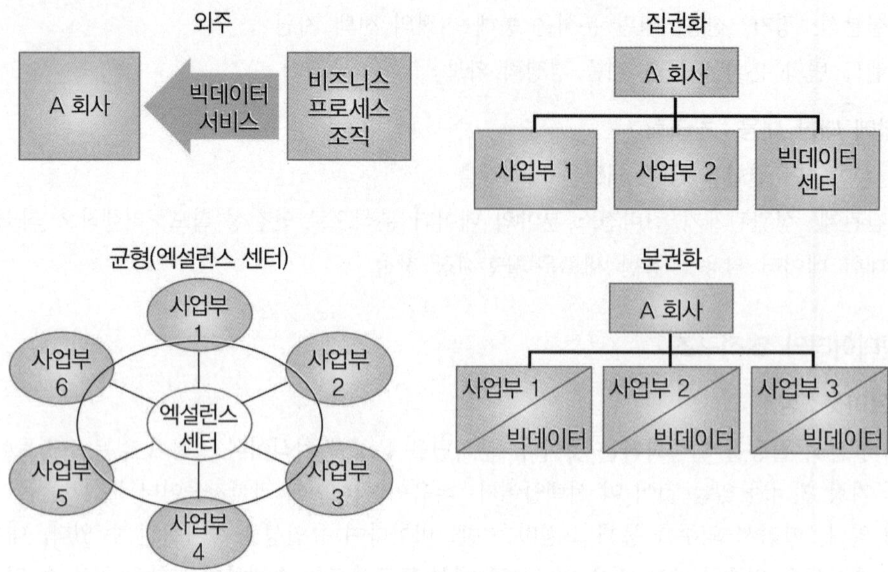
외주
A 회사
빅데이터
서비스
비즈니스
프로세스
조직
집권화
A 회사
사업부 1
사업부 2
빅데이터
센터
균형(엑설런스 센터)
사업부
1
사업부
2
사업부
3
사업부
4
사업부
5
사업부
6
엑설런스
센터
분권화
A 회사
사업부 1
빅데이터
사업부 2
빅데이터
사업부 3
빅데이터

CHAPTER **PART 04** 조직차원

10 | 조직윤리와 사회적 책임

제1절 조직윤리란?

1 의의

윤리(ethics)는 옳고 그름과 관련하여 개인이나 집단의 행동을 이끌어 가는 도덕적 원칙과 가치이다. 그러므로 조직을 운영할 때 필요한 윤리가 바로 조직윤리이다.

경영자 윤리(managerial ethics)는 도덕적 관점에서 무엇이 옳고 그른 것인지에 대해 경영자들이 의사결정을 하고 행동할 때 판단 기준이 되는 원칙들이다. 윤리적 딜레마(ethical dilemma)는 가치가 상충되어 상황의 옳고 그름을 판단하기 어려운 상황에서 일어난다. 윤리적인 것은 의사결정과 관련된다. 경영자는 일상적으로 고객과 공급업자에게 정직할 것인지 그들을 속일 것인지, 구성원들을 존중할 것인지 무시할 것인지, 좋은 기업시민이 될 것인지 나쁜 기업시민이 될 것인지를 결정해야 한다. **최고 경영자는 도덕적 관점에서 윤리적 의사결정을 내리도록 조직의 가치관을 수립해야 한다.**

2 조직윤리의 결정요인

(1) **개인윤리** : B. Schneider의 ASA(Attraction-Selection-Attrition)이론

윤리는 개인적이며 각 개인의 고유한 특성을 갖는다. **조직의 윤리활동은 구성원의 신념과 가치의 산물이다.** 즉, 조직과 비슷한 신념을 가진 사람이 그 조직에 선발되고 오래 남아 있고 이와 다른 신념을 가진 사람은 선발되지도 않지만 혹시 들어와도 불만을 느끼고 나가기 때문에 결국에는 하나의 조직은 전형적 조직 가치에 맞는 사람들로만 구성된다는 것이다. 사원측면에서 개인윤리의식은 **조직차원에서 반사회적 행위(Anti-social behavior)를 방지할 수 있다는 점에서 의의**가 있다.

(2) **조직문화**

윤리를 조직의 중요한 가치로 확산시켜 지배적인 분위기로 구축하는 것이다. 분위기가 윤리 문화로 굳어지면 리더나 구성원의 윤리행위를 결정한다는 것이다. **개인 윤리 차원에서 조직윤리는 개인이 조직에 들어가서 조직의 가치를 만든다는 관점**이지만 회사의 리더 집단이 아니라면 한 개인의 가치가 조직가치에 영향을 주기 어렵다. 따라서 개인의 윤리적 가치관이 조직가치를 만든다기보다는 **조직의 가치관인 조직문화가 구성원들의 가치관에 영향을 미친다는 관점이 더 바람직**하다.

(3) **조직시스템**

윤리헌장 혹은 **공정하고 투명한 평가나 보상 시스템**을 의미한다.

(4) 이해관계자

조직이 지역사회의 일부분이며 고객이 없는 사회에서는 조직의 존재도 불가능하다는 전제하에 조직의 의사결정이나 **조직활동이 이해관계자에 미치는 영향을 고려하여 윤리를 실천**하지 않을 수 없다. 이해관계자인 고객으로부터 외면을 당하면 기업은 존폐 기로에 처하기도 한다.

한편 기업은 기업 활동으로 얻은 이익을 주주, 소비자, 사원, 공공단체 등과 적당히 나눌 책임이 있다. 기업의 사회적 성과 측정은 주주에게 돌리는 수익(배당)뿐만 아니라 전체 국민경제에 미친 영향까지 고려해야 한다. 이를 기업의 **사회적 책임**(social responsibility)이라고 한다.

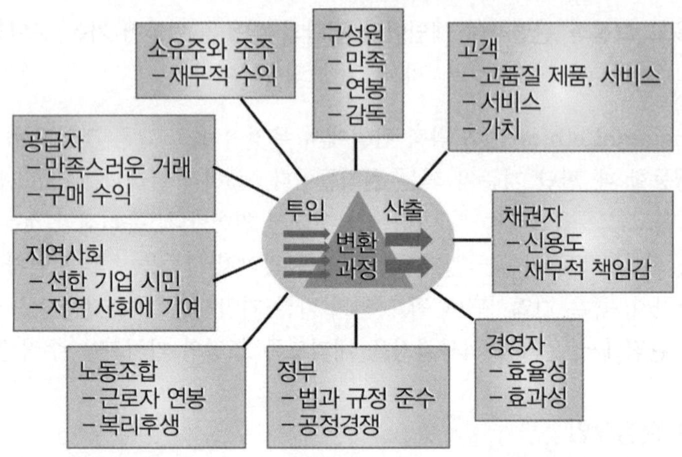

(5) 법과 제도

기업이 강제적으로 지켜야 하는 법과 제도를 의미한다.

3 조직윤리와 조직성과와의 관계 : 정의 관계

윤리경영은 장기적 측면에서 기업 가치를 극대화하기 위한 방법이다. **기업의 명성이 좋아짐**으로써 기업의 직·간접금융에서의 자금조달을 용이하게 하고, 그 비용을 감소시킴으로써 기업의 가치가 높아진다는 것이다.

결론적으로 기업 활동을 가치와 윤리성 측면에서 살펴보면 ① 이익도 올리지 못하고 윤리 수준도 낮은 기업은 사회에 해만 끼치므로 존재할 필요가 없고, ② 윤리는 등한시하면서 단기적 가치만 중요시하는 기업은 바람직하지 못하고, ③ 윤리는 강조하되 가치를 동반하지 못하면 기업은 기업으로서 존재할 수 없고, ④ 기업의 가치와 윤리수준을 잘 조화시킨 회사만이 사회적으로 존경을 받고 가장 바람직한 회사라 할 것이다.

즉, 일반적으로 **기업의 사회적 책임 행동과 재무 성과 간에는 긍정적인 관계가 있는 것**으로 나타났다. 또한 사람들은 높은 수준의 윤리와 사회적 책임을 수행하는 기업에서 일하고 싶어 한다.

4 조직윤리를 위한 구성요소

(1) 조직구조

기업윤리를 감독하기 위해 다양한 교차기능 집단(Cross-functional group)의 임원들이 모인 윤리위원회(Ethics committee)가 그 예이다. 윤리위원회는 문제가 되는 **윤리적 이슈에 대해 판정**을 내리고 **비윤리적 행위를 한 사람을 징계**하는 책임을 맡는다.

(2) 신고제도

내부고발(Whistle-blowing)이란 **회사 안에서 일어나는 불법적, 비도덕적, 비합법적인 일을 구성원이 폭로하는 것**을 말한다.

(3) 윤리규약(code of ethics)

윤리규약이란 **윤리와 사회적 책임에 대한 회사의 가치관을 공식적으로 표현한 것**이다. 경영원칙에 대한 기술서를 기업 신조(Corporate Credos)라고 부르는 경우도 있다. 존슨앤드존슨(Johnson & Johnson)의 "크레도(The Credo)"가 대표적이다. 구글도 '사악해지지 말자'라는 좌우명을 실천하기 위하여 7개의 행동규약을 정하여 잘 실천하고 있다(예 법을 준수한다, 고객에게 봉사한다 등).

제 2 절 조직윤리를 실천하기 위한 혼합조직

1 의의 및 당면과제

(1) 혼합조직의 개념

혼합조직이라는 것은 **하나의 조직 내에서 이익적 사명과 사회적 사명 두 가지 목적을 같이 추구하는 것을 의미**한다. 혼합조직은 재정적 자급자족(self-sufficient)을 추구하고, 동시에 창출한 이익을 사회적 또는 환경적 문제 해결에 사용한다. 이렇게 **재무적 자생력과 사회적 책임을 둘 다 갖도록 하는 양면적 압력으로 인하여, 영리 기업 및 비영리 조직 모두가 사회적 가치와 재무적 가치를 균형 있게 창출하는 혼합 조직 영역(hybrid zone)으로 이동하게 되었다.**

혼합형 사회적 기업들은 사회적 성과와 더불어 상업적 성과 창출을 위하여 설립되었지만, 매출이나 수익 창출에 우선하고 사회적 사명을 소홀히 하는 '사명 표류(mission drift)'의 위험에 직면할 수 있다. 혼합 조직에서 사명 표류가 일어날 위험성이 높다. 경영자와 직원들은 회사 운영과 그들의 일자리 유지에 도움이 되는 상업적 수익 창출에 좌우된다. 점차적으로 생존을 의미하는 상업적 활동을 우선하고, 사회적 자선 활동이 위축되는 현상이 자연스럽게 일어날 수 있다.

혼합조직의 경영자들은 **사회적 활동과 상업적 활동을 둘 다 균형 있게 추구하는 법을 배워야 한다.**

(2) 혼합조직의 당면과제 : 두 가지의 상반된 Logic 간의 모순을 해결해야 함

상업적 이익 로직
1. 경제적 이익을 위한 제품과 서비스 제공이 조직의 목적 2. 사회적 사명은 목적이 아니라 수단 3. 위계적 통제 중시 4. 주주들이 조직의 목적과 운영을 통제 5. 정당성은 기술적, 관리적 전문성에 의해 확보됨

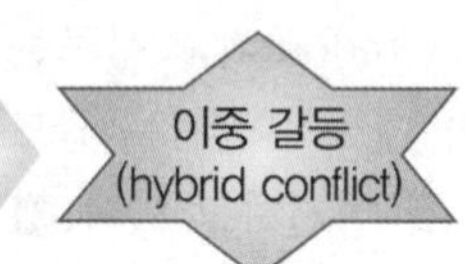

사회적 복지 로직
1. 지역 사회 욕구에 대응한 제품과 서비스 제공이 조직의 목적 2. 경제적 자원은 목적이 아니라 수단 3. 민주적 통치 중시 4. 지역 이해관계자들의 높은 참여와 의사표현 5. 개인의 정당성은 사회적 사명에 기여하는 것에 의해 확보됨

직원들의 개인적 믿음, 가치관, 기호 등 소위 로직(logic)이라는 것이 존재한다. 여기서 **'로직'이란 어떤 조직의 행동을 특정한 방향으로 인도하는 개인의 기본 가정, 가치관, 믿음 등을 의미한다.**

혼합조직에는 상업적 로직과 사회적 복지 로직 2개의 로직이 작용한다. **상업적 로직은 경제적 이득이나 이익을 위하여 제품과 서비스를 판매하는 것에 초점을 둔다.** 이러한 관점에서는 분명한 일차적 목적은 이익이며, 사회적 사명은 단순히 이익 창출을 위한 부차적 수단에 불과하다. 통제 방식은 수직적 위계 구조이며, 업무 목적과 운영에 관한 주요 의사결정은 주주 가치 재고를 지향해 이루어진다. 상업적 로직에서는, 회사가 존재하는 정당성(legitimacy)의 기반이 경쟁에서 승리하는 기술적 관리적 전문성에 있다.

반면 **사회적 복지 로직(social welfare logic)은 회사의 제품과 서비스 판매를 오직 사회적 욕구에 대응한 메커니즘으로서 인식**한다. 사회적 복지 로직에서 통제방식은 민주적이다. 조직의 정당성은 사회적 사명에의 기여와 몰입을 통해 확보된다.

- 상업적 로직 : 제품과 서비스의 주목적을 경제적 이득으로 생각한다.
- 사회적 복지 로직 : 제품과 서비스 그리고 이익을 목적이 아니라 사회적 목적을 달성하기 위한 수단으로 본다.

2 상업적 목표와 사회복지 목표 동시 달성을 위한 조직설계(혼합조직의 설계 방안)

조직목표에 대하여 상반된 사고방식과 가치관을 가진 사람들을 조직화하기 위해서는 부서 분할, 신중한 직원 선발, 강력한 리더십 등의 다양한 구조와 기법들이 활용될 수 있다.

(1) 부서 분할을 하는 경우

사회적 혼합 조직의 목표를 달성하기 위한 조직화 방법에는 두 가지 선택지가 있다. 첫째, **모든 구성원들을 하나의 부서로 묶는 통합구조(integrated structure)**를 택할 수 있다. **단일의 산출물을 만들어내는 연속성 있는 과업일 경우에는 하나의 부서로 직원들을 통합하는 것이 보다 효율적, 효과적**이다. 둘째, **업무흐름(workflow)과 고객의 속성에 따라 2개의 부서로 분할하는 것이 좀 더 효과적**이다.

1) 통합구조의 예시 : 단일의 제품 혹은 서비스 산출

레볼루션 푸드(Revolution Food)는 구성원들을 단일 부서로 묶어 일하게 하여 어린이 복지와 회사 이익이라는 두 마리 토끼를 다 잡을 수 있었다. 레볼루션 푸드는 미국 내 저소득층 학생들에게 영양가 있는 점심 제공을 목적으로 설립되었다. **회사의 주목적은 예산이 부족한 학교의 어린이들에게 보다 질 좋은 음식을 제공하는 것이었다. 이 경우 전체 구성원들을 하나의 부서로 묶고 1명의 관리자를 두어 운영 효율성(operational efficiency)을 추구하고 어린이 복지를 총괄 책임지게 하였다.** 직원들은 식료품을 만들고 판매하는 일을 하면서, 학생들로 하여금 영양 관련 교육을 받게 하고 새로운 음식 메뉴 개발, 음식 맛에 대한 반응 조사 등을 같이 수행할 수 있었다.

2) 부서 분할의 예시 : 분리된 과업 수행

한편 어떤 한 프랑스 회사는 **장기 실업자들을 재교육하고 이들을 취업시키는 경영 목표**를 가지고 있었다. 이러한 목표 달성 과정에서는 첫째, 중고 가전제품을 수집하고 수리하여 중고 가게에서 재판매하도록 사람들을 훈련시키기, 둘째, 일자리 탐색, 이력서 작성, 면접 등 구직 활동을 지원하기라는 활동을 전개하였다. 경영진은 조직을 2개의 부서로 분할하여 하나는 **기술전문가들에 의해 운영되는 가전제품 수리부서**와 다른 하나는 **사회복지사가 후원하는 사회 복지 제공부서로 부서를 분할**하였다. **이렇게 가치관 로직과 전문성에 입각해 사람들을 독립된 부서로 분할하면서 효과적인 조직이 되었다.** 이를 통해서 이 회사는 **2개의 상반된 활동(이익, 사회복지)은 별도 조직으로 분할하여 수행하는 것이 조직 효과성(effectiveness)을 높이는 핵심임을 알게 되었다.**

(2) 균형적 사고방식을 가진 직원 고용하기

사회복지 마인드와 이익 마인드를 갖춘 균형된 시각의 사람을 찾기 어려운바, 사전 업무경험이 거의 없는 사람(백지상태의 직원을 채용)들을 채용하여 상업적 로직과 사회적 로직을 동시에 갖도록 훈련을 시키는 것이다. 이에 기술적 전문성과 사회적 전문성 함양을 위한 OJT(On－the－Job Training) 훈련을 실시하고, 균형된 훈련 프로그램에 많은 자원을 투입하는 방안 등이 있다. 이러한 거시적 관점으로 직원들에게 공통된 균형된 정체성을 형성시키고 재무적, 사회적 두 측면에서 사업을 성공적으로 수행할 수 있다.

(3) 명확한 목표 설정과 효과성 측정

재무적인 측면을 평가하는 것은 상대적으로 쉽다. 매출, 수익 증가, 자산 수익률(ROA)와 같은 재무적 요인은 측정하기 쉽고, 널리 알려진 지표이다. 그러나 **사회적 지표를 측정하는 것은 쉽지 않다. 목표를 정교하게 설정하기가 쉽지 않고, 정량적 자료의 확보는 더욱 어렵다. 그라민 베올리아 워터(Grameen Veolia Water)의 경영자**들은 혼합 조직에서 목표 설정과 성과 측정 과정에서 자신들이 경험한 어려움을 다음과 같이 기술하였다.

> 그라민 베올리아 워터(Grameen Veolia Water)는 방글라데시의 시골 마을 빈민층에게 안전한 먹을 물을 충분히 제공하고자 하는 사명을 가지고 설립되었다. 그래서 회사는 이익을 목적으로 근처 지역의 학교와 기업들에게도 물을 판매하기 시작하였다. 그러나 사회적 미션과 사업적 미션이 서로 충돌하기 시작했다.
>
> 이에 관리자들은 명확하고 구체적인 목표와 평가 지표의 설정이 이익 목표와 사회적 목표 간 균형을 유지하는 데 도움이 됨을 깨닫고, 이익 목표와 **사회적 목표를 설정**하고 **평가 지표 개발**에 힘을 기울였다. 시골 마을 주민들과 함께 전문가들의 자문을 받아서, 다음과 같은 **네 가지 핵심 성과지표(Key Performance Indicator : KPI)를 설정**하였다. 이는 **(1) 회사 자원 대비 시골 지역을 위한 물 투자 비율, (2) 시골 지역에 진입 비율, (3) 시골 지역의 생수 소비율, (4) 회사의 물 서비스를 활용한 마을 주민의 수 등**이다. 이러한 우수한 목표와 성과 지표들은 사회적 목표와 이익 목표 두 가지 모두를 강화하는 효과가 있었다.

(4) 생각이 비슷한 회사와 협력하기

조직들은 동일한 조직군(Organizational population) 또는 가치사슬(value chain)에 속해 있는 그들의 주요 파트너들과 **"제도적 동질성(Institutional similarity)"을 갖는 경향**이 있다는 것이다. 즉, **비슷한 생각을 가진 회사와 협력함으로써 가치 중심의 접근을 유지**하는 것이다.

(5) 사회적 사명이 직원들 마음속에 살아있도록 하라

조직의 리더들이 **사회적 사명**을 구성원들 마음속에 살아 있도록 한다면 서로 다른 가치관 로직을 가진 구성원들 사이에 갈등을 최소화할 수 있다. 즉, 직원들에게 단순히 돈벌이를 넘어서 **비금전적 혜택을 제공**하여 의미가 있다고 느껴지는 직무를 구성하는 것이다. 직원들에게 사회적 사명을 일깨우고 적극적으로 표현하여 사회적 가치관을 심게 하는 방법이다. 웹사이트 Change.org은 **동정심이 많은 사람을 채용하고, 그리고 직원들에게 근무의 유연성, 일과 삶의 균형 지원과 같은 '라이프스타일' 직원 형태의 인센티브를 제공**함으로써 사회적 사명에 대한 직원들의 지지를 얻었다.

(6) 올바른 법적 틀을 선택하라

법적 인증을 받은 조직을 자선기업(Benefit corporation)이라 하며, **자선기업은 법적으로 명시된 이익 목적뿐만 아니라 사회 환경에 대한 긍정적 기여도 같이 표방하는 이익 추구 기업**이다. 자선기업으로 인증을 받음으로써 주주에 의한 법적 소송 위험이 없이 주주의 이익보다 사회적 또는 환경적 목표를 우선시할 수 있다.

PART 04

제 3 절 기업의 사회적 책임

1 의의 및 측정기준

(1) 의의

기업의 사회적 책임(Corporate Social Responsibility : CSR)은 경영자 윤리가 확장된 개념이며 구성원, 고객, 주주, 공동체, 지역사회와 같은 모든 **이해관계자의 복지와 이익에 기여할 수 있도록 의사결정을 하고 행동을 해야 하는 경영자의 노력**을 말한다.

(2) 측정기준

1) ESG 기준

이제 기업들은 **환경(Environment), 사회(Social), 지배구조(Governance)**라는 ESG 차원에서 성과를 평가받을 수 있다. ESG 평가점수는 다음과 같은 항목들에 대하여 0~100점 범위에서 평가한다.

- 환경(예 물 사용, 연료 관리)
- 사회적 자본(예 고객 개인정보, 지역사회 개발)
- 인적 자본(예 다양성 기회, 보상과 복리후생)
- 비즈니스 혁신(예 제품의 사회적 가치, 품질과 안정성)
- 리더십과 지배구조(예 기업윤리, 임원 보상)

2) 지속가능성에 대한 평가 : TBL(Triple Bottom Line)

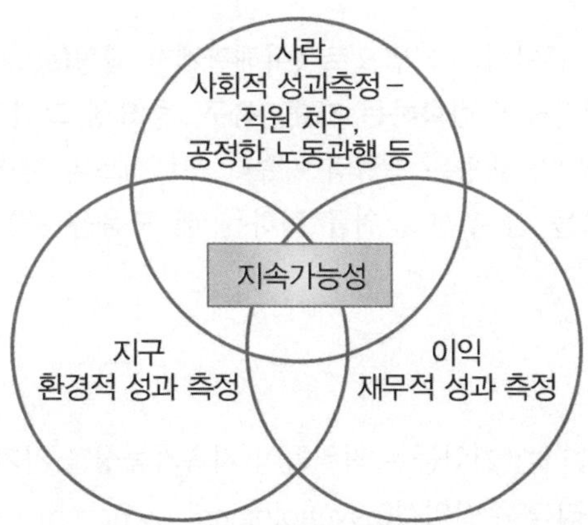

지속가능성(sustainability)이란 환경에 대한 사회적 책임을 지키면서 부를 창출하는 능력을 말한다. 이는 미래 세대의 욕구 충족을 위하여 환경과 사회를 보존하면서 동시에 주주들의 욕구도 충족시키는 것을 의미한다. 지속가능성이라는 경영 철학을 가지고 경영자들은 기업의 사회적 책임을 다하면서 재무적 목표가 달성될 수 있도록 사회 환경적 요인을 감안하여 전략적 의사결정을 한다.

지속가능성을 수용하는 기업들은 그들의 성공을 세 가지 관점에서 평가한다. TBL은 기업의 **사회적 성과, 환경적 성과, 재무적 성과**라는 세 가지 측면의 성과를 평가하는 것을 말한다. 이는 '3p'라고도 하며, **사람(people), 지구(planet), 이익(profit)을 의미**한다.

'사람' 측면은 기업이 얼마나 사회적 책임감이 있느냐를 보는 것이며, '지구' 측면은 기업이 환경적 지속가능성에 기여한 정도를 의미하고, '이익'은 문자 그대로 기업의 수익성을 평가하는 것이다. 3P 관점의 성과 측정은 관리자들로 하여금 사회와 자연 환경에 주는 피해에 대한 고려 없이 맹목적 이익 추구 행위를 지양하고, 사회적, 환경적 요인을 고려한 경영 활동을 촉진한다.

3) 깨어 있는 자본주의

깨어 있는 자본주의(conscious capitalism)란 공유가치 기반의 접근(shared value approach)이라고도 하며, 기업의 경제적 성공을 촉진하고 동시에 지역 사회의 경제적 사회적 여건도 발전시키는 조직 정책과 관행을 의미한다. 즉, 주주뿐만 아니라 구성원, 고객, 공급자, 지역사회에 균형 있는 관심을 가짐으로써 돈벌이 이상의 보다 높은 차원의 목적을 가지고, 사람들에게 최선의 것을 가져다주며, 신뢰와 존경을 불러일으키는 것을 의미한다.

4) 조직 이해관계자 관리

조직은 **이해관계자들의 다양한 욕구와 관심을 균형성 있게 고려**하여, 업무 목표를 설정하고 효과적으로 실행해 나간다. 이를 두고 조직의 주요 이해관계자의 욕구를 파악하여 다양한 조직 활동들과 통합하는 이해관계자 관점의 접근(stakeholder approach)이라고 한다. **이해관계자(stakeholder)는 조직의 성과에 이해 관계가 있는 조직 내부 또는 외부의 어떤 집단을 의미한다.** 각 집단의 만족 수준은 조직의 전반적 성과와 효과성 지수로 평가될 수 있다.

여기서 최근 관심이 증가하는 기법으로 〈**이해관계자 맵핑(stakeholder mapping)**〉이 있다. 이는 **다양한 이해관계자들의 변화하는 기대, 욕구, 중요성 그리고 상대적 힘을 규명하는 체계적 접근법**이다. 이해관계자 맵핑은 특정의 이슈나 프로젝트와 관련된 **핵심 이해관계자가 누구인지 파악하거나 또는 그들 간 우선 순위를 정하는 데 도움을 주는 기법**이다.

2 조직구조의 설계

(1) 심리적 주인의식

지속가능성 전쟁에서 승리한 기업들은 직원들이 **지속가능성을 자기 것으로 '소유(own)'하도록 하는 여건을 조성**해왔다. 심리적 주인의식(psychological ownership)이란 사람들이 어떤 흥미로운 대상이나 아이디어에 대하여 느끼는 소유와 연결의 감정을 말한다. 구성원의 주인의식은 직무만족, 참여도, 생산성과 이익 등을 높인다.

(2) 이해관계자와 지속적 대화

지속가능성 관점의 비즈니스 방식은 구성원, 고객, 주주, 공급자, 지역사회 등 모든 이해관계자들을 위한 가치를 창조하는 방향으로 기업 생태계(ecosystem)를 재정립하고 있다. 예를 들어 **어떤**

단일 기업도 혼자만의 힘으로는 중요한 사회적, 환경적 문제들을 해결할 수 없고, 산업적 협력을 통해 지속가능경영을 실현시킬 수 있다. 지속가능성 성과의 상당 부분은 핵심 이해관계자들과 지속적인 대화로부터 나온다. 이해관계자들과 정기적인 대화를 함으로써 경제적, 사회적, 환경적 그리고 규제적 변화에 대한 예측과 대응을 더 잘 할 수 있다.

(3) 핵심성과지표 설정

지속가능성 계획은 그것이 조직의 전략 계획 수립 과정과 별개의 것이 아닌 그 일부로 존재할 때 더욱 효과적이다. 즉, **효과적인 실천을 위해서는 주요 가시적 목표와 연계된 핵심성과지표(Key Performance Indicator : KPI)를 설정하여 명확한 책임을 부여할 필요**가 있다. 로열 더치 쉘(Royal Dutch Shell)은 임원 연봉 인상과 탄소 배출량을 연계시킨 최초의 에너지 회사가 되었다.

3 Carroll(1991)의 CSR피라미드(The Pyramid of Social Responsibility)

Carroll에 따른 기업의 사회적 책임은 아래와 같다.

(1) 경제적 책임(Economic Responsibilities)

기업의 이익을 극대화, 회사 경쟁력 유지, 효율성 유지를 위한 수익 창출을 의미한다.

(2) 법적 책임(Legal Responsibilities)

법적 책임은 **법을 준수하고 법적 요구사항을 충족하는 것**을 의미한다.

(3) 윤리적 책임(Ethical Responsibilities)

윤리적 책임은 **도덕적 규범을 따르고 존중하며 기업의 진실성과 윤리적 행동이 법과 규제를 준수하는 것 이상으로 필요하다고 인식하는 것**을 의미한다.

(4) 자선적 책임(Philanthropic Responsibilities)

자선적 책임은 자선활동과 자선적 단체의 기대에 부합하는 방식으로 기부 혹은 자선과 같은 사회공헌활동에 참여하여 **지역사회의 삶의 질을 개선하고 향상시키는 것**을 의미한다.

CHAPTER PART 04 조직차원

11 | 조직문화와 통제

제1절 조직문화의 개념과 기능

1 조직문화

조직문화의 대가인 샤인(Schein)은 어떤 조직을 다른 조직과 구별되게 하는 것은 구성원들의 공통적 가치 시스템(system of shared meaning)이라고 정의한다. 한편 고전적인 관점에서 조직문화는 **조직의 구성원들이 집단적으로 공유하는 기본적 가정, 가치·신념·규범 등의 총체**다.

조직문화(Culture)란 조직구성원이 공유하고 있고, 올바른 사고방식과 행동방식으로 신입직원에게 전수되는 가치, 신념, 규범을 말한다. 조직문화는 2개의 계층으로 구성되는데, 표층에는 인공물(artifacts)과 관찰 가능한 행동(사람들이 옷을 입고 행동하는 방법, 기업이 사용하는 통제시스템과 권력구조의 형태, 조직구성원이 공유하는 상징, 이야기, 의식)이 있다. 이것들은 조직구성원의 마음속에 자리 잡고 있는 가치가 반영된 것이다. 가치와 믿음 신념, 사고과정은 무의식적인 것이지만 조직문화를 형성시키는 핵심요인이다.

2 조직문화의 기능

조직문화는 구성원들에게 조직의 정체성을 제공하고, 조직의 신념과 가치에 몰입하게 한다. 조직문화의 형성은 일반적으로 비전, 철학 또는 사업전략 등을 수립하고 실행했던 창업자 또는 초창기 리더에 의해 많은 영향을 받는다.

문화는 조직에서 두 가지 기능을 한다. ① **문화는 구성원들을 통합하여 서로 사이좋게 지내는 방법을 알게 해준다.** ② **문화는 조직이 외부환경에 적응할 수 있도록 도와준다. 내부 통합(internal integration)**이란 구성원들이 집단 정체성을 개발하고 효과적으로 함께 일하는 방법을 아는 것을 의미한다. **외부 적응(external adaptation)**은 조직이 어떻게 목표를 달성하고 환경을 다룰 것인지에 관한 것이다. 문화는 특정 목표를 달성하도록 구성원의 일상적인 활동을 지도한다. 문화는 조직이 고객의 요구나 경쟁자의 움직임에 신속하게 반응할 수 있도록 도와준다. **조직문화는 명시적 규정이나 정책 없이도 구성원이 어떻게 의사결정을 해야 하는지도 알려준다.**

3 조직문화와 해석 : 조직문화가 조직에 전파되는 수단

조직문화는 관찰 가능한 인공물을 통해 확인할 수 있으며 이것을 통해 문화의 특징을 해석할 수 있다. 문화는 관찰할 수 있는 몇 가지 요소를 보여주고 있다. 이 요소에는 의례의식, 이야기와 속담, 상징, 조직구조, 권력관계, 통제시스템이 포함된다.

(1) 의례의식(rites and ceremonies)

조직 내에서 이루어지는 **정교하게 계획된 이벤트 활동**이다.

(2) 이야기와 속담

이야기(stories)는 **조직의 실제 사건에 기반을 둔 경험담**으로, 조직구성원들이 신입직원이나 외부인에게 조직을 설명할 때 자주 사용된다. 많은 이야기들이 **조직의 영웅에 관한 것**이다. 영웅(heroes)은 조직의 문화적 규범과 가치관이 무엇인지를 잘 나타내주는 일종의 역할 모델이다. 어떤 것들은 역사적 사건이나 허구적으로 미화되어 전설(legends)처럼 전해지기도 한다. **속담(sayings)은 구글의 "사악해지지 말자"와 같이 핵심적인 문화 가치를 요약하는 좌우명이나 경구를 말한다.**

(3) 상징(Symbol)

상징은 조직 속에 깊이 자리 잡고 있는 **가치가 상징화되는 것**으로 **조직의 물리적 창작물**도 상징이 될 수 있다.

(4) 조직구조

조직이 어떻게 설계되어 있는가를 보면 그 조직의 문화를 알 수 있다. 예를 들어 **노드스트롬(Nordstrom)의 조직구조는 하급 직원에게 권한을 위양하고 지원하는 것을 중요시함을 알 수 있다.** 노드스트롬은 특별한 고객 서비스로 유명하다. **이 회사의 조직도를 보면 경영자가 직원을 통제하기 위해 존재하는 것이 아니라 고객에게 서비스를 제공하는 직원들을 지원하기 위해 존재하는 사람이라는 것을 상징적으로 나타낸다.**

(5) 권력관계

권력관계를 살펴보면 누가 영향력을 행사하고 누가 그런 능력을 가졌는지를 알 수 있다. **조직의 핵심권력자는 누구인가?** 어떤 기업에서는 재무 담당자가 막강한 권력을 가지고 있는 반면, 다른 기업에서는 기술자와 설계사들이 권력을 가지고 있다. 권력관계가 공식적인지 아니면 비공식적인지의 여부를 통해서도 문화 특성을 알 수 있다. 어떤 기업은 **권력 기반을 계층상의 직위에 두고 있으며, 또 어떤 기업은 지식이나 뛰어난 자질과 능력에 두고 있다.**

(6) 통제시스템

조직이 구성원과 조직운영을 통제하는 시스템이나 내부활동과 관련된 것이다. 통제시스템을 통해서도 조직문화의 파악이 가능하다. 예 **수평적 통제 → 민주적, 수직적 통제 → 권위적**

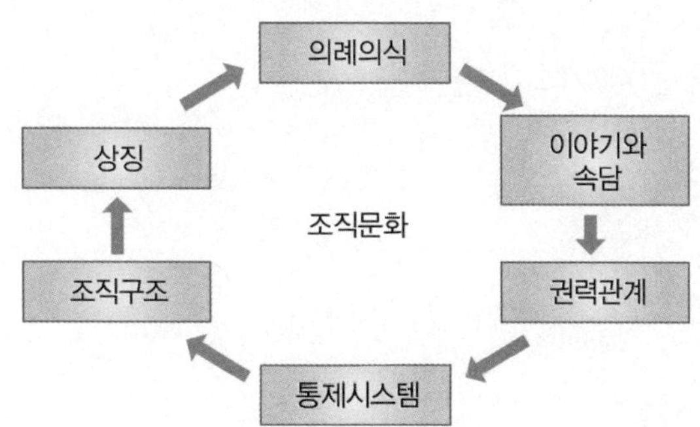

4 문화 강도와 하위 문화

(1) 의의

문화 강도(Culture Strength)란 조직구성원이 조직 가치의 중요성에 동의하는 정도를 말한다. 조직 가치의 중요성에 대한 광범위한 합의가 이루어졌다면 그 문화는 응집력이 있고 강하다고 말할 수 있다. 그렇지 않으면 약한 문화이다. **강한 문화는 명확한 가치관과 사회적 규범을 가지고 있다는 것을 나타낸다.** 다시 말하면, 구성원들이 회사가 자신들에게 기대하는 것이 무엇인지를 알고 있다.

한편 조직 내에는 다양한 **하위문화(subculture)**가 있다. **하위문화는 팀이나 부서의 구성원들이 공통문제, 목표, 경험을 공유하면서 형성**된다. 기업의 지점은 본사와 물리적으로 분리되어 독특한 하위문화를 만들 수 있다.

(2) 강한 문화(strong culture)의 장 · 단점

1) 장점

① 문화가 강하면 그것이 구조가 되고 규정이 되어 저절로 구성원을 관리할 수 있기 때문에 **관리 비용이 감소**한다.

② 강한 조직문화는 **응집력을 높여 조직몰입을 증가**시키고, **응집력을 증가**시키며, **충성심을 고양**시킬 수 있다.

2) 단점

① 강한 조직문화는 집단을 **폐쇄적**으로 만들어 **변화에 적응하지 못하도록 만든다.**

② 환경변화에 대응하기 위해 **조직변화가 필요할 때 강한 조직문화는 큰 저항으로 작용**할 수 있다.

PART 04

제 2 절 조직문화의 구성요소

1 샤인(E. H. Schein)의 조직문화의 계층체계론

샤인은 조직문화의 구성요소 및 항목을 세 가지 범주로 나누고 그것을 **인식 수준(level)에 따라서 세 개의 계층(layer)으로 체계화해서 설명**한다. 구체적 내용은 다음과 같다.

인위적 · 명시적 요소들	인공물 및 창작물(artifacts and creators) - 가치 · 예술 · 가시적인 행동양식	가시적 수준 - 가시적이지만 때로는 그 배후에 있는 의미를 해독하기 어려움
	↑ ↓	↑
추구하는 가치	가치관(values) - 추구하는 가치 - 물리적 환경에서 옳고 그름을 가려낼 수 있음 - 구성원 간의 합의(사회적 합의)에 의해 옳고 그름을 가려낼 수 있음	비교적 높은 의식(awareness) 수준
	↑ ↓	↑
공유하는 암묵적 가정	기본적 가정(basic assumptions) - 믿음과 전제 - 환경과의 관계에 대한 가정 - 현실 · 시간 및 공간의 본질에 대한 가정 - 인간의 본성에 대한 가정 - 인간 행동의 본질에 대한 가정 - 인간관계의 본질에 대한 가정 등	잠재적 수준 - 당연한 것으로 여기는 것 - 비가시적 - 의식 이전(preconscious)의 영역에 존재 - 가치와 행동을 좌우하는 원천

(1) 인공물 및 창작물(Artifacts and Creators) : 가시적 수준

조직구성원들이 **가시적 · 명시적 수준에서 공유하는 구체적인 상징과 표현**이다. 예를 들어 조직에서 볼 수 있는 기술, 예술, 행동양식 등이다.

(2) 가치관(Values)

가치관(values)이란 **조직구성원들이 바람직하고 중요하다고 인식하는 것**을 말한다. 가치관은 조직구성원들이 뚜렷하게 보고 인식해 공유하는 것은 아니지만 **어느 정도 공유하면서 지각하고 인식하며 의식(awareness)하는 수준에 존재하는 것**이다. 조직구성원들이 공유하는 가치의 개념은 규범(norms)의 개념과 관계를 갖는다. 조직구성원들은 규범에 근거해 조직에서 어떤 행동이 당연하고 옳고 그른가를 의식한다.

(3) 기본적 가정(Basic Assumptions)

기본적 가정이란 어떤 사물이나 일의 존재와 그 존재의 본질 및 당위성에 대해 **당연하게 받아들일 수 있는 믿음과 전제**를 의미한다. 인간이란 무엇인가, 악한 존재인가 선한 존재인가와 같은 **기본적인 어떤 믿음이나 전제**를 의미한다. 기본적 가정은 **매우 추상적**이다. 이는 조직구성원이 공유하며 표출하는 의식적 혹은 명시적 수준의 여러 문화 항목의 근원을 이룬다.

2 Pascale과 Peters

(1) 의의

조직문화에 관한 모형 중 **실무계**에 가장 많이 알려진 7S 모형은 일본 조직과 미국 우수 조직의 조직문화 연구에서 제시되었는데 조직문화를 구성하는 **일곱 가지의 주요 요소들이 모두 S자로 시작되기 때문에 7S 모형으로 명명되었다.**

(2) 구성요소

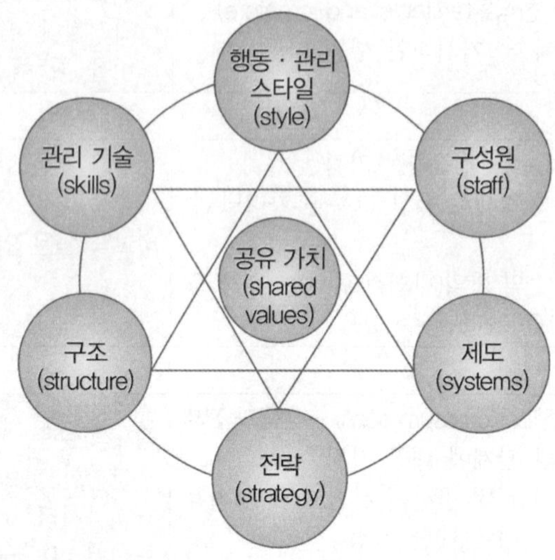

1) 공유 가치(Shared Value)

공유 가치는 조직체 **구성원들이 공유하고 있는 가치관과 이념**, 그리고 전통 가치와 조직의 기본 목적 등 조직구성원들에게 유도하는 지도 목표 또는 공유 가치이다. **이러한 공유 가치는 조직문화의 다른 여섯 가지 구성 요소에 지배적인 영향을 줌으로써 조직문화 형성에 가장 중심적인 위치를 차지한다.**

2) 리더십 스타일(Style)

유클(Yukl)은 리더십을 "무엇을 해야 하고 그것을 어떻게 하는 것이 효과적인가를 다른 사람들이 이해하고 동의하도록 영향력을 행사하는 과정과 이렇게 공유된 목표를 달성할 수 있도록 개인 및 집단의 노력을 촉진하는 과정"으로 정의한다. 따라서 리더십은 **전반적인 조직관리 스타일**로서 조직구성원의 행동 조성은 물론 그들 간 상호 관계와 **조직체 분위기에 직접적인 영향**을 주는 중요한 요소다.

3) 인력 구성(Staff)

조직문화는 구성원들의 행동을 통해 실제로 관찰할 수 있다. 조직문화의 구성요소로서 구성원은 조직의 인력 구성과 구성원들의 능력, 전문성, 가치관과 신념, 욕구와 동기, 지각과 태도, 그리고 그들의 행동 유형 등을 의미한다. 구성원의 가치관과 행동은 조직이 추구하는 기본 가치에 의해 많은 영향을 받고, 인력 구성과 전문성은 조직이 추구하는 경영전략에 의해 지배받는다.

4) 관리 시스템(System)

관리 시스템은 조직의 기본 가치와 일관성이 있고 장기적인 전략 목적 달성에 적합한 보상제도와 인센티브, 경영정보와 의사결정 시스템, 경영계획과 목표 설정 시스템, 결과 측정과 조정 및 통제 등 **경영 각 분야의 관리제도와 절차를 포함**한다.

5) 구조(Structure)

구조는 **조직의 전략을 수립하는 데 필요한 하나의 틀**로서 조직구조와 직무설계, 그리고 권한관계와 방침 등 구성원들의 역할과 그들 간의 상호 관계를 지배하는 공식 요소를 포함한다. 즉, 조직구조는 조직구성원들의 유형화된 상호작용을 의미한다. 따라서 구조는 관리 시스템과 더불어 **구성원들의 일상 업무 수행과 행동에 많은 영향을 준다.**

6) 전략(Strategy)

전략은 조직의 장기 발전 방향과 기본 성격을 결정하는 경영전략으로서, 조직의 장기적인 목적과 계획, 그리고 이를 달성하기 위한 장기적인 자원 배분 유형을 포함한다. 조직의 전략은 조직의 이념과 목적, 그리고 기본 가치 중심으로 이를 달성하기 위한 **조직 운영에 장기적인 방향을 제공함으로써 다른 조직문화 구성 요소에도 많은 영향을 준다.**

7) 관리 기술(Skill)

조직의 여러 가지 투입물을 조직이 목표하는 산출물로 변환시키는 데 이용되는 지식, 도구, 기법 그리고 활동을 말한다. **기술은 투입물이 어떻게 산출물로 변환되는가 하는 변환 방법에 관한 것**이다. 따라서 기술은 조직문화를 구성하는 중요 요소로서 **소프트웨어 기술도 포함하는 개념**이다. 또한 **동기부여, 갈등관리 등 조직체 경영에 적용되는 관리 기술 및 기법도 포함**한다.

(3) 시사점

이러한 7가지 구성요소는 **상호 연결성 및 의존성이 높을수록 독특하고 뚜렷한 조직문화를 발현**시키는데, 바람직한 조직문화의 개발은 이들 일곱 가지 요소를 상황 적합적으로 개발함으로써 달성될 수 있다고 한다. 즉, **7가지 요소가 적절하게 상호작용하면서 바람직한 조직문화를 개발하여 기업 전체 성과에 영향을 주는 것이라고 할 수 있다.**

제 3 절 조직문화의 유형

1 Quinn

① 경쟁적 환경이 조직의 유연성을 요구하는지 아니면 안정성을 요구하는지, ② 조직의 전략적 초점이 내부지향적인지, 아니면 외부지향적인지에 따라 조직문화를 4가지 유형으로 나눈다(Quinn). 이 두 차원에 따라 적응문화, 성취문화, 동족문화, 관료문화가 도출될 수 있다. 네 가지 유형은 문화적 가치, 전략, 구조 및 환경 사이의 적합성과 관련이 있다. 각각의 유형은 외부환경의 요구와 조직의 전략적 초점에 따라 그 효과성이 달라진다.

	내부통합	외부지향
유연성 강조	관계지향 문화 (clan culture)	혁신지향 문화 (adhocracy culture)
통제 강조	위계지향 문화 (hierarchy culture)	시장지향 문화 (market culture)

(1) 관계지향 문화 : 인간관계 모형

관계지향에서 추구하는 가치는 **조직 내 가족 공동체적인 인간관계의 구축과 유지에 있다. 구성원들의 소속감, 상호신뢰, 참여 등 가치가 중요시**된다.

(2) 혁신지향 문화 : 개방체계모형

혁신지향에서는 **조직의 유연성이 강조되고 외부환경에의 적응에 높은 가치**를 둔다. 해당 조직문화에서는 **혁신 및 창의성이 강조되어 구성원들은 과거의 관성으로부터 탈피하여 새로운 일을 주로 하게 된다.**

(3) 위계지향 문화 : 내부프로세스 모형

위계지향 문화에서는 **조직의 안정적 기반 위에서 조직 내 효율성을 강조**한다. 해당 문화에서는 **조직 내 질서와 규정에 따른 과업 및 규칙준수**를 중요하게 여긴다.

(4) 시장지향 문화 : 합리적 목표 모형

시장지향 문화는 **조직의 성과달성과 과업수행에 있어서의 생산성에 강조**를 둔다. 예를 들어 **시장점유율, 목표달성 및 이윤창출이 핵심 목표**가 되어 중요한 가치가 된다.

2 Denison의 조직문화 분류

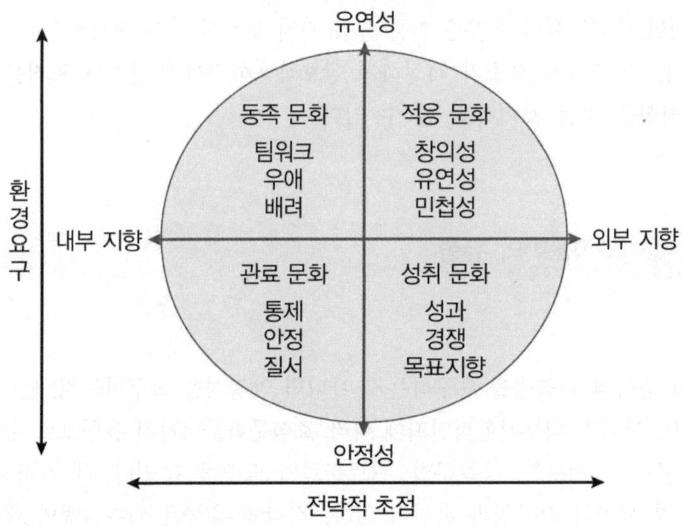

(1) 적응문화

적응문화(Adaptability culture)는 전략적 초점이 외부 지향적이고 유연성과 변화를 통해 고객의 요구를 충족시키고자 할 때 적합한 문화이다. 환경이 주는 신호를 탐색하고 해석하여 새로운 대응책을 개발할 수 있는 기업적인 가치, 규범 및 신념을 강조한다. 그들은 적극적으로 필요한 변화를 창출한다. 그들은 **혁신, 창조성 그리고 위험추구성향을 중요시하고 보상**한다. 마케팅, 전자, 화장품 산업에 있는 많은 회사들과 같이 대부분의 인터넷 기반 회사는 적응문화를 가지고 있다. 왜냐하면 그들은 고객을 만족시키기 위해 신속하게 움직여야 하기 때문이다.

(2) 성취문화

성취문화(Achievement Culture)는 조직의 목적을 명확하게 하고, 그 목적을 달성하기 위해 매출 증가, 수익성 또는 시장점유율과 같은 목표 달성을 강조한다. 구성원들은 구체화된 개인의 성과목표에 책임을 지며, 조직은 그 성과에 대해 보상한다. **환경은 비교적 안정적**이어서 경영자는 비전을 측정 가능한 목표로 전환할 수 있으며 그 목표 달성에 기여한 구성원의 성과를 평가할 수 있다.

(3) 동족문화

동족문화(Clan Culture)는 조직구성원의 몰입과 참여를 통해 외부환경에 빠르게 대응하는 문화이다. 이 문화에서는 높은 성과를 달성하기 위해 구성원들의 요구에 귀를 기울인다. 이를 통해 구성원들의 자연스러운 **몰입과 참여, 책임감과 주인의식 그리고 조직에 대한 헌신을 이끌어낸다.** 동족문화의 중요한 가치는 구성원을 배려하고, 생산적이고 만족스럽게 일하는 데 필요한 모든 것을 제공하는 것이다.

(4) 관료문화

관료문화(Bureaucratic culture)는 전략적 초점이 내부지향적이며, 안정된 환경에서 요구하는 일관성을 지향한다. 관료문화는 사업 수행에 대한 체계적인 접근을 지원한다. 개인의 몰입 정도는 다른 문화에 비해 낮지만, 일관성, 순응, 구성원 간 협력은 상대적으로 높게 형성된다. **이러한 조직은 높은 통합과 효율을 이끌어낸다.**

3 Deal & Kennedy

딜과 케네디는 **모험성(Risk propensity)과 시간성(Result feedback)에 따라 4가지 유형의 문화를 구분**하였다.

- 모험성 : **위험을 감수하고 변화를 쉽게 택하는 정도**로 벤처업계는 많고 관료조직은 약하다.
- 시간성 : 어떤 업무를 수행할 때 **최종 결과가 나올 때까지의 시간이 장기인지 단기인지**를 말한다. 은행과 정부조직, 대기업 등은 길고 컨설팅 업체, 할인점은 짧다.

<table>
<tr><th colspan="2" rowspan="2">구분</th><th colspan="2">모험감수성</th></tr>
<tr><th>고</th><th>저</th></tr>
<tr><td rowspan="2">시간성</td><td>단기</td><td>무법・남성형(tough guy / macho style)
〈레슬링〉</td><td>노력・유희형(work hard / play hard)
〈탁구〉</td></tr>
<tr><td>장기</td><td>전심 전력형(bet your company)
〈골프〉</td><td>관료・절차형(process)
〈마라톤〉</td></tr>
</table>

(1) 무법・남성형(tough guy / macho culture)

모험감수성이 높고 단기적이므로 거칠고 협동이 없는 개인주의이다. 과거에서 교훈을 얻지 못하고 **현재의 흐름과 유행만 따른다**(예 전자, 건설, 화장품, 컨설팅회사).

(2) 노력・유희형(work hard / play hard culture)

단기적이나 위험감수는 낮은 문화이다. 따라서 **서로 협조하며 팀으로 일하되** 저돌적이고 회식과 스포츠를 자주 한다. 그 대신 과거로부터 교훈은 얻지 못하고 **빨리 결정하여 실천**한다(예 할인점, 자동차판매, 부동산사업, 컴퓨터 업계).

(3) 전심 전력형(bet your company culture)

장기적이나 모험성이 강하여 창조적이며 의사결정을 신중히 한다. 기술력도 강하고 질서와 규정을 중시하되 환경변화에는 약하고 시간이 걸린다(예 항공, 정유, 플랜트장치산업, 자본집약산업).

(4) 관료・절차형(process culture)

모험도 피하고 장기적으로 일의 속도가 매우 느리며 차근차근 처리한다. 방어적이고 위계적 지시와 절차에 따르며 꼼꼼하되 창의적이지 못하다(예 은행, 보험회사, 정부, 대학).

4 Ouchi의 Z이론

(1) 의의 및 등장배경

오우치는 **전형적 미국 조직, 전형적 일본 조직, Z유형의 미국 조직 등 세 가지 유형의 조직문화를 분석**했는데 이러한 분석을 통해 조직 문화를 비교할 수 있는 다음과 같은 기준을 제시했다. **Z유형의 조직문화는 미국 조직의 문화와 전형적 일본 조직의 문화 중간 단계에 위치한 하이브리드 조직문화**를 일컫는다.

1970년대 이후부터 1980년대까지 미국기업의 생산성은 다른 선진국 나라에 비하여 현저하게 떨어졌다. 이에 Toyota와 같은 성공적인 일본기업들은 미국의 기업과 다르게 경영되고 있음을 발견하였다. 이러한 차이는 **가부장적 유교문화와 전통적인 사회주의라는 일본 특유의 문화가 조직구성원으로 하여금 충성심과 조직몰입에 영향을 주었음을 발견**했다. 이에 1981년 오우치(Ouchi)는 **미국과 일본에서의 보편적인 경영방식의 장점을 통합**한 Z이론으로 명명하였다.

(2) 유형별 비교표

조직 유형	전형적 일본 조직	Z유형의 미국 조직	전형적 미국 조직
고용	종신고용	장기고용	단기고용
평가	엄격한 평가와 느린 승진	엄격한 평가와 느린 승진	신속한 평가와 빠른 승진
경력경로	비전문화된 경력 경로	다기능적 경력	전문화된 경력 경로
통제	비공식적 · 암시적 통제	경로 비공식적 · 암시적 통제	공식적 · 가시적 통제
의사결정	집단적 의사결정	집단적 의사결정	개인적 의사결정
책임	집단 책임	개인 책임	개인 책임
인간에 대한 관심	총체적 관심	총체적 관심	개인의 조직 내 역할에 관심

1) A형 조직(미국식)

① 단기적인 고용
② 개인적인 의사결정
③ 개인적 책임
④ 단기적 평가와 승진
⑤ 통제기구의 명확화
⑥ 경력관리의 전문화
⑦ 종업원을 하나의 종업원으로만 보고, 부분적 관심을 가짐

2) J형 조직(일본식)

① 종신고용제
② 집단적 의사결정
③ 집단적 책임
④ 장기적 평가와 승진
⑤ 통제기구의 불명확화
⑥ 경력관리의 비전문화
⑦ 종업원을 하나의 인간으로 보고, 전반적인 관심을 가짐

3) Z형 조직

① **장기적인 고용** : 재훈련을 통한 인력재활용
② **집단적 의사결정** : 관리되는 모든 종업원이 주요 결정에 참여
③ **개인적 책임** : 관리자가 개인의 결정에 책임을 짐
④ **장기적 평가와 승진** : 연공이 아닌 능력에 의한 승진
⑤ **공식적인 통제기구를 가지면서도 비공식적 통제의 응용** : 규칙과 절차에 근거한 자기통제

⑥ 어느 정도의 경력관리의 전문화 : 직무순환을 통한 광범위한 능력개발

⑦ 가족을 포함한 전반적 관심 : 종업원의 직장생활과 직장 외 생활 모두 중요시됨

(3) 시사점

오우치는 일본적 조직관리 방식이 미국의 것에 비해 생산성을 높이는 데 우월하다고 주장하면서 미국식 관리방식은 업무의 세분화로 종업원이 직무로부터 의미를 찾지 못하고 무기력감을 유발하며 애사심도 사라지게 한다고 주장하였다. **미국의 단기적 업적평가와 성과주의 승진제도는 구성원끼리의 상호 협력을 방해하고 경쟁만을 초래한다는 것이다.**

오우치는 **첫째로, 일본식의 평생고용제도가 충성심을 유도하고 반사회적 행동을 예방하고, 이기적이고 부정적인 행동을 방지**해줄 수 있다고 주장한다. **둘째로, 장기적 관점의 업적평가와 느린 승진제도를 통해 완전한 사회화 이후의 평가를 중요시**한다. 즉, 사람이건 업적이건 오랫동안 두고 보아야 정확하다는 것이다. 이는 일본의 조직문화가 신뢰를 기반으로 발전하도록 하였고 노사관계의 안정을 가져와 조직성과에 이바지했다고 주장한다.

이에 따라 미국기업이 일본적 관리방식을 분별 있게 사용하여 성과를 올릴 수 있다고 주장한다. 이는 **일본적 방식(J이론)을 그대로 미국식 방식(A이론)에 복사하는 것이 아니라 적절하게 선별하여 중화시켜서(Z이론) 적용하라는 것인데 사실 Z이론 방식은 일본적 경영 방식과 거의 흡사**하다.

그럼에도 오우치의 Z이론은 ① **조직문화를 조직의 효과성에 영향을 미치는 주요 변수로 격상시켰다는 점과, ② 부분적으로 문화적 변수를 기준으로 하여 조직의 유형을 유용하게 제시했다는 점에서 의의**가 있다.

5 적응적 문화와 비적응적 문화(Kotter & Heskett)

적응적 문화란 조직문화가 적응과 변화에 적응하는 유연한 문화를 의미하고 **비적응적 문화는 변화는 관료적 성향을 가진 문화로 변화에 적응하지 못하는 문화를 의미**한다. 코터와 헤스켓은 조직문화와 성과 간에 긍정적인 관계가 있음을 제시하였다. **조직문화가 적응, 변화, 학습을 장려하는 속성을 갖고 있으면 높은 성과를 낼 수 있다는 것**인데 **이러한 속성의 문화를 적응적 문화라 분류**하였고, **그렇지 않은 문화를 비적응적 문화라고 명명**하였다.

(1) 적응적 문화(adaptive culture)

경영자는 고객, 이해관계자, 직원들에게 깊은 관심을 가지고 급변하는 환경에 잘 적응하는 긍정적 문화다.

(2) 비적응적 문화(nonadaptive culture)

질서와 통제를 중시하는 관료적 성향의 문화로 비적응적 문화의 구성원들은 수동적이고 위험회피적이며, 창의성이 낮은 부정적 문화를 의미한다.

조직문화와 성과

경영자의 가장 중요한 일 중 하나는 전략적 목표를 달성할 수 있는 조직문화를 형성하는 것이다. 그것은 조직문화가 성과에 상당한 영향을 미치기 때문이다. **'기업문화와 성과'라는 책에서 존 코터(John Kotter)와 제임스 헤스켓(James Heskett)은 문화적 가치를 의도적으로 관리하는 기업이 그렇지 않은 기업보다 우수한 성과를 낸다는 증거를 보여주었다.**

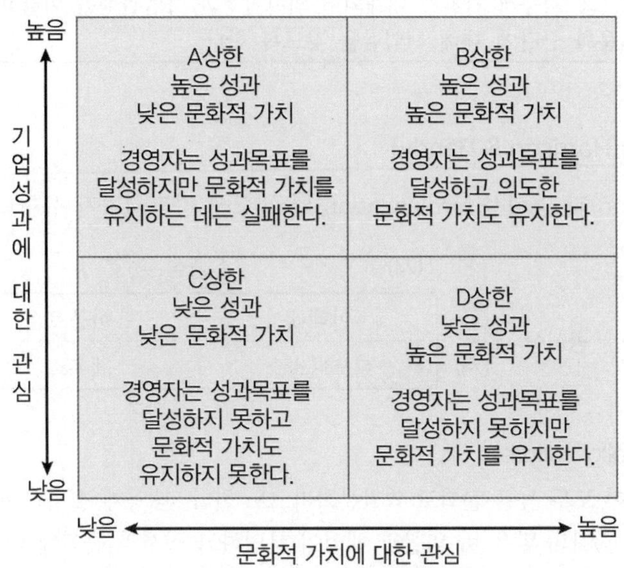

성공적인 기업은 경영자가 문화적 가치와 기업 성과 모두에 세심한 주의를 기울이는지를 평가하고 이에 대해 보상한다. 예를 들면 **C상한에 있는 경영자는 문화적 가치와 기업 성과 모두에 관심을 기울이지 않으며, 이런 기업은 오래 생존하지 못하는 경향이 있다. D상한의 경영자는 응집력이 높은 문화를 창출하는데 집중하지만, 조직 가치를 전략적 목표와 성과목표에 연결시키지 못한다.**

문화적 가치가 기업성과로 연결되지 않으면 어려운 시기에 조직을 도와주지 못한다. 예를 들면 레고 그룹의 기업문화는 1990년대 어린이의 놀이가 전통적인 장난감에서 비디오 게임으로 전환되어 판매가 급감했을 때 그 회사를 거의 파멸시켰다. 당시 레고는 D상한의 특성을 가지고 있었다. 기업성과가 아닌 상상력과 창의성이 그 회사를 이끌어나갔다. 경영자들은 아이들을 위해 훌륭한 일을 하고 있으니 재정적인 목표로 자신들을 방해하지 말라는 태도를 가지고 있었다.

A상한의 경영자는 기업성과에 주로 집중하고 조직 가치에 대해서는 관심을 갖지 않는다. 이런 접근방법은 단기적으로 성과는 내지만, 그 성공은 오래가지 못한다. 왜냐하면 조직을 하나로 묶어주는 '접착제', 즉 공유된 문화적 가치가 없기 때문이다. 우버(Uber)의 이사 아리아나 허핑턴(Arianna Huffington)은 다음과 같이 말했다.

"훌륭한 문화를 창조하는 것이 미래 성공의 열쇠가 될 것이다. 앞으로 우버에는 **똑똑한 멍청이**를 위한 자리는 없으며, 완전히 존경할만한 행동 외에는 어떠한 것에도 관용을 베풀지 않는다."

마지막으로 **B상한**에 있는 경영자는 조직성공의 동력으로 **문화와 기업성과를 동시에 강조**한다. 잭 웰치(Jack Welch)가 GE의 최고경영자였을 때 사용한 책임과 성과 관리방법에 대해 생각해보자. 웰치는 위험을 보상하고 책임과 측정가능한 목표가 개인 성공과 회사 수익성에 중요한 요인으로 작용하는 문화를 창출하여 GE를 세계에서 가장 성공적이고 존경받는 기업 중 하나로 만들었다. **B상한의 조직은 고성과 문화(high-performance culture)를 나타낸다. 이 문화는 ① 확고한 조직 사명이나 목적에 기반하고 있으며, ② 적응적 가치가 내재되어 의사결정과 사업관행을 이끌고 있으며, ③ 직원들이 기업성과와 조직문화 근간에 대해 책임감을 갖도록 한다.**

6 해리슨 & 핸디(Harrison & Handy)

집중성(centralization)**과 공식성**(formalization)의 정도에 따라 4가지 유형으로 문화를 나누었다.

		(저) 집중성	(고)
공식성	(고)	아테네	아폴로
	(저)	디오니소스	제우스

(1) 아폴로 문화(Apollo culture)

집중성과 공식성이 모두 높은 문화로 역할문화라고도 한다. 태양계 질서의 신이 지배하듯이 합리적이고 분석적이며 각자의 맡은 바 역할과 책임이 분명하고 질서와 규칙에 의해 통제되는 문화를 의미한다.

(2) 아테네 문화(Athena culture)

집중성은 낮지만 공식성은 높은 조직문화로 과업문화라고도 한다. 전시에는 전쟁을 평시에는 생업을 돌보는 지혜와 전술의 여신처럼 창의적 사고와 다양성을 조화시켜 협업 효과성을 극대화하는 매트릭스식 문화를 의미한다.

(3) 제우스 문화(Zeus culture)

집중성이 높지만 공식성은 낮은 조직문화로서 **가부장문화**라고도 한다. 공식성은 없지만 두려움과 인자함을 겸비한 가부장적인 신들의 신과 같이 비합리적이지만 카리스마적인 리더가 지배하는 문화유형으로서 중소기업에 적용 가능한 조직문화이다.

(4) 디오니소스 문화(Dionysus culture)

집중성과 공식성이 모두 낮은 조직문화로 **실존문화**라고도 한다. 자율적이고 비공식적인 술과 쾌락의 신처럼 조직 구성원들이 개별적 주체로 활동하되 자기의 역할과 책임은 스스로가 다하는 문화유형으로서 개인 정체성이 강조되고 느슨하고 유연한 인간관계가 특징이다.

7 숄츠&데니슨(Scholz & Denison)

Scholz는 조직문화의 차원으로 환경적 차원, 내부적 차원, 진화적 차원 등 세 가지를 제시하였다. 각 차원은 조직문화의 형성 요인인 외부환경에의 적응, 내부통합, 조직의 역사와 각각 연결된다.

(1) 환경적 차원

기업과 환경 간의 관계 및 그 관계를 다루는 방법이 가져오는 결과에 관한 것이다.

- 강인하고 억센 문화 : 높은 위험을 야기하고 행동결과에 대한 피드백이 빠른 환경을 가진 조직의 문화
- 열심히 일하고 잘 노는 문화 : 상대적으로 위험이 적으면서 피드백이 빠른 환경을 가진 조직의 문화
- 회사의 운명을 거는 문화 : 모험적인 의사결정을 요구하는 환경을 가진 조직의 문화
- 과정을 중시하는 문화 : 위험과 피드백이 거의 없는 환경을 가진 기업의 문화

(2) 내부적 차원

문제해결 태도와 관련된 기업 내부적 상황에 관한 것이다.

- 생산적 문화 : 생산과정이 기본적으로 일정하고 작업과정이 상당히 표준화되어 있으며 숙련기술이 많이 필요하지 않은 조직의 문화
- 관료적 문화 : 업무의 비일상성 정도가 생산문화보다 높으며 역할과 관련된 권한과 책임이 구체적으로 명시된 조직의 문화
- 전문적 문화 : 과업수행의 어려움과 과업다양성 관점에서 비일상성이 높고, 구성원들은 대부분 특정 분야에 대한 전문가들인 조직의 문화

(3) 진화적 차원

기업의 성장단계에 따라 나타나는 문화적 특징에 관한 것으로 기업의 성장단계를 명확하게 구분해 준다.

- 안정적 문화 : 기본적으로 내부지향적이고 과거 지향적인 조직의 문화
- 반응적 문화 : 내부지향적이면서 현재 지향적이고 최소한의 위험을 추구하며 변화를 거의 수용하지 않는 조직의 문화
- 예측적 문화 : 부분적으로는 내부지향적이고 부분적으로는 외부지향적인 문화로서 익숙한 위험을 추구하며 점진적인 변화를 수용하는 조직의 문화
- 탐험적 문화 : 외부지향적이고 위험과 이익의 상치관계를 고려하여 행동하며, 많은 변화를 수용하는 조직의 문화
- 창조적 문화 : 외부지향적이고 익숙하지 않은 위험을 매우 선호하고, 새로운 변화를 계속 추구하는 조직의 문화

이상에서 제시한 문화 유형들은 각 차원 간 적합성(fit) 정도에 따라 4유형으로 구분할 수 있다. 여기서 4유형은 Daft 책에서 소개된 적응문화, 사명문화, 동족문화, 관료문화를 의미한다.

8 고피와 존스(Goffee & Jones)

연대감(solidarity)과 사회성(sociability)에 따라 4가지 유형으로 구분하였는데 **연대감이란 구성원들이 비슷하게 생각하고 행동하는 정도를 의미**하며 **사회성이란 구성원들이 서로 친밀한 정도를 의미**한다.

		연대감 (저)	연대감 (고)
사회성	(고)	네트워크형	공동체형
사회성	(저)	단절형	실리형

(1) 단절형(fragmented)

연대감과 사회성 모두가 낮은 문화로 구성원들이 서로 거리감을 느끼며 공유하는 인식이나 가치관도 없다. 각자 자기 할 일만 열심히 하는 경우이다.

(2) 실리형(mercenary)

연대감은 높으나 사회성이 낮은 문화로서 구성원들 간 인식의 공유 정도는 크지만 서로 친밀하지 않은 경우이다. 필요할 때만 협력한다.

(3) 네트워크형(networked)

연대감은 낮으나 사회성이 높은 문화로서 서로 친하지만 각자 다르게 생각하고 자신의 일을 한다. 갈등은 적으나 협업의 빈도는 높지 않다.

(4) 공동체형(communal)

연대감과 사회성 모두가 높은 문화로 구성원들이 서로 친하면서 생각과 가치관도 공유하는 경우이다. 소통도 빠르고 상호 신뢰도도 높아 조직몰입이 높다.

9 마틴(Martin)

조직과 하위구성단위 간 문화의 통합성 여부에 따라 조직문화를 세 가지로 나누었다.

(1) 통합적 문화(integrated culture)

조직 전반에 걸쳐 일관성을 유지하는 조직문화를 의미한다.

(2) 분화적 문화(differentiated culture)

조직차원에서는 문화의 통합이 일어나지 않지만 그 구성단위 문화 수준 내에서의 통합이 존재할 때의 조직문화를 의미한다.

(3) 분절적 문화(fragmented culture)

특정 단위에서의 통합이 일어나지 않을 뿐만 아니라 개별 구성 단위 내에서조차 문화요소 간의 정렬(alignment)이 없을 경우의 조직문화를 의미한다.

10 트롬페나스(Trompenaars)

	수평주의		
인간중심	네트워크형	공동체형	과업중심
	단절형	실리형	
	계층주의		

(1) 인큐베이터형

수평주의를 지향하면서 개인 욕구 충족에 초점을 두는 조직문화로 신생 벤처기업들이 이러한 문화를 많이 가진다.

(2) 미사일형

수평주의를 지향하면서 과업성취를 중시하는 조직문화로 전문가집단이 이러한 문화를 가지는 경우가 많다.

(3) 가족형

수직계층을 중시하면서 인간중심적인 조직문화로 가부장적 특색을 가진 조직이 여기에 해당한다.

(4) 에펠탑형

수직계층을 중시하면서 과업성취에 초점을 두는 조직문화로서 엄격한 질서와 명령, 지시, 복종 등을 중시한다.

제 4 절 통제

1 개념 및 통제수단

2 Ouchi

윌리엄 오우치(William Ouchi) 교수는 실제 조직이 수행 가능한 세 가지 조직 통제 전략으로 관료적 통제, 시장 통제, 문화 통제를 제시하고 있다. 각각의 통제 전략은 서로 다른 유형의 정보에 기반을 두고 있지만, 한 조직 내에서 세 가지 전략이 동시에 시행될 수도 있다.

유형	요구 사항
관료적 통제	규칙, 표준, 위계, 합법적 권한
시장 통제	가격, 경쟁, 교환 관계
문화 통제	전통, 공유가치와 신념, 믿음

(1) 관료적 통제

관료주의 통제는 표준화된 규칙과 관리자의 합리적-법적 권한에 기반을 둔다. **관료적 통제(Bureaucratic control) 전략은 행동을 양식화하고 관료적인 업무를 평가하기 위해서 규정, 정책, 계층적 권한, 서류화된 문서, 표준화와 그 밖의 다른 관료주의적 메커니즘을 활용**한다. 관료적 통제는 베버에 의해 정의되고 UPS 사례에서 제시되었던 관료적 특징들을 사용한다. 관료적 규칙과 절차의 첫 번째 목적은 직원 행동을 표준화하고 통제하는 것이다.

합리적-법적 권한(rational-legal authority)은 규율의 합법성과 명령을 내릴 수 있는 위치에 있는 사람들의 권리를 인정하는 것에 기반을 둔다. 합리적-법적 권한은 대부분의 정부 기구를 구성하고 통제하는 것과 관련된 것이며, 전 세계 모든 조직에서 가장 흔히 사용되는 통제 기반이다. 전통적 권한(traditional authority)은 전통에 대한 믿음과 그런 전통을 통해 권한을 행사하는 사람들의 지위에 대한 합법성에 관한 것이다. 전통적인 권한은 군주와 교회 그리고 라틴아메리카와 페르시아만의 몇몇 조직에서 통제 기반으로 사용된다. 카리스마적 권한(charismatic authority)은 모범적인 인물 혹은 개개인의 영웅주의와 그런 사람들로부터 규정된 질서에 대한 헌신에 기초한다.

규정과 절차를 융통성 없이 맹목적으로 적용하면 머지않아 문제가 나타난다. 스타벅스 직원은 고객에게 샌드위치를 직접 건네는 것이 허용되지 않는다. 오직 불쾌하고 당황해하는 고객에게 계속해서 고함을 쳐야만 한다. 관리자들은 고객 서비스의 목표를 달성하기 위해 규정과 융통성의 가장 적절한 통합을 추구해야 한다.

(2) 시장통제

시장통제(Market control)는 가격경쟁을 통해 한 조직 혹은 주요 부서나 사업부의 산출물 또는 생산성을 평가하고자 할 때 발생한다. 시장 통제에 대한 개념은 경제학에서 시작되었다. 경영자들은 가격과 수익을 비교해서 기업의 효율성을 평가하기 때문에 **가격은 효율적인 통제 수단이 된다. 최고경영자들은 기업의 성과를 측정하기 위해 항상 가격 메커니즘을 사용한다.** 기업의 매출과 비용은 전년도 성과 또는 다른 기업들의 성과와 비교할 수 있는 손익계산서로 요약된다.

(3) 문화통제

문화통제(Clan control)란 행동을 통제하기 위해 기업문화, 공유된 가치와 약속, 전통, 믿음과 같은 사회적 특성을 사용하는 것이다. 문화통제를 이용하는 조직은 종업원들에게 공유된 가치와 신뢰를 중시하게 하는 강한 문화가 필요하다. **문화 통제는 불확실성과 모호성이 높을 때 더욱 중요하다. 높은 불확실성은 조직이 자신의 서비스에 대해 가격을 정할 수 없음을 의미하며 환경이 너무나 빠르게 변하기 때문에 규칙과 규제가 모든 행동을 명확히 설명할 수 없음을 의미한다.** 종교 집단이나 사회적 사명을 중시하는 조직처럼, 문화 통제 시스템에서는 조직목표에 대해 헌신적인 사람들이 고용될 것이다. 새로운 종업원들은 동료들과 동화되기까지 긴 시간의 사회화 과정이 필요하다. 집단의 규범을 따라야 한다는 강한 압력이 존재하며, 그러한 규범이 조직구성원의 행동을 통제한다. 경영자는 주로 멘토나 역할 모델 또는 가치 전달자로서의 역할을 한다.

효과적인 문화 통제 핵심은 직원 행동을 가이드하는 강한 문화적 가치의 형성이다. 관리자의 통제에 대한 접근방식은 많은 조직에서 변화하고 있다. **상사가 없는 형태로 가는 트렌드와 협동적 작업방식으로의 이동과 관련되어 많은 회사들은 관료적 통제와 연관된 위계적 프로세스보다는 문화 통제와 유사한 분권화 방식을 채택하고 있다.**

3 문화적 관점의 통제시스템

(1) 계층적 통제와 분권적 통제

구분	계층적 통제	분권적 통제
기본 가정	• 사람들은 자기 관리를 할 수 없으며 **신뢰할 수 없다.** • 사람들은 밀접하게 모니터하고 **통제되어야 한다.**	• 사람들은 조직에 완전히 **몰입**할 때 가장 일을 잘한다.
정책	• 세부적인 **규칙, 절차 및 공식적 통제 시스템을 활용**한다. • **하향식 권위, 공식계층**, 직위 권력, 감독 품질통제 검사관 등을 활용한다. • 과업 관련 **직무기술서**를 활용한다. • **외적 보상(임금, 복지, 지위)**을 강조한다. • **경직된 조직문화**를 보이며, 통제수단으로서 조직 문화를 믿지 않는다.	• **규칙을 한정적으로 활용**한다. 공유가치, 집단 및 자기 통제, 선발 및 사회화에 의존한다. • **유연한 권위, 소계층 구조 및 전문가 권력에 의존**한다. 모두가 품질을 모니터한다. • 결과 기반 직무기술에 의존한다. **달성해야 할 목표를 강조한다.** • 외적 보상과 **내적 보상(의미 있는 일, 성장 기회 등) 모두를 강조**한다. • **적응적 문화**를 보인다. 문화는 개인, 팀 및 조직 목표를 통합시키는 전반적 통제로 여겨진다.
결과	• 직원들은 지시에 따르며, **지시받은 대로만 행동한다.** • 직원들은 **업무에 대해 무관심**하다. • 직원들의 **근무태만과 이직**이 많다.	• 직원들이 **진취적**이며 **책임감을 추구**한다. • 직원들은 **자신의 일에 적극적으로 개입**하고 **헌신**한다. • 직원들의 **이직이 적다.**

많은 **조직에서 경영자의 통제방식이 변화**하고 있다. **구성원의 참여와 권한위임이 중요**해지면서 **많은 회사들이 계층적 통제방식보다는 분권적 통제방식을 채택**하고 있다.

계층적 통제(Hierarchical Control)는 규칙, 정책, 권한 계층, 문서, 보상시스템 및 기타 공식적인 메커니즘을 사용하여 직원의 행동을 모니터링하고 영향을 미친다. 반면에 **분권적 통제는 문화적 가치, 전통, 공유된 신념 및 신뢰를 바탕으로 조직목표 달성을 촉진한다.** 계층적 통제방식은 직원 행동에 대한 명시적 규칙, 정책, 절차를 만드는 것이다. 통제는 집권화된 권한, 공식적 위계, 철저한 개인 감독에 의존한다. 품질관리에 대한 책임은 생산 담당자가 아닌 품질 관리 검사관과 감독자에게 있다. 직무기술서는 일반적으로 구체적이고 과업과 관련된 것이며, 경영자는 수용가능한 직원 성과의 최소 기준을 정한다. 기준을 충족하는 대가로, 직원에게는 임금, 복리후생 및 승진과 같은 외재적 보상이 제공된다. 직원은 통제 과정에 거의 참여하지 않으며 고충처리절차와 같은 메커니즘을 통해 공식적으로 참여할 수 있다. 계층적 통제가 이루어지는 조직문화는 다소 엄격하고 경영자는 문화를 직원과 조직을 통제하는 유용한 수단으로 간주하지 않는다.

반면 **분권적 통제**(decentralized control)는 계층적 통제와 거의 반대되는 가치와 믿음을 기반으로 한다. 규칙과 절차는 필요한 경우에만 사용한다. 대신에 경영자는 구성원의 행동을 통제하기 위해 공유 목표와 가치에 의존한다. 이런 조직은 직원 채용과 **사회화에 중점**을 두어 구성원이 회사 목표 달성에 필요한 가치관을 갖도록 한다. 어떤 조직도 직원을 100% 통제할 수 없다. **자기 규율과 자기 통제**는 표준에 부합한 업무성과를 이끌어낼 수 있다. 분권적 통제에서는 권력이 더 분산되어 있고 공식 지위 못지않게 지식과 경험이 중요한 권력 기반으로 작용한다. 조직구조는 수평적이고 유연한 권한과 팀을 사용하여 문제를 해결하고 개선한다. 경영자는 임금과 같은 외재적인 보상뿐만 아니라 의미 있는 업무, 학습과 성장 기회와 같은 **내재적 보상을 사용**한다. 기술은 직원들이 효과적인 의사결정, 공동 작업 및 문제 해결에 필요한 정보를 제공함으로써 직원의 역량을 강화하는 데 사용된다. 직원들은 개인의 성과뿐만 아니라 팀 및 조직의 성과에 대해서도 보상을 받고, 직원들 간의 공정성이 강조된다. **분권적 통제에서는 문화가 적응적이고, 경영자는 개인, 팀 및 조직 목표를 통합하는 통제수단으로 조직문화가 중요한 역할을 한다는 것을 인식하고 있다.** 경영자와 직원이 회사의 목표를 공유하고 효율성을 향상시키는 방법에 대해 협력하는 분권적 문화의 일부분을 형성한다.

(2) 피드백 통제모형

효과적인 통제시스템은 조직성과가 설정된 기준을 충족하여 조직 목표 달성에 도움이 되었는지 평가하는 피드백을 활용한다. 통제 사이클에는 부서 또는 조직 전체의 전략적 목표 수립, 성과지표와 기준 설정, 실적과 기준 비교, 수정 조치가 포함된다. 피드백 통제에는 경영자가 조직 성공을 위해 필요한 업무 활동, 성과 기준 또는 목표를 조정할 수 있도록 도와준다.

성공한 많은 기업의 경영자들은 OKR(Objectives and Key Results)**에 기반한 시스템을 사용한다. OKR은 조직이 달성하고자 하는 목표와 그 목표를 달성하는 방법을 벤치마킹하고 모니터링하는데 도움이 되는 결과를 설정**한다. OKR은 비즈니스의 모든 주요 영역에 대해 설정되며 경영자는 재무성과, 고객 만족, 제품 품질, 직원 몰입과 이직, 운영 성과, 혁신 및 기업의 사회적 책임 등의 영역에서 성과지표의 결과를 추적한다.

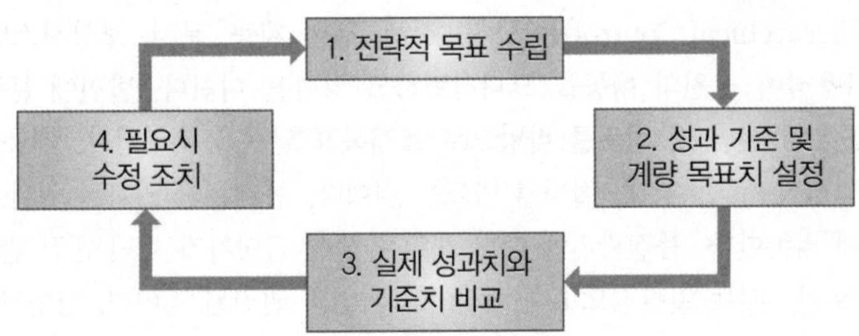

CSF(Critical Success Factor)	주요성공요인, 핵심성공요인으로 **목표, 전략 달성을 위해 반드시 수행해야 하는 핵심 요소**다. 예 매출 증대, 신제품 개발 등
KPI(Key Performance Indicator)	CSF에 대한 **구체적인 측정 지표**다. 예 매출액 증가율 20%
OKR(Objective and Key Result)	목표 및 핵심 결과지표라는 뜻으로 인텔에서 처음 시작된 방식으로 **개인이 스스로 목표설정 후 목표달성여부를 확인할 수 있는 핵심 결과지표를 설정하여 지속적으로 성과를 추적하고 관리하는 체계**다.

PART 04

(3) 조직수준 : BSC

(4) 부서수준 : 행동통제와 결과통제

균형성과지표는 최고경영층 및 상위계층 경영자들이 활용하는 기법들이다. 하위계층 경영자들은 부서 수준의 구성원 성과에 초점을 맞춘다. 조직 전체의 목표를 달성하기 위해서는 부서 구성원이 반드시 부서의 목표와 기준을 충족해주어야 하기 때문이다.

감독자 계층에서 관심을 가장 많이 보이는 시스템은 보상시스템이다. 팀 또는 개인 성과를 평가, 통제하고 보상하는 방식에는 두 가지 접근방식이 있다. 하나는 업무수행방식에 초점을 맞추는 것이고, 다른 하나는 산출하는 결과에 초점을 맞추는 것이다. **행동 통제(behavior control)는 구성원이 조직을 바라는 절차를 따르고 지시된 대로 과업을 수행하는가를 파악하기 위하여 경영자가 구성원의 행동을 직접 관찰하고 감독하는 것에 기반을 두고 있다.**

반면에 **결과 통제(outcome control)는 결과를 모니터하고 보상하는 것으로, 경영자는 그 결과를 달성하는 과정에 대해서는 별로 관심을 두지 않아도 된다.** 결과에 대한 통제에서는 경영자가 전통적 의미에서 구성원을 감독하지 않는다. 구성원은 조직에서 원하는 **결과를 달성할 수 있는 한 직무 수행 방법에 대해서는 상당한 자율권을 가지며, 직무 수행 장소나 시기에 대해서 자율성을 가지는 경우도 있다.** 경영자는 직원의 근무시간을 모니터링하기보다는 얼마나 많은 일을 완수했는가에 초점을 둔다.

12 | 조직학습과 변화

제1절 조직학습과 학습조직의 개념

1 의의

P. Senge는 대부분의 조직들은 심각한 학습 무능력 현상을 겪고 있으며, 이로 인하여 그들 대부분은 얼마 못가서 사멸한다고 말했다. **학습조직이란 변화에 적응하는 능력(지식, 노하우, 실력 등)을 계속 습득해 나가는 조직을 말한다.**

조직을 강조하는 학자들은 조직학습이란 개인학습의 단순한 통합 이상이며 개인은 조직을 떠나더라도 조직 안에는 여전히 지식과 정보가 남아 있으며 조직도 사람처럼 인지와 기억에 관한 시스템을 가지고 있어서 이를 통해 학습이 가능하다고 한다. 이렇게 보면 조직학습이 비록 개인을 통해서 일어나지만 개인학습의 결과로 축적된 것들의 합이 바로 조직학습이라고 보기는 어렵다. **개인이 축적한 지식들이 조직 전체에 널리 확산되어 구성원들에 의해 공유되고 타당성을 인정받아 조직의 전략 실천과 조직관리에 활용되어야 조직학습이라고 할 수 있다.**

개인 활동뿐만 아니라 **새로운 능력에 대해서도 습관적으로 조직적 차원에서 학습이 반복되는 수준까지 이르게 되면 이를 학습조직, 즉 학습하는 방법을 알게 되어 항상 새로운 지식을 추가해 가는 조직**이라고 말한다.

2 학습조직의 전제

(1) 탐색 능력

학습조직은 환경의 중요한 변화와 차이를 발견해야 한다. 이를 위해서는 광범위한 환경 속에서 발생되는 여러 가지의 변화를 탐색하고 예견할 수 있는 능력을 개발해야 한다.

(2) 회의 습관

과거부터 지켜지는 원칙과 규칙, 전통과 습관에 대한 회의를 항상 가지면서 과거 습관의 적절성 여부를 검토하고 도전하는 능력이 필요하다. 이를 위해서는 변화를 수용하고 위험을 감수하는 분위기가 우선이며 끊임없는 질문과 도전이 필요하다.

(3) 학습 능력

적절한 전략의 방향과 조직화가 조직 안에서 자연스럽게 발현되도록 조직설계와 구조가 되어 있어야 한다. 즉, 조직구성원들이 방어적 관행에 고착되어 도전을 꺼리면 안 되고 **새로운 것을 찾는 학습행동을 부추기는 문화를 구축해야 한다.**

제 2 절 학습공동체를 위한 지식창조과정

1 노나카(Nonaka)의 지식창조과정

(1) 의의

쉽게 표현하여 공유될 수 있는 객관적 지식을 형식지(explicit knowledge)라고 하고 **학습과 체험을 통해 개인들에게 습득되어 있지만 겉으로 드러나지 않은 상태의 지식을 암묵지**(tacit knowledge)로 **분류**한다.

구분	형식지	암묵지
정의	언어로 표현 가능한 객관적 지식	언어로 표현할 수 없는 주관적 지식
특징	• 언어를 통해 습득된 지식 • 전수가 상대적으로 쉬움	• 경험을 통해 몸에 밴 지식 • 전수하기 어려움
속성	구체성, 공식적, 체계적	추상적, 개인적, 비체계적
예	비행기 조종 매뉴얼	비행 체험과 훈련에 의해 생긴 노하우

(2) 유형

암묵지와 형식지는 사회화(socialization), 외재화(표출화, articulation), 통합화(연결화, combination), 내재화(internalization)라는 단계를 거치면서 개인과 조직의 지식으로 증폭되고 발전한다.

원천 지식(From) \ 창출된 지식(To)	암묵적 지식	형식적 지식
암묵적 지식	사회화 (Socialization)	외재화 (Externalization)
형식적 지식	내재화 (Internalization)	결합 (Combination)

1) 사회화(socialization)

사회화는 한 사람의 암묵적 지식이 다른 사람의 암묵적 지식으로 변환되는 과정이다. 이 과정에서는 구성원들 간의 경험 공유를 통해서 정신모델, 기술(skill) 등과 같은 새로운 암묵적 지식이 창출된다. 대표적인 예가 **숙련기능의 전수**나 **도제제도**이다.

2) 표출화(or 외재화)(Externalization)

외재화는 **개인이나 집단의 암묵적 지식이 공유되고 통합되어 새로운 형식적 지식이 만들어지는 과정**이다. 외재화는 전형적으로 신제품 개념 등과 같은 개념 창출 과정에서 볼 수 있으며, 이때 연역법과 귀납법을 결합해서 접근함으로써 그 과정을 촉진시킬 수 있다.

3) 내재화(Internalization)

글이나 문서 형태로 표현된 형식적 지식을 암묵적 지식으로 개인의 머리와 몸속에 체화시키는 과정이다. 좁은 의미의 학습이라고도 한다. 기업에서는 종업원이 표준작업절차, 업무매뉴얼, 기계사용설명서 등으로부터 작업에 필요한 지식을 얻어 자신의 머릿속에 기억하고 저장하는 것을 말한다.

지식이 문서화나 매뉴얼화되어 있으면 이를 내재화하거나 다른 사람에게 이전하는 것이 용이하게 이루어질 수 있다. 내재화 과정은 "실행에 의한 학습(learning by doing)"에 의해 촉진될 수 있다. 즉, 다양한 명시적 지식을 직접 경험하고 실행해봄으로써 정신모델(mental model)이나 노하우로 내재화할 수 있다.

4) 연결화(Combination)

결합 또는 통합화는 **다른 형식적 지식 단위들을 분류, 가공, 조합, 편집해서 새로운 시스템적 지식으로 체계화하는 과정**이다. 예를 들면 개인은 서류, 회의, 전화나 컴퓨터로 연결된 의사소통 네트워크를 통해서 지식을 교환하고 결합한다. 조직은 다양한 방법으로 기존 지식을 분류하여 조합함으로써 새로운 지식을 만들어낼 수 있다. 예를 들면 고객 데이터베이스에서 다양한 고객정보를 취합 및 분석하여 고객들의 구매성향보고서를 만들어내는 경우가 여기에 해당된다.

5) 지식의 증폭작용

앞의 네 가지 방식이 서로 연계되지 않고 그 자체만으로 지식이 확장된다면 한계가 있다. **지식의 변화는 개인의 지식 창조에서 시작되어 조직 차원에 이르기까지, 그리고 다시 개인으로, 또 다시 조직으로 복합상승의 순환과정을 거치면서 역동적으로 계속되는 것이다.** 이러한 과정을 노나카 교수는 **나선형적 지식 확장**으로 설명하고 있다.

이와 같이 복잡하고 상호 전환적인 특성을 지닌 지식의 창출과정을 조직 차원에서 효과적으로 관리하여 경쟁능력을 제고시키는 것이 바로 지식경영(knowledge based management)의 주요 목적이다. 조직의 지식관리란 지식을 개인이나 조직 차원에서 효과적으로 획득하게 하고, 이를 효율적으로 조직의 다른 구성원들과 공유하게 하며, 조직 내에 준비되어 있는 기억장치(organizational memory)에 체계적으로 저장하였다가 실제 경영에의 적용을 가능하게 하는 일련의 과정으로 정의할 수 있다. **즉, 지식 창조란 조직 내 지식의 창조, 획득, 공유, 표현, 결합, 확산, 활용을 의미하며 기본적으로 암묵지와 형식지 간의 역동적인 상호작용이라 할 수 있다.**

2 학습조직을 위한 5가지 수련(Senge)

Senge는 학습조직이란 미래를 만드는 자신의 능력을 지속적으로 확대시켜 가는 조직으로 정의하면서, 학습조직을 위해서는 이하의 5가지 요소가 필요하다고 말했다.

(1) 전문적 소양(Personal mastery)

조직은 학습하는 구성원들을 통해 학습한다. 전문적 소양이란 **무엇이 중요한지를 규명하고 실체를 좀 더 구체적으로 파악하는 방법을 지속적으로 학습하는 것을 포함**한다. 생애를 통해 생활의 모든 측면에 대한 숙련성을 성취하는 것이다.

(2) 세계관(Mental model)

현실 인식과 행동 양식에 영향을 미치는 치밀한 인식 유형과 **세계를 보는 관점**을 의미한다. 학습조직은 지속적으로 구성원의 세계관을 정의하고 테스트하며 개선한다.

(3) 비전 공유(Building shared vision)

조직이 어떠해야 하며 구성원이 무엇을 창조하기 위해 노력해야 하는가에 대해 구성원이 가지는 이미지와 영상으로 구성되어 있다. **일체감과 사명에 대한 공감대**라고 할 수 있다.

(4) 팀 학습(Team learning)

조직에 걸친 학습의 축소판이라고 할 수 있는 것으로, 구성원이 달성하고자 하는 결과를 만들어 내는 **팀의 역량을 구축하고 개발하는 과정**이다.

(5) 시스템적 사고(Systems thinking)

조직의 노력은 하나의 체제 또는 전체이며 상호 연결된 행동의 보이지 않는 구조로 이뤄져 있다고 이해하는 것이다. 시스템적 사고의 적용을 통해 구성원들은 조직이 실제 어떻게 움직이는가를 볼 수 있다. 이를 통해 조직, 환경, 조직에 영향을 미치는 사건들의 상호 관련성을 전체적으로 조망할 수 있게 된다.

3 학습조직의 설계 : 유기적 구조

제 3 절 조직변화

1 조직변화의 의의와 방법

(1) 의의

21세기 VUCA(**변동성**(Volatility), **불확실성**(Uncertainty), **복잡성**(Complexity), **모호성**(Ambiguity) **의 약자**) 시대는 경영환경 변화를 예측하기 힘들기 때문에 조직이 민첩하게(Agile) 변화하지 않고서는 생존을 보장받을 수 없다. 조직변화는 조직 내・외 환경의 변화압력을 고려하여 한 개체로서의 조직의 생존력을 높이는 것으로서 개인이나 집단의 변화까지를 포함한다. **2020년 팬데믹을 극복하면서 그만큼 변화의 필요성이 절실해졌다.**

즉, **오늘날의 조직들은 성장하기 위해서뿐만 아니라, 경쟁이 더욱 심화되고 파괴적 변화가 만연해 있는 환경에서 생존하기 위해서는 지속적인 혁신에 스스로를 계속 열어놓아야 한다.**

(2) 방법

변화의 속도와 규모 측면에서 **점진적 변화**(incremental change)와 **급진적(또는 양자론적) 변화**(quantum change)로 나눌 수 있다. **점진적 변화는 비교적 장기간에 걸쳐 조금씩 변화시켜 나아가는 것인데 질서 있는 변화를 이룩할 수 있을지는 모르지만 변화에 대한 저항을 효과적으로 극복하기 힘들다는 비판**을 받아왔다.

이에 **변화에 대한 저항을 제대로 극복하기 위한 방안으로 급진적 또는 양자론적 변화 방식이 많이** 거론된다. **짧은 기간 동안에 광범위하고 대대적으로 조직변화를 시도해야 과거와 단절된, 원하는 변화를 얻어낼 수 있다는 것**이다.

점진적 변화	급진적 변화
• 지속적 개선 • 조직의 일부분 개선 • 기존의 구조와 관리 프로세스 활용 • 기술 개선 • 제품 개선	• 근본적인 변화 • 조직 전체의 변혁 • 새로운 구조와 관리 방식 창출 • 획기적인 기술 • 신제품으로 신시장 창출

(A) 점진적 변화
(incremental change)

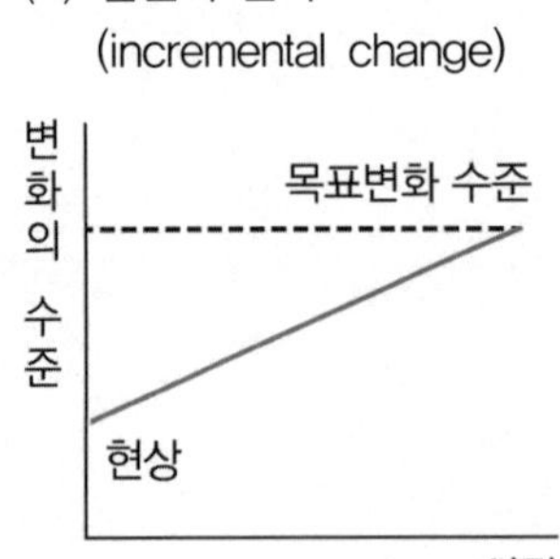

(B) 급진적(양자론적) 변화
(quantum change)

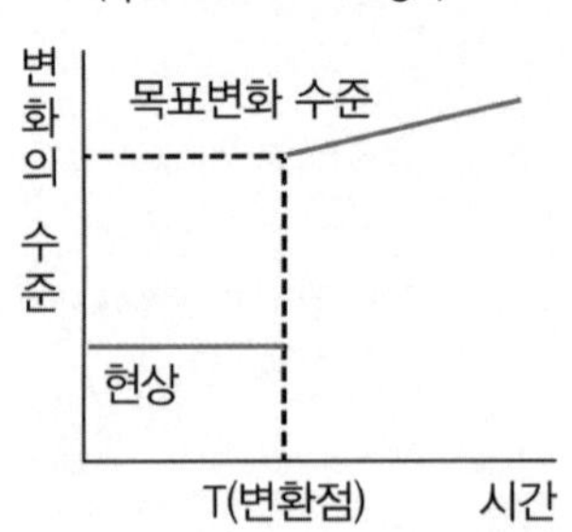

1) **단편적인 변화(Episodic change) : 비교적 예측 가능하게 때때로 발생하는 변화**로 경영자는 이러한 변화에 기술적, 제품적 또는 구조적 혁신을 단행함으로써 적절히 대응이 가능하다.

2) **지속적인 변화(Continuous change) : 예측하기 힘든 주기를 가지고 자주 발생하는 변화**다. 경영자들은 이러한 변화를 지속적인 조직적 변화로 받아들이며 꾸준한 R&D를 통해 새로운 제품과 혁신을 통하여 니즈를 따라잡는다. 환경이 급격히 변화하는 오늘날에 경영자들은 파괴적 변화와 혁신을 해야만 하는 상황에 처했다.

3) **파괴적 혁신(Disruptive innovation)** : 비즈니스 모델이 작은 제품과 서비스에서 시작되었으며 기존시장을 대체하게 된 경우를 말한다. 이러한 **파괴적 혁신을 일으킨 회사들은 대부분 대성하게 된다.** 그리고 파괴적 혁신을 마주한 회사들은 시장에서 밀려나게 될 수 있다. 기존의 기업들은 자사의 비즈니스 모델을 유지하고자 하기에 이러한 작은 혁신들을 무시한다.

(3) 변화저항 요인

1) 개인적 이유 : 기존의 상태를 유지하려는 타성(inertia)

① **지각의 문제** : 자신에게 유리하고 친숙했던 것만 선택하여 지각하는데 **새로운 것은 낯설기 때문에 싫어한다.**

② **성격의 문제** : **성격이 독단적이거나 의존적**이면 저항이 많다.

③ **불확실성에 대한 공포** : 인간은 **모르는 것에 대한 두려움**이 본능적으로 존재한다.

④ **기득권 상실 우려** : **현재의 지위, 돈, 권리 등 자원이 조직의 변화로 인하여 상실될까 봐 염려**한다.

⑤ **새로운 기술 적응** : 사용하던 노하우나 기술을 가진 사람은 **변화로 인해 자신의 존재가치가 약화될까 봐 두려워한다.**

2) 집단수준의 이유 : 집단의 특성

① **집단규범** : 변화하려고 할 때 집단규범이나 비공식적 기대에 부딪힐 수 있다.

② **집단응집력** : 변화에 반대하는 세력이 클수록 변화하기 어렵다.

③ **집단사고** : 응집력이 강한 집단이 잘못된 의사결정을 내리는 것을 말한다. 집단사고가 진행 중인 집단이라면 차분한 설득부터 이뤄져야 한다.

3) 조직수준의 이유 : 조직 자체의 구조적인 상황

① **조직의 문화** : **복지부동의 문화**에서는 변화전략이 침투되기 어렵다.

② **자원의 한계** : **자원이 부족**하면 변화의 필요성을 느끼더라도 시행할 수 없다.

③ **기존의 조직전략** : **기존의 성공한 조직전략에 집착**하여 새로운 것에 관심이 없을 수 있다. D.Miller는 조직이 과거의 성공에 집착하는 경향을 **이카로스 패러독스**(Icarus Paradox)로 설명한다. 성공이 오히려 해가 될 수 있다.

2 성공적인 변화를 위한 요소

혁신에 대한 연구에서는 조직변화(organization change)를 조직이 새로운 아이디어나 행동을 받아들이는 것을 말한다. 반면에 조직혁신(organization innovation)은 조직이 산업, 시장 또는 일반환경에서 새로운 아이디어나 행동을 채택하는 것을 말한다. 새로운 제품을 도입하는 최초의 조직은 혁신 조직이고, 그 제품을 모방한 회사는 변화를 도입한 조직이 되는 것이다. 그러나 이 장에서는 **혁신과 변화를 같은 의미로 사용**할 것이다. 왜냐하면 동일 산업에서 활동하는 다른 조직보다 먼저 시도하거나 나중에 시도하거나 상관없이 조직 내 변화과정(change process)은 동일하기 때문이다.

(1) **아이디어(Ideas) : 새로운 아이디어**가 없으면 어느 기업도 경쟁적으로 활동할 수 없다.

(2) **필요성 : 변화의 필요성을 인지**하지 않으면, 아이디어가 있어도 아이디어를 진지하게 생각하지 않는 것이 일반적이다. 실제 성과와 목표 성과 사이에 차이가 존재하게 되면 경영자들은 변화의 필요성을 지각한다. 그리고 구성원들에게 변화의 필요성을 이해시키기 위해 긴박감을 조성한다. 조직이 위기에 처해 있을 때 긴박감이 조성되는 경우가 때때로 발생한다.

(3) **채택 결정(Decision to adopt) :** 관리자나 의사결정권을 가진 사람이 제안된 아이디어를 다음으로 발전시킬 수 있도록 하는 것을 말한다. **변화를 실행하기 위해서는 핵심관리자들과 직원들이 변화하는 것에 대해 지원할 것을 동의해야 한다.**

(4) **실행(Implementation)** : 실행은 **조직구성원이 새로운 아이디어, 기법 또는 행동을 실제로 활용할 때 발생**한다. 새로운 아이디어를 실행하기 위해서는 원재료와 설비를 구입하고 구성원들을 훈련시켜야 하는 경우도 있다. 실행은 매우 중요한 단계이다. 왜냐하면 이 단계가 없다면 이전 단계는 소용이 없기 때문이다. 사람들이 새로운 아이디어를 실제로 사용하지 않으면 변화는 일어나지 않는다.

(5) **자원(Resource) : 변화를 추진하는 데는 사람들의 에너지와 활동이 필요**하다. 변화는 혼자서 일어나지 않는다. 새로운 아이디어를 창출하고 실행하기 위해서는 시간과 자원이 필요하다. 구성원들은 변화의 필요성을 인지하고, 변화를 시도하는 데 필요한 아이디어를 개발하기 위해 많은 에너지를 쏟아부어야 한다.

중요한 점은 필요성과 아이디어가 변화 초기에 동시에 제시되어야 한다. 이는 둘 중 어느 것이든 먼저 시작될 수 있음을 뜻한다. 필요성과 아이디어 중 어느 것이 먼저 일어나든 아래 도표에 제시되어 있는 단계를 성공적으로 완수해야 한다.

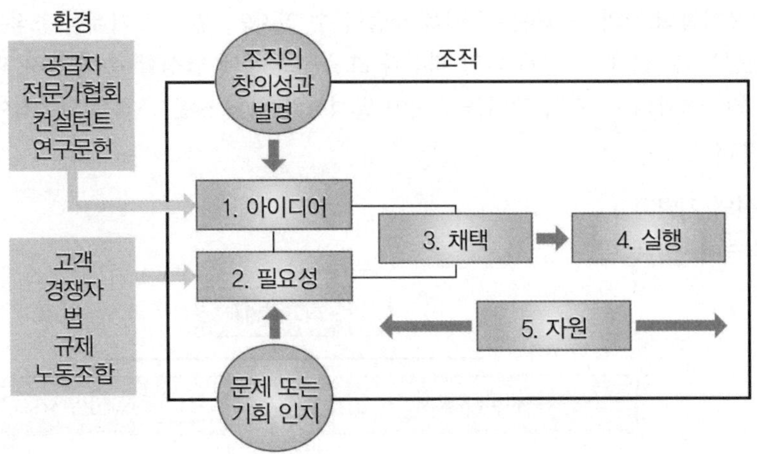

PART 04

3 조직변화의 대상

네 가지 변화 유형은 기술, 제품과 서비스, 전략과 구조, 문화다. 이 네 가지는 상호의존적이어서 한 분야에서의 변화는 다른 분야의 변화를 필요로 한다. 즉, 새로운 제품은 제품 기술의 변화를 요구할 수 있으며, 또는 구조의 변화는 새로운 기술을 요구할 수도 있다.

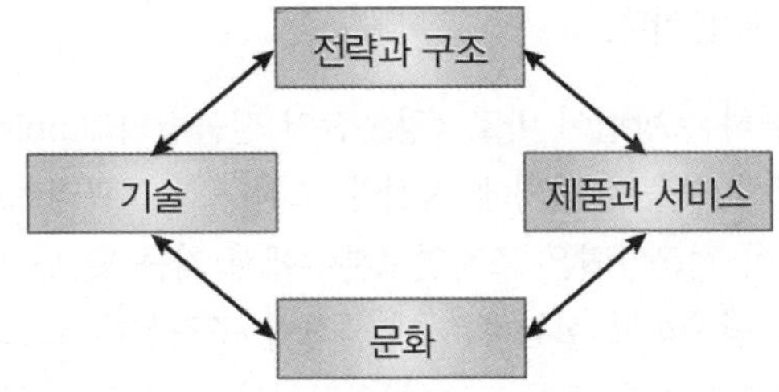

(1) 기술혁신(Technology Innovation)

1) 의의

기술이나 기술을 포함한 한 조직의 생산 과정을 변화시키는 것으로 차별적인 경쟁력을 가질 수 있다. 기술변화는 제품을 보다 효율적으로 생산하고, 더 많이 생산하도록 한다. 즉, 기술변화는 제품이나 서비스의 생산기법과 관련되어 있다. 대체로 새로운 기술은 고객 서비스를 개선하고 더 많은 고객을 매장으로 유치하여 추가적으로 또 다른 제품을 구입할 수 있게 한다.

현대 기업 세계에서 새로운 기술을 지속적으로 개발하지 않고, 획득하지 않거나 채택하지 않는 기업은 생존하기 어렵다. 그러나 조직이 기술변화를 시도할 때 어려움에 직면하게 되는데 그 이유로는 새로운 아이디어를 촉진하는 환경에 일반적으로는 일상적인 조직운영이나 업무 수행에는 최선이 아닐 수 있기 때문이다. 혁신조직의 특성은 유연하고, 권한이 하부 직원들에게 이양되어 있으며, 엄격한 작업 규칙이 없다.

이러한 **유기적 조직의 구성원은 혁신을 창출**할 수 있지만, 반대로 **기계적 조직은 제품을 효율적으로 생산**할 수 있다. 어떻게 하면 **혁신과 효율을 동시에 달성할 수 있는지 과제**가 주어진다. 따라서 기술변화의 두 가지 측면을 동시에 달성하기 위해 많은 조직은 **양손잡이 접근방법**을 사용한다.

2) 기술혁신의 기법

① 양손잡이 접근방법

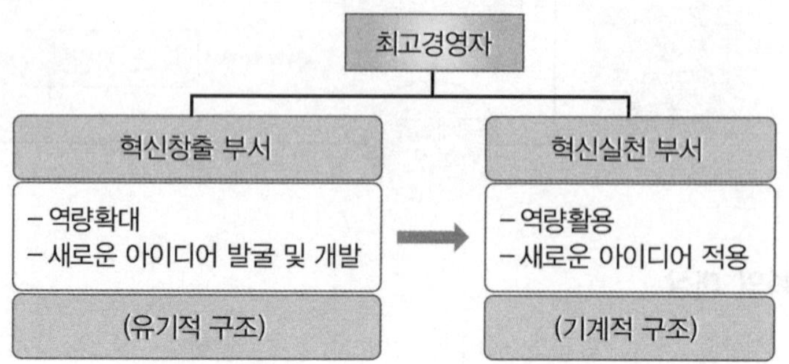

분권화와 자율성 같은 유기적 조직의 특성은 새로운 아이디어를 도출하고 실험하는 데 효과적이다. 그러나 이와 같은 조직에서는 변화를 실행하기가 어렵다. 바로 직원들이 변화에 순응하려 하지 않기 때문이다.

이러한 변화를 해결하는 방법이 바로 〈양손잡이 접근방법(ambidextrous approach)〉을 활용하는 것이다. 혁신 창출과 실행에 적절한 조직구조와 관리프로세스를 모두 갖추는 것이다. 이러한 양손잡이 접근방법은 조직연구분야에서 최근 몇 년 동안 주목을 받아왔다. 바로 새로운 아이디어를 탐색하고 실험하는 데 중요한 조직설계 요소와 현재의 능력을 활용하는 데 가장 적절한 설계 요소를 모두 고려하는 것이다. **탐험은 창의성을 발휘하고 새로운 아이디어를 개발하는 것을 의미하는 반면에 활용은 제품을 생산하기 위해 그들의 아이디어를 실행 해나가는 것을 의미한다.**

② 상향식 접근방법

혁신적인 기업은 **유용한 아이디어**가 매일 업무를 수행하고, 고객들을 만나며, 경쟁 속에 있고, 업무에서 최선을 다하는 사람들로부터 나온다는 사실을 알고 있다. 그러하기에 혁신을 지지하는 회사들은 다양한 기술적, 시스템적 접근을 통해 **직원들로부터 경영진으로 이어지는 상향식(Bottom-up) 접근방법을 독려**한다.

③ 기술변화 촉진기법

양손잡이 접근방법을 지속적으로 활용하기 위해서 **구조를 전환하고, 창조적인 활동을 하는 부서를 분리하여 벤처팀, 기업가 정신, 협동 팀 등을 채택**하고 있다.

❶ 구조전환(Switching structure)

새로운 아이디어의 시도를 필요로 할 때 **효과적인 유기적 구조를 창출**하는 것을 말한다.

❷ 창조적인 부서

대기업에서의 혁신 시도는 대부분 별도의 창조적인 부서(creative department)에서 이루어진다. 연구개발, 엔지니어링, 설계, 시스템 분석과 같은 부서들은 다른 부서에서 채택할 혁신적인 내용을 도출해낸다. 변화를 시도하는 부서가 새로운 아이디어와 기법을 창출하기 위해서는 유기적 구조가 필요하다. 혁신을 실행하는 부서는 효율적인 생산에 보다 적합한 기계적 구조를 가지는 경향이 있다.

창조적인 부서의 또 다른 형태로는 **아이디어 인큐베이터(idea incubator)**가 있다. 이것은 조직에서 새로운 아이디어 개발을 촉진하기 위해 흔히 사용하는 방법으로 **아이디어 인큐베이터는 조직구성원들의 아이디어가 회사의 관료적 성향이나 정책에 의해 방해를 받지 않고 개발될 수 있는 안전한 장소를 제공**한다.

❸ 벤처팀

조직 내 창의성을 자유롭게 통제하기 위해 벤처팀(venture team)을 활용할 수 있다. **벤처팀은 별도의 장소와 시설을 제공받아 조직적 절차에 제약받지 않는 팀으로 마치 대기업 내부의 작은 기업과 같다.**

❹ 사내기업가정신(Corporate intrapreneurship)

사내기업가정신은 **조직 내부에 기업가적인 태도, 철학, 구조를 형성하여 평균 이상의 혁신을 창출**하는 것이다. 기업가정신을 가진 조직은 창조적 부서와 벤처팀을 활용할 뿐 아니라 모든 조직구성원들에게서 창조적 에너지를 끌어내려고 한다.

(2) 제품과 서비스 혁신(Product and Service Innovation)

1) 의의

기업이 생산하는 제품 및 서비스와 관련된 변화를 말한다. 기업에서 생산하는 새로운 제품이나 기존 제품을 일부 변경하거나 또는 완전히 새로운 제품라인을 도입하는 경우를 모두 일컫는다. 새로운 제품과 서비스는 일반적으로 시장점유율을 높이거나 새로운 시장이나 고객을 개발하도록 한다.

MIT는 **제품 연구와 제조를 긴밀하게 유지**하는 것이 기업을 더욱 혁신적이게 하고, 혁신도 성공적으로 만들 것이라고 제안했다. 다른 연구 결과는 혁신이 성공하는 것은 **기술부서와 마케팅 부서 간 협력**이 얼마나 잘 이루어지느냐에 달려있다고 한다. 결국 성공적인 신제품과 서비스는 기술적으로 우수할 뿐 아니라 고객의 요구에 맞추어 정성스럽게 만들어지는 것이다.

2) 방법

① 전문성(Specialization)

신제품을 개발하는 핵심부서인 **연구개발, 마케팅, 생산부서** 구성원들이 모두 담당 과업을 수행하는 데 있어 그 역량이 매우 우수함을 의미한다. 세 부서는 서로 **차별화**되어 있고 각각의 전문화된 기능에 적절한 기술, 목표, 태도를 가지고 있다.

② 경계역할(Boundary Spanning)

경계역할은 신제품 개발과 관련된 **각각의 부서가 외부환경과 연계**되어 있음을 의미한다. 연구개발부서 사람들은 다른 연구개발부서의 동료나 전문가 협회와 연계되어 최근의 과학적 발전 추세를 잘 알고 있다.

마케팅 부서 사람들은 고객의 요구와 긴밀하게 연결되어 있다. 고객이 말하는 것을 듣고, 경쟁제품을 분석하고, 유통업자의 제안을 검토한다. 제품개발의 기록을 추적하는 회사와 그렇지 않은 회사들을 고려한 보고서에 따르면 최상의 결과를 나타낸 회사는 제품개발 단계에서부터 고객이 원하는 바를 세심히 살핀 것으로 드러났다.

③ 수평적 조정(Horizontal Coordination)

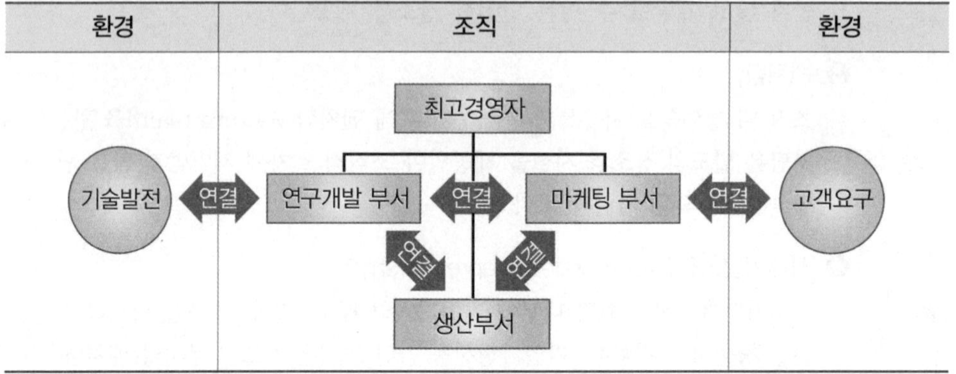

연구개발부서, 마케팅부서, 생산부서의 구성원들이 아이디어와 정보를 공유하는 것을 의미한다.

④ 개방적 혁신과 크라우드 소싱

개방적 혁신(open innovation)이란 **신제품을 상업화함에 있어 내부 조직의 경계에서 더 나아가 산업의 경계를 넘어서 실시하는 것**이다. 크라우드 소싱(crowd sourcing)이란 기존의 직원이 아니라 **온라인을 통해 외부인들의 정보와 서비스와 아이디어를 개방적 혁신에 활용하는 것을 의미**한다. 즉, 대중(crowd)과 아웃소싱(outsourcing)의 합성어로, 기업 활동 일부 과정에 대중을 참여시키는 것을 의미한다.

(3) 전략과 구조 혁신(Strategy and Structure Innovation)

1) 의의

기업의 경영과 관련하여 변화를 추진하는 경우를 말한다. 기업경영은 조직을 감독하고 관리하는 것이다. 전략과 구조의 변화에서는 경영전략, 조직구조, 정책, 보상시스템, 노사관계, 통합장치, 경영정보통제시스템, 회계예산시스템 등이 포함된다. **구조와 시스템의 변화는 일반적으로 최고경영자에 의해 주도적으로 진행되는 반면에, 제품과 기술의 변화는 하위계층에서 유발된다.**

2) 방법 : 이중모형으로의 접근

	혁신 유형	
	관리혁신	기술혁신
	관리부문	기술부문
변화의 방향	하향적	상향적
변화의 예	전략 인력감축 구조	생산기법 작업흐름 제품 아이디어
변화에 적합한 조직 형태	기계적 구조	유기적 구조

① 의의

조직변화의 이중모형적 접근(dual-core approach)은 관리부문의 변화와 기술부문의 변화를 비교한다. 관리부분의 혁신(management innovation)은 조직에 새로운 경영관행, 프로세스, 구조, 전략 또는 기법을 채택하고 실행하는 것이다. 관리변화에 대한 연구는 두 가지로 요약된다. 첫째, 관리변화는 기술변화보다 빈번하게 일어나지 않는다. 둘째, 관리변화는 환경의 변화에 대응하며 일어나며, 기술변화와는 다른 내부프로세스를 따른다. 조직변화의 이중모형은 관리변화와 관련된 독특한 프로세스를 제시한다. 학교, 병원, 정부 관료, 복지기관, 정부기관, 기업체와 같은 **조직은 2개의 핵심부문**을 가지고 있다. 하나는 **기술핵심**이고, 다른 하나는 **관리핵심**이다. 각각의 핵심부문은 자체적인 구성원, 과업, 환경 영역이 있다. 혁신은 이들 각각의 핵심부분에서 일어날 수 있다.

관리핵심 부문은 계층상 기술핵심 부문 위에 놓여 있다. 관리핵심 부문은 조직의 구조, 통제, 조정을 담당하며, 정부, 재무자원, 경제상황, 인적자원, 경쟁자 환경에 관심을 갖는다. 기술핵심부문은 원재료를 조직의 제품과 서비스로 변화하는 과업을 수행하며, 고객과 기술환경에 관심을 갖는다.

② 새로운 관리 과정을 위한 조직설계

관리변화와 기술변화를 비교하는 연구 결과는 구조, 통제 시스템, 인적자원을 포함한 빈번한 관리변화에는 **기계적 조직구조가 적절**하다고 제시한다. **관리변화를 성공적으로 추진한 조직은 기술변화를 추진한 조직보다 관리자 비율이 높고, 규모가 크며, 집권화되고, 공식화되어 있다.** 그 이유는 조직이 정보환경, 재무환경, 법적환경의 변화에 대응하여 **하향적으로 변화를 추진**하기 때문이다. 어떤 조직이 **유기적 구조**를 가졌다면 하위계층의 구성원들은 더 많은 자유와 자율성을 가지고 있기 때문에 **하향적으로 추진되는 변화에 저항**할 수 있다.

제품 기술의 변화 및 신제품을 위한 혁신적인 기술 변화 등의 변화는 유기적 구조에 의해 촉진된다. 유기적 구조는 하위계층과 중간계층에 있는 구성원들로 하여금 아이디어를 끊임없이 창출할 수 있게 한다. 반대로 관리변화를 채택한 조직은 하향적 프로세스와 기계적 구조를 사용한다. 예를 들어 식스시그마, 균형성과지표, 의사결정의 분권화(사업부제), 다운사이징 등과 같은 변화들은 하향적인 방법으로 이뤄진다.

한편 **구조조정과 축소와 관련된 하향식 변화는 직원들에게 고통스러울 수 있기 때문에 최고경영자들은 이를 최대한 신속하고 권위 있게 진행하되 가능한 한 인간적인 요소를 고려**해야 한다. **고통스러운 변화를 수반하는 변혁을 성공적으로 이룬 기업에 대해 연구를 한 결과 이들 기업의 경영자들은 변화의 수행을 빨리 그리고 집중적으로 수행한 것으로 나타났다.**

(4) 문화의 혁신(Culture Innovation)

1) 의의

구성원이 가지고 있는 가치관, 태도, 기대, 신념, 능력, 행동 등의 변화를 말한다. 따라서 문화의 혁신은 구조, 제품, 또는 기술의 변화보다는 구성원 사고방식의 변화와 관련된다. 문화 변화는 사람들이 그들의 태도나 신념을 쉽게 바꾸지 않기 때문에 다른 변화들보다 특별히 더 어려울 수 있다.

전략, 구조, 기술, 제품의 변화는 독립적으로 이루어지는 것이 아니며, 이것들의 변화는 사람의 변화를 수반한다. 그러나 문화를 바꾸는 것은 무척 어렵다. 왜냐하면 사람들의 핵심가치관과 이미 갖추어진 사고와 행동방식을 위협하기 때문이다. 합병이나 인수 사례는 종종 문화를 바꾸는 것이 얼마나 어려운지를 보여준다. 경영자들은 인수된 기업들 간의 문화차이가 두 그룹을 합치는 데 있어서 가장 큰 장애물이 되었다고 말했다.

2) 문화 변화의 압력

최근에 일어나는 많은 변화는 기업들에게 문화 변화를 요구하고 있다. 따라서 경영진과 직원은 새로운 마인드를 가져야 한다.

① 상호 신뢰, 위험 감수, 실수에 대한 감내가 **수평적 조직**에서는 핵심적인 가치이기 때문이다.
② 문화 변화의 또 다른 힘은 노동인구의 다양성이다. **다양성**은 오늘날 조직의 현실이다.
③ 마지막으로 **학습과 적응을 강조**하는 것이 늘어나는 현상은 새로운 문화적 가치를 불러온다. 학습조직으로의 변화는 많은 영역의 변화를 필요로 한다.

3) 문화 변화 개입

조직개발은 문화를 빠르게 변화시킬 수 있는 방법으로 많이 활용된다. 환경에 적응하고 문제를 해결할 수 있도록 인간적 측면과 사회적 측면을 변화시켜서 조직의 능력을 향상시키는 것이다. 조직개발(organizational development)은 인적자원개발, 공정성, 개방성, 강압으로부터의 자유, 구성원들의 판단에 따라 업무를 수행할 수 있는 **개인적 자율성을 강조한다. 1970년대 조직개발은 조직의 효과성을 향상시키려는 목적으로 계획된 조직변화의 과정에 행동과학을 응용하였다. 즉, 조직개발은 조직의 인간 시스템과 사회 시스템을 근본적으로 변화시키는 과정이다.**

① 대집단 개입 활동(Large group intervention)

'**방 안의 총체적인 시스템**(whole system in the room)'이라고도 불리는 대집단 개입 활동은 **조직 외부에 있는 주요 이해관계자들은 물론이고 조직과 관련이 있는 모든 사람들을 별도의 공간에 모아 놓고 문제나 기회를 논의하고 변화에 대한 계획을 수립**한다.

회사에서 떨어져 있는 별도의 공간은 외부로부터 방해를 받지 않아 참여자들이 새로운 행동방식에 집중할 수 있다. GE가 문제를 해결하고, 학습하고, 개선하기 위해 지속적으로 실행하고 있는 '워크아웃(workout)' 프로그램은 회사 밖에서 다양한 기능부서, 계층, 외부인과 만나 이야기를 나누는 대단위 모임으로 시작하였다. **다양한 부서에서 온 직원들이 고객과 공급업자와 함께 특별한 문제를 논의하고 해결**하였다. 시간이 지나면서 워크아웃은 긍정적인 사업결과를 가져오는 문화를 창출하였다.

② 팀 빌딩(Team Building)

함께 일하는 구성원들이 팀으로 일할 수 있도록 훈련하는 것이다. 많은 기업에서는 태스크포스, 위원회, 신제품 개발팀을 훈련하기 위해 팀 구축 활동을 사용한다. 이 활동은 **의사소통과 협력을 강화**하고 **조직 내 집단과 팀의 응집력을 강화**한다.

③ 부서 간 교류활동(Interdepartmental activities)

부서 간 교류활동은 서로 다른 부서의 대표들이 공통의 장소에서 만나 갈등을 표출하고, 그 원인을 진단하고, **의사소통과 조정을 촉진할 수 있는 방안을 강구하는 것**을 말한다. 부서 간 교류활동을 통해 구성원들이 다른 부서에서 직면한 문제를 이해하고, 사람들이 성공적으로 직무를 수행하기 위해 서로에게 어떻게 의지했는지를 알게 해주었다.

이러한 조직 개발 개입을 통해 인간적이고 협력적인 환경 구축이 가능하다.

조직개발(organizational development)

1. 조직개발의 개념

   조직개발은 행동과학적 지식을 사용하여 구성원들의 행동이나 작업관계에 영향을 미치는 요인들을 변화시켜 **조직의 유효성을 향상시키기 위한 장기적이고 계획적인 변화노력이며 과정**이다. 조직개발의 궁극적인 목적은 조직 전체를 변화시키는 데 있다. 즉, **조직개발은 장기적이고 포괄적인 변화로서 전체 조직의 기능과 성과를 향상시키고 구성원의 만족도를 높이려는 노력**이다.

2. 조직개발의 내용

   첫째, **구성원들 간의 집단적 협력**을 통해 상승효과를 이끌어냄으로써 조직체 전체의 효율성과 성과를 높이는 것이다.

   둘째, 종합적인 전략과 체계적인 계획을 실행하는 것으로 이를 위해서는 **변화담당자의 적극적 개입**이 필요하다.

ᅦ, 심리학, 사회학, 인류학 등 **행동과학의 활용을 통해 조직 내 개인의 가치를 중시하고 증대**시키는 것이다.

마지막으로 장**기적이고 지속적인 개발과정을 통해 조직체 전체의 효율성을 높이는 것**을 목적으로 한다.

3. 조직개발의 특성
   ① 조직의 효율성을 높이기 위한 **변화 및 성과지향성**
   ② 행동과학을 적용하는 실천적인 **학제 간 학문성**
   ③ 인간의 가치를 중시하는 **인본주의 가치지향성**

4. 조직개발의 기법
   (1) 조직수준의 개입 : **직면(대면)회합**(confrontation meeting)
      1) 개념
         조직의 관리자 전원이 하루 동안 모여 조직 전체의 건강을 논의하도록 하는 기법이다. 일련의 활동을 통해 관리자집단은 주요 문제를 확인하고 그 원인을 분석하며 해결방안과 실천일정을 결정한다.

      2) 단계
         첫째, **분위기 조성단계**에서는 상급관리자들이 모임의 취지를 설명하고 허심탄회한 토론을 부탁하는 등의 활동을 한다.
         둘째, **정보수집단계**에서는 조직의 문제가 무엇인지에 관한 정보를 모은다.
         셋째, **정보공유화의 단계**에서 각 소집단의 보고자들은 자기집단의 결론을 전체회의에 보고한다.
         넷째, **우선순위결정 및 집단행동계획의 단계**에서 회합참여자들은 소집단이 제기한 문제들을 심의한다.
         다섯째, 최상급관리자집단이 **후속조치를 결정하는 단계**에서는 직면회합참여자들이 해산한 뒤에 최상급관리자집단은 남아 회합에서 얻은 정보에 기초하여 **실천계획을 세운다.**
         여섯째, **평가단계**에서는 한 달 내지 6주일 후에 최상급관리자들이 모여 계획실천의 진행상황을 심사·평가한다.

   (2) 집단 수준의 개입 : **팀 구축**(team-building) = **팀 빌딩**
      1) 개념
         팀 빌딩은 **조직 내에 있는 여러 가지 팀들을 개선하고 그 효율성을 높이려는 개입기법**이다. 팀의 구성원들이 협조적인 관계를 형성하여 임무수행의 효율화를 도모할 수 있게 하려는 것이 목적이다.

      2) 전제
         팀 빌딩의 가정은 ① **팀이 기술적인 구조이며 동시에 사회적인 체제라는 것**, ② **팀구성원들이 공동목표의 달성을 위해 서로 협조하고 힘을 합칠 때 팀의 효율성은 비로소 높아질 수 있다는 것**, 그리고 ③ **팀구성원 복지가 향상되고 정서적인 욕구가 충족되어야만 팀의 유지와 효율성 제고가 가능**하다는 것이다.

3) 팀 빌딩의 단계

개시단계 (initiating)	팀 구성원들이 집단활동에서 생기는 문제를 지각하고 팀발전을 개시할 것인가, 그리고 팀발전의 목표를 어떻게 설정할 것인가에 대해 결정을 하는 단계이다.
자료수집단계 (collecting the data)	여러 가지 방법을 써서 팀구성원들로부터 팀발전의 계획을 세우는 데 필요한 자료를 수집하고 분석한다.
계획단계(plan)	관리자, 컨설턴트 그리고 대상팀의 구성원들이 협조하여 팀발전을 위한 모임의 기간, 활동의 내용과 순서 등에 관한 계획을 수립한다.
실시단계(Do)	계획에 따라 팀구성원들이 모임을 갖고 문제의 해결방안을 탐색하여 채택한다.
평가단계(See)	평가단계에서는 채택하기로 한 행동방안이 어느 정도나 실현되었는가, 장애요인은 무엇이었는가, 행동방안의 효율적인 실현을 위해 어떤 지원을 받아야 하는가 등을 확인한다.

(3) 개인수준의 개입 : **감수성 훈련**(T-Group training)

1) 개념

소수인원으로 구성된 집단을 대상으로 인위적인 상황에서 실시하는 훈련이다. **이 훈련에서는 참여자들이 자신의 태도와 행동을 반성하고 자기의 행동이 다른 사람들에게 미치는 영향을 검토하도록 지원하고 유도함으로써 태도와 행동을 변화시키려고 한다.**

2) 특징

첫째, 경험과 감성을 중요시하고 지식을 행동으로 옮길 수 있는 능력을 기르는 데 역점을 둔다.

둘째, 참여자들이 자기의 지각 · 태도 · 행동을 반성하고 그 영향을 평가할 수 있는 상황을 연출한다. 그러한 상황에서 경험을 통해 지각 · 태도 · 행동을 스스로 바꾸게 한다.

셋째, 훈련집단을 자체분석의 대상으로 삼게 한다. 집단구성원들은 집단상황을 연구의 대상으로 삼아 그 안에서 자기 자신의 문제, 자기가 다른 사람에게 미치는 영향, 집단적 과정에 대한 자기의 반응 등을 검토한다.

넷째, 실험실적 훈련은 비정형적 상황에서 실시한다. 즉, 모호한 상황에서 참여자들이 새로운 대안을 자유스럽게 그리고 자율적으로 탐색할 수 있도록 한다.

다섯째, 실험실적 훈련은 '어떻게 배울 것인가를 배우게 하는' 기법이다. 참여자들은 서로 돕고 지원하는 가운데서 무엇을 어떻게 배울 것인가에 대해 배우게 된다.

3) 종류

① 개인발전 훈련(personal development laboratory)

훈련에 참여하는 자아(self)가 초점이 된다. 즉, 개인에게 자기의 행태를 자각할 수 있는 기회를 제공하려는 훈련이다.

② 인간관계 훈련(human relations laboratory)

대인관계의 본질을 탐색하고 이해하게 하려는 훈련이다.

③ 집단역학적 훈련(group dynamics laboratory)

집단현상 자체에 주의를 집중하게 하여 참여자들로 하여금 집단적 과정을 진단하고 그에 개입하는 방법을 배우게 한다.

④ 조직의 문제해결 훈련(organizational laboratory)

집단 간의 관계, 조직 내의 갈등, 목표형성과정 등 조직 전반의 문제에 관한 훈련이다.

⑤ 팀 훈련(team laboratory)

하나의 팀이 업무수행에서 일상적으로 봉착하는 문제들을 논의하고 해결방안을 탐색하게 하는 훈련이다.

5. 조직개발 성공에 필요한 조건

(1) 조직발전의 필요에 대한 인식

개혁을 요구하는 조직 내외의 압력이 있어야 하며 조직 내의 책임 있는 직위에 있는 사람들이 개혁의 필요를 인지하고 조직발전을 통해 개혁을 추진하려고 결심해야 한다. 조직의 최고관리층은 조직발전을 지지하고 지원해야 한다.

(2) 유능한 개혁추진자의 확보

유능하고 의욕 있는 컨설턴트를 확보해야 한다. 그와 함께 개혁추진자의 역할을 수행할 조직 내의 조직발전 실천가들을 확보해야 한다.

(3) 참여와 협력

모든 계층의 조직구성원들이 조직발전과정에 능동적으로 참여해야 한다. 컨설턴트와 조직구성원은 긴밀하게 협력해야 한다. 개혁추진자들은 참여와 협력을 촉진하기 위해 조직구성원들에게 조직발전의 목표와 내용을 잘 알려야 한다.

(4) 조직의 융통성과 상호지원적 분위기

조직 내에 상호지원적인 분위기를 조성해야 한다. 그리고 조직은 변동요청을 받아들일 수 있는 융통성을 발휘해야 한다.

(5) 중간성과에 의한 신뢰구축

조직구성원들이 조직발전의 초기적 성과나 중간결산을 보고 조직발전의 유용성 그리고 장래의 성공 가능성을 깨닫고 신뢰하도록 해야 한다.

(6) 과학성의 강화

조직발전과정 그 자체의 과학적 합리성을 높여야 한다.

(7) 지지적 보상체제

조직발전의 처방에 따른 변동노력을 지지하고 촉진할 수 있는 보상체제를 갖추어야 한다.

4 조직변화 모델

(1) Lewin의 변화 모델

1) 해빙 : 변화추진세력 vs 변화저항세력

추진세력(driving force)과 저항세력(resisting force)을 세력 장(force field analysis)이라는 기법을 통해 각 세력의 구체적인 요인을 분석했다.

세력장 분석은 현재의 상태가 원하는 상태로 변화하기 위해 대립하게 되는 두 세력인 변화추진세력과 변화저항세력을 진단하는 방법이다. **변화를 성공시키기 위해서는 추진세력의 총량이 저항세력의 힘의 총량을 능가하도록 만들어야 하는데 이를 위해서는 ① 추진세력의 힘을 증대시키든지, ② 저항세력의 힘을 약화시키든지, ③ 아니면 이 두 방법을 동시에 사용하든지 할 수 있다. 저항세력을 약화**시키는 방법은 **교육, 참여, 공개논의, 협상, 결속, 조작, 강요 등**이 있다.

2) 변화 : 변화를 실천에 옮기는 과정

조직구성원의 태도 및 행동을 바람직한 방향으로 변화시키는 단계이다. 변화의 전략유형으로서 순응, 동일화, 내면화 전략이 있다.

① **순응(compliance)** : 압력을 행사하여 복종

② **동일화(identification)** : 조직 혹은 조직의 리더가 가진 매력으로 변화에 동참

③ **내면화(internalization)** : 조직 변화의 목적이 구성원의 가치체계 변화에 있다. 즉, 조직이 추구하는 가치와 구성원이 추구하는 가치가 연관성이 있어야 한다. 이러한 변화는 오래 지속된다는 특징이 있다.

조직변화에 대한 저항(Katz & Kahn)	저항 극복 방안
• 구조적 타성 : 조직의 안정성을 유지하려는 구조적 타성으로 변화에 저항 • 변화를 너무 편협한 관점으로 시도 • 집단의 타성으로 어떤 구성원이 변화 행동에 대해 다른 구성원들이 그러한 행동을 거부 • 전문성의 위협 • 권력의 위협 등	• 조직변화의 목표를 구성원의 목표와 일치 • 교육과 의사소통 활용 • 조직변화에 관한 의사결정에 참여 • 조직변화와 관련된 인센티브 제공 • 변화에 대한 저항에 대해 강압과 강제 이용 단, 최후의 수단(구성원들로 하여금 강한 압박과 불안감 야기) • 협상과 합의

3) 재동결 : 바람직한 상태로 변화된 조직을 상시화하는 단계

재결빙의 성공을 위해서는 **최고경영자의 지원, 적절한 보상 및 강화, 그리고 체계적인 계획 등이 필요**하다.

(2) John Kotter의 조직변화 8단계

1) 1단계 : 위기의식 고취

변화하지 않으면 망한다라는 위기의식을 고취시켜 조직을 **해빙**한다.

2) 2단계 : 주도세력 결집

조직의 각 분야, 각 계층의 힘 있는 사람들을 모아 변화주도 **세력화**한다.

3) 3단계 : 비전과 전략 구축

변화를 이끌어갈 **비전**을 확실히 하고 달성 전략을 세운다.

비전 전파

새로운 비전을 지속적으로 전파하기 위해 **커뮤니케이션** 전략을 수립하고 실천한다.

5) 5단계 : 임파워먼트

변화저항을 제거하고 조직변화가 **현실화**되도록 위험을 감수하고 창의적 문제 해결을 독려한다.

6) 6단계 : 단기성과 축적

단기적 변화성과를 **인정하고 보상**해줌으로써 변화가 실현될 수 있다는 자신감을 제공한다.

7) 7단계 : 변화 확대

단기성과를 기반으로 하여 더 큰 **변화의 당위성을 확보**하여 더 많은 사람들을 끌어들이고 조직에 더 넓게 변화를 확산시킨다.

8) 8단계 : 조직문화로 재결빙

변화된 상태를 조직문화로 **고착**시키고 **지속**시킨다.

(3) **저항을 극복하는 기술 : 저항의 문제를 극복하기 위해 경영자가 사용할 수 있는 전략**

1) **최고경영층의 지원**(Top management support)

최고경영층의 가시적인 지원은 **구성원들이 변화의 중요성을 인식**하게 한다.

2) **참여와 몰입**(Participation and Involvement)

변화를 실행하려면 조직구성원이 변화를 시작하는 단계에서부터 광범위하게 참여해야 한다. 구성원들은 변화에 참여함으로써 변화활동을 통제할 수 있다고 느끼고, 변화활동을 잘 이해하고, 성공적인 실행에 몰입한다. **팀 구축과 대집단 개입활동**이 구성원들을 변화과정에 몰입시키는 데 효과적인 방법이 될 수 있다.

3) **욕구와 목적의 일치**(Alignment with needs and goals of users)

저항을 극복하는 최선의 전략은 **변화를 통해 욕구를 충족**시켜주는 것이다. 즉, 저항을 극복하기 위해서는 변화가 조직구성원이나 고객에게 이로운 결과를 초래할 수 있어야 한다.

4) **의사소통과 훈련**(Communication and Training)

의사소통은 변화의 필요성과 제안한 변화의 결과를 조직구성원이나 고객에게 알려주는 것을 말한다. 조직은 **의사소통을 통해 소문, 오해, 분노가 발생하는 것을 사전에 방지**할 수 있다. **교육도 또한 조직구성원이 변화를 이해하고 그 과정에서 자신의 역할을 조정하도록 도와줄 수 있다.**

5) **심리적인 안전을 제공하는 환경**(Environment that affords psychological safety)

심리적 안정감은 어떤 사람이 조직에 있는 다른 사람들에 의해 당황해하거나 거부되지 않을 것이라고 확신하는 것을 말한다. 경영자들은 **신뢰와 상호존경의 분위기를 조직에 형성하여 심리적 안정감을 제공**해야 한다.

참고문헌

- 『조직행동연구(7판)』, 2022년, 백기복, 창민사
- 『조직이론과 설계(13판)』, 2020년, Richard L. Daft, 한경사
- 『조직행동론(18판)』, 2021년, stephen P. Robbins/Timothy A Judge, (주)한티에듀
- 『거시조직이론(4판)』, 2019년, 김인수, 무역경영사
- 『조직론(1판)』, 2010년, 임창희, 학현사
- 『조직론이해(2판)』, 2021년, 임창희, 학현사
- 『현대경영조직론(1판)』, 정동섭・송경수・이희옥, 탑북스
- 『조직론(1판)』, 2014년, 윤재풍, 대영문화사
- 『새조직론(3판)』, 이창원・최창현・최천근, 대영문화사
- 『조직행동(2판)』, 2019년, 박경규, 홍문사
- 『조직행동(7판)』, 2021년, 임창희, 비앤엠북스
- 『조직행동론』, 2021년, 신영재・권용만, 삼영사
- 『조직행위론(제2판)』, 2021년, 신유근・이춘우, 한경사
- 『조직행동론(Angelo Kinicki , Robert Kreitner 지음, 전병준 옮김)』, 2015년, 지필미디어
- 『경영조직론』, 2019년, 송경수 등, 시대가치
- 『조직이론』, 2022년, 오석홍, 박영사

박문각
공인노무사

안지연
올인원 경영조직론

2차 | 기본서

제1판 인쇄 2024. 1. 25. | **제1판 발행** 2024. 1. 30. | **편저자** 안지연
발행인 박 용 | **발행처** (주)박문각출판 | **등록** 2015년 4월 29일 제2015-000104호
주소 06654 서울시 서초구 효령로 283 서경 B/D 4층 | **팩스** (02)584-2927
전화 교재 문의 (02)6466-7202

저자와의
협의하에
인지생략

정가 36,000원
ISBN 979-11-6987-741-1